wahlen von 1871 bis 1912

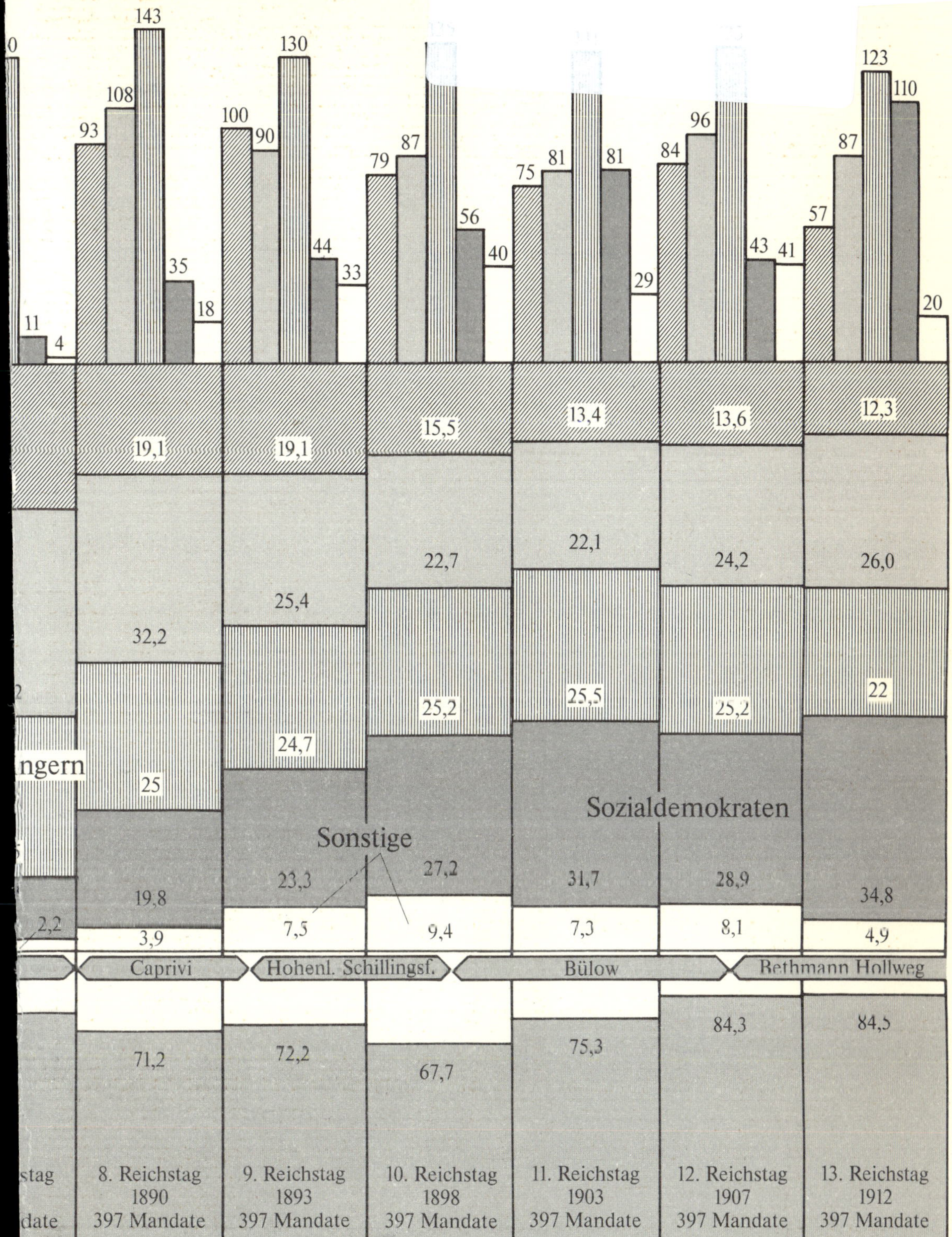

Die Deutschen und ihre Nation

Michael Stürmer

Das ruhelose Reich

Deutschland 1866–1918

Die Deutschen und ihre Nation

Neuere Deutsche Geschichte
in sechs Bänden

Horst Möller
Fürstenstaat oder Bürgernation
Deutschland 1763–1815

Heinrich Lutz
Zwischen Habsburg und Preußen
Deutschland 1815–1866

Michael Stürmer
Das ruhelose Reich
Deutschland 1866–1918

Hagen Schulze
Weimar
Deutschland 1917–1933

Hans-Ulrich Thamer
Verführung und Gewalt
Deutschland 1933–1945

Adolf Birke
Nation ohne Haus
Deutschland seit 1945

Severin
und Siedler

Die Deutschen und ihre Nation

Michael Stürmer

Das ruhelose Reich

Deutschland 1866–1918

Severin
und Siedler

Inhaltsverzeichnis

Vorwort

> »Das Bedenklichste ist aber nicht der jetzige
> Krieg, sondern die Ära von Kriegen,
> in welche wir eingetreten sind, und auf diese
> muß sich der neue Geist einrichten...
> ›Bestelle Dein Haus‹ usw. das ist das weiseste,
> was wir alle tun können, in ganz Mitteleuropa.
> Es wird anders, als es gewesen ist.«
>
> *Jacob Burckhardt an v. Preen, Silvester 1870.*

Keinen Anfang kennt die Geschichte und kein Ende. Die Menschen, die Zeit und die Geschichte sind unaufhörlicher Bewegung ausgesetzt. Die Frage, woher sie kommen und wohin sie gehen, stellt sich daher jeder Generation der Deutschen auf neue Weise. Vielen unter den Mitlebenden war die Entstehung des deutschen Nationalstaats eine innerweltliche Erlösung: »Wodurch hat man die Gnade Gottes verdient, so große und mächtige Dinge erleben zu dürfen? Und wie wird man nachher leben? Was zwanzig Jahre der Inhalt alles Wünschens und Strebens gewesen, das ist nun in so unendlich herrlicher Weise erfüllt« - schrieb Heinrich von Sybel, Historiker und preußischer Politiker, an einen liberalen Freund.

Doch schon die folgende Generation drängte auf Entgrenzung der historischen Bedingungen, unter denen Deutschland seine staatliche Form gefunden hatte, die Reichsgründung ein »Jugendstreich, den die Nation auf ihre alten Tage beging, und den sie seiner Kostspieligkeit halber besser unterlassen hätte, wenn sie der Abschluß und nicht der Anfang einer deutschen Weltmachtpolitik sein sollte« (Max Weber). Heute ist es schwer, die Entstehung des deutschen Nationalstaats losgelöst zu sehen von den Bedingungen seines Scheiterns. Und man wird auch, trotz aller Brüche und Katastrophen in der deutschen Geschichte von 1848/49 bis 1945, die Epoche des Nationalstaats bei aller ihr innewohnenden Vielfalt und Vieldeutigkeit als Einheit zu begreifen haben.

1945 schrieb Friedrich Meinecke über den Weg zur »deutschen Katastrophe«. Ludwig Dehio, nach einem festen Standort suchend, fand den Boden wanken, »erschüttert bis weit zurück in die Jahrhunderte von derselben Katastrophe, die uns gegenwärtig erschüttert«. Die deutsche Geschichte sei »zweideutig, vieldeutig wie kaum eine - die Deutung aber, die uns anvertraut worden und uns vertraut geworden, sie ist in sich zusammengestürzt«. Die stolzen Lehren der Ranke-Schule und des deutschen Historismus taugten nicht mehr, der Staat hatte die Sittlichkeit pervertiert, das bürgerliche Individuum sank ins Massengrab, die Verstehenslehre war gesprengt durch die moderne, totalitäre Tyrannei. Was blieb da noch von der Vergangenheit, und nach welchen Maßstäben waren die Reste einer ruinierten Geschichte zu begreifen?

Auf lange Zeit mußte die Suche nach den Ursachen der deutschen Katastrophe Bezugspunkt alles historischen Denkens bleiben, wie sie auch Fluchtpunkt für die pragmatische Ordnung der Verfassung und die Rechtfertigung der außenpolitischen Bindungen der Bundesrepublik wurde. Heute ist die Lage substantiell verändert. Die deutsche Geschichte, die zu Hitler führte, hat auch über ihn hinausgeführt. Es zeigt sich, daß die Vergangenheit nicht allein den Entwurf des Kaiserreichs, der republikanischen Agonie und der totalitären Diktatur enthielt, sondern auch den eines zugleich liberalen und demokratischen Wohlfahrtsstaats mit großer politischer Bindungskraft, dessen Ort in der Allianz der alten westlichen Demokratien äußere Sicherheit und innere Stabilität verbindet und damit den Punkt der Staatsräson bezeichnet.

Zugleich aber verliert die Erfahrung der Väter ihre Überzeugungskraft für die Söhne. Die Pax Americana wird schwächer. Der Gründungskonsens der Bundesrepublik zerfällt im Innern. Auch die parlamentarische Demokratie zeigt sich anfällig für Spaltungen zwischen Legalität und Legitimität. Versuchungen eines deutschen Sonderwegs werden wieder wach. Die Frage der Nation, so lange storniert und als Hoffnungsposten politisch entschärft, verbindet sich mit der neuen Suche nach mitteleuropäischer Sicherheit. Die Antworten der Nachkriegszeit sind nicht mehr die einzigen, die parteifähig und denkbar sind. Die Deutschen erinnern sich daran, daß die Nation geteilt ist, ihr Zustand mehr europäisiert im Weltsystem als je in der Geschichte des europäischen Staatensystems, und daß dieser Zustand zugleich beunruhigend ist und doch als stabiler Teil einer instabilen Welt nicht ohne Gefahr veränderbar. Werden die Deutschen von ihrer Geschichte eingeholt?

Zwischen veränderter Erfahrung der Vergangenheit und neuen Ängsten und Zukunftshoffnungen gilt es, den geschichtlichen Ort Deutschlands und der Deutschen zu bestimmen. Keine historische Epoche ist dafür wichtiger als jene, da Industrialisierung, Säkularisierung und Nationalismus in einen Weg ohne Wiederkehr führten, Machtstaat und Massenkonsens einander bedingten und die Geographie Europas dem Deutschen Reich eine Schlüsselrolle zuwies, die weder durch Hegemonie aufzulösen noch durch Gleichgewicht ruhigzustellen war. Aus schöpferischer Antirevolution war der deutsche Nationalstaat in Europa entstanden, und als Machtstaat in der Mitte mußte er überdauern, und vermochte es doch nicht vor den Revisionen der Geschichte. Das Reich, das sich 1866 und 1870 noch in das europäische Mächtesystem einfügte, war in das Weltmächtesystem der Jahrhundertwende nicht mehr einzufügen. Woher aber diese Sprengkraft, die Unruhe, die Dynamik? Fünf Annäherungen sollen das Konfliktpotential bestimmen: die Frage nach Bürgerlichkeit als beherrschende Lebensform des neunzehnten Jahrhunderts, die selbst noch Protest, Verweigerung und Transzendierung in ihren Bann zog; die Frage nach Bevölkerungswachstum, Arbeitsmarkt und dem wachsenden Anspruch an den Staat, Arbeit für alle und Wirtschaftswachstum zu sichern; die Frage nach der ungleichmäßigen Entwicklung der Landwirtschaft, der Industrie und der industriellen Sektoren; die Frage nach der Politischen Kultur, die Machtstaat und Massenkonsens verband und mehr und mehr Preußens altgewordene Staatlichkeit sinken ließ, während der deutsche Nationalismus stieg; endlich die Frage nach Bildung als Element der Massendemokratie, Waffe im Wettkampf der Nationen und Missionsidee nach innen und außen.

Aber Geschichte ist nicht nur Prozeß und Struktur. Sie ist auch Ereignis und Erzählung, und dem trägt der zweite Teil dieses Buches Rechnung. Es ist ein Schuldner beider, der Strukturgeschichte und der Ereignisgeschichte. Die Doppelnatur der modernen Historie prägt den Aufbau. Denn zwei Wahrheiten scheint die Geschichte zu enthalten: die von Ereignis und Entscheidung und daneben jene andere, die in überindividuellen Zuständen da ist, in großen Zusammenhängen, die sich eindimensionaler Wirkungsgeschichte entziehen, und wo die Kontinuität jeden Einschnitt, jeden Neubeginn überwuchert. Beide stehen komplementär zueinander. Die Erzählung stiftet Betroffenheit. Sie kann zeigen, wie das eine aus dem anderen folgte, und verknüpft Ursachen und Wirkungen in scheinbar zwingender Reihe. Die Strukturgeschichte stellt Zustände dar, politisch-soziale Bauformen, Lebensformen der Menschen, und sie erinnert an das ewig Gleiche, an den Alltag; ihr ist Geschichte nicht Drama, sondern lange Dauer, ein langsam ziehender Strom der Menschen und Dinge.

Beide Gestaltungsformen der Historie aber berühren sich in den großen Brüchen und Krisen des Geschichtsprozesses, die nichts so lassen, wie es vordem war: in der politischen und sozialen Revolution von 1848/49, die überall Ende und Anfang war und noch in die Tiefen der gesellschaftlichen Körper und des Seelenlebens hineinwirkte, und dann wieder im Weltkrieg, der die bürgerliche Zivilisation des neunzehnten Jahrhunderts stieß, als sie am Fallen war. Aufstieg und Krise des deutschen Nationalstaats waren niemals stärker als 1848/49 und 1914/18 Teil einer gesamteuropäischen Bewegung. Das bestimmt Anfang und Ende dieses Buches.

Der Strukturanalyse folgt die Erzählung. Sie gibt dem europäischen Vergleich und den Wechselwirkungen zwischen Deutschland und Europa mehr Raum als lange Zeit in der deutschen Fachhistorie üblich und vielleicht auch notwendig. Ein geheimer Primat der Außenpolitik ist darin nicht gemeint, wohl aber unvermeidliche Erinnerung an die Schlüsselrolle, die Deutschland seit Entstehung des europäischen Staatensystems stets für seine Nachbarn spielte und spielen mußte. Dabei geht auch der Blick auf Preußen zurück, das im achtzehnten Jahrhundert zur kleinsten unter den Großmächten aufstieg und im Norden eine Art Gegenkaisertum zu Habsburg im Süden des Alten Reiches zu stabilisieren suchte, und das noch dem deutschen Nationalstaat die Doppeldeutigkeit seiner Lage vererbte, bedroht von außen und den Nachbarn bedrohlich.

Leistung und zerstörerischer Widerspruch im langen Weg der deutschen Einheit lagen darin, daß das Kunstgebilde aus dem Geist der Staatsräson, das Preußen im achtzehnten Jahrhundert war, angesichts der heraufziehenden industriellen Massengesellschaft nur überdauern konnte, indem es jenen »deutschen Beruf« aufnahm, der ihm lange fremd geblieben war. Das galt vor 1848 schon. Als Folge der Revolution aber wurde es zum Gesetz des Überlebens. Danach spitzte sich alles auf die Frage zu, wie der Bismarckstaat, halbhegemoniale Großmacht im Mächtesystem, ungefährdet überdauern sollte, ohne die Kräfte des demokratischen Massenzeitalters und der imperialistischen Epoche zugleich in sich aufzunehmen und sie zu bekämpfen – ein ruheloses Reich.

Die Wendung von den Eliten zu den Massen, die gewöhnlich als Demokratisierung beschrieben wird, war auch für Deutschland an der Wende des neunzehnten zum zwanzigsten Jahrhundert ein gewichtiges inneres Machtproblem und wohl das Kernproblem der Politischen Kultur. Oft aber wird übersehen, daß Machtstaat und Massenkonsens im neunzehnten Jahrhundert einander steigerten und daß die Einfügung des jungen Nationalstaats in das europäische Mächtesystem mit seiner inneren Dynamik in wachsenden Widerspruch trat. Mit einem deutschen Kräftegleichgewicht in Europas Mitte konnte das Mächtesystem leben: das galt seit 1648, seit dem Frieden von Münster und Osnabrück. Mit einer konservativen, saturierten Macht konnte man sich immer noch einrichten: daraus hat Bismarck seit 1870 die Grenzen seiner Politik bestimmt. Ein expansiver Nationalismus dagegen, aus der deutschen Unruhe, aus dem Wachstum der Bevölkerung und der Wirtschaft erwachsend, mußte früher oder später die Frage des Aufstiegs zur Hegemonie oder der Rückkehr zum Gleichgewicht in Europa aufwerfen. Wie immer die Antwort lauten würde, sie mußte die Existenz des Machtstaats in der Mitte in Gefahr bringen.

Bismarck im Jahre 1834.
Radierung von
Wilhelm Krauskopf

Ein einheitsverbürgendes Theoriegebäude kann dabei Ausgangspunkt der Darstellung nicht sein, das Ende nicht fünfter Akt in einem Drama, das unausweichlichen Katastrophen zutrieb. Die Ereignisgeschichte scheint daran zu mahnen, daß Geschichte von Menschen gemacht wird, daß Größe und Überhebung, Verantwortung und Schuld zu ihrem Stoff gehören, und daß nur wenig so kommen mußte, wie es dann kam. Die Strukturgeschichte scheint zu insistieren, daß die Bewegungen langer Dauer, die Bauformen des Alltags und die Strukturen der Politik nur wenig Raum lassen für Tat und Entscheidung, und daß die Idee der freien Gestaltung nichts ist als eine Illusion. Dieses ist von Belang für die Einsicht in die Begrenzungen menschlichen Handelns, jenes für die fortdauernde Möglichkeit des aufrechten Gangs. Und zwischen ihnen bleibt zuletzt doch ein Rest, dem Historiker, wenngleich unlösbar, aufgegeben. Jacob Burckhardt sprach vom duldenden, strebenden und handelnden Menschen, »wie er ist und immer war und immer sein wird, daher denn unsere Betrachtung gewissermaßen pathologisch sein wird«. Wenn alle Rechnungen der deutschen Geschichte aufgemacht, die Bilanzen gezogen sind, ist dann auf die Kategorie des Pathologischen, ja des Tragischen Verzicht zu leisten? Otto von Bismarck schrieb 1847, als der Knoten von Revolution und schöpferischer Antirevolution, von Nationalstaat und Massenkonsens sich zu schürzen begann, einen Gedanken nieder, der dem Fortschrittsglauben seiner Zeit abgewandt war und den Blick in eine bedrohliche Zukunft freigab:

Das Irdisch Imponirende und Ergreifende, was mit menschlichen Mitteln für gewöhnlich dargestellt werden kann, steht immer in Verwandtschaft mit dem gefallnen Engel, der schön ist, aber ohne Frieden, groß in seinen Plänen und Anstrengungen, aber ohne Gelingen, stolz und traurig.

Einleitung

»Prussia without nationality, the principal of the day, is clearly the subject for partition.«

Benjamin Disraeli, 1863.

»Ist Preußens Macht einmal gebrochen, so wird Deutschland schwerlich dem Schicksal Polens entgehen.«

Otto von Bismarck, Frühjahr 1866.

Nur äußerer Zwang oder ein unverhoffter Glücksumstand würden vielleicht einmal Mittel an die Hand geben, diesen Sturzbach zu bändigen und seine tosenden Wasser in einen sicheren Kanal zu leiten – in solchen Metaphern beschrieb Sir Stratford Canning die ersten Tage der Revolution von 1848 in Mitteleuropa. Den großen deutschen Höfen hatte der britische Diplomat den Rat Lord Palmerstons überbringen sollen, Außenminister Ihrer britannischen Majestät, rechtzeitig Reformen von oben einzuleiten, bevor es dafür, wie jüngst in drei gefährlichen Februartagen in Paris zu sehen, zu spät sei.

Sir Stratford kam noch rechtzeitig, um den Ausbruch der Revolution in Deutschland zu erleben. Er begriff, daß die Epoche des Wiener Systems, des Gleichgewichts und der Legitimität vergangen war: »Für die Gegenwart gibt es nichts zu hoffen außer einem äußeren Abklingen der Gewalttätigkeit, und viel zu fürchten«, schrieb der Brite. »Die offene Mißachtung bewährter Prinzipien weckt ein schmerzhaftes Gefühl der Sorge um das künftige Schicksal Preußens und danach, in unabweislicher Folge, Deutschlands und Europas.« Prophetische Worte, welche die Revolution der Staaten und die Revolutionierung des Staatensystems als Teil derselben welthistorischen Bewegung begriffen.[1]

Sir Stratford blickte auf die innere Gärung Deutschlands. Sie aber geschah nicht ohne Zusammenhang mit dem europäischen Mächtekonzert, das bedroht und als System der Machtbalance außer Kraft gesetzt war. Alexis de Tocqueville zitiert in seinen »Souvenirs«, wie im Jahr 1849, mithin nach erfolgter kriegerischer Intervention der Russen in Ungarn, der Franzosen in Rom, der Preußen in Baden, der russische Zar im Gespräch mit dem Botschafter der Zweiten Französischen Republik an der Dauerhaftigkeit der Restauration zweifelte[2]. Denn:

Wenn die Einheit Deutschlands zustandekommt, die Sie nicht mehr begehren als wir, dann würde es zu ihrer Beherrschung eines Mannes bedürfen, der das leistet, was selbst Napoleon nicht konnte. Sollte dieser Mann aber scheitern, so würde diese Masse in Waffen bedrohlich, und das wäre dann Ihre Sache und die Unsere.

Das erinnert daran, daß der deutsche Nationalstaat allein im Widerspruch zur europäischen Ordnung der zurückliegenden zweihundert Jahre entstehen konnte. 1848 stieg für die Deutschen die nationale Frage zum Leitmotiv ihrer Politischen Kultur auf. Für Europa aber mußte ein kraftvoll organisierter deutscher Nationalstaat eine schmerzhafte Veränderung, ja eine Herausforderung bilden. Was im Innern eine »abgeschnittene Krise ersten Ranges« war (J. Burckhardt), bedeutete nach außen eine Bedrohung des Staatensystems. Disraeli 1871: »Das Gleichgewicht der Macht ist zerstört.«[3]

Die Erwartung eines sozialen Jüngsten Tages war der Revolution von 1848 vorausgegangen, und die Ahnung eines ehernen Zeitalters der Kriege und Revolutionen sollte ihr folgen. Damals begann ein Zeitalter, das die europäischen Großmächte auf die Höhe ihrer Machtentfaltung führte und schon den Keim legte zu ihrer Zerstörung. Untergang und Fortschritt prägten das Gesicht der Epoche. Dem Glauben an die Verbesserung der Welt durch planende Vernunft und bessernde Reform, an Technik und Naturwissenschaften, gesellte sich jener schwarze Begleiter zu, der Untergang und Zerstörung prophezeite, Revolution und blutiges Chaos.

Seit 1848 gab es kein Zurück mehr zu jenen »halkyonischen Tagen«, denen Ranke, der Geschichtsschreiber der Großen Mächte, nachtrauerte, kein Zurück mehr zu jener konservativen Utopie, da ein Metternich, ein Castlereagh die Ruhe des Staatensystems durch Bewegungslosigkeit in den Staaten zu sichern suchten[4]. Der »Primat der Außenpolitik«, jene nach dem Wiener Kongreß klassisch formulierte »Schutzformel für die Erhaltung der inneren Ordnung der Restauration«[5], wich komplizierten und unüberschaubaren Wechselwirkungen zwischen dem Machtkampf der Staaten und dem Machtkampf der Gruppen und organisierten Interessen.

Seit 1848 waren die Problemstellungen, die sozialen Bruchzonen, die außenpolitischen Entwicklungslinien vorgegeben, die die Architektur des bürgerlichen Zeitalters fortan bestimmen sollten. Niemand wird seitdem die Gedanken des »tollen Jahres« noch ungedacht, die Hoffnungen ungehofft machen können. Die deutsche Wendung zur »Realpolitik«, die französische zum altneuen Bonapartismus, die italienische zur Einheit von »pensiero e azione«, John Stuart Mills Mißtrauen gegen den potentiellen Despotismus der Gesellschaft – so sehr all dem unterschiedliche soziale Konstellationen zugrunde lagen, so einheitlich war die Tendenz, »die neue Lage als Wirklichkeit zu fassen und alle Veränderungen an dieser Wirklichkeit zu orientieren«[6].

Der Übergang zu Realismus und Empirismus legitimierte die Politik eines Louis Napoleon in Frankreich, eines Cavour in Italien, eines Disraeli in England, eines Bismarck, der aus der Machträson des achtzehnten und im Vorgriff auf Massenströmungen des zwanzigsten Jahrhunderts die Ideengebäude, die konstitutionelle Feinmechanik und die politischen Widersprüche seiner liberalen Widersacher überspielte.

Die Grundtendenz der nachrevolutionären Politik findet sich auch im wissenschaftlichen Denken. Die Historie der Epoche – Droysen, Ranke, Burckhardt, Macaulay, Tocqueville – war in ihren bedeutendsten Zeugnissen zuletzt stets Auseinandersetzung mit der Gegenwart, stellte die Sinnfrage in einer Zeit, die sich als Krisenepoche und Sturmzeit begriff. Noch indes war die Erwartung des Kommenden nicht so düster verdichtet wie zwei, drei Jahrzehnte später in Nietzsches Schriften, dessen Warnung vor dem Übergewicht der Historie bereits einen neuen Bewußtseinsstand anzeigte.

Die Epoche der großen Historie war auch die Durchsetzungsphase der Industriellen Revolution, die fortan das Zeitbewußtsein prägen und umgründen sollte. Es galt, sich einer fremd werdenden Zivilisation zu versichern; den Blick zurückzulenken, um nicht vor der Zukunft zu schaudern. Denn unheimlicher, abgründiger wurde die Welt mit jedem Tag, und nicht nur für jene, die vordem auf der Sonnenseite des Daseins gesessen hatten. Die Technik, die ihrer moralischen Bewältigung spottete, der Aufstieg neuer, unbehauster Klassen, die Bedrohlichkeit der rasch wachsenden Städte mit ihren armseligen Massenquartieren, die Zerstörungskraft des Fortschritts, die alle Lebensformen gewohnten Daseins zersetzte, dazu die Auflösung jeder Grenze, kaum daß sie gesetzt war, durch das Vordringen von Wissenschaft und technischer Zivilisation – das alles bedeutete Triumph des Fortschritts und brachte zugleich Leiden an seinen Folgen.

Nationale Leitbilder wurden, je stärker das geistige Leben der Religion sich entfremdete, Ersatzformen des Glaubens, gestiftet durch Verlust der Tradition, provoziert durch das Ende aller Sicherheit und erwachsen aus einem Wandel, über dessen Ziele es so wenig Gewißheit gab wie über die Frage, ob er überhaupt ein Ziel habe. Seit 1848 wurde die »Nationalisierung der Massen« Grundzug der Epoche, weit stärker prägend als die Entfaltung der Klassengesellschaft.[7] Die nationale Liturgik, die sich in Denkmünzen, Aufzügen, Festen und Bauwerken verwirklichte, füllte das Sinnvakuum, als die religiöse Bindung im Schwinden war. Der Nationalismus als Grundströmung der Epoche aber blieb nicht Eigentum jener Völker, die ihre staatliche Form zu erringen vermochten. Er riß auch Wunden alter Unterdrückung wieder auf: der Iren, der Polen, der Basken und vieler anderer. Die Bündelreiche alten Typs, das Reich der Osmanen, die Habsburger Monarchie, das Zarentum, standen vor einer Herausforderung, die aus der Tradition nicht mehr zu bewältigen war.

Staatliche Effizienz stieg auf zum letzten politischen Maßstab, und ihm wurde allein noch der Nationalstaat gerecht, der Machtstaat und Bürgerrechte, Prosperität und Selbstbewußtsein zu verbinden versprach. Unausweichlich, daß der alte Zeitvertreib der Könige, der Krieg, zum Wettkampf der nationalen Egoismen sich steigerte und daß ihn durchzustehen letzter Daseinsgrund der Politik wurde. Nationalismus wurde für ganz Europa eine Form der gesellschaftlichen Assimilation. Das bestimmte seine Kraftentfaltung: zur Veränderung der Gesellschaft wie zur Zerstörung des Staatensystems.

So prägt, was 1848/49 geschah, die Entwicklung Europas und seiner Völker bis heute. Von England bis an die Grenzen des russischen Imperiums wurde der Kontinent geschüttelt von der sozialen und politischen Revolution. Daß die Revolution von 1848/49 den Deutschen nichts gebracht habe als eine große Enttäuschung, diese Klage der Besiegten tönt bis heute. Aber worin sollte das Scheitern gelegen haben? Im Nationalen, gewiß, da erwies sich die Einheit, da sie weder zu begrenzen noch konstitutionell zu gestalten war, als unerreichbar. Unerreichbar am Ende auch, weil die Großmächte von zuwartender Beobachtung der deutschen Unruhe zu aktiver Gegnerschaft umschwenkten.

Doch blieb die Einheit seitdem Maßstab aller Politik: wer sie zuwege brachte, der würde Deutschland beherrschen. Diese realpolitische Einsicht hat die kurzlebige, am militärischen Aufmarsch und am diplomatischen Veto von Russen und Österreichern alsbald scheiternde norddeutsche Unionspolitik Preußens 1849/50 nach sich gezogen. Sie wurde dann vor allem Antriebskraft jenes langen Prozesses der Zerstörung und Neugründung, den der Begriff der Reichsgründung allzusehr vereinfacht.

»Lieber Revolution machen als erleiden«, war die Schlußfolgerung, die Bismarck aus den Kämpfen von 1848/49 zog, und nicht er allein.[8] Schöpferische Antirevolution wurde seither die große Gegenbewegung zu allen Kräften und Strömungen der Revolution. Eine »Reform von obenher« hat Bismarck, als er 1862 preußischer Ministerpräsident geworden war, das Leitprinzip dieser Politik genannt.[9] Preußische Staatsräson und deutsche Nationalidee gingen darin nach 1848 eine Verbindung ein, die fremdartig war, in den Begriffen des achtzehnten Jahrhunderts noch undenkbar, in denen des zwanzigsten bereits ein Anachronismus, und doch für ein Menschenalter eine Lösung der deutschen Frage.

Aus dem Kampf um eine bürgerlich-freiheitliche Verfassung, welche die bürgerlichen Liberalen in Preußen seit 1858 wieder vernehmlich und selbstbewußt forderten und durch das Budgetrecht des Landtags und moralische Argumente durchsetzen wollten, machte Bismarck in einer großen Rochade den Kampf um den Nationalstaat. Ihn mußten die Liberalen schon deshalb verlieren, weil sie ja bezüglich der Vorrangigkeit des Nationalstaats und selbst bezüglich der politischen, wirtschaftlichen und zuletzt militärischen Mittel zu seiner Verwirklichung nicht eigentlich etwas anderes wollten. Nur blieb für sie das Ziel verbunden mit einem konstitutionellen Preis, wirksamen Gesetzgebungs- und Haushaltsrechten für parlamentarische Mehrheiten, eine dem Land verantwortliche Staatsregierung und Einbeziehung der Armee in den Verfassungsstaat[10].

Bismarcks Politik war demgegenüber Flucht nach vorn, um Verfassungskrise und Machtkampf im Innern in das europäische Mächtesystem hinüberzuspielen und ihre innere Sprengkraft außenpolitisch zu entschärfen. Der Erfolg gab ihm recht. Aber das darf den Blick nicht trüben für das Improvisierte dieser Politik, ihren hohen Einsatz und ihr tödliches Risiko, wie auch für ihre langfristigen Folgen. In der Perspektive seiner Resultate gesehen, scheint sich dieses spekulative Wagnis bruchlos einzufügen in jene Kampfpolitik, die Bismarck am 29. September 1862, wenige Tage erst preußischer Konfliktsminister und mißtrauisch betrachtet von allen Seiten der preußischen Zweiten Kammer, der liberalen Mehrheit des Abgeordnetenhauses angekündigt hatte:

Nicht durch Reden und Majoritätsbeschlüsse werden die großen Fragen der Zeit entschieden – das ist der große Fehler von 1848 und 1799 gewesen – sondern durch Eisen und Blut.[11]

Aber die aufreizende Rede war nicht Programm, wofür viele sie seitdem hielten, sondern Polemik und historische Erfahrung: wie waren denn der britische, der französische Nationalstaat zusammengekommen? Bismarck spielte die Logik der Macht aus gegen die Kraft der Ideen, wohl wissend, daß auch hinter den Liberalen breit gelagerte Sozialinteressen standen. Ohne Bündnis mit ihnen würde es eine preußische Hegemonie über Deutschland niemals geben. Was er sagte, war politische Provokation, publikumswirksame Markierung einer Distanz zwischen dem Machtmenschen aus preußisch-protestantischer Wurzel und den rerum novarum cupidi, Erben von Aufklärung und bürgerlicher Revolution.

Geschichtlich ist der deutsche Nationalstaat, wie der Ökonom J. M. Keynes im zwanzigsten Jahrhundert bemerkte, durch Kohle und Stahl weit machtvoller vorbereitet als durch Blut und Eisen verwirklicht worden. Erst als Industriemacht wurde Preußen im neunzehnten Jahrhundert Großmacht. Die kapitalistische Industriewirtschaft war es, die durch Eisenbahnbau und freie Gewerbeverhältnisse dem nationalen Großwirtschaftsraum vorarbeitete. Und es war der tiefe gesellschaftliche Wandel in Landbau, Stadthandwerk und Manufakturwesen, der die alten sozialen Körper so weit schwächte und veränderte, daß die nationale Einheit aus einer Chimäre zum alles beherrschenden politischen Ziel des Jahres 1848 hatte aufsteigen können. Preußens Staatsräson war daran so machtvoll beteiligt wie das Streben des liberalen Bürgertums von Bildung und Besitz nach politischer Macht und nationaler Selbstgestaltung. Dazu kam die Hoffnung der neu-alten Arbeiterschichten, im künftigen Nationalstaat eine bessere Heimat zu finden als in der deutschen Kleinstaaterei, Mitbürger zu werden durch die Mittel der Organisation und der solidarischen Aktion wie durch das Gewicht der Zahl und die wachsende Bedeutung des Faktors Arbeit in der Industriewirtschaft: das alles in der Hoffnung, eines fernen Tages den Obrigkeitsstaat und die bürgerliche Kultur zu beerben und zu beherrschen.

Rheinischer Kokshochofen

In preußischer Machträson, bürgerlichem Liberalismus und proletarischer Demokratie lagen von allem Anfang an Voraussetzungen des nationalstaatlichen Traums, in ihrer Widersprüchlichkeit aber auch Schwierigkeiten seiner Verwirklichung und Belastungen seiner Dauer. Ihre Widersprüche rissen die Bruchlinie der sozialen und politischen Revolution von 1848/49 auf, die im Sozialen viel bewirkte, im Nationalen aber die Hoffnung der Deutschen verfehlte[12].

Im Weg einer deutschen Nationalstaatsgründung standen aber auch die Natur der Staatsräson und die Logik des Mächtesystems. Es galt seit dem Westfälischen Frieden von 1648, und es wurde noch vom Wiener Kongreß bestätigt, daß »the Repose of Europe«, mit Lord Castlereagh zu reden, ein deutsches Gleichgewicht voraussetzte, damit zugleich die deutsche Teilung und den Verzicht der Deutschen auf nationale Gestaltung. Diese zynische Weisheit des alten Staatensystems wurde 1848 auf den Straßen von Köln, Berlin, Dresden und Wien über den Haufen geworfen. Zwar haben die Mächte damals noch einmal die europäische Gleichgewichts- und Konvenienzpolitik der letzten zweihundert Jahre mit Blut gegen die Revolution verteidigt. Aber die Verteidiger der Vergangenheit siegten sich zu Tode.

Dem Triumph der europäischen Gegenrevolution folgte, beginnend mit dem Krimkrieg 1854–1856, eine Abfolge von Kriegen an

Honoré Daumier, Zukunft (1867)

der europäischen Peripherie, welche die Kräfte und das Interesse der europäischen Hauptmächte gefangennahmen. In Mitteleuropa wurde es seitdem möglich, in kühnem Zugriff und als Akt schöpferischer Antirevolution vom preußischen Machtkern aus jene nationale Einheit zu verwirklichen, an der die Paulskirchenversammlung 1848/49 so bitter gescheitert war. Dafür sollte es jetzt auch abgehen ohne den Preis des Parlamentarismus und der Demokratie oder, wenn man ihn schon zahlen mußte, nur in kleiner Münze, durch allgemeines Wahlrecht und parlamentarischen Gesetzgebungsanteil an einer Verfassung, die in den Kernfragen der Macht dunkel, lakonisch und entwicklungsfähig war.

Die Begründung der deutschen Einheit ohne Österreich, ja im Kampf gegen die alte Kaisermacht, war schwerlich ein Eroberungsakt zu nennen, mehr eine Abgrenzung. Und doch haben die Großmächte es damals als Verletzung ihres Erstgeburtsrechts begriffen, in der Mitte Europas anstelle eines in sich selbst ruhenden Gleichgewichts eine nationale Machtorganisation von vierzig Millionen zu wissen, aufruhend auf einer expandierenden Industriewirtschaft und geschützt durch eine Armee von bewiesener Leistungskraft. Den Russen kauften 1863 die Alvenslebensche Konvention, die auf dem gemeinsamen Interesse an weiterer Teilung und Niederhaltung Polens aufbaute, und die Duldung von Machtkorrekturen im Nahen Osten die Zustimmung ab. Dem französischen Second Empire aber wurde die populäre Forderung nach »Revanche pour Sadowa«, wie die Entscheidung von Königgrätz in der Pariser Publizistik hieß, zum Schicksal[13].

In drei Kriegen, wie ein Duell geführt, mit begrenzten Zielen und begrenzten Mitteln, wurde die deutsche Einheit nach außen erkämpft. Daß sie auch anders, unblutig, zu haben war, kann nach den deutschen Erfahrungen von 1848/49 nur glauben, wer die Natur des europäischen Staatensystems verkennt. 1864 wurde gegen das Königreich Dänemark der Krieg geführt, der die offenen Rechnungen von 1848/49 beglich, die Herzogtümer Schleswig und Holstein zum Condominium der deutschen Vormächte machte – für kurze Zeit jedenfalls – und der Welt bewies, daß mit dem Mittel des Krieges zuletzt auch die Deutschen die europäische Landkarte revidieren konnten. Kein britischer Flottenaufmarsch, keine russische Interventionsdrohung hat, wie noch 1848 der Paulskirchenversammlung, sechzehn Jahre später den Preußen und Österreichern das Siegen erschwert.

Dann folgte 1866 der aus Machtrivalität und wirtschaftlicher Gegnerschaft geborene, durch Zwistigkeit bezüglich der nördlichen Herzogtümer ausgelöste und durch die Militärallianz Preußens mit Italien seit dem Frühjahr 1866 planvoll vorbereitete »Deutsche Krieg«, der um die Führung in Deutschland ging, wie es früher oder später wohl unvermeidlich war. Es war der militärische Sieg bei der nordböhmischen Festung Königgrätz, der den Krieg und die deutsche Hegemonialfrage entschied – es bleibt eine interessante Konjektur, wie wohl die spätere deutsche und europäische Geschichte verlaufen wäre, wenn die knappe Entscheidung gegen Preußen ausgegangen wäre.

Der Krieg gegen Frankreich im Sommer und Herbst 1870, der

bereits ein deutscher war, brachte die Einheit. Aber der Preis war hoch: nicht allein der des Krieges selbst, der sich nach dem Sturz des Kaisertums noch in Form einer Guerilla monatelang blutig hinschleppte und im Commune-Aufstand 1871 den französischen Bürgerkrieg auslöste, mit den Preußen als Zuschauer Gewehr bei Fuß; nicht allein, indem der Krieg als Gründungsmythos des Reiches der Politischen Kultur in Deutschland eine Form gab, welche Sozialnormen und politische Repräsentation, Mentalität und Selbstbewußtsein prägte und die ethische Fundierung der Nation vergessen ließ zugunsten ihrer militärisch-machtmäßigen; sondern auch durch Wegnahme der schönen Provinzen Elsaß und Lothringen von Frankreich, die das Verhältnis der beiden benachbarten Nationen dauerhaft vergiftete, der schwankenden Dritten Republik eine Staatsräson vermittelte, den Deutschen aber auf alle Zeit eine Politik kollektiver Sicherheit in Europa verstellte und die alte, aus Geographie und Mächtesystem herrührende Gefahr von Ost und West erneuerte[14]. Aus der Perspektive der Späterlebenden wurde diese unbekümmerte Annexion, die aus populistischer Rücksicht und militärischer Übersicherung auf den Sieg und die fette Kriegsentschädigung draufsattelte, den Deutschen ein größeres Verhängnis als den Franzosen ein Unglück.[15]

Honoré Daumier, Entsetzt über die Erbschaft (1871)

In ihren Revisionen, schrieb Bismarck am Ende seines Lebens, sei die Geschichte genauer als die preußische Oberrechnungskammer. Um die deutsche und europäische Geschichte im zwanzigsten Jahrhundert zu begreifen, muß man sich der Tatsache erinnern, daß der Nationalstaat, der 1848 scheiterte und 1870 zustande kam, im Widerspruch zur europäischen Machtlogik entstand, wie sie seit den Anfängen eines europäischen Mächtekonzerts galt.[16] Er hatte nicht nur im Innern Wesenszüge einer Revolution von oben, sondern war auch im Staatensystem ein neuer, beunruhigender Faktor, was immer deutsche Politik tun oder unterlassen würde. Zwischen der Landmacht Rußland und der Seemacht Großbritannien, zwischen dem theokratischen Zarentum und der halbrevolutionären, tief gedemütigten Dritten Republik Frankreichs, zwischen dem erstarrten Bündelreich Österreich-Ungarn und dem im Aufbruch begriffenen slawischen Nationalismus, die miteinander seit einem Jahrhundert um das Erbe des zerfallenden Osmanenreiches rangen – zwischen den europäischen Hauptmächten des neunzehnten Jahrhunderts bestanden alte und potentiell tödliche Gegensätze, welche das deutsche Gleichgewicht in der europäischen Mitte bisher neutralisiert und auf Distanz gehalten hatte. Zwischen diese Gegensätze, die im Zeitalter des Nationalismus und des Imperialismus aufgipfelten, trat Preußen-Deutschland: als Gleichgewichtsmacht vielleicht noch tolerierbar, als Hegemonialmacht aber nicht. Der Griff nach der Hegemonie, den Bismarck weise unterließ und der doch Versuchung deutscher Politik blieb, er mußte endgültig die Revolutionierung des Staatensystems bedeuten, die 1870 noch Hypothese blieb. Der in halbrevolutionärer Kampfpolitik entstandene deutsche Nationalstaat konnte nur überdauern, wenn er ins europäische Mächtesystem eintrat als konservativ-saturierte Macht. So hat seit dem Sieg über Frankreich Bismarck alles darangesetzt, Preußen vor dem Absturz aus den eisigen Höhen der Weltpolitik zu bewahren und damit, wie ein Historiker es knapp pointierte, »das Deutsche Reich vor den bedrohlichen Folgen seiner Gründung zu bewahren«[17].

Bismarcks Größe lag darin, daß er, wohl als letzter unter den Staatsmännern des neunzehnten Jahrhunderts, eine Gesamtvision der europäischen Gegenwart und Zukunft besaß.[18] Aus realistischer Einsicht in die gegebenen Verhältnisse, welche dem deutschen Nationalstaat einen nach innen wie nach außen unvollendeten Charakter aufzwangen, entwickelte er die Ratio seiner Gesamtpolitik. Das war auf zwanzig Jahre so erfolgreich, wie es pessimistisch war. Auf lange Sicht aber waren die inneren Folgen gefahrvoll, belastend für die Zukunft, und ohne glanzvolle Außenpolitik, eine wachsende Industriewirtschaft und dauerhaften Massenkonsens war der Nationalstaat schwerlich zu sichern.[19]

Im Vergleich zu England, Vormacht des Industriekapitalismus und der Weltwirtschaft, war Deutschland seit den dreißiger Jahren des neunzehnten Jahrhunderts in eine späte und schnelle Industrialisierung eingetreten. Im Aufwind weltweiten, fast ungebrochenen Aufschwungs seit 1850 beschleunigte sie sich noch. In der Reichsgründungszeit hat sie sich fiebrig überstürzt. Industrialisierung bedeutete Wachstum und Bewegung, nirgendwo mehr als auf der Linie von Oberschlesien über Berlin bis ins Ruhrgebiet. Sie bedeutete aber auch Heimatlosigkeit, Entwurzelung und vergebliche Suche nach neuer Identität. In den wirtschaftlich-sozialen Verschiebungen, welche die Statistik abstrakt wiedergibt, lagen Millionen von Einzelschicksalen beschlossen. Für sie alle galt, daß das Leben anders wurde, als es seit Menschengedenken gewesen war, besser zumeist, aber auch fremd und unwohnlich.

Millionen begaben sich auf die Suche nach dem kleinen Glück, was Wanderschaft bedeutete, ein Menschenalter lang, und bis zur Jahrhundertwende auch Massenauswanderung in die Neue Welt[20]. Vom Berg in die Täler, vom Land in die Stadt, von Deutschland nach Übersee ging ein großer, Jahr um Jahr Hunderttausende zählender Exodus. Das bedeutete Mobilität, Aufstieg und Besserung, mehr Platz für jene, die blieben, und mehr Hoffnung für die, die gingen. Es bedeutete aber auch Heimatlosigkeit, Einsamkeit, Verlust alter Bindung, Änderung von Mentalität, Suche nach einem Sinn, den es nicht mehr gab, und Hoffnung auf Sicherheit, die längst verloren war. Der Boden versank den Menschen unter den Füßen. Was die neuere Sozialwissenschaft als Modernisierung beschreibt, Urbanisierung, Partizipation, Sozialer Wandel, das hatte für die Betroffenen meist ein bedrohliches Aussehen, war Wagnis und Leiden, Angst und Flucht und allemal ein Gang ins Unbekannte.

Das Zeitgefühl des Abschiednehmens hat die erste Hälfte des neunzehnten Jahrhunderts überschattet. Goethe, Dichterfürst und sachsen-weimarischer Staatsminister, hat es beschrieben, indem er für die untergehenden alteuropäischen Lebensformen Partei nahm und doch begriff, daß sie dahingehen mußten: Vergeblich der Versuch, sich »gegen sein Zeitalter« zu retten, wie er 1825 an Zelter in Berlin schrieb.

Alles aber, mein Teuerster, ist jetzt ultra, alles transzendiert unaufhaltsam, im Denken wie im Tun. Niemand kennt sich mehr, niemand begreift das Element, worin er schwebt und wirkt, niemand den Stoff, den er bearbeitet... Junge Leute werden viel zu früh aufgeregt und dann im Zeitstrudel fortgerissen. Reichtum und Schnelligkeit ist, was die Welt bewundert und wonach jeder strebt. Eisenbahnen, Schnellposten, Dampfschiffe und alle möglichen Fazilitäten der Kommunikation sind es, worauf die gebildete Welt ausgeht, sich zu überbilden und dadurch in der Mittelmäßigkeit zu verharren... Eigentlich ist es das Jahrhundert für die fähigen Köpfe, für leichtfassende practische Menschen ... Laß uns soviel als möglich an der Gesinnung halten, in der wir herankamen; wir werden, mit vielleicht noch wenigen, die Letzten sein einer Epoche, die so bald nicht wiederkehrt.[21]

Das Bewußtsein der einsamen Masse, Unbehaustheit und Suche nach Sinn wurden, nachdem zuerst Gott und seine Heiligen gestürzt waren und die Könige ihnen nachmußten, Signatur des Zeitalters. Dem Glauben an einen ins Unendliche sich verlängernden Fortschritt traten Furcht und Faszination kommender Untergänge und Katastrophen zur Seite.[22]

Die politischen und sozialen Revolutionen von 1848/49 hatten diese Denkrichtungen getrennt, gegeneinandergestellt und zum Ausgangspunkt von Parteigründungen gemacht. Die Idee des Fortschritts, die auf humane Vernunft pochte, auf Naturrecht und die Suche des Menschen nach dem Glück hier und jetzt, wurde durch die konservative Gegenbewegung des Sommers und Herbstes 1848 zurückgedrängt und durch die Gegenrevolution, die folgte, bitter geschlagen. Bismarcks Reichsgründung hat dann – und darin liegt ihre eigentliche Leistung und die Bedingung ihres Erfolgs – die nationalen, liberalen und sozialen Strömungen von 1848 aufgenommen und zur Synthese mit dem preußischen Machtstaat geführt. Alle aber sollten sich in diesem Prozeß verändern: Preußen ging unter in Deutschland, und der Nationalismus verlor seine freiheitliche Bestimmung.

Das Ergebnis war eine Gestaltung Deutschlands, die die altpreußischen Eliten nicht als die ihre erkennen mochten, die Achtundvierziger aber auch nicht. Nach dem Triumph der preußischen Armee über Österreicher und Franzosen, über Fortschrittspartei und innere Opposition, konnte sich der Staatsbau von 1871 schwerlich anders gestalten als paternalistisch und obrigkeitlich. Aber regiert wurde auf andere Weise. Was immer die Ziele: die Mittel waren Integration von Interessen und Sicherung von Brot und Arbeit, Aufhebung von Entfremdung, Prävention des Bürgerkriegs und Steuerung eines expandierenden politischen Massenmarkts.

Mehr und mehr erwies sich dann, noch vor der Jahrhundertwende, die Staatsräson der Bismarckzeit als konservative Utopie. Sie alterte, je mehr Deutschland von der Industrialisierung verändert wurde, das Ernstfall-Bewußtsein der Gründergeneration wurde dem Sekuritätsgefühl der Jahrhundertwende unverständlich, und Bismarcks Erbe verlor in der fortschreitenden Industriegesellschaft seinen Geltungsanspruch. Das Deutschland, das 1914 in den Krieg ging, war anders als das, das 1871 zustande gekommen war. Aus dem agrarisch-obrigkeitlichen Großpreußen wurde eine industrielle Großmacht, Machtstaat unter Machtstaaten. Zugleich aber wurde den Großmächten der Bewegungsraum enger, die Peripherien rückten näher, Großmachtpolitik, Beschäftigung und Massenkonsens gingen eine unauflösbare Verbindung ein, Regierung wurde Krisenverwaltung, und die Politische Kultur geriet in Widersprüche, die sich einfachen Kategorien wie konservativ oder fortschrittlich bis heute entziehen.[23]

Der Triumph europäischer Wissenschaft und Technik über die Welt war auch der Triumph der Deutschen, zu sehr vielleicht, um die Ängste, Rücksichtnahmen und Vorbehalte, die die Reichsgründung begleitet hatten, auf Dauer zu erhalten. Es gab seit 1848/49 ein zugleich revolutionäres und antirevolutionäres Grundmuster der Politik in Europa. Alexis de Tocqueville hatte seine Entstehung prophezeit, Jacob Burckhardt seine Entwicklung düster konstatiert.[24] Diese Antinomie der Politischen Kultur aber wurde, wie sie Entstehung und Aufstieg des deutschen Nationalstaats begleitet und geprägt hatte, zerstörerisches Grundmuster europäischer Großmachtpolitik am Höhepunkt ihrer Geschichte.

Kanonendrehbank bei Krupp

I.
Industriewirtschaft unter dem Adlerhelm

1.
Oben und Unten: Lebensformen der Bürgerlichkeit

»Die Nippesschränke des Kaisers sind leer, die Glasscheiben zerschlagen.
Was den Matrosen an den Plünderungen zuschulden kommt, scheint nicht festzustellen. Die Privaträume, Möbel, Gebrauchsgegenstände, übrig gebliebene Andenken und Kunstobjekte der Kaiserin und des Kaisers sind aber so spießbürgerlich nüchtern und geschmacklos, daß man keine große Entrüstung gegen die Plünderer aufbringt, nur Staunen, daß die armen, verschreckten, phantasielosen Wesen, die diesen Plunder bevorzugten, im kostbaren Gehäuse des Schlosses zwischen Lakaien und schemenhaften Schranzen nichtig dahinlebend weltgeschichtlich wirken konnten. Aus dieser Umwelt stammt der Weltkrieg oder was an Schuld am Weltkrieg den Kaiser trifft: aus dieser kitschigen, kleinlichen, mit lauter falschen Werten sich und andere betrügenden Scheinwelt seine Urteile, Pläne, Kombinationen und Entschlüsse. Ein kranker Geschmack, eine pathologische Aufregung die allzu gut geölte Staatsmaschine lenkend. Jetzt liegt diese nichtige Seele hier herumgestreut als sinnloser Kram. Ich empfinde kein Mitleid, nur, wenn ich nachdenke, Grauen und ein Gefühl der Mitschuld, daß diese Welt nicht schon längst zerstört war, im Gegenteil, in etwas andren Formen überall noch weiterlebt.«

Harry Graf Keßler, Aus den Tagebüchern, Dezember 1918, beim Durchwandern des Berliner Königsschlosses.

Menschen wie Puppen im Netz der Konventionen.

Edvard Munch, Bühnenbildentwurf für die Berliner Kammerspiele, 1906

Das neunzehnte Jahrhundert ist, aus der Sicht der Späterlebenden wohl überwiegend mit Recht, das Zeitalter der Bürgers genannt worden. Aber was bedeutete es zwischen 1848 und 1914, ein Bürger zu sein? Der Handwerker, der Verwaltungsbeamte, der Bankier und Unternehmer, bald auch die Handlungsgehilfen, die zu Angestellten wurden, sie alle erhoben Anspruch auf einen Begriff, der so unentbehrlich wurde, wie er weitgefaßt war. Besitz und Lebensform waren in ihm enthalten, allgemeiner Anspruch und klassenmäßige Abgrenzung, formalisierte Bildung ebenso wie philiströse Unbildung. Der Begriff des Bürgers und der bürgerlichen Welt mußte in der Tat schon um die Jahrhundertwende so viel umfassen, daß seine Konturen, die niemals recht scharf gewesen waren, sich aufzulösen drohten. Der Aristokrat, der Offizier, der Bohemien, der Arbeiter und Arme, aber auch der Landwirt und Ordensmann, sie blieben oberhalb und unterhalb des Bürgerlichen, allemal aber außerhalb seiner Sphäre. Der Begriff des Kleinbürgertums war die Vermittlung für den Kleinhandwerker und den Arbeiter, mehr allerdings ein moralisches Angebot zur Güte als ein scharfer Begriff, der vor der Sozialwissenschaft Bestand hätte.[1]

Bürgerlich, das war mithin schon im Ansatz ein Sammelbegriff und in sich wenig stimmig, Dach über einem weiten Gehäuse. Und doch bezeichnet er mit eben seiner Vagheit den Schnittpunkt vieler Linien, die für das späte neunzehnte Jahrhundert charakteristisch waren. Er enthielt die Erinnerung ständischer Elemente, er grenzte aber auch eine neue Klasse ab, die aus dem Zerfall geburtsständischer Ordnungen ihr spezifisches Profil, ihre Anziehungskraft, ihren allgemeinen Repräsentationsanspruch gewann. Am Ende war das alles vielleicht nicht viel mehr als jene »mittlere Kultur«, die der alternde Goethe in Abwehr und Resignation sich unaufhaltsam ausbreiten, »gemein« werden sah: ein vorherrschender Lebensstil, ein verbreiteter Geschmack, eine Konvention über das Richtige und das Falsche, und nicht zuletzt auch eine praktische Art und Weise, sich mit den Zuständen, wie sie waren, einzurichten. Alles in allem ein Gebilde, das sich weniger aus sich selbst beschreiben ließ als von seinen Rändern her zu definieren bleibt.

»In seinem Haus neben dem Brandenburger Tor, dessen eine Fensterreihe auf den Pariser Platz blickte, während die andere auf den Tiergarten hinausging, wirkte Liebermann wie ein Torwart der modernen Malerei. Die Räume dieses Alt-Berliner Hauses, das schon die Eltern bewohnt hatten, enthielten die schönsten Meisterwerke moderner Malerei, persönlich mit der Initiative des Künstlers gewählt. Von eigenen Werken fanden sich nur Familienbildnisse ... Daneben war jedes Möbel – Liebermann sprach von seiner ›Stuhlakademie‹ – und jeder Teppich ein Museumsstück, doch wirkten die Interieurs in keiner Weise museumshaft. Kultur war zu einem Lebenselement geworden, die Vornehmheit erschien selbstverständlich, der Wohlstand war bis zum letzten in eine Lebensform verwandelt, die seinem Besitzer wie angegossen saß. In keinem anderen Berliner Haus war eine Gesamtstimmung dieses Niveaus anzutreffen.« – Karl Scheffler hat in dieser Weise liebevoll den Maler und das ererbte große Stadthaus geschildert, herausragendes Beispiel einer deutsch-jüdischen bürgerlichen Kultursynthese, über ihr schon der

Villa Hügel, Ort bürgerlicher Hofhaltung, Hindernis jeder Familiarität: eine der großen Villen der Gründerzeit, oberhalb des Ruhrtals bei Essen gelegen.

Schatten der Katastrophe.[2] Auch dies war bürgerlich, setzte mit der Verbindung von Wohlhabenheit und avantgardistischem Kunstgeschmack einen hohen Maßstab, aber darum war es auch beunruhigend. Liebermann war nicht der Maler der offiziellen Aufträge, und daß Fürst Lichnowsky, »einer der Intimsten des Kaisers« (Lichtwark), sich von ihm malen ließ, galt als kühn[3].

Dies waren fein ziselierte, schmale Ränder des europäischen Bildungsbürgertums. In gleicher Weise war die soziale Rolle des Bürgers in der Variante des Bourgeois ein gemeineuropäisches Element. Hier kreuzte sich der Wunsch nach Nobilitierung erworbenen Reichtums mit dem Nachahmungsbedürfnis der unteren Sozialschichten. Der Typus entstand aus dem Gegensatz von Öffentlichkeit und Privatheit. Er bedeutete, Privatheit mit Innerlichkeit und Empfindsamkeit zu umkleiden, mit Pathos und Metaphysik, aber auch mit Dienstpersonal und sichtbarem Luxus. Es war die Welt, der in Theodor Fontanes gleichnamigem Roman Frau Jenny Treibel, die »Bourgeoise«, vorstand. Die »Quintessenz seiner Welt war dem Bourgeois sein Zuhause, denn hier und nur hier ließen sich die Probleme und Widersprüche der bürgerlichen Gesellschaft vergessen oder künstlich beruhigen. Hier und nur hier konnte die bürgerliche und noch mehr die kleinbürgerliche Familie die Illusion harmonischen, hierarchischen Glücks nähren, umgeben von den materiellen Gebilden, die dieses Glück zum Ausdruck brachten und es zugleich erst ermöglichten.«[4]

Hier gab es ein dem höfischen Leben abgeschautes repräsentatives Ritual, das ablief wie eine Ballettsuite, mit der großen Diner-Tafel als Zentrum. Das Diner stellte Weltläufigkeit dar. Es führte Gebildete und Ungebildete, Vielbesitzende und Wenigbesitzende zusammen, Gönner und arme Verwandte, Adel, Künstler, Offiziere und Geistlichkeit. Hier gab es eine autoritätsferne Geselligkeit, deren bon ton es erforderte, sehr offen zu sprechen, vielleicht gar zynisch, und politische Themen nicht zu vermeiden. Ein guter Teil noch der Bismarckschen »Gespräche«, von Anwesenden sogleich aus dem Gedächtnis niedergeschrieben, entstand aus dem Ritual des Diners.

Die große Tafel schuf den gemeinsamen Bezug. Sie durfte bei feierlichem Anlaß im großen Privathaus nicht anders aussehen als im Hotel oberster Preisklasse. In einer Anleitung, die der Direktor des Hôtel de Pologne zu Leipzig 1895 erscheinen ließ zum Gebrauch derjenigen, die den großen Lebensstil nicht selbstverständlich ererbt, sondern mühsam zu lernen hatten, wurde dies dargelegt am Beispiel einer »Tafel, gedeckt nach dem englischen System«[5]. Auf einem Rechtecktisch von vier Quadratmetern Fläche wurden vor zehn Personen ein Rechaud und zwei kleine Dessert-Aufsätze aufgelegt, vier Weinkaraffen, Senfnäpfe, Pfefferbüchsen und Salznäpfe. Jedem Gast wurden dann Teller mit Monogramm, Kompotteller, ein kleines Blumenglas für Knopflochblumen zugeteilt, dazu mehr als ausreichend Besteck - »Austerngabeln, Sardinengabeln etc. lege man, wenn nötig, oben an den Teller« - und Gläser: von letzteren waren ein Champagnerkelch, Wasserglas, Sherryglas, Weißweinglas und Rotweinglas de rigueur. Die Qualität des Tischtuchs - es sollte möglichst keine Bügelfalte zeigen - und der Servietten war an Glanz und Gewebe abzulesen: »Das Feinste ist Seidendamast.« War die Hausfrau eine geborene, so erkannte der Gast dies am gestickten Adelskrönchen über den Initialen. Spitzen, Fransen und dergleichen galten als Zeichen minderen Geschmacks. Bei den gedruckten Menükarten hatte man sich vor Übertreibung zu hüten: weiß und gold war elegant, wobei der Adel Wappen, Bürgerliche aber Monogramm zeigten. Zum Servieren brauchte man »fleißige und geschickte Dienstmädchen«. Dazu ein Rat: »Zu beobachten ist hauptsächlich, daß die genannte weibliche Bedienung nicht nur möglichst geräuschlos ihres Amtes waltet, sondern daß sie dieses auch in peinlichst sauberer und nicht auffälliger Kleidung und mit wohlgekämmten und befestigten Haaren verrichtet.«

Nach englischem System gedeckte Tafel
1 Champagnerkelch
2 Wasserglas
3 Sherryglas
4 Weißweinglas
5 Rotweinglas

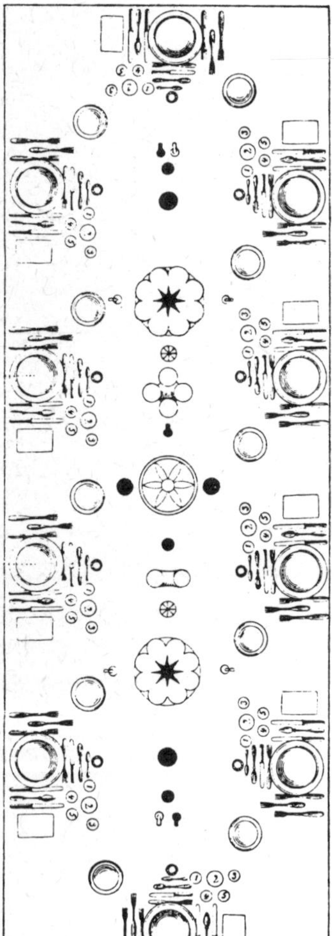

Damit die Lohndiener den Hausherrn nicht übervorteilten, hatte er »den Leuten einzuschärfen, daß sie keinerlei Berechtigung haben, abservierte Speisen und Getränke mit nach Hause zu nehmen«. Offenbar bestand von alters her eine Art von mildem Gewohnheitsrecht der armen Servierer, eben dies zu tun, wie einst das arme Aschenputtel. Am österreichischen Kaiserhof, so die Anregung des Leipziger Hotelfachmanns, war den Lakaien deshalb verboten, Taschen an ihren Röcken zu haben. Trinkgeld sollte man eigentlich nicht geben. Einem Aushilfskellner standen neben Essen, Wein oder Bier eine Barentlohnung von fünf Mark zu: das war, nebenbei bemerkt, das kleinste Goldstück im Deutschen Reich und mehr, als ein Facharbeiter tagsüber in zehn Stunden auf der Baustelle oder im Betrieb verdiente. Dafür hatte das Personal nicht nur den Tisch zu decken, sondern nachher auch alles wieder instand zu setzen und zurückzulegen. Die Kellner sollten weiße Handschuhe tragen und, um möglichst wenig durch Geräusche zu stören, Schuhe mit Gummiabsätzen. Nach dem Diner gab es Zigarren, leichte und schwere, in Damengesellschaft aber sollte das Rauchen unterbleiben, »doch wird diese Galanterie überall im Auslande mehr geübt, als gerade bei uns in Deutschland«[6].

Oft nahm ein »Traiteur« genannter Generalunternehmer das ganze Festessen unter Vertrag: vom Porzellan bis zum livrierten Diener, vom Aperitif bis zu den Havannas. Das von vielen deutschen Städten nach der Reichsgründung - oft unter Einschmelzung älterer Bestände - angeschaffte Ratssilber[7], mit Dekor überladen, war Monument solcher Prunkmahlzeiten. Wie die feierlichen Essen vergangener Zeiten der Repräsentation von Adel oder Korporation gedient hatten, so gab das Ritual des Diners bürgerlichen Lebensformen Ausdruck und, wie nebenbei, auch dem Abstand derer, die da speisten, von denen, die da dienten.

Indes, zu solchem Aufwand gehörte ein Reichtum, wie ihn die patrizische Getreidehändlerfamilie der Buddenbrooks schon nicht mehr hatte, jedenfalls nicht zur Schaustellung ohne zwingenden Anlaß, wie Hochzeit oder Taufe. Frau Jenny Treibel dagegen besaß ihn und spielte ihn aus; ihr Jugendgespiele, der Oberstudienrat, dagegen nicht. Der erfreute sich unterdessen der Sympathie Theodor Fontanes, seines Schöpfers, und war gegenüber dem demonstrativen Verbrauch in der Fabrikantenvilla Repräsentant der Werte des Bildungsbürgertums: Lateiner, bürgerlicher Preuße, Geistesmensch und nicht ohne den milden Hochmut des Gebildeten gegenüber der Krämerstochter, die es so gut getroffen hatte.

In seinen Erinnerungen beschreibt Harry Graf Keßler jenes Haus eines orthodoxen Hamburger Pastors, in dem er nach einer exzentrischen Public-School-Erziehung unter künftigen englischen Gentlemen zum ersten Mal deutscher Bildungsbeflissenheit begegnete: »Der Kult der Bildung hatte etwas Mystisches.« An Geschmack dagegen fehlte es allenthalben, jedenfalls in den Augen des anglophilen Grafen: »Das Blümersche Haus, das ein Spiegelbild der Kultur des Hamburger gebildeten Mittelstands war, nahm auf das Auge kaum die primitivsten Rücksichten. Wohnungseinrichtungen waren zu jener Zeit überall muffig und schwer... Bei Blümers war die gute Stube schwarz, und der Möbelbezug, da die Plüschzeit erst noch bevorstand, Rips, ein harter Wollstoff, der kaffeebraun gefärbt war. Die Tapeten, auf denen über dem Familiensofa Photographien von Verwandten schwarzgerahmt und die Sixtinische Madonna in Stahlstich hingen, waren ebenfalls kaffeebraun und selbst die Spitzenvorhänge wurden nach jeder Wäsche mit Kaffee leicht getönt.«[8] Unübersehbar, daß in diesem Haus die Lücke zwischen knappem Einkommen und sozialem Anspruch nur gefüllt werden konnte, wenn man Pensionsgäste aufnahm. Dem Pensionsgast der Mittelschicht entsprachen die Aftermieter (Untermieter) und Schlafgänger der Unterschichten. Sie kosteten zwar den kostbaren Rest an Privatheit des kleinen Mannes, ihre Miete besserte aber das Familieneinkommen auf.

Das Kroll'sche Etablisment im Tiergarten in Berlin. Zeichnung von Kurt Ekwall

Auf Allerhöchsten Befehl Jhrer Kaiserlichen und Königlichen Majestäten
beehrt sich der unterzeichnete Ober-Ceremonienmeister, Ober-Hof-und Haus-Marschall
zu der am Dienstag, den 6. Juni 1905 um 5 Uhr Nachmittags
in der Kapelle des Königlichen Schlosses zu Berlin stattfindenden Vermählung
Seiner Kaiserlichen und Königlichen Hoheit des Kronprinzen des deutschen Reiches und Kronprinzen von Preussen
mit
Jhrer Hoheit der Herzogin Cecilie zu Mecklenburg
einzuladen.
Ueber Anzug pp. in beifolgender „Hofansage" das Nähere.

Eine fürstliche Hochzeit

Der Begriff der Freizeit war bereits zu Anfang des neunzehnten Jahrhunderts entstanden, als der christliche Jahresablauf und der Gang der Sonne nicht mehr länger Anfang und Ende der Arbeit bestimmten. Der Begriff Freizeit war ein Stück Säkularisierung des Alltags, die Sache selbst aber blieb noch lange knapp. Die große Plakkerei von zwölf bis vierzehn Stunden, die die Frühindustrialisierung begleitet hatte, war bereits vorbei. In den Jahren vor dem Ersten Weltkrieg war die langsame Herabsetzung der industriellen Arbeitszeit in vollem Gang. Sechsundfünfzig bis sechzig Stunden im Sechstagerhythmus waren die Regel und damit wieder jenes Maß, das dem Arbeitstag des Alten Handwerks entsprach, wo man zwischen blauem Montag und dem geheiligten Sonntag mit behäbigen Pausen zwischen Sonnenaufgang und Sonnenuntergang in der Regel bereits eine Fünftagewoche gehalten hatte. Der neue Freizeitbegriff entsprach, so wie der des Urlaubs aus dem militärischen Bereich kam, dem Milieu der Angestellten und Arbeiter.

Muße zu haben, blieb noch lange Zeit Zeichen sozialen Ranges. Die Oberschichten suchten daher nicht Freizeit, sondern Zerstreuung, und wer ganz oben war, suchte sie im Bad. Dahin reiste man in der Saison: Baden-Baden, Bad Ems, Bad Kissingen, Bad Gastein in den Salzburgischen Alpen. Hier war in den siebziger Jahren und noch in den achtziger Jahren der europäische Hochadel reichlich vertreten. Der Kaiser in Uniform mit Hofstaat und Adjutanten gab dem Dienst an der Gesundheit die gesellschaftliche Weihe[9]. In Bad Ems wurde der französisch-preußische Krieg von 1870 ausgelöst, in Bad Kissingen suchte Bismarck sieben Jahre später – »Kissinger Diktat« – seine Folgen einzudämmen, in Bad Gastein war die Reform des Deutschen Bundes gescheitert, am selben Ort wurde vierzehn Jahre später der österreichisch-deutsche Zweibund durchdacht. Und in Bad Ischl unterzeichnete Kaiser Franz Joseph das Kriegsmanifest von 1914 »An Meine Völker«.

Die Bäder zu nehmen, wie man in elegantem Anklang an die französische Redeweise etwas altertümlich sagte, war gesellschaftlicher Zeitvertreib, dem sich Jung und Alt, Gesund und Nichtgesund zu unterwerfen hatten. Man trank meist übelschmeckendes Wasser, das wenigstens nicht schadete. Wo man trank war wichtiger, als was man trank. Dann erging man sich auf der Promenade, machte eine Ausfahrt, sah und wurde gesehen, besuchte einander zu Fünfuhrtee und abendlicher Hausmusik. Seit alters gab es natürlich medizinisch in ihren Wirkungen erforschte Quellen wie Wiesbaden oder Ragaz, Wildungen oder Salzuflen, wo das mondäne Ballett nur Abglanz war und das Diktat der Gesundheit regierte. Doch waren, vor dem Siegeszug der Sozialversicherung um die Jahrhundertwende, auch solche Bäder noch elegante Enklaven. Die Nordlandreisen Wilhelms II., dessen heroische Pose der morgendliche Trinkbecher desavouiert hätte, haben diesem Lebensrhythmus den Konzertmeister genommen. Freilich folgten ihm nur wenige in den Norden, die meisten trieb es schon im März oder April in den Süden. Gesundheit, nicht Gesellschaft wurde Hauptindikation des Bades. Nur dort, wo auch gejeut wurde wie in Baden-Baden, blieb das Bad bis zum Ersten Weltkrieg aristokratischer Zeitvertreib. Die bürgerliche Variante wurde mehr und mehr die Sommerfrische in den Bergen oder an der See, Heringsdorf und Rügen oder Salzburg zur Festspielzeit und Reichenhall. Urlaub für die wachsende Armee der Angestellten und Arbeiter gab es, wenn überhaupt, dann nur für wenige, kostbare Tage. Die großen Schulferien dienten in einem noch stark agrarischen Land weniger der Erholung der Kinder als der Bereitstellung kleiner Arbeitskräfte für die Ernte.

Die Zerstreuung der Saison waren eine andere Form, Savoir-vivre mit der Zurschaustellung gesellschaftlichen Rangs zu verbinden. Die Saison begann offiziell schon im Herbst, tatsächlich aber erst im Januar, wenn die Jagd abgeblasen war und der Gutsbetrieb in Winterschlaf sank. Der Zirkel führte dann die Damen der Gesellschaft zusammen zu Bridge, Gesang, Kaffee und Kuchenbergen. Da der Begriff so merkbar aus dem Französischen kam, verriet er höhere

Das Gesicht des Friedens: Karlsbader Promenade

Lebensart. Dort, wo der cercle als »Kränzchen« firmierte, führte er Damen zusammen, die durch den Beruf der Männer ein tertium comparationis hatten: Anwälte und Richter in der Provinz, die Pfarrerin dazu, vielleicht auch Offiziersdamen. In den Universitäten war das Fakultätskränzchen das weibliche Pendant der Fakultät. Politik war in cercle oder Kränzchen absolut tabu, geraucht wurde nicht, mitunter trank man Likör. Die gemeinsame Lektüre klassischer Dramen, die Besprechung neuer Literatur, sofern sie nicht gewagt war oder sozialkritisch, der Austausch der Adressen von Schneider und Konditor, Einmachrezepte, Affären und die stille Karrierepflege des abwesenden Gatten, das füllte viele Nachmittage.

Jour fixe war die allgemeine Besuchszeit am Samstag zwischen Mittag und zwei Uhr. Die Dame von Rang hatte ihren eigenen, davon abweichenden jour, gewöhnlich nachmittags zwischen drei und fünf Uhr. Die Antrittsvisite und jeder andere steife Besuch hatten ihre Zeit. War diejenige, welcher der Besuch galt, zufällig nicht zu Hause, so galt dies nicht als schlechte Form. Man gab die Visitenkarte ab und hatte einer Pflicht genügt. Später konnten dann wirkliche Einladungen folgen, zum Diner etwa, englisch, französisch oder auch deutsch gedruckt, und stets mit dem obligaten UAwg. Zum Frühstück eingeladen zu werden hieß, daß man kurz vor Mittag erschien; zum Souper, daß es vor zehn Uhr abends nichts zu essen gab. Vom Diner ging man um Mitternacht nach Hause, vom Souper um ein Uhr nachts. Länger zu bleiben galt als schlechte Form. Das

Gartenfest, lange Zeit noch höfisch-diplomatisches Privileg, wurde noch vor dem Weltkrieg ein Accessoire der Villen im Grunewald oder in München-Bogenhausen.[10]

Man machte ein Haus. Wer ganz oben stand, machte ein großes Haus. Doch auch der Ausflug war sehr wichtig. Nur für die Bewohner der großen Berliner Mietshäuser begann er mit der Ringbahn am Potsdamer Platz. Für die Bewohner der Beletage gab es das Dampfboot, Abfahrt Jannowitzbrücke, die Pferdebahn oder die offene Kutsche als Beförderungsmittel. Ziel war meist ein bürgerlich genanntes Gartenlokal im Spreewald oder in Babelsberg; die Pfaueninsel war populär, die Kirschblüte in Werder war berühmt. Die Handwerker-, die Beamtenfamilie ließ sich dort nieder, wo die Ankündigung »Hier können Familien Kaffee kochen« wohlfeile Preise verhieß.

Das Opernabonnement gab, wie der regelmäßige Theaterbesuch, bei dem sich meist dieselben Leute trafen, den Ausweis höherer Gesittung. Der Parkettplatz in der Königlichen Oper in Berlin kostete zehn Mark, eine stolze Summe, in dem 1905 bereits von Max Reinhardt übernommenen Deutschen Theater 4.70 Mark. Nach oben und zur Seite allerdings sanken die Preise und waren auch noch Studenten erschwinglich. Ein Ort des Arbeiters oder des unteren Angestellten wurden Theater und Oper dagegen nicht, und selbst die Stücke, in denen die sozialen Gebrechen der Epoche abgehandelt wurden, fanden vor den intellektuellen Schichten des hauptstädtischen Bürgertums statt. Die Sprache, das Bildungsmilieu, die Eintrittspreise und die Notwendigkeit, anderntags früh aufzustehen, verteidigten lange Zeit eine Barriere, die erst von den Volksbildungs- und Arbeiterbildungsbestrebungen der Vorkriegszeit langsam abgebaut wurde.

Die Ressource, die Redoute, die Kasinogesellschaft waren Ort der Zerstreuung, wo höhere Töchter debütierten unter dem wachsamen Auge ihrer Chaperons. Das Symphoniekonzert, das Kammerkonzert, die Galerie, das Museum waren Bildungstempel, in denen das Bildungsbürgertum noch lange Zeit unter sich blieb, kulturelles Wi-

Mihály Munkácsy, Der Besuch, 1881

derlager zum industriellen Alltag. Andere Widerlager waren Klubs und Vereine, die meisten eine exklusive Männerangelegenheit. In Berlin gab es an die zwanzig, die dem Landadel ein *pied-à-terre* und standesgemäße Gesellschaft versprachen, auch wurde hier gejeut. Der vornehmste dieser Klubs war die Große Kasino Gesellschaft. Sie stand unter dem Protektorat des Kaisers und galt als Haus des Adels, der Diplomatie und der Offiziere, wofür die Mitglieder in drei Klassen unterteilt waren. Die gemeinsame Tafel besuchten zumeist adlige Herren, gespielt wurden Skat und Bridge.[11]

Unter den Vereinen zählte man in Berlin um 1905 bereits einen Deutschen Automobilklub, der einen teuren, lauten und gesellschaftlich exklusiven Sport pflegte: das Herumfahren mit Benzinkutschen. Zwei Klubs, Potsdamer Straße 125 und 126, waren Damen der Gesellschaft vorbehalten. Es gab zahlreiche gemeinnützige Vereine, vom Abonnementsverein für Dienstherrschaften zugunsten kranker Dienstboten über den Berliner Handwerkerverein bis zum Verein für Volksbäder und verschiedene Vereinigungen ähnlich philanthropischer Richtung. Die Kriegervereine, deren Mitgliederzahl die der Sozialdemokratischen Partei überstieg, hatten in Berlin unter den Augen des Obersten Kriegsherrn ihr nationales Zentrum. Unter den Frauenvereinen gab es das Pendant der Kriegervereine, den nationalen Frauenverein, der auf die Kaiserin blickte. Es gab aber auch bereits den Verein zur Gewährung zinsfreier Darlehen für studierende Frauen, dessen Berechtigung im Zeitalter des Blaustrumpfs unverkennbar war; da die akademischen Stipendien und Freitische satzungsgemäß meist für männliche Studierende eingerichtet waren, gab dies der studierenden Tochter eine Chance, sich gegen das Vorurteil der Eltern durchzusetzen. Indes hat das Frauenstudium erst einen Aufschwung genommen, als der Krieg die Hörsäle leerte. Ähnlich dem Bildungsbürgertum verbunden wie die philanthropisch-sozialen Vereine waren die musikalischen Vereinigungen, darunter so traditionsreiche wie die Singakademie am Festungsgraben und die Berliner Liedertafel. Neueren Datums war der Berliner Lehrergesangverein.

Zerstreuung, das leisteten auch Kabaretts mit Eintrittspreisen um die drei Mark – das kam dem Tagelohn eines Facharbeiters gleich. Jeder Adreßkalender führte eine lange Rubrik »Rauchtheater und Zirkus« auf, in Berlin fand sich darunter auch ein jüdisches Theater im Stadtbahnhof am Alexanderplatz, wo in Jiddisch gespielt wurde. Auffallend war im Norden Deutschlands, daß öffentliche Feste weitgehend fehlten, wo Oben und Unten zusammentrafen. Im Süden war das anders. Die Kirchweih, im Fränkischen auch Kerwa genannt, und ihre vielen Spiel- und Sonderformen führten alle Schichten zusammen. Bei der Erlanger Bergkirchweih war der Professor so gut anzutreffen wie der Arbeiter oder der Fischzüchter aus dem Aischgrund, freilich an verschiedenen Tagen. Beim Münchner Oktoberfest, langer Nachhall einer großen Fürstenhochzeit, konnte man dem Geheimrat aus den Ministerien rund um den Salvatorplatz ebenso begegnen wie dem Bohemien oder dem Stadtbahnschaffner. Vielleicht war das auch ein unbewußtes Erbe katholischen Prozessionswesens, das an die säkularisierte Welt des neunzehnten Jahrhunderts ein Stück sozialer Verständigung vererbte.

Was für die oberen Gesellschaftsschichten der Pferdesport in Hoppegarten war oder das elegante Hindernisreiten in Karlshorst, war für die maior pars die Militärmusik auf freien Plätzen. Im Zoologischen Garten wurden Tiere und Zuschauer, die letzteren für fünzig Pfennig Eintritt, täglich von fünf Uhr nachmittags bis nachts um elf mit Märschen unterhalten. Umsonst gab es die große Wachparade, umsonst auch die farbenfrohen Defilees der berittenen Garderegimenter, wenn sie aus Jüterbog oder von Westen über die Heerstraße in Berlin einzogen oder zur großen Paroleausgabe an Kaisers Geburtstag auf dem Zeughausplatz angetreten standen, oder wenn sie die große Frühjahrs- und Herbstparade auf dem Tempelhofer Feld inszenierten. Da gab es schulfrei, da wurde in Matrosenanzügen fröhlich mitmarschiert und hurra geschrien, ein Volksfest ohne Vorahnung. Die Kriegervereine feierten am Abend des Obersten Kriegsherrn Geburtstag. Für Töchter und Mütter der Helden gab es unterdessen die berühmten Kaiserbälle der einzelnen Truppenteile: das Gardekürassierregiment, zu erkennen am weißen Koller und weißer Mütze mit blauem Besatz, Kragen und Ärmelaufschläge mit weißen Litzen, zur Parade dazu der Helm aus silbrigem Tombak mit fliegendem Adler. Das Gardedragonerregiment Königin Victoria von England in hellblauem Rock, Knöpfe und Helmbeschlag gelb, Schulterklappen rot, Haarbusch weiß. Das Gardeulanenregiment Kaiserin Alexandra von Rußland in dunkelblauer Ulanka, mit Epauletten und Tschapka, rotem Kragen, gelben Knöpfen. Weniger farbig, aber von gleicher Vornehmheit die vier Garderegimenter zu Fuß, mit dunkelblauem Rock, Helm mit schwarzem oder weißem Haarbusch, gelben Knöpfen, schwedischen Ärmelaufschlägen.[12] Beim Ball unter Gaslampen, Kerzen oder elektrischer Beleuchtung sah man Tüll und Seidenroben, weite Décolletés und hochgetürmte Frisuren bei den Damen; bei den Herren Degen und Litzen, bunten Rock und blanke Stiefel – konnten die da tanzten wissen, daß sie dem großen schwarzen Loch entgegenschwankten?

Das Volksfest an Kaisers Geburtstag war ein Fest der Kriegervereine, und im Norden weit populärer als im Süden, bei Bauernsöhnen mehr als bei Proletariern. Aber ganz haben sich auch die Sozialdemokraten dem Taumel, der so harmlos aussah und doch so unschuldig nicht war, nicht entziehen können, ja nicht einmal entziehen wollen. Ihre Lebensform entstand aus älterer Gesellenkultur, die stets Abbild und Widerspiegelung der Zunftordnungen gewesen war, aus Disziplin und Bildungswillen, aus Solidarität, Sozialprotest und Nachahmungsstreben.[13] Es gab hier nicht das mondäne Ballett, nicht den geputzten Glanz. Es gab aber das Volksfest, den Umzug, die bierselige Geselligkeit, den Bildungsernst, das strenge Achten auf Anstand und Sitte, in einem Wort eine Arbeiterkultur, die nicht defizitäre bürgerliche Kultur war, sondern ihre eigene Würde bewahrte und weitergab, ein eigenes Selbstbewußtsein, in den Formen freilich wie in den unausgesprochenen Voraussetzungen der herrschenden bürgerlichen Lebensform unübersehbar benachbart und verwandt.

Zu den wichtigsten Ausprägungsformen solcher Lebenskultur zählte, zumal in deutschen Industriestädten, die Kleingärtnerei. In Berlin bildete sich in den Laubenkolonien zwischen den Arbeiter-

Max Beckmann, Nollendorfplatz (Berlin Museum)

vorstädten ein idyllisches, hausbackenes Milieu in der gleichen unpolitischen geselligen Privatheit aus, die das Bürgertum durch dunkle Wohnkultur und Spitzendecke herstellte. Ähnlich ging es in den meisten deutschen Industriestädten. Hier wurde auf kleinen Rechteckbeeten intensive Gartenwirtschaft getrieben, die das knappe Familienbudget aufbesserte, Obst wurde eingeweckt, Gurken eingelegt, hier schien der Mensch zurückzukehren zu sich selbst. Denn mit den traditionellen Sonnenblumen, den Johannisbeeren, den Sauerkirschen blühte hier auch die Erinnerung an das ferne, verlorene Ackerland. Die Laubenkolonien und Schrebergärten, meist in Gleisdreiecken und anderen kaum bewohnbaren Orten in langer Pacht und mit strengem Reglement von der Stadtregierung ausgetan, waren eine sehr deutsche Erscheinung, Gegengewicht zur

Heinrich Zille, Kleine Leute auf dem Nauener Platz, 1911 (Berlin Museum)

Industriearbeit für eine Arbeiterschaft, die oft noch in der vorhergehenden Generation auf dem Lande gelebt hatte. Ausdruck auch für eine Nostalgie nach Tieren, Erdgeruch und frischem Grün, die in den großen, engen und überlasteten Mietshäusern der Arbeiterquartiere nicht zu befriedigen war. Mit dem kleinen Wohlstand wuchs dann in den Schrebergärten auch die Hütte, aus einem Geräteschuppen wurde ein schmuckes Holzhäuschen, Sommerfrische des kleinen Mannes, bescheidener Stolz seiner Besitzer und Objekt des Neides für die anderen, die es nicht so weit gebracht hatten, noch nicht. Die Tagelöhnerkate hatte auf der Parzelle ihr industrielles Gesicht gefunden, wo gepflanzt und geerntet wurde, wo getischlert wurde, Kaffee gekocht und wo, wie der Bauer seine Rinder und Schweine, der Kleingärtner Hühner, Tauben und Kaninchen aufzog. Man schloß sich zu Vereinen zusammen mit seltsamen Namen wie »Bauers Ruh«, »Ostwacht« oder »Kiautschou«, die verborgene Stimmungen verrieten,[14] erteilte einander gute Ratschläge über Obstbaumpfropfen und Pflanztermine und prämierte die größten Kürbisse und die schönsten Kaninchen.

Der Arbeiter, der mit anderen singen wollte oder Sport treiben, abstinent bleiben, ins Theater gehen oder als Naturfreund wandern wollte, konnte sich einem der vielen Vereine anschließen, die im Arbeitermilieu entstanden. Unter dem Zugriff des seit 1870 in der Praxis dauernd verschärften preußischen Vereinsrechts, noch mehr unter dem Sozialistengesetz 1878 bis 1890 waren solche von Behörden und Unternehmen gewöhnlich materiell und ideell geförderten Aktivitäten eine Möglichkeit, unverdächtig zusammenzukommen. Man hatte der »Wacht am Rhein« einen Arbeiter-Text untergeschoben und konnte, wenn ein Schutzmann erschien, wieder zum Original übergehen. Nach 1890 entfielen solche Tarnungsmotive, doch blieben die Vereine eine Auffanglinie für den Fall, daß der Partei wieder schwere Zeiten bevorstanden. Ihr Aufschwung seitdem war vor allem eine Auswirkung der geringer werdenden Arbeitszeit. Die erste Generation von Arbeitern, die so etwas wie ein Freizeitproblem hatte, fand in den Vereinen eine Heimat.

Der organisierte Arbeitersport wurde wohl der wichtigste Teil einer Kulturbewegung, die in den beiden Jahrzehnten vor dem Weltkrieg ihre stärkste geistige und organisatorische Verdichtung erfuhr.[15] Teure und gesellschaftlich herausgehobene Sportarten wie Tennis oder Reiten, Segeln und Golf blieben Reservat der begüterten Schichten, andere, wie Fußball, lange Zeit Spektakel der Unbegüterten. Aber der den Oberschichten abgeschaute Arbeitersport entwickelte sich unter eigenen Gesetzen: die körperliche Leistung hatte ein egalitäres Moment, und der Sport förderte auch das Wir-Gefühl. Geräteturnen, Gymnastik und Fußball, Radfahren, Wandern und Schwimmen erzeugten Gruppensolidarität. Wohl noch wichtiger waren die privaten Motive, die die Arbeiter in die Sportvereine trieben: Sport gab Selbstachtung zurück und ein Gefühl physischer Leistungsfähigkeit. Sport schuf auch Möglichkeiten der Auszeichnung, wenngleich Breitensport und Mannschaftssport Vorrang hatten. Wettkampf und Sieg, aber auch Gemeinsamkeit der Bewegung und anschließender Umtrunk waren Möglichkeiten der Selbstbestätigung für Menschen, denen dies sonst verwehrt war. Die

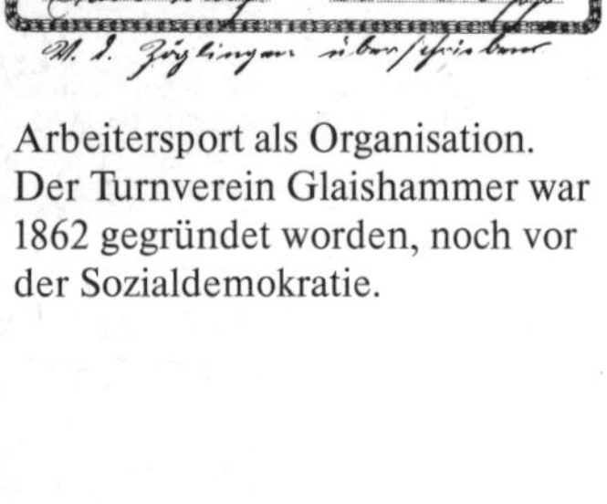
Turnverein Glaishammer.
Mitglied des Arbeiter-T.-Bundes. (A. V.) – Gegründet 1862.
Aufnahms-Karte
für: Herrn Fritz Schneider
Glaishammer, den 31. Januar 1912
I. Vorstand:
Kassier:
Schriftführer:

Arbeitersport als Organisation. Der Turnverein Glaishammer war 1862 gegründet worden, noch vor der Sozialdemokratie.

Trikots, die Pyramide aus muskulösen Leibern, die in feierlichem Umzug bewegten Fahnen – sie hatten etwas Uniformes, wie das Militär, und gehörten doch zur sozialdemokratischen Gegenwelt.

So bildeten sich in den 1890er Jahren, aus vielerlei Motiven angestoßen, überall in deutschen Industrielandschaften Turn- und Radfahrvereine, zusammengeschlossen im Arbeiterturnbund. Deutschland wurde rund fünfzig Jahre nach England das Zentrum des Arbeitersports. 1913 wurde gar eine Sozialistische Internationale der Sporterziehung ins Leben gerufen. Allein in Deutschland zählte die Arbeitersportbewegung vor 1914 nicht weniger als 350000 Mitglieder – und jedes fünfte unter ihnen wird aus dem Krieg nicht mehr zurückkommen.

Die Arbeitersängerbewegung knüpfte an alte Rituale der Gesellenbruderschaften, an ihre mündlichen Traditionen und ihre Erkennungszeichen an, nahm aber auch die revolutionäre Singtradition der Französischen Revolution auf, die die wandernden Burschen nach Deutschland getragen hatten. Die ersten Vereine datierten aus der Jahrhundertmitte, sie entstanden vor der politischen Arbeiterbewegung. 1892 entstand die »Liedergemeinschaft der Arbeiter-Sängervereinigungen Deutschlands«, woraus 1908 der »Deutsche Arbeiter-Sängerbund« gebildet wurde, mit 200000 Mitgliedern ein respektabler Massenverband. Hier lagen wohl die stärksten Anknüpfungspunkte, um aus der untergegangenen alten Gesellenwelt eine eigenständige Arbeiterkultur zu entwickeln. Immer wieder der Versuch, in Formen des Bildungsbürgertums andere kulturelle Traditionen zu pflegen und zu entfalten.[16]

Auch hier ging es um Solidarisierung und sichtbare Gemeinschaft, um kulturellen Wetteifer, ja um politische Demonstration. Im klassenbewußten Arbeiterheer sollten die Gesangvereine die »rote Feldmusik« sein, schrieb einer der Publizisten der Bewegung, Hermann Duncker. Der Ehrgeiz war es lange Zeit, »Bahnbrecher und Wegbereiter zu sein für die künstlerische Kulturperiode, die der Sozialismus heraufführen soll«[17]. Dafür allerdings gab die Sozialdemokratische Partei wenig Führung, ja kaum Anlehnung, von einer Theorie zu schweigen. 1896 erklärte die Partei – das war durchaus klassizistisch gedacht – es müsse Kunst von Politik frei gehalten werden. Der Arbeiter sollte zu unpolitischem Kunstgenuß geführt und erzogen werden, und er wollte wohl auch. Kunst war für die Partei Bildungsmittel, nicht Mittel der Agitation. Der Reformismus der Partei ließ damit jene im Stich, die eine kulturelle Gegenwelt aufbauen wollten. Erst im Gefolge der russischen Revolution von 1905 begann die Partei umzudenken. Aber die Betonung lag nach wie vor auf dem Liebknechtschen »Wissen ist Macht« und damit auf intellektueller Analyse sehr viel mehr als auf emotionaler und künstlerischer Ausdrucksfähigkeit. So blieb die Arbeitersängerbewegung vorwiegend Ersatzheimat der Ausgeschlossenen. Die Trommeln und Schalmeien der »roten Feldmusik« brachten die Mauern der bürgerlichen Bildung nicht zum Einsturz.

Zu den wöchentlichen Übungsstunden der Gesangvereine kamen die Arbeiter und Arbeiterinnen offenbar weit regelmäßiger als zu Partei- und Gewerkschaftsversammlungen politischen Inhalts. Das blieb bei Parteiführung und Funktionären nicht unbe-

Josef Benedikt Engl,
Scharfes Auge (1896)
»He, mein Lieber, mir scheint, Sie machen da ja eine Faust im Sack.«

Lassalles Tod im Duell 1864 nahm der politischen Arbeiterbewegung ihren begabtesten Führer.

merkt, und Ärger war die Folge. Die Turner wurden gefördert, die Sänger eher geduldet, obwohl sie doch bei jeder größeren Parteiveranstaltung auftraten, umrahmten, Weihe gaben und Mitglieder warben. Wie das Beethovenquartett den akademischen Festakt schmückte, die Militärmusik den uniformierten Vorbeimarsch, so gehörte das Tendenzlied der Massenchöre zum Fest der Arbeiterbewegung.

Freilich unterlag es einem Wandel: bis 1870 hatte man meist mit Macht einstimmig revolutionäre Lieder wie Herweghs Bundeslied oder Jakob Audorfs Arbeiter-Marseillaise gesungen. Danach wuchs der musikalische Ehrgeiz auf Kosten des revolutionären Feuers. Man wollte mehrstimmig konzertieren. Das Sozialistengesetz, das einen Zwang zur Tarnung ausübte, verstärkte noch die Anpassung an das Verhalten der bürgerlichen Liedertafel. Pathos und Metaphysik, Kennzeichen bürgerlicher Lebensformen dieser Zeit, brachten auch Texte und Darstellungsweise der Arbeitersänger auf Distanz zur Wirklichkeit.[18] Daß der Deutsche Arbeiter-Sängerbund 1914 amtlich zum politischen Verein erklärt wurde, was der Behörde Möglichkeiten zum schärferen Durchgreifen bot, provozierte eine bezeichnende Reaktion: zuerst meinte man, nun brauche man nicht mehr ängstlich alles zu meiden, was nach Politik aussah. Dann aber erklärte der Vorstand auf der Generalversammlung des Bundes, kaum sechs Wochen vor Kriegsbeginn: »Wir Arbeitersänger wollen singen ...« Die »gesanglichen Leistungen« wollte man »zu höchster Vollkommenheit entwickeln«. Im Kunstbekenntnis der spracharmen Funktionäre wurde der Weg meßbar, den die Arbeiter seit den Tagen der einfachen, aufmüpfigen Gesellenlieder gegangen waren.[19] Keineswegs hat er stracks zu einer eigenständigen Arbeiterkultur geführt.

Was für die Sport- und Sängerbewegung galt, galt auch für die Arbeiterbildungsvereine. Hier lag der Akzent durchaus auf Bildung – nicht Ausbildung, Indoktrination oder Freizeitvertreib. Die geltenden Bildungsgüter wurden hier vermittelt, wenn die Fabriktore nach einem zehn- oder zwölfstündigen Arbeitstag schlossen: Gedichte, Literatur, fremde Sprachen, selbst Latein, mit einer Tendenz zu positivistischer Vielwisserei. Vor allem die aufstrebenden Facharbeiter, die künftige Führungselite, die die alte Gesellenkultur beerbte, strebten nach Höherem. Nicht die Waffen und Werkzeuge der Revolution wurden hier bereitgelegt, allenfalls ihre Rhetorik geübt. Die Bürgerkultur der Bücherschränke und der Goldschnittbände wurde anerkannt und angeeignet. Dies war kennzeichnend für die organisatorische Kraft, die in der Arbeiterbewegung steckte, aber auch für den herrschenden Zug, die in sich so verschiedenen und von außen doch so bewunderten und beneideten Formen der anerkannten Kultur zu übernehmen. Dies galt selbst in jenen zwei Jahrzehnten vor dem Ersten Weltkrieg, da die Arbeiterkultur sich am schärfsten als Klassenbewegung zu profilieren schien. Davor hatte es so gut wie keine freie Zeit gegeben, kaum Bewegungsmöglichkeiten, auch schlug immer noch stark das zünftische Erbe der Gesellenbruderschaften durch. Danach aber kamen Schützengraben und Bürgerkrieg, Mobilität und Massenkommunikation, stärkere soziale Angleichung auch durch die Macht des Films, des Radios und der

Massenpresse. Die Chance der Arbeiterkultur, wenn es sie denn je gegeben hatte, war 1914 vorbei.

In Sprachen, Ideen und Sitten, in den unausgesprochenen Werten, in Religion und Repräsentationsformen war die Welt der Arbeiter von der der Bürger verschieden. Und doch gab es in Deutschland nicht die »zwei Nationen«, von denen Benjamin Disraeli in den 1840er Jahren in England gesprochen hatte (»Sybil. Or the Two Nations«). Es gab viel Mobilität, es gab vermittelnde Milieus, die quer zu den Schnittlinien der Industriegesellschaft lagen wie der »Zentrumsturm« oder wie das nach Millionen zählende Heer der Pendler, das in kleinbäuerlicher Lebensweise verharrte und doch Arbeit in der Industrie suchte und fand. Vor allem gab es Hoffnung und Realität sozialen Aufstiegs, die Erfahrung der allmählichen Besserung, die Chance der Arbeitswanderung, und der Reformismus der Arbeiterbewegung fand seine Entsprechung in den Lebensformen des Alltags und den Beschäftigungen der Freizeit. Es war schon damals wirklichkeitsfremd, in einer expandierenden Wirtschaft mit sichtbar steigendem Lebensstandard und im Zeichen eines ansteckenden Nationalismus die Lebensformen der Industriearbeiter gewissermaßen isoliert zu sehen – dies gar rückwirkend zu fordern und der »Arbeiterkultur« zur Last zu legen, daß sie nicht hinreichend auf Abstand zu allem übrigen geblieben sei, verrät nicht viel Lebensnahe.

Lesender Arbeiter,
ein Lebensideal

So mißlang es auch, das Theater als politisches Kommunikationsmittel einzusetzen, wie es Franz Mehring und andere Sozialdemokraten bildungsbürgerlicher Prägung durch die Volksbühnenbewegung anstrebten. Sie erreichten, daß Arbeiter verbilligte Karten erhalten konnten, doch konnten sie nicht viele dazu überreden, von solcher Möglichkeit auch entsprechenden Gebrauch zu machen. Das über die verschiedenen etablierten Richtungen prinzipiell hinausführende neue Theater der Arbeiter hat es nicht gegeben. Beim Lesen die gleiche Erscheinung: was die Pädagogen zumeist bürgerlicher Herkunft den Arbeitern als Lektüre nahebringen wollten und was diese wirklich lasen, blieb nach allem, was wir wissen, weit voneinander entfernt. Arbeiterbibliotheken waren nicht in erster Linie Ort ideologischer Indoktrination, vielleicht halfen sie, Schwellenangst zu vermindern. Sie spornten zum Lesen an und vermittelten das Erbe der kleinen und der großen Literatur an Schichten, deren Eltern und Großeltern kaum über Kalender und Trivialromane hinausgekommen waren und allenfalls noch die Bibel im Hause gehabt hatten. Aber auch in den Arbeiterbibliotheken waren Belletristik und Jugendliteratur sehr begehrt. Aber nicht alle schafften leichtere Kost an. Ausleihen konnte man nur, was zuvor gekauft war. Man hat es, damals schon, alles gezählt. Wo Belletristik zu haben war, wurden die Ausleihwünsche zumeist aus jenen Regalen befriedigt, wo die Politökonomie nicht stand. War am Ende, auch wenn die Ausleihziffern es nicht belegen können, Johanna Spyris »Heidi«, der Traum vom heilen Leben auf der Alm beim Öhi, begehrter als Kautsky? Wo es Romane gab, da waren es doch zumeist gesellschaftskritische Bücher, wie Emile Zolas »Germinal«, und sie waren schwerlich eine schlechtere Schule des Bewußtseins als die fremdwortschweren Abhandlungen der sozialistischen Kirchenväter.

In einer süddeutschen Stadt, 80000 Einwohner, gab es um die Jahrhundertwende einen aus fünfundvierzig Mitgliedern bestehenden sozialdemokratischen Leseverein. Er wurde besonders gut studiert. Ihm gehörten fünfzig gesinnungstreue Bücher und ebensoviele Broschüren, die sozialdemokratischen Fraktionsberichte aus dem Reichstag, Herausgeber Bebel, eingeschlossen. Die Ausleihziffern für Sachbuch und Sozialkritik zeigen Bebels Bestseller über die Frau (»dem Mann als Freie, Gleiche gegenüber ... vollkommen Herrin ihrer Geschicke«) ganz oben, Engels' Lage der arbeitenden Klasse und Marx' Kapital ganz unten. Niemand konnte es mit Bebel aufnehmen. In weitem Abstand folgten ihm Dodel-Port mit »Moses oder Darwin«, Köhler mit »Weltschöpfung und Weltuntergang« und Avelings Popularisierung der Entwicklungslehre »Die Darwinsche Theorie«. Politische Schulung und wirtschaftliche Analyse blieben ein mühsames, freudloses Geschäft, dem sich nur wenige willig unterzogen, stets in der Hoffnung, hier die ökonomischen Welträtsel gelöst zu finden. Das Bedürfnis nach Zerstreuung am Ende eines harten Tages, der Wunsch nach Unterhaltung und der Traum vom privaten Glück, aber auch das Bedürfnis nach Teilhabe an den kanonischen Bildungsgütern der Nation waren stärker als andere Beweggründe[20]. Klassenbewußtsein las man sich nicht an. Man erwarb es an der Maschine oder beim Streik und ersatzweise auch beim Singen oder Turnen.

Das Verhältnis dieses Milieus zu den alten Kirchen war feindlich oder schlechthin nicht vorhanden: getrennte Welten. Im protestantischen Bereich gab es Wicherns Innere Mission, die dem Arbeiterleben einen höheren Sinn geben wollte, Stöckers Stadtmission, Friedrich Naumanns National-Sozialen Verein, dazu die verschiedenen Richtungen des Evangelisch-Sozialen Kongresses. Aber sie verloren allesamt nicht das Erscheinungsbild bürgerlicher Herablassung und politischer Nebenabsichten, die ja in der Tat auch unübersehbar waren. Stärker war da die Integrationskraft der Zentrumspartei, die auf dem breiten Sockel des katholischen Vereinswesens aufruhte und ähnlich integral war, von der Wiege bis zur Bahre, wie das sozialistische Milieu. Hier gab es von alters her die Kolpingfamilie für die wandernden Gesellen, die auch den jungen Industriearbeitern eine alkoholfreie, sangesfreudige Heimstatt bot, wo gewandert und gesungen wurde, wo man am Gemeindeleben teilhatte mit Umzügen, Gottesdienst und kirchlichen Festen. In den 1890er Jahren hat dann der Volksverein für das katholische Deutschland das soziale Fundament des katholischen »Turms« verbreitert und in den christlichen Gewerkschaften einen Partner gefunden.[21]

Das böse Wort von den »Reichsfeinden« (Bismarck), das neben Sozialisten, Katholiken und Linksliberalen auch Polen, Welfen und Elsässer treffen sollte, und die Rede von den »vaterlandslosen Gesellen« (Wilhelm II.) verstellen bis heute die Einsicht, daß im Kaiserreich nicht das Trennende überwog, sondern das Verbindende. Der Konflikt über die staatlichen Grundlagen beherrschte die Politik, und von 1871 bis 1918 wurde der Kampf um die Macht oft genug symbolisch dramatisiert zum Glaubenskrieg und letzten Gefecht. Zugleich aber diente die Teilung der Nation auch der Befestigung der Lager. Im Kulturkampf wurde der »Zentrumsturm«, unter dem Sozialistengesetz die Arbeiterbewegung konsolidiert. In Alltag und Lebensformen indessen, in den Maßstäben von Erziehung und Kultur, von Leistung und bürgerlichen Tugenden scheint heute, bei größerem Abstand, das gemeinsame Grundmuster tiefgreifender, seit Generationen eingeübter Sozialdisziplin stärker durch als der Dissens.

Wirklich ausgeschlossen waren nur die ganz Armen, die Elenden und Siechen. Das waren jene, die in Arbeitshäusern wohnten, im wörtlichen Sinne von der Hand in den Mund lebten, ohne Geld, ohne Hoffnung, ohne helfende Verwandtschaft und ohne die Chance, durch eigene Anstrengung das schlechte Los zu verbessern, das sie gezogen hatten. Es ist daran zu erinnern, daß es nicht diese Ärmsten der Armen waren, die aufbrachen, um anderswo Arbeit und Land zu suchen. Das waren jene, die sich etwas zutrauten, Geschick und Unternehmungsgeist hatten und eine kleine Reserve besaßen, um andernorts die Existenz neu zu begründen. So waren es auch nicht die katholischen und sozialistischen Arbeiter, die auf der untersten Sprosse der sozialen Leiter standen. Um den sozialen Ort der Industriearbeiterschaft um die Jahrhundertwende auszumessen, muß man vielmehr die Grenzlinie zwischen Arbeiterexistenz und Armut begreifen. Sie war markiert durch Zugehörigkeit des Arbeiters zu einem festgefügten Sozialmilieu, durch regelmäßige Arbeit, ein Mindestmaß an sozialer Sicherheit, durch Teilnahme an Vereinsleben, Fest und Arbeitskampf und durch ein Stück Gruppensolidarität, das aus gemeinsamer Arbeit und gemeinsamem Wohnen im selben Milieu erwuchs.

Diese Trennungslinie zwischen Industriearbeit und Armut allerdings blieb lange Zeit bedroht von Krankheit, Unfall und Arbeitslosigkeit, durch Tod und einsames Alter. Wer arm war, hatte keine Rücklagen, keine Solidarität, nur die Hoffnung auf die Hilfe mildtätiger Geber. Der Industriearbeiter war, verglichen mit der nach Hunderttausenden zählenden Armee der Armut, nicht arm. Es war allerdings Kennzeichen seiner Lage, daß er sich gegen jene Wechselfälle des Lebens, die die Armut brachten, nicht hinreichend schützen konnte. Irgendwann kam unweigerlich der Zeitpunkt, da die Dürftigkeit an seine Tür klopfen würde. Dann wurde es von lebens-

Thomas Theodor Heine, Eine unverschämte Person (1896) »Bitt' schön – wenn der Herr Hund vielleicht nicht alles aufessen kann ...«

Jahresverdienste von Arbeitnehmern in Industrie, Handel und Verkehr 1871 bis 1913

Jahr	Durchschnittl. Jahresverdienst (nominal)	Index der Lebenshaltungskosten	Durchschnittl. Jahresverdienst (real)
	Mark	1895 = 100	Preise von 1895
1871	493	105,8	466
1875	651	112,7	578
1880	545	104,0	524
1885	581	98,6	589
1890	650	102,2	636
1895	665	100,0	665
1900	784	106,4	737
1905	849	112,4	755
1910	979	124,2	789
1913	1083	129,8	834

Veränderung des Alltags:
Die Nähmaschine kostete nahezu das Monatseinkommen eines Arbeiters.

wichtiger Bedeutung, einen »Unterstützungswohnsitz« nachweisen zu können: man erwarb ihn, indem man zwei Jahre ansässig war. Doch wehrten sich viele Gemeinden, indem sie »ältere schwächliche Personen und kinderreiche Familien« vor Ablauf dieser Frist abschoben[22]. Dabei waren die Armenhäuser alles andere als anziehende Anstalten, denn dort wurde ohne Unterschied von Alter und Geschlecht, von Krankheit und Geschick hineingestopft, wer nicht durch Reihum-Speisen und -Beherbergen in bäuerlichen Anwesen unterzubringen war. Die Armenanstalt war ein Obdach, der Rest war organisierter Bettel.[23] In städtischen Armenpflegschaften, die meist nach dem sogenannten Elberfelder System arbeiteten und deren Schützlinge sich aus Witwen, Invaliden, Frauen von Gefängnisinsassen, Hausierern, Monatshilfen, Büglerinnen, Tagelöhnern rekrutierten, gab es Unterstützungen um die drei Mark oder ein wenig mehr. Einkommen und Unterstützung reichten dann allenfalls für ein feuchtes Zimmer, Fenster auf den Innenhof und Toilette halbstock oder über den Hof. Fleisch war im Suppentopf selten zu finden. Hier war längst, wie schon im achtzehnten Jahrhundert, ein professionelles Bettelmilieu ausgebildet. Mancher erwarb ein Zubrot, indem er mit geübter Hand Bitten um Unterstützung abfaßte und dafür ein Honorar zwischen fünfzig Pfennig und einer Mark einforderte oder einen Anteil am Ertrag. Es gab, wie für Liebesbriefe, auch für Bettelbriefe Briefsteller, in denen sich der Bittende stets darstellte als einer, der unverschuldet in Armut geraten war.

Die Armut hatte viele Gesichter, auf dem Lande sahen sie anders aus als in der Stadt. Am flüchtigsten war das hungrige, oft von gräßlichen Krankheiten entstellte, am Rande der Kriminalität schweifende des Vagabundentums. Jede Stadt, jedes Dorf kannte diese Plage, und jeder Bauer wußte, wie bedrohlich es war, dem fremden Wanderer die Kruste Brot oder die Liegestatt im Stroh zu verweigern. Dann lahmte die Kuh oder brannte die Scheune. Aber gefährlich war es auch, reichlich zu geben. Das sprach sich herum und zog Scharen jener Unerwünschten heran, die man doch loswerden wollte. Bettel- und Hausierverbot halfen in der Stadt, vor allem in den besseren Wohnvierteln, wo Wachhunde und Dienerschaft zufaßten, aber wenig auf dem Land.

Und doch war die Armut anders geworden als in der Vergangenheit. Wenn die Menschen zurückdachten, so erinnerten sie sich der bösen Zeiten, da jeder zweite am Hungertuch nagte, weil es sonst nichts zu beißen gab, wo in der Tagelöhnerkate ein Salzhering am Bindfaden von der Decke baumelte und jeder seinen Bissen daran reiben durfte und der Hunger, wie in den letzten Vormärzjahren, zur Bedrohung von Staat und Gesellschaft aufstieg. Das war lange her, Erzählung alter Leute. Massenarmut und Hungerkrisen der vorindustriellen Epoche würden nicht wiederkommen, die dann stets zur großen Krise »du type ancien« (E. Labrousse) heraufwuchsen, mit Absatz- und Arbeitsmangel, teurem Brot und großem Elend.[24] Die Krisen des Industriezeitalters waren von anderer Art. Die Armut wich an die sozialen Ränder aus. Sie wurde reduziert durch die wachsende Zahl der Arbeitsplätze, waren sie auch kümmerlich bezahlt, durch das Versprechen der großen Arbeitswanderung, aber auch durch Caritas und kommunale Unterstützung, durch betriebliche

Fürsorge und genossenschaftliche Hilfe. Als die zwangsgenossenschaftliche Sozialversicherung durch die Reichsgesetzgebung in den 1880er Jahren folgte, wurde die Armut auch wieder stärker, wie einst in der frühmodernen Epoche durch Getreidemagazinpolitik, Preiskontrollen und Arbeitsbeschaffung, Objekt der Intervention des Staats.

Die Lebensformen der wilhelminischen Spätzeit waren durchzogen von einem Zwiespalt. Der politische Protest kam unverändert und mit prinzipieller Schärfe aus der Arbeiterbewegung. Politischer Katholizismus und Liberalismus aber hatten sich mit dem liberalen Beamtenstaat, der ihre organisierten Interessen respektierte, längst eingerichtet: systemüberwindende Politik hat keine dieser Gruppierungen der politischen Mitte betrieben.[25] Der organisierte Sozialprotest, auch er mehr resolutionär gestimmt als revolutionär, blieb indes verbunden mit breiten Strömungen in der Arbeiterbewegung, darauf gerichtet, in die bürgerlichen Institutionen hineinzuwachsen, es dem beneideten Bürgertum gleichzutun, aufzurücken vom unteren Ende des Tisches.

Zwei Bonner Borussen
Rudolf Wilke, In Bonn (1900)
»Warum singt ihr den Vers nicht mehr: ›Stoßt an, freies Wort lebe, hurra hoch‹?« – »Das ist doch sehr einfach, Papa! Da wir königliche Prinzen im Corps haben, mußten wir diese taktlosen Reimereien abschaffen.«

Die sozialistische Gegenwelt aber war nicht so sehr bestimmt durch ihren Widerspruch zu den vorherrschenden Sozialnormen als durch Anpassungsbereitschaft und Aufstiegswillen. Ihre Wurzeln lagen im Alten Handwerk, in der jahrhundertealten Halblegalität der Gesellenbruderschaften und in deren Streben nach Ehrbarkeit, Wohlanständigkeit und Reputation bei gesicherter Nahrung. Erst in der zweiten Hälfte des neunzehnten Jahrhunderts verschliffen sich die bitteren Trennungslinien zwischen Gesellen und Arbeitern, die zuvor so ständisch überscharf gezeichnet gewesen waren wie die zwischen Landadel und Stadtbürgertum. Die ständische Ordnung starb langsam, auch für diejenigen, die stets ihre Stiefkinder gewesen waren. Ein gerechter Preis der Arbeit und ein im Wortsinne anständiges Leben, das waren die über viele Generationen geltenden Dachwerte. Sie prägten die Gewerkschaftsbewegung unbewußt noch ebenso stark wie die Bildungsbemühungen, der Arbeitersport, die Arbeitersamariterbewegung, Theater-, Volksbildungs- und Leseanstrengung, und allemal waren sie in ihrer Auswirkung auf den Alltag stärker als die gesammelten Werke der marxistischen Kirchenväter.

Im übrigen ist in diesem Prozeß nicht allein die Lebensform von Gesellen und Facharbeitern verschliffen worden. Über sie ging der gleiche Hobel, der auch die ehemals ständisch geprägten Lebensformen des Landadels, des Klerus, der bäuerlichen Welt unmerklich und doch unaufhaltsam einem mittleren Maße annäherte, einem nationalen Durchschnitt. Am Ende des neunzehnten Jahrhunderts war die deutsche Gesellschaft alles andere als egalitär. Sie war politisch und sozial zerklüftet, eine Klassengesellschaft. Sie war scharf abgestuft nach Bildung, Besitz an Sparvermögen und Kapital, Sozialchancen, Prestige und kulturellem Anspruch nicht anders als nach Kleidung, Nahrung und Wohnung der Menschen. Sie war regional unterschiedlich geprägt zwischen Nord und Süd, zwischen Ost und West, entlang sehr alten Trennungslinien der Reformation, der Loyalität zu Kaiser und Reich, der Handelswege, der bäuerlichen Verfassung. Das alles wirkte nach und war auf der Landkarte der Lebensformen und vielfach auch der Stimmabgabe bei den Parlamentswahlen noch umrißhaft zu erkennen. Und doch war am Ende des neunzehnten Jahrhunderts die deutsche Gesellschaft nicht nur weit vorangeschritten auf dem Wege zur politischen Nation. Sie war es auch in der inneren Verwandtschaft ihrer Lebensformen, ihrer Werte, ihrer Sprache und ihrer Sitten.

Der Wind des politischen Protests blies in den Spätjahren des Kaiserreichs aus vielen Richtungen, aus der agrarisch-konservativen, der freihändlerischen, mit prinzipieller Schärfe aber nur aus der Richtung der organisierten Industriearbeiterschaft. Aber auch hier blieb die prinzipielle Ablehnung der Monarchie und ihrer Sozialbasis verschwistert mit einer reformistischen Grundstimmung und Anpassung an die vom Bürgertum vertretene Wertewelt. Die Suche nach ganz anderen Lebensformen, die Frage nach authentischer Kultur, die Vorstellung einer neuen Identität kamen dagegen von den Randgruppen eben jenes Bürgertums, das Wirtschaft und Bildungsinstitutionen prägte: aus dem jüdischen Bildungsbürgertum, dem viele der staatlichen Karrierewege in Justiz, Militär, Diplomatie und Verwaltung versperrt blieben; aus dem Aufbruch der Jugendbewegung, die sich mit Kleidung und Klampfe, mit Lagerfeuern und Wanderungen von der Welt der Eltern trennte; aus dem naturalistischen Theater, wie überhaupt aus der modernen Bühnenkunst, die sich nach dem Pariser Vorbild des Théâtre Libre (1887) auf freie Vereinigungen stützte, so die Berliner Freie Bühne von 1889; aus dem Deutschen Werkbund, dem P. Behrens, R. Riemerschmid, Th. Fischer, B. Paul, H. van de Velde angehörten, Entwerfer, Architekten und Vertreter von Handwerk und Industrie, die die englische Reformbewegung von William Morris aufnahmen und zur Veredelung der gewerblichen Arbeit nutzen wollten; aus den verschiedenen künstlerischen Secessionen, die sich gegen die etablierte Welt der Akademien stellten[26]: 1892 die Münchner Secession, 1897 die Wiener, eine der Wiegen des europäischen Jugendstils, dann andere freie Künstlervereinigungen wie die »Brücke« in Dresden (1905) und der »Blaue Reiter« in München (1911).

Mit kristallnen Ikonen ging der junge Maler Franz Marc (1880–1916) in die Kunstgeschichte ein. Sein impressionistisches Frühwerk war noch dem Tiergenre zugewandt. Ein Drang zu missionarischer Selbstreinigung führte unter dem Einfluß des Russen Kandinsky zu früher Abstraktion. Der Gedanke einer neuen, endgültigen Weltenwende war dabei nicht Vorahnung des Krieges, sondern Abkehr von einer Wertewelt, die erschöpft und falsch erschien. Farbe war für Marc nicht Darstellung absoluter Werte des Lichts, sondern Ausdruck psychischer Elemente: Blau für das männliche, Gelb für das weibliche Prinzip, Rot für die brutale Materie, die bekämpft und überwunden werden muß. Pathos und Sentimentalität mischten sich herein auf neue Weise, verbunden mit dem Schicksalsgefühl einer konservativen Revolution, für die Krieg und Tod Läuterung, ja letzte Wahrheit versprachen. Am Ende standen dann bei Marc Skizzenbücher aus dem Krieg, die bereits spätere Entwicklungen der abstrakten Kunst vorwegnahmen. Franz Marc war auf diese Weise Repräsentat eines künstlerischen Aufbruchs, der aus der Lähmung und Selbstsicherheit der wilhelminischen Lebensformen den Schluß zog auf ihre innere Unhaltbarkeit.[27] Auffallend bleibt, wie im letzten Jahrzehnt des neunzehnten Jahrhunderts die Welt der Söhne sich von der der Väter trennte. Das Kaiserreich war kulturell keine Einheit, die Welt Bismarcks hatte ein anderes Gesicht als jene, die 1914 unterging. Die Industrialisierung zwar hatte längst Arbeitswelt und Lebensformen verändert und sich unterworfen. Aber es

Lovis Corinth, Bühnenbildentwurf für das Neue Theater in Berlin, 1903

bleibt daran zu erinnern, daß erst in dem Jahrzehnt von 1885–1895 die Industrie nach Investitionen, Beschäftigtenzahl und Wertschöpfung in Führung ging, daß mithin auch der sozialmoralische Anstoß, der von der Industriegesellschaft ausging, nicht vor der Jahrhundertwende seine volle Energie entfalten konnte. Der »industriebürgerliche Reichsstil« (T. Buddensieg), der Versicherungsverwaltungen, Bahnhöfe und Kollegienhäuser in gleicher Weise prägte, Bayreuther Festspielhaus, Frankfurter Oper und Villa Hügel, und in London und Paris so zu Hause war wie in Berlin und Köln, erschöpfte sich noch vor der Jahrhundertwende. Wallot, Ihne und Raschdorff bauten so, wie Hof und Kaiser sich die neue Reichsarchitektur dachten, auf der Höhe bürgerlichen Pathos, und zugleich die modernen Industriewelten einem neuen Traditionsstil unterwerfend: unbegriffene Modernität, Maschinenwelten versteckt hinter banalen Renaissancefassaden.

Der Jugendstil stand noch zwischen den Zeitaltern. Er war Fluchtbewegung, mehr Ausdruck der Krise als Mittel ihrer Bewältigung. Zu seinen aufrichtigsten Anstrengungen zählt die unter dem Mäzenat des regierenden Großherzogs von Hessen entstandene Darmstädter Mathildenhöhe: Lebensreform und großbürgerlicher Stil aber wurden hier angeboten als Antworten, finanzierbar nur für wenige, während die architektonischen Fragen der Industriegesellschaft sich ganz anders stellten. Zwischen Wien, München und Darmstadt entfaltete sich der Jugendstil als ästhetischer Protest gegen die Reißbrettwelten, ohne doch ihre Provokation aufzuneh-

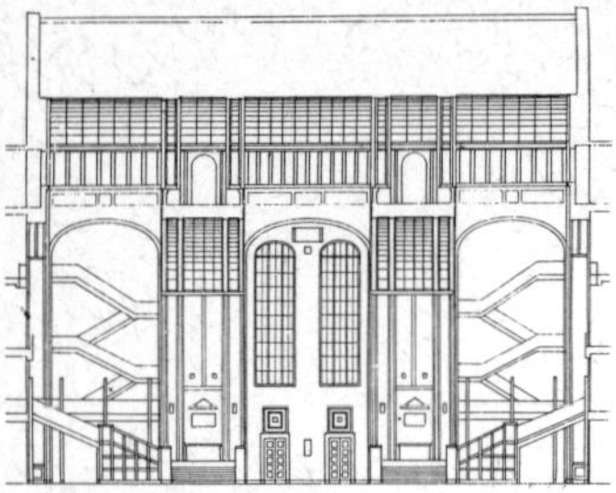

Alfred Messel, Warenhaus Wertheim, Leipziger Straße in Berlin, erbaut 1896 bis 1906 (Schnitt durch den Lichthof)

Hart & Lesser, S-Bahnhof Lindenthaler Allee (ehemals Zehlendorf-West) in Berlin, 1904

men und schöpferisch weiterzuführen. So blieb er Sackgasse, spielerisch, naturverbunden und ein wenig weltfern, dem Bildungsbürgertum näher als dem industriellen Unternehmertum. Die Zweidimensionalität seines Dekors ließ sich nicht als konstruktives Prinzip für Räume nutzen. Es blieb in allem Jugendstilbauen ein verzweifelter Widerspruch gegen die eigenen konstruktiven Grundlagen. Struktur galt es zu verstecken durch Dekor. Eine neue Raumerfindung blieb dem Jugendstil daher verstellt durch seinen Ansatz, und mit den Räumen auch die Idee der Stadt. Er stand quer zur industriellen Produktionsweise, er versprach einer frühen Nostalgie des Dekors noch einen Ausweg, und er konnte das Versprechen nicht einlösen, ahnungslos gegenüber den Ordnungsaufgaben in der industriellen Massengesellschaft. Jugendstil war der letzte Versuch, Dekor und humane Dimension zu verteidigen gegen die Brutalität der Konstruktionsbüros. »Die Poesie von Jugendstil und Expressionismus blieb eine folgenlose Geste« (W. J. Siedler). Denn auch mit seinem Pathos und seinem Willen zur Monumentalität - Poelzigs Bismarck-Denkmal für Bingerbrück - blieb der gebaute Expressionismus der Vorkriegszeit Episode: trotz Hans Poelzigs Großem Schauspielhaus und Erich Mendelsohns Einsteinturm unweit Potsdam. Gemessen an den großen Leistungen wilhelminischen Bauens, wo die Architektur ganz bei sich selbst war - in den Entwürfen Ludwig Hoffmanns, Alfred Messels, Bruno Tauts, Peter Behrens' und Hermann Muthesius' - war das expressionistische Bauen ein Ausflug ins Unwegsame, »wie ihn die erschreckte Seele unternimmt, wenn vor ihr die Umrisse eines unentrinnbaren Schicksals auftauchen«[28].

Die Modernität des Wilhelminismus ließ sich durch Jugendstil und Expressionismus nicht mehr einholen. In Fabriken und Verwaltungsgebäuden der Wilhelminischen Epoche kam eine neue Architektursprache zu Wort: rational und funktionsbezogen, spielerische Abstraktion bereits, Glas und Beton als Herausforderung. Messel und Sehring hängten Glasfassaden vor ihre Warenhäuser. Raumhülle und tragendes Gerüst wurden getrennt, skin gegen skeleton ausgespielt.

Fabriken und Geschäftshäuser eines Behrens, eines Schmitz zielten auf einen funktionalen Industriestil, der mehr Wahrheit über das späte Kaiserreich enthielt als Nationaldenkmäler und Repräsentationsbauten. Jugendstil und Expressionismus hatten die Sekuritätsgeste der zurückliegenden Epoche noch ernst genommen, sie verfremdet und gegen sie revoltiert. Die Großbauten der Wilhelminischen Epoche ließen alles dies hinter sich zurück und verwirklichten einen radikalen Avantgardismus, der großindustriellen Produktionsprozessen und der Rationalität des Großschiffbaus verwandt war. Die Kathedralen der Wilhelminischen Spätzeit waren die Warenhäuser. Sozialpädagogische Utopie indes blieb die Idee, es würden produktionstechnische Zweckdisziplin und ästhetische Rationalität den irrationalen Rest gesellschaftlicher Konflikte liquidieren. Erfüllen konnte sich auch nicht die Hoffnung der Lebensreformer der Jahrhundertwende auf eine ästhetisch geprägte Massenkultur und das vergeistigte Alltagsprodukt. Die Maschine sollte noch einmal leisten, was das heruntergekommene Handwerk versagte: Industrialisierung als sozialreformerische Chance und Massenfabrikation als ästhetische Menschenerziehung. So gilt wie für Architektur und Industriedesign, für Literatur, Theater und Musik auch für die bildende Kunst, daß keine der Entwicklungen, die Vitalität und Zerrissenheit der Weimarer Kultur prägen sollten, in der Welt vor 1914 fehlte. Die Weimarer Kultur hat vollzogen, was in der Wilhelminischen Epoche sich an Spannungen aufbaute.

Das Bewußtsein der Krise ist Kennzeichen der Moderne. Keine Epoche, mochte sie auch aus späterer Sicht noch so sehr als gute alte

Öffentliche Lesehalle. Zeichnung von C. H. Köhler, um 1890

Zeit erscheinen, war frei davon. Selten aber standen Fortschrittsglaube und die Angst vor dem Abgrund, ja die Faszination kommender Endzeit so unverbunden nebeneinander wie in Deutschland und Europa am Vorabend des Ersten Weltkriegs. Das Jahrhundert zwischen den Revolutionen, das in seiner Stillosigkeit noch bei den fernsten Weltkulturen Anleihen aufnahm, erweist sich in der Sicht der Späterlebenden als eine geschichtsträchtige, unheilschwangere Epoche: mit Marx, Freud, Schönberg und Einstein entstand aus den Klüften des neunzehnten Jahrhunderts noch das Instrumentarium seiner radikalen Kritik.

Anders als Theodor Fontane, der in den Romanen »Der Stechlin«, in »Effi Briest«, in »Frau Jenny Treibel« Zeitkritik und Loyalität zu den preußischen Tugenden verband und dabei noch die Hoffnung vermittelte, die Brüche seien heilbar; anders auch als Thomas Mann, der mit den »Buddenbrooks« ein Requiem der untergehenden patrizischen Lebensform schrieb für ein Publikum, das gebannt zuhörte; anders auch als Gerhart Hauptmann, der Sozialkritik auf die Bühne des naturalistischen Theaters brachte; anders als alle, welche die Versöhnung noch offenhielten, gab der Philosoph Friedrich Nietzsche dem apokalyptischen Zeitbewußtsein Ausdruck, dessen radikale Klarheit, zu Ende gedacht, fast unerträglich anmutete. Was Nietzsche meinte, war nicht mehr das eherne Zeitalter von Kriegen und Revolutionen, das Jacob Burckhardt nach 1870 den europäischen Völkern voraussagte. Es war radikalster Ausdruck eines Zeitbewußtseins, das sich von jeder Tradition zu lösen begann und sich selbst nur noch begreifen konnte als Revolution des Denkens, der Künste und der Wissenschaften: beginnende Endzeit, während scheinbar noch die Welt mit jedem Tage besser wurde. Nietzsche sprach von »Umwertung aller Werte« und von Herrschaft des Nihilismus als Ausdruck einer endgültigen, abschließenden Kulturwende. Wenn dies an seherischen Wahn grenzte, so entsprach es doch einem Empfinden für die Grundströmungen der Zeit, als Nietzsche in seiner letzten Schrift »Ecce Homo« die Sätze niederschrieb: »Wenn die Wahrheit mit der Lüge von Jahrtausenden in Kampf tritt, werden wir Erschütterungen haben, einen Krampf von Erdbeben, eine Versetzung von Berg und Tal, wie dergleichen nie geträumt worden ist. Der Begriff ›Politik‹ ist dann gänzlich in einen Geisterkrieg aufgegangen, alle Machtgebilde der alten Gesellschaft sind in die Luft gesprengt, sie ruhen allesamt auf der Lüge: Es wird Kriege geben, wie es noch keine auf der Erde gegeben hat.«[29]

2. Menschen in Bewegung

»Rechnet man aber alle diejenigen zusammen, die im 19. Jahrhundert auf dem Wege der Binnenwanderung oder der Auswanderung ihren Wohnort verlegt haben, so wird man nicht in Zweifel sein können, daß in der Tat während dieser Zeit Deutschland eine Völkerbewegung, eine Bevölkerungsumschichtung, eine Völkerwanderung erlebt hat, mit der verglichen die Verschiebungen der vergangenen Jahrhunderte, einschließlich derjenigen, die man die Jahrhunderte der Völkerwanderung schlechthin nennt, zu winzigen Ereignissen zusammenschrumpfen. Und nun noch dazu die Tausende von Millionen Reisender! Wahrhaftig, von der Vogelschau aus gesehen, gleicht das Deutsche Reich einem Ameisenhaufen, in den der Wanderer seinen Stock gestoßen hat.«

Werner Sombart, Die deutsche Volkswirtschaft im 19. Jahrhundert, 1912.

»Wir müssen exportiren: Entweder wir exportiren Waaren, oder wir exportiren Menschen. Mit dieser steigenden Bevölkerung ohne eine gleichmäßig zunehmende Industrie sind wir nicht in der Lage, weiter zu leben.«

Reichskanzler v. Caprivi, im Reichstag am 10. Dezember 1891 zur Begründung des deutsch-russischen Handelsvertrags.

Käthe Kollwitz, Frau mit totem Kind, 1903

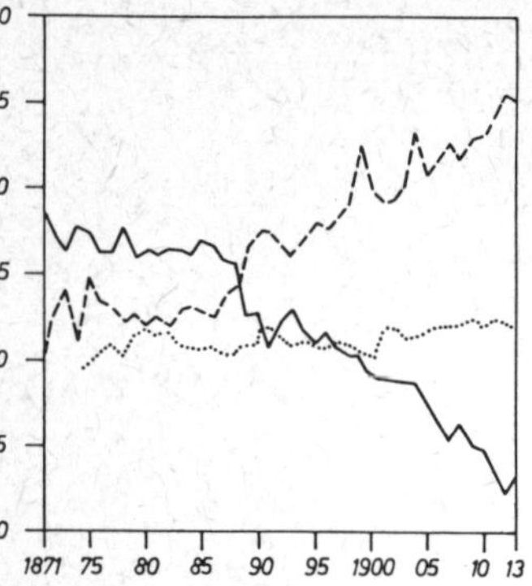

Sektorale Wertschöpfungsanteile
1871 bis 1913
——— primärer Sektor
- - - - - - sekundärer Sektor
············ tertiärer Sektor

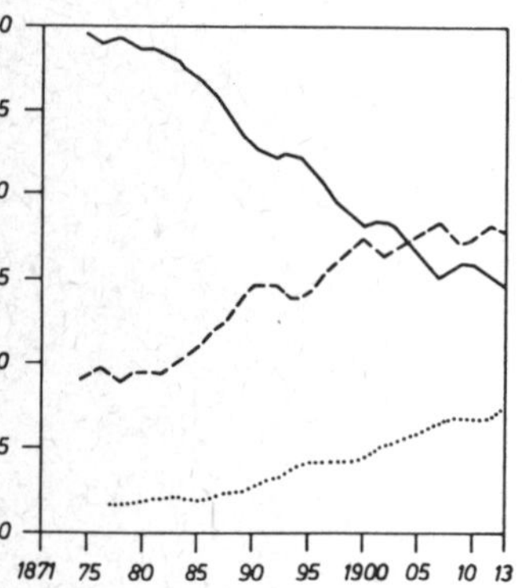

Sektorale Beschäftigungsanteile
1871 bis 1913
——— primärer Sektor
- - - - - - sekundärer Sektor
············ tertiärer Sektor

Die Jahrzehnte von 1848 bis 1914 waren ein Zeitalter der Bewegung, des Aufstiegs, des Wachstums und des großen Versprechens, daß das Leben anderswo mehr von seinen Schätzen biete. Zugleich war die Epoche ein Zeitalter der Heimatlosigkeit, der Unbehaustheit, der Flucht aus Tradition und Sicherheit und der großen Glücksversagung. Alle Erfahrung, jeder väterliche Rat versagte vor der Geschwindigkeit jenes Wandels, der Lebensformen und materielle Kultur erfaßte, das Verhältnis von Mann und Frau ebenso veränderte wie das von Eltern und Kindern, der die Familie ins Private zurückdrängte, Geburt und Tod der Menschen aus einem humanen Drama zum klinischen Fall umgestaltete und der den Alltag in Stadt und Land tiefer veränderte als alle Haupt- und Staatsaktionen zusammengenommen.[1]

1871, nach der Annexion des Elsaß und Lothringens, lebten im Deutschen Reich rund 41 Millionen Menschen. 1913 waren es deren 67 Millionen. Fast Jahr um Jahr stieg das Bevölkerungswachstum, bis es 1906 seinen Gipfelpunkt (910.275 mehr Geborene als Gestorbene) erreichte. Seitdem lag der jährliche Zuwachs an Menschen bei 800.000, und erst der Krieg ließ die Zahlen sinken. Zugleich wurde das Land enger, der Anspruch an den Acker stieg, die Einfuhr an Nahrungsmitteln mußte wachsen, die Ausfuhr an Industriegütern auch. Hatten im statistischen Mittel 1871 noch sechsundsiebzig Einwohner auf der Fläche eines Quadratkilometers gelebt, so 1910 bereits mehr als hundertzwanzig.

Geburt und Tod rückten auseinander, die Menschen wurden älter. Für die Lebensspanne einer Generation waren viel mehr Menschen jung als je zuvor, und weniger Menschen starben. Die Sterbeziffer (pro Tausend der Bevölkerung) lag um 1860 für die deutschen Territorien bei siebenundzwanzig, sie sank bis 1913 fortdauernd ab bis auf sechzehn – danach begann das Massensterben der jungen Männer auf den Feldern Rußlands und in den Gräben Flanderns. Die europäischen Nationen waren um die Jahrhundertwende jünger, was den Bevölkerungsdurchschnitt anging, als ihre Väter und Großväter. Das hing mit der Verlängerung des Lebens zusammen durch den Fortschritt der Medizin, bessere ärztliche Versorgung, gesündere Wohnverhältnisse, und es war auch merkbar, daß die meisten satt zu essen hatten, sich regelmäßig wuschen, den Arzt aufsuchen konnten, wenn sie ihn brauchten, und daß die Arbeit ein wenig leichter und erfreulicher wurde. In der Ernährung endete um 1860 der alte Hungerrhythmus zwischen fettem Herbst und magerem Frühjahr, der stets Geburt und Tod den Takt geschlagen hatte. Die großen Epidemien hatten ihre Kraft verbraucht, wie die Pest im achtzehnten Jahrhundert, oder waren eingedämmt, wie Pocken und Cholera, Typhus oder Scharlach in der zweiten Hälfte des neunzehnten Jahrhunderts. Auf Massenimpfungen und die Einhaltung elementarer Hygienebestimmungen achteten Kommunal- und Staatsbehörden, aber auch die Militärärzte.

Viele Ursachen mußten zusammenkommen, damit die Menschen länger lebten. Dabei traf der frühe Tod die Jungen und die Männer eher als die Mädchen und die Frauen, und die Armen eher als die

Wohlhabenden und Reichen. Insgesamt kann es aber keinen Zweifel geben, daß die Menschen länger lebten und, gemessen an der Mühsal des zurückliegenden Jahrhunderts, auch merkbar leichter. 1871 erreichte nur jeder sechste Mann das siebzigste Lebensjahr, und nur jede fünfte Frau. 1910 dagegen war es ein Viertel der Männer, ein Drittel der Frauen. Der Verbrauch an Fleisch und Wein, an Bier, Schnaps und Seife stieg weit stärker an als die Bevölkerung: Zeichen eines bequemeren Daseins für viele, schwerlich schon für alle.

In dem Jahrzehnt 1871 bis 1880 maß die Statistik der durchschnittlichen Lebenserwartung den Männern noch 35 Jahre zu, 1910/11 dagegen waren es 47,4 Jahre, und ein paar Jahre mehr für die Frauen. Die Zahlen allerdings vermitteln insofern ein abstraktes Bild, als der Anstieg der Lebenserwartung nur zum Teil darauf beruhte, daß den Menschen mehr Zeit blieb für ihre Wanderung, viel mehr aber darauf, daß sie die ersten Schritte ihres Weges überdauerten. Die Säuglings- und Kindersterblichkeit war hoch unter den Kindern des Ehebetts, erschreckend hoch aber unter denen der illegitimen Verbindung: 1871 überlebten von 100 männlichen Säuglingen nur 75, von 100 weiblichen 78 das erste Lebensjahr, nur 64 (68) das fünfte (1919 waren es 74 bzw. 77). Die Säuglings- und Kindersterblichkeit vor allem war es, die abnahm, teils weil die Ärzte mehr von ihrer Kunst verstanden, teils weil die Lebensverhältnisse sich besserten, die »Engelmacherei« zurückging und vielleicht auch ein wenig mehr Zeit blieb für jene Zuwendung, ohne die Neugeborene nicht leben können.

Diese waren weniger oft unerwünschte Esser als in den früheren, hungrigen Zeiten. Die allgemeine Vertragsfreiheit, die auch das Heiraten der armen Leute möglich machte, erlaubte mehr und frühere Eheschließungen. Sie reduzierte die Zahl der unehelichen Geburten, die freilich zwischen dem Norden und dem Süden Deutschlands auffallend unterschiedlich blieb, oder legalisierte die Frucht der unehelichen Verbindung durch spätere Heirat. Hatte in Alteuropa die Zahl der Eheschließungen und Geburten dem unerbittlichen Rhythmus der Getreidepreise Folge leisten müssen, so bewirkte das Vordringen der modernen Verkehrs- und Industriewirtschaft, daß alte kollektive Verhaltensweisen der agrarischen Knappheitsgesellschaft außer Kraft gerieten.[2] Noch immer allerdings waren fette Jahre mit steigendem Lohn und guter Arbeit auch Zeiten, in denen mehr Kinder geboren wurden als in jenen, da die Rezession regierte. Die alten, von Zünften, Obrigkeiten und ländlichen Brotherren erzwungenen Beschränkungen des Heiratens waren längst gefallen – faktisch aber überdauerten sie bei Handwerkern noch zu einem gewissen Grade, und noch immer galten sie als ungeschriebenes Gesetz für die Bildungsschichten. Der Beamte, der Privatdozent, der Vikar, der Offizier konnten erst heiraten, wenn sie es zu etwas gebracht hatten, Ansehen, Stellung oder Vermögen, sonst folgten der Heirat gesellschaftliche Ächtung und materielle Not.

Zwischen 1905 und 1910 geschah unmerklich und doch unübersehbar, was den Deutschen den Eintritt in die Phase der Industriegesellschaft ankündigte, die »demographische Transition«. Das Bevölke-

Länder	1816	1849	1875	1910
Ostpreußen	886	1462	1856	2064
Westpreußen	571	1028	1343	1704
Stadt Berlin	198	432	967	2071
Brandenburg	1086	1700	2160	4093
Pommern	683	1198	1462	1717
Posen	820	1352	1606	2100
Schlesien	1942	3065	3844	5226
Sachsen	1197	1791	2169	3089
Schleswig-Holstein	697	909	1074	1621
Hannover	1610	1772	2017	2942
Westfalen	1066	1469	1906	4125
Hessen-Nassau	958	2343	1468	2221
Rheinland	1910	2845	3804	7121
Hohenzollern	55	66	66	71
Preußen	13709	20431	25742	40165
Bayern re. d. Rheins	3177	3869	4381	5950
Rheinpfalz	430	616	641	937
Bayern	3607	4485	5022	6887
Sachsen	1194	1894	2761	4807

Länder	1816	1849	1875	1910
Württemberg	1411	1745	1882	2437
Baden	1006	1363	1507	2143
Hessen	562	812	884	1282
Sachsen-Weimar	193	261	293	417
Sachsen-Meiningen	121	163	194	279
Sachsen-Altenburg	96	132	146	216
Sachsen-Coburg-Gotha	112	150	183	257
Oldenburg	234	289	319	483
Braunschweig	226	271	327	494
Mecklenburg-Schwerin	308	534	554	640
Mecklenburg-Strelitz	72	96	96	106
Anhalt	120	154	214	331
Schaumburg-Lippe	26	29	33	47
Lippe	81	105	112	151
Lübeck	37	43	57	117
Bremen	50	80	142	299
Hamburg	154	221	389	1015
Elsaß-Lothringen	1281	1569	1532	1874
Deutsches Reich	24833	35128	42727	64926

Volkszahl deutscher Länder und Provinzen (in 1000; Gebietsstand von 1910)

rungswachstum nahm nicht mehr weiter zu, wie in den Zeiten, als die alte Agrar- und Handwerkswirtschaft aus den Fugen ging, sondern stabiliserte sich auf hohem Niveau. Was in England bereits eine Generation früher begonnen hatte und was in Frankreich seit Revolution und Imperium galt, das trat nun auch in Deutschland ein: nach einer langen Phase ungehemmten Wachstums der Bevölkerung änderten sich die Instinkte der Agrargesellschaft, städtische Lebensformen breiteten sich aus, die Familien vergrößerten sich nicht mehr, neue Lebensansprüche tauchten auf, Geburtenbeschränkung wurde, was immer die Kirchen dazu sagten, in der Ehe und noch mehr außerhalb ihrer Legalität praktiziert. Es überdauerten allerdings merkbare Unterschiede zwischen der Großstadt, wo die Familien viel früher schon in der Regel kleiner waren, und dem offenen Land, zwischen Katholiken und Protestanten, und zwischen bescheidenem Wohlstand und bequemem Reichtum: um 1900 war es Ausweis sozialer Geltung, wenn die Wiege im Haus alle zwei oder drei Jahre gefüllt war.

Der Übergang zu einer stabilen Bevölkerungspyramide hatte, da er zwischen den einzelnen Ländern zu unterschiedlicher Zeit eintrat, Verschiebungen zwischen den europäischen Hauptmächten zur Folge. So konnte es auf Machtstellung und Selbsteinschätzung der Franzosen nicht ohne Wirkung bleiben, daß damals westlich des Rheins die Sechzigjährigen überwogen, östlich des Rheins aber die noch nicht Zwanzigjährigen. Im Zeitalter der Massenheere, da der Vulgärdarwinismus Züge einer Biertischreligion gewann, mußte dies Beunruhigung schaffen. Die gefährlichen Rüstungswettläufe der Vorkriegszeit, die auch Wehrpflichtwettläufe waren, sind dadurch angetrieben worden.

Zugleich änderte sich in den Staaten das Verhältnis der Generatio-

Städte	1800	1850	1880	1900	1910
Berlin	172	419	1122	1889	3730
Hamburg	130	132	290	706	932
München	30	110	230	500	595
Leipzig	40	63	149	456	588
Dresden	60	97	221	396	547
Köln	50	97	145	373	516
Breslau	60	114	273	423	512
Frankfurt a. M.	48	65	137	289	415
Düsseldorf	10	27	95	214	358

Städte	1800	1850	1880	1900	1910
Elberfeld-Barmen	25	84	190	299	339
Nürnberg	30	54	100	261	333
Charlottenburg			30	189	305
Hannover	18	29	123	236	302
Essen	4	9	57	119	295
Chemnitz	14	32	95	207	287
Duisburg			41	93	229
Dortmund			67	143	214
Kiel	7	15	44	108	211
Mannheim			53	141	193

Großstadtwachstum (in 1000)

nen zueinander. Am Ende des neunzehnten Jahrhunderts war es für einen jungen Mann, der in Politik und Geschäftswelt seinen Weg machen wollte, ein Unglück, jung auszusehen. Vollbart und gespreizte Würde waren Mittel, um älter zu wirken. Man habe sich lange schwarze Gehröcke zugelegt, einen gemächlichen Gang »und womöglich ein leichtes Embonpoint, um diese erstrebenswerte Gesetztheit zu verkörpern«, so erinnerte sich der Dichter Stefan Zweig jener Welt von Gestern.[3] Und doch begann um die Jahrhundertwende - wie ein Pendelausschlag - auch jene Kunstrichtung, die aus dem Generationenkonflikt Bekenntnis und Programm machte, der Jugendstil. Ihr gesellte sich als antibürgerliche Aufbruchsbewegung von Bürgersöhnen und Bürgertöchtern die Jugendbewegung: Jugendlichkeit, Energie, Tatkraft und eine romantische Modernität setzten sie auf ihre Fahnen und Wimpel, an Lagerfeuern wurde Rilkes Cornett gelesen, und mit dem Aufbruch war auch die Suche nach neuem Sinn und neuer Führung verbunden. Aus dem Generationenkonflikt erwuchs die Kampfansage an die Konvention, an das Milieu der Schnürleibchen und der Herrenwitze, an die Zivilisation der Effizienz und der Entfremdung.

Noch tiefer griffen die sozialen und wirtschaftlichen Auswirkungen der wachsenden Menschenzahl. Sie vergrößerten die Nachfrage nach Konsumgütern und erweiterten damit den Kernbereich gesamtwirtschaftlicher Konjunktur. Unmittelbar wurde der Arbeitsmarkt durch das Übergewicht der jungen Leute belastet, die nach Beschäftigung, Auskommen und einem Anteil am Glück des Alltags suchten. Sozialer Aufstieg, berufliche Mobilität durch Absterben alter und Aufkommen ganz neuer Gewerbezweige und vor allem die Suche nach Arbeit und die Wanderung brachten die Menschen in Bewegung und veränderten die Gesellschaft. Das Gewicht der einzelnen Provinzen verschob sich als Folge ungleichmäßiger Entwicklung, die Linien der Arbeitswanderung zeigten soziales Gefälle an, die jährliche Massenauswanderung nach Übersee ist, was immer die Motive der Ziehenden im einzelnen waren, ein Maßstab sozialer Unbehaustheit, das Pendlertum und der Zuzug in die Städte waren Maßstab sozialer Veränderung.

Viele Städte des industriellen Deutschland sind schnell gewachsen. Essen, im Alten Reich eine Abtei, wuchs in den fünfzig ersten Jahren des Hauses Krupp um das Dreißigfache. Keine Stadt aber wurde so zur Metropole wie die Reichshauptstadt Berlin. Um 1800

Bevölkerungswachstum in verschiedenen Teilen Deutschlands zwischen 1825 und 1925 (1825 = 100)
-·-·-·- Land Sachsen
------ Rheinland-Westfalen
——— Provinz Sachsen
·········· Ostdeutschland
-·-·-· Bayern

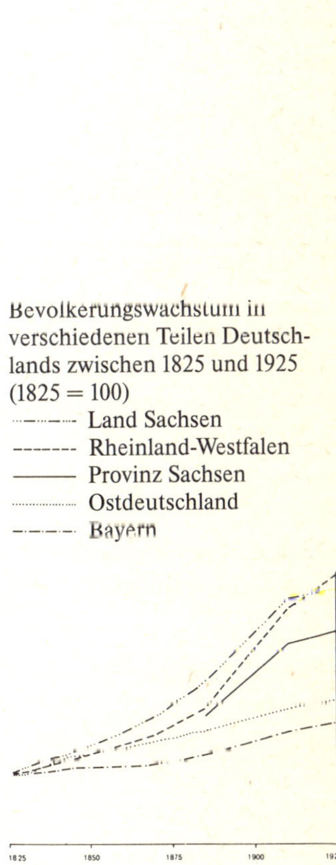

zählte die preußische Haupt- und Residenzstadt noch 180.000 Einwohner, 1907 war Berlin die größte deutsche Industriestadt und zählte drei Millionen Einwohner. Weniger als die Hälfte von ihnen indes war in Berlin geboren, aus den Ostprovinzen kam mehr als ein Viertel, aus der Mark ein Sechstel. Mehr waren aus dem Ausland gekommen als aus dem westlichen und südlichen Deutschland. Im Jahrzehnt von 1880 bis 1890 war der Zuzug am größten (318.000), davor waren es Jahr für Jahr 20.000 Menschen gewesen, die nach Berlin kamen. Danach sanken die Zahlen für die Stadt, dafür stieg der Zuwachs in den Außenbezirken, die durch Eisenbahn und Straßenbahn mit der Metropole verbunden waren. Es war das typische Bild einer großen Industriestadt, in der es Fabrikarbeit gab für Gelernte und Ungelernte, Hausarbeit in Hülle und Fülle, und wo die Wohnungsnot, gemessen an zurückliegenden Jahrzehnten, nicht unerträglich war.

Wo es Arbeit gab, dahin zog es die Arbeitsuchenden vom Land. Meist fanden sie, was sie suchten, in den rasch und fast immer ohne übergreifenden Strukturplan entstehenden Fabrikquartieren am Rand der alten Stadtkerne. Aus Dörfern wurden schnell Vorstädte; die Stadtkerne waren längst aufgefüllt. In den Wohnquartieren spiegelte sich soziale Schichtung: München und Nürnberg zeigen, wie in den eng ineinander verschachtelten Altstädten weiterhin Handwerker und kleine Gewerbetreibende mit Familie und Gesinde wohnten, während die Fabrikarbeiter sehen mußten, daß sie zur Ersparnis von Zeit und Fahrgeld so nahe wie möglich an der Fabrik hausten. So nahm zwischen 1871 und 1900 die Bevölkerung der alten Stadtgebiete Münchens nur um 13,8 Prozent zu, die der Vororte dagegen um 65,6 Prozent. Ihr Wachstum verlief in der Regel parallel zur Wirtschaftskonjunktur, zugleich bildete der Übergang von ländlicher zu städtischer Wohnweise auch einen Nachfragefaktor von Gewicht: denn Häuser mußten erst gebaut, dann möbliert werden. Das bedeutete Aufträge für Ziegeleien, Bauunternehmen, Möbel- und Herdfabrikanten. Die Massenkonjunktur trug sich bis zu einem gewissen Grad selbst.

Gegen Ende des Jahrhunderts entstand dann eine Bewegung der bürgerlichen Wohlhabenheit in die neuen Villenvororte. Typisch waren das Berliner Westend oder das Darmstädter Viertel der Jugendstilvillen. Hier ließ es sich bequemer und hygienischer leben, fern von Gewerbe und Industrie und umgeben von Gärten und Bäumen. Man konnte auch unter sich sein: in der Familie, oder auch im gesellschaftlichen Verkehr.

Städtisches Wohnen blieb teurer als Wohnen auf dem Lande. Der Pendler aber war unentbehrlich für die wachsenden Industrien.[4] Dem trug seit 1891 beispielhaft die Tarifgestaltung der bayerischen Bahnen Rechnung, die spezielle Arbeiterfahrkarten (1 Pfg pro km) ausgab an Personen, die »nach dem Invalidenversicherungsgesetze versicherungspflichtig« waren, dazu an Arbeitnehmer im öffentlichen Dienst, Lehrlinge, jugendliche Arbeiter und Hausgewerbetreibende. An der Zunahme des Kartenverkaufs (1891 waren es 45.205; 1900 901.287; 1907 1.209.668 Karten) läßt sich die Bedeutung des Pendlertums ablesen. Anfangs waren dies zu zwei Fünfteln noch Wochenkarten, doch sank ihr Anteil, derjenige der Tageskarten

FAHRPLAN

der

Electrischen Eisenbahn

in Groß-Lichterfelde

zwischen dem Bahnhof der Anhaltischen Eisenbahn und der Haupt-Kadetten-Anstalt.

Vom 16. Mai 1881 ab täglich bis auf Weiteres.

Abfahrt von der Haupt-Kadetten-Anstalt: | Abfahrt vom Bahnhof Gross-Lichterfelde:

Fahrzeit für die ganze Strecke 10 Minuten.

Siemens & Halske, Berlin.

Die Straßenbahn setzte die durch die Eisenbahn begonnene Transportrevolution fort. Zeichnung von H. Lüders

stieg. Dahinter stand die Tendenz zur Abwanderung vom alten Wohnsitz in die Vororte der Industriezentren. Der Pendler zog, wenn er konnte, die Familie nach. Die Tagespendler fuhren selten mehr als dreißig Kilometer am Tag; mehr als 96 Prozent dieser täglichen Bahnreisen lagen im Bereich unter 20 Kilometer. In Bayern waren die Städte Nürnberg und Fürth Schwerpunkt des Pendlerverkehrs. Hier zählte man 1907 rund zwanzigmal so viele Fahrten zum Sozialtarif wie im agrarischen Niederbayern. Wie groß das Gefälle war zwischen einem industriellen Zentrum und den alten Landschaften mit vorherrschendem Ackerbau und ländlichem Nebengewerbe, ist aus dem Umstand zu ermessen, daß die Mehrzahl der Wochenendpendler aus Orten wie Feuchtwangen, Weißenburg, Rothenburg ob der Tauber und Gunzenhausen, Bamberg und Höchstadt in die industriellen Ballungsräume von Nürnberg und Fürth kamen, mithin Entfernungen in Kauf nahmen, die zwischen 61 und 90 Bahnkilometer betrugen und entsprechend viel kosteten.

»Das Wanderungsgeschehen auf dem Arbeitsmarkt im Kaiserlichen Deutschland wurde bestimmt durch den Wandel vom Agrarstaat mit starker Industrie zum Industriestaat mit starker agrarischer Basis.«[5] Das Pendlertum war Ausdruck dieses Wandels. Er war die kleine Unbehaustheit des Alltags, die nach Millionen zählte. Eingreifender noch war die große Arbeitswanderung, die nicht mehr an Rückkehr dachte, sondern Züge einer massenhaften Flucht gewann von dort, wo es zu eng wurde, wo Arbeit knapp und Löhne niedrig waren, wo man nicht heiraten konnte, ohne in Armut zu fallen, und wo das Leben noch lange ein Gleichmaß bewahrte, das nur denen, welche es nicht kannten, romantisch und begehrenswert erschien.

Arbeitswanderung aus Ostpreußen, Westpreußen und Posen nach Rheinland-Westfalen zwischen 1880 und 1910 (in 1000)

——— Ostpreußen

–·–·– Westpreußen

------ Posen

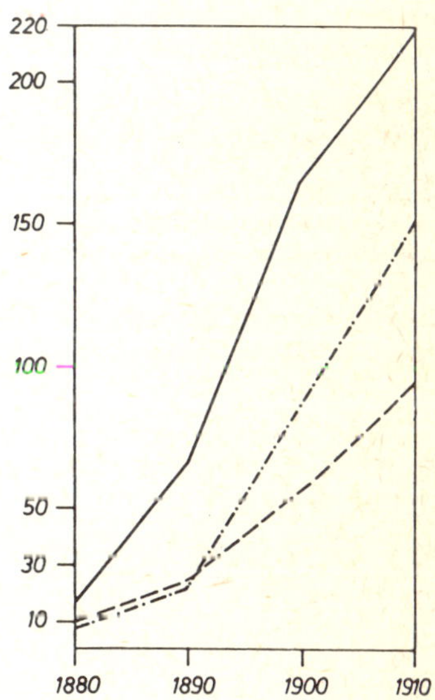

Die Arbeitswanderung der Jahrzehnte nach der Reichsgründung war kollektives Massenschicksal, sie wurde zur »größten Massenbewegung der deutschen Geschichte«.[6] Die überseeische Auswanderung war nur die Außenseite, sichtbar und registrierbar. Viel größer war die Binnenwanderung, die von den Bergen in die Täler ging, von den Randlagen in die Zentren, von den Dörfern in die Städte, von alten Residenz- und Verwaltungsstädten in die neuen Industriezentren. Am stärksten aber war der massenhafte Abzug der Bewohner aus den östlichen Provinzen Preußens. Dort, wo, wie in Ostpreußen, die Auswanderung nach Übersee kaum gesucht wurde, lagen die Verluste durch interne Abwanderung um so höher. Auch hielten die Wanderungsverluste unvermindert an, als die großen Auswanderungswellen gegen Ende des Jahrhunderts abebbten. Das zeigt, es waren Schubkräfte am Werk, die noch stärker waren als die Anziehungskraft des neuen Lebens jenseits der großen Ebenen oder jenseits des Atlantik.

Diese Schubkräfte lagen nicht nur, wie überall, in anhaltendem Geburtenüberschuß bei Verminderung der Sterbeziffer, sondern waren ein Erbteil der preußischen Geschichte: es gehörte dazu die Immobilität des großen Grundbesitzes, seine Geschlossenheit in Fideikommissen, das Anerbenrecht, aber auch das unelastische Hypothekenrecht. Zudem blieben die Bodenpreise und die Pachtzinsen, selbst noch als die goldenen Jahrzehnte der deutschen Landwirtschaft in den siebziger Jahren endeten, fast unverändert hoch, wohl eine Folge des Schutzzolls der achtziger Jahre und der gesellschaftlichen Geltung von Bodenbesitz: wer ein Gut erwarb, erwarb mit dem Boden Prestige, gesellschaftlichen Rang, gebückte Rücken und achtungsvolle Blicke. Der Name eines Gutes, dem bürgerlichen Namen angehängt, war so gut wie erblicher Adel. Es gab wenig Möglichkeiten, ohne radikale und deshalb politisch nicht durchsetzbare Eingriffe mehr Menschen auf Bauernstellen unterzubringen. Arbeitsplätze blieben deshalb knapp, und wegen des Bevölkerungsdrucks gab es auch für die, welche Arbeit fanden, wenig zu verdienen. Zudem gab es eine sehr unterschiedliche Dichte der Besiedlung zwischen den großen Gutsbezirken, wo wenig Arbeitskräfte gebraucht wurden, und den dichtbesiedelten Gemeindebezirken, wo der bäuerliche Familienbetrieb mit vorwiegend mittel- und kleinbetrieblicher Struktur vorherrschte.

Das Ergebnis war eine Proletarisierung derjenigen, die ohne Land und ohne die Hoffnung, jemals Land zu haben, doch auf dem Lande leben mußten. Es kam hinzu, daß die demographische Transition

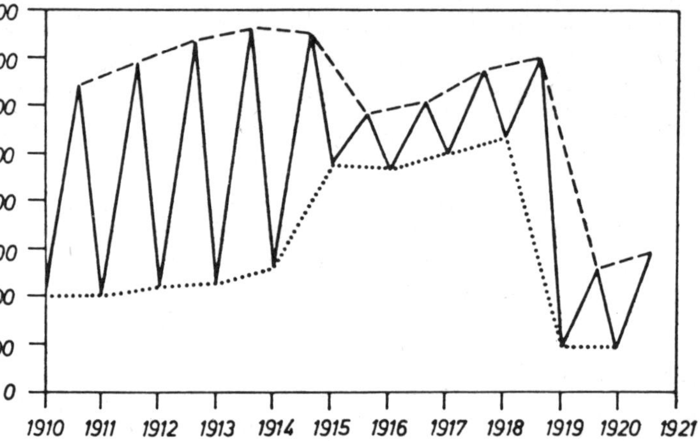

Saisonarbeit: Die jährliche Fluktuation der grenzüberschreitenden Arbeitswanderung nach Deutschland im Spiegel der Genehmigungsziffern (Legitimationszwang) 1910 bis 1920 (in 1000)
——— jährliche Fluktuation
- - - - - maximales Legitimationsaufkommen
········ Neulegitimierungen zu Saisonbeginn

dort zuletzt einsetzte, wo die Landwirtschaft am längsten einziger Erwerbszweig blieb. In den siebziger Jahren gab es auch nicht mehr - Folge agrarkapitalistischer Rationalisierung und struktureller Agrarkrise - das Angebot früherer Zeiten an Insten-, Eigenkätner- und Tagelöhnerstellen, die nachgeborene Bauernsöhne und Kinder der ländlichen Unterschichten versorgten. Schließlich hatte die intensive Bodenkultur - Fruchtwechsel mit vorwiegend Kartoffel- und Zuckerrübenanbau - zur Folge, daß für Saat und Ernte zusätzlich Saisonarbeiter gebraucht wurden, daß es aber zu anderen Zeiten an Beschäftigung fehlte, während die Dreschmaschine dem Drescher das Brot nahm.[7]

Zu den Folgen gehörte eine zuvor niemals gekannte Freisetzung ländlicher Arbeitskraft. Es war, nach den preußischen Reformen des Jahrhundertanfangs und nach 1848, ein letzter Abschied von der alteuropäischen Arbeitsverfassung, die den Menschen mit guten und bösen Mitteln an die Scholle gebunden hatte, die er bearbeitete. Dieser Abschied ging Hand in Hand mit der Veränderung der Mentalität, Preisgabe jener über Jahrhunderte entwickelten Instinkte, die auf Landbesitz und Bodenständigkeit gerichtet waren. Wie rasch die Zeiten sich änderten und die Menschen mit ihnen, war an der wachsenden Zahl der Kontraktbrüche abzulesen: Arbeiter verließen ihre Stelle, wenn anderswo geringfügig besserer Lohn lockte, und erkannten die sinnentleerten Formen des alten gutswirtschaftlichen Paternalismus nicht mehr als verpflichtendes Gehäuse an. Die Wandlung der Güter vom paternalistischen Sozialverband zum agrarkapitalistisch bewirtschafteten Großbetrieb, dessen Besitzer oder Verwalter auf Ertragssteigerung, niedrige Lohnkosten und hohe Erzeugerpreise schaute, fand ihre Antwort in der Ausbreitung eines landwirtschaftlichen Lohnproletariats, das den der Industrie gleichwertigen Geldlohn und niedrige Marktpreise wollte. Das alles stand hinter den zeitgenössischen Begriffen der »Landflucht«, des »Wanderungsdrangs«, ja des »Wanderungsfiebers«.

Was die landlosen Landarbeiter suchten, war nichts anderes, als was sie immer gesucht hatten: Land oder wenigstens auskömmliche Arbeit. So entstand zunächst Saisonwanderung zwischen benachbarten Bezirken. Dann ging, obwohl in den siebziger Jahren die Landarbeiterlöhne stiegen, die Wanderung weiter in die nahen Städte, dann in die fernen Industriezentren. Die in den achtziger Jahren eingeführten Sozialtarife der preußischen Staatsbahnen rückten die Ferne näher, zu wachsender Beunruhigung der Interessenvertreter des Großgrundbesitzes, die vergeblich dagegen kämpften und über »Leutenot« klagten, aus ihrer Sicht zu Recht: denn seit 1890 wurde es immer schwerer, überhaupt noch Leute zu finden, die auf den Gütern arbeiten wollten. Hier hat erst die jährliche Saisonarbeit polnischer Wanderarbeiter, die bis zum Weltkrieg an die 400.000 Menschen jährlich in Bewegung setzte, die Arbeitsfähigkeit der Großbetriebe gesichert, aber um einen nationalpolitisch hohen Preis: die Zuwanderung polnischer Arbeiter wirkte wie ein Reibeisen in der Nationalitätenfrage zwischen Deutschen und Polen, zog eine staatliche Abwehr nach sich, den sogenannten »Legitimationszwang«, der die jährliche Rückkehr der Wanderarbeiter in ihre Heimat sicherte, dazu eine gewaltige nationalistische Aufgeregtheit, und

Die Landwirtschaft im Osten geriet in eine Kostenschere, die Arbeitswanderung war das Ergebnis.

Eduard Thöny, Der deutsche Ostelbier (1912)
»Sie engagieren einfach billige Polen! Für mich ist jeder Arbeiter fremde Nation.«

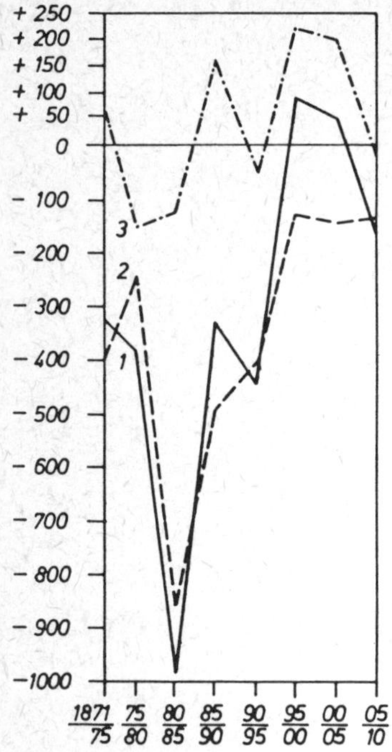

Die deutsche Wanderungsbilanz von 1871 bis 1910 (in 1000)
——— gesamter Wanderungsgewinn (+) oder Wanderungsverlust (-)
------- Bevölkerungsverlust durch überseeische Abwanderung (-)
-·-·-·- Gewinn (+) oder Verlust (-) durch sonstige Wanderungen

konnte doch das wirtschaftliche Grundproblem knapper Löhne in einer an der Rentabilitätsgrenze operierenden Großlandwirtschaft nicht lösen.[8]

Nur wenige, die auf die Reise gingen, wollten wieder zurückkehren. Für viele blieben das industrielle Berlin und seine wachsenden Vororte das Ziel. Noch mehr Menschen aber zog es weiter zu den Gruben und Hütten des Ruhrgebiets, wo damals in der Lebensspanne einer Generation aus Kleinstädten und Dörfern Riesenstädte wurden: Duisburg, Dortmund, Essen, Gelsenkirchen, Bochum, Wanne-Eickel. Die ersten, die ankamen, berichteten in mühsam verfaßten Briefen den Daheimgebliebenen, zogen sie nach sich: so entstanden lokale Wandertraditionen. Von 1880 bis 1910 verließen 220.000 Menschen Ostpreußen, 150.000 die Provinz Posen und 100.000 Westpreußen. Am Ende waren Bauernsöhne und Bauerntöchter aus einem masurischen Dorf 800 Kilometer westlich wieder beisammen, und waren doch nicht mehr dieselben, die sie einst gewesen waren. Polnisch sprechende Katholiken aus der Provinz Posen suchten ihre Bleibe im Schatten anderer Fördertürme, sie brachten ihre Frömmigkeit mit, lebten ihren alten Aberglauben, fuhren in dieselbe Zeche ein, spielten in demselben Fußballverein und erlebten, wie ihre Kinder die alten polnischen Namen westfälisch aussprachen und alle Erinnerung an das ferne Land der Väter verloren. Der Bergmannsberuf, dem die alten Knappenfamilien die Arbeit über Tage mehr und mehr vorzogen, wurde für die Neuankömmlinge wichtigste Sprosse auf der Leiter des sozialen Aufstiegs.[9]

Aber Land war in der Enge des industriellen Westens nicht zu finden. Ihren Landhunger konnten die Menschen nur noch stillen in den Prärien Kanadas und der Vereinigten Staaten, die der Eisenbahnbau erschloß und in den siebziger und achtziger Jahren zur Kornkammer der Welt machte. Gegenüber den Menschenströmen, die nach Nordamerika drängten, nahmen sich alle anderen Auswanderungen wie Rinnsale aus. In den ersten drei Jahren nach dem Deutsch-Französischen Krieg waren es an die 300.000 Menschen, die dorthin gingen, danach im Abwind der Konjunktur pro Jahr kaum mehr als 20.000. Aber dann kam die nach 1848 zweite große Auswanderungswelle: 1880 waren es schon mehr als 100.000 Menschen, dann von 1881 bis 1883 zusammen mehr als eine halbe Million, so viel wie die ganze Stadt München zählte. Nur geringfügig sind die Auswanderungsziffern im folgenden Jahrzehnt zurückgegangen: Jahr um Jahr fast die Bevölkerung einer Großstadt, und zumeist junge, aktive Leute. Dann erreichte der Strom in den Jahren nach dem großen Bergwerkstreik im Ruhrgebiet (1889), als eine gesamtwirtschaftliche Rezession die Zukunftsaussichten trübe überschattete, noch einmal einen hohen Stand: von 120.000 Auswanderern im Jahre 1891 gaben 113.000 die USA an, im Jahr 1892 von 116.000 insgesamt nicht weniger als 112.000. Das Jahr 1893 war das letzte Jahr dieser dritten großen Welle. Danach halbierten sich die Zahlen und pendelten, in einer deutlichen Verbindung zum gesamtwirtschaftlichen Konjunkturverlauf in Deutschland, um die 25.000 Auswanderer pro Jahr, Nachzügler und Nachgezogene. Seit 1893 verminderten sich nicht nur die

Industriegruppe	Beschäftigte	Produktion	Arbeitsproduktivität
Bergbau und Salinen	3,2	5,1	2,0
Steine und Erden	2,9	3,7[1]	1,2[8]
Metallerzeugung	3,5	6,4[2]	3,1
Metallverarbeitung	2,9	5,6[3]	3,0
Chemische Industrie	4,0	6,2[1]	2,3[1]
Textilindustrie	0,6	3,0	2,5
Ledererzeugung	1,1	2,4[2]	1,5
Bekleidungsindustrie und Lederverarbeitung	1,1	2,6	1,6
Verarbeitung von Holz	1,6	3,1[4]	1,5[4]
Papiererzeugung und -verarbeitung	3,9	6,9[3]	3,5
Graphisches Gewerbe	4,4	–	–
Schmuck/Spielwaren, Musikinstrumente	2,8	–	–
Nahrungs- u. Genußmittelindustrie	1,6	2,7	1,2
Gas-, Wasser u. Elektrizitätsversorgung	6,5	9,6[5,10]	3,6[9]
Baugewerbe	2,6	3,3[6]	0,8[7]
Insgesamt	1,9[11]	3,8[8]	1,8[11]

Durchschnittliche jährliche Wachstumsraten der Beschäftigten, Produktionswerte und Arbeitsproduktivität der Industriegruppen von 1850 bis 1913 (in %)

[1] 1872 bis 1913
[2] 1847 bis 1913
[3] 1849 bis 1913
[4] 1855 bis 1913
[5] 1860 bis 1913
[6] 1851 bis 1913
[7] ohne Extremwert für 1875
[8] 1875 bis 1913
[9] 1882 bis 1913
[10] 1882 bis 1913 ergibt sich eine Rate von 10,6%
[11] ohne Bergbau und Salinen

Schubkräfte der Auswanderung, das deutsche Sozialklima wurde auch freundlicher. Vor allem war in den USA das Ende der freien Landnahme gekommen, damit das Ende des Traums von freier Farmgründung im Familienverband auf Regierungsland.

Die »frontier«, auf mehr als ein Jahrhundert die Vision der landhungrigen Landlosen in England und auf dem Kontinent, verlor ihre magische Anziehungskraft auf die landlosen Europäer. Land war noch immer billiger als in der Alten Welt, es war auch rentabler zu bewirtschaften. Aber aus einem Land der unbegrenzten Möglichkeiten war ein Land geworden, in dem das Angebot an Sozialchancen hinter dem in den expandierenden Industriezentren Mittel- und Westdeutschlands zurückblieb. In Europa begann Mitte der neunziger Jahre ein neuer Aufschwung, während in den USA die letzte Welle langer Wachstumsstörungen – »the panic of 1893« – noch lange zu spüren blieb.

Die Fernwanderung von Ost nach West nahm in diesem Jahrzehnt noch einmal merkbar zu, aber sie fand ihre Ziele nicht mehr auf Farmland in Übersee, schon gar nicht in den durch das Deutsche Reich gerade lärmend erworbenen Kolonien in Mittelafrika und in Südwest, sondern unter den Schloten und Fördertürmen zwischen Krefeld und Dortmund, in Sachsen, in Berlin und zunehmend auch im deutschen Südwesten mit seinen Zukunftsindustrien, wo Großchemie und Elektroindustrie sich ausbreiteten.[10]

Der gewerbliche Westen war in der zweiten Hälfte des neunzehnten Jahrhunderts industrialisiert, der ackerbauende Osten Deutschlands war in der ersten Jahrhunderthälfte agrarkapitalistisch geworden; überall verschoben die Gewichte sich, während die Bevölkerung weiter wuchs. Der Ausgleich solcher ungleichmäßiger Entwicklung erfolgte durch die große Arbeitssuche. Dahinter standen lange

Zeit unbegriffene soziale Schub- und Zugkräfte, die die Menschen in Bewegung setzten und Denken, Mentalität und Lebensform tief veränderten. Heimatlosigkeit wurde Signatur der Epoche. Die einen waren heimatlos, weil sie alles Gewohnte hinter sich zurückließen. Aber ein Stück Heimatlosigkeit erlebten auch die anderen, die blieben, und die doch bemerken mußten, wie die gewohnte Lebensform allemal fremd und manchmal unwirtlich wurde.

Was im achtzehnten Jahrhundert Verheißung der Aufklärung gewesen war, die Suche nach dem Glück, wurde im neunzehnten Jahrhundert die kleine Münze des Alltags. Diese Suche nach dem kleinen Glück hieß Vertragsfreiheit, Gewerbefreiheit, Bewegungsfreiheit, Heiratsfreiheit, Freiheit zum Lernen, zum Gebrauch der eigenen Tüchtigkeit, zum Aufstieg und zum materiellen Wohlstand. In dieser Glücksverheißung lag, was den deutschen Nationalstaat in der Industrialisierungsepoche bei aller Atemlosigkeit, aller Bewegung, aller Entfremdung doch stabilisierte, was ihm im Innern Sinn und Richtung gab und das Sozialsystem als Ganzes legitimierte: die Hoffnung auf Besserung, auf mehr Lohn, mehr Sicherheit, mehr Wärme, und immer satt zu essen. Dafür nahmen die Menschen viel in Kauf, die elenden Wohnquartiere, den Gang in die Fabriken, die langen Arbeitszeiten, Fahrten in der 4. Wagenklasse »für Reisende mit Traglasten«, die Disziplin und die feste Hand, die sie lenkte. Wenn sie ihre Welt nicht maßen an der gedachten Zukunft, sondern an der erlebten Vergangenheit, dann war allemal die Gegenwart vorzuziehen.

Neben den großen Straßen der Arbeitswanderung gab es auch die Pfade des sozialen Aufstiegs, und in der Regel waren beide miteinander verbunden. Für die Schicht der Guts- und Großgrundbesitzer, der Diplomaten, der hohen Verwaltungsbeamten und der hohen Offiziere bewegte sich der Elitenkreislauf innerhalb eines Heiratskreises von ungefähr fünftausend Familien. Und selbst diese Kommandohöhen der Gesellschaft waren über die technischen Truppenteile, Artillerie, Pioniere, Fernmelder und zuletzt auch die Fliegerei, über die konsularische Laufbahn und über die Justiz mit dem Bildungsbürgertum und dem protestantischen Pfarrhaus als Aufstiegsreservoir verbunden.

Wer nur auf diese alt-neue Elite schaut, die noch Kontinuitäten des bürokratischen Absolutismus verkörperte, der übersieht leicht, daß die Kapillaren der Gesellschaft für andere Eliten durchaus durchlässig waren und daß es, wenn der Aufstieg über mehr als eine Generation anhielt, aus alten unterständischen Schichten einen beachtlichen Aufstieg zu Prestige und Macht gab. Den sprichwörtlichen amerikanischen Tellerwäscher, der es zum Millionär brachte, konnte man in Deutschland nicht finden; es gab aber den katholischen Sohn des preußischen Unteroffiziers und späteren Steuersekretärs, der über Jurastudium und kluge Heirat es 1916 zum Oberbürgermeister der Stadt Köln brachte: Konrad Adenauers Lebensweg war nicht die Regel, aber auch nicht krasse Ausnahme.

In den rasch expandierenden deutschen Weltunternehmen und Banken konnte es der kleine Angestellte ebenso zum Manager bringen wie der junge Doktor, der Jurisprudenz oder Staatswissenschaften studiert hatte. Alte Namen zählten hier wenig, Familienverbindungen schon mehr, am meisten aber technisches Fachwissen und Menschenführung. Eine rechtzeitige Erfindung, das Nutzen einer Marktlücke konnte aus Handwerkern, Mechanikern und Kleinkaufleuten Großunternehmer machen. Kleinen Gewerbetreibenden gab der Grundstücksverkauf am Rand der Städte Investitionsmittel in die Hand. Der rasche Aufbau des Rechnungswesens und der beamtenähnlichen Verwaltung in der Industriewirtschaft, bei Banken und Versicherungen vor allem, aber auch bei den kommunalen Versorgungsbetrieben für Gas, Wasser, Elektrizität hätte schwerlich erfolgen können ohne den Aufstieg einer neuen Schicht von Stabspersonal mit hoher technisch-administrativer Qualifikation, die auf Höheren Technischen Lehranstalten oder auf Technischen Hochschulen erworben wurde.

Haltung bewahren

Die deutsche Gesellschaft des ausgehenden neunzehnten Jahrhunderts hatte unterschiedliche Hierarchien. Es gab durch Heirat, Vermögen und Leistung durchdringbare Oberschichten, in deren Lebensform und Habitus neben dem preußisch-militärischen Stil auch das Erbe nord- und süddeutschen Stadtpatriziats und süddeutscher Beamteneliten sich behauptete. Die Nobilitierung wog als gesellschaftliches Rangabzeichen wohl weniger, als spätere Historiker daraus machten. Sie war neben Vermögen, Leistung, Landbesitz und Familienverbindung nur ein zusätzlicher Ausweis sozialer Geltung und half beim Staat mehr als in der Privatwirtschaft. Denn zum einen wußte der alte Adel durchaus Unterschiede zu machen, zum anderen bedeutete Neu-Adel oft nichts als die Nobilitierung militärischen Rangs oder eines Reichtums, der aus sehr modernen Quellen gespeist wurde. Weiterhin gab es einen durchaus unprätentiösen süddeutschen Beamtenadel, zumeist jüngsten Datums, dem der Adelsbrief die knappe Bezahlung versüßte. Und schließlich war für patrizische Familien der großen alten Handelsstädte die Einbeziehung in den Kreis des Neuadels keineswegs immer erstrebenswert. Man wußte ohnehin, wer man war. So gab es auch im Kaiserreich eine beachtliche Zahl von Adelsablehnungen, wenngleich das adlige Gesellschaftsideal, bis in die Trivialromane der Marlitt und den Stummfilm verkitscht, die Wachträume vieler Deutscher bestimmte.

Die Jugendbewegung, die 1913 auf dem Hohen Meißner bei Kassel neokantianisch von sich selbst »innere Wahrhaftigkeit« forderte, ist auch aus dem Protest gegen solche Ideale zu deuten, bei Lager-

Das Liederbuch der Bündischen

feuern und Klampfeschlagen, mit flatternden Kleidern und leuchtenden Augen, mit Lyrik und Aufbruchswillen ein kollektiv unbewußter Versuch, ein neues Elitebild zu schaffen, das auf Ganzheit zielte. »Im Frühtau zu Berge« bedeutete in einem unbestimmt sehnsuchtsvollen Sinne mehr als Wohlhabenheit, Universitätsstudium und Reserveoffizier. Idealistische Bildungsschwärmerei, Lebensreformbewegung und das Gefühl wirkten zusammen, daß aus den abgelebten Welten der Älteren Sinn nicht mehr zu erwarten stand.

Die politische Klasse der Abgeordneten, Advokaten und Journalisten, wo der Anteil an Akademikern jüdischer Abkunft weit höher war als in den abweisenden Rängen von Militär, Verwaltung und Justiz und wo auch Sozialdemokraten, Fortschrittler und Repräsentanten des politischen Katholizismus eine Stimme hatten, unterschied sich durch ihre Heterogenität tiefgehend, ja prinzipiell von der regierenden Kaste der Verwaltung in Berlin und in den preußischen Provinzen. Hier lebte das friderizianische Machtkartell von Bürokratie, Militär und Großgrundbesitz fast unbeschädigt fort. Der Kampf gegen den Parlamentarismus war mithin auch ein Kampf verschiedener Schulen, verschiedener Studentenverbindungen, eines verschiedenen Habitus, verschiedener Dialekte, verschiedener Mentalität.

Der erste Schritt zum sozialen Aufstieg war es meist, die Heimat zu verlassen, sei es, um anderswo bessere Arbeit zu finden, sei es zum Militärdienst, sei es zum Studium. Die Kinder sollten es einmal besser haben: in der zum Stereotyp sozialen Aufstiegswillens gewordenen Wunschformel kam die Erfahrung der Menschen zum Ausdruck, daß eine einzige Generation es meist nicht schaffen konnte. Erst Söhne und Enkel würden ernten, wo die Eltern gesät hatten. Das entsprach dem Alltag der Deutschen im neunzehnten Jahrhundert und galt noch tief bis ins zwanzigste. Denn es gab seit mehreren Generationen typische Aufsteigerberufe wie die des langdienenden Unteroffiziers, des Unterbeamten in den rasch wachsenden Rängen von Bahn und Post, von Finanzamt und kommunaler Versorgung, des Küsters, der für Studium und Aufstieg der Kinder Opfer brachte und solchermaßen in die Zukunft der Familie investierte. Es gab die beamtenähnlich gestellten Angestellten des Hauses Siemens und Krupp und anderer erfolgreich expandierender Industrieunternehmen, die ihrem Personal nicht nur Leistung, sondern auch eine bestimmte Lebensform abforderten.[11] Typische Aufstiegskarriere für begabte Kinder der Unterschicht blieb der katholische Geistliche. Auf der protestantischen Seite war das Pfarrhaus aus dem kollektiven Lebenslauf von höheren Beamten und Gelehrten nicht wegzudenken.

Aufstiegskarriere für Arbeiter- und Handwerkersöhne war auch der Beruf des Volksschullehrers, der nach harter und strenger Seminarausbildung ohne akademisches Studium ein knappes Brot verdiente, außerständische Respektsperson der Jugend im Dorf, der durch Orgelspiel ein Zubrot erwarb. Aber die Volksschullehrer stießen bald an die Decke der kargen Bezahlung in den Stadtschulen, der noch kargeren auf dem Land. Sie blieben immer die Unteroffiziere des Bildungssystems. Ihnen winkten keine Offiziers- und Kommandeursstellen, wenn nicht das dreizügige Bildungssystem mit

Beschäftigte nach Wirtschaftsbereichen 1846 bis 1913 (in 1000)

Jahr	Landwirtschaft, Forsten, Fischerei	Bergbau und Salinen	Industrie und Handwerk	Verkehr	Handel, Banken, Versicherungen, Gaststätten	häusliche Dienste	sonstige Dienstleistungen ohne Verteidigung	Verteidigung	insgesamt
1846		98	3305	132	728	(1400)	398	259	
1849	8298	95	3396	147	720	1405	411	341	14813
1852	8293	114	3649	158	757	1361	432	264	15028
1855	8195	157	3709	168	773	1442	447	307	15198
1858	8235	183	3938	204	783	1403	457	289	15492
1861	8253	174	4187	230	823	1411	473	416	15967
1867	8333	225	4155	271	879	1422	508	378	16171
1871	8541	255	4762	1359	1359	1491	530	399	17337
1875	9230	286	5153	349	1116	(1490)	589	430	18643
1880	9565	297	5504	395	1319	1492	632	434	19638
1885	9700	345	6005	461	1457	1488	659	462	20577
1890	9565	398	7337	569	1684	1532	778	509	22372
1895	9788	432	7524	620	1970	1571	894	606	23405
1900	9754	575	8950	783	2340	1508	1009	629	25548
1905	9926	665	9572	901	2806	1541	1159	651	27221
1906	9888	692	9880	957	2897	1568	1194	658	27734
1907	9897	739	10070	1012	2970	1581	1233	664	28166
1913	10701	863	10857	1174	3474	1542	1493	864	30968

Gymnasialbildung für die wenigen und Hauptschulabschluß für die vielen gründlich verändert wurde. So haben sie sich früh an diese Veränderung gemacht. Aufstiegsgründe machten sie zu Wortführern einer Sozialreform, die sie als Bildungsreform begriffen. Aufstiegsberufe waren auch Arzt, Veterinär und Apotheker, sogar in doppelter Hinsicht. Sie zogen nicht nur soziale Aufsteiger an sich, sondern erlebten auch durch die wissenschaftliche Aufwertung ihres Gegenstandes wie durch die Akademisierung ihrer Ausbildung einen kollektiven Statusgewinn.

Wenn man kollektive und individuelle Lebensläufe im neunzehnten Jahrhundert studiert, dann war es immer wieder das Bildungssystem, das als soziales Förderband diente.[12] Das galt für die Höhere Schule, wo das alte Bildungsmonopol des humanistischen Gymnasiums durch den Aufstieg des Realgymnasiums relativiert wurde. Zu dessen Förderern gehörten Technische Hochschulen, naturwissenschaftliche Fakultäten, technische Militärs und nicht zuletzt Kaiser Wilhelm II. Noch mehr wirkte sich der Zuzug zu berufsbildenden Schulen, zur Realschule und zu den Gewerbeschulen aus, die in Verbindung mit praktischer Ausbildung im Betrieb zu Höheren Technischen Lehranstalten weiterführten. Die deutsche Gesellschaft mochte sich im Sozialideal des adligen Rittergutsbesitzers widerspiegeln wollen. Tatsächlich setzten Staat und Industrie, Kirchen, Heer und Universitäten eine hohe Prämie auf Bildung und Ausbildung. Zu den Folgen gehörte eine im Vergleich zu den westlichen Industrienationen hohe Durchlässigkeit technischer, akademischer und funktionaler Elitekader. Am deutlichsten wurde die öffentliche Wertschätzung formaler Bildung im Institut des Einjährig-Freiwilligen-Dienstes. Es entband denjenigen von der allgemeinen dreijährigen Wehrpflicht, der die Höhere Schule bis zur Untersekunda (10. Klasse) besuchte. Wenn er auf seiner Visitenkarte sich Leutnant der Reserve nennen durfte, als Gymnasiallehrer gelegentlich in Uniform vor Schüler und Mitbürger treten konnte, so diente ihm das fortan als Ausweis gehobener sozialer Stellung.[13]

An ihrer Spitze war die deutsche Gesellschaft so abweisend für den Aufsteiger wie die westlichen Industrienationen, vielleicht noch ein Stück mehr zur Kaste erstarrt. Es fehlten die thermidorianischen Eliten Frankreichs, die durchlässige Gentry Englands. Vor allem war die politische Klasse tief gespalten. Aber die mittleren Ränge der sozialen Pyramide waren offen für Talent und Leistung. Hier gab es die erstrebenswerten Ziele für den studierten Sohn des Unteroffiziers, des Steuerinspektors, des Staatsbahnschaffners, des Gemeindeschreibers. Hier zahlten sich Ehrgeiz und Arbeit in Gehalt, Titeln und günstiger Heirat aus, führten in die schöneren Stadtviertel und brachten vielleicht am Ende eines langen, tüchtigen Lebens den Roten Adlerorden vierter Klasse. Die Kollektivbiographie der deutschen Mittelschichten im neunzehnten Jahrhundert erzählt daher weniger von einer großen Enttäuschung, daß die regierende Kaste Kaste blieb, und sehr viel mehr von einem großen Stolz, den langen Weg aus Stall und Bauernhütte zurückgelegt zu haben in die Eisenbahnersiedlung, in die Beletage oder die Villa am Stadtrand.

Dieser Stolz aber war gepaart mit der Angst, den gehobenen Sozialstatus nicht behaupten zu können und auf die Stufe des Arbeiters abzusinken: das hatte die Formierung eines »neuen Mittelstandes« zur Folge, dessen politische Heimat die bürgerlichen Parteien weit mehr wurden als die Sozialdemokratie, dessen Absonderungstendenzen in der Staatspolitik Unterstützung fanden und der in eigenen Organisationen wie dem »Deutschnationalen Handlungsgehilfen-Verband« seine Interessen organisierte. Seine Sprecher insistierten, es dürfe keine Einheitsversicherung geben, die die Statusgrenzen verwischte und nach Klassenkampf aussah. Daraus entstand mit dem Angestelltenversicherungsgesetz von 1911 die Sonderstellung der Angestellten in der allgemeinen Sozialversicherung. Bewußtsein und Status markierten eine Linie zwischen Angestellten und Arbeitern, die in der sozialen Wirklichkeit viel weniger scharf gezogen blieb als in der kollektiven, stets nach oben schielenden Selbsteinschätzung der wachsenden Zwischenschicht der Angestellten mit Schlips und weißem Kragen.[14]

An Revolution haben die Deutschen nach 1848 nicht mehr viel gedacht, und sie hatten mancherlei gute Gründe dafür. Nicht der geringste lag in dem Umstand, daß sich nichts so revolutionierte wie ihr Alltag, und in der Hoffnung, die Kinder und Enkel würden es einmal besser haben als die Väter und Großväter.

3.
Land im Wandel

»1. Es ist sicher *nicht* wahr, daß die Armen ärmer geworden sind; im Gegenteil, die Ärmsten sind heute ›reicher‹ als vor 100 Jahren, ganz gleich ob man die ärmsten 100000 oder die ärmsten Zehnmillionen nimmt.
2. Es ist sicher *nicht* wahr, daß die mittleren Schichten des Einkommens, - sage zwischen 900 und 3000 Mark - schwächer geworden seien; im Gegenteil, sie werden (durch raschen Zuzug von unten) immer kräftiger...
3. Es ist sicher *nicht* wahr, daß die Zahl der Reichen immer mehr zusammenschrumpfe; im Gegenteil, man mag die Grenze ziehen, wo man will: bei 10.000, 20.000, 50.000 oder 100.000 Mark: immer wird das Ergebnis sein, daß die Leute mit derartigen Einkommen sich rascher vermehren als irgendeine andere Spezies der Einkommensbezieher.«

Werner Sombart, Die deutsche Volkswirtschaft im 19. Jahrhundert, 1912.

Lovis Corinth, Maschinensaal der AEG (Kohlezeichnung)

»Die Situation Deutschlands ist weiter aus dem Grund eine äußerst schwierige, weil sein Export im wesentlichen auf der Weiterverarbeitung von Rohstoffen beruht, die ihrerseits erst vom Ausland bezogen werden müssen, so daß der Unsicherheit des Exportes noch die Abhängigkeit der Rohstoffversorgung aus dem Ausland gegenübersteht - ein Grund dafür, weshalb gerade die deutsche Industrie die Kolonialpolitik so lebhaft unterstützt, um diese Abhängigkeit zu mildern. Nimmt man noch hinzu, daß Frankreich und Amerika in ihrer staatlichen Sozialpolitik weit hinter Deutschland zurückstehen, und England, das unter Lloyd George den Weg der staatlichen Sozialgesetzgebung beschritten hat, die Lasten dieser Gesetzgebung im wesentlichen auf den Staat legt und dadurch den Arbeitgeber entlastet, so wird man verstehen, wie außerordentlich hoch die Entwicklung der deutschen Industrie gewertet werden muß.«

Gustav Stresemann, Handel und Industrie, 1913.

Investitionen in Eisenbahnen 1850 bis 1913 (in Mill. Mark)

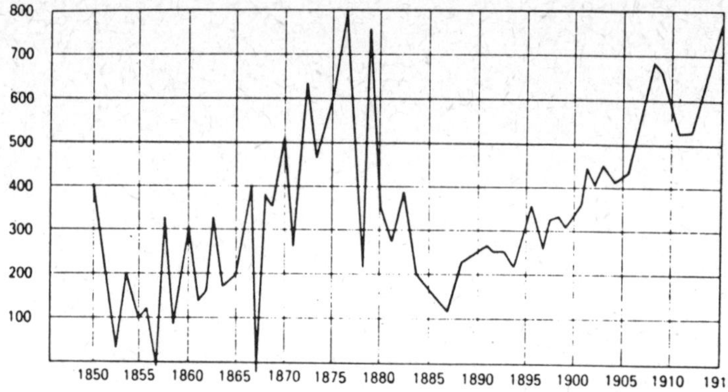

Erdm. Wagner, Recht tröstlich (1907) »Kommt denn der Zug immer noch nicht?« - »Beruhigen Sie sich nur - Ihre Karte hat ja 45 Tage Gültigkeit!«

Der Reisende, der im Frühjahr 1866, wenige Wochen vor dem »Deutschen Krieg«, von Aachen nach Königsberg in Preußen fuhr, der bemerkte noch, wie er die hessische oder hannoversche Landesgrenze passierte. Aber nach mitgebrachter Konterbande wurde, man hatte ja seit vielen Jahren den Deutschen Zollverein, nicht mehr geforscht. Neben den Gleisen liefen an hölzernen Masten Telegrafendrähte, die Nachrichten in Form elektrischer Kurz-Lang-Zeichen übermittelten, darunter nah am Boden Signaldrähte für den Bahnbetrieb. Die Schienen, noch nicht verschweißt, sondern mit einem Stoßabstand im Kiesbett auf Eichenschwellen liegend, schlugen ihren eigenen Rhythmus zu dem der fauchenden, rauchenden Dampflokomotive.

Der Zug passierte Brücken aus Feld- oder Ziegelsteinen, Gußstahlbrücken und auch schon einmal eine moderne Stahlskelettbrücke. In Residenzstädten wie Kassel endeten, aus Gründen des Protokolls, die Schienen in einem Kopfbahnhof, an Industriestädten gingen sie wie eine Tangente vorbei. Bahnhöfe waren, meist am Rande der Altstädte angelegt, oft gebaut als Zitat barocker Schloßanlagen oder klassizistischer Rathäuser, die Bahnsteige mit Gußeisenarchitektur, darüber gab es des Nachts sparsame Gasbeleuch-

Transportpreise pro t/km in Deutschland von 1848 bis 1913 (in Pfennig)

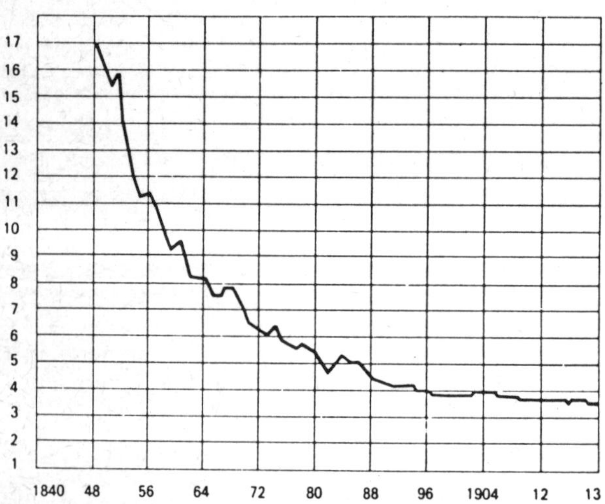

Transportleistung deutscher Eisenbahnen 1850 bis 1913

Jahr	Mrd. Personen-km	Mrd. t/km
1850	0,56	0,23
1855	1,25	1,25
1860	1,74	1,63
1865	2,7	3,66
1870	4,4	5,3
1875	6,0	10,4
1880	6,5	13,5
1885	7,9	16,6
1890	11,3	22,5
1895	14,0	26,6
1900	20,2	37,0
1905	25,8	44,6
1910	35,7	56,4
1913	41,4	67,7

tung. Es gab Wartesäle entsprechend den Wagenklassen, die 1. Klasse für reisende Fürstlichkeiten und reiche Leute, in der 2., vor allem für Damen, wurde nicht geraucht, die 3. für die große Mehrheit, wobei die Fahrpreise so abgestuft waren, daß die 1. Wagenklasse fast das Doppelte kostete wie die 3., aber immer noch billiger kam als das Reisen mit der Postkutsche oder der Pferdebahn. Die Fahrkarte wurde in Gold oder Silber bezahlt, auch zwanzig Pfennige Trinkgeld wurden in Silber gegeben, eine kleine Münze mit dem Reichsadler darauf. Beamte waren geschäftig in Uniformen, deren Aufwand ein genaues Reglement vorschrieb und die für die höheren Ränge der Degen ergänzte. Auf den großen Bahnhöfen herrschten ein Getöse von Dampfkesseln und Schubstangen, Qualm und der Geruch nasser Kohle. Gepäckträger machten sich durch Rufe bemerkbar. Am Ausgang zur Stadt sorgte manchmal ein Polizist dafür, daß die örtlichen Kutscher den Fremden nicht betrogen. Der Reisende fuhr durch eine Landschaft, in der außerhalb der großen Städte eigentlich nur die Eisenbahn daran mahnte, daß das Land sich mitten in einer industriellen Revolution befand. Sie allerdings war deren Mittel und zugleich die Metapher ihrer Unaufhaltsamkeit.[1]

Prospekt für den Protoswagen, um 1910

Wer im Frühjahr des Jahres 1914, wenige Monate vor dem Weltkrieg, die gleiche Reise machte, brauchte nicht nur für die Fahrkarte weniger zu zahlen - für Frachten ging der Preis von 1848 = 17 über 1870 = 7 auf 1913 = 3,5 Pfennige pro Tonnenkilometer zurück, bei der Personenbeförderung war die Verbilligung bis zur Einführung der neuen Sozialtarife für Arbeiter weniger krass - er erreichte das Ziel auch merkbar schneller. Die von Westinghouse 1872 erfundene und durch Knorr 1900 verbesserte Druckluftbremse erlaubte, daß die Züge jene höheren Geschwindigkeiten auch tatsächlich fuhren, die die modernen Hochdruck-Dampf-, Diesel- oder Elektrolokomotiven erreichten. Die erste E-Lok hatte 1879 das Haus Siemens mit 3 PS betrieben. Seit der Erfindung des Telefons 1876/78 ergänzte das Telefon den Telegrafen, war aus örtlichen Betriebsnetzen (Berlin 1883) ein nationales und internationales System geworden, später durch ein Fernschreibnetz vervollständigt.

Joseph Maria Olbrich, Projekt einer Autokarosserie für die Firma Opel, 1906

Viele Bahnhöfe hatten 1914 bereits elektrische Beleuchtung; die Übertragung elektrischer Energie über größere Strecken war seit 1873 möglich, die elektrische Glühfadenlampe seit 1880 rasch Massenartikel aus wachsender Produktion geworden, einfacher als die Gasbeleuchtung, billiger und weniger feuergefährlich als Wachs und Talg älterer Zeiten. 1881 bereits hatte Siemens in Godalming in England das erste Elektrizitätswerk installiert, bis zur Jahrhundertwende hatten die großen Kommunen in Deutschland alle ihre eigene, von Siemens oder der AEG gebaute und oft auch vorfinanzierte Elektrizitätsversorgung[2], die den großen Elektrokonzernen unübersehbare Anschlußaufträge einbrachte.

An das Ziel der Reise angekommen, konnte der Reisende eine Pferdedroschke nehmen, vielleicht holte ihn auch schon eines der wenigen Automobile vom Bahnhof ab, das kam freilich weit teurer. 1884 war der Benzinmotor durch Daimler und Maybach erfunden, 1885 der Kraftwagen dazu gebaut worden, zuerst und noch auf lange Zeit mit dem Aussehen einer Kutsche, der man die Pferde ausgespannt hatte. Bald nach ihrer Erfindung durch den Briten Dunlop

1890 setzte sich die Luftbereifung durch für Fahrräder, Automobile und Pferdefuhrwerke; sie minderte den Rollwiderstand, dämpfte das Geräusch und schonte die Wege.

Wenn der Reisende dann von seinen Erlebnissen während der rund vierzigstündigen Fahrt auf der preußischen Staatsbahn berichtete, dann erzählte er auch vom Menü im Speisewagen, vom Komfort des Schlafwagens. Beim Blick aus dem Fenster hatte er Dampfschiffe auf dem Kanal gesehen, der neuerdings den Rhein mit der Elbe verband, Stahlbetonbrücken, die ersten Hochspannungsmasten, im Ruhrgebiet Fördertürme und Hochöfen gigantischer Dimension in einer schwarz-grauen Landschaft, in Berlin eine Millionenstadt, die der Baedeker schon 1892 »vielleicht die erste Industriestadt des Kontinents« genannt hatte. Seit 1902 betrieb die Stadt eine Untergrundbahn und seit 1912 gab es den Zweckverband Groß-Berlin für Bebauung, Landschaftsplanung und Verkehr.

Erst wenn der Reisende sich der Oder näherte, hatte er wieder das Land vor sich, wie es immer gewesen war: sandige Ebene, viel Korn darauf, Gerste, Rüben und Kartoffeln, nur wenig ländliche Nebenindustrien wie Brauereien, Brennereien, Zuckerfabriken, hier und da das Silogebäude eines Gutes oder einer Genossenschaft, wenig Städte, einige Herrenhäuser in ihren Parks, umgeben von Dörfern in der hergebrachten niedrigen Bauweise, sie alle verbunden durch Straßen aus Sand, seltener mit Katzenkopfpflaster und einem Saum krüppelhafter Obstbäume. Als eine Sensation wäre es ihm erschienen, hätte er am Himmel einen Ballon oder ein Flugzeug ausgemacht, klein und zerbrechlich. Es gab nur wenige, und diese nur zu industriellen und militärischen Versuchszwecken. Die meiste Zeit war der Zug durch menschenleeres Land gefahren. Hier schien das Leben stillzustehen, wie es immer stillgestanden hatte. Die Wirklichkeit des industrialisierten Deutschland war dem Land nur in seinen wachsenden Industrierevieren und im Vorland der Großstädte abzulesen, wo um Maschinenbau und Schmiedetechnik sich Hallen erhoben, deren Größe und Bauweise aus der Ferne hier an Kathedralen, dort an Schloßanlagen erinnerten, während doch die Bauweise, Stahl und Backstein, Gußeisen und scharfzackige Dächer, unzweideutig der Moderne angehörte.

Das Land verlor an Anschaulichkeit. Die Statistik, Nebenprodukt des vielregierenden Obrigkeitsstaats im achtzehnten Jahrhundert, gewann an Bedeutung. Sie wurde Medium einer immer unüberschaubarer werdenden Realität und Voraussetzung aller Sozial- und Wirtschaftspolitik, Geld- und Steuerpolitik. Statistisch läßt sich der Zeitpunkt ungefähr datieren, zu dem Deutschland ins industrielle Massenzeitalter eintrat. Im Jahrzehnt 1885–1895, als der erste Siegeszug der Industriellen Revolution bereits mehrere Jahrzehnte zurücklag, überholte die Industrie mit Beschäftigtenzahl, Kapitalinvestitionen und Produktionswert die Landwirtschaft.[3]

Während die absolute Zahl der in der Landwirtschaft Tätigen von 1870 bis 1913 noch geringfügig zunahm, sank ihr Anteil an der Gesamtzahl der Erwerbstätigen: 1870 hatte noch jeder zweite in der Landwirtschaft sein Brot verdient, 1907 war es kaum noch jeder dritte. Das war im Verhältnis zu England noch immer eine hohe Zahl, hing vor allem mit der Zählebigkeit der Klein- und Kleinststellen in jenen Realteilungsgebieten des deutschen Südens und Südwestens zusammen, wo der Hof zwischen den Erben aufgeteilt wurde; es zeigt aber, daß der nach Millionen zählende Zuwachs an Arbeitskräften seit 1870 in die Industrie, auch noch ins Handwerk, stark aber bereits in Handel und Verwaltung ging. 1870 hatte die Wertschöpfung in Industrie und Handwerk nur rund ein Viertel betragen. 1913 waren es 40 Prozent. In derselben Zeit fiel die Wertschöpfung in der Landwirtschaft von 40 Prozent auf 23 Prozent zurück. Das geschah bei einer in absoluten Zahlen Jahr um Jahr noch steigenden, durch

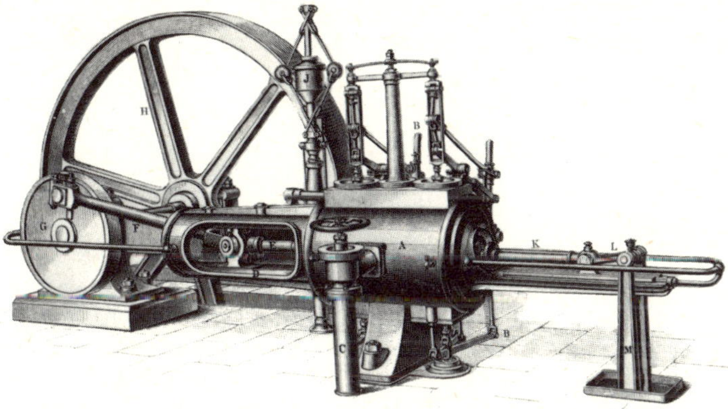

Dampfmaschine mit Collmann-Steuerung

Intensivkultur, Technik und hohe Investitionen hochgetriebenen Agrarproduktion. Am stärksten allerdings war nach 1870 der Anstieg der Wertschöpfung im Transportbereich von 1870, wo er bei 2 Prozent lag, bis 1913, wo er fast 6 Prozent betrug. Die wachsende Zahl der Menschen, Pendlertum zwischen Land und Stadt, gesteigerte Einkommen, aufwendige Technik, höhere Mobilität, vor allem aber der intensive Austausch einer industriell-arbeitsteiligen Wirtschaft kamen in diesem steilen Anstieg zum Ausdruck.

Die Verschiebungen zwischen Landwirtschaft und Industrie, Bergbau, Handwerk und Verkehr wurden begleitet von tiefgreifenden Umstellungen innerhalb der einzelnen Wirtschaftsbereiche. Allein in der Landwirtschaft blieb die absolute Zahl der Selbständigen ungefähr gleich, auch unrentable Betriebe wurden zäh gehalten; nur die Überzähligen und Landlosen wanderten ab: wer eine Scholle hatte, wie klein auch immer, hielt sich an ihr fest. Überall außerhalb der Landwirtschaft sank der Anteil der Selbständigen, in der Gesamtwirtschaft ging er zwischen 1882 und 1907 von 32 auf 22 Prozent zurück. Noch deutlicher als in den Globalziffern, die auch die Landwirte umfassen, kam diese Entwicklungstendenz zum Ausdruck bei Industrie und Handwerk. Von 42 Prozent Selbständigen im Jahr 1875 sank sie auf 18 Prozent im Jahr 1907. Stark vereinfacht läßt sich sagen, daß die kleinen Betriebe kleiner wurden, aufgaben oder fusionierten, die größeren aber weiter wuchsen.

Vor allem das Handwerk, das in absoluten Ziffern zwar seinen Stand halten konnte, seinen hohen Anteil an der Gesamtwirtschaft aber verlor, wurde von der Verlagerung der Fertigung auf Fabriken hart getroffen. Eine schmerzliche, das Selbstbewußtsein der alten Zunftbürger hart treffende Umstellung von der Fertigung für den Endverbraucher auf Zulieferung und Instandsetzung spielte sich ab. Viele Kleinbetriebe von Schneidern und Schuhmachern, in der alten Stadtwirtschaft die zahlreichsten und ärmsten Gewerbe, endeten mit dem Tod des Meisters. Es gab für sie keinen Markt mehr, sie mußten teurer einkaufen als die Kleider- und Schuhfabriken, konnten kaum investieren, wollten es oft auch nicht, ihre Produkte waren der billigen Konkurrenz maschinenmäßiger Serienfabrikate nicht mehr gewachsen.

Der neue Massenmarkt der wachsenden städtischen Bevölkerung schuf zwar neue Bedürfnisse, und die Menschen konnten auch mehr Geld als früher für Kleidung und Schuhe ausgeben, aber das kam den Erben des Alten Handwerks im allgemeinen nicht mehr zugute.[4] In Randbereichen konnten sich Handwerker gegen die Maschinenkonkurrenz behaupten, und wer Kapital hatte und Unternehmungsgeist, ging beizeiten auf die andere Seite über. Aber auf die Dauer überleben konnten nur die wenigen, gewandten Schneider, Schuh- und Handschuhmacher, die für eine schmale Oberschicht teure Maßarbeit à la mode anfertigten, und jene, die sich mit einem kleinen Laden und Reparaturen begnügten. Überleben konnten freilich auch die Bauhandwerker, sie wurden von der Baukonjunktur der Gründerzeit getragen, vom Städtewachstum und vom Werkhallenbau. Überleben konnten auch die Metallhandwerker, Schmiede, Schlosser, Klempner, Gürtler, wenn sie nur Mut und Mittel zum Investieren aufbrachten und sich dem Taktstock der Industrie beugten.

So bleibt das Bild des Handwerks insgesamt zwiespältig. Seine überlieferten Formen des Sozialschutzes in Meisterzunft und Gesellenbruderschaften haben die allgemeine Vertragsfreiheit, zuletzt die für den gesamten Zollverein geltende Gewerbeordnung des Norddeutschen Bundes (1868) nicht überlebt – nur in Lebensgewohnheiten und sozialen Verhaltensweisen der Meister setzte sich das Alte Handwerk noch einige Jahrzehnte fort, auf andere Weise überdauerten auch die Gesellenbruderschaften in den Gewerkschaften. Schaut man aber auf die Beschäftigtenziffern in Kleinindustrie und Handwerk, so ist die Gesamttendenz unübersehbar: der Anteil der Betriebe mit weniger als sechs Beschäftigten sank von 60 Prozent im Jahr 1882 auf 31 Prozent im Jahr 1907. Umgekehrt nahm die Zahl der Großbetriebe zu: 1882 waren es nur knapp 2 Prozent der Beschäftigten gewesen, die in Betrieben mit mehr als eintausend Beschäftigten arbeiteten, 1907 bereits zweieinhalbmal so viele. Während sich in der Landwirtschaft, wenn überhaupt, nur eine unmerkliche Konzentration zu größeren Einheiten abspielte, war die Konzentration bei Industrie, Handel und Gewerbe ausgeprägt: Ergebnis vieler Untergänge in traditionell handwerklichen Bereichen, aber auch zunehmender Zusammenfassung und Rationalisierung von Produktion und Absatz.

Man muß sich ja erinnern, daß das Alte Handwerk dem Meister eines Gewerbes die Beschäftigung von Gesellen anderer Handwerke verboten hatte, daß außerzünftige Arbeiter gegen den Protest der

Gesellen nicht beschäftigt werden konnten und daß vielfach auch das Arbeiten mit anderen als den herkömmlichen Materialien nicht erlaubt, daß Werbung verpönt war und Konkurrenz ein Übel. Das alles war noch nicht lange her, alte Leute hatten das alles, zumindest im Süden Deutschlands, noch erlebt.[5]

Jetzt setzte wachsende Nachfrage eine wirtschaftliche Prämie auf die Mißachtung solcher Traditionen. Bisher getrennte Produktionen wurden zusammengelegt. Fremde Gewerbe ergänzten einander. Konzentration war eine natürliche Folge, die Verbilligung der Produkte das Ziel. Beides war aber auch Folge wachsender Märkte, die jene begünstigten, die technische Neuerungen nutzten, höher investierten, in großen Stückzahlen produzierten, mehr Geld für Werbung aufwandten und den Absatz vergrößerten.[6] Die durchschnittliche Betriebs- und Unternehmensgröße ist daher mit dem Markt gewachsen und weit darüber hinaus. Dieses Wachstum der Unternehmen hatte wiederum verstärkte Arbeitsteilung und Trennung von Planung, Buchführung, Personalverwaltung, Abrechnung zur Folge, alles Tätigkeiten, die im Alten Handwerk gar nicht oder ganz gering zu Buche geschlagen waren. Das aber bedeutete, daß eine neue Schicht von Angestellten entstand, Techniker, Büromenschen und Aufsichtspersonal.

Die handwerklichen Betriebsgrößen blieben für den Meister oder Unternehmer lange Zeit überschaubar. Noch lange konnte die Meistersfrau das tun, was sie im Alten Handwerk meist getan hatte: die Buchführung leisten, Außenstände anmahnen, mit Kunden reden. So war es charakteristisch, daß 1882 in Handwerk und Industrie auf einen Angestellten noch einundvierzig Arbeiter gekommen waren. 1907, bei weiter zurückgehender Zahl der Kleinbetriebe, waren es deren nur noch dreizehn. Noch stärker wuchs die Zahl der Angestellten in den neuen Großverwaltungen der Banken, Versicherungen, des Handels und des Verkehrs. In der Berufszählung 1907 waren es drei Viertel aller Angestellten, die kaufmännisch tätig waren oder allgemeine Bürotätigkeit ausübten. Nur ein Viertel qualifizierte sich als technisches Personal oder Aufsichtspersonal. Das Wachstum der Unternehmen mit den dadurch bedingten neuen Führungstechniken, der bürokratische Aufwand für Planung, Abrechnung, Personalverwaltung und soziale Leistungen, mehr und mehr auch für Werbung – das alles hatte zur Folge, daß der Handlungsgehilfe älterer Zeiten seit den neunziger Jahren zum neuen Sozialtypus wurde, zum Angestellten, der sich kollektiv als »neuer Mittelstand« begriff, der Lohnarbeiterschaft durch seine Mentalität so fern wie den Arbeitgebern durch seinen abhängigen Status.

Die Industrialisierung Deutschlands war der Nationalstaatsgründung vorausgegangen, hat sie begleitet und ermöglicht. Sie verlief im Norden anders als im Süden. Im Norden entwickelte sich die Industrialisierung auf einer Achse, die die alten Hütten und Bergwerke Oberschlesiens mit der auf Gewerben des achtzehnten Jahrhunderts aufruhenden Berliner Maschinenbau- und Textilindustrie und dem Ruhrgebiet verband, wo auf Steinkohleflözen die große Montanindustrie entstand und mit dem alten frühindustriellen Gewerbe des Bergischen Landes zu einer neuen Industrielandschaft und zum wirtschaftlichen Schwerpunkt Deutschlands zusammenwuchs.[7]

Im Süden fehlten die großen schiffbaren Flüsse, die Donau abwärts waren Industriegüter kaum zu verkaufen, die alte Flößerei brachte nicht viel ein. Der Rhein wurde erst in den sechziger, der Main in den achtziger Jahren weitgehend schiffbar gemacht. Es gab außer den erschöpften alten Erzgruben der bayerischen Oberpfalz und einigen unrentablen Kohlegruben in Oberbayern kaum Bodenschätze, allenfalls Kies im Voralpenland in Hülle und Fülle. Die Industrialisierung entwickelte sich daher hauptsächlich auf der Grundlage älterer städtischer Gewerbsamkeit und Verlegerei. Das machte sie im Süden langsamer, weniger anfällig für konjunkturelle Störungen und schonender für das Land und die Menschen.[8] Während die Staatsverwaltungen Badens und Württembergs der Industrialisierung des Landes wenig in den Weg legten, sie aber auch nicht besonders förderten und die alten Zunftstrukturen bis 1869 überdauern ließen, legte die bayerische Verwaltung eine merkbare Zurückhaltung an den Tag: noch beim Spektakel des privat finanzierten ersten deutschen Eisenbahnbaus zwischen Fürth und Nürnberg 1835 hat das königliche Haus sich einer auffallenden Zurückhaltung befleißigt, durchaus in Übereinstimmung mit den bewahrenden Instinkten der Münchner Bürokratie, die Gewerbeförderung betrieb, aber den sozialen Preis der Industrialisierung fürchtete und lange Zeit alles tat, um Fabriken und Arbeiter aus der klassizistischen Residenz fernzuhalten und nach Augsburg und Nürnberg zu drängen.

Der von Werner von Siemens 1874 entwickelte Börsendrucker kennzeichnet den Beginn der Ferndrucker-Systeme.

Die Lebensformen des Alten Handwerks und des bäuerlichen Lebens haben sich daher im Süden zäher gehalten als unter dem Sichelschnitt der preußischen Modernisierung von oben. Die tiefen sozialen Einschnitte der napoleonischen Zeit wurden mit Hilfe der neuen Staatsverfassungen (Bayern 1818) aufgefangen.[9] Die Modernisierung von oben war im Süden nicht vorgreifend auf eine liberale Marktgesellschaft gerichtet, sondern auf eine Staatsbürgergesellschaft in adelig-bürgerlicher Synthese, auf Integration fremder Landesteile und auf Bewahrung des neuen Besitzstands. Während im Norden Preußen als Industriestaat Großmacht wurde, ging das »Dritte Deutschland« zwischen Main und Donau einen anderen, langsameren Weg in die Moderne, der die zerstörerischen Sozialkonflikte der Vor- und Frühindustrialisierung zwar nicht umging, aber doch abmilderte.

Während die schlesischen Weber 1844/45 verhungerten und verzweifelten, konnten die Augsburger Weber in die ausgedehnten Textilindustrien Augsburgs und Oberdeutschlands abwandern. Während die Schwerindustrie Oberschlesiens und des Ruhrgebiets große Investitionen verlangte, blieben der Maschinenbau in Augsburg und Nürnberg, die chemischen Fabriken in Ludwigshafen und Höchst, die Textilindustrien im alten Barchentland Oberdeutschlands in ihrem Kapitalhunger – lange Zeit leisteten die alten Familiengesellschaften alles, was von ihnen verlangt wurde – wie in ihrem Hunger nach Arbeitskraft begrenzt.[10] Noch die Revolution von 1848/49 hatte im Süden andere Verläufe, sie behielt von Anfang bis Ende ihren national-liberalen Charakter, entwickelte weniger Klassenkampfschärfe und mehr das Aussehen eines bäuerlichen Protests und bürgerlicher Verwahrung gegen Bürokraten- und Adelshochmut. Es geschah dagegen auf der Linie zwischen den Revolutionszentren Köln, Berlin und Dresden, daß – mit Jacob Burckhardt zu reden – die Soziale Frage sich durch die nationale fraß.[11]

Nach 1848/49 setzte, da der Sieg der Gegenrevolution das Investitionsklima besserte, ein rascher Wachstumsprozeß in vielen Wirtschaftsbereichen ein, die miteinander verzahnt waren. Bisher brachliegendes Agrarkapital ging in industrielle Investitionen. Niedrige Löhne sicherten deutschen Fabrikanten noch auf Jahrzehnte Wettbewerbsvorteile. Die Verwaltung der größeren Einzelstaaten gab in den fünfziger Jahren ihr altes Mißtrauen gegen die kapitalistische Industriewirtschaft auf. Es kamen nach französischem Vorbild Uni-

Serie III.

Deutsche Bank, Actien-Gesellschaft zu Berlin

No [redacted] 200 Thaler.

ACTIE über Zweihundert Thaler Courant.

Der Inhaber dieser Actie hat für den obigen darauf eingezahlten Betrag nach Maassgabe des Statuts Antheil an dem Vermögen der Deutschen Bank, Actien-Gesellschaft, mit allen statutenmässigen Rechten und Pflichten.

Berlin, den 2. Januar 1873.

Der Verwaltungsrath. Die Direction.

Für die Actien Serie VI. abgestempelt.

Für die Actien Serie IX abgestempelt.

Für die Actien Serie X

Bezugsrecht Emission 1920 ausgeübt

Bezugsrecht 1922 ausgeübt

Bezugsrecht 1923 ausgeübt

versalbanken auf, die vor allem für die Unterbringung von Aktien, Industrieobligationen, Staatsanleihen beim Publikum sorgten. Anders als im traditionellen Geschäft mit Staatspapieren brauchten sie viel Eigenkapital, das in Form von Aktien aufgebracht wurde. 1848 entstand die Schaaffhausensche Bank AG, ihr folgte die Darmstädter Bank für Handel und Gewerbe 1853, die Berliner Disconto-Gesellschaft 1856, die Bayerische Vereinsbank 1869, die Deutsche Bank 1870, die Dresdner Bank 1872. Von 1835 bis 1870 erhöhte sich die Bilanzsumme der Banken um rund das Zehnfache.

Seit 1847 wurde auch der Wechsel als kaufmännisches Zahlungs- und Kreditmittel von allen deutschen Bundesstaaten akzeptiert. Daß sich das bargeldlose Scheckwesen in den fünfziger und sechziger Jahren auch in der Industrie einbürgerte, führte zu einer gewaltigen Ausdehnung des Bankgeldgeschäftes. 1871 waren Banknoten im Wert von 370 Millionen Mark in Umlauf. Die Gründung von Aktiengesellschaften nahm nach 1848/49 rapide zu und beschleunigte sich noch einmal fiebrig von 1870 bis 1873: das Kapital der vor 1870 in Preußen gegründeten Aktiengesellschaften betrug insgesamt 9,2 Milliarden Mark (davon 6,4 im Eisenbahnwesen), das Kapital der von 1870 bis 1874 gegründeten nicht weniger als 12,9 Milliarden Mark. Die Aktiengesellschaft war die umwälzende Finanzierungsform der Eisenbahn, der Industrie, der Banken und Versicherungen.[12]

Aber auch der Handwerker und Kleinunternehmer erhielt nunmehr Kredit von kommunalen Sparkassen, Volks- und Genossenschaftsbanken, die alle Zweige des Bankgeschäfts in einer Hand zusammenfaßten. Ein anhaltender Geldzufluß aus dem Ausland, teils als Direktinvestition vor allem aus England, teils als Entgelt für Lieferungen, dazu Kreditausweitung, Vermehrung der Geldmenge, Neugründung von Unternehmen, Modernisierung des mittelständischen Handwerks und große Nachfragestöße, das alles wirkte zusammen. Es entstand jener Prozeß eines aus sich selbst sich nährenden Aufschwungs mit Netto-Investitionen zwischen fünf und zehn Prozent jährlich, der die Industrielle Revolution in ihrer deutschen Spurtphase 1850–1873 kennzeichnete.

Der Eisenbahnbau war seit den späten dreißiger Jahren Motor des Wachstums. Marx hat zu Recht in dem neuen Verkehrsmittel die eigentliche revolutionäre Kraft des neunzehnten Jahrhunderts erkannt. Zulieferindustrien wie Kohlebergbau, Eisenerzeugung (lange Zeit noch die in Yorkshire und Belgien), Maschinenbau, Baugewerbe und Telegrafenbau (ab 1847) erhielten davon Wachstumsimpulse und leiteten ihrerseits Anschlußinvestitionen ein. Im Personenverkehr sanken die Transportpreise, noch mehr die Frachtraten. Ein das ganze Land erschließender Massen- und Stückgutverkehr über Wasserwege, Schiene und Straße verband regionale Märkte zu einem nationalen Großwirtschaftsraum mit enger Anbindung an den Weltmarkt. Die Transportleistung deutscher Eisenbahnen stieg von 0,23 Milliarden Tonnenkilometer 1850 über 5,3 = 1870 auf 67,7 Milliarden Tonnenkilometer 1913. Beim Personenverkehr verlief die Steigerung von 1850 = 0,56 Milliarden Personenkilometer über 1870 = 4,4 bis 1913 = 41,4 Milliarden Personenkilometer. Die Investitionen in Eisenbahnen waren unmittelbar nach 1848/49 hoch, fielen dann in den fünfziger Jahren vorübergehend ab und stiegen seitdem – mit einer scharfen Unterbrechung 1866 – in einer langen Wellenlinie bis zu dem Maximum von 800 Millionen Mark im Jahr 1876.

Dabei war der Eisenbahnbau auch ein Beschäftigungsfaktor ersten Ranges: im Durchschnitt der Jahre 1851/60 fanden hier rund 220.000 Arbeitskräfte ihr Brot, im folgenden Jahrzehnt 320.000, von 1870 bis 1880 waren es mehr als eine halbe Million, danach meist um die 350.000. 1835 hatte man mit den sechs Kilometern von Fürth nach Nürnberg begonnen. 1848 lagen 5.000 Kilometer Schiene, 1866 fast 15.000, dabei vor allem die großen durchgehenden Hauptstrekken, 1885 waren es mehr als 37.000 Kilometer. Unterdessen stieg auch die fahrplanmäßige Geschwindigkeit von den 30 km/h des Anfangs auf 50 km/h, die 1850 gefahren werden durften, 75 km/h im Jahr 1875 und 100 km/h an der Jahrhundertwende. Das alles bedeutete eine Umwälzung für Wirtschaft und Gesellschaft. Es wurden nicht nur die Standortfaktoren für Industrieunternehmen aufgefächert, es gab – bei sinkenden Preisen – einen regionalen Marktaus-

Der erste deutsche Speisewagen auf der Berlin-Anhalter Bahn, 1881

gleich, den Raumtarife, nach Entfernung gestaffelt, begünstigten. Zum erstenmal in der Geschichte Mitteleuropas konnten auch Großstädte im Binnenland ohne dauernde Transportkrisen mit Nahrungsmitteln aus dem Umland wie aus der Ferne regelmäßig versorgt werden.

Die Eisenbahnen veränderten aber nicht nur Alltag und alte Lebensformen, sie waren auch Faktor der Politik. Das galt nicht nur für die Streckenlegung, die mitunter mehr alten Landesgrenzen als wirtschaftlicher Vernunft folgte, alte Gewerbelandschaften - wie zum Beispiel die Gegend von Rothenburg ob der Tauber - aussparte und das Wachstum neuer Zentren hervorrief. Vor allem hat die Bahn die Diskrepanz zwischen dem wirtschaftlich Zweckmäßigen und dem politisch Möglichen hervorgehoben. Die deutschen Mittel- und Kleinstaaten waren aus der Sicht der Techniker und Ökonomen bald nichts mehr als Hindernisse vor einer rationellen Nutzung von Raum und Zeit. Auch die Vereinheitlichung des Rechts, der Maße, Münzen und Gewichte, der Gewerbeordnung und der technischen Standards im Deutschen Bund mit seinen achtunddreißig großen, mittleren und kleinen Souveränitäten hielt nicht Schritt mit der Entwicklung der Technik. Das Streben nach dem Nationalstaat, das 1848 noch eine vorwiegend ideelle Kraft war, erhielt aus wirtschaftlicher Rationalität neue Nahrung.

Die Führungsstellung Preußens, die sich im Deutschen Zollverein stets an Souveränitätsrücksichten der anderen Staaten und am Protektionismus der Süddeutschen gebrochen hatte, wurde wirtschaftlich gestärkt durch den Eisenbahnbau, militärisch durch die Möglichkeit schneller Rochaden. Die Entwicklung der Kohle- und Stahlindustrie in Oberschlesien und dann auch, seit der Jahrhundertmitte, an der Ruhr unterstrich die Führungsstellung, die Preußen seit 1848/49 politisch beanspruchte. Die Expansion der Kohle und Stahlproduktion, letztere seit 1842 durch einen Schutzzoll gegen Engländer und Belgier geschützt, war eine Folge des Eisenbahn-

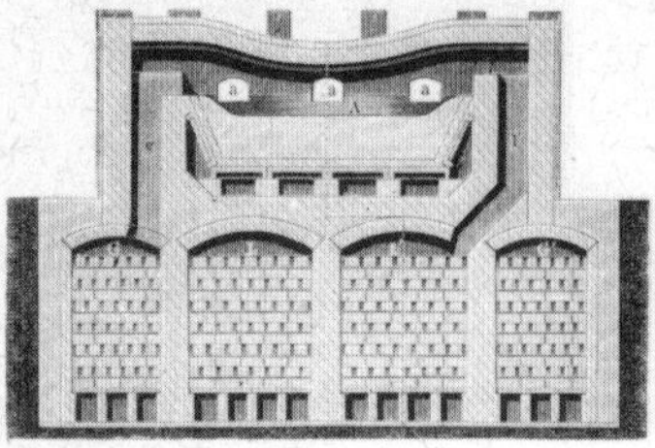

Siemens-Martin-Ofen

baus, hat aber ihrerseits der Industrialisierung auch neue technologische und wirtschaftliche Impulse vermittelt.

Maschinenbau, Kohleverbrauch, Gußeisenproduktion und der Verbrauch an Baumwolle – bereits überwiegend aus amerikanischer Ernte – zeigen, daß von 1850 bis zum Krisenjahr 1873 die deutsche Industrialisierung gegenüber Westeuropa ihren Rückstand aufholte, vor allem zog die deutsche Industrie mit Belgien und Frankreich gleich, wo das Tempo langsamer blieb. Kohle und Koks verdrängten seit 1850 rasch Holz und Holzkohle als Brennstoff für Industrie und Haushalte. Dampfmaschinen, seit 1850 nicht mehr vorwiegend aus britischer Fertigung importiert, wurden unentbehrlich. Seit der Jahrhundertmitte kamen die meisten aus deutscher Eigenproduktion. Technische Neuerungen wie Dampfhammer, Bessemer-Konverter und Siemens-Martin-Ofen für die Stahlerzeugung verbilligten die Erzeugung, weiteten den Absatz aus, zwangen freilich auch zur Aufrechterhaltung einer anhaltenden großen Produktion, um die Kapazitäten auszulasten. Die große Stahlverbilligung der zweiten Jahrhunderthälfte war die Folge.

Fertiggestellte Eisenbahnstrecken in Deutschland, Frankreich, Großbritannien und Rußland 1850 bis 1913 (in km)

Jahr	Deutschland	Frankreich	Großbritannien	Rußland
1850	5,856	2,915	9,797	501
1851	6,143	3,248	10,090	1,004
1852	6,605	3,654	10,673	
1853	7,147	3,954	10,958	1,049
1854	7,571	4,315	11,525	
1855	7,826	5,037	11,744	
1856	8,617	5,852	12,318	
1857	8,991	6,868	12,919	1,170
1858	9,650	8,094	13,452	
1859	10,593	8,840	14,069	1,336
1860	11,089	9,167	14,603	1,626
1861	11,497	9,626	15,210	2,238
1862	12,048	10,522	16,027	3,516
1863	12,651	11,533	17,038	3,521
1864	13,114	12,362	17,704	3,616
1865	13,900	13,227	18,439	3,842
1866	14,787	13,915	19,234	4,573
1867	15,679	15,000	19,837	5,038
1868	16,316	15,835		6,786
1869	17,215	16,465		8,166
1870	18,876	15,544		10,731
1871	21,471	15,632	21,558	13,641
1872	22,426	17,438	22,097	14,360
1873	23,890	18,139	22,513	16,206
1874	25,487	18,744	23,062	18,220
1875	27,970	19,357	23,365	19,029
1876	29,305	20,034	23,695	19,623
1877	30,718	20,534	23,951	21,092
1878	31,471	21,435	24,273	22,371
1879	33,250	22,249	24,815	22,680
1880	33,838	23,089	25,060	22,865
1881	34,381	24,249	25,336	23,091
1882	35,081	25,576	25,751	23,429
1883	35,993	26,692	26,052	24,145
1884	36,780	28,722	26,309	25,007
1885	37,571	29,839	26,720	26,024
1886	38,525	30,696	26,891	27,345
1887	39,785	31,446	27,220	28,240
1888	40,827	32,128	27,501	29,428
1889	41,793	32,914	27,619	29,933
1890	42,869	33,280	27,827	30,596
1891	43,424	33,878	27,902	30,723
1892	44,177	34,881	28,067	31,202
1893	44,340	35,350	28,429	32,870
1894	45,462	35,971	28,765	35,206
1895	46,500	36,240	28,986	37,058
1896	47,433	36,472	29,144	39,546
1897	48,449	36,934	29,411	41,585
1898	49,830	37,255	29,762	44,622
1899	50,702	37,494	29,828	49,870
1900	51,678	38,109	30,079	53,234
1901	52,933	38,274	30,385	56,452
1902	53,843	38,547	30,495	57,599
1903	54,775	39,105	30,860	58,362
1904	55,817	39,363	31,139	59,616
1905	56,739	39,607	31,456	61,085
1906	57,584	39,775	31,722	63,623
1907	58,291	39,963	31,796	65,500
1908	59,241	40,186	31,951	65,919
1909	60,389	40,285	32,026	66,345
1910	61,209	40,484	32,184	66,581
1911	61,978	40,635	32,223	68,027
1912	62,734	40,838	32,266	68,954
1913	63,378	40,770	32,623	70,156

Für die deutsche Landwirtschaft hatte in den dreißiger Jahren ein goldenes Zeitalter der Expansion begonnen, das die Prosperität der letzten Jahrzehnte des achtzehnten Jahrhunderts nach den Krisen und Katastrophen der Napoleonzeit noch einmal fortsetzte. Die Landwirte produzierten für einen Markt, der noch rascher wuchs als Anbaufläche und Erträge. Die Folge waren steigende Preise. Die Liberalisierung des Güter- und des Arbeitsmarkts hatte dazu geführt, daß rationeller gewirtschaftet werden konnte und daß auch Arbeitskraft wirtschaftlicher eingesetzt wurde. Das Ergebnis waren steigende Rendite, höhere Investitionen, die auch außerhalb der Landwirtschaft in lukrative Industrie- und Eisenbahnwerte gingen, und ein wachsender Wohlstand.

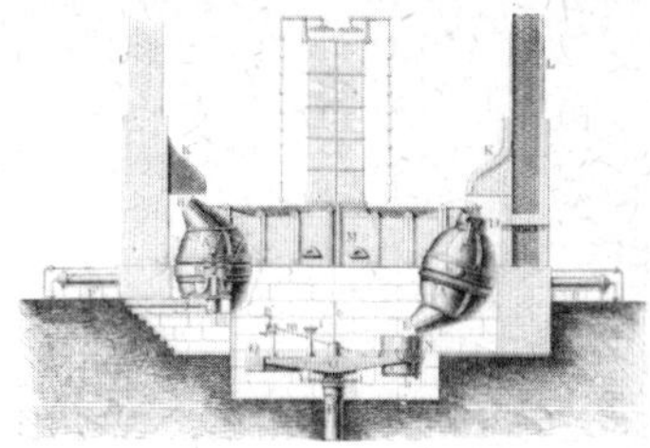

Bessemeranlage

Die Kenntnis des Liebigschen Minimumgesetzes (1840 »Die organische Chemie in ihrer Anwendung auf Agrikulturchemie und Physiologie«) erlaubte es, Böden durch chemische Düngung gezielt zu verbessern. Grenzertragsböden konnten seitdem besser genutzt, Fruchtwechselfolgen vereinfacht werden. Kanäle und Eisenbahnen schlossen die Getreideproduzenten des Nordostens und die Fleischzüchter Schleswig-Holsteins an den Binnen- und Weltmarkt an. Trotz der unverändert hohen Zahl der Klein- und Mittelbauern, die Höfe unter zehn Hektar bewirtschafteten, und der wachsenden Zahl der bloßen Nebenerwerbsbetriebe, entwickelte die deutsche Landwirtschaft nach britischem Vorbild rationelle Betriebs- und Produktionsformen. Der Preis dafür bestand in hohem Kapitalaufwand für Anlagen und Maschinen, steigender Verschuldung und einem ständigen Prozeß der Freisetzung von langdienenden Arbeitskräften, die anderswo ihr Brot suchen mußten, und ihre Ersetzung durch Saisonarbeiter. Daß dies im großen und ganzen als stille Verdrängung, ja überwiegend als eine Flucht der Arbeiter vom Lande ablief, ohne dramatische Zuspitzung, beruhte auf dem Wachstum der Industrie und des Dienstleistungsbereichs und darauf, daß das Realeinkommen des kleinen Mannes in der Industrie merkbar stärker wuchs als in der Landwirtschaft. Es entstand ein soziales Gefälle, das auch ein Gefälle in Hoffnung und Lebenserfüllung war, und eine der großen Ursachen der Abwanderung der Landlosen vom Lande. Zugleich aber hat die Hoffnung, durch Industriearbeit vom alten Pauper- und Tagelöhnerdasein mit seinen tödlichen Risiken erlöst zu werden, die entstehende Massenwanderung moralisch abgefedert und in ihren zerstörerischen Folgen gemindert.[13]

Für Industrie und Landwirtschaft in Deutschland wie in weiten Teilen West- und Mitteleuropas bedeuteten die siebziger Jahre einen Einschnitt, der anfangs nicht dramatisch erschien, dessen Folgen aber kollektive Werte und Politische Kultur tiefgreifend veränderten. Die alten Kernbereiche der Frühindustrialisierung, Leitsektoren der Industriellen Revolution, erlebten einen Einbruch der Konjunktur, der zu einer scharf deflationären Trendwende wurde. Der Eisenbahnbau ging binnen Jahresfrist scharf zurück, die Anschlußinvestitionen brachen zusammen, beste Aktien verloren die Hälfte ihres Kurswertes, die Nachfrage nach Stahl, Brennmaterial, Waggons und Arbeitskräften flaute ab. Hatte die Industrialisierung nach so viel Wachstum, so viel Hoffnung ihr Füllhorn erschöpft? Seitdem wuchsen die Bäume nicht mehr in den Himmel, der großen

Gründerzeit folgte ein großer Katzenjammer. Tiefgreifender noch war die Strukturkrise der Landwirtschaft: soweit die Landwirte nicht längst Hackfrüchte anbauten, was für die Masse der Kleinbauern galt, oder mit Sonderkulturen wie Tabak und Wein oder mit stadtnahem Anbau von Gemüse, Erdbeeren und Spargel ihren Betrieb aus dem allgemeinen Preisverfall heraushalten konnten, gerieten sie in den Sog tiefgreifender Umstellungen auf dem Weltmarkt für Getreide, später auch für Futtermittel und Fleisch.[14]

In den frühen siebziger Jahren hatten die Roggenpreise den höchsten Punkt ihrer Geschichte seit der großen Hungerkrise der letzten Vormärzjahre erreicht. Danach kam die Tendenzwende, die erst die Knappheit im Ersten Weltkrieg zum Stehen brachte. Nach dem Ende des nordamerikanischen Sezessionskriegs (1861–1865) waren die Bahnen von der amerikanischen Südostküste zügig in den Mittleren Westen weitergebaut worden, wo in feucht-heißen Sommern bei niedrigem Kapitaleinsatz hohe Erträge zu erzielen waren. Es waren die Auswanderer, die jetzt zu den Daheimgebliebenen in Konkurrenz traten und sie überholten. Denn zugleich sanken die Frachtraten der Dampfer und der Klipper, die den St.-Lawrence-Strom und Baltimore, Endpunkt wichtiger kontinentaler Bahnlinien, mit den Haupthäfen der europäischen Industrienationen verbanden. 1861 kostete die Verschiffung der Tonne Weizen Chicago-Liverpool umgerechnet noch 61 Mark, im Jahr 1900 nur noch ein Drittel. Die rasch wachsende Bevölkerung Westeuropas, die ohnehin seit den vierziger Jahren aus den alten europäischen Überschußgebieten des Ostseeraums nicht mehr ausreichend ernährt werden konnte, wurde zunehmend über den Weltmarkt versorgt. Das aber geschah, während Maschinen und Düngemittel den Kapitaleinsatz der deutschen Landwirtschaft hochtrieben, zu insgesamt fallenden Preisen. Für die Großlandwirtschaft Ostelbiens, auf Export ihres Getreides eingestellt und kaum in der Lage, in Veredelungswirtschaft auszuweichen, kündigte sich die wirtschaftliche Katastrophe an: steigende Kapitalkosten und sinkende Erträge. Die Kleinbauern Frankens wichen aus in Obstbau, der als Feierabend-

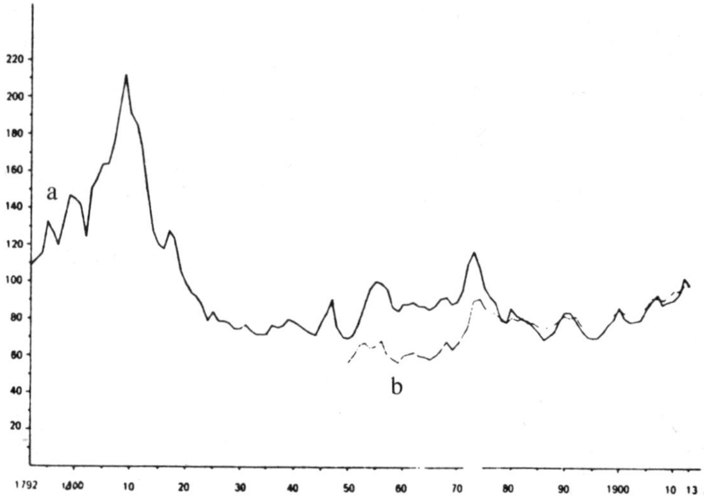

Preisindizes 1792 bzw. 1850 bis 1913
a) Indexziffer der Großhandelspreise 1792 bis 1913 (1913 = 100)
b) Preisindex des Nettosozialprodukts 1850 bis 1913 (1913 = 100)

arbeit betrieben wurde, und Fabrikarbeit. Die großen Hofbesitzer des Allgäus intensivierten Milchwirtschaft und Fleischerzeugung und suchten mehr und mehr ihr Heil im Fremdenverkehr.

Hatten bisher Bevölkerungswachstum, steigende Investitionen und technische Innovation der Großlandwirtschaft im östlichen und nördlichen Deutschland einen wachsenden Markt gesichert, so gelangten nun große Mengen an Getreide aus Übersee, als Hungerexport selbst aus der Ukraine, in deutsche Nudelfabriken und Bäkkereien. Warum das so war, ist aus den Preisen zu ersehen. In New York wurde 1870/80 ein mittlerer Weizenpreis von 190 Mark pro Tonne notiert; im folgenden Jahrzehnt lag die Notierung bei 165 Mark. In Nebraska, fernab der Küste, lag die Notierung 1870/80 geringfügig über 100 Mark pro Tonne, bei ebenfalls sinkender Tendenz. Die deutschen Anbieter konnten da nicht mithalten. In Mannheim, dem neben Duisburg wichtigsten deutschen Rheinhafen, notierte Weizen 1870/80 mit 250 Mark pro Tonne, der Preis sank binnen eines Jahrzehnts auf 210 Mark; ohne den 1879 eingeführten Eingangszoll lag er gar bei 180 Mark, bei weiter sinkender Tendenz. In Königsberg, bei niedrigerem Preisniveau, die gleiche Tendenz: von 216 Mark pro Tonne sank der Preis langfristig auf 170 Mark. Die Vergleichszahlen für die beiden wichtigen Getreidebörsen zeigen im übrigen auch, daß der Landwirt im Osten einen erheblich niedrigeren Erlös erzielte als der im bevölkerungsreichen Westen. Der Osten litt unter seinen Standortnachteilen, die die Landwirte durch Zahlung niedrigerer Löhne wettzumachen suchten. Das aber verstärkte wiederum die Bewegung der Arbeitskräfte von Ost nach West.[15]

Für die städtische Bevölkerung bedeutete die Entwicklung zu einem Weltagrarmarkt, daß zum erstenmal in der bekannten Geschichte das Gespenst des Massenhungers gebannt war. Der Import über See glich Mißernten überörtlich aus und stabilisierte die Preise: der alte Hungerrhythmus zwischen Sommer und Frühjahr, zwischen fetten und mageren Jahren verlor seine Gewalt über die Menschen. Aber bei der Millionenzahl von Landwirten in den mittleren- und nordwesteuropäischen Anbaugebieten bedeutete der Rückgang der Barerlöse auch ein wachsendes gesellschaftliches Problem, von gleichem Gewicht und lange Zeit noch von größerem Gewicht als die Soziale Frage in den Industriestädten. Freilich traf der Preisdruck, der vom Weltmarkt ausging, hauptsächlich jene Großlandwirte, die über den Markt ihr Getreide absetzten, und weniger den kleinen Landwirt, der Hackfrucht anbaute, wenig verkaufte und wenig kaufte außer Futtermitteln, und die wurden billiger. Den Großlandwirten gelang es indes, ihre verschlechterte Ertragslage als Sorge der gesamten Landwirtschaft darzustellen, ja als nationales Lebensproblem.

Vom industrialisierten Westen ausgehend, setzte sich die Forderung nach einem Schutzzoll am Ende der siebziger Jahre schließlich mehr und mehr unter den zahlreichen alten und vor allem unter den kampfstarken neuen landwirtschaftlichen Interessenorganisationen

Dampfpflug, Einmaschinensystem

durch, wurde von der 1876 gegründeten Deutschkonservativen Partei aufgenommen und führte in Stufen 1879 und 1885/87 zu einer Erhöhung des binnenländischen Roggenpreises um rund 20 und des Weizenpreises um 10 Prozent.[16] War das der »Brotwucher«, gegen den Sozialisten und städtische Liberale zu Felde zogen? Man wird heute nicht mehr so entschieden wie die freihändlerischen Zeitgenossen den Landwirtschaftsschutz der späten Bismarckzeit verurteilen können. Wer den Agrarprotektionismus des Deutschen Reiches schilt, sollte den Blick auf die Gegenwart nicht vergessen, da eine weit kleinere Agrarbevölkerung weit besser geschützt wird, ebenfalls zu Lasten der Steuerzahler und der Konsumenten.

Der Schutzzoll der siebziger und achtziger Jahre, der das ausländische Getreide verteuerte, hat sicherlich den Strukturwandel in der ostdeutschen Landwirtschaft abgebremst und in geringem Maß einen Schutzschirm entfaltet für die in ihrer Rentabilität bedrohten Güter. Die meisten aber haben gleichwohl, während die Landwirtschaftsvertreter im Reichstag bereits den Jüngsten Tag herbeikommen sahen, mit aller Kraft in Maschinen und in Düngemittel investiert, um Schritt zu halten mit der überseeischen Konkurrenz. Hinter der bösen agrardemagogischen Aktivität des Bundes der Landwirte stand doch, nimmt man alles in allem, ein den Landwirten von außen aufgezwungener Überlebenskampf, in dem sie auch ihre schärfste Waffe einsetzten, ihre politische Macht.

Die Flucht in die Agraragitation war ein Weg, hohe Investitionen zur Sicherung der Rentabilität ein anderer. Beide sind beschritten worden mit Tüchtigkeit und Demagogie, und beide prägten das Gesicht der ostdeutschen Landwirtschaft bis zum Weltkrieg. Zugleich darf man, betrachtet man den Weltagrarmarkt, nicht übersehen, daß der niedrige Getreidepreis der Amerikaner einen hohen sozialen Preis forderte, den Boden auslaugte, die Pächter schwer belastete und viele selbständige Existenzen, oftmals erst jüngst Ausgewanderte, vernichtete. Es gab mithin neben politischen auch soziale Gründe dafür, den deutschen Getreidebau zu stützen, was zusätzlich zum Schutzzoll auch durch die Sozialversicherung geschah. Und der erneute Kampf der Landwirte, in den neunziger Jahren, vor allem des Bundes der Landwirte gegen eine Verminderung des Zolls, war nicht allein Gruppenegoismus und Abwehr der industriellen Massengesellschaft, sondern auch Versuch einer starken Sozialgruppe, den Anschluß an steigende industrielle Einkommen nicht zu verlieren und im Verteilungskampf der Industriegesellschaft den gefährdeten sozialen Besitzstand zu wahren.

Technik und Wissenschaft erhöhten die Erträge der Landwirt-

Dampfpflug, Zweimaschinensystem

schaft, forderten freilich auch steigende Investitionen. Bereits seit der Jahrhundertmitte wurde in Großbetrieben, zuerst in Süddeutschland, der Dampfpflug eingesetzt. Die frühen Dampfpflüge wurden noch von Fowler in England gekauft, bald aber von deutschen Firmen wie Ottomeyer für ganz Norddeutschland nachgebaut. Die Pneumatik wurde vielfach verwendet, vor allem zur Saatgutauslese. Die Einführung des Thomas-Konverters in der Stahlproduktion brachte der Landwirtschaft als billiges Nebenprodukt Thomasmehl für die künstliche Düngung. Seit 1980 wurde der Kolbenmotor als Antriebskraft genutzt und dort, wo bereits Fernleitungen das Land an die Generatoren der jungen Elektrizitätswirtschaft anschlossen, fanden bald auch Elektromotoren Anwendung auf den Höfen: für Pumpen, Förderbänder, Gebläse, Drehmaschinen und viele andere Zwecke. Der stationäre Dieselmotor wurde ebenfalls noch vor dem Ersten Weltkrieg genutzt.

Parallel dazu wurden wissenschaftliche Erkenntnisse der Ertragssteigerung nutzbar gemacht. Guano, in rasch steigenden Mengen aus Südamerika importiert, gab dem Boden Stickstoff; erst im Krieg wurden die fehlenden Importe durch das Haber-Bosch-Verfahren ersetzt. Die Entdeckung der Aminosäuren und die Kellnersche Fütterungslehre verbesserten seit der Jahrhundertwende die Grundlagen der Tierhaltung. Seit 1905/10 bediente man sich in der Stallfütterung neuer Methoden zur Bestimmung von Futterwerten. Das alles wurde durch ein Netzwerk landwirtschaftlicher Verbände, Genossenschaften und Fachzeitschriften verbreitet und gefördert. 1913 verbrauchten die deutschen Landwirte mit rund acht Millionen Tonnen Kunstdünger (Superphosphat, Thomasmehl, Chilesalpeter, schwefelsaures Ammoniak) mehr als sechsmal so viel wie im Jahre 1890. Ein Drittel des Kunstdüngers wurde importiert.[17] Insgesamt stand die deutsche Landwirtschaft am Vorabend des Ersten Weltkriegs, was Rationalisierung, Bodenerträge und Investitionen anlangte, im Weltmaßstab weit vorn.

Die strukturelle Krise der Landwirtschaft und die konjunkturelle der alten Industrien waren Vorgänge, die unabhängig voneinander in den siebziger Jahren eingetreten waren. Zunächst waren die damit verbundene Verbilligung industrieller Güter und die Abschwächung des Lohnanstiegs der Landwirtschaft durchaus willkommen und nützlich. In den Zolldebatten des Reichstags waren die Landwirte lange Zeit schwerhörig, wenn der Ruf der Textilindustrie und der Schwerindustrie nach außenwirtschaftlicher Absicherung ertönte.

Man brauchte kein großer Rechner zu sein, um den Verteuerungseffekt zu sehen, den ein hoher Eingangszoll auf die meisten Indu-

Markthalle an der Blumenstraße in München

striegüter und Rohstoffe haben würde. Erst langsam haben die Landwirte der deutschen Industriegebiete ihre Standesgenossen vom Nutzen des Schutzzolls überzeugen können, wobei zwei Faktoren für die Industrieprotektionisten wirkten: die Einbuße in den landwirtschaftlichen Gewinnen, die am Ende der siebziger Jahre als Resultat einer Strukturkrise erkannt wurde, und der politische Druck des Reichskanzleramts, das einen scharfen Verteilungskampf zwischen Großindustrie und Großlandwirtschaft zu verhindern suchte.[18]

Der Konjunktureinbruch, der die Gründerzeit beendete, war eine scharfe Zäsur. Ob er eine große Depression einleitete, ob eine lange Deflation oder nur eine in Wellen verlaufende Abbremsung und Konsolidierung des fiebrigen Wachstums des zurückliegenden Jahrzehnts, ist bis heute umstritten. Sozialgeschichtlich betrachtet war der Einschnitt schärfer als in wirtschaftsgeschichtlicher Sicht. Seit dem Sommer 1873 jedenfalls war es mit der Zeit des leichten Geldes

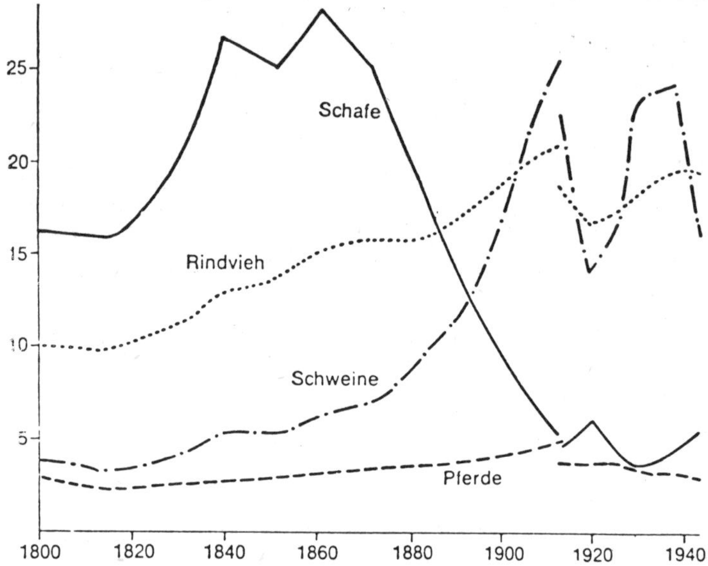

Entwicklung der Viehhaltung in Deutschland von 1800 bis 1940 (in Mill. Stück)

Kabelfabrik der Siemens-Werke in Woolwich an der Themse, 1866

und der raschen Gewinne vorbei. Die Gründerzeit endete in einer Talfahrt der Börsenkurse. Der Durchschnittswert erstklassiger Aktien sank von einer Indexziffer von 1872 = 200 auf 1877 = 80. Unterdessen stieg die Arbeitslosenquote merkbar an, die Zahl der Streiks nahm ab. Die Indexziffer der Großhandelspreise sank von 1872 = 115 in Wellen auf 1879 = 77 und auf 1887 = 65. Der gleiche Tiefstand wurde dann noch einmal Mitte der neunziger Jahre registriert. Die Unternehmergewinne schrumpften, Massenentlassungen setzten ein. Bei der M.A.N. in Nürnberg zum Beispiel sank die Zahl der beschäftigten Arbeiter von fast 3.500 im Jahr 1872, als die M.A.N. mehr als 4.000 Waggons an die deutschen Bahnen lieferte, auf weniger als 800 im Jahr 1879, als die Bestellungen auf wenige hundert Waggons absanken. Hier machte sich das Ende des großen Eisenbahnbaus bemerkbar und verstärkte noch die konjunkturelle Misere. Sie war auch abzulesen am Verfall der Roheisenpreise: in den sechziger Jahren waren sie ständig geklettert, 1873 erreichten sie mit 150 Mark pro Tonne einen Gipfelpunkt. Dann begann eine lange Talfahrt, die erst Mitte der achtziger Jahre bei rund 50 Mark pro Tonne die Talsohle erreichte: bei wachsender Produktion ein ständiger Druck auf Preise und Gewinne, der typisch war für eine Vielzahl wirtschaftlicher Verschiebungen in dieser Epoche.

Ursache dieser Trendwende war, vor allem in Deutschland, eine

Dividendenzahlungen deutscher Großbanken 1871 bis 1880 (in % des Nennwertes)

Banken	1871	1872	1873	1874	1875	1876	1877	1878	1879	1880
Disconto Gesellschaft (1861)	24	27	14	12	7	4	5	6,5	10	10
Berliner Handels-Gesellschaft (1856)	12,5	12,5	6,5	7	5	0	0	0	5	5,5
Commerzbank (1870)	7 5/8	8 3/8	0	3 1/3	4 3/4	6	6	6 1/3	7	7
Deutsche Bank (1870)	8	8	4	5	3	6	6	6,5	9	10
Darmstädter Bank (1853)	15	15	10	10	6	6	6 3/4	6 3/4	9,5	9,5
Bayer. Hypoth.-u. Wechsel-Bank (1835)	9,4	9,8	10,2	10,4	10,42	10,38	10,5	10,5	10,85	10,97
Norddeutsche Bank (1856)	12 6/10	13 5/8	10 4/5	10	6 3/4	8	8,5	8 4/5	10	10
Schaaffhausen'scher Bankverein (1848)	12,5	14	8	5,5	0	0	2 2/9	3	3 1/3	3 1/3
Württ. Vereinsbank (1869)	13 1/3	17 1/5	10	8	7	6	6 2/3	7 1/2	8	8

Verkettung von Überinvestitionen und Überproduktion ohne Rücksicht auf die Aufnahmefähigkeit des Marktes. Die Phase 1869 bis 1873 war eine Phase billiger Kredite gewesen, begünstigt noch durch den Zustrom von fünf Milliarden Goldfrancs aus der französischen Kriegsentschädigung. Die wurde schneller gezahlt als erwartet, schneller auch als für den deutschen Geldmarkt gesund. Ein Teil ging in den Festungsbau, in die Rüstungsreserve und in den Bahnbau in Elsaß-Lothringen. Die deutschen Einzelstaaten verwendeten ihren Anteil vielfach dazu, ältere Staatsanleihen vorzeitig zurückzuzahlen. Zweieinhalb bis drei Milliarden strömten infolgedessen anlagesuchend auf den deutschen Kapitalmarkt und heizten das Gründungs- und Spekulationsfieber noch an. Ein zeitgenössischer Bericht, verfaßt nach der großen Ernüchterung von 1873, zeigt die Verkettung von billigem Geld, Nachfragesteigerung und Aktienspekulation: »Die fortwährenden Kurssteigerungen an der Börse verfehlten nicht, die Aufmerksamkeit des Publikums auf sich zu ziehen und dasselbe stärker als zuvor für Börsenwerte zu interessieren ... Die Spiellust nahm zu und gewann bald - das charakteristische Zeichen bei Spekulationsgeschäften - einen epidemischen Charakter«[19].

Ähnlich wie schon die vorausgehende erste Weltwirtschaftskrise von 1857/59 beschleunigte die beginnende Deflationsphase den Konzentrationsprozeß der Banken, Industrieunternehmen und Versicherungsgesellschaften.[20] Es begann ein industrieller Reifungsprozeß. Kleinere Unternehmen wurden von größeren übernommen. Es bildeten sich Konzerne und Trusts, Kartelle kamen auf dem Wege der Preisabsprache zustande, Syndikate durch Vereinbarung von Produktions- und Absatzquoten. Die Großbanken unterstützten mit ihrer durch Kapital-Konzentration vergrößerten Wirtschaftsmacht diesen Ausleseprozeß, weil marktstarke Unternehmen weniger Risiko und bessere Gewinnaussichten versprachen. Die Konzentrationsbewegung hat damals nicht begonnen, sie wurde aber in der Konjunkturkrise wesentlich beschleunigt. Tempo und Rationalisierungsdruck des Konzentrationsprozesses sind am Beispiel des Erzbergbaus abzulesen: 1871 förderten in Deutschland 1477 Betriebe mit 31.600 Beschäftigten viereinhalb Millionen Tonnen Erz. 1913 waren es nur noch 328 Betriebe mit 42.300 Mann, die achtundzwanzig Millionen Tonnen förderten.

Der Einbruch der Konjunktur 1873/79 lag insgesamt mehr im Kreditbereich und bei den Gewinnen als bei der Produktion. Er wurde daher in Börsenkursen und im Bankwesen stärker sichtbar als in der Entwicklung der Unternehmen. Nach 1878 stieg die Beschäftigung wieder. Das Volkseinkommen wuchs wieder stärker, und nach einer kurzen Phase der Schrumpfung nahm nach 1879 auch der Reallohn wieder zu. Das bedeutete nichts anderes, als daß der Arbeiter es leichter hatte als in zurückliegenden Jahren, Arbeit zu finden, und daß er sich vom Entgelt Jahr um Jahr mehr leisten konnte. Von 1850 bis 1913 stiegen die Nominallöhne einigermaßen stetig um das Dreieinhalbfache. Ihr Anstieg war nur 1875 bis 1879 kurze Zeit unterbrochen. Von 1860 bis 1900 folgten die Reallöhne im großen und ganzen der Zunahme der Arbeitsproduktivität. Es wurde zwar zwischen Arbeitgebern und Lohnempfängern nicht umverteilt, es ging aber der Masse der Lohnabhängigen stetig ein wenig besser. Bei einer um rund 30 Prozent niedrigeren Ausgangsbasis, gemessen am Lohnniveau der Briten und Amerikaner, verlief die deutsche Entwicklung doch ähnlich derjenigen in England und den USA und holte sie noch vor der Jahrhundertwende ein. Seitdem allerdings stockte die Reallohnentwicklung und hing merkbar hinter der Zunahme der Produktivität zurück. Der reale Zuwachs an Massenkaufkraft flachte sich ab. Die letzten Vorkriegsjahre registrierten neben einer wachsenden Zahl von Streiks auch mehr Aussperrungen: das Sozialklima wurde merkbar rauher.

Löhne, Lebensmittelpreise und Mieten in bayerischen Städten (am 1. Oktober 1882)

	München Zeit	München Mark	Fürth Zeit	Fürth Mark	Erlangen Zeit	Erlangen Mark	Hof Zeit	Hof Mark
Bauarbeiter:								
Poliere	10	27	10	24	10	27	12	14
Gesellen	10	21	10	16	10	17	9	10
Handlanger	10	14	10	11	10	11	9	9
Schreinergesellen	10	19	10	15	11	15,5	10	9
Schlossergesellen	10	19,3	12	15	11	13,5	11	9
Schneidergesellen	10	24,5	11	19	11	14	10	8
Schuhmachergesellen	10	17,5	12	17	11	12,5	11	8
Maschinenschlosser	10	20	–	–	–	–	11	12
Maschinenweber	–	–	–	–	11	16-27	12	12
Wollspinner	–	–	–	–	10-12	14-24	12	11
sonst. gelernte Fabrikarbeiter	–	–	12	12-17	10-12	14-24	11	10-15
Fabrik-Tagelöhner	10	11	11	11	11	13	11	9

Wochenlöhne bezogen auf reine Arbeitszeit pro Tag (in Stunden)

	München	Fürth	Erlangen	Hof
1 kg Roggenbrot	–	0,25	0,30	0,26
2 Zentner Kartoffeln	10,00	5,40	5,50	4,90
1 Dutzend Eier	0,72	0,72	0,78	0,53
1 l Milch	0,20	0,17	0,16	0,18
1 kg Butter	2,10	1,80	1,90	1,90
1 l Bier	0,24	0,24	0,24	0,20

Lebensmittelpreise bei Bezug im Kleinen (in Mark)

	München	Fürth	Erlangen	Hof
Monatsmiete f. 1 Bett	4,00	3,50	4,00	4,50
Monatsmiete f. 1/2 Bett	–	2,00	–	1,80
Familienwohnung (1 heizbarer Raum)	6,00	4,50	8,00	3,60
Familienwohnung (1 heizbarer, 1 unbeheizter Raum)	8,00	7,00	9,50	5,40
Familienwohnung (2 heizbare Räume)	15,00	8,00	11,00	6,00
2 Zentner Steinkohle	2,40	2,80	2,30	1,90
2 Zentner Braunkohle	2,20	2,00	2,00	–
1 l Petroleum	0,24	0,24	0,24	0,30
1 m³ Gas	–	0,20	0,25	0,24

Wohnung, Heizung, Beleuchtung (in Mark)

Seit 1873 kamen sinkende Preise, zuerst im Konsumgüterbereich, dann auch bei Nahrungsmitteln, dem Verbraucher merkbar zugute. Die Nachfrage verlagerte sich von schlechterer zu besserer Nahrung, und es gab erstmals in der Geschichte eine Nachfrage nach dem kleinen Luxus des täglichen Lebens wie Seife, Leibwäsche oder Zeitungen. Um 1880 lag der durchschnittliche Stundenverdienst des Industriearbeiters bei 28 Pfennigen. Ein Liter Milch kostete 12 Pfennige oder umgerechnet 25 Minuten Arbeitszeit (1980 = 5 Min.), weit weniger als Müttern und Großmüttern je erinnerlich; ein Kilo Roggenbrot kam auf 33 Pfennige zu stehen oder 71 Minuten Arbeitszeit (1980 = 11 Min.); zehn Eier kosteten 55 Pfennige oder schon fast zwei Stunden Arbeit (1980 = 11 Min.); ein Kilo Zucker hatte ein Preisschild von einer Mark und entsprach damit mehr als drei Stunden Arbeit (1980 = 7 Min.); Rindfleisch war damals noch geringfügig teurer als Schweinefleisch, blieb aber noch lange fast unerschwinglich: das Kilo kostete 1,14 Mark oder mehr als vier Stunden Arbeit (1980 = 68 Min.). Die terms of trade, das Austauschverhältnis zwischen Brot und Arbeit, waren um 1880 noch merkbar bestimmt von der vorindustriellen Nahrungsknappheit bei Überzahl der Menschen, die den Landbesitzer begünstigt hatte und den Hungrigen zu langer Arbeit verdammte. Die fortschreitende Industrialisierung, vor allem aber der weltweite Austausch der Nahrungsmittelmärkte hat dann durch stagnierende, großenteils sogar sinkende Nahrungsmittelpreise – bei nominell und real weiterhin steigenden Geldeinkommen – dazu beigetragen, daß im Henkelmann des Arbeiters, auf dem Tisch in der Wohnküche sich mehr und bessere Mahlzeiten fanden.

Waren die – trotz steigender Eingangszölle zum Schutz der heimischen Produzenten – sinkenden Preise der meisten Massengüter für das tägliche Wohlbefinden von Belang wie für die Hoffnung auf allgemeine Besserung der Lebensverhältnisse, so hatte das Sinken der Bahntarife, das kontinuierlich ablief, und dann vor allem die Einführung der 1-Pfennig-Tarife seit den achtziger Jahren große Bedeutung für den Arbeitsmarkt. Zur Arbeit zu reisen, vormals für den wandernden Gesellen oder den beschäftigungslosen Arbeiter allenfalls auf Schusters Rappen erschwinglich, wurde Teil des Alltags. Der Billigtarif erlaubte es, daß sich dauerhaft weiträumige Austauschverhältnisse auf dem Arbeitsmarkt bildeten zwischen Industriestadt und ländlicher Umgebung, zwischen den Agrargebieten des Nordostens und den Industriegebieten des Westens, zwischen Binnenland und Auswanderungshäfen.

Ähnliche Wirkung auf den Markt der Güter und Dienstleistungen hatte das Sinken von Briefgebühren, Telegrammkosten und Telefongebühren dank des Rationalisierungseffekts, der dem schnell wachsenden Bedarf entsprach und ihn wiederum beflügelte. Bei zunehmender Zahl der Lesekundigen und Lesewilligen sank auch der Preis der Zeitungen: gegen 1866 hatte man in Deutschland gut 1.600 Blätter gezählt; 1914 waren es nicht weniger als 4.200, die großen darunter mit zwei oder drei täglichen Ausgaben und einem Anzeigenteil, der den redaktionellen an Umfang mehrfach übertraf. Die Zeitung war Markt und Mittel der Massenkommunikation geworden, durch zunehmende Anzeigenwerbung für Leser auch zunehmend billiger. Der Arbeiter, der Angestellte las sie morgens in der

Pferdebahn oder im Zug, in der Frühstückspause oder auf der Heimfahrt.

Zuerst die Nähmaschine und dann das Fahrrad zogen allmählich auch in den Haushalt des kleinen Mannes ein. Seine Ansprüche an Kleidung hoben sich: Hemden sollten nicht mehr kratzen, Sonntagskleidung sich von Werktagskleidung unterscheiden. Die wachsende Industrie schuf bei wachsender Bevölkerung wachsende Massennachfrage nach Gütern des täglichen Bedarfs. Das Leben der meisten Menschen änderte sich ein wenig zum Besseren hin. Auf den Sparbüchern bei den Banken des Kleinen Mannes, den Sparkassen, wuchs die Höhe der durchschnittlichen Einlagen stetig an. 1913 betrugen sie 825 Mark. Das klang nicht nach viel, doch gewinnt die

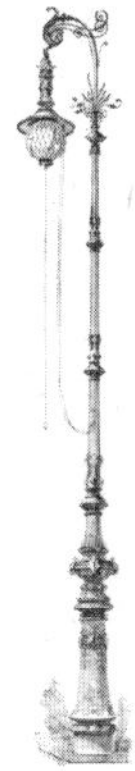

Erste elektrische Straßenbeleuchtung auf der Schloßbrücke in Berlin.
Zeichnung von E. Thiel

Summe an Bedeutung, wenn man sie an den Durchschnittseinkommen mißt: Ein ungelernter Metallarbeiter kam mit seinem Wochenlohn ungefähr auf 110 Mark im Monat, ein Bergarbeiter erhielt mit nahezu 170 Mark schon einen Spitzenlohn, ein verheirateter mittlerer Beamter, zwanzig Dienstjahre, gar 367 Mark monatlich. In den Spareinlagen kam die bessere Einkommenslage breiter Schichten zum Ausdruck, ihre Fähigkeit zum Konsumverzicht durch Sparen und ihr Wunsch nach materieller Sicherheit. Die materielle Kultur am Vorabend des Ersten Weltkriegs war geprägt von Abschieden, aber auch vom Aufbruch zur industriellen Massengesellschaft.

Die letzte Welle der langen Depression lief Mitte der neunziger Jahre aus. Der neue Aufschwung wurde begleitet von einer Entspannung des sozialpolitischen Klimas, sichtbar im Sturz Bismarcks und im Ende des Sozialistengesetzes (30.9.1890) ohne Chance der Erneuerung. Die letzte große Welle der überseeischen Auswanderung wurde 1891 bis 1893 registriert, während die nationale Binnenwanderung ungeschmälert weiterging, ja sich mit dem Wachstum der industriellen Bevölkerung verstärkte. Der alte Kampf um Vorrang der Agrarwirtschaft bei niedrigem Lohnniveau und hoher Auswanderung oder Vorrang der Industriewirtschaft mit hoher Exportquote bei hohem Lohnniveau trat in den neunziger Jahren in ein neues Stadium ein. Sichtbar wurde dies im Kampf zuerst um den österreichischen, dann den russischen Handelsvertrag (1894). Beide legten Breschen in den deutschen Hochschutzzoll und entsprachen dem Interesse neuer, expansiver, technisch leistungsfähiger und hochmoderner Industrien an ungehinderten Exporten. Die letzten beiden Vorkriegsjahrzehnte waren wirtschaftlich geprägt durch den langen, fast ungebrochenen Aufschwung, durch die Verbreitung des Massenmarkts für Industriegüter und vom technischen Durchbruch der Großchemie und der Elektroindustrie.

Für eine ernsthafte Schwächung der weltweiten Handelsverbindungen und der starken Gläubigerposition des British Empire reichte dies indes niemals. Deutschlands Außenhandel blieb auch noch am Vorabend des Weltkriegs mit 75 Prozent auf Europa konzentriert (8 Prozent USA, 17 Prozent übrige Welt). Die deutschen Auslandsanlagen waren mit 5,8 Milliarden Dollar steil angestiegen, betrugen aber immer noch nur ein Drittel der britischen, zwei Drittel der französischen. In allen Industriestaaten allerdings nahm im Vorkriegsjahrzehnt die Exportquote zu, in Deutschland wie in Großbritannien und Frankreich. Das aber bedeutete nicht nur außenwirtschaftliche Stärke, sondern auch wachsende Abhängigkeit der Binnenwirtschaft von fremden Märkten und wachsende internationale Konkurrenz. Außenwirtschaftspolitik war am Vorabend des Weltkrieges der wichtigste Teil nationaler Konjunkturpolitik geworden.[21]

Gegen die Konkurrenz Großbritanniens, der USA, Frankreichs und anderer Industriestaaten hatte Deutschland um die Jahrhundertwende eine führende Stellung in der Elektroindustrie erreicht, in der Optik, in Feinmechanik und Großchemie, vor allem bei Medikamenten und Düngemitteln. Der deutsche Marktanteil lag hier bei 90 Prozent des Weltmarkts.[22] Das Bayer-Kreuz und die Hoechster Brücke waren in vielen Ländern der Welt Symbole deutscher Wissenschaft und Technik. Der Innovations- und Modernisierungsprozeß, der die industrielle Produktionsweise im Zeichen expansiver Märkte kennzeichnet, und die Wachstumsimpulse, die davon auf nahezu alle Wirtschaftsbereiche ausstrahlten, kamen in diesen modernen Leitsektoren des Industrialisierungsprozesses vielfältig zum Ausdruck. Von den Patentanmeldungen, deren Zahl von ungefähr 6.000 im Jahr 1880 auf rund 45.000 im Jahr 1910 stieg, gehörte die Mehrzahl in diesen modernen Bereich, in dem systematische Forschung und Entwicklung einen weltweiten Marktvorsprung garantierten.

Die Produkt- und Prozeßinnovation ließ allein in der chemischen Industrie die Nachfrage nach Farben und Fasern, Düngemitteln, Explosivstoffen (Dynamit), Arzneimitteln und chemischen Grundstoffen wie Schwefelsäure, Soda, Chlor ständig steigen. Die Verbindung von wissenschaftlicher Grundlagenforschung in Hochschulen, technischer Großforschung in der Industrie und praktischer Umsetzung in die Fertigung zahlte sich aus. Kapital- und Unternehmenskonzentration und eine zunehmende Verschachtelung von Beteiligungen waren die Antwort auf in- und ausländischen Konkurrenzdruck. Die Zusammensetzung der Aufsichtsräte der Großunternehmen entsprach meist einem Who's who der deutschen Großbanken und der Großindustrie.

Die Gründe für den innerhalb von drei Jahrzehnten ablaufenden Aufstieg der deutschen Großchemie lagen in modernen Fabrikationsanlagen, gezielter Forschung und einer rationellen Organisation der Produktion. Seit den achtziger Jahren wuchs die Industrie der synthetischen Farben und erweiterte ihre Produktpalette durch Pharmazeutika wie Aspirin, Novocain, Veronal (das erste Barbiturat) und Salvarsan, dann synthetische Duft- und Geschmackstoffe, Süßstoffe und eine ständig wachsende Zahl anderer Produkte.

Die deutschen Unternehmer behielten die Initiative und gingen das Wagnis hoher Investitionen ein: um 1900 lag das Grundkapital der sechs größten deutschen Unternehmen im Chemiebereich bei umgerechnet 2,5 Millionen Pfund Sterling (50 Millionen Mark). In England betrug das gesamte Grundkapital der chemischen Industrie zu dieser Zeit nicht mehr als 0,5 Millionen Pfund. In der deutschen Großchemie waren zu dieser Zeit neben rund 18.000 Arbeitern etwa 1.360 Angestellte im Büro, dazu 350 Verfahrenstechniker und rund 500 Chemiker tätig. In England waren es nach Schätzungen zur selben Zeit etwa 30 bis 40.

Dynamoelektrische Maschine von Edison

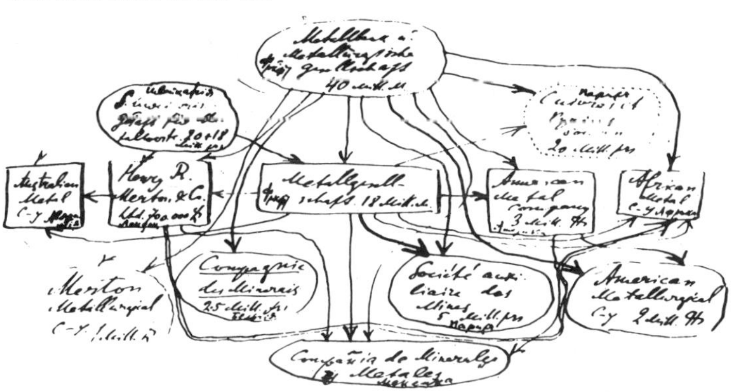

Internationale Verflechtung der deutschen Industrie: Wladimir I. Lenins Skizze der Metallgesellschaft

Zum deutschen Leistungsstand trug nicht nur die Förderung der Naturwissenschaften an Universitäten, Technischen Hochschulen und Staatlichen Forschungsinstituten bei. An der Universität München arbeiteten in den achtziger Jahren rund fünfzig Forschungsmitarbeiter unter Adolf von Baeyer, einem der Pioniere des synthetischen Indigo. In England gab es bis 1874 keinen Lehrstuhl für anorganische Chemie. Die deutsche Patentgesetzgebung blieb lange Zeit ziemlich unwirksam, so daß es der deutschen Industrie leicht war, Briten und Franzosen über die Schulter zu schauen. Später wurde sie entscheidend verschärft, um den eigenen Vorsprung zu sichern. Dazu kam die flexible Rolle der Banken, die in die wissenschaftlich begründeten Zukunftsindustrien mehr Kapital lenkten, als britische Bankiers und Privatanleger für ratsam hielten. Je größer aber die Produktionseinheit, je dichter der Verbund verschiedener Einheiten, desto rationeller konnte produziert werden.

Im Bereich technologisch aufwendiger Industrien machte es sich jetzt verstärkt bemerkbar, daß jene Praktiker kurzatmig wurden, die England zu Anfang des neunzehnten Jahrhunderts zur Werkstatt der Welt gemacht hatten. Das Zeitalter der systematischen Forschung gab dem Spätankömmling eine Chance der wissenschaftlich-techni-

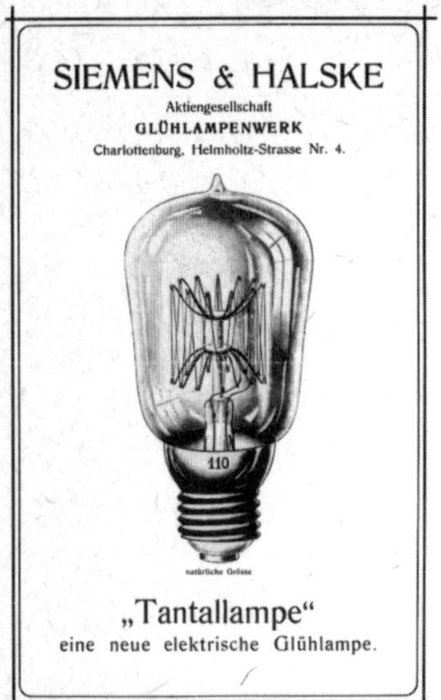

Werbeblatt für die ersten Tantallampen von Siemens, 1905

Plakat für die AEG-Metalldrahtlampe. Entwurf: Peter Behrens, 1910

schen Innovation, die die Deutschen unter lebhafter staatlicher Förderung systematisch nutzten.[23] Um die Jahrhundertwende standen sich in der Chemie zwei große Erzeugergruppen in Deutschland gegenüber: Bayer (Leverkusen), BASF (Ludwigshafen) und Agfa auf der einen, Farbwerke Hoechst, Cassella und Kalle auf der anderen Seite. Zwischen ihnen bestanden nur in bezug auf Alizarin und Indigo (Rot und Blau) Kartelle. Ein umfassender Zusammenschluß, wie er in den zwanziger Jahren mit der IG Farben erreicht wurde, scheiterte an den Sonderinteressen der großen pharmazeutischen Erzeuger wie Schering, Riedel, C. F. Böhringer, Knoll & Co., und Merck.

Mit der Entwicklung der elektrolytischen Gewinnung von Aluminium aus Bauxit gingen die Chemische Industrie und die Elektroindustrie Verbindungen ein, die auf technischer Ergänzung beruhten; Kapitalverflechtung und staatliche Förderung befestigten sie. Die gleiche Logik von Forschung, Technik und Markt, die die Chemische Industrie groß gemacht hatte, trieb auch die Elektroindustrie voran, wo sich schon um die Jahrhundertwende hauptsächlich zwei Gruppen gegenüberstanden: die AEG unter ihrem Gründer Emil Rathenau und das Haus Siemens, beide weltweit engagiert in praktisch allen Bereichen der Starkstrom-, Schwachstrom- und Nachrichtentechnik. Hier, in der schon von Zeitgenossen so genannten »Elektromanie«, lag nach der Umgestaltung von Stadt und Land, von Raum und Zeit durch die Eisenbahnen die tiefste Veränderung des Alltags.

1882 hatte Emil Rathenau, der sich aus dem Maschinenbau zurückgezogen hatte, um in Zukunftsindustrien zu investieren, für seine durch die Bankhäuser Jacob Landau, die Nationalbank für Deutschland und die Gebrüder Sulzbach unterstützte Studiengesellschaft zur Einführung des Edisonschen Beleuchtungssystems nach Anwendungsmöglichkeiten gesucht. Gestützt auf die amerikanischen Edison-Patente zur Herstellung von Glühlampen, wollte Rathenau den Massenmarkt der elektrischen Beleuchtung erschließen anstelle der neueren Gaslampen und der älteren Talglichte und Ölfunzeln. Anders als bei Krupp, Henschel und Borsig, anders auch als bei Siemens standen am Anfang nicht Werkstatt und Labor, sondern Bankkapital, das in spekulativem Wagnis in einen neuen Markt investiert wurde, den der Glühbirne. Die ersten Kunden des bald Allgemeine Elektricitäts-Gesellschaft (AEG) genannten Unternehmens waren die Druckerei des Berliner Börsen-Couriers und das Böhmische Brauhaus, die die Leistungsfähigkeit der neuen Beleuchtungsweise unter industriellen Bedingungen bewiesen. Dann ließen sich das Bankhaus Landau, der Union-Club in der vornehmen Berliner Schadowstraße und die Ressource von 1794 in der Dorotheenstraße elektrisches Licht installieren, erste Adressen in der Berliner Gesellschaft. In der Wilhelmstraße, mitten im Regierungsviertel Preußens und des Reichs, konnte Rathenau die erste Straßenbeleuchtung installieren. Die Internationale Elektrizitätsausstellung, in der Konzeption von Oskar von Miller im Glaspalast in München veranstaltet, wurde am Abend des 16. September 1882 bei strahlendem Lichterglanz eröffnet. Das war der Durchbruch. Ein Vertrag mit Siemens & Halske grenzte Interessen ab. Das mit der Deutschen

Bank verbundene Haus Siemens baute die Dynamomaschinen zur Erzeugung von Strom. In der AEG, anfangs mit der Deutschen Bank, dann der Berliner Handelsgesellschaft verbunden, begann 1884 die Massenproduktion von Glühlampen.[24]

Binnen zweier Jahrzehnte überspannte die elektrische Großindustrie das Land mit einem Netzwerk von Generatoren, Fernleitungen und Umspannwerken, setzte die elektrische Straßenbeleuchtung durch, förderte Straßenbahnen und den Bau der ersten Untergrundbahnen, die elektrisch betrieben wurden. Vor allem veränderte Elektrizität das Zusammenleben: das Bügeleisen, der Heizofen, der Warmwasserkessel, elektrische Beleuchtung und Telefon gaben dem Wohnen ein neues Gesicht. 1907 engagierte die AEG den Architekten Peter Behrens, um in einem Kernbereich des technischen Alltags die Hilflosigkeit traditioneller Formgebung gegenüber der modernen Technik zu überwinden. Behrens gab industriellem Design seitdem entscheidende Impulse und suchte neue Maßstäbe. Die Bestrebungen des Deutschen Werkbundes wurden auf solche Weise in Gestalt und Aussehen industrieller Güter für den Massenkonsum umgesetzt. Es entstand eine neue Industriekultur, die strenge Formgebung und Absatzstreben verband und damit unvergleichlich Erfolg hatte. Behrens schrieb später einmal, die doppelte Zielsetzung scharf pointierend: »Ein Motor muß aussehen wie ein Geburtstagsgeschenk.«[25]

Die Suche nach der richtigen industriellen Form beschränkte sich dabei nicht auf das Produkt. Auch die Fabrik wurde von ihren frühindustriellen Stilanleihen, von der bizarren Häßlichkeit der Gründerzeit befreit. Der Industriebau wurde Vorbild für den modernen Zweckbau. Es schien, als ob in der Eleganz der Formgebung Kunst und Funktionalität eine humane Synthese eingehen könnten, Modell einer besseren Zukunft des Menschen, wie sie Walther Rathenau, philosophisch schreibender Sohn des AEG-Gründers, in seinen Schriften damals visionär erfaßte.

Plakat: »Sammelt Obstkerne!«
Entwurf: Julius Gipkens

Der Ausbruch des Ersten Weltkriegs hat dann ein ganz anderes Gesicht der Industrie hervorgekehrt, den technischen Massentod. Alle Hoffnung auf die humanitäre Mission der Technik, auf Fortschritt durch den Gesellschaftsingenieur wurde Illusion. Binnen Wochen sattelten die traditionsreichen Kavallerieregimenter der Potsdamer Garde ab, Feldgrau ersetzte den bunten Rock, seit 1916 der Stahlhelm die alte Sturmhaube, deren Spitze Säbelhiebe hatte abwehren sollen. Vorbei die Zeit des Säbels, es war die Zeit des Maschinengewehrs. Kavallerieverbände überlebten nur noch im Osten.

Binnen Wochen wurde der Krieg zum technisch-industriellen Großunternehmen, dessen Produktionsziel nicht Gewinnmaximierung war, sondern der militärische Sieg. Binnen Tagen zerfiel die um den Goldstandard gruppierte Weltwirtschaft, standen die Mittelmächte isoliert, wurde der Krieg durch eine zunächst beschränkte, ab 1915 unbeschränkte Blockade der britischen Seestreitkräfte zum Wirtschaftskrieg, begann auf Initiative Walther Rathenaus die Rohstoffbewirtschaftung. Hatte bisher schon der Staat durch Rahmensetzung, durch eigene Unternehmerinitiative und Unternehmertä-

Telef. 6888.

WOLF, JAHN & Co.
Inh. Albert Jahn.
FABRIK von Maschinen u. Werkzeugen
für die Uhren-Industrie,
Präcisions-Drehbänke für Mechanik.

Bank-Conto:
Georg Hauck & Sohn, Frankfurt a/M.
Deutsche Effecten- & Wechselbank.
Postscheck-Conto: N: 2578.

Frankfurt a/M, den 8. 8. 14

Z e u g n i s !

Der Mechaniker W i l l y R i c h t e r aus Frankfurt a/M. war vom 17.Mai 1909 bis 16.Mai 1912 als Mechaniker-Lehrling und vom 17.Mai 1912 bis 8.August 1914 als Mechaniker-Geselle in unserer Fabrik tätig und waren wir mit demselben stets in jeder Hinsicht zufrieden.

Sein Austritt erfolgt wegen Einstellung des Betriebes infolge des Krieges.

Frankfurt a/M.8.August 1914.

Bei Kriegsbeginn 1914 setzte eine Welle von Entlassungen ein, weil ganze Produktionszweige brachlagen.

tigkeit, durch Eingriff in die sozialpolitischen Umverteilungsprozesse, durch Schutzzölle und Sozialversicherung tief in das wirtschaftliche Leben eingegriffen, so war der Weltkrieg nicht allein sozial-moralischer Dammbruch, politisch-sozialer Modernisierungsschub, sondern bedeutete auch einen bis dahin unvorstellbaren Machtgewinn des militärisch-bürokratischen Staatsapparats.[26]

Sozialpolitisch war das Kennzeichen des Krieges die Verhärtung der schon in den letzten Jahren merkbar schärferen Gegensätze von Unternehmern und Industriearbeitern, dazu eine starke Polarisierung des Mittelstandes. Die wilhelminische Gesellschaft drohte sich in zwei feindliche Hauptklassen zu spalten. Wirtschaftlich traf der Krieg vor allem die Unterschichten. Von der Verschlechterung ihrer Lage waren nur die Arbeiter in Rüstungsbetrieben ausgenommen, die allerdings kräftemäßig überfordert wurden. Ihr Nominaleinkommen wuchs um mehr als das Doppelte von 1914 = 100 auf 1918 = 313. Sozialpolitische Schutzgesetze wurden formell und informell außer Kraft gesetzt, Anwerbung schwedischer Fachkräfte und Zwangsarbeit von Ausländern lösten das Problem des Arbeitskräftemangels

Staaten		1914	1915	1916	1917	1918	1914–1918
Deutsches Reich	Ausgaben	8,8	25,8	27,8	52,2	44,4	159,0
(Mrd. Mark)	Einnahmen	2,5	1,8	2,1	8,0	7,4	21,8
	Defizit	6,3	24,0	25,7	44,2	37,0	137,2
Frankreich	Ausgaben	10,4	22,1	36,8	44,7	56,6	170,6
(Mrd. Francs)	Einnahmen	4,2	4,1	4,9	6,2	6,8	26,2
	Defizit	6,2	18,0	31,9	38,5	49,9	144,4
Großbritannien	Ausgaben	560	1560	2200	2700	2580	9500
(Mio. Pfund)	Einnahmen	230	340	570	710	890	2730
	Defizit	330	1220	1630	1990	1690	6860

Staatsverschuldung und Inflation im Ersten Weltkrieg (Staatshaushalte 1914 bis 1918)

nicht. Erst 1916 gewannen die Gewerkschaften über das »Hindenburgprogramm« zur Rüstungssteigerung und durch das Gesetz über den »vaterländischen Hilfsdienst« wieder an Gewicht. Seit dem ersten Steckrübenwinter breiteten sich Unterernährung und Mangelkrankheiten aus. Es entstand eine »Knappheits-, Ausbeutungs- und Mangelsituation, wie sie seit Beginn der Industrialisierung nicht mehr existiert hatte«[27].

Die Unternehmerseite mußte einen allgemeinen Produktionsrückgang verzeichnen, der bei 40 Prozent beziffert wurde. Aber das war ein Mittelwert. Vielen ging es schlechter, insbesondere importabhängige Industrien ohne Bedeutung für den Krieg schrumpften oder gingen ein. Vielen ging es aber auch besser. Rüstungswichtige Industriebereiche verzeichneten starkes Wachstum, eine gute Gewinnsituation und einen politischen Positionsgewinn. Die Bürokratie, die Rohstoffe bewirtschaftete, Aufträge und Investitionen lenkte und den Arbeitsmarkt kontrollierte, bedurfte des Sachverstands und öffnete sich damit auch den Interessen jener, die über diesen Sachverstand verfügten. Für kriegswichtige Neuentwicklungen trug der Staat die Kosten. Wie hoch die Gewinne waren, galt damals als sagenhaft und war auch nach dem Krieg nur ansatzweise feststellbar. Die Bilanzen, soweit veröffentlicht, erlaubten kaum Einblick: dem Kriegsgegner nicht, dem Zeitgenossen nicht und nicht dem Historiker. Neben den geringen offenen und den – vermutlich weit höheren – verschleierten Gewinnen schlugen auf die Dauer vor allem Rationalisierung, Modernisierung und Standardisierung zu Buche. Niemals zuvor wurden sie so intensiv vorangetrieben wie im Krieg. Die durch die Bürokratie geförderte Selbstorganisation der Produzenten, die die Großen begünstigte, verstärkte zugleich den Organisationsgrad der Interessenten. Erstmals entstanden jetzt Spitzenorganisationen der Landwirtschaft und der industriellen Arbeitgeber, die für den gesamten Wirtschaftsbereich sprechen konnten.

Der Mittelstand, längst vor 1914 eine gegensätzliche Gruppierung, fügte sich den verschärften Klassenfronten ein. Der stets gefürchteten, im Krieg aber real eintretenden Proletarisierung des »neuen« Mittelstands der Angestellten und Beamten, die zur Sozialdemokratie schielten und auch in den bürgerlichen Parteien einen Linkstrend verstärkten, entsprach der in Kleinhandel und Handwerk zu beobachtende Rechtsruck. Beides waren Protestbewegungen, die bereits

Entwurf: Julius Gipkens nach einer Medaille von Hosaeus, 1916

Patriotisches Opfer: Gold für Eisen zu Vorkriegspreisen

Spaltungen der Weimarer Republik vorarbeiteten. Auch der Antisemitismus ist damals bösartiger geworden als in der Vorkriegszeit.

Der Krieg hat damit die von dem sozialdemokratischen Theoretiker Rudolf Hilferding schon um die Jahrhundertwende beobachteten Tendenzen zum »Organisierten Kapitalismus« verstärkt. Dabei wurde aber der Staat nicht Werkzeug der Industrie, sondern die Industrie wurde unter vordergründiger Wahrung der privatkapitalistischen Besitzverhältnisse der umfassenden bürokratischen Rahmensetzung und Lenkung unterworfen. Das geschah unter dem Primat des Krieges, aber merkbar auch, um angesichts der schärfer werdenden Klassengegensätze das Gleichgewicht zu halten. Dafür reichten Zensur und Selbstzensur nicht aus, es bedurfte des schlichtenden Eingriffs der bürokratischen Apparate. Dabei beschränkte sich die soziale Polarisierung auf den industriell-mittelständischen Bereich. In die Landwirtschaft schlug sie nicht durch. Hier entstand aus dumpfer Wut über staatliche Vielregiererei, aus Verzweiflung über den Verfall von Äckern und Höfen infolge Abwesenheit der Männer, Mangel an Maschinen und Kapital und aus Abwehr gegen die Bewirtschaftung aller Erzeugnisse ein zugleich antistädtischer und antistaatlicher Protest. Er machte sich in der Unruhe des Oktobers und Novembers 1918 Luft, ohne doch mit der Revolution der Großstädte und Industriebezirke, der Revolte in Marine und Heerestruppen mehr als den Zeitpunkt gemeinsam zu haben.

Der Staat aber? Er gewann im Krieg neue Wirksamkeit und erweiterte seine Grenzen. Die bürokratische Tradition der »Revolution von oben«, in der Bismarckzeit noch einmal verstärkt, und das stets gefährdete Bündnis vorindustrieller und industrieller Machteliten hatten immer wieder verhindert, daß die Sprengkraft der Industrialisierung die Nation spaltete. Die Bindungskräfte quer zu den sozialen Fronten, mochten diese auch schroff sein, blieben stärker. Im Krieg gewann der Staat an Eigengewicht gegenüber den sozialen Körpern und Gruppen. Das technokratische Element triumphierte im Machertypus eines Ludendorff (Generalquartiermeister und damit praktisch das Gehirn der gesamten deutschen Kriegführung ab 1916) oder Groener (Chef des Eisenbahngeneralstabs) und fand seinen Ausdruck in neuen Bürokratien, die nicht von Privilegien regiert wurden, sondern von Effizienz. Dazu lockerte die Vielzahl neuer potenter Behörden mit Eingriffsbefugnissen in Wirtschaft und Gesellschaft traditionelle Verschränkungen zwischen Bürokratie und alten Führungsschichten. Der Tendenz zur Selbständigkeit der Apparate entsprach die Außerkraftsetzung aller Marktmechanismen und damit entscheidender Kontrollen. Militärbürokratie und Rüstungswirtschaft mußten zusammenarbeiten, aber dies geschah überwiegend zu Bedingungen, die der Staat setzte. Die Bürokratie mußte Sozialsteuerung im Großen betreiben, und sie konnte nur gelingen, wenn Klassenspannungen abgebaut wurden, Protest abgefangen wurde. Die Rechtfertigung für all das lag in der Siegeschance.

Als das deutsche Waffenstillstandsangebot des Oktober 1918 diese als Täuschung und Selbsttäuschung erwies, brachen moralische und politische Dämme, die lange gehalten hatten.

4.
Politische Kultur – General Dr. von Staat

»Alles was Preußen bislang erreicht hat, seine rasche Machtentfaltung nach außen, wie seine gesunde Entwicklung im Innern ist wesentlich das Werk seiner Fürsten gewesen... Unsere Geschichte bietet hiernach das Bild einer mit geringen Unterbrechungen fortschreitenden und gesunden Entwicklung. An zeitweiligen Störungen hat es nicht gefehlt, aber vergeblich hat die Reaction sie aufzuhalten, die Revolution sie zu überstürzen versucht; immer war es Preußens eigene Kraft, die diese Schwierigkeiten überwunden und das Staatsschiff wieder in das richtige Fahrwasser eines ruhigen Fortschrittes hineingeleitet hat.«

Graf Hue de Grais, Handbuch der Verfassung und Verwaltung, 10. Auflage, Berlin 1895, S. 32, 34.

»Ja, das ist es ja, meine Untertanen sollten einfach tun, was ich ihnen sage, aber meine Untertanen wollen immer selber denken, und daraus entstehen dann alle Schwierigkeiten.«

Kaiser Wilhelm II., nach den Aufzeichnungen des Grafen Robert Zedlitz-Trützschler, ehemaligen Hofmarschalls Wilhelms II., Berlin 1924, S. 84.

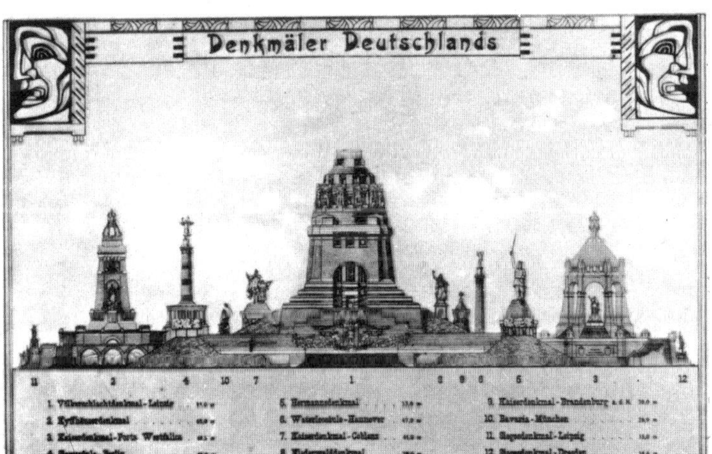

Postkarte, um 1910

Selten gab es einen mit Bildern und Symbolen so überladenen Geldschein wie den blauen Hunderter von 1908. Er löste den in Neorenaissance-Motiven gehaltenen Hundertmarkschein von 1883 ab. Auf einer Fläche von 207 zu 112 Millimeter enthielt er nicht nur rote Seriennummer, Wertangabe und Wasserzeichen, sondern auch in einem vegetabilischen Linienornament des Jugendstils ein politisches Programm.

Unter den schützenden Ästen zweier wurzelreicher Eichenstämme dampften auf einem nahen Küstengewässer drei Großkampfschiffe in Kiellinie, deren Geschützrohre über schäumender Bugwelle am Betrachter vorbeidräuten. Am Ufer lag eine Ansammlung von Gerätschaften, deren Symbolgehalt unschwer zu entziffern war: ein Pflug mit eiserner Pflugschar repräsentierte die Landwirtschaft, der Amboß stand für die Schwerindustrie, das Zahnrad für Feinmechanik und Technologie, Warenballen und Hermesstab für Handel, Banken und Versicherungen. Mit der Reichskrone geschmückt, auf ihren Schild mit dem Reichsadler gestützt und die Rechte am Knauf eines Schwertes mit preußischen Wappenfarben saß, den Blick aus dem Bild seitwärts gedreht, im Krönungsmantel eine füllige Germania, das Haupt mit Lorbeer geschmückt. Hielt der Besitzer den Schein – er entsprach dem Monatseinkommen eines kleinen Angestellten oder der Jahresmiete einer bescheidenen Arbeiterwohnung – gegen das Licht, so erschien ihm ein wohlbekanntes Gesicht: Wilhelm I., bieder und fest blickend, mit prächtiger Barttracht, bekannt von zahllosen Darstellungen vaterländischer Tendenz.

Die Rückseite der Banknote war eher traditionell gehalten: die Reichskrone im Strahlenglanz, dahinter ein preußisches Königszepter gekreuzt mit einem imaginären Reichsschwert, rechts und links davon je ein Medaillon, Hermes für die Industrie und eine ährenbekränzte Ceres für die Landwirtschaft, darunter als Wappentiere zwei Adler. Im Ganzen war dies weniger Kunst als eine *tour de force* von Herrschaftszeichen, Bekundungen sozialen Harmoniestrebens und militärischer Kraftsymbolik. Letztere drängte sich – im Gegensatz zu früheren Geldscheinen, auf welchen Germania noch ungewappnet erschien – so unübersehbar in den Vordergrund, daß der Betrachter nicht umhinkonnte, sich des Schlachtflottenbaus und der Einkreisungsängste zu erinnern, des Kanzlerworts vom »Platz an der Sonne« und des Kaiserworts von der »schimmernden Wehr«. Der blaue Hunderter zeigte in Wahrheit ein Niemandsland: Beschwörung einer sozialen Harmonie der Klassen und Gruppen, die es nicht gab, und Erinnerungen an eine militärische Sicherheit, die längst verloren war.[1]

Älteres Papiergeld war durchweg von bankmäßiger Nüchternheit geprägt gewesen. Es interessierte stets nur die diskontfähige Unterschrift dessen, der die Einlösung in klingenden Sorten garantierte. Das waren viel öfter Bankiers gewesen als Staatsbeamte. In der zweiten Hälfte des neunzehnten Jahrhunderts holte die politische Bildersprache, die sich seit alters des Münzbilds bediente, den Geldschein ein. Der blaue Hundertmarkschein von 1908 bezeichnete den Punkt, da man die schwierige Frage, was denn nun neben den unverzichtbaren sachlichen Mitteilungen über den Wert des Zettels und die Strafbarkeit der Nachahmung das Erscheinungsbild der Reichsbankno-

Mehr als eine Banknote: der blaue Hunderter von 1908

Eine Nation auf der Suche nach Symbolen: Titelblatt der »Illustrierten Kriegschronik«, 1871

ten prägen sollte, durch schlichte Addition der größtmöglichen Zahl von Zeichen, Symbolen und Metaphern beantwortete. Was für das Nationaldenkmal im allgemeinen galt, galt für das Münzbild der Zeit im besonderen: Fortschrittsbewußtsein und Dekadenzgefühl verbanden sich auf untrennbare Weise. Es fehlte ein festgesetzter Kanon politischer Repräsentation, und er mußte fehlen. Denn die Politische Kultur war nicht mehr aus einem legitimitätstiftenden Punkt zu bestimmen. Die Frage der Letztentscheidung, die Frage der Souveränität war im Fluß, die komplizierten Kompromißstrukturen der Verfassung entzogen sich einfacher und eindeutiger bildlicher Darstellung.

So entsprach die Ratlosigkeit der Gestalter von Banknoten und Nationaldenkmälern nicht nur der Ratlosigkeit eines »Jahrhunderts auf der Suche nach dem verlorenen Stil«. Es war dies auch ein Begleitumstand der Vieldeutigkeit, ja Abstraktheit der Politischen Kultur in der industriellen Massengesellschaft. Jedes Nationaldenkmal, ob es die grünspanüberwachsenen Reitergestalten auf der Eisenbahnbrücke unterhalb des Kölner Doms waren, ob die mit aktualisierenden Bezügen restaurierte Goslarer Kaiserpfalz oder die den Geist des ordensmäßigen Rittertums zitierende, mit antipolnischen Aggressionen unterlegte Rekonstruktion der Marienburg am Oderufer, ob Niederwalddenkmal oder alldeutsche Bismarcktürme – die Nationaldenkmäler der Jahrhundertwende standen schief zur Wirklichkeit.[2]

Das hatte vielfältige Ursachen, nicht die geringste lag darin, daß das Denken in Bildern und das Handeln in Symbolen der versunkenen alteuropäischen Lebensform angehörte. Nur als Zitat und verkürzte Wirklichkeit war es in das ausgehende neunzehnte Jahrhundert zu übertragen. Das Zeitalter der Bilder war abgelöst worden durch das Zeitalter des Vertrages, und der wichtigste unter diesen Verträgen war die Verfassung. Wesensmerkmal des deutschen Konstitutionalismus aber, in dem auch noch die Politische Kultur des Reiches tief verwurzelt blieb, war seine Kompromißstruktur: die Letztentscheidung über die Macht blieb, um den inneren Frieden zu bewahren, in der Schwebe. Der Bronzemonarch auf tänzelndem Bronzepferd, der über viele Jahrhunderte Sinnbild der Herrschaft gewesen war – vom Großen Kurfürsten, wie ihn Schlüter in Erz gegossen hatte, bis hin zu Rauchs Fridericus zwischen Schinkels Neuer Wache und Knobelsdorffs königlicher Oper –, wurde zusammen mit Künstlern, Erfindern und Denkern urbaner Schmuck für Brücken und freie Plätze. Herrschaftstatbestände wurden nicht mehr in Bronze gegossen, sondern auf Papier festgestellt, oft freilich auf solchem Papier, zu dessen Qualitäten es zählte, geduldig zu sein. Da verrieten dann Schlachtflotte und Schwertsymbolik, Königszepter und Preußen-Farben auf der blauen Reichsbanknote mehr über die Politische Kultur Deutschlands als ein langes und eingehendes Studium der Reichsverfassung, obgleich der dem Militärwesen gewidmete Abschnitt noch deren längster war.

Insgesamt galt für die Reichsverfassung von 1867/71 die Maxime, die der staatskluge Fürst von Talleyrand zu Beginn des neunzehnten

Jahrhunderts für die Gestaltung einer guten Verfassung aufgestellt hatte, sie solle kurz sein und dunkel. Das traf in dem Organisationsstatut, das die Verfassung war, für die großen Gestaltungsfragen zu wie für die daraus folgenden Einzelfragen. Und kurz war die Verfassung auch, mit achtundsiebzig Artikeln sehr lakonisch, kürzer als alle folgenden deutschen Verfassungen sein werden. Sie war in der Tat dort, wo es darauf ankam, so einsilbig, daß nennenswerte Verfassungsänderungen von 1871 bis zur Oktoberverfassung von 1918, die dann mit wenigen Halbsätzen das Reich parlamentarisierte, nicht stattfanden und im Grunde auch nicht stattzufinden brauchten.

Man hat den Bismarckstaat oft und mit Recht als unvollendeten deutschen Nationalstaat bezeichnet[3], im Blick auf die enttäuschten großdeutschen Hoffnungen von 1848/49 auch als kleindeutsch, im Blick auf die preußische Vormachtstellung in Gebietsumfang und Bevölkerung, in Wirtschaftskraft und Militärwesen als preußisches Reich. Dabei findet sich in den vielen Artikeln der Reichsverfassung von 1867/71 nicht ein einziges Mal der Begriff der Nation. Es wurde auf ihn allenfalls indirekt Bezug genommen, beim Wahlrecht nämlich (Artikel 20) und beim Bürgerrecht, das Sache der Einzelstaaten blieb (Artikel 3), sowie beim Reichstag als Gesamtrepräsentation und bei der Erwähnung des Volkes, dessen Wohlfahrt nach der Präambel zu pflegen war. Man wich aus vor dem Pathos des Nationbegriffs, und das hatte gute politisch-historische Gründe. Sie entsprachen dem Umstand, daß auch jener sinn- und legitimitätstiftende Katalog der Menschen- und Bürgerrechte fehlte, der seit dem Pathos des »pursuit of happiness« in der amerikanischen Unabhängigkeitserklärung 1776, seit der Erklärung der Menschen- und Bürgerrechte in Frankreich 1789, seit der feierlichen Verkündung der Grundrechte durch die Paulskirche 1848 zur inneren Begründung der Nationalstaaten jedesmal gehört hatte.

Dem Nationalstaat der Deutschen mangelte, als er 1871 zustande kam, die weitertreibende Kraft, die Hoffnung, die Verheißung solcher Bürgerrechte. Zwar gab es dafür Redefreiheit, Freiheit des Bekenntnisses, Versammlungsfreiheit und andere bürgerliche Rechte in den meisten Landesverfassungen. Aber die Abwesenheit aller Grundrechte außer dem Wahlrecht, zuerst in der Verfassung des Norddeutschen Bundes 1867, dann auch in der – fast textgleichen – Reichsverfassung 1871 erinnerte immer daran, daß Gründungsereignis des Bismarckstaates nicht die kraftvolle Willensbekundung der mündigen Nation war, sondern zuletzt ein militärisch-dynastischer Akt, der eine triumphale Reihe von Kriegen abschloß. Was immer zur Reichsgründung beigetragen hatte, Gründungsmythos des Reiches war der militärische Sieg. Reichsgründungsfeiern und Sedanstag haben stets dafür gesorgt, daß dies nicht vergessen wurde.

Das Reich war nicht als Nationalstaat definiert. Die Verfassung begründete das Reich in ihrer Präambel als »ewigen Bund zum Schutze des Bundesgebietes und des innerhalb desselben gültigen Rechts sowie zur Pflege der Wohlfahrt des Deutschen Volkes. Dieser Bund wird den Namen Deutsches Reich führen«. Das war so nüchtern wie irgend möglich gesagt und setzte den Bismarckstaat gegen die alte Universalmonarchie ebenso ab wie gegen jenen Staat, der 1848/49 nicht zuwege gebracht worden war. Die Tradition sollte

Warenzeichen der AEG seit 1894

gegen die Nation stehen. Die Souveränität lag demgemäß nicht beim Volke, allenfalls andeutungsweise durch das Wahlrecht, sondern bei den »verbündeten Regierungen«, dem Bundesrat. Das galt jedenfalls in der Theorie. Die Realität indes überantwortete die Souveränität mit ihren wichtigsten Attributen, der Letztentscheidung im Konflikt, der Verfügung über den Ausnahmezustand und dem Recht über Krieg und Frieden keineswegs einem Gremium von fünfundzwanzig Einzelstaaten, darunter die Mehrzahl Zwergstaaten, sondern behielt sie dem Monarchen Preußens und dem von ihm ernannten Staatsministerium vor.

So waren zwar, solange die Sonne schien, Gesetzgebung, Haushaltsfragen und parlamentarische Auseinandersetzungen im Reich auf den Reichskanzler bezogen. Kam es aber zu Konflikten, dann drohte eine große Rochade: dann wurde Preußen Herr des Verfahrens, dann hatte der preußische Monarch den Ausnahmezustand in der Hand, dann war es wichtig, daß der Oberste Kriegsherr die Kommandogewalt über die Armee besaß. Man wird geltend machen können, es sei in den langen Friedensjahren des Kaiserreichs dieser Fall niemals eingetreten. Doch bleibt die Frage, ob es nicht gerade die Effizienz der Machtbündelung auf Preußens Regierung war, die von vornherein dem Ernstfall vorgebeugt habe. Der Ausnahmezustand des Artikels 68 der Reichsverfassung, der sich unmittelbar auf das preußische Gesetz von 1851 über den Belagerungszustand bezog und die Verfassung Preußens und des Reiches im Entscheidungsfall koppelte, blieb Verfassungsfaktor von Gewicht, auch ohne daß man mit ihm operierte. Allemal galt die Erfahrung, daß die Reichsverfassung, auf Entscheidung und Extrem gestellt, ein anderes Gesicht zeigte als im Alltag der politischen Kompromisse.[4] Der preußische Verfassungskonflikt ist zwar nach 1866/67 nicht mehr weitergeführt worden – aber konnte man zu jedem Zeitpunkt der Geschichte des Bismarckreichs so sicher sein, daß nicht erneut eine Lücke im Staatsrecht auftauchen werde und dann, wer die Macht in Händen hielt, in seinem Sinn vorging?[5]

Doch nicht nur an der Grenze zum Konflikt, auch im Alltag erwiesen sich Preußen und die hochorganisierte preußische Staatsverwaltung noch als überlegen.[6] Nicht nur daß im Bundesrat – hier wurde schonend an die Zahlenverhältnisse im alten Deutschen Bund angeknüpft – die 17 preußischen Stimmen ausreichten, um jede Änderung bestehender Gesetze und Verordnungen zu unterbinden; nicht nur daß auf diese Weise jede unliebsame Reichstagsvorlage ins Leere gelenkt werden konnte, wie auch jede Initiative des ehemals »Dritten Deutschland« im Süden; es war ja auch der preußische Minister der Auswärtigen Angelegenheiten ressortmäßig zuständig für die Instruktion der preußischen Bundesratsstimmen, und stets identisch mit dem Reichskanzler; es fungierte auch das preußische Staatsministerium in der praktischen Gesetzgebungsarbeit als das eigentliche Reichskabinett: in den preußischen Ministerien beiderseits der Wilhelmstraße wurden die meisten Gesetzesvorlagen ausgearbeitet, die dann befreundete Fraktionen im Reichstag oder die Vertreter Preußens im Bundesrat in den Gesetzgebungsprozeß einbrachten. Das geschah gewöhnlich nach knappster, über schwerfällige diplomatische Kanäle laufende Unterrichtung der einzelstaatlichen Regierungen von Dresden bis Karlsruhe.[7] Die preußischen Verwaltungsjuristen in den Ministerien am Tiergarten bildeten nicht nur den größten staatlichen Verwaltungsapparat im Reich, durch Ehrenkodex, materielle Stellung und Familienverbindungen zur Kaste formiert. Der Apparat arbeitete auch effizient und war geistig geschlossen. Zudem nutzte er den Vorteil der kurzen Wege. Der Klagen aus dem Bundesrat über miserable Unterrichtung der anderen Regierungen, knappe Fristen und schlechthin diktatorisches Gehabe der Berliner Bürokratie war daher auch kein Ende.[8]

Der Stärke der preußischen Bürokratie entsprach lange Zeit die Schwäche der Reichsbürokratie. Hier war und blieb bis 1918 der Reichskanzler verantwortlicher Alleinminister. Im preußischen Staatsministerium war der Ministerpräsident nichts als ein primus inter pares, die Minister verfügten meist über parlamentarische oder höfische Hausmacht. Im Reich war der Kanzler Vorgesetzter der Staatssekretäre, die beamtenmäßig, aber nicht politisch Chefs der Reichsämter waren. Es gab hier nichts zu beschließen, sondern es galt, Weisungen von oben entgegenzunehmen; so konnte sich auch keine Reichsregierung im technischen Sinne bilden. Der Staatsrechtslehrer Laband sprach von einer »Reichsleitung«: der Begriff aber war nichts als eine Verlegenheitslösung. Erst als seit den achtziger Jahren mehr und mehr preußische Ministerien in Personalunion mit Reichsämtern geführt wurden - dabei galt der preußische Ministertitel gesellschaftlich weit mehr als das Reichsamt - verschoben sich die Gewichte zwischen den Bürokratien, wobei auch das zunehmende Gewicht der dem Reich obliegenden Materien zu Buche schlug.

Formell indes hat eine »Reichsregierung« bis zu den Oktoberreformen 1918 nicht bestanden, und Bismarck hat deshalb nicht ohne Grund es jedesmal scharf gerügt, wenn Beamte fahrlässig oder liberale Parlamentarier mit politischer Absicht - Zentrumspolitiker sprachen eher von der »Bundesregierung«, was aber staatsrechtlich auch unhaltbar war - sich des Begriffs bedienten. Der dann regelmäßig erfolgende Hinweis auf den Bundesrat, die »verbündeten Regierungen«, war zwar blasseste Theorie, wie niemand besser wußte als der Kanzler selbst, der diesen Kernbestandteil der Verfassung einst selbst redigiert hatte. Aber in der Tat gehörte es zur Anlage der Verfassung von 1867 - und sie war bis auf die 1871 hinzugefügten föderalistischen Trostpreise für die Süddeutschen identisch mit der späteren Reichsverfassung - daß dem Reichstag eine verantwortliche Reichsregierung nicht gegenüberstand. Das daraus resultierende Monopol politischer Vertretung erhöhte die Machtstellung des Kanzlers. Die »Verantwortlichkeit« des Reichskanzlers (Artikel 17), erst im Zusammenspiel des nationalliberalen Parteiführers v. Bennigsen mit Bismarck im Konstituierenden Reichstag 1867 in den Verfassungsentwurf hineingebracht[9], machte den Inhaber des Amtes, da ihm als Geburtsrecht zudem der Vorsitz im Bundesrat zustand, zur Schlüsselfigur zwischen dem Reich und Preußen. Dabei war er keineswegs dem parlamentarischen Mehrheitswillen unterworfen, er brauchte sich Gefahr und Mühsal von Vertrauensabstimmungen nicht zu unterziehen, und die Drohung des Mißtrauensvotums konnte ihn nicht schrecken. Noch 1912, als ein solches Votum ergangen war, konnte der Reichskanzler v. Bethmann Hollweg gelassen feststellen, die Reichsverfassung sehe derlei nicht vor.[10]

Wie jede Verfassung war auch die von 1867/71 Ausdruck der historischen Kräfteverhältnisse, aus denen sie entstand. In diesem Sinne war die Verfassung in der Tat, wie Carl Schmitt später bemerkte, ein Waffenstillstand auf Zeit, der gegensätzliche soziale und parteipolitische Kräfte verband[11], aber auch der Lage des Mächtesystems in den sechziger Jahren entsprach. Daher kam die Übermacht Preußens, schon 1848/49 vorhanden, seitdem noch verstärkt und 1866 auf dem Schlachtfeld von Königgrätz bestätigt. Daher auch die schonende Behandlung der eigenstaatlichen Egoismen, denen doch machtpolitisch die Flügel auf alle Zeit beschnitten blieben: was Heerwesen, Außenpolitik, Wirtschaftspolitik und den inneren Ausnahmezustand anlangte, war an Politik unabhängig von Preußen nicht mehr zu denken. Daher vor allem die eigentümliche, verfassungspolitisch äußerst komplizierte Regelung der Militärfrage. Sie war ein Erbe des Verfassungskonflikts, der nach dem italienisch-französischen Krieg gegen Österreich 1859 zwischen liberaler Abgeordnetenmehrheit und der »maison militaire« entstand.

Das war kein Kampf um die Vergrößerung der Armee gewesen, wie oftmals angenommen wird, sondern es war ein Kampf um die Loyalität der Armee und ihre innenpolitische Rolle, um die Verantwortlichkeit der Regierung und ihre Chance, im Konfliktfall ein übergeordnetes Staatsnotrecht gegen das Parlament geltend zu machen. Seit den Siegen, seit der Indemnitätsvorlage von 1866, seit der Reichsgründung lief die Kommandostruktur der Armee wieder fast unbestritten auf den Monarchen zu.[12] Auf den preußischen König wie auf die anderen Kontingentsherren wurde der Soldat vereidigt. Die Bindung der Truppe an die Verfassung erfolgte mithin nur indirekt, nämlich über die Verpflichtung des Monarchen auf die Verfassung. Die gesamte Personalpolitik und das Avancement der Offiziere wurden vom Militärkabinett im Hintergrund gesteuert – für die Seeoffiziere vom Marinekabinett – und in Preußen noch immer bewußt in altertümelnde friderizianische Wendungen gekleidet. Vom Offizier wurde erwartet, daß »Uns und Unserem Königlichen Hause derselbe noch ferner getreu, hold und gehorsam sein, Unsern Nutzen und Bestes überall suchen und befördern, Schaden und Nachtheil aber, nach äußerster Möglichkeit, verhüten, warnen und abwenden« werde; vom »getreuen Dienen« war da die Rede, wie auch davon, daß der Monarch seinen Offizier »bei allen demselben zustehenden Praerogativen und Gerechtsamen jederzeit in Gnaden schützen und mainteniren« wolle. Das war nicht Poesie, sondern ein starkes, auch gefühlsmäßig wirkendes Band. Dazu kam die Verfügung des Obersten Kriegsherrn über die Dislozierung der Truppen im Reich, Kommandostränge, die Arbeit des Großen Generalstabs und gegebenenfalls den Einsatz der Truppe, ja selbst über die Militärstrafprozeßordnung, die den Soldaten außerhalb der zivilen Gerichtsbarkeit stellte, allerdings mit Ausnahme Bayerns. Das alles gehörte zur Kommandogewalt, die als Ergebnis des Verfassungskonflikts wieder unzweideutig in den Händen des Monarchen und seiner militärischen Umgebung lag.

Wiewohl in deutlicher Entfernung von den eigentlichen Machtfragen, gab es daneben nach wie vor die Fragen der Militärorganisation, der Stärkenfestsetzung und des Militärhaushaltes. Während die eigentlichen Machtfragen, die den Verfassungskonflikt einst entzündet hatten, in Preußen verblieben, verlegte Bismarck die nachgeordneten Intendanturfragen, an denen die parlamentarische Kontrolle allein noch ansetzen konnte, auf das Reich. Es entstand mithin, um

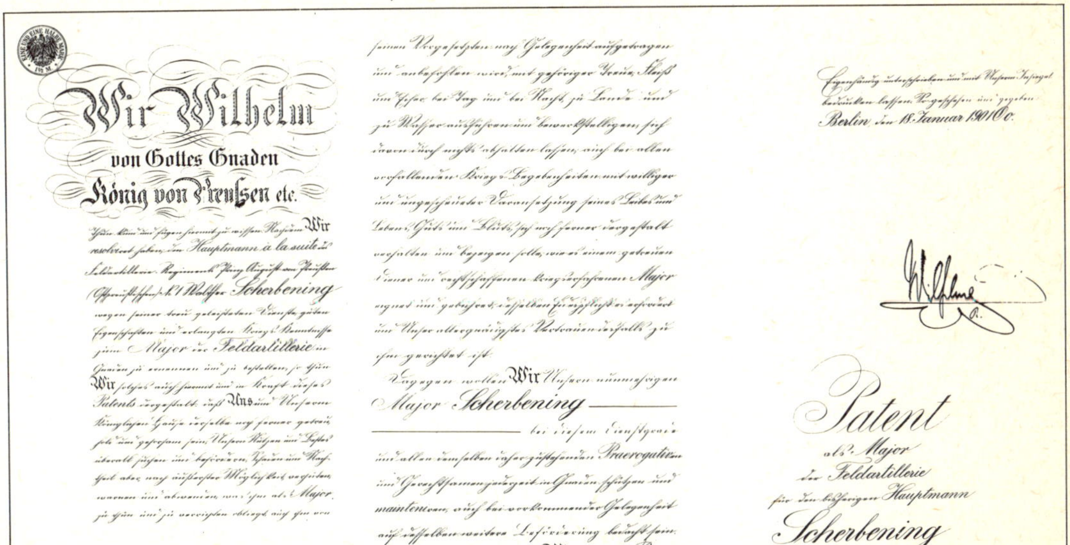
Wir Wilhelm
von Gottes Gnaden
König von Preußen etc.
Berlin den 18. Januar 1901
Patent
als Major
der Feldartillerie
für den bisherigen Hauptmann
Scherbening

Feudale Poesie oder militärische Effizienz: Ernennungsurkunde des Majors Walther Scherbening

im militärischen Bilde zu bleiben, eine Art schiefer Schlachtordnung mit dem preußischen Kriegsminister als ressortmäßiger Hauptzielscheibe parlamentarischer Kritik, dem deshalb auch so wenig wie möglich militärische Kompetenzen zugewiesen waren.

Mit der Indemnitätsvorlage im Preußischen Abgeordnetenhaus waren die alten Rechnungen aus der Konfliktzeit gewissermaßen gelöscht worden. Die leidige Frage parlamentarischer Bewilligung des Militärhaushalts wurde zunächst einfach durch Bewilligung einer Pauschalzahlung von 225 Taler pro Mann und Jahr der gesetzlichen Stärke gelöst. Verfassungsmäßig konnte die Heeresstärke seit 1867 bis zu ein Prozent der Gesamtbevölkerung des Reiches betragen, doch wurde dieser Spielraum bis 1914 niemals ausgeschöpft. 1867 wurde auch festgelegt, es solle ein Gesetz nach vier Jahren Provisorium die offenen Fragen regeln. Dazu aber kam es nicht. Statt dessen räumte der Deutsch-Französische Krieg den drohenden Konflikt zwischen Heer und Reichstagsmehrheit aus dem Wege, und nach dem Krieg wurde 1871 noch einmal das alte Pauschquantum vom Reichstag bewilligt, aber wiederum nur auf vier Jahre. 1874 beschloß das Parlament ein Militärorganisationsgesetz, das den Reichstag zum anschließenden Geldbewilligen verpflichtete, den Militärs aber den Bestand garantierte. In dem gesetzlich festgelegten Rahmen wurde dann im Wege des Militärseptennats, einer Bewilligung auf sieben Jahre, der Militärhaushalt ohne Abstriche bewilligt. 1874 geschah dies zwar in gespannter Atmosphäre, 1881 aber wie nebenbei. 1886 kam es wegen des neuen Septennats, das die gesamte linke Mitte ablehnte, zu einer der Regierung sehr genehmen Reichstagsauflösung: die Folge war 1887 die Bildung des liberal-konservativen Kartells aus der alten Bismarckmehrheit[13].

Trotz solcher periodischer Konflikte erwies sich die Reichsverfassung im Sinne der Militärs als zuverlässiger Riegel vor der abermaligen Aufrollung des alten Konflikts um die Stellung der Armee im bürgerlichen Verfassungsstaat. Der Militärhaushalt wurde stets in großen Blöcken auf Jahre hinaus bewilligt, das parlamentarische Haushaltsrecht versagte gegenüber dem größten Ausgabenblock nahezu vollständig, und die Stellung der Armee, unabhängig vom Parlament, blieb bis 1914 nahezu unangetastet. Das war innenpolitisch ein Hauptergebnis von Verfassungskonflikt und Reichsgründung und blieb bis zum Ende des Kaiserreichs die starke Triebfeder hinter der Loyalität des Offizierskorps zum Monarchen. Hier blieb ein Kernbestandteil der Macht ausgespart aus dem Verfassungsstaat.[14] Es war kennzeichnend für diese Lage, daß man die Ernennungsurkunde eines preußischen Offiziers noch am Vorabend des Weltkrieges studieren konnte, ohne überhaupt gewahr zu werden, daß es das Deutsche Reich gab: »Wir Wilhelm von Gottes Gnaden König von Preußen etc.«, so begann der Text, und er endete mit dem großen preußischen Staatswappen und »Wilhelm R(ex)«. Der Monarch verkörperte eine personale Autorität, und des Königs Rock, wie die Uniform hieß, kleidete eine Dienst- und Machtelite, die sich noch lange, ungeachtet einer eher schmalen Bezahlung, als erster Stand begriff, die gesellschaftlich weit über den entsprechenden zivilen Chargen rangierte, die einen scharfen Ehrbegriff gegebenenfalls mit der Waffe verteidigte, ungeachtet amtlicher Duellverbote, und die noch bis ins zwanzigste Jahrhundert, was immer der Münchner »Simplicissimus« an galligen Witzen auf Kosten des preußischen Leutnants drucken mochte, den Maßstab gesellschaftlicher Geltung am stärksten prägte. Wenn dies ein Anachronismus war, so schuf er doch Identifikation, provozierte Leistung und blieb ein Faktor der Politischen Kultur. Freilich war auch unübersehbar, daß die militärische Elite in einer Spaltung begriffen war: neben die zum Draufgängertum erzogenen Offiziere feudaler Regimenter mit den historischen Namen trat ein neuer, das Kriegshandwerk als Wissenschaft und Management betreibender Typus, der zuerst in den Generalstäben und bei den intelligenten Waffen zu finden war, der Technokrat. Er baute seit 1898 auch die technischste aller Waffen auf, die deutsche Schlachtflotte.

Thomas Theodor Heine, Militärgerichtsbarkeit (1908)
Bei einem Metzger war eine verdorbene Wurst beschlagnahmt worden, und es sollte ein Verfahren eingeleitet werden. Aber die Wurst war aus dem Fleisch eines ehemaligen Militärpferdes gemacht und mußte daher vor das militärische Ehrengericht gestellt werden.

Die Militärgerichtsbarkeit war Mittel und Symbol ständischer Sonderstellung der Offiziere und Soldaten im Verfassungsstaat.

Die Hegemonie Preußens vollzog sich im Verhältnis zu ihrer Wirkung auf unauffällig effiziente Weise. Diese Hegemonie war freilich von besonderer Art, denn das Preußen des frühen neunzehnten Jahrhunderts verlor mehr und mehr seine kulturelle Identität. Von der industriellen Massengesellschaft wurden Pietismus und Klassizismus gleichsam aufgesogen. Preußen überlebte den Nationalstaat nur als Institution. Als geistige Formation, selbst als Politische Kultur ging es in Deutschland auf. Am Ende des Kaiserreichs war Preußen noch immer ein großer Name, geliebt und verhaßt, eine militärische Fahne, eine Tradition protestantischen Paternalismus, ein Mythos von Treu' und Redlichkeit, vor allem aber ein politisches Gehäuse, das vom Dreiklassenwahlrecht geschützt wurde. Damit aber wurde Preußen zum Klassenstandpunkt, wurde Anachronismus und Selbstzitat.

Während Berlin bereits die größte Industriestadt des Kontinents war und durch imperiale Boulevards das Land in Besitz nahm, während von Oberschlesien bis zum Ruhrgebiet Land und Menschen von der Industrialisierung erfaßt wurden, während Naturwissenschaft und Technik die Grenzen des dem Menschen Möglichen immer mehr ausweiteten, während bereits massendemokratische und populistische Strömungen alle politischen Begriffe und Traditionsmaßstäbe unterspülten und zugleich die preußische Hegemonie militärisch und verwaltungsmäßig noch ohne Stockung funktionierte, verlor Preußen jene identitätstiftende Kraft, die von den Stein-Hardenbergschen Reformen bis zur Reichsgründung immer wieder Revolution von oben bedeutet hatte[15]. Preußens Eliten hatten sich im Siege gewissermaßen selbst verloren. Preußen, der harte Rationalstaat des achtzehnten Jahrhunderts, erwies sich als unvereinbar mit dem Nationalstaat des ausgehenden neunzehnten Jahrhunderts. Preußen hat den Nationalstaat noch begründen, aber nicht mehr prägen können. Der Rest war »langes Sterben«[16].

Preußen bedeutete zwar auch am Ende des Kaiserreiches noch eine beachtliche, zäh verteidigte Machtposition, und in der Reichshauptstadt erinnerten vom Königlichen Schloß über das Lützowufer und den Belle-Alliance-Platz bis zum Kammergericht Hunderte von Bauten und Namen an die Geister der Vergangenheit. Aber der Staatsmythos war verbraucht, die innere Disziplin, die aus Armut und wiederholten Existenzkrisen, aus Staatsfrömmigkeit und pietistischer Gottergebenheit wuchs, das unbarmherzige, oft verknöcherte Ethos des Dienstes, das seit mehr als einem Jahrhundert den Menschen Preußens anerzogen war: das alles verlor seinen geschichtlichen Bezugspunkt. Niemand hat das deutlicher erkannt als Theodor Fontane, niemand die Konsequenzen schwärzer erahnt als Bismarck. Preußen wurde in der Welt des Nationalstaats historische Grenzerscheinung, und doch haben seine rationalistische Staatsbezogenheit, die harte Disziplin seiner Herrschaftsverhältnisse, die Kargheit seiner Lebensformen noch verpflichtend gewirkt, nicht nur auf dem Gutshof und in der Fabrik, sondern auch im Kleinbürgermilieu und in der Arbeiterbewegung. Preußens Erbe reichte weiter als seine Macht.[17]

Der Nationalstaat, auch wenn er von der Wilhelmstraße regiert wurde, war nicht mehr aus dem alten Staatsbegriff, der alten Sozialdisziplin, aus den alten Klassenverhältnissen, aus jener Mischung von Pietismus und Idealismus zu bewältigen, die seit dem ausgehenden achtzehnten Jahrhundert Preußen im Guten wie im Bösen geprägt und zum politischen Faszinosum gemacht hatten. Am Ende des neunzehnten Jahrhunderts, nach Bismarcks Sturz und angesichts der Einsicht, daß der prognostische Gehalt preußischer Vergangenheit für die Zukunft der industriellen Massengesellschaft immer weniger taugte, brach sich die Einsicht Bahn, daß das kulturelle Vakuum, das hier sichtbar wurde, auf einem politischen Vakuum und auf sozialen Umschichtungen beruhte. Niemand hat dies damals unbarmherziger diagnostiziert als Max Weber, der in seiner berühmt gewordenen Freiburger Antrittsvorlesung von 1895 sagte:

Die Erlangung ökonomischer Macht ist es zu allen Zeiten gewesen, welche bei einer Klasse die Vorstellung ihrer Anwartschaft auf die politische Leitung entstehen ließ. Gefährlich und auf die Dauer mit dem Interesse der Nation unvereinbar ist es, wenn eine ökonomisch sinkende Klasse die politische Herrschaft in der Hand hält. Aber gefährlicher noch ist es, wenn Klassen, zu denen hin sich die ökonomische Macht und damit die Anwartschaft auf die politische Herrschaft bewegt, politisch noch nicht reif sind zur Leitung des Staates. Beides bedroht Deutschland zur Zeit und ist in Wahrheit der Schlüssel für die derzeitigen Gefahren unserer Lage[18].

Eine Generation nach der Reichsgründung begann die preußische Hegemonie sozial und politisch leerzulaufen. Der Reichstag aber wurde nicht, was in der Verfassung angelegt war, das nationale und bürgerliche Gegengewicht zum preußischen Machtkartell. Die komplizierten Verschachtelungen von Preußen und Reich, das System der Gegengewichte zwischen verschiedenen Parlamenten, die Diskrepanz zwischen den wachsenden Aufgaben des Reiches und der Durchsetzungsschwäche von Reichstag und Reichsbürokratie, die Impotenz der »verbündeten Regierungen« und die Verschiedenartigkeit der in den politischen Parteien repräsentierten Sozialmilieus, das alles war abgestimmt auf einen mächtigen und machtbewußten Kanzler, der Preußens starke Staatlichkeit auf der inneren Linie führte und zugleich der Nation im Strahlenglanz des nationalen Einigers entgegentrat. Der späte Bismarck hatte diese auf die preußische Staatstradition und die Massenstimmungen der Moderne abgestimmte Doppelrolle nicht mehr füllen können, und kein Nachfolger wird dies noch vermögen.

Zwanzig Jahre lang hatte Bismarcks mächtige Gestalt die Tatsache verdeckt, daß in der Reichsverfassung zwei große und gegensätzliche Strömungen miteinander verbunden worden waren. Die siegreiche konservative Gegenbewegung zu den liberalen, nationalen und demokratischen Kräften der Paulskirche stand unverbunden neben jener nationalen, bürgerlich-liberalen und demokratischen Hauptströmung, die damals den Aufbruch der Nation bestimmt hatte. Es war die Voraussetzung des Reichsgründungsprozesses, und es gehörte zu den Leistungen der Reichsverfassung, diese historischen Kräfte miteinander zu koppeln. Das aber hatte einen Preis. Es mußte der politisch-sozialen Bauform des Reiches am einheitsverbürgenden Formprinzip fehlen.[19]

So war das Reich von 1871 in der Tat Großpreußen, und es war auch deutscher Nationalstaat. Es war, vom inneren Ernstfall her gedacht, eine bürokratisch-militärisch straff geführte Nationalmonarchie, und es erwies sich in den Verläufen des politischen Alltags als ein vieldeutiger, in wirtschaftliche Einflußgruppen und Parteien, Verbands- und Staatsbürokratien zersplitterter, von unterschiedlichen Regionaltraditionen und Mentalitäten bestimmter, überaus dynamischer Sozialverband auf dem Weg zur industriellen Massengesellschaft. Das kaiserliche Deutschland war so liberal, wie es pluralistisch war. Das Parlament regierte nicht, aber als Interessenbörse war es ein entscheidender Faktor. Politik war auf Dauer nur möglich, wenn sie mehrheitsfähig war. Die Politische Kultur hatte von Anfang an zwei Gesichter gehabt, die Verfassungskämpfe des ersten Jahrzehnts nach der Reichsgründung zeugten davon. Aber erst in der Nach-Bismarckzeit wurde diese Doppelgesichtigkeit zum verfassungspolitisch gefährlichen, Blockaden und Unregierbarkeit heraufbeschwörenden Konflikt.[20]

Von allem Anfang an hatte die Kunst des Regierens darin bestanden, mit den Parteien zu paktieren und im Reichstag Mehrheiten zu gewinnen, ohne von ihnen abhängig zu werden. Das kam auch in der räumlichen Zuordnung der großen politischen Repräsentationsbauten zum Ausdruck. Wallots Reichstagsbau, 1883 eingeweiht, lag zwar noch im Zentrum des politischen Berlin, aber doch an der Peripherie des preußischen Regierungsviertels, das südlich der Straße Unter den Linden historisch gewachsen war: vom Schlüterschen Königsschloß auf der Spreeinsel, in den Proportionen zweimal so groß wie der Reichstagsbau, erstreckte es sich vorbei an Universität, Opernhaus und dem Palais des Kaisers Wilhelm, vorbei auch an der Wilhelmstraße, in deren südlichem Verlauf rechts und links wichtige preußische Ministerien und Ämter des Reiches zu finden waren.

Rechts ein wenig seitab des Brandenburger Tores, auf einem Stück Tiergarten ohne bestimmbare politische Tradition, wo zuvor das Palais Raczynski gestanden hatte, dort lag der Reichstagsbau. Er hatte, das war unübersehbar, baulich keine Beziehung zu den Zentren der Monarchie oder der Bürokratie. Das mußte indes nicht Nachteil sein. Die Doppeldeutigkeit, die hier zum Ausdruck kam, entsprach der offenen Position, die der Reichstag für das Verfassungssystem des Reiches und für die Politische Kultur Preußens einnahm. Er lag nicht auf historischem Boden, an ihm richteten sich neue Achsen aus, er zitierte einen Stil, der in Preußen nicht gewachsen war. Er war imperial und nicht königlich. Er war deutsch und nicht preußisch. Er hätte statt eines Parlaments auch einen Börsensaal beherbergen können. Allemal strahlte der Bau Selbstbewußtsein aus und vermittelte dem Betrachter den Eindruck, er sei für eine Ewigkeit gebaut[21].

Der Reichstag dementierte durch seinen repräsentativen Stil alle Ahnungen und alle Befürchtungen, das Reich sei nichts als ein Stück modernisiertes Preußen. Was für ein Baustil wurde hier verwirklicht? Nicht die Neugotik von Rathäusern und Fabriken landauf landab. Nicht die Neorenaissance romanischer Metropolen, nicht der strenge nordeuropäische Barock des klassischen Berlin, nicht der Schinkelsche Nationalstil der ersten Jahrhunderthälfte. Was Wallot vorgelegt und was die Reichstagsbaukommission adoptiert hatte, war bewußte Abkehr von allen Stilkanons der Vergangenheit und damit von allen ideologischen und politischen Konnotationen: die Neugotik beschwor alte Kaiserherrlichkeit herauf, die Neorenaissance war in Preußen fremde Importware, der Neobarock signalisierte eine unzeitgemäße Gegenreformation, der Neoklassizismus enthielt allzu deutlich den Anspruch, daß das Reich nichts sei als Prolongation Preußens. In solchen Zwangslagen entschied sich Wallot für einen synthetischen Reichsstil, und die Parlamentarier wie die preußische Regierung sind ihm darin gefolgt: ließ sich drastischer dartun, daß das Reich einen neuen Anfang setzte, viel Zukunft und wenig Vergangenheit, mehr Synthese und Konsens als Konflikt und deutscher Hader? Niemand sollte sich hier ganz fremd, niemand sich ganz zu Hause fühlen. Der Reichstag war mehr als ein Monumentalbau: er war die gebaute Metapher für die Spannungslagen, aus denen das Reich entstand, und für die Konflikte, die es bedrohten.

Wer zudem aus der Architektur ein politisches Regelsystem ablesen wollte, der konnte auch bemerken, daß der Reichstagsbau nicht Berufsparlamentariern dienen sollte - dafür fehlte es an Büroräumen -, auch nicht einer das Parlament unterstützenden Gegenbürokratie, sondern mittelgroße Fraktionen beherbergte und ein Parlament, das sich nicht in regierende Mehrheit und opponierende Minderheit teilte, sondern insgesamt zu Füßen der Regierungsbank und der Redner verharrte. Die Architektur wiederholte damit wie selbstverständlich das konstitutionelle Modell der Gewaltenteilung von Exekutive und Legislative. Dem Wechselspiel der parlamentarischen Regierungsweise, Regierungsmehrheit und Opposition, trat sie mit Stein und Holz wirksam entgegen.

Und doch war der Reichstag als Nationalrepräsentation das wichtigste Widerlager zur preußischen Hegemonie. Nicht allein Regierungsvorlagen, alle Politik mußte im Kaiserreich letzten Endes mehrheitsfähig sein, entweder im Parlament oder gegen die Parlamentsmehrheit beim Wähler. Aus dieser offenen Option hat Bismarck den Gegensatz plebiszitärer Konsenserzeugung zum Reichstag entwickelt, hier setzten die cäsaristischen Strömungen der Bismarckzeit wie der Wilhelminischen Epoche an. Politik mußte mehrheitsfähig sein, sonst ging nichts mehr oder nur noch der Staatsstreich. Aber der blieb Ultima ratio, und mit ihm zu drohen war Politik, ihn durchzuführen hätte das Ende aller Politik bedeutet.

Daß Politik von Mehrheiten abhing, bedeutete nicht Parlamentarismus. Die Letztentscheidung blieb der Verwaltung, und ganz zuletzt, wenngleich im Alltag kaum noch wahrnehmbar, dem Monarchen. Aber Mehrheiten finden zu müssen, im Land oder im Reichstag, und das alles unter dem Vorzeichen des allgemeinen gleichen Wahlrechts, übte einen fast unüberwindbaren Zwang zu Kompromissen aus, es bedeutete Pluralität, es bedeutete Entwicklung und Dynamik. Legitimation und Machtanspruch des Reichstags lagen in der Tatsache, daß er aus allgemeinen, gleichen und geheimen Wahlen hervorging (Artikel 20). Wahlberechtigt waren Männer ab fünfundzwanzig Jahren. Anfangs wurde in der Regel alle drei Jahre gewählt -, seit 1893, weil man sich davon weniger oppositionelle Aufgeregtheit versprach, nur noch alle fünf Jahre. Die Legitimation des Parlaments beruhte auch auf dem Prinzip der Öffentlichkeit: dafür wurden die Stenographischen Berichte gedruckt, dafür gab es

Paul Wallot, Entwurf des Reichstagsgebäudes, 1882

eine in den Anfangsjahren des Reiches sehr ausgedehnte, später mehr und mehr summarisch verfahrende Parlamentsberichterstattung. In den großen Zeitungen von nationaler Verbreitung konnte man, mitunter zweimal am Tag, die wichtigsten Parlamentsreden im Wortlaut nachlesen, eingeschlossen die vom Parlamentsprivileg profitierenden sozialistischen Brandreden, und dies auch unter dem Sozialistengesetz. Öffentlichkeit bedeutete auch Belehrung der Wähler über die großen politischen Tagesfragen. Dem trug auch der Reichskanzler Rechnung, wenn er die Rednertribüne als Forum außenpolitischer Erklärungen nutzte, als Bühne für die Darstellung seiner Politik oder als Hebel, um widerstrebende Fraktionen des Reichstags unter den Druck der Öffentlichkeit zu setzen. Schließlich hatte das Reichstagsplenum auch eine Hauptaufgabe darin, der Nation das Bewußtsein ihrer Einheit und Zusammengehörigkeit zu vermitteln, die großen politischen Gestaltungsfragen im Konflikt darzustellen und Konsens zu stiften.

Die Abgeordneten hatten bestimmte Privilegien. Zwar erhielten sie lange Zeit, um die Ausbreitung des Berufspolitikertums und Habenichtse am Parlamentariersein zu hindern, keine Entschädigung – im Gegensatz zu den im Durchschnitt vermögenderen Mitgliedern des Preußischen Abgeordnetenhauses. Doch gab es seit 1902 auf Beschwerde der Süddeutschen eine Freifahrkarte für die Fahrten nach Berlin, und seit 1906 auch Diäten. Verfassungspolitisch bedeutsam war die Immunität der Abgeordneten, ihre Straflosigkeit für alle parlamentarischen Äußerungen – sie wurden allenfalls vom Parlamentspräsidenten gerügt – und die Garantie des freien Mandats. Parlamentarier sollten als Vertreter des ganzen Volkes handeln, nicht nach Weisung ihrer Wähler oder ihrer Fraktionen: schon damals mehr liberale Theorie als parlamentarische Praxis. Aber im Konflikt wurde der Abgeordnete gegen seine Fraktion und erboste Wähler ein wenig abgeschirmt.

Von den Fraktionen war in der Verfassung so wenig wie von politischen Parteien die Rede. Die Geschäftsordnung allerdings, auch sie ein Teil des Verfassungsrechts, setzte längst die Existenz von Zusammenschlüssen der Abgeordneten voraus[22]. Reichstagsbeschlüsse – auch verfassungsändernde – wurden mit absoluter Mehrheit der

Stimmen gefaßt, wobei die Mehrheit der gesetzlichen Zahl der Mitglieder anwesend sein mußte. Das war eine im Alltag oft hinderliche Beschränkung der Geschäftsfähigkeit des Reichstags, da viele Abgeordnete ein Doppelmandat wahrnahmen, die Reisezeiten nach dem Süden und dem Westen lang waren und die meisten Honoratiorenpolitiker auch beruflich noch ihren Mann stehen mußten. Schon 1873 fiel der partikularistische Vorbehalt des Artikels 28, wonach bei Angelegenheiten, die nicht dem ganzen Reich gemeinschaftlich waren, die Stimmen nur derjenigen Mitglieder gezählt werden sollten, die in den betroffenen Bundesstaaten gewählt waren. Diese Bestimmung war mit dem freien Mandat und der nationalen Integrationsaufgabe des Reichstags unvereinbar.

Dem Reichstag wuchsen wie von selbst die Kompetenzen des Norddeutschen Reichstags (1867–1870) und des Zollparlaments zu, das den 1867 erneuerten Zollverein aus einem Staatenbund, der jeder Regierung ihr Veto beließ, zu einer Wirtschaftsgemeinschaft unter preußischer Führung umgestaltet hatte, in der die organisierten Interessen das Tempo der Integration weitgehend selbst bestimmten. Zoll- und Handelswesen vor allem fielen daher in die Reichskompetenz – bis 1888 allerdings blieben (Artikel 34) Bremen und Hamburg außerhalb des gemeinsamen Zollgebiets, und bis 1920 behielten Baden, Württemberg und Bayern als Reservatrechte die Besteuerung inländischen Branntweins und Bieres. Zölle und Verbrauchssteuern wurden durch die Einzelstaaten erhoben, flossen aber in die Reichskasse. Durch die Franckensteinsche Klausel indes wurde von 1879 bis 1904 dafür gesorgt, daß die infolge des neuen Zolltarifs rasch wachsenden Einnahmen dem Reich nur zum geringen Teil direkt, überwiegend aber im Wege der Matrikularbeiträge zugewiesen wurden. Finanziell war das Reich mithin, mit einem Begriff der Zeit, Kostgänger der Einzelstaaten und blieb dies auch, da eine kraftvolle Reform der Reichsfinanzen weder unter Bismarck noch einem der Nachfolger glückte, bis zur Erzbergerschen Finanzreform von 1920[23].

Eröffnung des Deutschen Reichstags, 1888.
Zeichnung von H. Lüders

Das Haupthemmnis einer expansiven Reichsfinanzpolitik lag zum einen im Föderalismus, da die Länder eifersüchtig über ihre Einnahmen aus dem Eisenbahnwesen wachten und auch Bismarcks Pläne für Tabak- und Branntweinmonopol zum Scheitern brachten. Zum andern lag auch eine verfassungspolitische Vorsichtsmaßnahme darin, daß dem Reichstag des allgemeinen und gleichen Wahlrechts der Zugriff auf alle direkten Steuern, vor allem die auf das Einkommen, verwehrt blieb. Sie waren und blieben Ländersache. Das gleiche galt für alle Steuern auf den Grundbesitz. Auch hier sicherten Föderalismus und Besitzinteresse einander ab. An der Reichserbschaftsteuer, die 1909 die steigenden Rüstungsausgaben mitfinanzieren sollte, wird noch der Kanzler v. Bülow scheitern, sein schwarzblauer Block zerbrechen.[24]

Im Eisenbahnwesen konnte das Reich nur einen Rahmen setzen. Die Einzelstaaten mußten ihre Eisenbahnen wie ein einheitliches Netz verwalten. Alle technischen Einrichtungen wurden den gleichen Normen unterworfen – die Verfassungsartikel 41 bis 47 gingen hier wie keine spätere Verfassung ins Detail. Die Gewinnmöglichkeiten wurden eingeengt, als Ziel der Tarifpolitik der Ein-Pfennig-Tarif pro Tonne und Kilometer für alle Güter ausgesprochen, dazu Differentialtarife für die Herstellung gleicher Wettbewerbsbedingungen innerhalb des Reichsgebiets. Ein – niemals angewandter – Sondertarif für Hungerzeiten sollte die wohlfeile Versorgung der Bevölkerung mit Nahrungsmitteln sichern. In Kriegszeiten hatten sich sämtliche Eisenbahnverwaltungen des Reiches den Anforderungen der Militärs zu beugen – eine Art technischer Belagerungszustand, der der strategischen Bedeutung der Bahnen Rechnung trug.

Wirksamer als das Eisenbahnwesen wurde das Post- und Telegrafenwesen dem Reich unterstellt.[25] Auch hier gab es bayerische Reservatrechte zu beachten, aber das Reich konnte die erst im Aufbau befindlichen neuen technischen Medien sich unterordnen. Auch dabei spielte das Sicherheitsinteresse eine herausgehobene Rolle, was auch im besonderen Diensteid wie im Beamtenstatus der Bediensteten zum Ausdruck kam. Oberste Dienstbehörde war der Reichspostmeister, der infolge der rasch steigenden Zahl der Postsachen und der technischen Neuerungen durch Telefon und Telegrafie noch vor der Jahrhundertwende zu einem der größten öffentlichen Auftraggeber aufstieg.

Anders als um das Heer, das im Kern außerhalb der Verfassungsstrukturen des Reiches und Preußens blieb, stand es um die Marine. Während das Reichsheer de facto die preußische Armee war, dazu die Kontingente der großen Einzelstaaten, war die Marine von Anfang an als einheitliche Reichsmarine unter dem Oberbefehl des Kaisers in der Verfassung verankert. Das hing mit ihrer geringen politischen Bedeutung zusammen, aber auch mit dem hohen moralischen Gewicht, das die Bundesmarine 1848 bis 1850 gehabt hatte. Bis zu den großen Flottenvorlagen der Jahrhundertwende blieb die Marine, die dem Staatssekretär für das Reichsmarineamt unterstand und deshalb auch dem parlamentarischen Zugriff wesentlich mehr unterlag als die Armee, ein Stiefkind der Politk. Die Marine war kaiserlich und deutsch, die Armee königlich und preußisch, in den übrigen Kontingenten auch sächsisch, badisch, württembergisch oder bayerisch. Die Seeoffiziere kamen, großenteils protestantisch, vorwiegend aus dem Süden und dem Westen. Die meisten adligen Admirale waren bürgerlich geboren. Weltpolitik und Flottenpolitik waren für sie Leitern des Aufstiegs zu Macht und Ansehen, die bislang den stolzen Garderegimentern vorbehalten gewesen waren.

Am stärksten vom Kompromißstreben der Verfassungsmacher 1867 gezeichnet waren die Kompetenzen des Parlaments bezüglich der Reichsfinanzen. Das klassische Haushaltsrecht forderte, Jahr um Jahr einen Etat vorzulegen, der alle Einnahmen und Ausgaben enthielt und Gesetzeskraft besaß. Das galt auch für den Reichstag. Mehr als ein Schönheitsfehler war es allerdings, daß über Jahrzehnte der größte Teil der Reichsausgaben für das Reichsheer aufgewandt wurde, mithin der Septennatsbindung unterlag und praktisch dem parlamentarischen Haushaltsrecht entzogen blieb. Die Haushaltsdebatten konnten daher nur im Ausnahmefall zu den großen Generaldebatten werden, die sie anderswo waren. Der Reichshaushalt eignete sich auch kaum dazu, über das parlamentarische Budgetrecht der Regierung politische Zugeständnisse abzuringen. Das verfügbare Volumen war zu gering, und bestehende Ausgaben konnte die Regierung notfalls auch ohne Haushaltsgesetz weiter vornehmen. Als wirkungsvoll erwies sich da angesichts der notorischen Knappheit der Finanzausstattung das Ringen um neue Reichseinnahmen, um Zölle und Monopole, das die liberalen Parteien im ersten Jahrzehnt des Reiches, wenngleich vergeblich, immer wieder nutzten, um die Bestellung parlamentarisch verantwortlicher Reichsminister zu fordern[26].

Allerdings nahm die Bedeutung des Haushaltsrechts zu, je mehr der Interventionsstaat wuchs. Auch die Zuständigkeit für Justizpflege und Gewerberecht, für Währung, Bank und Börse erwiesen sich als ausbaufähig und gaben dem Reichsparlament Gestaltungsmöglichkeiten, die vor allem in den siebziger Jahren noch in engem Zusammenwirken mit dem Reichskanzleramt und gegen die Einzelstaaten wahrgenommen wurden. Die innere Reichsgründung dieser Jahre hat den Liberalen und Freikonservativen im Reichstag die entscheidende Rolle für die Gestaltung des nationalen Gehäuses zugewiesen. In den achtziger Jahren standen dann Kolonialpolitik und Sozialversicherung im Mittelpunkt, in den neunziger Jahren die großen Fragen der weltwirtschaftlichen Orientierung, der Gewerbeordnung und der durch den technischen Fortschritt aufgegebenen Probleme.

Zwar konnte der Reichstag den Kanzler nicht bestellen und nicht abberufen. Das Parlament hielt nach den vergeblichen Kraftproben des Anfangs respektvolle Distanz zu allen Militärfragen, zur großen auswärtigen Politik – bei Handelsverträgen indes war der Reichstag zumindest für die Globalannahme eingeschaltet[27] – wie zu dem Kernbereich der Beamtenernennung und den Rechten der Einzelstaaten. Anders als in den parlamentarischen Staaten des Westens, wo auch die Zuständigkeit über den Belagerungszustand beim Parlament lag[28], war dem Reichstag die innere Konfliktentscheidung verwehrt. Aber trotz solcher Einschränkungen, wie hinderlich sie auch waren, arbeitete doch die Zeit für Parlament und Parteien, lag der Reichstag im Brennpunkt der großen innenpolitischen Gestaltungsfragen, war das Parlament mehr Mitspieler als Schachfigur zwischen dem preußischen Hegemonialblock, der Reichskanzlei, den Reichsämtern und den Einzelstaaten. Der Reichstag war der Ort, wirkungsvoll und lautstark Interessen zu vertreten, an die Öffentlichkeit zu appellieren, Werbung zu betreiben und die Nation mit ihren Lebensfragen zu konfrontieren und Untertanen zu Bürgern zu erziehen. Das haben die politischen Parteien betrieben; mit Meisterschaft hat dies auch Bismarck geleistet und dadurch, was immer seine Hauptabsichten waren, wie nebenbei auch dem Reichstag Achtung gezollt. Im Reichstag auch war der Ort, um der Politischen Kultur den Maßstab der Kritik öffentlich vorzuhalten. Das haben zuerst Zentrumspartei und preußische Konservative, die sich als Verlierer der Reichsgründung sahen, dann die Liberalen und in den letzten Jahrzehnten des Kaiserreichs mehr und mehr die Sozialisten hingebungsvoll getan.

Im Verfassungsgefüge war der Reichstag umstellt von einschränkenden Bestimmungen: jede Initiative, jeder Beschluß konnte im Bundesrat folgenlos versickern. Dem Haushaltsrecht waren die Zähne ausgebrochen. Die direkten Steuern und damit der Zugriff auf die wichtigsten Umverteilungsmöglichkeiten lagen außerhalb der Reichweite. Die »Verantwortlichkeit« des Kanzlers blieb im Konfliktfall gewöhnlich folgenlos, was das Parlament betraf. Und doch hat der Reichstag sein Gewicht behauptet, ja unzweifelhaft vergrößern können als Folge wachsender Staatstätigkeit, die zumeist vom Reich ausging, und wachsender öffentlicher Haushalte. Vor allem bündelte der Reichstag am stärksten die Hauptströmungen der Epoche: Sozialintervention, Nationalismus, Massendemokratie. Aber der Reichstag war nicht das einzige Element der Integration, auch hatte das alles mit Parlamentarismus und dem Übergang zu parlamentarischer Regierungsweise nicht viel zu tun. Auf Entscheidung und Extrem gestellt, blieb die Macht beim Kanzler, bei Preußens Bürokratie und, wenn es darauf angekommen wäre, beim Militär.

Es gehört zu den Paradoxien der deutschen Sozialgeschichte, daß die auf die Eliten des Spätabsolutismus gegründete Staatsführung nicht nur seit 1878 neue Maßstäbe staatlicher Sozialpolitik setzte, sondern auch die ideologischen und organisatorischen Führungstechniken des Massenzeitalters früher und wirksamer aufgriff als die liberalen Honoratiorenpolitiker. Als 1873 der große Wirtschaftsaufschwung der Reichsgründungsepoche zu Ende ging, verstärkte sich allenthalben der Ruf nach dem starken, die ökonomischen Verteilungsprozesse steuernden, dem Bürgerkrieg zwischen den Satten und den Hungrigen vorbeugenden Staat. Aus dem Bewußtsein, sich wehren zu müssen gegen den Wandel, entstand eine neue Generation von Interessenverbänden, die binnen weniger Jahre Parlamente und Parteien, wo es um wirtschaftliche Ordnungspolitik und Strukturfragen ging, unter organisierten Druck setzten und zugleich auf die Staatsbürokratie einwirkten.[29] Die staatliche Verwaltung antwortete darauf 1879 durch den Zolltarif. Er brach mit der preußischen Freihandelstradition seit sechzig Jahren. 1885/87 wurde er zum Schutzzoll für Landwirtschaft und Schwerindustrie ausgebaut. Auch nutzte die Staatsverwaltung die Soziale Frage, um fortan durch staatsbezogene Sozialpolitik die lohnabhängigen Schichten mit der Politischen Kultur des Kaiserreichs zu versöhnen. Wie erfolgreich das war, ist bis heute umstritten. Unübersehbar bleibt, daß die demokratischen Entwicklungsdefizite der Verfassung aufgewogen wurden durch eine – vergleicht man die deutschen Verhältnisse mit den industriellen Nachbarstaaten des Westens – hochentwickelte Sozialpolitik, die den Arbeiter vor dem Abgleiten ins Elend als Folge von Unfall, Krankheit und Alter bewahrte. Sozialpolitisch war dies moderne Erneuerung alter korporativer und karitativer Sicherungen, die mit der alteuropäischen Ökonomik dahingegangen waren. Verfassungspolitisch war die Folge, daß Reichstag und politische Parteien gleichsam kurzgeschlossen wurden, noch dazu auf dem wichtigsten Feld sozialer Gestaltung. Diese Koppelung von industriewirtschaftlicher Entwicklung und bürokratischer Herrschaftstradition hat dann Bismarcks gesamter Staatsleitung, mit Otto Hintze zu reden, einen »unverkennbaren Hauch von jenem administrativen Bonapartismus« verliehen, der einst Hardenberg vorschwebte. Achse der Politik blieb für Bismarck das Machtinteresse, das auf soziale Stabilität gründete. Daraus resultierte die Wandlungsfähigkeit seines Systems.[30]

Im Übergang von der Agrarwirtschaft zur Industriewirtschaft, vom Pauperismus zum Proletariat entfaltete der steuernde, planende, dirigierende Interventionsstaat neue Dynamik. Das stand in der Kontinuität »guter Policey« des siebzehnten und achtzehnten Jahrhunderts. Nach Überwindung der wirtschaftsliberalen Zwischenphase, die mit den preußischen Reformen 1807 begann und mit dem Übergang zum Protektionismus in den achtziger Jahren endete, wurden Industrialisierung des Wirtschaftslebens und Bürokratisierung des Staatslebens komplementäre Erscheinungen. Aus der Schlichtung der sozialen Verteilungskämpfe wuchsen dem Staat neue Aufgaben zu. Zugleich veränderte sich die Basis der Legitimität, das heißt der Zustimmungsbereitschaft der Regierten.

Im Bismarckreich wurde frühzeitig sichtbar, was seitdem für alle liberal-demokratisch verfaßten Staaten gilt: das demokratische Element, das in allgemeinen Wahlen, Öffentlichkeitsprinzip und Grundrechten, in Wehrpflicht und allgemeiner Schulpflicht seinen Ausdruck fand, trat auseinander in eine repräsentative und eine plebiszitäre Komponente.[31] Von beiden sagte die geschriebene Verfassung nicht viel, und beide bestimmten doch die Dynamik des Staatslebens. Der repräsentativen Komponente entsprachen Parteien und Parlamente, der plebiszitären die Zuspitzung komplizierter Sachfragen immer wieder auf die eine, überlebensgroße Figur an der Spitze. Max Weber nannte sie 1895 rückblickend und zugleich in eine unbestimmte Zukunft vorwärtsschauend die »Cäsarengestalt aus anderem als bürgerlichem Holze«[32]. Bismarck hat diese Zuspitzung immer wieder gesucht. Sie war ihm Mittel zur Erneuerung einer

Autorität, die an Charisma grenzte. Ob er die innere Frontlinie zwischen »Reichsfreunden« und »Reichsfeinden« aufriß oder ob er die widerstrebenden Fraktionen des Reichstags unter den Druck einer erregten, angstgepeinigten Öffentlichkeit stellte – seit den Konfliktzeiten in Preußen, seit 1870 wurde auch im Reich die Tendenz moderner Parlamentswahlen unübersehbar, in Sach- und Personalplebiszite umzuschlagen. Die Honoratiorenpolitiker hatten das Nachsehen. Immer wieder hat Bismarck bis zu seinem Sturz 1890 solche Zuspitzungen gesucht, ja sie künstlich dramatisiert, indem er seinen Rücktritt drohend in Aussicht stellte, indem er an patriotische Gefühle appellierte, an wirtschaftliche Ängste und kollektive Leidenschaften, wohl wissend, daß dies die widerstrebenden Parteien, die Einzelstaaten, ja selbst den Monarchen einer Welle der Empörung aussetzen mußte.[33]

Nationalismus und Massendemokratie, zuletzt auch der erneuerte Staatsinterventionismus – der »weiße Revolutionär« blieb seinen Anfängen treu, indem er sich ihrer bediente, wenn auch in vorsichtiger Beschränkung auf das Feld der inneren Politik[34]. Dem Kanzler, der sich als »kurbrandenburgischer Vasall« der preußischen Majestät darstellte, standen doch auch Mittel zu Gebot, die viele Zeitgenossen, von Heinrich v. Treitschke bis Friedrich Naumann, als cäsarischen Machtgestus verstanden. Bismarck, der das allgemeine Wahlrecht durchgesetzt hatte und doch die Massendemokratie für ein Unglück hielt, der den Reichstag als Interessenvertretung schätzte und als Gegenmacht bekämpfte, hat immer wieder die plebiszitären Kräfte zum Mittel innerer Konfliktentscheidung gemacht, in freier Ausgestaltung der in Parlamentswahlen und Öffentlichkeit liegenden Möglichkeiten, den politischen Massenmarkt zu beeinflussen, ja von oben – wenn auch vielfach begrenzt – zu steuern. Das war nicht mehr der Appell ans Land, den die Frühliberalen als Mittel der Konfliktentscheidung zwischen Legislative und Exekutive empfohlen hatten. Das war bereits, wo es um Konflikt und Entscheidung ging, die Regierungsform des charismatischen Staatsmanns, wie sie Max Weber an der Jahrhundertwende im Idealtypus von einer vieldeutigen Wirklichkeit abstrahieren wird, Autorität und Massenkonsens in neuer Verbindung.[35]

Die liberalen Fraktionen des Reichstags, die den preußischen Verfassungskonflikt niemals vergaßen, wurden an die Konflikttechniken des »cäsaristischen Staatsmanns« von 1862 erinnert[36], als 1874 die endgültige gesetzgeberische Aufarbeitung des preußischen Militärkonflikts durch das Reichsmilitärgesetz anstand. Eine Pressekampagne brach los, Zustimmungsadressen kamen waschkorbweise ins Reichskanzleramt, Handelskammern und Wahlkomitees meldeten sich aufgeregt zu Wort, die liberalen Offiziere im Reichstag fanden sich von den meisten ihrer Soldaten im Stich gelassen. Das Gleiche geschah, als die Liberalen ein Jahr später sich daranmachten, presserechtlich dehnbare und deshalb »Kautschukparagraphen« genannte Ergänzungen zum Strafgesetzbuch, Vorläufer des Sozialistengesetzes von 1878, zu verhindern. Dabei verfolgte Bismarck eine dem Preußischen Staatsministerium – wie auch manchen späteren Historikern – schwer verständliche Technik der Konfliktverschärfung: es werde dadurch »einerseits die Verantwortlichkeit für die ungenügen-

Kriegerdenkmal für das Schlachtfeld von St. Privat. Entwurf: Wilhelm II. (ausgeführt von Walter Schott)

de Bekämpfung der Umsturzpartei von den Regierungen auf den Reichstag übertragen und andererseits die Bekanntschaft mit dem Vorhandensein der Gefahr in der ruhebedürftigen Bevölkerung vorbereitet werden, wovon sich eine allmähliche Umstimmung der Reichstagsmehrheit erwarten lasse«[37]. Das war Politik, die mit langen Fristen arbeitete und mit hohem Risiko. Sie erzeugte Unruhe und machte die Angst vor dem inneren Feind zum Leitmotiv der Politischen Kultur, die Hoffnung auf den starken Mann zum Rettungsanker der Bangenden. »Den Reichstag schußrecht kommen lassen« - so ließ sich Bismarck beim lauten Nachdenken über das Verhältnis von Massenstimmung, Regierung und Parlament vernehmen.[38]

War der Staatsstreich von oben im konstitutionellen Staatsleben seit der Deutschen Bundesakte stets Rettungsanker geblieben, gegründet auf eine Theorie übergeordneten Staatsnotrechts[39], so wurden im Bismarckreich Auflösung und Neubegründung der Verfassung zu einer mehrfach öffentlich und hinter den Kulissen erörterten Ultima ratio. Der Staatsstreich fand nicht statt. Aber er wurde denkbar. Und indem er denkbar wurde, wurde die Drohung damit ein Mittel der Politik. Eine Art letzter, abstrakter Wahrheit der Verfassung kam darin zum Ausdruck. Aus guten Gründen hat es im Bismarckreich einen Staatsstreich von oben gegen die Verfassung nicht gegeben. Aber daß in den großen inneren Konflikten gegen den Reichstag die Drohung der staatsstreichartigen Rochade, provoziert durch Staatsnotstand und Angst der loyalen Wählerschichten, in der Luft lag, war damals wie später schwer zu übersehen. »Wenn ich nicht staatsstreichere, setze ich nichts durch« - so hat Bismarck halb ernst, halb ironisch die Grenzlage von 1878 kommentiert.[40] Insbesondere im Verlauf jener großen Wendung, die 1878/79 den staatsbezogenen Protektionismus zur neuen deutschen Integrationskraft machte, wurde die Verbindung von charismatischer Autorität, Staatsstreichdrohung und Berufung auf eine loyale Wählermehrheit entscheidungsmächtig: »Mit meinem Rücktritt wird sich die Gefahr steigern, die ich zu bekämpfen suche« - so hat Bismarck sich als die Kraft identifiziert, die zwischen die Nation und den ihr drohenden Bürgerkrieg trat[41].

Immer wieder sollten symbolisch dramatisierte Gefahren die Wahlen zum Parlament beeinflussen. In der Tat sind die Wahlen immer wieder in Sach- und sogar Personalplebiszite umgeschlagen. Wie es 1884 darum ging, mit der Berliner Kongokonferenz auch »den Kongo für die innere Politik« auszubeuten[42], war der gesamte Anlauf der staatlichen Kolonialpolitik mehr von der Hoffnung auf nationale Integration bestimmt als von der Aussicht auf wirtschaftlichen Gewinn und ein Ventil der Überbevölkerung. Höhepunkt plebiszitärer Führungstechniken waren die Septennatswahlen 1887, die mit der gefährlichen Balkankrise zusammentrafen und es der Regierung ermöglichten, Konservative und Liberale in ein Wahlkartell zu bringen und drei Jahre bequem zu regieren. Dann folgte der Rückschlag von 1890, als dieses »Kartell« zerfiel, die plebiszitären Techniken der Vergangenheit nicht mehr griffen und Bismarck den Kaiser und die Kommandierenden Generäle vergeblich in eine scharfe Konfrontation, Reichstagsauflösung und Neuordnung der Verfassungsgrundlagen hineinzudrängen suchte. Die Wahlen, die doch vordergründig allein um Stellung und Stärke der Fraktionen im Reichstag geführt wurden, prägten bereits die Mehrheiten für die Gesetzgebung vor und wurden, informell zwar, als Plebiszite für und gegen die Regierung, ja als Abstimmung für und gegen Bismarck geführt.

Es gab mithin unter der Decke des konstitutionellen Staatslebens und den staatsrechtlichen Verschachtelungen der Reichsverfassung eine charismatische und plebiszitäre Unterströmung, die das Wechselverhältnis von Macht und Konsens beeinflußte. Mit Bismarck war sie nicht verbraucht. Sie verlor allerdings ihren charismatischen Bezugspunkt. Keiner der nachfolgenden Kanzler konnte die Nische im Verfassungsleben ausfüllen, die der Sturz des großen Mannes ließ, auch nicht Wilhelm II. Obwohl der Kaiser durch die Staatsrechtslehre der Zeit vom »Präsidium« zum Nationalmonarchen umgedeutet wurde[43] und es starke Strömungen an der Spitze des Reiches gab, aus dem sozialen Königtum, aus Flottenkaisertum und Weltpolitik der Monarchie neue Effizienz zu gewinnen, blieb nach 1890 in der Verfassung eine Leerstelle, wo einst Bismarck gestanden hatte. Des Kaisers vielkritisiertes »persönliches Regiment« ist nicht nur als – im einzelnen recht begrenzter – Übergriff in konstitutionell geregelte Verantwortlichkeiten zu sehen, sondern auch als Versuch zu bewerten, wieder eine personale Autorität zum Bezugspunkt der Politischen Kultur zu machen. Im Licht der Entwicklung, die die Traditionsmonarchie im neunzehnten Jahrhundert durchgemacht hatte, war dies ein Anachronismus; im Licht des Führerstaats, der die Tradition überwinden soll, Vorgriff auf eine unbekannte Zukunft. »Demokratie und Kaisertum«, wie der nationalsoziale Pfarrer und Parteigründer Friedrich Naumann die Zauberformel politischer Integration an der Jahrhundertwende bezeichnete, kamen im ausgehenden Kaiserreich nicht zur Deckung.[44] Unbeantwortet blieb damit aber auch jene Unterwerfungsbereitschaft des Großbürgertums, die Max Weber so bitter kommentierte: sie suchten einen »neuen Cäsar, der sie schirme – nach unten gegen aufsteigende Volksklassen – nach oben gegen sozialpolitische Umwandlungen, deren ihnen die deutschen Dynastien längst verdächtig sind«[45].

In jener Verbindung von Nationalismus, Massendemokratie und Staatsintervention, die die Verfassungskräfte des Bismarckreichs bestimmte, lag ein europäisches Grundmuster des neunzehnten Jahrhunderts. Nur in Frankreich verdichtete es sich als Antwort auf Revolution und Bürgerkrieg 1848/52 zur populären Diktatur Napoleons III., auf zwanzig Jahre eine plebiszitär begründete Herrschaft.[46] Anderswo blieb diese sich auf den Volkswillen berufende Autorität verdeckt von der traditionellen Kultur der Eliten, in England der Übermacht des Parlaments, in Deutschland der Monarchie. Und doch wurden Nationalismus und Massendemokratie in ganz West- und Mitteleuropa Leitmotive des politischen Prozesses. Der Verlauf der Reichsgründung war mit ihnen konstitutiv verbunden gewesen, niemand vermochte sie danach noch ruhigzustellen. Diese Kräfte haben nicht anders als die 1866 und 1870 bekräftigte Vormacht Preußens die gesamte nachfolgende Geschichte des deutschen Nationalstaats so tief geprägt, wie sie umstritten blieben.

Darin auch liegt der Grund, warum die Politische Kultur des Bismarckreiches bis heute sich jeder eindimensionalen Deutung entzieht. Die Verfassung für den Ernstfall enthielt eine andere Wahrheit als die Verfassung des Alltags. Der Mangel eines einheitstiftenden Formprinzips, den seit Carl Schmitt so viele Betrachter des Bismarckstaats bemerkten, enthielt auch die Chance des Ausgleichs und der Entwicklung. Rückwärtsgewandter Obrigkeitsstaat oder liberaler Reformstaat, pluralistischer Interessenverband oder Machtkartell von Rittergut und Hochofen, bürokratische Dauerintervention oder cäsaristische Entscheidung – die Politische Kultur des Deutschen Reiches zeigte von 1870 bis 1918 viele und durchaus gegensätzliche Gesichter. Die meisten Elemente, das gilt es gegen die viel wiederholte These von Rückwärtsgewandtheit und Entwicklungsunfähigkeit festzuhalten, hielten im Vergleich mit Westeuropa durchaus stand. Mit Ausnahme Englands war am Ende des neunzehnten Jahrhunderts der ganze Kontinent, dazu auch die USA, protektionistisch geworden. Die staatsbezogene Sozialpolitik wurde noch vor der Jahrhundertwende von den Briten als Vorbild studiert. Der weit aufgefächerte Interessenpluralismus repräsentierte die Vielgestaltigkeit der Industriegesellschaft. Ja selbst die plebiszitäre Komponente der Massendemokratie, Nationalismus und charismatisches Führertum, war den ideologischen Grundströmungen im Westen durchaus verwandt. Das alles blieb zwar noch vereint in einem Traditionsgehäuse, dem die Monarchie präsidierte und das durch altertümliche Klammern wie die Armee, den preußischen Ausnahmezustand und die Traditionseliten zusammengehalten wurde. Aber zugleich galt als Maßstab der Legitimität bereits an der Jahrhundertwende nicht mehr die Tradition Preußens und der Monarchie, sondern es zählten die Effizienz sozialer Friedenssicherung im Innern, Nationalismus und Machtbehauptung im schrillen Konzert der europäischen Mächte im Zeitalter des Imperialismus.

Indes: Parlamentarismus als Ausdruck bürgerlich-liberaler Tradition, ein zur bürokratischen und monarchischen Übermacht gegenläufiges System politischer Integration und Interessenbündelung, das alles blieb bis tief in den Weltkrieg hinein den Niederlagen von 1848 und den Schwächen des Anfangs verhaftet. Das beruhte nicht allein auf Übermacht der anderen Seite, auf der Verschachtelung der Machtverhältnisse zwischen dem Reich und Preußen und auf dem cäsaristischen Einschlag der Regierungspolitik von Bismarck bis Bülow. Es beruhte weit mehr auf dem Umstand, daß die einfachen Fronten der konstitutionellen Frühzeit nicht mehr galten, die Liberalen das Monopol politischer Repräsentation der Nation zum Zeitpunkt der Reichsgründung bereits verloren hatten und die innere Spaltung des Parlaments tiefer reichte als die Gegnerschaft zum bürokratischen Herrschaftsapparat oder die Hoffnung auf die befreiende Kraft sozialer Demokratie. Gewiß war der Reichstag ein fleißiges Parlament, ein Legalitätsspender, dessen Tagungsdauer und Gesetzesproduktion von Jahr zu Jahr stieg, wenngleich der Anteil parlamentarischer Initiativen zurückging und die Abwesenheit vieler Parlamentarier vom Plenum oft und früh beklagt wurde: nicht selten war das Reichstagsplenum nur deshalb beschlußfähig, weil jedermann es vermied, die Frage der Anwesenheit zu stellen. Aber während die Regierung Führungsschwäche und Zerfahrenheit durch Wehrvorlagen, Kolonialpolitik oder periodische antisozialistische Kampfvorlagen überspielen konnte, blieben die Parteien auf »negative Politik« beschränkt, wie Max Weber pointierte. Sie verharrten in jenem Vorhof der Macht, den Verfassung und Staatsleben ihnen zuwiesen[47], und überwiegend fanden sie ihn wohnlich. Indes: gegen viele Zumutungen Bismarcks und späterer Kanzler haben die politischen Parteien bestehende Parlamentsrechte mit beachtlicher Geschlossenheit verteidigt - aber so quer wie das Reichstagsgebäude in Berlin zum Machtzentrum des Reiches stand, so beziehungslos blieben auch seine Benutzer zu den Palais in der Wilhelmstraße.

Die Parteien hatten ehrgeizigen und begabten Leuten keine Karriere zu bieten. Macht errang man nur in Ausnahmefällen durch das Parlamentsmandat. Man fand sie auf dem Weg über Staatsverwaltung oder Großbürokratien der Industrie, in Verbandswesen und Presse. Dieser Umstand wurde, je länger er galt, zu einer sich selbst erfüllenden Prophezeiung. Das Parlament bot keine Karrierechance, am Ende der Bismarckzeit auch wenig Prestige, allenfalls Einfluß, aber keine Macht. Den deutschen Parteien stand ihre Geschichte im Weg. Sie bildeten Gesinnungsgemeinschaften, und man merkte ihnen an, daß sie nacheinander aus Oppositionen entstanden waren: die Konservativen gegen den 1848 drohenden Machtverlust der alten Führungsschichten; die Deutsche Fortschrittspartei 1861 gegen die politische Reaktion in Preußen und als liberale Nationalpartei; die Freikonservativen und die Nationalliberalen angesichts der politischen Neuordnung von oben 1866/67 als Abspaltungen von der Orthodoxie der Parteigründer; die Sozialisten als Solidargemeinschaft der Zukurzgekommenen; zuletzt die Deutsche Zentrumspartei als Protestbewegung und Aktionsausschuß des politischen Katholizismus.

Bis auf das Zentrum konnte keine der Parteien den Anspruch erheben, Volkspartei zu sein. Keine der Parteien hatte eine Basis im gesamten Reichsgebiet: die Konservativen blieben auf Hochburgen in Preußen und Sachsen beschränkt, die Fortschrittler blieben die vom Verfassungskonflikt geprägte Partei. Die Karte der Zentrumswählerschaft war identisch mit jenen Teilen des Alten Reichs, die katholisch geblieben waren. Die Nationalliberalen waren im wesentlichen die Neupreußen von 1866, dazu das bürgerliche Honoratiorenelement des Südens. Die Sozialdemokratie war eine städtische Partei, die in katholischen Gebieten, in den weiten ländlichen Bereichen und im Süden - mit der einen Ausnahme der großen Industriestadt Nürnberg - nicht Fuß zu fassen vermochte. Die Parlamentarier repräsentierten gegensätzliche Schichten, Konfessionen, Landschaften und Mentalitäten. Sie gaben mehr gegensätzlichen Sozialmilieus Ausdruck als feindlichen sozialen Klassen. Sie repräsentierten strukturelle Konflikte, die bereits vor dem Kaiserreich und der Entfaltung der industriellen Gesellschaft existiert hatten[48]. Sie ritualisierten historische Gegensätze, die die Entscheidungsfragen des Parlamentarismus und der Demokratie machtvoll überdeckten. So tief reichten diese Prägungen, daß sie den Weltkrieg überdauern und noch die Anfänge der Republik prägen werden: Republik fast ohne Republikaner.

5.
Wissen ist Macht

»Wahr aber ist, daß die deutsche Wissenschaft auf wichtigen Linien der Naturforschung hinter der anderer Länder zurückgeblieben und in ihrer Konkurrenzfähigkeit aufs stärkste bedroht ist. Diese Tatsache ist schon jetzt national-politisch verhängnisvoll und wird es auch wirtschaftlich immer mehr werden. National-politisch ist sie verhängnisvoll, weil, anders als früher, heutzutage bei dem außerordentlich gesteigerten Nationalgefühl jedem wissenschaftlichen Forschungsergebnis ein nationaler Stempel aufgedrückt wird ... Die Völker legen eben Wert darauf, jedem neuen Wissensfortschritt gleichsam das Ursprungszeugnis mit auf den Weg zu geben ... Wissen sie doch, daß nichts so sehr geeignet ist, für ein Volk auf der ganzen Welt zu werben und es als den führenden Kulturträger erscheinen zu lassen als die Erweiterung des menschlichen Wissens ... Deshalb hat die Führung auf dem Gebiete der Naturwissenschaften nicht mehr nur einen ideellen, sondern sie hat auch einen eminenten nationalen und politischen Wert. Daß sich an diesen auch ein wirtschaftlicher anschließt, braucht nicht erst nachgewiesen zu werden.«

Adolf von Harnack, 1909.

Bildung soll die Wirklichkeit ändern.
Sozialdemokratisches Gedenkblatt »Wissen ist Macht« zum 1. Mai 1897

Zu Anfang des neunzehnten Jahrhunderts bezeichnete der Name Deutschland ein Gebiet, das Rohstoffe exportierte, kapitalarm war und im Vergleich zu Westeuropa unübersehbar von industrieller Rückständigkeit geprägt war. Ein Jahrhundert später war alles verändert. In den klassischen Alleen der Industrialisierung – Textilindustrie, Montanindustrie und Maschinenbau – hatten die Deutschen ihre Konkurrenten eingeholt. Zwar blieb die Kapitalausstattung deutscher Unternehmen im allgemeinen schmaler, der Kapitalexport des Reiches geringer als in Westeuropa; aber in modernen Schlüsselindustrien wie Elektrotechnik, Werkzeugmaschinenbau und Chemie hatten die deutschen Großunternehmen vielfach eine marktbeherrschende Stellung in der Welt. Überall standen sie zumindest gleichrangig neben den britischen, französischen und amerikanischen Anbietern.

Woher dieser Aufschwung? Die Frage findet bis heute viele Antworten. Eine der wichtigsten Ursachen ist stets, und sicherlich mit Recht, in der Verbreitung technischer Bildung gesehen worden und in den sozialen Prämien an Status und Prestige, die sich in Deutschland mit formaler Bildung seit dem ausgehenden achtzehnten Jahrhundert verbanden.[1] Es gehörte seit dem späten achtzehnten Jahrhundert in den deutschen Staaten zum Ethos der Modernisierung von oben, allgemeine Volksbildung und technische Ausbildung zu verbessern, das Hochschulstudium aufzuwerten und wissenschaftliche Forschungsstätten außerhalb der Universität zu errichten. Wirtschaftswachstum und technischer Fortschritt sollten so gefördert werden. Dem gesellschaftlichen Wandel entsprach die Befriedung der rasch wachsenden Bevölkerung. Bildung und technisches Fachwissen wurden auch zu tragenden Sprossen auf den Leitern des sozialen Aufstiegs: wer zum Beispiel im Gymnasium wenigstens die mittlere Reife erlangte, das hieß Abgang nach Obersekunda (11. Klasse), der brauchte beim Militär nur ein Jahr »einjährig-freiwillig« zu dienen und konnte als Reserveoffizier abgehen. »Lt. d. Res.« auf der Visitenkarte aber galt bei Firmenchefs und Schwiegervätern als starke Empfehlung. Die Leitern des sozialen Aufstiegs stützten sich wechselseitig ab.

Die vom Staat getragene Bildungsexpansion des neunzehnten Jahrhunderts, von den Polytechnischen Schulen der dreißiger und vierziger Jahre bis hin zur Gründung der Kaiser Wilhelm-Gesellschaft (heute Max-Planck-Gesellschaft) am Vorabend des Ersten Weltkriegs, hatte vor allem praxisbezogene und nationale Beweggründe. Der Staat wollte durch verbreiterte Volksschul- und Volksschullehrerbildung bessere Arbeiter und Soldaten, durch Gewerbeschulen bessere Techniker, durch Realgymnasium und Oberrealschule besseres mittleres Management, durch wissenschaftliche Institute eine bessere Patent- und Leistungsbilanz im Verhältnis zum Ausland erzielen.

Gymnasien blieben demgegenüber ebenso wie die Philosophischen Fakultäten Pflanzstätten des Bildungsbürgertums, die, ohne sich formal abzugrenzen, doch von einer älteren Mentalität des Klassizismus und Humanismus bestimmt waren und sich der modernen Kosten-Nutzen-Rechnung von Einsatz und Sozialrendite nicht zu stellen brauchten. Sie behielten, bei aller Strenge, unter den Versen

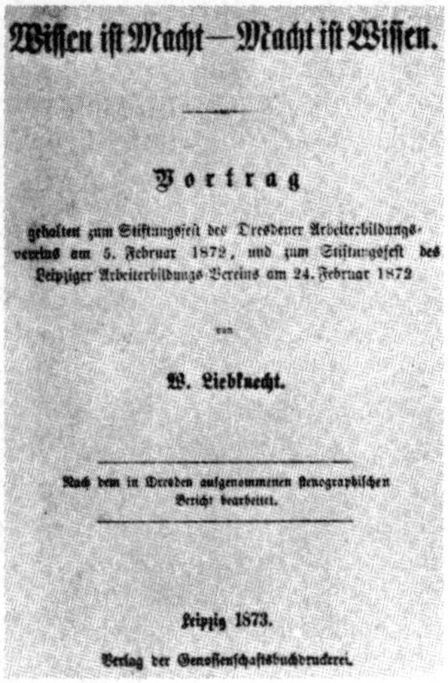
Wissen ist Macht – Macht ist Wissen.

Vortrag

gehalten zum Stiftungsfest des Dresdener Arbeiterbildungsvereins am 5. Februar 1872, und zum Stiftungsfest des Leipziger Arbeiterbildungs-Vereins am 24. Februar 1872

von

W. Liebknecht.

Nach dem in Dresden aufgenommenen stenographischen Bericht bearbeitet.

Leipzig 1873.

Verlag der Genossenschaftsbuchdruckerei.

Vergils und Homers etwas Spielerisches, das mehr und mehr als anachronistisch empfunden wurde. Hanno Buddenbrook war nirgendwo zu Hause, nicht in der Schule und nicht in der Wirklichkeit.

Die alte Innerlichkeit als Bildungsmaßstab, die Sonne Hellas' mit der Seele suchend, galt weiterhin in den traditionellen Institutionen des Bildungswesens, die doch stets dem Staat gegeben hatten, was des Staates war. In ihrer Allgemeingültigkeit wurde sie aber schon in der Mitte des neunzehnten Jahrhunderts in Frage gestellt durch Fragen der Nutzanwendung, des Praxisbezugs und der Wirtschaftlichkeit. Dabei ging diese Doppeldeutigkeit im deutschen Bildungswesen auf die Doppelgesichtigkeit der Reformzeit zurück: da stand Humboldt als Erneuerer humanistischer Studien neben Beuth, dem Gründer der Berliner Höheren Gewerbeanstalt, aus der 1879 die Technische Hochschule in Charlottenburg werden sollte. Das Gesicht der industriellen Großmacht am Ende des neunzehnten Jahrhunderts ist sehr viel mehr vom Homo faber in Kontor und Konstruktionsbüro geprägt worden als von dem alten Humanistengeist, der sich vielfach bewußt einer ungeliebten, bedrohlichen Realität entzog.[2]

Der Riß, der sich hier auftat, trat seit 1870 ins allgemeine Bewußtsein. Jacob Burckhardt hat die Veränderung der deutschen Kulturnation durch den militärischen Sieg und den nationalen Taumel vorausgesagt. Friedrich Nietzsche, noch ungleich schärfer, sah hinter dem politischen Sieg nichts als die geistige Niederlage. Er gab 1873 in der ersten der »Unzeitgemäßen Betrachtungen« bittere Einsichten zu Protokoll, als er den Irrtum der öffentlichen Meinung und aller öffentlich Meinenden geißelte, es habe im letzten Krieg auch die deutsche Kultur gesiegt: »Dieser Wahn ist höchst verderblich ... weil er imstande ist, unseren Sieg in eine völlige Niederlage zu verwandeln: in die Niederlage, ja Exstirpation des deutschen Geistes zugunsten des Deutschen Reiches«. Aber Nietzsche war bereits Rufer in der Wüste. Repräsentativ war eher Richard Wagner: kurz nach Vollendung des »Siegfried« notierte Cosima Wagner am 21. Juni 1871 in ihrem Tagebuch, sie glaube an eine unerhörte Blüte des Deutschen Reiches, »denn daß das Nibelungenwerk zusammenfällt mit den deutschen Siegen, ist kein Zufall«[3]. Wenn dies ein Mißverständnis war, so war es das Mißverständnis einer ganzen Generation.

Aber in Nationalisierung wie Funktionalisierung von Kultur und Bildungsbegriff steckte auch ein Stück Säkularisierung, ein Stück Massendemokratie, eine Verbreiterung dessen, was einst bürgerlich zu sein bedeutete. In jener Emanzipation, die durch Teilhabe an den formalen und materialen Bildungsgütern der Nation geschehen sollte, wie durch Erwerb der Belohnungen, die auf wissenschaftliche Ausbildung gesetzt waren, lag auch die Hoffnung auf ein sinnerfülltes Leben.

Am deutlichsten wurde jene Bildungsexpansion, die das letzte Drittel des neunzehnten Jahrhunderts kennzeichnete, an den Universitäten. Im turbulenten Wintersemester 1848/49 lag die Hörerzahl aller deutschen Universitäten bei 12.374; noch zwanzig Jahre später hatte sich die Zahl nur um zehn Prozent erhöht. Bis zum Wintersemester 1908/09 aber schnellte die Gesamtzahl der immatrikulierten Studenten auf 46.632. Nach der Statistik kamen 1872 auf eine Million männlicher Einwohner nur 774 Studierende, 1908/09 waren es deren 1495, der Anteil der Studierenden an der Gesamtbevölkerung hatte sich verdoppelt. Seit 1902 konnten in Baden, seit 1908 im ganzen Reich Frauen zum Hochschulstudium sich immatrikulieren lassen. Zunächst zwar drängten nur einige sehr Mutige in die philosophischen Hörsäle. Der Weltkrieg hat dann aber die alten Schranken vor dem Medizinstudium und den Naturwissenschaften rascher eingerissen als alle Schriften für das Frauenstudium zuvor.[4]

Vorschriftsmäßige Sitzhaltung

Hatte es 1840 noch an allen deutschen Universitäten rund 1.200 Universitätslehrer gegeben, so betrug deren Zahl im Wintersemester 1908/09 mehr als 3.000. Dabei ist in dem halben Jahrhundert des Kaiserreichs die Zahl der Universitäten nur wenig gewachsen. 1872 wurde im »Reichsland« Elsaß-Lothringen die Universität Straßburg neu gegründet; sie blieb, lange Zeit dürftig ausgestattet, die einzige Reichsuniversität. Zu Beginn des zwanzigsten Jahrhunderts trat in der Ära Althoff in Preußen die Westfälische Wilhelms-Universität in Münster ins Leben; 1914 die Universität Frankfurt am Main als vorwiegend städtisch-bürgerliche Gründung. Das Hamburger »Allgemeine Vorlesungswesen« wurde zwar durch Gründung des »Kolonialinstituts« 1900 erweitert, aber auch in neue Richtung gelenkt. Die Akademie in Posen, 1903 als Bollwerk deutschen Geistes gegründet, wurde von ihrem nationalen Anspruch überfordert. Die alten Universitäten aber, soweit sie die Krisenzeit der Revolution und der großen territorialen Flurbereinigung um 1800 überstanden hatten, nahmen im Zeitalter des Nationalstaats und der Industriellen Revolution einen raschen Aufstieg, wobei Berlin, oft das geistige Leibregiment der Hohenzollern genannt, in der Prestigeskala deutscher Universitäten ganz oben stand, gefolgt von Göttingen, Jena, Heidelberg und München, während Handelshochschulen und Technische Hochschulen am Ende rangierten.

In den Universitäten bildeten die ordentlichen Professoren, das heißt die Fachvertreter auf einem im ordentlichen Staatshaushalt ausgebrachten Lehrstuhl, die Fakultät. Sie waren, vertreten auch im Senat der Universität, eine selbstverwaltende Oligarchie mit Dekanen (»Spectabilität«) und Rektor (»Magnifizenz«) an der Spitze, vom Staat mit einem Beamtengehalt ausgestattet, das durch Hörergelder aufgebessert wurde je nach Anzahl derer, die eine Vorlesung besuchten.

Zur Professur führte in den traditionellen Fächern der Philosophischen Fakultät die Habilitation, die aus einer zweiten, umfangreichen Doktorarbeit bestand, aus dem Prüfungsgespräch vor der Fakultät und einer Probevorlesung. Danach kam gewöhnlich eine lange Wartezeit, die der Privatdozent ohne festes Einkommen zu überdauern hatte.

Unauffällig kam auf solche Weise eine soziale Auswahl zustande. Um Gelehrter zu werden, bedurfte es gesicherter Einkommensverhältnisse oder einer ungewöhnlichen Fähigkeit zur Askese. Eine reiche Heirat galt als Glücksumstand, eine gewerbliche Tätigkeit als degradierend. Für Gazetten zu schreiben, lag in der Einschätzung der Kollegen zwischen dem einen und dem anderen. Nur wenige allerdings, wie Treitschke in den siebziger Jahren, Gneist im darauffolgenden Jahrzehnt, später Werner Sombart, Max Weber oder Hans Delbrück, konnten das werden, was die Öffentlichkeit erwartete und honorierte: praeceptor Germaniae. Politikberatung war kaum Sache der Professoren, allenfalls gutachtender Juristen. Und doch war in der öffentlichen Einschätzung der ordentliche öffentliche Universitätsprofessor eine achtunggebietende Erscheinung, Verkörperung geistiger Disziplin und wissenschaftlicher Autorität, ein deutscher Mandarin.

War in der Jahrhundertmitte das Erscheinungsbild der Universitäten noch weitgehend von der Philosophischen Fakultät geprägt, ebenso wie das humanistische Gymnasium später Erbe der alten Artistenfakultät, so änderte sich das im Zeichen der Industriellen Revolution und des naturwissenschaftlichen Erkenntnisfortschritts innerhalb weniger Jahrzehnte. Die relative Bedeutung der Theologischen Fakultäten ging, gemessen an den Studentenzahlen, am auffälligsten zurück, wenig besser erging es den Philosophischen Fakultäten, die am Ende des neunzehnten Jahrhunderts bereits in der Hauptsache der Ausbildung künftiger Studienräte dienten. Die Medizinischen Fakultäten nahmen an Haushaltsvolumen, Zahl der Hochschullehrer und Zahl der Studierenden erheblich zu, ebenso ihr Lehrstoff. Die Rechts- und Wirtschaftswissenschaftlichen Fakultäten, die für einen wachsenden Markt vielseitig verwendbare Kader ausbildeten, hielten ungefähr ihren Stand. Den größten Aufschwung nahmen natur- und ingenieurwissenschaftliche Fakultäten. Im letzten Vorkriegsjahrzehnt waren etwa 16 Prozent der Studierenden den Kulturwissenschaften zuzuordnen, 20 Prozent den Gesundheitswissenschaften, nur etwa 5 Prozent den jungen Wirtschaftswissenschaften; rund 16 Prozent dem karriereträchtigen Jurastudium und 24 Prozent den Natur- und Ingenieurwissenschaften, wobei die letzteren, eher anwendungsbezogen an Technischen Hochschulen betrieben, mehr Studenten auf sich zogen als die naturwissenschaftlichen Fächer an den Universitäten.[5]

Die veränderte Gewichtigkeit der Fächer, die neue Rolle der Universitäten als Wachstumsfaktor der Volkswirtschaft und das vor allem durch Medizin und Naturwissenschaften erweiterte Forschungsspektrum der Universitäten ließ sich auch am Wachstum der Haushalte ablesen. Der ordentliche Etat aller preußischen Universitäten betrug 1871 noch 4,15 Millionen Mark. Im Haushaltsjahr 1907/08 betrug er mit 16,5 Millionen Mark das Vierfache. Das gleiche Wachstum zeigten auch die außerordentlichen Haushalte, die für Investitionen in Gebäude und Einrichtungen vorgesehen waren: sie stiegen im gleichen Zeitraum von 0,8 Millionen auf 4 Millionen Mark. In den Universitäten wuchs vor allem der medizinisch-klinische Bereich als Resultat einer wachsenden Bevölkerung, Verwissenschaftlichung des Arztberufs und Besserstellung der Bevölkerung, die erstmals in wachsendem Umfang ärztliche Leistungen in Anspruch nehmen konnte.

Die Naturwissenschaftlichen Fakultäten lösten sich aus den alten Philosophischen Fakultäten, die nur den klassischen Grundbestand der historisch-philologischen Fächer hielten. Schon vor der Jahrhundertwende entstanden die ersten staatswissenschaftlichen Seminare, meist in direkter Nachfolge der alten Kameralwissenschaft. Auch entstanden hier und da erste Inseln der modernen Gesellschaftswissenschaft, wenngleich ihr eigentlicher Aufschwung erst nach dem Ersten Weltkrieg beginnen sollte. Enge Wechselbeziehungen bestanden von Anfang an zwischen der Grundlagenforschung an den Hochschulen und der Anwendungstechnik der Industrie, stärker noch an den Technischen Hochschulen als an den Universitäten.[6]

Hörsaal der Universitäts-Frauenklinik in Berlin

Die Technischen Hochschulen waren ein typisches Kind des neunzehnten Jahrhunderts. Sie waren nicht gegen die Universitäten entstanden, aber auch nicht aus ihnen. Im Süden Deutschlands befanden sie sich allesamt in Residenzstädten und setzten, nicht selten auf demselben Baugrund, die Tradition von Fürstenschule oder Garnison fort. Die Technische Hochschule Berlin entstand aus Beuths Höherer Gewerbeanstalt für Preußen, die mit dem ausgesprochenen Ziel gegründet worden war, die besten Begabungen aus den provinziellen Gewerbeschulen zusammenzuführen, sie wissenschaftlich zu fördern, durch großzügig bemessene Stipendien den sozialen Hintergrund auszugleichen und auf solche Weise eine gebildete Techniker- und Fabrikantenschicht heranzubilden. Die Hochschule in Karlsruhe entstand aus der Polytechnischen Schule von 1825, die in Stuttgart aus der Vereinigten Kunst-, Real- und Gewerbeschule, die in Darmstadt aus der Realschule und der Höheren Gewerbeanstalt des Großherzogtums Hessen.

Diese neuen Hochschulen hatten eine andere Wurzel, eine andere Tradition, andere Verhaltensnormen als die Universitäten. Das Karrieremuster der Hochschullehrer war anders – lange Zeit fehlten Promotions- und Habilitationsrecht –, die korporative Verfassung sehr viel staatsoffener als die der alten Hochschulen. Die Technischen Anstalten sollten dem Gewerbeleben unmittelbar dienen. Sie hatten anwendungsbezogen zu arbeiten im Gegensatz zur freien Forschung der Universitäten. Anders als in der ersten Hälfte des Jahrhunderts erhofft, bildeten diese neuen Hochschulen allerdings nicht Unternehmer und schöpferische Fabrikanten aus, sondern sie sorgten für Führungsnachwuchs im zweiten Glied. Ihre Absolventen bildeten die Führungsschicht in der wachsenden Zahl technischer Angestellter, meist mit Leitungsfunktionen ausgestattet, seltener allerdings in den Vorstandsetagen der Großunternehmen anzutreffen als in den Konstruktionsbüros. Der Arbeitsmarkt dieser technischen Eliten war weit mehr überregional als der Arbeitsmarkt der Studienräte und Juristen.[7]

Nicht Bibliotheken und Vorlesungen für Hörer aller Fakultäten prägten hier das öffentliche Bild, sondern Maschinenlaboratorien und fabrikartige Anlagen. Die Professoren, unversehrt durch lange Privatdozentenjahre, qualifizierten sich meist durch erfolgreiche Ingenieurstätigkeit, durch Patente oder Verfahrenstechniken. Die Studenten wurden nicht auf den Staatsdienst hin orientiert, nicht auf Staatsexamina, sondern auf Diplome und auf die Tätigkeit in Industrieunternehmen. Erst am Ende des neunzehnten Jahrhunderts übernahmen auch Staat und Kommunen in die wachsenden technischen Aufsichtsstäbe, in Bauverwaltungen und Energieversorgungsunternehmen mehr und mehr technische Absolventen, für die dann in Analogie zur alten Verwaltung entsprechende Karriereleitern und Beförderungswege geschaffen wurden: der Baurat, der Oberbaurat und so weiter, entsprechend der staatlichen Gesundheitsverwaltung, die in derselben Zeit emporwuchs.

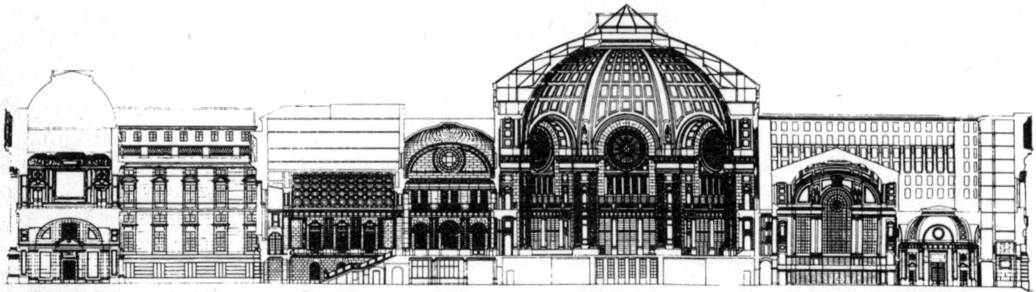

Die Universitätsbibliothek in Berlin

Im Gegensatz zwischen Universitäten und Technischen Hochschulen kamen zwei Zeitschichten zum Ausdruck: eine ältere, die noch mit lateinischen Diskursen und barocken Anreden kollektive Erinnerung an das lateinische Mittelalter pflegte, an die res publica literarum, und der schwindenden korporativen Libertät nachtrauerte, und eine neuere, die ein Kind der staatlichen Modernisierung von oben war, französischen Beispielen abgeschaut, und der Industriellen Revolution. Wo die einen Bildung meinten oder auf Pfarramt und Staatsdienst vorbereiteten, glaubten die anderen an Praxisbezug. Während in den Universitäten Vorlesung und Seminarbetrieb dominierten, war die Unterweisung in den Technischen Hochschulen von Anfang an verschult, die Studenten schritten von Klasse zu Klasse weiter, der Ausbildungskanon war festgesetzt und folgte einem in sich stimmigen logischen Aufbau.

Die Universitäten waren, nachdem in der Säkularisierung die meisten ihrer alten »Reichnisse« vom Staat weggenommen worden waren, finanziell ganz und gar vom Ministerium abhängig. Die Technischen Hochschulen erhielten manchmal nur 20 Prozent ihrer Mittel aus dem Staatshaushalt, für den Rest mußten die Professoren als Wissenschaftler-Unternehmer selbst sorgen. Das Überleben der Forschungsstäbe war unmittelbar gekoppelt an ihre Leistung, anders als an den Universitäten, die vor dem Marktmechanismus geschützt waren. Dafür waren ihre korporativen Rechte älter und wurden auch schärfer bewacht als die der technischen Emporkömmlinge. Die Technischen Hochschulen verkörperten, wie die Großbauten der Industrie die Landschaft veränderten, Geist und Gesetz des technischen Fortschritts.

Die Universitäten blieben noch lange Zeit überwiegend älteren, fast schon abgelebten Welten verpflichtet. Die Machteliten des Staates kamen bis zur Jahrhundertwende fast ausschließlich aus der Armee und der Laufbahn der Verwaltungsjuristen; erst der wachsende Interventionsstaat hat den technisch-naturwissenschaftlich gebildeten Beamten gefordert und das Juristenmonopol im Staatsdienst aufgelockert. Es waren zwei Gesichter der industriellen Zivilisation, welche Universitäten und Technische Hochschulen verkörperten. Der Homo faber wurde am stärksten von den neuen Hochschulen geformt; die Verwaltungseliten, die Studienräte, die Ärzte – sie übernahmen mit den Normen der Universität auch deren zwischen Tradition und Effizienz schwankende Doppelgesichtigkeit.

Seit der Jahrhundertwende wuchs unter führenden Natur- und Geisteswissenschaftlern in Deutschland die Sorge, es könne das Deutsche Reich mit der überlieferten und seit Jahrzehnten nur zögernd ausgebauten staatlichen Wissenschaftsorganisation im Wettkampf der Nationen nicht bestehen. Großforschung auf der Grundlage privater Stiftungen oder staatlicher Institute oder einer Kombination aus beidem, unbehindert von Ausbildungsverpflichtungen, davon versprachen sich die Interessenvertreter der Wissenschaft Erkenntnisfortschritt und Prestige, die Interessenvertreter der von wachsenden Forschungskosten belasteten Industrien aber eine Möglichkeit, den Einsatz der Mittel zu optimieren und die Kosten mit dem Staat zu teilen.

Untersuchung mit Hilfe von Röntgenstrahlen

Nationales Ansehen und Wirtschaftswachstum, das zeigte die Geschichte der Industrienationen, waren verbunden mit dem wissenschaftlichen Fortschritt, vor allem mit systematischer Forschung in den Natur- und Ingenieurwissenschaften. Die Universitäten waren von dieser Aufgabe überfordert. Der Zustrom der Studenten, mit dem das Wachstum des Lehrkörpers nicht Schritt hielt, vergrößerte die Lehraufgaben. Die Ordinarien fanden weniger Zeit für die Forschung, und die Koppelung eines Einkommensteils an die Zahl der Vorlesungsbesucher prämierte die forschungsferne Großvorlesung. Jüngere Wissenschaftler drängten, um Karriere zu machen, in die Spezialisierung. Die Kostenexplosion naturwissenschaftlicher Großforschung aber überforderte die traditionelle Wissenschaftsorganisation. Die Struktur der Hochschulforschung verlangte viel Führung und wenig Teamgeist, dazu kamen die einengenden Folgen rigider Berufungspraktiken und der nicht selten lähmende Einfluß wissenschaftlicher Schulenbildung.[8]

Es gab zwar die ehrwürdigen Akademien als außeruniversitäre Orte der Wissenschaft, die meisten ein Erbe des aufgeklärten Fürstenstaats, darunter so berühmte Träger wissenschaftlicher Leistungen wie die Königlich Preußische Akademie der Wissenschaften zu Berlin, die Heidelberger Akademie oder die Bayerische Akademie der Wissenschaften zu München. Ihre Mitgliederlisten lasen sich wie ein Who's who wissenschaftlicher Geltung. Doch waren die Akademien mehr Forum für die Darstellung von Ergebnissen als Ort ihrer Erarbeitung. Die wissenschaftliche Aktionsfähigkeit der Akademien ließ seit Jahrzehnten merkbar nach.

Zur Zeit der Reichsgründung waren die meisten hochachtbare Versammlungen alter Herren mit Namen und Einfluß. Forschungsstätten dagegen waren sie, weil Arbeitsstäbe, Gebäude und Mittel fehlten, nicht. Die Naturwissenschaften überforderten Finanzen, Raum und Stellenplan. Unter den Auspizien der Akademien wurde in den Geisteswissenschaften Bedeutendes geleistet: die lange Reihe der Monumenta Germaniae Historica wurde ediert, nationalpolitisch so bedeutsam wie grundlegend für den Ausbau deutscher Mittelalter-Studien. Das Preußische Historische Institut in Rom wurde finanziert, die Ausgrabungen in Olympia und das Deutsche Archäologische Institut in Athen. Aber die Zuwahl von Wissenschaftlern lief meist auf Kooptation von Universitätslehrern hinaus, deren Forschung an der Universität betrieben wurde. Mit dem Kostenanstieg und dem Erkenntnisfortschritt in den Naturwissenschaften waren die Akademien überfordert, sie konnten sie noch registrieren und präsentieren, mehr aber nicht: in schönen klassizistischen Gebäuden wohnende Denkmäler einer fast schon vergangenen Universalität.

Physikalisch-Technische Reichsanstalt in Berlin, 1887

Staatliche Wissenschaftsförderung konzentrierte sich seit der Reichsgründung anfangs auf die Hochschulen, seit der Jahrhundertwende nachdrücklich auf Institute außerhalb dieses Rahmens. Zuerst wurden von seiten des Reichs solche Einrichtungen finanziert und weitergeführt, die bereits Preußen und der Norddeutsche Bund betrieben hatten: die Normaleichungskommission von 1868, das Germanische Nationalmuseum in Nürnberg – eine bürgerlich-patrizische Stiftung von 1852, zuletzt von Bayern und Preußen gemeinsam finanziert –, daneben technisch-wissenschaftliche Institute des Heeres und der Marine. Es gab darunter das Landesvermessungswesen im Großen Generalstab, das für den zivilen Bereich beachtlichen Nutzen abwarf, die »Vereinigte Artillerie- und Ingenieurschule« und das »Technische Institut der Artillerie«, das Panzerungen, Geschütze und Geschosse prüfte. 1873 fand sich im Reichsetat erstmals das Römisch-Germanische Museum in Mainz, unlängst von privaten Mäzenen gegründet. Es folgten neben den Instituten, die bereits der Preußischen Akademie unterstanden, so nützliche Einrichtungen wie die - von privater Hand ins Leben gerufene - Deutsche Seewarte und das Meteorologische Institut. Obwohl die Reichsverfassung dem Reich keine kultur- und wissenschaftspolitischen Zuständigkeiten zuwies, war damit doch wie selbstverständlich ein Anfang gesetzt: neben bisher von Preußen geförderte Kultureinrichtungen traten naturwissenschaftlich-technische Institutionen, die allein der Staat auf die Dauer unterhalten konnte.[9] Nicht das unwichtigste war das 1873 gegründete Statistische Reichsamt, das nicht nur elementare Daten über Bevölkerung und Wirtschaft sammelte und bereitstellte, sondern auch anspruchsvolle wissenschaftliche Publikationen herausbrachte.

Die zweite Phase der Wissenschaftsförderung durch das Reich begann Ende der siebziger Jahre als Antwort auf industriewirtschaftliche Erfordernisse. Industrielle wie Werner v. Siemens insistierten seit langem, es solle die »Wissenschaft in die Technik« hineingetragen werden, und führende Industrielle wie Abbe (Zeiss-Werke, Jena) und Merck (Pharmazeutische Werke, Darmstadt) sekundierten dem Chef des großen Elektrokonzerns. Dabei ging es anfangs nicht primär um staatsgeförderte Forschung außerhalb der Hochschulen. Was die Industriellen vom Staat verlangten, war produktionsnah gedacht, ging jedoch lange Zeit nicht über die Sicherung des rechtlichen Rahmens hinaus, so bei der Patentgesetzgebung oder bei der außenwirtschaftlichen Interessenvertretung. Es entstanden bald nacheinander das Reichspatentamt in München, unweit des Deutschen Museums, und die Physikalisch-Technische Reichsanstalt. Diese war seit 1872 bereits vom Preußischen Kultusministerium gefordert, vom Generalstabschef v. Moltke unterstützt und schließlich mit erweiterter Aufgabenstellung vor allem durch Werner v. Siemens durchgesetzt worden, der große Stiftungsmittel zeichnete und daran erinnerte, es sei allein dem hohen Stand der Naturwissenschaften zu danken, wenn Deutschland sich bisher unter den Industrienationen behauptet habe. Der Physiker und Physiologe Hermann v. Helmholtz, 1882 geadelt, und der Großindustrielle v. Siemens wiederholten, die überlasteten Hochschulen könnten jenen Aufgaben der Grundlagenforschung wie der angewandten Technologie nicht mehr genügen, denen das neue Institut dienen sollte. Die Debatte darüber war im Frühjahr 1887 die erste große Auseinandersetzung des Reichstags über Wissenschaftspolitik.[10] Das neue Institut wurde, nachdem es 1898 auch mit den Aufgaben des gesetzlichen Meßwesens betraut wurde, Vorbild für die entsprechenden Einrichtungen in Großbritannien, den Vereinigten Staaten und Japan. Auch der Reichshaushalt zeigte das wachsende Engagement der Politik und der organisierten Interessen an staatlich geförderter Wissenschaft: von 1871 = 3.000 Mark stiegen die Ansätze bis 1886/87 auf 2.979.000 Mark, wobei der Anteil der Ausgaben für indirekte Wissenschaftsförderung ungefähr die Hälfte betrug.[11]

Die dritte Phase staatlicher Wissenschaftspolitik begann in den neunziger Jahren, als Kolonialpolitik und Weltwirtschaft die deutschen Horizonte erweiterten. Es wurden Institute gegründet, deren Aufgabenstellung weit über die Reichsgrenzen hinauswies. Das Reich beteiligte sich am Bureau International des Poids et Mesures (1875); es entstanden das Orientalische Seminar (1887), die deutsche Orientgesellschaft (1897), das Institut für Schiffs- und Tropenkrankheiten im Gefolge der leistungsfähigen britischen Einrichtungen; das Reich beteiligte sich im Interesse der Seefischerei an der Erforschung der nördlichen Meere und an der Seismographischen Assoziation. Es entstand das Institut für Weltwirtschaft und Seeverkehr. Aus dem Reichshaushalt wurden internationale Expeditionen und Forschungsleistungen finanziert wie die große Polarexpedition 1899 bis 1902. Internationale Kongresse fanden statt: die Geographen kamen 1899, die Zoologen 1901 nach Deutschland. 1903 fand der Kongreß für angewandte Chemie statt, 1907 der für Hygiene und Demographie, 1903 der für Internationale Statistik, 1908 der für Historische Wissenschaften. Der wirtschaftliche Gewinn blieb unmeßbar, um so deutlicher war das politische Gewicht. Schon um Prestige zu gewinnen und sich als Kulturstaat zu beweisen, mußte das Reich mithalten: »Die Wissenschaft war hier zumeist Scheinadresse.«[12]

Den höchsten Rang innerhalb der wilhelminischen Wissenschaftsförderung beanspruchte deren jüngstes Kind, die Kaiser Wilhelm-Gesellschaft. Zu ihren Gründungsvätern zählt der Theologe Adolf Harnack, der noch vor dem Weltkrieg für seine Verdienste als Wissenschaftsorganisator vom Kaiser, dessen Ohr er hatte, geadelt wurde. Nach Vorgesprächen mit Naturwissenschaftlern und Medizinern legte er Ende 1909 dem Kaiser eine Denkschrift vor, die auf wenigen Seiten und mit deutlich nationalen Tönen alles zusammenfaßte, was zwischen Industrie, führenden Naturwissenschaftlern und dem preußischen Kultusministerium in der ausgehenden Ära Althoff seit Jahren ergebnislos hin und her geschoben worden war.

Harnack begann mit einer sorgenvollen Darstellung des deutschen Leistungsstands, verglich ihn mit dem der USA, Englands, Frankreichs und Schwedens und endete mit der Forderung, es müßten hinfort in ganz anderer Größenordnung als bisher staatliche Mittel in naturwissenschaftliche Großforschung gehen. Er forderte neue Forschungsinstitute unabhängig von Universitäten und Hochschulen. Harnacks Resümee: »Die Entwicklung von Forschungsinstituten, wie sie einem Humboldt als dritter Faktor in der wissenschaftlichen Gesamtanstalt vorschwebten, hat in Preußen und Deutschland nicht Schritt gehalten mit der großen Entwicklung der Wissenschaft.«[13]

»Fächerförmig« breite sich die Naturwissenschaft seit einem Menschenalter aus. Die tragenden Disziplinen sprengten längst den Rahmen der Hochschule, die wegen der Pflicht zur akademischen Lehre nicht hinreichend zur Forschung komme. Der naturwissenschaftliche Fortschritt erfordere Investitionen, die in den Universitätsetats nicht unterzubringen seien. Harnack wollte Forschungsstätten eines

Typs, den es bislang in Deutschland nicht gab, wohl aber im westlichen Ausland. Für die Physik der Elementarteilchen, für Organische Chemie, für Biologie und experimentelle Diagnostik und Therapie waren solche Institute vordringlich. Im Vergleich zu anderen Kulturnationen seien die Deutschen bereits zurückgefallen. Die Amerikaner hätten die Carnegie- und die Rockefeller-Stiftung, die Briten das Royal Institute, die Franzosen das Collège de France, alles Forschungsmöglichkeiten, denen die Deutschen nichts an die Seite zu stellen wüßten. So seien die großen Entdeckungen der letzten Jahre - Harnack belegte dies mit der Entdeckung der Edelgase und der Entwicklung der Tropenmedizin durch die Briten, mit den Arbeiten über Atomgewichte und den medizinischen Forschungen der Amerikaner und den Erkenntnissen der Franzosen am Institut Pasteur - im wesentlichen durch hohe Forschungsinvestitionen erreicht worden, die an den Hochschulen vorbeigingen und meist nicht in Deutschland stattfänden: »So kann und darf es nicht bleiben, soll nicht die deutsche Wissenschaft und mit ihr das Vaterland - seine Kraft nach innen und sein Ansehen nach außen - den schwersten Schaden nehmen. Forschungsinstitute brauchen wir, nicht eins, sondern mehrere, planvoll begründet und zusammengefaßt als Kaiser Wilhelm Institut für naturwissenschaftliche Forschung ...«

Den Anfang sollte ein chemisches Forschungsinstitut machen. Dafür lagen Stiftungsmittel der Industrie in Höhe von einer Million Mark bereit. Auch laufende Betriebsmittel waren bereits gezeichnet. Dann sollte unter der Führung Preußens und in engem Verbund mit der Berliner Universität, aber finanziell getragen durch staatliche und private Mittel, die naturwissenschaftlich-medizinische Großforschung auf eine neue, leistungsfähige Grundlage gestellt werden. Das war nicht allein eine Frage der Abwälzung von Forschungsaufwendungen von der Industrie auf die Allgemeinheit. Es war auch nicht allein eine Frage staatlich garantierter wirtschaftlicher Leistungsfähigkeit: es ging um Darstellung des Nationalstaats als Kulturstaat. Niemand hat den nationalen Wert der Wissenschaft damals schärfer formuliert als Harnack, der den Kaiser zu gewinnen hatte: »Die Wehrkraft und die Wissenschaft sind die beiden starken Pfeiler der Größe Deutschlands, und der Preußische Staat hat seinen glorreichen Traditionen gemäß die Pflicht, für die Erhaltung beider zu sorgen.«[14]

Die Metaphern der neuen Technik waren die alten.

Ludwig Sütterlin, Dynamo, 1897

Harnacks Denkschrift hatte eine lange Vorgeschichte. Naturforscher der Berliner Universität hatten sich jahrelang gemüht, auf dem Gelände der Domäne Dahlem ihre Institute zu erweitern. Friedrich Althoff, bis 1907 aufgeklärter Leiter der preußischen Wissenschaftspolitik, hatte von einem deutschen Oxford geschrieben, das es in Dahlem zu errichten gelte. Hochschul- und Industrietechniker wollten nach dem Vorbild der Physikalisch-Technischen Reichsanstalt auch eine Chemische Reichsanstalt; der Physik Nobelpreisträger Lenard (1905) detaillierte den Entwurf eines Großinstituts für Physikalische Forschung. Einer der Referenten des preußischen Kultusministeriums (Krüß) unter Schmidt-Ott faßte dann den Diskussionsstand in einer Denkschrift zusammen und präzisierte die organisatorischen Fragen: enge Verbindung zur Preußischen Akademie und zur Berliner Universität. Auf diesen Vorarbeiten baute Harnack auf, arbeitete den wissenschaftspolitischen Forderungen ein nationales Profil ein, stellte die künftigen Großforschungsinstitute als unerfüllte Mahnung Humboldts dar und gab dem Plan bei Hof und in der Industrie Gewicht.

Zum Berliner Universitätsjubiläum 1910 hielt der Kaiser, der die moderne Naturwissenschaft mit Enthusiasmus förderte, die Festrede. Dabei stellte er eine staatliche Finanzgarantie in Aussicht für die zunächst vor allem auf private Stiftungsmittel abgestellten Pläne. Wilhelm II. leitete damit eine neue Ära staatlicher Wissenschaftsförderung ein. Es gingen alsbald mehr als 10 Millionen Mark Spenden ein, meist in Summen oberhalb 100.000 Mark, die meisten aus Preußen. Die Spenderliste las sich wie ein Gotha der Großindustrie und der Banken; namentlich Inhaber jüdischer Geschäftsbanken zeichneten sich durch die Höhe ihrer Leistung aus. Was in der Industrie Rang und Namen hatte, war im Verwaltungsrat der Gesellschaft vertreten, am stärksten die chemische Industrie mit Bayer, Hoechst und BASF. So entstand das erste Kaiser Wilhelm-Institut, und es übernahm im Kern jene Aufgaben, die einst der geplanten Chemischen Reichsanstalt zugedacht waren.

In kurzer Frist folgte das Institut für Physikalische Chemie, im wesentlichen finanziert durch den Bankier Koppel, das als erstes ein Frühwarngerät gegen schlagende Wetter entwickelte (Schlagwetterpfeife), nach Kriegsbeginn zur großindustriellen Umsetzung der Ammoniak-Synthese beitrug und im Verlauf des Krieges vor allem die Entwicklung chemischer Kampfstoffe betrieb. Noch 1914 folgte das Kaiser Wilhelm-Institut für Kohleforschung, dessen Anfangsfinanzierung von den Städten Essen und Mülheim/Ruhr kam: diese Stadt zählte 1912 nicht weniger als einunddreißig Millionäre, darunter die Namen Kirdorf, Thyssen und Stinnes. Dem Institut waren schon vor Kriegsbeginn von dem Chemiker Emil Fischer Aufgaben zugewiesen worden, die sich, als der Weltkrieg zum industriellen Materialkrieg wurde, strategisch als vorrangig erwiesen: die Ammoniaksynthese, die Erzeugung synthetischen Kautschuks und die Herstellung synthetischen Treibstoffs aus der in Deutschland reichlich vorhandenen Steinkohle.

Kurz vor Kriegsbeginn konnten auch die Institute für experimentelle Therapie und für Arbeitsphysiologie den Betrieb provisorisch aufnehmen. Letzteres beruhte auf den Initiativen des Frankfurter Industriellen Wilhelm Merton und des Wiesbadener Redakteurs Richard Fleischer, beide von sozial-reformerischen Überzeugungen bestimmt. Der Krieg hat weitere Gründungen auf lange Zeit verhindert. Die bestehenden Institute mußten früher als erwartet jene großen nationalen Worte einlösen, die ihre Gründung begleitet und doch zunächst nur wie überbordende nationale Rhetorik geklungen hatten.

Nach Kriegsbeginn lehnte der Verwaltungsrat das Stiftungsangebot eines Brandenburger Fabrikanten für ein Institut ab, das sich der Erforschung von »Rasse und Volkstum« widmen sollte. Der Antrag des Historikers und Bismarck-Biographen Dietrich Schäfer, der mit anderen Fachkollegen von der Kaiser Wilhelm-Gesellschaft ein

Institut für Geschichte haben wollte, war 1911 ins Leere gegangen, da die Gesellschaft gegen die Ausweitung ihres Aktionsfeldes auf die Geisteswissenschaften entschied. Dann nahm sich der einflußreiche Mediävist und Archivar Paul Kehr der Sache an. Es entstand ein Institut, das sich als erstes der Edition der politischen Korrespondenz »Kaiser Wilhelms des Großen« widmete.

Zwar hatte die Gesellschaft auch früher schon Projektförderung außerhalb der Naturwissenschaften betrieben. Zum erstenmal aber wurde jetzt ein Forschungsinstitut der Gesellschaft in den Geisteswissenschaften eingerichtet.[15] Daß es eines für Geschichte war, nicht für die mit Industriegesellschaft und Staatsintervention großgewordenen Sozialwissenschaften, war nicht Zufall, sondern darf wohl als Symptom einer tief wurzelnden Neigung gelten, Identität nicht allein im technisch-naturwissenschaftlichen Fortschritt zu suchen, sondern vor allem in der nationalen Vergangenheit.

Am Anfang des großen Aufbruchs in Schulwesen und Wissenschaft, der einhunderfünfzig Jahre zuvor begonnen hatte, stand die Hoffnung der Aufklärer, durch Bildung dem Menschen den Weg zu sich selbst und zu einem sinnerfüllten Leben zu eröffnen. Dieser allgemeine Idealismus verband sich früh mit der Aufstiegshoffnung vieler, die vom Bauernhof kamen oder aus der Handwerkerstube. In der Auseinandersetzung mit der raschen Modernisierung von oben, die dem napoleonischen Frankreich verordnet wurde, und der Industriellen Revolution der Briten kamen das Bedürfnis nach Effizienzsteigerung der Wirtschaft, die Verbindung von Wissenschaftsförderung und Machtstaatsinteresse und schließlich das Legitimationsbedürfnis des Kulturstaats zusammen.

In der zweiten Hälfte des neunzehnten Jahrhunderts kam es in ganz Deutschland zu einer Bildungsexpansion, die nicht nur das Gefüge der Institutionen von der allgemeinen Volksschule bis zu den Akademien veränderte, neue Einrichtungen hervorbrachte, den Staat zu Forschungsinvestitionen verpflichtete und Inhalt wie Umfang der allgemeinen Schulbildung veränderte, sondern auch zu einer Hauptkraft gesellschaftlichen Wandels wurde. Denn wer lesen konnte, erfuhr bald, daß das Leben anderswo leichter war als in der dörflichen Enge auf dem kargen Familienacker. Und wer das Zeug zum Besuch der Gewerbeschule oder der Präparande und des Lehrerseminars hatte, der versprach sich davon ein besseres Auskommen. Die Kollektivbiographie der sozialen Aufsteiger in Deutschland im neunzehnten Jahrhundert muß registrieren, daß Gymnasium und Realgymnasium, die höhere Gewerbliche Lehranstalt, die Universität oder die Technische Hochschule entscheidende Stufen eines zumeist mühsamen Weges waren.

Stets allerdings blieb die Ausweitung der Bildungseinrichtungen Staatsangelegenheit, weshalb sie auch bald an die Enge der staatlichen Haushalte stieß. Am deutlichsten war das an den Volksschulen zu sehen, wo die sparsame Politik der Ministerien sich mit der gewohnheitsmäßigen Knauserei der örtlichen, bei der Finanzierung herangezogenen Gemeindevertreter verband. Auch gab es die durch die Französische Revolution geschaffene und durch die Revolution von 1848 verschärfte konservative Erfahrung, daß aller Bildung ohne Nutzanwendung eine subversive Tendenz innewohnte. Bildung um ihrer selbst willen war ein schöner Gedanke der Aufklärung des achtzehnten Jahrhunderts, nicht ein Prinzip der Politik im neunzehnten Jahrhundert. Der Frage nach ihrer Brauchbarkeit für praktische Zwecke wurden daher nicht allein humanistisches Gymnasium und Universität ausgesetzt. Sie war schlechthin Maßstab für alle Investitionen, die Staat und Wirtschaft in Bildungseinrichtungen lenkten, wie für die Ideen, die deren Gefüge bestimmten: Realpolitik auch im Alltag.

Vor allem die Schulpolitik stand dabei lange Zeit unter dem Vorbehalt, daß der Staat eher loyale Bürger brauche als gebildete. Das galt jedenfalls in Preußen und damit im gewichtigsten deutschen Einzelstaat, wenn man von den Stiehlschen Reskripten (1854) unter dem Minister v. Raumer bis zu Bismarcks eingewurzeltem Ressentiment gegen zu viele Gymnasien, gegen brotlose Schreiber und theoretische Besserwisser – unter die er allerdings auch Parlamentarier und Ministerialbeamte zählte – eine Linie zieht.

Diese Linie, ideologiekritisch oft und genau nachgezeichnet, ist jedoch durch die Realität des jungen Industriestaats bald in andere Richtung gelenkt worden:

Es ist keine Frage, daß in den letzten Dezennien das gewerbliche Leben und die Agrikultur Fortschritte gemacht und die Resultate der Wissenschaft namentlich der Mathematik und der Naturwissenschaften derart in ihren Bereich gezogen hat, daß wenigstens die gehobene Elementarschule auf die Beachtung dieser Entwicklung hingewiesen ist, und das Recht hat, auf Lehrer zu reflektieren, welche über die im Regulativ gesteckten Grenzen der realistischen Bildung hinausgehen, und um der realistischen Schulbildung das nöthige ethische Gleichgewicht zu schaffen, event. selbst in fremden Sprachen, weitergehende Fakultäten besitzen.

Stiehl, der dieses 1872, als er entmachtet war, der Öffentlichkeit zu Protokoll gab,[16] konnte damit noch selbst feststellen, daß die mit seinem Namen verbundene staatsfromme Doktrin sich erschöpft hatte, die den Lehrer auf Ordnung, Disziplin und Autorität verpflichtete.

Der neue nationalliberale Kultusminister Adalbert Falk, ein erfahrener Schulmann, dessen entschiedener Modernisierungswille auch den Kulturkampf in Kauf nahm, setzte durch neue Richtlinien die alten Regulative 1872 außer Kraft. Für ihn war erweiterte Volksschulbildung ein sozialpolitisches Erfordernis mehr noch als ein wirtschaftliches.

Je stärker erkannt worden ist – so legte er später die staatspolitische Ratio seiner Reform dar –, *welche Gefahr der Gesellschaft aus dem Zuge erwerbsunfähiger und urteilsloser Menschen nach den großen Städten erwächst, desto ernster ist für die Staatsregierung und insbesondere für mich die Mahnung gewesen, Erziehung und Ausbildung erwerbs- und urteilsfähiger Männer und Frauen zu fördern.*[17]

Die mehrklassige Volksschule wurde nun statt der einklassigen, wo alle Jahrgangsstufen von einem Lehrer unterrichtet wurden und die größeren Schüler den kleineren weiterhelfen mußten, zur Regel erhoben. Doch besuchten noch siebzehn Jahre später von 4,5 Millionen Volksschülern in Preußen etwa 2,5 Millionen die einklassige Dorfschule. Schulfächer waren, wie bisher schon, Religion, Deutsch, Rechnen, Raumlehre, Zeichnen und Singen, für die Knaben Turnen und für die Mädchen Handarbeiten. Es blieb die »religiös-monarchische Grundlage«, wie der Minister der geistlichen Angelegenheiten später feststellte:

Die Grundlagen über Mein und Dein würden eingeprägt, das Vertrauen zur Obrigkeit und zur göttlichen Führung.[18]

Neu war unter Falk 1872 die Einführung der sogenannten Realien: Geschichte, die aber vorerst gewöhnlich bei Friedrich dem Großen endete, Geographie, Naturbeschreibung und Naturlehre. Dafür traten überkommene Memorierstoffe, vor allem fromme Lieder samt dem Religionsunterricht zurück, Grund genug für wütende Angriffe auf den Kultusminister Falk, der der Zentrumspartei und den altpreußischen Konservativen wie der böse Feind erschien.

Schulhaus auf dem Lande, 1893

In den neunziger Jahren hat dann der Geschichtsunterricht mehr und mehr jene Aufgabe der Sinnstiftung übernommen, die zuvor dem Religionsunterricht oblag. Tief erschreckt durch die Massenstreiks im Gelsenkirchener Bergwerksrevier im April und Mai 1889 formulierte damals Wilhelm II. im preußischen Kronrat ein Programm, um die Jugend durch die Schule zu immunisieren gegen den Sozialismus:

Gesetze, Verordnungen und andere Vorschriften, welche man gegen die Sozialdemokratie erlasse, seien Palliative, durch welche man vielleicht Schutz gegen deren äußere Ausschreitungen erlange; um sie aber an der Wurzel anzufassen und so weit als thunlich im Keime zu erstikken, müsse man auf die Jugend einwirken. Der Hauptkampfplatz liege daher in der Schule.

Vor allem beim Geschichtsunterricht sollte die Gegenwirkung zu den sozialdemokratischen Lehren ansetzen. Dem Lehrer oblag es, sie als gefährlich und unausführbar darzustellen. Mehr noch:

Die vaterländische und zwar auch die neuere Geschichte, welche jetzt hinter die Geschichte fremder Länder, des Altertums und des Mittelalters zurückgestellt werde, sei vorzugsweise zu lehren; das Verhältniß des Herrscherhauses zum Volke, nach welchem ersteres stets das Wohl des letzteren sich zum Ziele gesetzt habe, mit seinen segensreichen Folgen für die soziale Entwicklung und die Verbesserung der Lage aller Klassen, klar zu legen. In der Volksschule müsse dies in einfachen Sätzen den Schülern eingeprägt, auch in den höheren Schulen aber die bisher mehr kursorisch behandelte neuere preußische Geschichte, die fridericianische Zeit, vor allem aber die bei richtiger Würdigung so lehrreiche Epoche der französischen Revolution eingehend vorgetragen werden.[19]

Zeitgeschichte unter vaterländischem Vorzeichen, die preußische Geschichte als Weg zum Deutschen Reich und der Krieg von 1870 (ohne die Franktireure von 1871) als Ausdruck göttlicher Führung, das ging von diesem Kronrat in Schulkonferenzen, Lehrpläne und jenes offiziöse Prachtwerk, das auf Anregung des Preußischen Unterrichts-Ministeriums in Großauflagen erschien, als man 1895 Gelegenheit fand, sich der Ereignisse von 1870 zu erinnern und »allen Kreisen« deren patriotische Version nahezubringen: »Die heilige Flamme der Vaterlandsliebe läutert den Sinn von den Schlacken des täglichen Getriebes, sie durchleuchtet die düsteren Winkel des Eigennutzes.«[20] Der amtliche Patriotismus war ein Versuch, zweifellos nicht untauglich und auch nicht auf die Volksschulen beschränkt, die traditionszersetzenden Wirkungen von Industrialisierung und Urbanisierung, von Massenwanderung und Abkehr von den Kirchen durch eine neue, nationale Religion aufzufangen.[21]

Die Schule war mithin Mittel der stärksten sozialen Mobilisierung wie auch Ort der ideologischen Gegenwirkung. Und es mußte wiederum vor allem die Volksschule sein, wo diese Linien sich kreuzten. Denn es besuchten etwa 92 Prozent jedes Jahrgangs schulgeldfrei die Volksschulklassen im Rahmen der allgemeinen Schulpflicht, die für Jungen und Mädchen bis zum vollendeten vierzehnten Lebensjahr galt und deren Beachtung von den Behörden erzwungen wurde. Das war viel im Verhältnis zu den anderen, weiterführenden Schulen. Es war aber auch viel im Verhältnis zur Elementarbildung in den westlichen Industriestaaten England und Frankreich, von Österreich-Ungarn und Rußland nicht zu reden.

In den deutschen Staaten gab es seit Generationen eine allgemeine Schulpflicht, die die Armen-Freischulen des achtzehnten Jahrhunderts zu den allgemeinen Schulen des neunzehnten Jahrhunderts erweitert hatte. Die Ausnahmen – kirchliche Schulen, Klosterschulen und das Kadettencorps für einen Teil der künftigen Offiziere – waren zahlenmäßig gering, freilich zogen sie gesellschaftliche Eliten an sich.

Der Vergleich über die Grenzen macht deutlich, wie wichtig die Volksschule für die deutsche Gesellschaft war, nicht nur was den angeblichen Sieg des preußischen Volksschulmeisters bei Königgrätz betraf – von den Lehrerverbänden andauernd zitierter Anspruch –, sondern vor allem im Blick auf die wachsende Industrie, welche Facharbeiter, und den tertiären Sektor, der Schreibkräfte und Handlungsgehilfen brauchte. Die auf Erfahrung gegründete Sorge östlicher Großgrundbesitzer, besser ausgebildete Volksschüler würden auch schneller abwandern, blieb bei den Unterrichtsverwaltungen ungehört, zumal die Militärs auf einen elementaren Wissensstand der Rekruten drängten.

In England entstand ein allgemeines System gleicher Art wie das preußisch-deutsche erst durch den Forster Education Act von 1871; bis 1880 fehlte noch die allgemeine Schulpflicht. In Frankreich begann dieses System, nicht zuletzt unter dem Trauma der deutschen Überlegenheit, seit den achtziger Jahren zu entstehen. Ein Drittel der Männer, die Hälfte der Frauen in England waren noch um 1870 des Lesens und Schreibens unkundig. In Frankreich und Belgien waren es zur selben Zeit durchweg mehr als die Hälfte, in Italien und Spanien mehr als drei Viertel der erwachsenen Bevölkerung. In Deutschland lag an der Jahrhundertwende die Zahl der Analphabeten, wie sich bei jungen Soldaten zeigte, unter ein Prozent.[22]

Zum Erbe der preußischen Reformzeit an das neunzehnte Jahrhundert gehörte die Verbindung von Militär- und Bildungsverfassung, aber auch – ungeachtet der Abbremsung der Reformen im Zeitalter der Restauration – ein egalitäres Element. Das Konzept einer gestuften Einheits- oder Gesamtschule als »Grundlage der gesamten Nationalerziehung« zwischen Schuleintritt und Universität wurde damals vorgelegt.[23] Der Elementarschule sollte die zweite Stufe allgemeiner Stadtschulen folgen, daneben eine allgemein wissenschaftliche und sittliche Bildung durch das Gymnasium ins praktische Leben führen oder zur Universität.

Der Neukantianismus vertrat das Ideal einer allgemeinen Menschenbildung durch die Schule. Seine Pläne waren kühn und griffen der Entwicklung weit voraus. Aber seine egalitären Elemente konnten auf dem Lande noch weniger als in der Stadt die allgemeine Schulwirklichkeit formen. Die gestufte Einheitsschule gab es nicht, sie tauchte erst wieder im Programm der deutschen Sozialdemokratie auf dem Parteitag von 1906 in Mannheim auf, jetzt allerdings eng verbunden mit dem Angriff auf die bürgerlichen Bildungsinstitutionen und der Hoffnung der Lehrer, eines Tages doch noch die Studienräte einzuholen.

Die Schule wurde in der Zeit des Kaiserreiches im wesentlichen als System getrennter Schultypen entwickelt. Das entsprach den gestuften Anforderungen der Wirtschaft und des Staates. Der Bedarf an Abiturienten war gering; groß das Mißtrauen gegen beschäftigungslose Gebildete. Vor allem brauchten Wirtschaft und Staat gut ausgebildete Techniker, Führungspersonal auf mittlerer Ebene und eine des Lesens und Schreibens kundige, durch die Sozialdisziplinierung der Volksschule gegangene Arbeiterbevölkerung. Deshalb wurde die Volksschule gefördert, die als Antwort auf die große Stadt-Land-Wanderung reorganisiert wurde, als die traditionellen Armen-Freischulen des achtzehnten Jahrhunderts überlastet waren. Ihr Aufstieg war auch der Aufstieg des einstmals verachteten »Dorfschulmeisterleins«, der zum seminarmäßig gebildeten Lehrer wurde, gar zum »Oberlehrer«, der technische und musische Fächer in der Unterstufe des Gymnasiums unterrichten durfte. Neben der Armen- und Gemeindeschule, die nach vier Jahren zur Höheren Bürgerschule oder zur Mittelschule führte, stand die Stadtschule, die die Bemittelteren und die Begabteren aufnahm und wie die Lateinschule oder die höhere Privatschule zum Gymnasium führte (4. bis 12. Klasse) oder zum Progymnasium. Seit 1834 galt das Abitur als Eingangsprüfung zur Universität, und diese Tatsache sicherte dem Latein seine zähe Überlebenskraft. Denn alle neuen Schultypen mußten sich am Maßstab der lateinischen Bildung messen lassen.

In allgemeiner Form wurden die Lehrpläne von oben normiert, und in ihren Leistungsanforderungen setzte sich wiederum ein egalitäres Element durch, das stärker war als geburtsständische Vorteile. Auch der Adel hatte sich allgemeinen Anforderungen des bürgerlichen Lebens zu unterwerfen, und selbst die Erziehung im Kadettencorps orientierte sich neben den militärischen Anforderungen vor allem am Gymnasium. Das Gymnasium – die Schüler erkennbar an Schülermützen und korrekter Kleidung – war und blieb wichtigster Teil eines Berechtigungswesens, das formal mit der Zulassung zur Universität und dem Privileg des einjährig-freiwilligen Militärdienstes verknüpft war, darüber hinaus aber auch die Anforderungen des

Städt. Gewerbeschule in Frankfurt a. M.

ZEUGNIS

Der [illegible] Lehrling Willy Richter
besuchte die Gewerbeschule vom [illegible] 191[illegible] bis zum [illegible] 191[illegible]
und nahm an nachstehend bezeichneten Unterrichtsfächern teil:

Lehrfächer	Führung	Fleiß	Leistungen
Rundschrift, Schönschreiben			
Deutsch ..., Geschäftsaufsatz			
Rechnen			
Buchführung, Veranschlagen			
Flächen-, Körperberechnung			
Geometrie III, ~~Trigonometrie~~	Gut	Gut	Gut
Algebra III	Gut	Gut	Gut
Physik ..., Chemie ...			
Mechanik ..., Festigkeitslehre			
Mathematische Uebungen			
Freihandzeichnen			
Zirkelzeichnen			
Darstellende Geometrie			
Dekoratives Malen			
Modellieren			
Fachzeichnen	Gut	Gut	Gut
Technologie I	Gut	Gut	Gut

Versäumt 14 Unterrichtsstunden, davon 2 der Schulordnung zuwider.
Verspätet [illegible] mal.

Der Lehrherr wird ersucht, das Zeugnis nach Kenntnisnahme den Eltern des Schülers zu übergeben.
Reihenfolge der Zeugnisnummern für Fleiß und Leistungen: Sehr gut, gut, genügend, kaum genügend, ungenügend.

Der Direktor
[illegible]

Zeugnis der Gewerbeschule in Frankfurt am Main für den Mechaniker-Lehrling Willy Richter, geb. 1894, in der Bundesrepublik Vorsitzender des Deutschen Gewerkschaftsbundes (1956–62).

Staatsdienstes und Leitvorstellungen der Wirtschaft für ihren Führungsnachwuchs prägte.

Die Schule verteilte Sozialchancen, von den Schülermützen ging ein gerader Weg zu den Offiziersepauletten der Einjährig-Freiwilligen und dann zur Studentenwichs, der martialischen Inszenierung der akademischen Jugend, die unter Bismarck- und Moltke-Bildern bierselige Geselligkeit und künftigen Aufstieg pflegte. Großenteils, aber nicht immer und keineswegs zwangsläufig entsprach, was jeder erhielt, dem gesellschaftlichen Stand der Eltern. Das Wachstum der Verwaltung auf allen Ebenen, der Bedarf des Militärs an Technikern, die Aufstiegschancen des besser ausgebildeten jungen Mannes in Wissenschaft und Industrie setzten eine hohe Prämie auf formale Bildung und trugen dazu bei, daß Schule und Hochschule für viele zur Straße des Aufstiegs wurden.

Das Kaiserreich hat die Mehrgliedrigkeit des deutschen Schulwesens differenziert und verfestigt. Es war zugleich eine Zeit großer Veränderungen im Schulwesen. Man kann das an den Zahlen ablesen. Der Anteil der Volksschule hielt sich von 1846 bis 1911 durchweg bei 92 Prozent eines Jahrgangs, wobei sich allerdings die Schule differenzierte, die Zahl der Schüler pro Lehrer drastisch sank und die Berufsmöglichkeiten sich vervielfachten.[24] Zugleich wuchs die Zahl der Schüler oberhalb der Schulpflichtgrenze um das Achtfache. Gezählt wurden Schüler höherer Schulen und Studenten, Präparanden und Lehrer-Seminaristen. Ein Viertel derjenigen, die weiterführende Lehranstalten besuchten, tat dies mit dem Berufsziel, später Volksschullehrer zu werden: das war der klassische Aufstiegsberuf, der in zwei, drei Generationen in obere Etagen der Gesellschaft zu führen versprach. Mochte der Stand auch auf dem Lande wenig Ansehen haben und lange Zeit gegenüber den städtischen Lehrern hinsichtlich der Bezahlung und gegenüber den Studienräten hinsichtlich Ansehen und Stellung benachteiligt sein, Volksschullehrer blieb doch, wenn mit siebenundzwanzig oder achtundzwanzig Jahren endlich die bezahlte Planstelle und die Heirat in Aussicht standen, ein begehrter Beruf.

Das klassische humanistische Gymnasium, das neben Latein und Griechisch auch Hebräisch lehrte und dafür lebende Sprachen eher geringschätzte und Sport zumeist als vulgär ansah – am schlimmsten war Fußball –, setzte zwar noch die Norm. Doch verloren die Griechen und Lateiner mehr und mehr den alten Vorrang bei der Auswahl der Eliten. Denn die Geschichte der Bildungsinstitutionen im neunzehnten Jahrhundert ist die Geschichte der Verselbständigung und des Aufstiegs der konkurrierenden höheren Schulen. So entstand bereits 1859 als neunjährige Anstalt mit Abiturberechtigung die Realschule erster Ordnung, 1882 schließlich das Realgymnasium, das auf Naturwissenschaften und moderne Sprachen Gewicht legte, aber am Latein festhielt, bis zur Abituransprache am Ende der Oberprima. Seitdem gab es auch, wenngleich ohne Oberstufenklassen und Abitur, die Realschule von 1882 und die Höhere Bürgerschule. Auch die neunjährige Anstalt mit Abiturberechtigung geht auf die Lehrplan- und Organisationsneuordnung von 1882 zurück. In den nunmehr ausgebauten Realschulen zweiter Ordnung von 1859 wie in den Oberrealschulen wurde den Schülern das Abitur ermöglicht mit einem Lehrplan, der Latein zugunsten von Englisch zurückstufte – das klassische Gymnasium hatte das höfische Französisch gefordert, nicht aber Englisch – oder Latein gänzlich fallenließ und den Naturwissenschaften breiten Raum gab. Erst mit der Jahrhundertwende durfte der Kampf zwischen dem Gymnasium und den neueren Abiturtypen als entschieden gelten: sie alle eröffneten nun den Zugang zur Universität und zu den Berufslaufbahnen des öffentlichen Dienstes. Ein kaiserlicher Erlaß gab allen Gymnasien und den Oberrealschulen das Recht, die Hochschulreife zu erteilen. Wilhelm II., der ohne Freudigkeit das humanistische Friedrichsgymnasium in der damals noch Cassel buchstabierten ehemaligen kurhessischen Residenz besucht hatte, war ein rastloser Freund des Bildungsfortschritts: auch dies gehörte zu den Paradoxien des ruhelosen Reiches.

Was blieb, war die Teilung des Systems in solche Schulen, die Entlassungsprüfungen durchführten, und in die anderen, »nicht berechtigten«, aber gleichwohl weiterführenden Schulen. Das war seit 1872 vor allem die preußische Mittelschule: 1914 besuchten indes von 10,3 Millionen Schülern erst 250.000 diesen neuen Typus Schule. Kein Wunder, daß Lehrer und Gemeindevertreter gemeinsam dafür kämpften, die Oberrealschule zur vollgültigen Höheren Schule zu machen und jeden, der nicht dem Abitur zustrebte, von Anfang an zur Mittelschule abzudrängen.[25]

Die Entwicklung der Schülerströme verdeutlicht beides, den Aufstiegswillen breiter Schichten und den Druck auf das Gymnasium, das Angebot aufzufächern und mehr Sozialchancen zu bieten. Von 1873 (63.207) bis 1911 (103.702) stieg in Preußen die Zahl der Gymnasiasten um mehr als die Hälfte, während das Progymnasium stagnierte (1911 = 4.015). Das Realgymnasium hatte von seinen Anfängen 1882 bis 1911 einen Anstieg von 26.725 auf 48.160 zu verzeichnen (rund 80 Prozent). Noch deutlicher wurde die Suche mittelständischer Familien nach einer praxisnahen Ausbildung als Vorstufe für das Universitätsstudium an der Oberrealschule. Sie begann 1882 mit 4.120 Schülern in ganz Preußen; 1911 zählte sie zehnmal so viele. Ähnlich stand es mit der Realschule, die aus der alten Höheren Bürgerschule entstand. Sie alle registrierten einen durch alle Schichten gehenden Willen zum sozialen Aufstieg durch Bildung, und zugleich waren es vor allem die neuen Schultypen, die diesen Wandel förderten, weit über das allgemeine Wachstum der Bevölkerung hinaus.

Abzulesen bleibt dieser Wandel auch an der sozialen Herkunft der Abiturienten. Unterlagen für das gesamte Reich fehlen. Doch gibt es Zahlen für Berlin. Danach sank der Anteil der Sprößlinge aus der Schicht der höheren Beamten, Ärzte, Unternehmer von 1867 = 53,8 auf 1907 = 35,6 Prozent. Es stieg dagegen im selben Zeitraum der Anteil der Kinder mittlerer Beamter und Angestellter, Lehrer und Techniker von 16,9 auf 26,6 Prozent. Ähnlich wußte der alte Mittelstand das differenzierte Schulsystem zu nutzen: die Söhne von Kaufleuten und Handwerkern hatten 1867 nur einen Anteil von 21,7 Prozent und 1911 von 31,8 Prozent. Unterbeamte und Unteroffiziere schickten bis 1890 ihre Söhne eher aufs Gymnasium als danach; seitdem eröffneten ihnen mehr die neuen Schulformen den Weg nach oben. Ähnlich stand es auch im Milieu der Arbeiter und schlechtbezahlten Angestellten: unter den Abiturienten waren am Ende des Kaiserreichs (1907 = 0,7 Prozent) ihre Söhne noch weniger vertreten als am Anfang (1867 = 3,0 Prozent). Die Folgerung aus alldem: der Bildungsaufstieg der Oberschichten setzte sich fort, die Mittelschicht und die untere Mittelschicht gewannen Anschluß und entdeckten vor allem das Realgymnasium und die Oberrealschule. Die Unterschichten jedoch haben – wenn die Berliner Zahlen allgemeingültig sind – vor der Hürde des Gymnasiums kapituliert: die bunten Gymnasiastenmützen waren Abzeichen einer anderen Klasse. Schulgeldzahlen und Hochdeutschsprechen und dazu jeden Tag die Überschreitung von gesellschaftlichen Grenzlinien, das war offenbar für Eltern und Kinder der Unterschicht zu viel an Anstrengung, und wenn die Eltern den Aufstieg nicht schafften, die Kinder würden es auch nicht tun.[26] Wieviel mehr aber wirkten solche Hemmnisse, wenn sie schon in der Metropole galten, in Provinzstädten und auf dem Lande?

Hinter den Zahlen der Statistik steht eine ungeschriebene und niemals schreibbare Geschichte, die nicht nur von Wagemut und Aufstieg berichtet und den Belohnungen für Bildung, sondern auch von massenhaftem Verzicht, Anpassung und stummem Protest.

Adolph Menzel, Eisenwalzwerk, 1872–75 (Ost-Berlin, Staatliche Museen, Nationalgalerie)

II.
Machtstaat in der Mitte

6.
Reichsgründung von oben – 1866 bis 1876

»Daß die deutsche Einheit durch gewaltsame Ereignisse gefördert werden würde, halte auch ich für wahrscheinlich. Aber eine ganz andere Frage ist der Beruf, eine gewaltsame Katastrophe herbeizuführen, und die Verantwortlichkeit für die Wahl des Zeitpunkts. Ein willkürliches, nur nach subjektiven Gründen bestimmtes Eingreifen in die Entwicklung der Geschichte hat immer nur das Abschlagen unreifer Früchte zur Folge gehabt; und daß die deutsche Einheit in diesem Augenblicke keine reife Frucht ist, fällt meines Erachtens in die Augen ... Wir können die Uhren vorstellen, die Zeit geht deshalb aber nicht rascher, und die Fähigkeit zu warten, während die Verhältnisse sich entwickeln, ist eine Vorbedingung praktischer Politik.«

Instruktion Bismarcks an den preußischen Gesandten in München, 1869.

»Und endlich machten die preußische Armee und Regierung die große deutsche Revolution von 1866. Dies war eine abgeschnittene Krise ersten Ranges. Ohne dieselbe wäre in Preußen das bisherige Staatswesen mit seinen starken Wurzeln zwar noch vorhanden, aber eingeengt und beangstet durch die konstitutionellen und negativen Kräfte im Innern. Jetzt überwog die nationale Frage die konstitutionelle bei weitem ... Damit sind die innenpolitischen Krisen in Deutschland auf lange Zeit abgeschnitten. Die Macht nach innen und außen kann nun ganz systematisch von oben her organisiert werden.«

Jacob Burckhardt, Weltgeschichtliche Betrachtungen, 1871.

»Die deutsche Krone auf dem Haupte Ew. Majestät wird dem wieder aufgerichteten Reiche Deutscher Nation Tage der Macht, des Friedens, der Wohlfahrt und der im Schutze der Gesetze gesicherten Freiheit eröffnen.«

Reichstagsadresse für Annahme der Deutschen Kaiserkrone durch den König von Preußen, 10.12.1870.

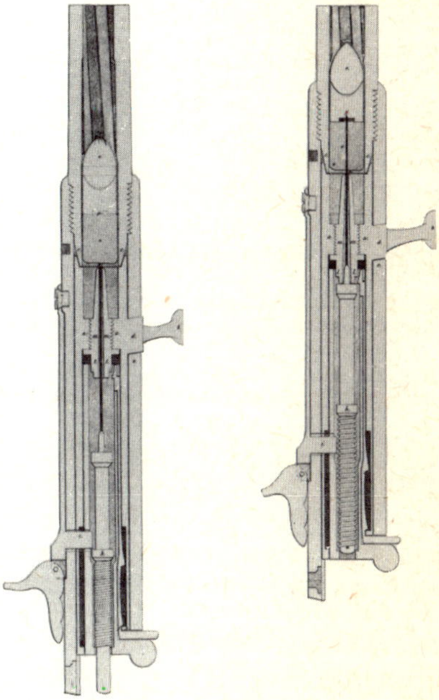

Das Zündnadelgewehr: höhere Feuergeschwindigkeit, leichtere Handhabung, tödlicher Fortschritt

Als am Abend des 3. Juli 1866 die Kanonen schwiegen, war das Schlachtfeld von Sadowa, nördlich der böhmischen Festung Königgrätz, übersät mit Toten und Verwundeten. Eine halbe Million Soldaten hatte hier gekämpft, jeder vierte war gefallen. Welche Ernte würde aus dieser Saat kommen? Die Verlierer der Schlacht waren die österreichischen Truppen – geschlagen aber nicht vernichtet –, die sich in lockerer Formation südwärts auf die Elbe und Königgrätz zurückzogen, noch immer eine formidable Streitmacht von 180.000 Mann. Die preußische Generalität, König und Kronprinz an der Spitze, drängten auf Verfolgung bis unter die Wälle Wiens und träumten vom siegreichen Einzug in die alte Kaiserstadt, Demütigung des Gegners und Annexion einiger Landstriche im Grenzland. Unterdessen setzte der Gesandte des französischen Kaisers Napoleon III. beim königlich preußischen Hauptquartier den preußischen Ministerpräsidenten v. Bismarck von einer Vermittlungsaktion seines Monarchen in Kenntnis: Napoleon wirke auf die Wiener Regierung ein für einen Frieden, der die Trennung Österreichs von Deutschland vorsehe und Preußen in Norddeutschland die Führung überlasse, Süddeutschland jedoch als selbständigen Faktor der europäischen Politik erhalte.

Die Initiative entsprach dem Prestigehunger des cäsarischen Kaisers, ihr Inhalt deckte sich mit dem französischen Interesse an der Fortdauer des deutschen Gleichgewichts. Zuletzt aber enthielt der französische Vorschlag, der den Vorfrieden von Nikolsburg wesent-

Nr. 117. Berlin, Freitag den 6. Juli 1866. Zweiter Jahrgang.

Social-Demokrat.

Organ der social-demokratischen Partei.

Redigirt von J. B. v. Hofstetten und J. B. v. Schweitzer.

Diese Zeitung erscheint drei Mal wöchentlich und zwar: Dienstags, Donnerstags und Sonnabends Abends.

Redaction und Expedition: Berlin, Alte Jakobstraße Nr. 67.

Abonnements-Preis für Berlin incl. Bringerlohn: vierteljährlich 15 Sgr., monatlich 5 Sgr., einzelne Nummern 1 Sgr.; bei den Königl. preußischen Postämtern 15 Sgr., bei den preußischen Postämtern im nichtpreußischen Deutschland 12½ Sgr., im übrigen Deutschland 20 Sgr. (fl. 1. 10. Südd., fl. 1. österr. Währ.) pro Quartal.

Bestellungen werden auswärts auf allen Postämtern, in Berlin auf der Expedition, von jedem solchen Spediteur, von der Expreß-Compagnie, Zimmerstraße 69a, sowie auch unentgeltlich von jedem „rothen Dienstmann“ entgegen genommen. Inserate sind in der Expedition aufzugeben, werden pro dreigespaltene Petit-Zeile bei Arbeiter-Annoncen mit 1 Sgr., bei sonstigen Annoncen mit 3 Sgr. berechnet.

Agentur für England, die Colonieen und die überseeischen Länder: Mr. Bender, 8 Little New Port-Street, Leicester-Square W. C. London.
Agentur für Frankreich: G. A. Alexandre, Strasbourg, 5. Rue Brulée; Paris, 2. Cour du Commerce Saint-André-des-Arts.

Vortrag
„Der Socialismus und das Privateigenthum am Grund und Boden.“
(Fortsetzung.)

Wir haben bisher immer angenommen, daß der Mehrbetrag an Bodenproducten dadurch gewonnen wird, daß man weiteren Boden schlechterer Art in Anbau nimmt. Der Mehrbetrag aber kann auch …

Politischer Theil.
Rundschau.

Königlich privilegirte Berlinische Zeitung
von Staats- und gelehrten Sachen.

№ 153. Donnerstag den 5. Juli 1865.

Im Verlage Vossischer Erben. Redakteur E. E. Müller in Berlin.

Vossische Zeitungs-Expedition in der Breiten Straße No. 8.

Berlin 5. Juli.

Se. Majestät der König haben Allergnädigst geruht: Dem Bürgermeister a. D., Stadtverordneten-Vorsteher Carl Lent zu Dortmund, der von der dortigen Stadtverordneten-Versammlung getroffenen Wahl gemäß, als unbesoldeten Beigeordneten der Stadt Dortmund, für eine sechsjährige Amtsdauer zu bestätigen.

Bekanntmachung.

…

in Empfang genommen worden; fernere Beiträge für obengenanntes Corps werden bereitwilligst bei den genannten Damen entgegengenommen.

Amtliche Nachrichten vom Kriegsschauplatze.

Berlin, 4. Juli. Die gestern hier eingegangenen Nachrichten wiesen darauf hin, daß die vereinigten Armeen Preußens sich in Bewegung gesetzt hatten, um einen Hauptschlag gegen die Gesammt-Streitkräfte Oesterreichs zu führen. …

lich bestimmen und den Prager Frieden formen sollte, auch ein Stück alteuropäische Weisheit: die Mitte Europas als Föderation für die Verteidigung zu organisieren, nicht aber als Machtstaat für den Angriff. Bismarck aber sah in der französischen diplomatischen Offensive nicht so sehr die Bemühung um den Frieden, als die Drohung mit dem Krieg. Er mußte deshalb die preußischen Sieger daran mahnen - wie er seiner Frau schrieb -, »daß wir nicht allein in Europa leben, sondern mit noch drei Mächten, die uns hassen und neiden«[1].

Zu den Verlierern des Krieges waren auch die Bundesgenossen der Österreicher zu zählen: die nördlichen, außer Sachsen, das wie fünfzig Jahre zuvor der ritterlichen Intervention Kaiser Franz Josephs sein staatliches Überleben verdankte, zahlten mit ihrer Existenz. Das galt für das Königreich Hannover (das preußische Provinz wurde), für den Kurstaat Hessen-Cassel, für das Herzogtum Nassau und die Stadt Frankfurt (daraus entstand die preußische Provinz Kurhessen-Nassau), die einst des Heiligen Römischen Reiches Silber- und Gold-Loch gewesen war und bis 1866 ihre Stellung als zentraler Finanzplatz des deutschen Südens behauptete. Jetzt mußte die Stadt 31 Millionen Gulden zahlen und wurde von Plünderung bedroht. Zu den Verlierern zählten im übrigen auch die wohlhabenden Bürger Frankfurts, die den preußischen Truppen, ganz im Stil des Dreißigjährigen Krieges, eine Brandschatzung zu zahlen hatten in Höhe von mehreren Millionen, um Schlimmerem zu entgehen. Was für die österreichische Machtelite letztlich im Rückblick wie eine Bestimmungsmensur erschien, wurde für den Reichspatriotismus alter Prägung und seine zumeist adligen und klerikalen Träger zur Katastrophe. Das Legitimitäts-Prinzip war ein Fetzen Papier geworden. Die besiegten Fürsten mußten froh sein, Schlösser und Hausvermögen in Teilen zu retten.

Die südlichen Gegner Preußens kamen, Zugeständnis an die mit dem deutschen Gleichgewicht verbundenen europäischen Interessen, glimpflich davon: Bayern verlor nicht mehr als ein Stück der Rhön, zahlte eine geringe Kriegsentschädigung und wurde, wie nicht anders das Großherzogtum Baden, das Großherzogtum Hessen-Darmstadt und das Königreich Württemberg, behandelt fast wie ein Sieger ehrenhalber. »Nikolsburg«, jener kleine Badeort im böhmischen Kronland, wo der Vorfriede ausgehandelt wurde, war seitdem Symbol staatsmännischer Mäßigung im Siege. Doch bedeutete dieser Vorfriede nicht den allgemeinen Ausbruch politischer Weisheit in Deutschland. Er erfolgte in kühler Kalkulierung der europäischen Kräfteverhältnisse, die sich, je mehr die Zeit verrann, für Preußen nur ungünstiger entwickeln konnten. »Nikolsburg« war ein Stück deutscher Unterwerfung unter Preußen und zugleich auch europäischer Vernunft. Der Prager Friede hat diesen Zustand ratifiziert: die Interessensphäre der österreichischen Kaisermacht nach Südosten gedreht, Preußen als Führungsmacht der norddeutschen Tiefebene etabliert, und dazwischen das »Dritte Deutschland«. Ihm blieb die Chance, aber auch die Versuchung eigenständiger europäischer Politik zwischen den Mächten.

Das aber hat nicht gehalten, und vielleicht konnte es angesichts der Übermacht des deutschen Nationalismus, der Kraft der wirtschaftlichen Argumente, die für Anschluß an den industriemächtigen Norden sprachen, und des Mangels einer süddeutschen Führungsmacht auch nicht halten. Aber es bleibt doch eine Aufgabe, dem weiteren Gang der Dinge nachzudenken, wenn damals Preußen *nicht* einen nationalen Machtstaat hätte formieren können, sondern weiterhin Faktor in einem deutschen Gleichgewicht hätte bleiben müssen. Wäre dann die nationale Gestaltung Deutschlands nicht schonender für die europäischen Mächte gewesen und zugleich unbefriedigender für den deutschen Nationalismus im Innern? Jedenfalls hat das »Dritte Deutschland« das Angebot des Prager Friedens, hinter dem vor allem Frankreich stand, nicht genutzt und wahrscheinlich nicht nutzen können. Das wurde endgültig erst ausgekämpft im Krieg von 1870. Doch war die Einbeziehung des Südens in den großpreußischen Wirtschaftsraum weitgehend vorentschieden, als die Süddeutschen sich 1866 dem erneuerten und durch gemeinsame parlamentarische Institutionen auch gekräftigten Deutschen Zollverein vertragsmäßig anschlossen, mit Preußen militärische Schutz- und Trutzbündnisse (d. h. Bündnisse für den Fall des Angriffs wie der Verteidigung) abschlossen und zudem ihre Truppen nach preußischem Reglement reorganisierten und im Kriegsfall dem preußischen Monarchen als Bundesfeldherrn unterstellten. Das kam, bei Lichte besehen, der späteren kaiserlichen Stellung schon sehr nahe.

Zu den Verlierern des 3. Juli 1866 aber zählte nicht nur die Mehrheit der deutschen Fürsten, es zählte dazu auch die Mehrheit der politischen Parteien, allen voran die Deutsche Fortschrittspartei und mit ihr jene liberale Denkschule, die aus dem Erbe von 1848 die Freiheit und die Einheit verbinden und Preußens Verfassung nach dem Vorbild Englands in die Form einer liberal-parlamentarischen Monarchie umgießen wollte. Die bürgerliche Fortschrittsbewegung war freiheitlich, aber sie war auch national, und außerdem hatte sie die Lehre von 1848 begriffen, daß »Rote Republik« und bürgerliche Interessen unvereinbar waren. Dieser geistige Zwiespalt wurde der Fortschrittspartei, die 1861 als preußische Opposition ins Leben getreten war, fünf Jahre später zum Verhängnis und Ausgangspunkt ihrer dauernden Spaltung.[2] Schon die preußischen Wahlen des 3. Juli 1866 zum Abgeordnetenhaus mußten wie ein Plebiszit für Bismarcks Politik wirken. In patriotischer Hochstimmung wurden die Fortschrittler bitter geschlagen. Sie verloren von 253 Mandaten mehr als 100, die Konservativen gewannen mehr als 100 dazu (von 28 auf 142 Sitze). Die Bitternis des Scheiterns wurde noch verstärkt, als die Liberalen der im Krieg annektierten Länder, statt sich der liberalen preußischen Landtagsopposition anzuschließen, im Schatten Bismarcks die Nationalliberale Partei gründeten, die fortan rechts der Mitte dem Professoren-Liberalismus und dem Unternehmer-Pragmatismus politische Heimstatt und Ansatzpunkt der politischen Interessenvertretung wurde. Spaltungspunkt war die Frage der »Indemnität« (3. September 1866), als die Regierung Bismarcks für die außeretatmäßigen – und damit illegalen – Militärausgaben der letzten fünf Jahre sich nachträglich die parlamentarische Unbedenklichkeitsbescheinigung holte und das Parlament, eingedenk des Sieges von Königgrätz und vor den gesetzten Tatsachen zurückweichend, mit 230 gegen 75 Stimmen sich selbst dementierte. Bismarck erhielt die »Indemnität«. Die Legalität erschien repariert, und der bürgerliche Liberalismus blieb seitdem gespalten auf der Linie von Rechtsstaat und Machtstaat, von Freiheit und Nation, von Bismarckianern und Anti-Bismarckianern, wozu sich im Lauf der Zeit auch ein handfester Interessengegensatz zwischen Schwerindustrie und Protektionisten gegen Exportindustrie und Freihändler gesellte.

„Im Hinblick auf die bevorstehenden Wahlen zum preußischen Abgeordnetenhause und zum Reichstage des Norddeutschen Bundes ist in allen Kreisen der Monarchie die Aufstellung entsprechender Wahlprogramme als eine Notwendigkeit erkannt worden. Die katholische Bevölkerung Preußens aber kann eines solchen Vereinigungspunktes um so weniger entbehren, als sie an sich nur eine Minorität darstellt und nicht bloß ihre staatsbürgerlichen Rechte und Interessen, sondern überdies ihre vielfach angegriffene und bedrohte kirchliche Freiheit und Lebensbetätigung ernstlich zu verteidigen hat. Die durch jene Betrachtung veranlaßten Besprechungen katholischer Männer aus den verschiedenen Teilen des Landes haben zur Aufstellung einiger Kardinalpunkte geführt, welche nach ihrer Überzeugung vor allem bei der Wahl der Abgeordneten ins Auge zu fassen und durch diese Wahl sicherzustellen sind.

1. Unversehrte Aufrechterhaltung der durch die preußische Verfassungsurkunde gewährleisteten Selbständigkeit der Kirche in Ordnung und Verwaltung ihrer Angelegenheiten, insbesondere auch hinsichtlich der Bildung und Entwicklung kirchlicher Gesellschaften.

2. Abwehr aller gegen den konfessionellen Charakter des Volksunterrichts gerichteten Bestrebungen und Angriffe zur Sicherung des heiligsten Rechtes der christlichen Familie sowie endlich Verwirklichung der verfassungsmäßig verheißenen Unterrichtsfreiheit.

3. Bewahrung des im Bundesvertrag und in der Bundesverfassung festgestellten föderativen Charakters des Norddeutschen Bundes gegenüber allen auf Einführung eines zentralisierten Einheitsstaates gerichteten, mit der wahren Freiheit und der eigenartigen Entwicklung des großen deutschen Vaterlandes unverträglichen Parteibestrebungen.

4. Dezentralisation der Verwaltung und Verwirklichung der Selbstverwaltung des Volkes in Gemeinde, Kreis und Provinz.

5. Ermäßigung der finanziellen Belastung des Landes, insbesondere durch Verminderung der Ausgaben für das Militärwesen, sowie Beschränkung der aktiven Dienstzeit in der Armee.

Wenn es gelingt, eine ansehnliche Zahl von Abgeordneten auf Grund dieser Prinzipien aus der Wahlurne hervorgehen zu lassen, dann darf die Hoffnung gehegt werden, daß dieselben in fester Einigung sich stark genug erweisen, die wichtigsten Lebensinteressen des Volkes sicherzustellen."

Wahlaufruf der Zentrumspartei, 1870

Zu den Verlierern hatten sich auch die Vertreter des politischen Katholizismus zu zählen, die seit dem Zerfall des Alten Reiches auf Wien geblickt hatten, die 1848 die großdeutsche Sache vertreten hatten und denen nun die preußische Hegemonie auch als ein Sieg der protestantischen Staatsidee erscheinen mußte – zumal es in der aufkommenden Kulturkampfstimmung zum Refrain liberaler Rhetorik gehörte, die neugegründete Zentrumspartei in den Verdacht nationaler Unzuverlässigkeit und übernationaler Konspiration zu rücken. Noch vor dem Krieg gegen Frankreich traten deshalb katholische Honoratioren in Westfalen, die bislang allenfalls Wahlvereine gebildet hatten, zum Zweck geschlossener Parteibildung, katholischer Massenmobilisierung und Interessenvertretung zusammen und gründeten die Deutsche Zentrumspartei, die hinfort und bis zum Untergang der Weimarer Republik als »Aktionsausschuß des politischen Katholizismus«[3] eine bestimmende Rolle in der deutschen Politik spielen sollte: das Zentrum erreichte angesichts der gehässigen Kulturkampfstimmungen und der schon 1871 einsetzenden staatlichen Kampfmaßnahmen früher als alle anderen politischen Gruppen, seine Wähler uneingeschränkt zu mobilisieren. Es wurde die einzige alle Schichten repräsentierende Volkspartei des Kaiserreichs. Dadurch erreichte es eine Schlüsselstellung, die kaum noch Mehrheitsbildungen in den Parlamenten zuließ ohne Einbeziehung des katholischen Standpunkts. Während des Kulturkampfes war es für die Liberalen praktisch unmöglich, mit dem Zentrum Bündnisse zu formieren und das System Bismarck parlamentarisch in Bedrängnis zu bringen. Seitdem aber blieb der Partei eine Veto-Position, die Regierungs- oder Parlamenspolitik gegen das Zentrum unmöglich machte.

Ob die Sozialisten 1866 auf der Verlierer-Straße gingen, August Bebel und Wilhelm Liebknecht, war ungewiß. Krieg als den Sport des Königs lehnten sie ab in der moralischen Gewißheit, daß im künftigen Reich der Gerechtigkeit, wenn erst die Proletarier aller Länder sich vereinigt hatten, der Mensch zu sich selbst kommen und der Krieg mangels größerer Differenzen aussterben werde. Aber die deutsche Reichsgründung fanden sie, getreue Erben des republikanischen Radikalismus von 1848, nicht unerwünscht, und auch der Krieg als Mittel der Politik hätte sie nicht gestört, wäre er nicht Bismarck und allem, wofür er stand, zugute gekommen. Mit Krieg hatten schon die »Achtundvierziger« die Einheit herbeiführen wollen: als Kreuzzug gegen das Zarentum, als Aufbruch der europäischen Arbeiterbewegung, Friede den Hütten, Krieg den Palästen.

Damit waren sie gescheitert, aber es gab zwischen den Konservativen und den sozialistischen Erben von 1848, vor allem der lassalleanisch-staatsfreundlichen Richtung, hintergründige Gemeinsamkeiten, ungeachtet der grotesken Disproportion zwischen den preußisch-blauen Siegern und der kaum erst gewerkschaftlich und parlamentarisch organisierten Arbeiterbewegung hinter der roten Fahne: die Überzeugung von der historischen Notwendigkeit der deutschen Einheit und die Neigung, die liberalen Glaubensartikel der freien Diskussion und bessernder Vernunft als Gaukelspiel zu betrachten, ein populistischer Wetteifer um den Glauben der Massen und eine untergründige Bereitschaft zur Gewalt. Wenn August Bebel, der Volkstribun ohne Volk, 1871 im Reichstag die Commune von Paris als Vorhut der internationalen Arbeiterbewegung pries, dann war dies eine Bürgerkriegserklärung nach zwei Seiten: gegen Bismarck ebenso wie gegen die Liberalen. Daß die deutsche Sozialdemokratie später einen anderen Weg gegangen ist, und dies gerade unter Führung Bebels, ändert nichts an der Tatsache, daß ihre Rhetorik – bis hin zur Massenstreikdebatte 1906 – revolutionär blieb, während ihre praktische Politik auf Reform setzte und der »Revisionismus« tiefer verankert war als die marxistischen Lesefrüchte.

Schwer zu sagen aber, ob auch die Konservativen zu den Verlierern von 1866 zählten, ob zu den Siegern. Von außen sah das alles nach einem Sieg der »Junker« und der Militärkaste aus, die Freiheit von 1848 beerdigt und der Krieg als Vater eines auf Deutschland erweiterten Großpreußen. Aber es waren nicht nur, wie der Parteihistoriker Sigmund Neumann die alten Reichsloyalisten und Revolutionsfeinde genannt hatte, die »romantischen Konservativen«, die in Bismarcks Sieg den Teufel am Werk erblickten. Es gab auch durchaus Vertreter des »realistischen Konservatismus«, denen die Reichsgründung nach Revolution roch, die eine Überdehnung der preußischen Macht fürchteten und die, hätten sie das Wort schon gekannt, um die preußische Identität trauerten.[4]

Denn eines war deutlich: 1866 hat Preußen sich fast zu Tode gesiegt, mehr fremde Provinzen geschluckt, als durch den alten Beamten- und Militärstaat integrierbar waren, und zu sehr mit dem deutschen Nationalismus paktiert, als daß der Konservatismus dies unverändert hätte überstehen können. Am Tag der Kaiserproklamation in Versailles - die Verlegenheit einer Krönung hat man sich auf solche Weise erspart - soll Wilhelm I., König von Preußen, ein Wort gesagt haben, das viele Historiker später unterschrieben: »Heute tragen wir das alte Preußen zu Grabe!« Im Augenblick des Triumphs ein memento mori, hellsichtiges Erkennen. Der Konservatismus der legitimistischen Kreise um die Brüder Gerlach, die zwanzig Jahre lang noch einmal von Wiederherstellung des Wiener Systems und dem Ende der großen Völkerunruhe von 1848/49 geträumt hatten, auch er gehörte zu den Kriegsverlusten von 1866.

Die altkonservative Partei, Speerspitze der Gegenrevolution von 1849, überlebte den Triumph Bismarcks nur um wenige Jahre. 1866/67 bereits war der deutsche Konservatismus in drei Lager geteilt. Die einen nannten sich freikonservativ und bildeten, was sie stolz als »Partei Bismarck sans phrase« bezeichneten: dahinter viel Beamtentum und hohe Diplomatie, Großgrundbesitz katholischer Prägung, sächsischer Adel und aus Preußens alten Provinzen diejenigen, die nicht im Pietismus ihre Heimat hatten. Die zweite Gruppe hielt die schwarz-weiße Fahne eines vor-nationalen brandenburg-preußischen Patriotismus hoch, trauerte dem zerstörten Legitimitäts-Prinzip nach und betrachtete Bismarck als einen Abtrünnigen und das Reich als das Ende Preußens; zusammen mit dem Zentrum bekämpften sie die Zivilehe und wollten die geistliche Aufsicht über die Volksschule beibehalten nicht anders als die überkommene Kreisverwaltung in der Hand des Großgrundbesitzes. Sie bekämpften die Säkularisierung der Lebensformen und folgerichtig auch den modernen Nationalismus. Und als sie parteipolitisch 1870/73 durch die preußische Regierung in zwei bitteren Wahlfeldzügen zerrieben worden waren, bedurfte es des Zusammenspiels der organisierten Agrarinteressen mit dem Reichskanzler, um 1876 die Deutschkonservative Partei zu begründen. Die dritte Gruppe schließlich hat parteipolitisch sich kaum formiert: das waren die süddeutschen Konservativen, teils katholisch-bayerisch ausgerichtet in der Patriotenpartei (seit 1869) im Münchner Landtag, teils einer müden Skepsis hingegeben angesichts der neuen Berliner Herrlichkeit, die so laut und so brüchig war. Es war zum Staunen, wie wenig Beharrungskraft die alte Reichsloyalität hatte und wie stark der neudeutsche Nationalismus alle altständischen Reminiszenzen herunterhobelte. Jacob Burckhardt, der Baseler Historiker, gab der alteuropäischen Trauer eine Stimme, deren Kassandrarufe bis heute gehört werden. Das Verhältnis der Reichsgründung zur europäischen Vergangenheit und zur deutschen Zukunft war auch dadurch gekennzeichnet, daß die Konservativen daran zerbrachen.

Ob Nikolsburg mehr ein Resultat europäischen Drucks als preußischer Einsicht war, muß dahinstehen. Jedenfalls haben die Mächte, indem sie den preußischen Sieg begrenzten, unüberhörbar daran gemahnt, daß die Neuordnung Mitteleuropas durch Preußen gesamteuropäische Interessen berührte. Das Wiener Mächtesystem war durch die Revolutionen von 1848/49 gestört und durch den Krimkrieg 1854–1856 storniert. Doch große Politik lief noch immer nach seinen Spielregeln ab. Zu diesen Spielregeln gehörte nicht nur Anerkennung der »Legitimität« und des Besitzstands. Es gehörte dazu auch das Prinzip der Kompensation und vor allem, was Mitteleuropa betraf, die Ausbalancierung Preußens, Österreichs und des »Dritten Deutschland«. An Kompensation für Frankreich aber fehlte es, und Österreich war nicht länger mehr Faktor des deutschen Gleichgewichts.

Der Krieg von 1866 geschah zu einem Zeitpunkt, als das Mächtesystem durch eine Schwächephase ging. Er wurde durch das preußisch-italienische Kriegsbündnis vom 8. April 1866 kaltblütig vorbereitet und durch den Nikolsburger Vorfrieden vom 26. Juli 1866 ebenso kaltblütig beendet, als das unmittelbare Kriegsziel – Herausdrängung Österreichs aus Deutschland – erreicht war und jede Fortführung des »Deutschen Krieges« in eine europäische Konfrontation umschlagen konnte. 1866 gelang es noch, was 1870 so entscheidend mißlingen sollte, nämlich den Krieg rechtzeitig abzubrechen.[5]

1866 war in europäischer Perspektive zunächst nicht mehr als ein »Tausch in der ersten Stellung innerhalb der Mitte«[6]. Die russische Politik, deren Interventionsdrohung gegen die preußische Einigung Deutschlands 1848 und dann noch einmal, mit Österreich verbündet gegen Preußens norddeutschen Nationalplan, bei der Olmützer Punktation 1850 die Waage gegen Preußen hatte sinken lassen, sah in

Österreich längst den Gegner im Kampf um den Balkan und um das Erbe des zerfallenden Osmanenreiches. Mit Preußen dagegen hatte man sich geeinigt: da gab es nicht nur die alte Juniorpartnerschaft, die dynastische Grandezza, den Austausch der Militäradjutanten. Es gab da vor allem Polen. 1848 hatte auf russischen Druck Preußen darauf verzichtet, im Großherzogtum Posen einen polnischen Kernstaat neu entstehen zu lassen. 1863, beim nächsten polnischen Aufstand, sicherte Preußen durch die »Konvention Alvensleben« den Russen zu, daß polnische Aufständische, die preußisches Gebiet erreichten, nach Osten ausgeliefert würden. Und vor allem war Preußen im Krimkrieg Englands und Frankreichs gegen Rußland neutral geblieben, mithin auch am Pariser Frieden von 1856 nur am Rande beteiligt. Der Schlüssel zur einseitigen Kündigung der Petersburg demütigenden Pontus-Klausel, die durch Begrenzung des Einsatzes von Kriegsschiffen die russische Beherrschung des Schwarzen Meers verhinderte, lag mithin in Berlin. Deshalb erhob Rußland 1866 sogleich die Forderung nach Einberufung eines Internationalen Kongresses, mußte ihn aber angesichts der raschen Einigung der Kriegsparteien fallenlassen.[7] Unterdessen blieb die Geschäftsgrundlage, Fortdauer der staatlichen Nichtexistenz Polens, unverändert. Mit inneren Reformen beschäftigt, von Säkularisierung der zarischen Theokratie bedroht, außenpolitisch den Blick auf die Dardanellen gerichtet, auf Indien und den Khyberpaß – Rußland konnte die Stärkung Preußens hinnehmen.[8]

England, mit Preußen durch enge wirtschaftliche Austauschbeziehungen seit langer Zeit verbunden, Freihändler mit Freihändlern, mußte eine Stärkung Preußens als Bollwerk gegen Rußland wie als Gegengewicht zum napoleonischen Imperialismus sehen, späte Kompensation für Napoleons Vorrücken am Nordufer des Mittelmeers, als Frankreich nach dem italienisch-österreichischen Krieg von 1859 Nizza und ganz Savoyen erhielt. Für England war Preußen so wenig wie Deutschland überhaupt die europäische Hauptfront: seine Eliten fürchteten noch lange eine Wiederkehr des napoleonischen Hegemonialstrebens, und das British Empire war vom russischen Bären bedroht, nicht vom brandenburgischen Adler.

Der für die Geschichte des zwanzigsten Jahrhunderts so bestimmende deutsch-britische Antagonismus entstand erst Jahrzehnte später aus kolonialer Rivalität, wirtschaftlicher Konkurrenz und dem Wettrüsten zur See. Die Beurteilung der Reichsgründung darf nicht durch Bitternisse und Einsichten belastet werden, die erst in ihrem Gefolge entstanden; das gilt vor allem für Großbritannien. England war in den sechziger Jahren vor allem daran gelegen, den außenpolitischen Bestand zu minimalen Kosten zu bewahren, um den Prozeß des »improvement« weiterzuführen nach den Erschütterungen durch die Arbeiterbewegung der Chartisten, den Krimkrieg und den Übergang zum Freihandel. Dies war das beherrschende Thema des »Great Ministry« Gladstone 1868 bis 1874. War wirklich, wie Raymond Sontag im Zeichen des Weltkrieges schrieb, »Freundschaft unmöglich zwischen dem liberalen England und dem bismarckschen Deutschland«[9]?

Schärfer gefragt: hat die Nicht-Intervention der Briten im neunzehnten Jahrhundert zur Zerstörung des Empire im zwanzigsten Jahrhundert den Keim gelegt? Palmerstons England hätte sich 1848 mit einer liberalen Paulskirchen-Lösung der deutschen Frage abfinden können. Als aber der deutsche Anspruch auf Schleswig-Holstein Europa an den Rand des großen Krieges trieb und »British commercial interests« in Gefahr standen, wurde England bereits »anxious observer« der deutschen Unruhe. 1864 war die Sache durch den deutschen Sieg im Norden entschieden. Die Politik Russell-Clarendon hielt die norddeutsche Einigung unter Preußen, eingedenk der liberalen Kooperation in Handelsdingen, der politischen Einigung bei der fortdauernden Neutralität Belgiens und des gemeinsamen Interesses an Eindämmung Frankreichs, für natürlich und wünschenswert. Preußens Neutralität im Krimkrieg vor zehn Jahren zahlte sich nach beiden Seiten aus. Gladstones liberale Regierung, mißtrauisch gegen große europäische Politik, hatte angesichts bürgerkriegsähnlicher Szenen zu Hause allen Grund, sich auf Wahlrecht, Schulreform, Fabrikgesetzgebung und Landreform zu konzentrieren. »We are unusually free from diplomatic trouble: which is fortunate, as there will be plenty of parliamentary work on hand« – der dies sagte, war der konservative Außenminister Lord Stanley im Jahr nach Königgrätz, als Europa von der Luxemburg-Krise geängstigt wurde und England mit der zweiten großen Wahlreform beschäftigt war[10]. Die USA im Zeichen von »retrenchment and reform« am Ende des Bürgerkriegs waren den Briten näher als Europa im Zeichen des »Deutschen Krieges« von 1866. Es blieb bei jener »dignified intelligent non-intervention«, die Sir Robert Morier damals als Maßstab britischer Europa-Politik beschrieb.

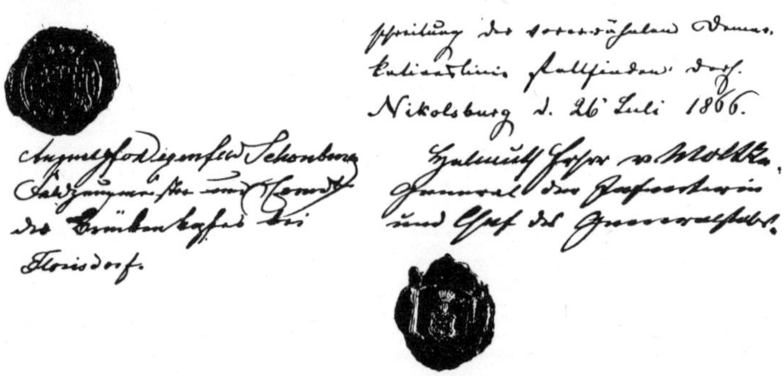

Die Unterschriften unter dem Waffenstillstand von Nikolsburg

Unter den Großmächten stand Frankreich der deutschen Frage durch Tradition, Geschichte und Interessenlage am nächsten. Es war nach Bevölkerungszahl, Wirtschaftskraft und militärischer Präsenz die Führungsmacht des Kontinents, Preußen dagegen die kleinste Großmacht. Die Linien der französischen Europa-Politik verliefen zweideutig, sonderbar fahrig. Heute stützten sie das Nationalprinzip, morgen kannten sie allein die Machtinteressen Frankreichs, beruhigten heute den britischen Rivalen und erregten morgen wieder hegemonialen Verdacht, engagierten sich in Indochina und Mittelamerika und brachten die Divisionen, als sie 1866 in Mitteleuropa gebraucht worden wären, nicht in Stellung. Was immer aber an politischer Desorganisation die als Apparat vorzüglich funktionierende französische Diplomatie bestimmte: eine norddeutsche Einigung unter Preußen war kein Kriegsgrund, vor allem, wenn Kompensation für Frankreich in Aussicht stand. Eine durchgreifende nationale Gestaltung Mitteleuropas durch Preußen dagegen war es sehr wohl.

Napoleon und seine Diplomaten mögen diesen Gesichtspunkt nicht immer klar ausgesprochen haben, ihn auch mitunter aus den Augen verloren haben: Bismarck hat seit Königgrätz mit dieser Möglichkeit gerechnet, nicht als Zwangslage, aber jedenfalls als Konvergenzpunkt französischer Interessen, napoleonischen Prestiges und europäischer Gleichgewichtslagen. Daher brach er den Krieg gegen Österreich ab, als die Kriegsziele erreicht waren. Daher spielte er im folgenden Jahr mit der Idee, Frankreich durch Kompensation zufriedenzustellen. Daher auch bremste er den Einigungsprozeß, den die Nationalliberalen des Südens wie des Nordens, auch unter Inkaufnahme des hohen Kriegsrisikos, vorantreiben wollten. Bismarck begriff den Konflikt zwischen Frankreich und Preußen als Kampf um die Hegemonie. Der Konflikt war tief und prinzipiell, aber der Krieg nicht unausweichlich. Wenn der Krieg allerdings kam, dann mußte er in einer Weise beginnen, daß er nicht als dynastisches Unternehmen erschien, sondern unzweifelhaft als deutscher Nationalkrieg. Die Schachpartie war auf Positionsgewinn angelegt, nicht auf Matt. Daß sie damit endete, lag in der Logik des Mächtesystems, war aber nicht unausweichlich.

Die Deutschlandpolitik Napoleons III. war, da sie anti-österreichisch war, notwendigerweise lange Zeit pro-preußisch. Nach dem italienischen Krieg von 1859 suchte der französische Kaiser ein Bündnis, das allerdings, wie Bismarck fürchtete, Frankreich zum

Monumentale Krupp-Kanone auf der Weltausstellung in Paris, 1867: Würde sie im Bösen wiederkommen?

Schiedsrichter der deutschen Angelegenheiten erhoben hätte. Für Napoleon III. war es ein großes Ziel, das Restaurations-System zu ersetzen durch ein national organisiertes Europa mit Frankreich als Schwerpunkt. Der nationale Missionsgedanke verband sich mit französischem Hegemonialinteresse. Beides fand in der Innenpolitik starken Widerhall und kam dem bonapartistischen Regime zugute.

Allerdings: so pro-preußisch das Frankreich der Notablen war, so anti-preußisch blieb der Patriotismus der Massen. Hier fiel zuerst das Schlagwort der Kompensationen, hier manövrierte sich die öffentliche Meinung in die Stimmungen der »Revanche pour Sadowa«. 1866 hatte es der Quai d'Orsay versäumt, von Preußen einen Preis zu verlangen für die französische Neutralität. Der Krieg kam und ging zu schnell. Das Angebot einer Vermittlung Frankreichs, unterschwellig verbunden mit der Drohung eines militärischen Aufmarsches bei Nichtannahme, wurde in Preußen als Zumutung empfunden. Die Forderung nach »sofortiger Annahme« klang in den Ohren Bismarcks wie ein Ultimatum. »So aber entstand nach dem Scheitern der ersten Kompensationsverhandlungen jenes emotional aufgeladene Klima, in dem sich die französischen Gebietsansprüche übersteigerten – die Grenzen von 1814, die bayerische Pfalz, Rheinhessen mit Mainz, Luxemburg und Belgien – und schon eine diplomatische Niederlage als ›Beleidigung‹ Frankreichs galt.«[11]

Der französische Kaiser war weise genug, die Gefahr zu erkennen, die in dieser Aufgeregtheit lag. Er ließ in der Presse betonen, daß Deutschland nach dem Prager Frieden dreigeteilt sei und daß das Nationalitätenprinzip gesiegt habe. Die Luxemburg-Krise des Jahres 1867 indes schwächte seine Stellung. Luxemburg, bislang deutsche Bundesfestung in holländischem Besitz, erschien der französischen Politik nachträglich als geeigneter Preis ihrer Neutralität im preußisch-österreichischen Krieg. Aber als Bismarck, der den Appetit der Franzosen anfangs gefördert hatte, die Sache in die Öffentlichkeit spielte, gab es den erwarteten Sturm patriotischer Entrüstung, und man stand am Rande des Nationalkriegs. Für Paris war das eine Demütigung, und sie wurde in den Pariser Gazetten mit deutlicher Spitze gegen den Kaiser kommentiert. Nur vor diesem Hintergrund unklarer Politik, enttäuschter Erwartungen und gefährdeter Hegemonie wird verständlich, wenn Ollivier, der neue Ministerpräsident des Empire libéral, bereits zu Beginn des Jahres 1870 das preußisch-französische Verhältnis mit den Worten charakterisierte: »Eine Niederlage, das wäre der Krieg.«[12] Unwillentlich zwar hat die Französische Politik im Zusammenspiel mit der öffentlichen Meinung die deutsche Reichsgründung gefördert, indem sie östlich des Rheins ein gemeinsames Gefühl der Bedrohung entstehen ließ und in der Luxemburg-Frage patriotische Gefühle provozierte. Auch in Süddeutschland begann damals die Angst vor Frankreich die Abneigung gegen Preußen zu überwiegen. Der badische Liberalismus hatte dabei die Führung. Auf beiden Seiten des Rheins wuchs in den Jahren zwischen Königgrätz und Sedan die Zwangsvorstellung vom unausweichlichen Entscheidungskampf.

Wilhelm Scholz, Ein Mißverständnis (1866)
Napoleon III.: »Ich wollte Ihnen nur zu der schönen Erbschaft gratulieren und sehen, ob nicht eine Kleinigkeit für mich..«
Bismarck: »Ach was! Hier wird nichts gegeben!«

Die innere Entwicklung nach dem »Deutschen Krieg« war nach den raschen chirurgischen Schnitten des Spätsommers 1866, welche die norddeutsche Landkarte stark vereinfachten, bestimmt von einer Politik der Werbung, der Versöhnung und des »deutschen Berufs«, der Preußen nach den Bitternissen des Verfassungs- und Militärkonflikts doch noch zuteil geworden war. Nach außen und in europäischer Perspektive war die Lage doppeldeutig: der Prager Friede gab dem Süden Deutschlands die Chance, unterstützt durch Frankreich eine eigenständige europäische Rolle zu spielen. Gleichzeitig überließ er den Südstaaten die selbständige Gestaltung ihres Verhältnisses zum Norden, d.h. vor allem zu Preußen. Was das bedeutete, blieb offen, war mehr Angebot als feste, endgültige Bindung.

Die Berliner Politik reagierte auf die Schwebelage nach 1866 durch einen Balanceakt. Sie suchte, unterstützt vom Norddeutschen Reichstag, die süddeutschen Staaten durch wirtschaftliche Vorteile und militärische Integration auf ihre Seite zu ziehen, vergaß dabei nicht das divide et impera und machte zugleich mit der Verfassung des Norddeutschen Bundes ein werbendes Angebot. Die Wiederbelebung des Deutschen Zollvereins lag im Interesse der Süddeutschen, die 95 Prozent ihres Handels mit dem Norden abwickelten, während der Handel mit Österreich durch Zollmauern blockiert und durch wirtschaftliche Schwäche behindert war. Süddeutschlands Verbindungen zum Weltmarkt verliefen großenteils über Preußens Eisenbahnen und Preußens Ströme. Weder der Energiebedarf noch der Kapitalhunger des Südens konnten ohne Herstellung einer dauerhaften Integration mit dem Norden gestillt werden.[13]

Hier stellte der Deutsche Zollverein eine Brücke her: dem Namen nach schien er unverändert der alte Staatenbund von 1834 zu sein, in dem Preußen stets die Klippen jedes einzelstaatlichen Vetos hatte umfahren müssen. In Wahrheit war der neue Zollverein, alsbald durch Zollparlament (seit 1868) und Zollbundesrat integriert, einem parlamentarischen Mehrheitsprinzip unterworfen, das sich unauffällig und effizient zum Instrument preußischer Führung machen ließ. Seitdem brauchte beim Abschluß von Handelsverträgen und der Vereinheitlichung des wirtschaftlichen und rechtlichen Rahmens zwischen Nord und Süd nicht mehr mit zwei Dutzend souveränen Regierungen verhandelt zu werden: Preußen übte seine Hegemonie über die parlamentarischen Institutionen aus. Für den Notfall blieb im Bundesrat ein Veto.

Die Verfassung des Norddeutschen Bundes, die im Sommer 1867 im Konstituierenden Reichstag des Norddeutschen Bundes entstand, gab dafür den Rahmen. Ihre Wirkung griff bereits entscheidend über die Mainlinie hinaus. Sie war ein Instrument der Führung Norddeutschlands durch Preußen. Sie zog einen Schlußstrich unter alle Streitigkeiten zwischen Liberalismus und Obrigkeit bezüglich des Militärs. Sie machte die preußische Verwaltung zum tragenden Unterbau des Norddeutschen Bundes, das preußische Staatsministerium zum eigentlichen Regierungsapparat. Auch starke liberale Elemente wurden eingefügt: ein Reichstag, der entscheidender Faktor der Gesetzgebung und des Staatshaushalts war, künftiges Nationalparlament, und ein Bundesrat, in dem Preußen seine Führungsrolle so verdeckt wie wirksam spielen konnte. Über all dem ein Bundeskanzler, fest verankert im preußischen Staatsministerium durch Personalunionen mit dem Amt des Ministerpräsidenten und Außenministers. Dieser Kanzler war nach dem Antrag des nationalliberalen Parteiführers v. Bennigsen im ersten Reichstag von 1867 »verantwortlich«. Was immer das für die praktische Politik als Versprechen bedeuten mochte, es machte den ursprünglich als bloßen Beamten konzipierten »Bundeskanzler« zur Schlüsselfigur im komplizierten Entscheidungsgefüge.[14]

Die Stellung des Reichstags war so doppeldeutig wie die ganze Norddeutsche Bundesverfassung, die dann 1871 mit geringfügigen Ergänzungen zur Deutschen Reichsverfassung wurde. In den Verfassungsberatungen bereits hatte sich Bismarck jedem Gedanken verweigert, die Ergebnisse des preußischen Verfassungskonflikts jetzt der liberalen Revision zu unterziehen. Gegen die Verfügung der Parlamentarier über Militär und Ausnahmezustand und die Auslieferung der Regierungsgewalt an parlamentarische Mehrheiten hat er selbst mit dem Staatsstreich als Ultima ratio gedroht - nicht zum letztenmal. Zwar schloß, wie er damals dem preußischen Innenminister Graf Friedrich Eulenburg erläuterte, das Interesse Preußens auch den »Druck in sich, den wir nötigenfalls durch das Parlament auf die deutschen Regierungen zu üben haben werden«. Bismarck wollte das komplizierte System der Machtverteilung, das er selbst 1866 entworfen hatte, durchaus mit Hilfe jener liberalen Abgeordneten absichern, »deren Sinn für Realpolitik sie in der deutschen Frage der Regierung nähert«[15]. Er spielte hier offenbar mit der Möglichkeit, gegen die norddeutschen Einzelstaaten die liberal-unitarischen Kräfte des Reichstags zu entfesseln. Doch als das getan war, schloß Bismarck ein geheimes Bündnis mit den Regierungen der Einzelstaaten, um notfalls auch ohne Reichstag die Verfassung in Kraft zu setzen, das heißt durch Oktroi. Ob es ihm damit letzter Ernst war - es hätte dem Norddeutschen Bund seine Ausstrahlung auf Süddeutschland gekostet - mag dahinstehen. Die Reichstagsmehrheit nahm die Drohung zur Kenntnis, wich in Kompromisse bezüglich der Finanzen und des Militärs aus, und so konnte es dabei bleiben.

Kein theoretisches Ideal einer Bundesverfassung war vorgelegt worden, kein großer Entwurf, sondern ein Stück Realpolitik. Der Gedanke des Einheitsstaats - »totes Glaubensbekenntnis ohne Worte«, wie Bismarck am 11. März 1867 in der Generaldebatte des Konstituierenden Reichstags sagte - war abgewehrt, der Föderalismus unter Preußens Führung gebeugt. Bismarck sprach indes eine Warnung an den einzelstaatlichen, vor allem preußischen Partikularismus aus. Großartige Sätze fielen dabei, historisches Pathos: »Glauben Sie wirklich, daß die großartige Bewegung, die im vorigen Jahre die Völker vom Belt bis an die Meere Siziliens, vom Rhein bis an den Pruth und den Dnjestr zum Kampfe führte, zu dem eisernen Würfelspiele, in dem um König- und Kaiserkronen gespielt wurde, daß die Millionen deutscher Krieger, die gegeneinander gekämpft und geblutet haben auf den Schlachtfeldern vom Rhein bis zu den Karpaten - daß die Tausende von Gebliebenen und der Seuche Erlegenen, die durch ihren Tod diese nationale Entscheidung besiegelt haben, mit einer Landtagsresolution ad acta geschrieben werden können? - (Bravo) - Meine Herren, dann stehn Sie wirklich nicht auf der Höhe der Situation.«

Kein konservativer Landtag sollte hier noch alte Rechte geltend machen; keine liberale Mehrheit noch auf dem Budgetrecht insistieren: »das Recht, jedes Jahr die Existenz der preußischen Armee in Frage zu stellen« (Unruhe links). Dann die scharfe Warnung gegen eine Rückkehr der Gespenster des Verfassungskonflikts: »Sollte je eine Versammlung so weit auf Abwege geraten ... so würden wir den Minister als Landesverräter zur Verantwortung ziehen, welcher sich zur Ausführung hergibt«.

Und Süddeutschland? Da sah die Bundesverfassung den Weg der parlamentarisch zu ratifizierenden Verträge vor, als Ziel aber galt vorerst ein Zollverein mit »organischen Einrichtungen«, ein unkündbarer Bund. Dazu militärische Bündnisse für den Fall äußeren Angriffs. Und dann die schillernde Formel, weit hinausgreifend über die Mainlinie in das europäische Staatensystem, das Erreichte plötzlich ganz unverhüllt zum Provisorium erklärend: »Meine Herren, arbeiten wir rasch! Setzen wir Deutschland, sozusagen, in den Sattel! Reiten wird es schon können« (11. März 1867)[16].

Ein wagemutiges, leichtfertig klingendes Wort, scheinbar improvisiert dahingesprochen und doch, bei genauem Hinhören, beunruhigend für alle, die meinten, nun sei es genug mit Preußens Ausdehnung. Schluß einer großen Parlamentsrede, die alle Saiten anklingen ließ: den deutschen Patriotismus, die Sprache des Gefühls, der Gedanke an »die Witwe, die ihren Mann begraben hat«. Und daneben die Sprache der Realpolitik, der Überredung der Parlamentarier und zugleich der Drohung gegen das Parlament, sollte es die Fronten des Verfassungskonflikts wieder besetzen.

Bismarck hatte seine Rolle gefunden, der »rote Reaktionär« (Friedrich Wilhelm IV.) war Staatsmann geworden, er ging auf der Straße des Sieges und einer Popularität, die plebiszitäre Züge trug, ein Triumphator von einsamer Kaltblütigkeit, kurbrandenburgischer Vasall, wie er sich, ganz spät, noch nennen wird, und zugleich ein Politiker, der Könige absetzte und Dynastien stürzte. Deichgraf und Geschäftsmann, cäsarische Herrschergestalt und doch auch der letzte der europäischen Staatsmänner seiner Epoche, der den Machtstaat, um ihm Dauer zu verleihen, in seiner Entfaltung begrenzte[17].

Bismarck riß Abgründe auf. Das »Acheronta movebo« hätte sein Wahlspruch sein können. Er dachte in den Begriffen der Entscheidung und des Extrems. Das Leitbild des Kompromisses stand ihm nur für die große europäische Politik zu Gebot, in der deutschen blieb es ihm fremd. Stolz, der bisweilen in Anmaßung und Arroganz umschlug, funkelnde Intelligenz, daneben ein bornierter Egoismus, nicht gemildert durch menschliche Wärme, die zu Politik gewordene Persönlichkeit. Dann wieder dichterische Sensibilität, nach Goethe stand kaum einem das Wort so direkt, so spielerisch und leuchtend zu Gebot wie Bismarck, ob er Briefe, Denkschriften oder »Gedanken und Erinnerungen« verfaßte. Er lebte in philosophischer und politischer Distanz zum flachen Fortschrittsbewußtsein seiner Zeit, Friedrich der Große und die Französische Revolution waren ihm noch ganz nah, und zugleich spielte er mit dem allgemeinen gleichen Wahlrecht, beförderte durch liberale Bündnispolitik die deutsche Industrialisierung, welche vor allem zur Transformation Preußens diente, und zerstörte mit der dauernden Entfremdung Frankreichs von Anfang an jene Gleichgewichtslage, deren niemand stärker bedurfte als das künftige Preußen-Deutschland.

Ein Charakter, alles in allem, vieldeutig in seiner Zeit, undeutbar den Historikern bis heute, ein Diener Preußens, der Krone, der Monarchie, und am Ende vielleicht doch nur ein Diener seiner selbst –

»Moi, je suis l'état« – archetypische Vaterfigur, Großregierer, neuer Cäsar. Bei alledem zu Vexierspielen geneigt, neben die eigene Rolle tretend, die Unterwerfungsbereitschaft der anderen als Mittel der Politik nutzend, ein Mann von Widersprüchen, die die Widersprüche seines Jahrhunderts waren: Parlamentsredner von hohen Graden, der doch den Parlamentarismus zeitlebens bekämpfte; Konservativer, der doch die Welt aus dem Prinzip schöpferischer Antirevolution neu zu schaffen suchte; Pragmatiker und Realist, der doch von Alpträumen des Untergangs heimgesucht wurde und der in schwarzen Visionen an der Zukunft Preußens und Deutschlands verzweifeln konnte. Bismarck, dessen hohe Stimme so schlecht zu dem kürassiermäßigen Auftreten passen wollte und dessen lebenslanges Mißtrauen gegen die Militärs ihn nicht davon abhielt, die Gestalt des künftigen Deutschland weniger durch Vereinbarung zu suchen als durch die Sprache der Kanonen zu diktieren, – Bismarck war Grenzerscheinung in seiner Zeit, fremd war er den loyalen Monarchisten, die sich am Thron festhielten, und fremd war er auch den liberalen Bourgeois, deren Angst und deren Fortschrittsglauben er verachtete. Solche Fremdheit aber zählte zu den Voraussetzungen, unter denen Bismarck seit 1866 als Persönlichkeit und politische Gewalt nahezu Verfassungsrang gewann. Es gehörte dazu die Sehnsucht des neunzehnten Jahrhunderts nach dem welthistorischen Täter wie die Einschränkung, daß der große Mann das Wetter nicht machen konnte. Oder wie Bismarck es dann, zwei Jahre nach den Verfassungsentscheidungen des Konstituierenden Reichstags und wenige Monate vor Ausbruch des Krieges gegen Frankreich, den Parlamentariern auseinandersetzen wird, nicht ohne eine Prise Sarkasmus: »Mein Einfluß auf die Ereignisse, die mich getragen haben, wird zwar wesentlich überschätzt, aber doch wird mir gewiß keiner zumuten, Geschichte zu machen; das, meine Herren, könnte ich selbst in Gemeinschaft mit Ihnen nicht ... Die Geschichte können wir nicht machen, wir können nur abwarten, daß sie sich vollzieht.«[18]

Seit 1866 gab es jene innere Machtkonstelllation, die die Entstehung und Entwicklung des deutschen Nationalstaates formen sollte. Der preußisch geführte Zollverein, der schon weitgehend – Hamburg und Bremen blieben noch bis 1888 außerhalb, Elsaß und Lothringen wurden 1871 dazugeschlagen – das künftige Deutsche Reich auf der wirtschaftlichen Landkarte vorwegnahm, bot für Investitionen, Expansion und Wachstum verlockende Märkte und Möglichkeiten. Machtgeschützt durch Preußen und vertraglich verbunden mit dem britischen Freihandelssystem, wurde der gewaltige deutsche Binnenmarkt und die darauf aufbauende Stellung im Export für den Großteil des rheinischen und süddeutschen Unternehmertums und des Bildungs- und Besitzbürgertums zum entscheidenden Argument, den Anschluß an Preußen zu suchen. Die nationalen Stimmungen waren wichtig; wichtiger noch war die militärische Entscheidung; am wichtigsten aber der Umstand, daß mit der Entscheidung von 1866 und dem Ausbau des Norddeutschen Bundes die optimale Form gefunden war für die expandierende Industriewirtschaft Mitteleuropas. Hier lag die Basis jener Allianz der »festen

Hand« mit Großgrundbesitz und Obrigkeitsstaat, welche die Reichsgründung trug und alle politischen Konflikte überdauerte.[19]

Nach Annahme der Verfassung des Norddeutschen Bundes im Spätsommer 1867 und Umgründung des Zollvereins zum nationalen Großwirtschaftsraum - gegen die bayerische Konzeption eines »weiteren Bundes« ohne parlamentarische Klammer, die schon an Baden und Württemberg scheiterte - begann der Prozeß der inneren Reichsgründung: Deutschlands Weg zur industriellen Großmacht[20].

Wichtigster Hebel war die Neuordnung des Zollvereins mit einem Bundesrat, der gegen Preußen nicht handlungsfähig war, und einem Zollparlament, das nach allgemeinem, gleichem Reichstagswahlrecht zustande kam, so daß der bevölkerungsreiche Norden den Süden majorisieren konnte. Die Legislaturperiode sollte, wie beim Reichstag, drei Jahre dauern; die Kompetenz umfaßte Zolltarife, Handels- und Schiffahrtssachen, dazu vor allem das gesamte Gewerberecht. Alles zusammen vorerst das Maximum dessen, was in Richtung auf einen deutschen Nationalstaat an Integration damals möglich war: mehr war den europäischen Mächten nicht zumutbar, mehr im Süden Deutschlands nicht erreichbar.

Trotz der wirtschaftlichen Anziehungskraft des Nordens gewann aber nach 1866 zwischen Main und Donau die antipreußische Agitation der Demokraten, Klerikalen und Partikularisten schnell an Boden. Der Süden entzog sich, wie österreichische Diplomaten beifällig berichteten, dem »Nordeintritt«; er wollte zwar am wirtschaftlichen Aufschwung teilhaben, im übrigen es beim »föderativen Zusammenstehen« bewenden lassen[21]. Delbrück, im Bundeskanzleramt Bismarcks Generalstabschef für die Wirtschaftspolitik, setzte in dieser Zeit alles daran, die traditionell protektionistischen Kräfte der süddeutschen Textilindustrie durch einen Handelsvertrag mit Österreich zu überspielen, der 1868 auch zustande kam: er befestigte die radikal freihändlerische Linie der preußischen Wirtschafts- und damit der Handelspolitik des Zollvereins.

Um die Jahreswende 1867/68 aber wurde im Süden das Zollparlament gewählt, und die Wahlen wurden zur Niederlage der kleindeutsch pro-preußischen Parteien. »Steuer zahlen ... Maul halten ... Soldat sein!« Mit dieser Parole gewannen in Württemberg die Preußengegner, in Baden ging es um Kulturkampf, und in Bayern kämpften Klerus, Wittelsbach und Großdeutsche gegen die Anhänger der »protestantischen Militärmacht«[22].

Die Wahlen waren unübersehbar ein Plebiszit gegen Preußen. Ein großes Fragezeichen stand seitdem hinter der wirtschaftlichen Integration, aber auch hinter den Militärbündnissen. Dem Eröffnungsgottesdienst des Zollparlaments durfte der Text zugrunde gelegt werden: »... und ich habe Schafe, die sind nicht aus meinem Stalle ...«[23]

Das Zollparlament von 1868 hat dann zwar den österreichischen Handelsvertrag ratifiziert und aus dem großen liberalen Gesetzgebungsprogramm des Norddeutschen Reichstags - Vereinheitlichung der Maße und Gewichte 1868, Vereinheitlichung des Handelsrechts und Einsetzung eines obersten Handelsgerichts in Leipzig 1869, die Gewerbeordnung mit der allgemeinen Gewerbefreiheit von 1869 und 1870 auch die Ratifizierung des norddeutschen Strafgesetzbuchs – die Kernstücke übernommen. Aber die radikal freihändlerische Richtung des Nordens wurde von der Landwirtschaft und der Textilindustrie im Süden nicht unterstützt. Instrument der preußischen Einigungspolitik war das Zollparlament nicht und konnte es, wie es zusammengesetzt war, nicht werden.

Österreich betonte das Interesse an der weiteren Selbständigkeit der vier süddeutschen Staaten, das gleiche galt für Frankreich. Eine Zwangsläufigkeit, die von der wirtschaftlichen Integration zur staatlichen Einheit führte, gab es nicht. Der kleindeutschen Einheitsbewegung, die Deutschland ohne Österreich wollte, parlamentarisch und publizistisch machtvoll vertreten durch die Deutsche Fortschrittspartei, die Nationalliberalen mit ihrem industriellen Anhang sowie die Freikonservativen, drohte in Deutschland und in Europa die Blockade: in Deutschland durch die Folgen der süddeutschen Wahlen von 1868 und eine Opposition, die großdeutsch und nicht preußisch dachte; in Europa aber durch das System der Großmächte, zu dessen Voraussetzungen von jeher Teilung und Neutralisierung der Mitte gehört hatten. Es gehe für Deutschland zuerst und vor allem anderen um Sicherung dessen, so beschwor Bismarck noch ein Menschenalter später eine Abordnung deutscher Studenten, »was wir mühsam unter dem bedrohenden ... Gewehranschlag des übrigen Europa ins Trockene gebracht haben«. Sehr fraglich, ob die Generation der Jahrhundertwende die Botschaft des alten Mannes noch begriff.[24]

Seit 1866 verschlechterten sich zusehends die Aussichten preußischer Einigungspolitik. Die Mainlinie war nur mühsam überbrückt, und ob die militärischen Schutz- und Trutzbündnisse eher eine Belastung als eine Förderung der preußischen Einigungspolitik sein würden, mußte sich in einer Krise erst noch erweisen. Vorerst jedenfalls waren sie »zweischneidige Schwerter«[25]. Wieviel Wert hatte ein Bündnis, das der badische Großherzog am Ende nur durch Notverordnungsrecht hatte durchbringen können und das zur Spaltung der badischen liberalen Partei führte? Steuererhöhungen zur Finanzierung des neuen Militärsystems trugen nicht zu dessen Beliebtheit bei süddeutschen Handwerkern und Bauern bei. In Baden formierte sich 1869 eine großdeutsche Katholische Volkspartei, in Bayern die Patriotenpartei, die den liberalen Ministerpräsidenten Hohenlohe-Schillingsfürst stürzen wollte und dies 1870 erreichte. Im Großherzogtum Hessen-Darmstadt spielte Freiherr v. Dalwigk, der Ministerpräsident, mit der Idee einer großen Rochade zwischen Berlin und Paris. Ließ sich dem norddeutschen Einigungsdruck noch entkommen?

Bismarck selbst dokumentierte, wie wenig Manövrierraum geblieben war, als er im Februar 1870 im Norddeutschen Reichstag mit schneidender Schärfe eine Interpellation des Fortschritts-Führers Eduard Lasker zugunsten einer getrennten Aufnahme Badens in den Norddeutschen Bund zurückwies. Um ein Haar wäre danach die badische Regierung zurückgetreten, der badische Liberalismus geriet in schwere Bedrängnis. Bismarck wollte im Innern keine neue »Volkspolitik« wie 1848/49. Im übrigen mußte er fürchten, daß Laskers Weg zum Krieg mit Frankreich oder zur Demütigung Preußens führte, die anderen Süddeutschen abseits stehen ließ und das Ende des Versuchs bedeutete, die deutsche Frage in Europa zu isolieren. Bismarcks Nationalpolitik sollte nicht durch populäre Stimmungen über sich selbst hinausgetrieben werden und dadurch Preußens Existenz gefährden, sondern mit Augenmaß in die europäische Machtgeographie eingefügt werden – und, soweit immer möglich, mit dem Konsens der Großmächte. Eine Zeitlang spielte Bismarck mit dem Plan, den preußischen König zum (nord-)deutschen Kaiser zu machen, nahm aber davon Abstand, als die Liberalen im Reichstag dafür die Einrichtung eines parlamentarisch verantwortlichen Ministeriums verlangten. »Damit stellten sie genau die verfassungspolitischen (und gesellschaftlichen) Blockadefunktionen in Frage, auf die es Bismarck bei dem Projekt entscheidend ankam.«[26] Die übrigen deutschen Höfe winkten kühl ab.

Den Freunden der nationalen Einigung blieben Resignation, Ratlosigkeit und pessimistische Stimmung. Daß die Einheitsfrage in einem Zustand des hochgerüsteten Friedens steckenblieb, hatte aber auch gefährliche innenpolitische Konsequenzen, vor allem für die Liberalen. Man war bereit, den Krieg als Mittel der Politik zu denken, wohl mehr noch und auf andere Weise als Bismarck, und das schloß auch den Entscheidungskampf mit Frankreich ein. Aber über viele Jahre den »Eisernen Etat« mit fünfundneunzig Prozent des Bundeshaushalts hinzunehmen, der einen hohen Rüstungsstand sicherte ohne parlamentarische Mitsprache und gerechtfertigt wurde durch drohende europäische Verwicklungen, ließ die liberalen Hoffnungen, im Wege der Nationalstaatsgründung ihre Niederlage im Verfassungskonflikt zu revidieren, praktisch verjähren. 1871/72 sollte diese Pauschalbewilligung ablaufen. Dann mußte über das elementare Parlamentsrecht der Haushaltsbewilligung neu entschieden werden. Die Frage stand erneut an, wer endgültig Sieger bleiben würde im preußischen Militär- und Verfassungskonflikt. Das aber war nicht eine Doktorfrage, sondern betraf den Kern der Politischen Kultur des künftigen Deutschland: preußischer Militärstaat mit konstitutionellem Zusatz oder bürgerlich-parlamentarischer Verfassungsstaat. Für Bismarck stand, wenn erneut die Verfügung über den Militärhaushalt umstritten war, ein Konflikt ins Haus, der nicht nur die preußisch-norddeutsche Innenpolitik belasten, sondern auch die Anziehungskraft des Nordens für den Süden weiter schwächen mußte.

Die Verweigerung Luxemburgs als Kompensation an Frankreich 1867 bedeutete, daß die alte Regel, wonach Machtvergrößerung der einen Seite Kompensation für die andere nach sich zog, durch den modernen Nationalismus außer Kraft gesetzt war. Seitdem rechnete die europäische Diplomatie mit einem deutsch-französischen Krieg. Unsicher war, wann er ausbrechen würde, was den Anlaß abgeben und ob Süddeutschland tatsächlich bündnisgemäß auf der Seite Preußens marschieren würde.

Der große Tausch, von dem Napoleon III. geträumt hatte – Luxemburg und Belgien für Frankreich, Süddeutschland für Preußen – war gescheitert: nicht zuletzt an England. Denn jede Verminderung der belgischen Neutralität mußte die Insel alarmieren und die deutsche Frage auf der Stelle europäisieren. Beides aber zu erhalten, die Begrenzung der deutschen Frage und die günstige Abseitsstellung Englands, gehörte zu den Leitprinzipien der Bismarckschen Politik vor wie nach 1866. Ein Interessenausgleich mit Frankreich fand daher nicht statt, aber nach dem Votum der süddeutschen Wähler gegen den Anschluß an den Norden 1868 war auch die Hoffnung vorbei, Deutschland werde von selbst zusammenwachsen. Dauernde Hinnahme dieses Schwebezustands aber wäre für die Allianz Bismarcks mit dem kleindeutschen Nationalismus zuerst enttäuschend, dann gefährlich und am Ende tödlich gewesen. Der durch die »Indemnitätsvorlage«, die Gründung des Norddeutschen Bundes und den »Eisernen Etat« notdürftig bewältigte Verfassungskonflikt Preußens wäre dann wieder aufgebrochen. Etwas mußte geschehen. Aber was?

Die Plebiszite und der Krieg: Honoré Daumier, Das da hat die da getötet

Die Regierung Gladstone schlug damals den beiden Gegnern im drohenden Krieg, Preußen und Frankreich, abgestufte Abrüstung vor. Ihre monströse Rüstung, so Außenminister Lord Clarendon, sei »a disgrace to our age and civilization«. Was die Briten bewegte, war nicht allein missionarischer Eifer oder die Sicherheit der mit Abstand größten Seemacht. Es war auch Angst, der kommende Krieg werde in Frankreich die Revolution beschleunigen. Aber Frankreichs Außenminister Daru lehnte schon den ersten Schritt ab. Denn wenn Preußen nicht folgte, kam es erst recht zum Krieg, nur mit schlechteren Chancen. Und Preußen? Die Briten lernten damals, daß die deutschen Liberalen den militärischen Preis der deutschen Einheit noch bereitwilliger zahlten als Bismarck. Der aber sah Frankreich aus innerer Schwäche den Weg in den Krieg gehen. Im übrigen erinnerte er den britischen Außenminister daran, daß eben Preußens Lage unter den Mächten »außergewöhnlich« sei; nach dem Bericht Lord Loftus' aus Berlin sagte er: »Wir sind umgeben von drei großen Reichen, mit Armeen ebenso groß wie die unsrige, die jederzeit gegen uns koalieren können.«[27]

Es gehört zu den Paradoxien der Großen Politik im neunzehnten Jahrhundert, daß die Regierung Ollivier in Paris durch ihr aggressives Taktieren nach 1869 eben jene Einigung Deutschlands beförderte, die sie verhindern wollte. Ungewollt spielte die französische Politik der Kompensationen und der »Rache für Sadowa« das Spiel Bismarcks, der im Frühjahr 1870 die Überzeugung aussprach, die »gedeihliche Entwicklung und Sicherstellung der Verhältnisse« in Deutschland sei nur mehr im Gefolge eines Krieges mit Frankreich möglich.[28] Das bedeutete nicht, den Krieg zu wollen und ihn herbeizuführen. Bismarck hat die Idee des Präventivkriegs zeitlebens ablehnend behandelt und stand ihm schon aus christlichen Überzeugungen fern. Es bedeutete aber, die Chance eines Nationalkrieges wahrzunehmen, wenn sie sich bot.

Diese Chance kam, als das spanische Parlament im Frühjahr 1870 einem Sproß des Hauses Hohenzollern-Sigmaringen – katholische

Nebenlinie der Berliner Hohenzollern - den vakanten Thron in Madrid anbot. Dies berührte unmittelbar französische Interessen, zumal es zu den Regeln des europäischen Mächtesystems gehörte, daß keine Begründung einer neuen Dynastie denkbar war ohne vorhergehende Konsultation der Großen Mächte. Ein Hohenzoller auf dem spanischen Thron, das beschwor in Frankreich - anachronistisch, aber publikumswirksam - Ängste vor einer Wiederkehr der Konstellation unter Karl V. herauf, als im sechzehnten Jahrhundert Habsburg das Sechseck von zwei Seiten umklammerte. Napoleon III. hatte Berlin beizeiten gewarnt. Doch war auch unübersehbar, daß London und St. Petersburg der Frage kein Gewicht beimaßen. Für sie lag hier nicht ein Casus belli. Kam es zum Krieg wegen der spanischen Thronfolge, so ging es nicht um die deutsche Frage, sondern Frankreich stand allein in einer Angelegenheit, die jenseits seiner Grenzen keinen Kriegsgrund abgab. Bismarcks geheimes Hinwirken auf die Thronkandidatur des Prinzen Leopold von Hohenzollern-Sigmaringen hat das französische Kabinett zu jenen scharfen Reaktionen provoziert, die dann den deutschen Nationalismus zwanghaft auf der Seite Preußens in den Krieg führten. Selten lag bei einem Krieg der Anlaß so weitab von den Ursachen.

Im April 1870 bereits hatten die Sigmaringer Hohenzollern auf einen Wink Wilhelms I. ihr Einverständnis mit der Kandidatur des Prinzen für den Thron in Madrid zurückgezogen. Im Mai 1870, als in Frankreich das Plebiszit vom 8. Mai die Rechte und damit die antipreußische Partei verstärkt hatte und Gramont, Gegner der kleindeutschen Einheit, Außenminister geworden war, lancierte Bismarck erneut die Kandidatur. Napoleon hatte in der Presse erklärt, ein Hohenzollern-Prinz auf dem spanischen Thron bedeute für Frankreich den Krieg. Aus Wien ergingen Warnungen nach Berlin und Madrid, jeder Schritt in dieser Richtung würde gefährliche Folgen haben. Bismarck kannte also das Kriegsrisiko und nahm es nicht nur in Kauf, sondern betrieb die - an und für sich ja für Preußen machtpolitisch uninteressante - Thronkandidatur nun erst recht als Vorstufe der Entscheidung.

Wilhelm I. hatte sich als »Chef« des Gesamthauses Hohenzollern von vornherein, vor allem mit Rücksicht auf französische Nerven, gegen die Thronkandidatur ausgesprochen, war von der Wiederaufnahme der Sache im Mai 1870 überrascht und angesichts der Kriegsgefahr durchaus bereit, einen dauernden Verzicht auszusprechen. Dies aber war für die französische Seite nicht genug. Benedetti, der französische Botschafter in Berlin, reiste nach Bad Ems, verlangte dort eine Audienz beim Monarchen und hatte nun die Forderungen des französischen Außenministers Gramont nach einer Garantie gegen eine mögliche Wiederholung zu überbringen. Die französische Regierung wollte einen Triumph, Preußen sollte eine diplomatische Ohrfeige erhalten. Wilhelm I. reagierte sehr ruhig und lehnte rundweg ab.

Das chiffrierte Telegramm, das den Hergang der Sache aus Bad Ems berichtete, traf am 13. Juli in Berlin ein und wurde als »Emser Depesche« berühmt. Bismarcks Darstellung in den »Gedanken und Erinnerungen«, er habe mit Kriegsminister v. Roon und Generalstabschef v. Moltke in tiefer Niedergeschlagenheit dagesessen, bis er eigenhändig das Telegramm zusammengestrichen und sogleich veröffentlicht habe, wie aus einer Schamade eine Fanfare geworden sei, diese Darstellung ist Fabel. Schon am Tag zuvor hatte Bismarck eine Gegenoffensive eingeleitet, die Frankreich vor die Alternative stellen sollte: politische Niederlage oder Krieg. Bankwelt und Industrie drängten auf eine Beendigung des kostspieligen bewaffneten Nicht-Kriegs; die deutsche Einheit drohte steckenzubleiben; im Parlament standen krisenhafte Auseinandersetzungen bevor. Seit dem 8./9. Juli 1870 wurde auch in der deutschen Presse der Konflikt immer mehr

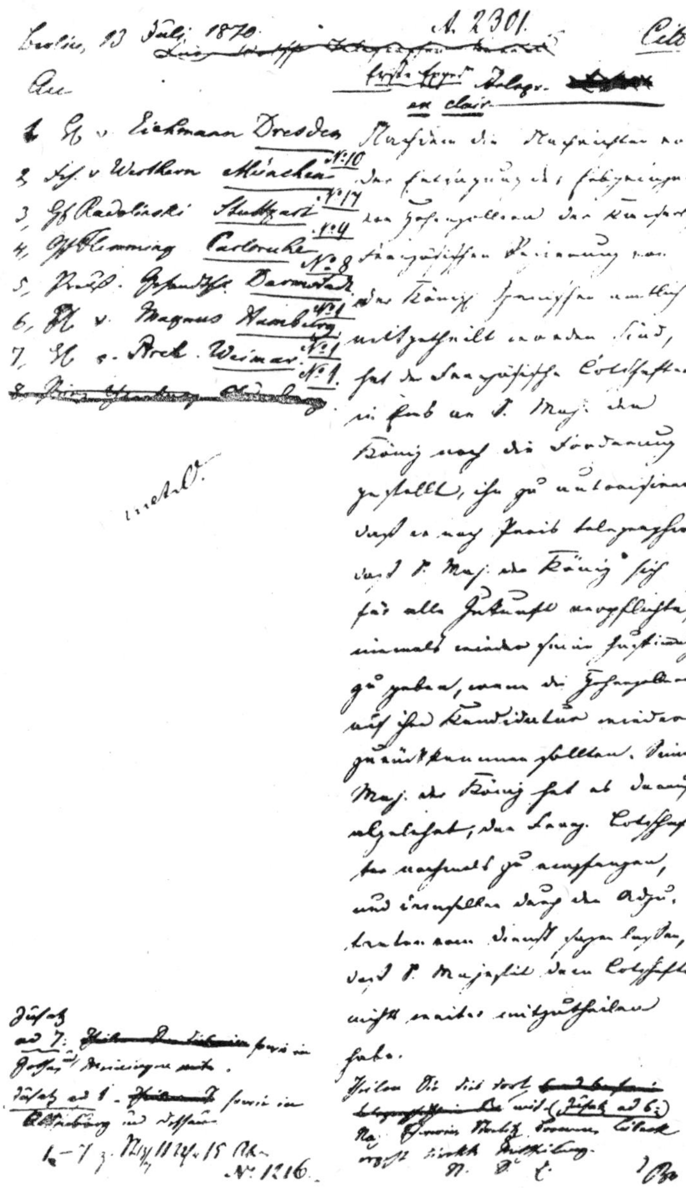
Berlin, 13 Juli 1870. A. 2301. Cito

An

1. H. v. Eichmann Dresden
2. Gf. v Werthern München No 10
3. Gf [illegible] Stuttgart No 17
4. Gf Flemming Carlsruhe No 4
5. Preuß. Gesandtsch. Darmstadt No 8
6. H. v. Magnus Hamburg No 1
7. H. v. [illegible] Weimar No 1

Nachdem die Nachrichten von der Entsagung des Erbprinzen von Hohenzollern der kaiserlich französischen Regierung von der Königl. spanischen amtlich mitgetheilt worden sind, hat der französische Botschafter in Ems an S. Maj. den König noch die Forderung gestellt, ihn zu autorisiren, daß er nach Paris telegraphire, daß S. Maj. der König sich für alle Zukunft verpflichte, niemals wieder seine Zustimmung zu geben, wenn die Hohenzollern auf ihre Kandidatur wieder zurückkommen sollten. Seine Maj. der König hat es darauf abgelehnt, den franz. Botschafter nochmals zu empfangen, und demselben durch den Adjutanten vom Dienst sagen lassen, daß S. Majestät dem Botschafter nichts weiter mitzutheilen habe.

No 1216.

»Emser Depesche« an die preußischen Gesandten in den deutschen Hauptstädten: Bismarcks Redaktion als Problem der nationalen Selbstbehauptung gesehen, in dem auch Preußen kaum noch Spielraum besaß[29].

Der Text der stark veränderten, verkürzten und verschärften Depesche klang dann, als sie veröffentlicht wurde, durchaus wie ein Ultimatum: »Seine Maj. der König hat es darauf abgelehnt, den Französischen Botschafter nochmals zu empfangen und demselben durch den Adjutanten vom Dienst sagen lassen, daß S. Majestät dem Botschafter nichts weiter mitzuteilen habe.« Dem französischen Kabinett blieb nach den Maßstäben des neunzehnten Jahrhunderts nur die Wahl, diese Brüskierung einzustecken, die das Kaisertum demütigte und im Innern seine Existenz gefährdete, oder den Krieg zu erklären.

Die »Emser Depesche« drängte die Franzosen aus der Defensive in die Offensive. Die Ablehnung der Garantieforderung stellte die französische Regierung vor eine selbstverschuldete Niederlage. Sie glaubte, die Situation innenpolitisch nicht mehr meistern zu können, und trat die Flucht nach vorn an: das aber hieß Mobilisierung der Reserven und Krieg gegen Preußen, der nun unausweichlich zum Krieg gegen Deutschland wurde. Es war kein Zeichen von Staatskunst, wenn Napoleon III. zu Ollivier sagte: »Sehen Sie, in welcher Lage sich eine Regierung manchmal befinden kann: wir haben keinen richtigen Kriegsgrund, trotzdem werden wir uns für den Krieg entscheiden müssen, um dem Willen des Landes zu gehorchen.«[30] Die Kammer bewilligte Kredite, der englische Vermittlungsvorschlag wurde abgelehnt, die öffentliche Meinung in den neutralen Ländern war nicht gewonnen, Alliierte standen nicht bereit. Der Krieg, der so lange in der Luft gelegen hatte, wurde improvisiert begonnen.

Wo aber sollte er enden? Französisches Kriegsziel konnte nur die Verhinderung der Einheit Deutschlands sein. Das aber sicherte Preußen die Unterstützung der Süddeutschen. Zugleich hinderten Anlage und Eskalation der Krise die europäischen Mächte daran, in den Krieg einzugreifen.

Der Krieg von 1870/71 hatte ein doppeltes Gesicht. Es fanden – ohne Entscheidung – die letzten großen Reiterschlachten der europäischen Geschichte und die letzten Bajonettangriffe tief gegliederter, geschlossener Kolonnen statt. In Wirklichkeit aber wurde der Gebrauch technischer Mittel, vor allem der schnelle Eisenbahnaufmarsch im Westen Deutschlands und der Telegraph als Führungsmittel, kriegsentscheidend. Bei den Kapitulationen wurden Degen übergeben, man salutierte und ging auseinander; aber in Paris wurden am Ende die Kämpfer der Commune an einer Friedhofsmauer durch französische Pelotons exekutiert. Der Nationalkrieg wurde zum Bürgerkrieg, der Krieg der Feldheere nach der Vernichtungsschlacht von Sedan zum Guerillakrieg.

Von Anfang an lag die Initiative bei den preußischen Truppen, auf deutscher Seite die beherrschende Gestalt der preußische Generalstabschef Helmuth von Moltke, mehr ein Philosoph und Mathematiker des Krieges als ein Haudegen und Militärhandwerker. Nach langer Generalstabsausbildung und intensiven geographischen Stu-

Im Biwak vor Metz.
Holzschnitt nach C. Sell, 1870

dien der Typus des gebildeten Offiziers, machte Moltke Gebrauch von der Technik als Transport- und Führungsmittel, seinen französischen Kontrahenten weit überlegen. Von der Militärhistorie wird ihm strategische Genialität bescheinigt: dabei war ihm Strategie nichts als ein System von Aushilfen. Weshalb aber der systematischen Aufmarschplanung und der Ausschaltung der Imponderabilien um so mehr Gewicht zukam, wie auch der Handlungsfreiheit der Kommandeure. Ihnen wurde das Ziel befohlen, die Mittel zu seiner Erreichung aber blieben freigestellt. Klassisches Vorbild für die künftige Führung moderner Massenheere, war es erst Moltke, der den Großen Generalstab aus seiner traditionellen Beratungsrolle in die der strategischen Führung stieß.

Im Vormarsch gegen Frankreich setzte Moltke eine großräumige Umfassungs- und Vernichtungsstrategie ins Werk: napoleonische Strategie mit den Mitteln der modernen industriellen Technik. Die Sturmangriffe auf Spichern mit 4.500 gefallenen Preußen und auf Weißenburg – hier vergossen badisch-württembergische und bayerische Truppen ihr Blut für die deutsche Sache – brachten keine Entscheidung; auch nicht die großen Reiterschlachten von Vionville-Mars-la-Tour und Gravelotte-St. Privat, die den Kreideboden der Champagne mit viel Blut tränkten. Bei Vionville starben jeder zehnte Deutsche (15.780), jeder zehnte Franzose (13.761), bei Gravelotte verloren die Deutschen 20.163 Mann (von 188.000), die Franzosen mehr als 12.000 (von 112.000). Entscheidend waren die Umfassungsschlachten bei der Festung Metz und am 2. September dann bei Sedan, wo die Masse des französischen Feldheers mit mehr als 100.000 Mann und 500 Kanonen eingeschlossen war. In Sedan befand sich der schwerkranke Kaiser unter den 104.000 Gefangenen. Mit ihm stürzte das Zweite Empire. Teile der französischen Armee traten unter Bazaine und Bourbaki auf neutralen Boden über, Belgien und die Schweiz.

Aber statt zu enden, trat der Krieg nun in eine zweite, ganz anders geartete Phase ein. Der zweiunddreißigjährige Léon Gambetta, Volkstribun und Bohemien, von hoher Intelligenz und mitreißender Rhetorik, der als Wortführer der radikalen Republikaner gegen

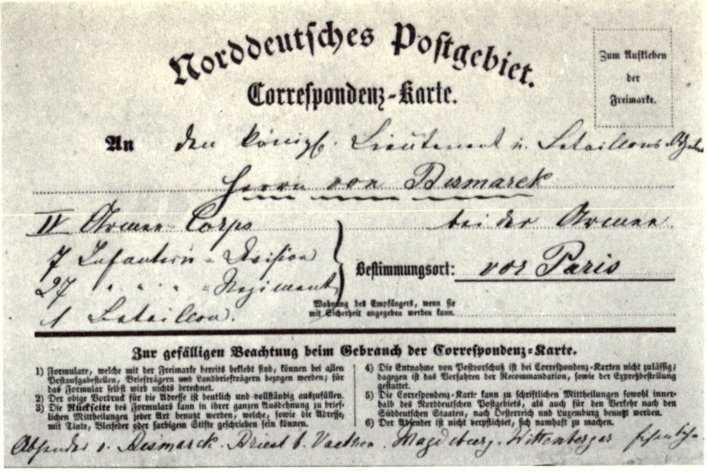
Norddeutsches Postgebiet.
Correspondenz-Karte.
Zum Aufkleben der Freimarke.
An
Herrn von Bismarck
Bestimmungsort: vor Paris
Wohnung des Empfängers, wenn sie mit Sicherheit angegeben werden kann.
Zur gefälligen Beachtung beim Gebrauch der Correspondenz-Karte.
1) Formulare, welche mit der Freimarke bereits beklebt sind, können bei allen Postaufgabestellen, Briefträgern und Landbriefträgern bezogen werden; für das Formular selbst wird nichts berechnet.
2) Der obige Vordruck für die Adresse ist deutlich und vollständig auszufüllen.
3) Die Rückseite des Formulars kann in ihrer ganzen Ausdehnung zu brieflichen Mittheilungen jeder Art benutzt werden, welche, sowie die Adresse, mit Tinte, Bleifeder oder farbigem Stifte geschrieben sein können.
4) Die Entnahme von Postvorschuß ist bei Correspondenz-Karten nicht zulässig; dagegen ist das Verfahren der Recommandation, sowie der Expreßbestellung gestattet.
5) Die Correspondenz-Karte kann zu schriftlichen Mittheilungen sowohl innerhalb des Norddeutschen Postgebiets, als auch für den Verkehr nach den Süddeutschen Staaten, nach Oesterreich und Luxemburg benutzt werden.
6) Der Absender ist nicht verpflichtet, sich namhaft zu machen.

Bestimmungsort: Vor Paris

das Empire das »Belleville«-Programm von 1869 formuliert hatte – allgemeines Wahlrecht, Trennung von Staat und Kirche, Pressefreiheit –, der klassische bürgerliche Radikalsozialist Frankreichs, proklamierte zusammen mit Jules Favre am 4. September 1870 die Republik und übernahm selbst das Ministerium des Innern in der »Provisorischen Regierung der nationalen Verteidigung«. Aus der Asche des gescheiterten Kabinettskriegs blies Gambetta die nationale Volkserhebung gegen die Deutschen an. Er organisierte Massenheere, die den deutschen Truppen schwer zu schaffen machten. Am 19. September wurde der Belagerungsring um Paris geschlossen. Drei Wochen später verließ er Paris im Freiballon, um den Widerstand »à outrance« von außen zu organisieren im Namen des Gouvernement de la Défense Nationale. Von Amiens und von der Loire her sollte Paris von außen freigekämpft werden. Die levée en masse, die Gambetta betrieb, rief Erinnerungen wach an die Große Revolution und Frankreichs glorreiche und gefährliche Zeit. Aber der Ausgang des Krieges war nicht mehr zu wenden. Der Kampf um Paris wurde Brennpunkt und Symbol der Kriegführung. Bismarck drängte auf Bombardement der eingeschlossenen, hungernden Metropole und rasches Niederkämpfen des Widerstands. Moltke wollte die Verteidiger aushungern, um die deutschen Truppen vor dem mörderischen Kampf Haus um Haus zu bewahren. Bismarck wollte der drohenden Europäisierung des Krieges zuvorkommen durch rasche Beendigung. Moltke dagegen sah allein im Exterminationskrieg die Grundlage dauernder deutscher Sicherheit.[31]

Am Ende entschied der Monarch in dem erbitterten Ringen im Sinne Bismarcks: nur die äußersten Forts um Paris sollten übergeben werden. La Défense war der äußerste Punkt des deutschen Vormarschs. Deutsche Truppen betraten vorerst Frankreichs Hauptstadt nicht. Damit aber war der Dolch unter die Senatoren geworfen. Die französischen Parteien zerfleischten sich im Kampf um Waffenstillstand, Fortsetzung des Krieges oder Frieden. Es stand dahinter noch einmal die alte Verklammerung von Krieg und Sozialrevolution. Die Linke mit Gambetta war für Widerstand bis zum äußersten. Große Teile des Bürgertums schlossen daraus, daß es ratsam sei, den

Krieg abzubrechen, bevor er die Revolution entzündete. Damit setzten sich die Führer der konservativen Republikaner durch, an ihrer Spitze Adolphe Thiers. Gambetta stürzte, und Thiers wurde am 17. Februar Chef der Exekutive, ein alter, weiser Mann, der den Krieg ersticken wollte, um die gemäßigte Republik zu retten.

Thiers war noch ein Kind des achtzehnten Jahrhunderts, Schüler Talleyrands und unter der Restaurationsmonarchie kampfstarker Journalist und Historiker der Französischen Revolution, deren überlebende Protagonisten er großenteils noch gekannt hatte, Königsmacher zur Zeit der Julirevolution von 1830, später Minister des Bürgerkönigs und Orléanist, aber noch vor 1848 konservativer Republikaner und danach Führer der liberalen Opposition gegen Napoleons III. Kaisertum: die Stimme des bürgerlich-liberalen Frankreich und der Bourgeoisie, die durch die Revolution mehr zu verlieren hatte als durch die Niederlage.

Die neugewählte Nationalversammlung ersuchte sofort um Waffenstillstand. Mit Bismarck, der im Rothschild-Schloß Ferrières residierte und die Möbel und Bronzen des dixhuitième ignorierte, verhandelte Thiers als Repräsentant einer geschlagenen, aber nicht vernichteten Großmacht, als Erbe einer großen Geschichte und als Architekt einer bürgerlichen Republik: Staatsmann mit Staatsmann, Republikaner gegen den cäsarischen Vollender der Revolution von oben.[32] Der Nationalversammlung in Bordeaux blieb die Aufgabe, das traurige Ergebnis der Friedensverhandlungen in Versailles zu ratifizieren und dadurch aus den Trümmern des Zweiten Kaiserreichs die Dritte Republik und die Lebensform der Bourgeoisie zu retten. Am 26. Februar 1871 wurde, nachdem Bismarck fast ultimativ gedrängt hatte, durch Thiers und Favre in Versailles der Präliminarfriede unterzeichnet, am 1. März durch die Abgeordneten in Bordeaux mit 546 gegen 107 Stimmen ratifiziert.

Für kurze Zeit fand eine symbolische Besetzung der Stadt Paris durch deutsche Truppen statt. Kaiser Wilhelm hatte bei der Festsetzung des Friedens diese Forderung gestellt, aber sie wurde mit Schonung erfüllt: nur 30.000 Mann, nur für zwei Tage, und nur das Stadtviertel um Etoile und Triumphbogen, der noch die Bretterverschalungen der Kriegszeit trug. Die Deutschen sorgten dafür, daß möglichst viele Regimenter Abordnungen schickten. Am Nachmittag des 2. März 1871 nahm Wilhelm I. im Bois de Boulogne eine Parade ab. Um die Etoile fuhren Krupp-Kanonen auf, die Mündungen auf die großen Avenuen gerichtet. Am Abend spielte im Tuileriengarten Militärmusik. Einige Abteilungen besuchten ohne Gewehr den Invalidendom und den Louvre. Auf der Place de la Concorde war die Statue Straßburgs mit schwarzem Trauerflor geschmückt, unter Kränzen und Trikoloren war sie kaum zu sehen. Am Morgen des 3. März begann mit klingendem Spiel und der »Wacht am Rhein« der Rückmarsch durch den von seinen Verschalungen befreiten Arc de Triomphe Napoleons I. Die Deutschen zogen ab – wer aber war Herr der unruhigen Hauptstadt?

Beide Seiten, Deutsche und Franzosen, hatten in Versailles hoch gespielt und wußten doch voneinander, wie gering der Spielraum für Zugeständnisse tatsächlich war. Die Vertreter der jungen Republik mußten damit rechnen, daß bei Fortdauer des Krieges die Verluste

Wilhelm Scholz, Im Sorgenstuhl vor Paris (1870)
»Mit *Wem* machen wir Frieden?«

unendlich steigen würden, am Ende aber die Sozialrevolution stünde. Bismarck mußte den Druck der bislang neutral gebliebenen europäischen Mächte fürchten: England, Österreich und Rußland und damit die Gefährdung des Erreichten. Das waren nicht nur fünf Milliarden Goldfrancs Kriegsentschädigung, die handelspolitische Meistbegünstigung und die Annexion des Elsaß und Lothringens, sondern auch der nationalpolitische Schwung, die moralische Führung Deutschlands, gekrönt durch das preußische Kaisertum.

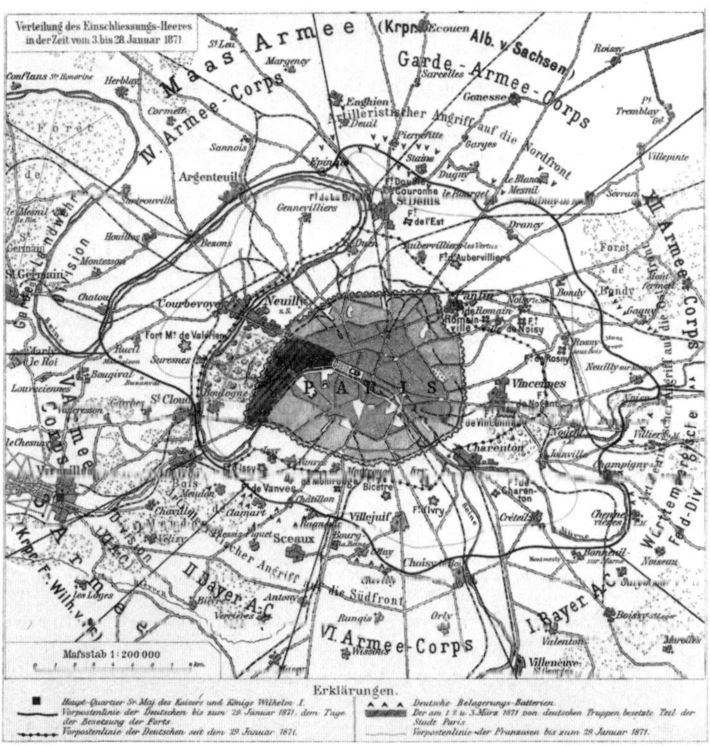

Karte von Paris mit den Einschließungstruppen, 3. bis 28. Januar 1871

Für beide Seiten, Deutsche und Franzosen, verbanden sich um die Jahreswende 1870/71 die Probleme der Kriegsbeendigung mit den Fragen der künftigen nationalen Gestaltung und der Stellung Deutschlands und Frankreichs im europäischen Mächtesystem. Die seit Herbst 1870 immer lauter geforderte Annexion Straßburgs mit dem Elsaß und der Festung Metz mit Lothringen war nicht wirtschaftlichen Antriebskräften entsprungen. Sie war militärische Sicherheitsentscheidung, die bereits mit dem nächsten Krieg rechnete und dafür besser gerüstet sein wollte; sie entsprach auch alten süddeutschen Erfahrungen und Ängsten vor einem militärischen Ausflug der Franzosen; sie war endlich nationalpolitisches Symbol. Bismarck hat die Annexionsforderung nicht aufgebracht. Aber gebremst hat er sie auch nicht, als sie in liberalen Zeitungen und Massenpetitionen aus dem Reich öffentlich gefordert wurde.

Honoré Daumier, Das europäische Gleichgewicht (1867)

Das militärische Argument war ernst zu nehmen, doch es enthielt offensichtlich die Gefahr einer sich selbst erfüllenden Prophezeiung. Jener künftige Krieg, den die Militärs, durch das Glacis auf dem linken Rheinufer gesichert, besser zu bestehen hofften, mußte durch die Annexion fast unausweichlich werden. Jedenfalls ließ sich danach Frankreich in keine deutsche Sicherheitspolitik mehr einfügen. »Frankreich ist hoffnungslos«, sagte Bismarck dreizehn Jahre später. Axiom künftiger deutscher Außenpolitik mußte es dann sein, Frankreich isoliert und bündnisunfähig zu halten – konnte dies aber auf Jahrzehnte geschehen? War nicht mit der Wegnahme der seit zweihundert Jahren bei Frankreich befindlichen Provinzen, die selbst der Friede von 1814 noch unberührt gelassen hatte, langfristig die Belastung der deutschen Sicherheitsinteressen viel größer als der Zugewinn an militärischem Manövrierraum?

Bismarck muß alles dies gesehen haben, denn es entsprach der alten Logik des Mächtesystems. Wenn er gleichwohl die Annexionsforderung aufnahm und vertrat, so wohl aus Resignation gegenüber den siegreichen Generalen, Moltke an der Spitze, und aus nationalpolitischem Kalkül: gehörten Elsaß und Lothringen erst einmal zum Reich, dann würde auch das Reich sich herstellen lassen.[33] Auch lag hier künftig eine undurchdringliche Mauer preußischer Garnisonen vor etwaigen Alleingängen der süddeutschen Staaten in Richtung Paris. Aber die Staatsräson Preußens wurde Opfer des deutschen Nationalismus.

Sie wurde es mit der Annexion, die das alte Gleichgewichtsdenken aufgab und einen Hegemonialanspruch erhob, der erst noch gegen das restliche Europa durchgekämpft werden mußte. Und es geschah dies auch mit dem Kaisertum, dessen werbende Kraft aus den Tiefen der Reichsgeschichte kam und das doch Klammer eines deutschen Nationalstaats von ganz anderer Art werden sollte. Zwar hat der damit verbundene deutsche Aufbruch zu Hegemonial- und Weltpolitik noch zwanzig Jahre in Anspruch genommen. Aber es war schon in den Entscheidungen der Jahreswende 1870/71 die Wandlung vom nationalen und föderalen Reichsgedanken zum imperialen beschlossen. Das deutsche Kaisertum war Symbol und Mittel einer militärisch verwirklichten Nationalpolitik.

Im Deutsch-Französischen Krieg ging nicht nur das französische Kaisertum unter. Auch das siegreiche Preußen überlebte seinen Triumph nicht. Daß das Kaisertum zuletzt von einem seiner Sinne kaum mehr mächtigen bayerischen Monarchen seinem Vetter von Hohenzollern angetragen wurde und daß dies nach einem Briefentwurf Bismarcks und der Zusicherung von fünf Millionen Goldmark zuzüglich zehn Prozent für den hochadligen Vermittler Graf Holnstein geschah, darf demgegenüber als eine Fußnote gelten. Das peinliche pekuniäre Faktum wurde gleichwohl von beiden Seiten aus naheliegenden Gründen mit einem dichten Schleier der Geheimhaltung umgeben und erst nach 1918, als Kaisertum und Monarchie dahinwaren, aus den bayerischen Staatsarchiven ans Licht gezogen.[34]

Für Frankreich war die Stunde des Friedens die Stunde der Demütigung, der Angst vor dem Abgrund des Bürgerkriegs und blutiger Kämpfe um die künftige Gestalt der Republik. Die Nationalversammlung mußte es sich versagen, eine Verfassung zu beschließen. Kein Entwurf wäre mehrheitsfähig gewesen.

Nur in einem waren sich bürgerliche Republikaner und Monarchisten einig, das war die blutige Abrechnung mit dem Aufstand, der unter dem Namen der »Commune« am 18. März im noch immer von deutschen Truppen umschlossenen Paris begonnen hatte. Jacobiner, Blanquisten und Anarchisten taten sich mit der bürgerlichen und proletarischen Linken zusammen. Es war ein sozialrevolutionärer und nationalistischer Widerstand gegen die Preußen. Und es war ein Aufstand der Metropole gegen die Notablen der Provinz, die die neue Regierung bildeten.

So war es folgerichtig, daß nunmehr die Truppen der Dritten Republik die Belagerung fortsetzten, während die Deutschen zuschauten, Gewehr bei Fuß. Straße für Straße und Haus für Haus wurde Paris schließlich erobert, der letzte Widerstand am Friedhof Père-Lachaise gebrochen, die Aufständischen liquidiert oder, was dem Todesurteil gleichkam, von Sondergerichten auf die Teufelsinseln in die Verbannung geschickt. Der proletarische Sozialismus wurde auf diese Weise in Frankreich auf eine Generation gebrochen. Das Sozialistengesetz im Deutschen Reichstag von 1878, was war es im Vergleich zu dieser Blutorgie, mit der die Dritte Republik begann?

Aber auch nach der letzten Abrechnung in Paris hielt die Staatskrise Frankreichs an. Die Restauration der Königskrone scheiterte an den tiefen Interessengegensätzen der Rechten. Das Parlament brachte nur schwankende Mehrheiten und unsichere Regierungen zustande. Frankreich sollte auf Jahrzehnte von der Pariser Bürokratie regiert werden. Deutschland aber, Trauma und Übermacht, wurde für die französische Republik auf dem Weg zu wirtschaftlicher Modernisierung, militärischer Effizienz, politischer Neuordnung, zu Säkularisierung und Massendemokratie zum Prägestock.[35]

Wie die deutsche Identität im Zeichen des Nationalstaats erst aus dem Krieg mit Frankreich sich bildete, so wurde die französische Politische Kultur durch die Auseinandersetzung mit den Deutschen wesentlich geformt. Es entstand eine ebenso zerstörerische wie schöpferische Beziehung. Von der Kriegsfurcht des Jahres 1875 bis zur Veröffentlichung von Ernest Renans Plädoyer für »La réforme intellectuelle et morale« spannt sich ein weiter Bogen, der auch im Innern die Affäre Dreyfus noch umfaßt, in der Außenpolitik aber das Bündnis mit dem Zarenstaat von 1894, die Marokkokrisen des letzten Vorkriegsjahrzehnts und »le feu sacré de la revanche«. Keine der vielen Regierungen der Dritten Republik vermochte jemals die böse Saat von 1871 zu vergessen und das Elsaß und Lothringen aufzugeben.

Die improvisierte Republik, bis 1873 noch von deutschen Truppen besetzt, finanziell belastet durch den Aderlaß der fünf Milliarden, bis zur »Krieg-in-Sicht«-Krise 1875 in Europa durch die Niederlage, den Regimewechsel und fortdauernde Schwäche sichtbar isoliert, nach Bevölkerungswachstum und industrieller Leistungsfähigkeit dem östlichen Nachbarn unterlegen, wurde vom deutschen Trauma zugleich belastet und stabilisiert.

Und dennoch blieb Deutschland neben England über Jahrzehnte Haupthandelspartner der Franzosen. Die Frage bleibt, ob das Ergebnis des Krieges von 1870/71, beide Nationen prägend, ihr Nebeneinander dauerhaft erschütternd und belastend, schon die Wurzeln der europäischen Katastrophe von 1914 enthält. Manches spricht dafür. Aber es bleibt daran zu erinnern, daß von 1870 bis 1914 noch viel geschehen ist; und manches hätte auch anders kommen können.

Die Frage nach der Verknüpfung von 1870 und 1914 aber ist nicht nur eine Frage an die französische Geschichte. Sie ist – und vielleicht noch mehr – ein Problem der deutschen. Die Kaiserproklamation des 18. Januar 1871 zu Versailles, an symbolträchtigem Ort im lange ungebrauchten, längst mehrfach demöblierten Spiegelsaal des Sonnenkönigs, wo bereits seit den Tagen des Bürgerkönigtums ein Museum »A toutes les Gloires de la France« die Geschichte einsargte, Feldlager und Triumphsaal, wo unter dem Glanz der Waffen die Weihe der Religion für das neue Kaisertum entbehrlich schien – diese Feststellung des Kaisertums geschah vorgreifend, bevor noch der Deutsche Reichstag die Chance gehabt hatte, über die künftige Verfassung zu beraten und zu beschließen.

So wurde auf unübersehbare Weise dargestellt, wie der Nationalstaat zustandegekommen war: durch Waffen, nicht durch Wahlen. Unter den Anwesenden, die das Prunkbild Anton von Werners für deutsche Lesebücher festhielt, muß man lange suchen nach Zivilisten zwischen lauter Uniformen. Degen und Helme waren zu sehen, Zylinderhüte nicht. Ein ewiger Bund sollte das künftige deutsche Kaiserreich sein, gestiftet von den Fürsten und den Senaten der Freien Städte. Von der mündigen Nation, von Vereinbarung der Verfassung und von jenen Bürgerrechten, die der Nation erst ihre säkulare Weihe geben konnten, war nicht die Rede. Belastung und Grenzen der Politischen Kultur des neuen Deutschland wurden in ihren Symbolen sichtbar. Im übrigen muß der Triumph bitterkalt gewesen sein: die Galerie war so gut wie unheizbar.

Niemandem waren wohl mehr als Bismarck Gewaltsamkeit und Brüchigkeit des Versailler Staatsakts bewußt. Er hatte politisch die

Honoré Daumier, Das verfluchte Jahr

Initiative ergriffen, hatte Wilhelm I. in die kaiserliche Rolle gedrängt, hatte ihm gar noch am Vorabend angedeutet, man könne ja auch, wenn es dem Hohen Herrn mißfalle, auf die Proklamation verzichten. Allerdings waren ihm auch die Folgen deutlich: statt vollendeter Tatsachen nichts als neue Fragezeichen hinter der deutschen Einheit: »Diese Kaisergeburt war eine schwere«, schrieb er drei Tage nach dem Ereignis an seine Frau. »Könige haben in solchen Zeiten ihre wunderlichen Gelüste, wie Frauen, bevor sie der Welt hergeben, was sie doch nicht behalten können. Ich hatte als Accoucheur mehrmals das dringende Bedürfnis, eine Bombe zu sein und zu platzen, daß der ganze Bau in Trümmer gegangen wäre.«[36]

Sechs Wochen später, am 3. März 1871, wurde vom Norden bis zum Süden der erste Reichstag gewählt, der sich wahrhaftig deutsch nennen durfte. Er ersetzte das Zollparlament und den Reichstag des Norddeutschen Bundes. Mit »Glockenläuten und Kanonenschüssen, mit Fahnenwehen und Illuminieren« feierte das Land den Sieg, so erinnerte sich der liberale Publizist Ludolf Parisius[37]. Auf einer Woge nationaler Begeisterung reitend, errangen die Reichsgründungsparteien, Nationalliberale und Freikonservative, eine große Majorität. Ihr Erfolg wurde allerdings getrübt. Denn ähnlich wie unlängst im preußischen Abgeordnetenhaus schob sich die katholische Zentrumspartei in die Mitte des Parteienfeldes, nicht Klassenpartei im Links-Rechts-Schema, sondern katholische Volkspartei. Vom Kammerherrn bis zum Barrikadenkämpfer, vom badischen Bauern bis zum Braunsberger Priester umfaßte sie das katholische Deutschland. Am wenigsten vertreten war in ihr das bürgerlich-industrielle Element.

Die Machtgeometrie des Reichstags war fortan davon bestimmt, daß Mehrheiten nicht zu gewinnen waren, ohne daß von den drei großen Gruppierungen des Konservatismus (127 Mandate), des Liberalismus (165 Mandate) und des Katholizismus (57 Mandate) je zwei sich gegen die dritte zusammenfanden. Die vierzehn Polen aus Westpreußen und Posen, die zehn Welfen aus der Provinz Hannover nahmen als Hospitanten beim Zentrum Platz; drei Jahre später gesellten sich auch die fünfzehn Abgeordneten des Elsaß und Lothringens dazu. Sie gehörten ebenso zum politischen Rand wie der eine Däne, der in den Reichstag gekommen war.

Wenn aber die Bismarcktreuen ihren Sieg betrachteten, so mußten sie bemerken, daß er teuer bezahlt war. Zudem hatte nur jeder zweite (51 Prozent) der Wahlberechtigten die Stimme abgegeben. Die Reichsbegeisterung blieb gemessen, selbst im rauschhaften Zeitpunkt des Sieges. Was aber würde geschehen, wenn die abseits stehenden Wähler einmal ihre Chance begriffen? Würden sie Bebel die Stimme geben, dem einzigen Sozialisten im ersten Reichstag? Wie sicher war die Allianz gegründet, die Bildungsbürgertum und Industrie, liberale Landwirte und städtische Handwerkerschichten umfaßte, Preußen, Neu-Preußen und Nicht-Preußen?

Mit Pomp und höfischem Zeremoniell wurde drei Wochen später, am 21. März 1871, im Weißen Saal des Königlichen Schlosses zu Berlin der Reichstag eröffnet. Ein lebendes Bild wurde inszeniert, noch einmal Versailles, aber diesmal im Königsschloß der Hohenzollern. Pathos und Rhetorik, Symbole und Realpolitik verschränkten sich. Der »Überschwang von Glanz und Glorie« herrschte.[38] Waren die Gespenster von 1848 gebannt, die Bitternisse des preußischen Verfassungskonflikts begraben? Viele von den Mitlebenden haben dies geglaubt. Die Späteren aber mußten erkennen, daß die Szenerie von 1871 gestellt, der Glanz vergänglich war.

Um der Größe des Tages zu huldigen und die Geister des napoleonischen Kaisertums zu vertreiben, hatte das Protokoll aus der Pfalz zu Goslar den Thronsessel Heinrichs III. herbeigeschafft, der vor achthundert Jahren die königlichen Rechte gegen Kirche und Adel forciert hatte. Seitlich aufgereiht sah man Mitglieder der preußischen Dynastie und eine unbestimmte Anzahl uniformierter Herren, die bis dato souveräne Fürsten gewesen waren und nunmehr sich mühten, gute Miene zum bösen Spiel zu machen. Vor ihnen hielten – gelungener Regieeinfall – preußische Generale die Reichsinsignien in Händen.[39] Die Abgeordneten des deutschen Volkes wirkten eher wie Statisten.

Politik stellte sich dar als Tat und Kunst des großen Staatsmanns, das Reich als ein Ergebnis jener Logik, die aus »Eisen und Blut« resultierte. Wenn die Szenerie dazu bestimmt war, den Geschlagenen von 1848 und den Verlierern von 1866 vor Augen zu führen, wo im künftigen Deutschen Reich der Ort der Entscheidung lag, so ließ sie es an Deutlichkeit nicht fehlen. Paradeuniformen und weiße Helmbüsche waren nicht nur Staffage eines Monumentalgemäldes nach dem Geschmack zeitgenössischer Historienmalerei. Sie setzten Zeichen.

Das stolze Bild nationaler Einheit und imperialer Kraft überdeckte indes nicht lange die Konflikte und Risse, die der konservative Gegenstoß der »Revolution von oben« im politischen Gefüge hinterlassen hatte. Ein süddeutscher Historiker, der nach Berlin gewallfahrtet war, schrieb ernüchtert von der »drangvollen, kampfreichen, zwischen Überspannung und Ermattung schwankenden Übergangsperiode«, in der man sich befand[40].

Schon die Frage, wie die tragende Reichstagsmehrheit auf die von Bismarck redigierte Thronrede des Monarchen antworten solle, offenbarte Risse in der Fassade nationaler Einmütigkeit. Die Zentrumsfraktion wurde als Feind markiert. Und was beim Adreßentwurf begonnen hatte, setzte sich fort, als die norddeutsche Bundesverfassung redigiert wurde. Der Vorwurf war unüberhörbar, es sei die neue Zentrumspartei nichts als die Allianz der Staatsfeinde, die zugleich Gegner des neuen Kaisertums und des liberalen Fortschritts waren. Haß klang auf, zusammen mit der liberalen Missionsidee wider den »Ultramontanismus«. Dieser Vorwurf, »jenseits der Berge« in Rom die Kommandos zu empfangen, Teil einer übernationalen katholischen Liga zu sein und der Synthese von Preußentum und Liberalismus übelzuwollen, wurde für die kommenden Jahre des »Kulturkampfs« Leitmotiv. Dahinter stand der Unfehlbarkeitsbeschluß des Vaticanums, dahinter stand auch die Sorge der Bismarckianer, eine konservativ-katholische Koalition werde die Macht übernehmen.

Das Zentrum hatte im Wahlkampf dafür gesprochen, es müsse das Deutsche Reich nunmehr für den Vatikan militärische Schutzfunktionen übernehmen, die bis zum Abzug der Franzosen im September 1870 Napoleon III. durch Truppenabstellung wahrgenommen hatte. Inzwischen aber war Rom in den italienischen Nationalstaat einbezogen worden, jede Interventionsabsicht implizierte Krieg, und für die Liberalen beschwor die Zentrumsinitiative gar die Erinnerung herauf an die selbstzerstörerischen Italienzüge der mittelalterlichen Kaiser. So kam in die Antwort auf die Adreßdebatte nicht nur die gebotene Höflichkeit gegenüber dem Monarchen, sondern auch eine polemische Absage an das Zentrum. Dabei war, entsprechend der Machtlosigkeit des Parlaments in außenpolitischen Fragen, im Grunde gar nicht von realen politischen Optionen die Rede, sondern es ging um einen symbolischen Konflikt. Verlierer war das Zentrum. Ob die Liberalen aber die Gewinner waren, muß dahinstehen.

Ungleich mehr politische Bedeutung hatte da die Frage der Verfassung. Im wesentlichen, so die Absprache Delbrücks mit den befreundeten Fraktionen, wollte man sich auf redaktionelle Arbeit beschränken, rasch arbeiten und keine Konflikte auf den Tisch kommen lassen. Plötzlich aber verlangte der Zentrumsführer Windthorst, ehemals königlich hannoverscher Minister und einer der brillanten Redner und Analytiker des deutschen Parlaments, gegen drohende »Omnipotenz des Staates« Grundrechte in der Reichsverfassung zu verankern. Er wollte dem Staat durch Verfassungsrechte für Kirchen und Minderheiten Zügel anlegen. Dem Bismarckschen Organisationsstatut wäre dadurch das Element der moralischen Sinnstiftung und der Legitimation aus Menschen- und Bürgerrechten zugewachsen. - Waren das nicht liberale Ziele? Heinrich von Treitschke, einer der machtvollen Redner des nationalliberalen Lagers und als Historiker längst ein Mann der »Realpolitik«, wischte den Antrag für Kirchen- und Minderheitenschutz mit der These vom Tisch, man bedürfe der verbrieften Rechte nicht, und die Gewähr der Freiheit liege eben im Reichstag selbst, »dessen Beschlüsse Kaiser und Reich gar nicht in den Wind schlagen können«.

Der Reichstag hat damals eine Chance freiheitlicher Sinnstiftung vertan, die Liberalen dementierten sich selbst, als Pragmatiker war ihnen Bismarck allemal überlegen. Der westfälische Zentrumsgründer v. Mallinckrodt aber konnte im Parlament die Lage seiner Partei mit den Worten beschreiben: »Feinde ringsum. Heute und bei den Wahlen, auf allen Seiten Gegner, und alle wirkten zusammen.«[41]

Die deutsche Parlamentsgeschichte ist von dieser Spaltung des Anfangs auf lange Zeit bestimmt worden. Als politische Institution und Sammlungspunkt der Interessen funktionierte der Reichstag, als Gegengewicht zum bürokratischen Regierungsapparat, als Widerlager zum charismatischen Staatsmann fiel er aus. Das war ein Ergebnis der geschichtlichen Bilanz der Reichsgründung. Aber dieses Ergebnis wurde durch die ersten großen Debatten um Thronrede und Verfassung noch unterstrichen. Doch von dieser Einsicht ihrer späten Jahre waren die bismarcktrunkenen Liberalen der Reichsgründung noch durch ein Jahrzehnt der schmerzlichen Desillusionierung getrennt. Johannes Miquel, einst jugendlicher Confident von Friedrich Engels, längst aber aufgestiegen zum nationalliberalen Parteigründer, Direktor der Disconto-Gesellschaft und Eisenbahn-Experten, faßte die Stimmungen des Liberalismus zusammen, als er sich den Zentrumsabgeordneten zuwandte: »Das Deutschland von heute ist *gegen* Sie zu Stande gekommen. Sie haben es verhindert mit allen Mitteln, Sie sind heute die Geschlagenen.« Die bürgerlichen Liberalen, die bis 1866 abgewartet hatten, wollten nun die Siege Bismarcks in der inneren Politik vollenden. Würden dies aber Siege des Liberalismus sein? Des Bürgertums - gewiß; der Liberalen - das blieb offen.

Bismarck hat diesen Keil weiter hineingetrieben in den Reichstag. Der Vorwurf, die Zentrumspartei sei nicht national, ja reichsfeindlich, verdichtete sich zu der Anklage, daß die Partei die Aufrichtung des Deutschen Reiches »prinzipiell anfechte und negiere« - so Bismarck in einem Brief an den katholischen freikonservativen Magnaten Graf Frankenberg in Schlesien, der alsbald seinen Weg in die Presse fand.

Für die Forschung ist der Ausbruch des Kulturkampfs bis heute eines der rätselhaften Kapitel Bismarckscher Politik geblieben, vielleicht das dunkelste. Über Bismarcks treibenden Anteil und seine taktischen Motive dabei allerdings kann kaum noch ein Zweifel bestehen. Gewiß hat er den Versuch unternommen, den Kampf gegen das Zentrum ähnlich wie später den Kampf gegen die Sozialdemokratie zu nutzen, um eine innere Gefahrensituation hochzuspielen und dadurch die parlamentarischen Fronten zu spalten. Aber diese Deutung erschöpft die Problematik nicht.

Im Kampf gegen das Zentrum ging es um die zwingende Auseinandersetzung des weltlichen Staats mit der Kirche, im Kampf mit dem Sozialismus um das Gesicht der industriellen Gesellschaft. Beide Konflikte waren im Prinzip unvermeidlich, beide Konflikte haben sich in ähnlicher Form allen Staaten auf ihrem Weg in die Modernität gestellt. Während aber der Kampf gegen das Zentrum ein Stück Lostrennung von der Vergangenheit war, Emanzipation von der Geschichte, war das Ringen mit der politischen Arbeiterbewegung eine Gestaltungsfrage der Zukunft. Nur in dem Punkt der Parlamentstaktik berührten sich beide Fragen. Darüber hinaus aber blieben sie getrennt, und Bismarck setzte alles daran, sie getrennt zu halten – weshalb ja auch der Kulturkampf bereits wieder abgebrochen werden mußte, als die Auseinandersetzung mit der Sozialdemokratie in Form des simulierten Bürgerkriegs begann.

Kulturkampf, das bedeutete zunächst Auseinandersetzung auf der Ebene der Einzelstaaten, nicht des Reiches, Kampf gegen die geistige Machtposition des katholischen Klerus, aber implizit auch des protestantischen Staatskirchentums, das durch die altlutherisch begründete Ehe von Kirchenpatronat und geistlicher Schulaufsicht mit der Guts- und Grundherrschaft noch immer zusammenhing. Weil dem so war, hat der Kulturkampf nach seiner ersten, liberalistisch-antikatholischen Phase fast unvermeidlich antikonservative Züge angenommen, die Konservativen in verbissenen Widerstand getrieben und die Katastrophe des altpreußischen Konservatismus nach sich gezogen. Mit dem auf Betreiben der schutzbedürftigen bayerischen Regierung im Reichstag schon 1871 angenommenen »Kanzelparagraphen« (§ 130a StGB), der auf politische Hetze von der Kanzel strafrechtliche Sanktionen setzte und bis 1953 galt, begann eine lange Eskalation von Kampfgesetzen, die mit den preußischen Maigesetzen 1873 einen ersten Höhepunkt erreichten: da ging es um die geistliche Schulaufsicht, die vor allem in den polnisch sprechenden Gebieten dem zumeist national-polnischen Klerus entzogen werden sollte, ebenso aber deutsche Gutsbesitzer ihrer Patronatsrechte beraubte. Ebenso liberal und modern war 1874 die Einführung der obligatorischen Zivilehe, die vor allem im katholischen Süden böses Blut machte. Kampfgesetze waren das »Expatriierungsgesetz« gegen renitente katholische Geistliche, denen mit Entzug der Staatsbürgerschaft gedroht wurde, und das »Brotkorbgesetz«, das dem Klerus die Staatsleistungen sperren sollte.[42]

Zwar mußten Bismarck und das preußische Staatsministerium noch immer um die liberalen Stimmen werben und dafür beim Strafrecht, beim Presserecht, bei der Gewerbeordnung und beim Börsenrecht weiter entgegenkommen, als ihren konservativen

Instinkten entsprach. Bei der Trennung der Selbstverwaltung der Kreise von der Gutsherrschaft in Preußens östlichen Provinzen endlich geriet offensichtlich der Gleichklang zwischen Preußen und dem Reich in Gefahr - Delbrück im Staatsministerium: »Sobald innerhalb Preußens eine zeitgemäße Entwicklung auf dem legislatorischen Gebiet durch die Haltung des Herrenhauses niedergehalten werde, sei die unmittelbare Folge, daß in demselben Maße die Kompetenz des Reichstags zu erweitern gedrängt werden.«[43] Aber die antikatholische und antikonservative Schlagseite der innenpolitischen Gestaltungsfragen bedeutete noch lange nicht, daß die künftige Gestalt der deutschen Verfassung von den Liberalen geformt wurde.

Schon bei den Versuchen, dem Pressegesetz der Regierung die konservativen Zähne zu ziehen, erreichten die Liberalen nur einen halben Sieg. Die Kautionspflicht der Zeitungen und die preußische Zeitungsstempelsteuer wurden zwar aufgehoben, die vordem als nützliches finanzielles Druckmittel gegolten hatten, »um einige Ordnung in der Zeitungs-Presse zu erhalten« - wie es im preußischen Staatsministerium hieß. Aber zugleich wurde die Liberalisierung des Presserechts, die 1874 folgte, durch einen Fächer von Gegenmaßnahmen aufgefangen, die schon in Richtung des späteren Sozialistengesetzes wiesen: Bismarck beklagte (3.4.1873), daß die »social-demokratische Presse fortdauernd die Aufregung unter den Arbeitern gegen die Regierung und die besitzenden Klassen nähre«. Er glaube, »wie die Regierung in diesem Kampf nicht passiv bleiben dürfe, sondern verpflichtet sei, die notwendigen Grundlagen der staatlichen Ordnung desfallsigen Agitationen gegenüber zu schützen«. Vermehrte Streiks wurden registriert, die Agitation griff von Berlin auf das Land über. Unter den »demnächst zu verfolgenden Aufgaben« beschloß die preußische Regierung nun »1. verschärfte Pressebestimmungen, 2. Regelung und Beschränkung des Koalitionsrechts sowie 3. des Vereinswesens und endlich 4. der Freizügigkeit«.

Roon, seit langem Kriegsminister und 1873 amtierender Ministerpräsident, wies darauf hin, es habe »der rapide Gang, den die Gesetzgebung seit 1867 genommen, bereits in den Kreisen ihrer Urheber zu mannigfachen Bedenken Anlaß gegeben«. Auswanderung sollte erschwert, Streiks sollten nach englischem Vorbild verboten werden, Koalitionsrecht für die landwirtschaftlichen Arbeitskräfte enden.[44]

Der Reichsgründung folgte eine tiefe Ernüchterung, der liberalen Ära der Wirtschaftspolitik ein konservativer Rückschlag. Beides fand später Ausdruck in der großen konservativen Wendung seit 1878, die von der wirtschaftlichen Depression ausgelöst wurde. Aber schon zu den Grundzügen der Reichsgründung gehörte, daß die liberalen Bäume nicht in den Himmel wuchsen, Angst vor dem Wandel und Abneigung gegen den Preis der Industriewirtschaft sich ausbreitete, während Träume vom verlorenen und wiederherzustellenden Gleichmaß des Lebens an Anziehungskraft gewannen.

In diese Szenerie des Selbstzweifels und der Zukunftsangst gehört die Regelung der Militärfrage, die den preußischen Verfassungskonflikt und die dilatorischen Formelkompromisse der »Indemnität«, der norddeutschen Bundesverfassung und des »Eisernen Etats« in dauernde Form bringen sollte. Bislang galt noch immer die Regelung von 1867, daß pro Mann der gesetzlichen Stärke der Armee jährlich eine Pauschalsumme (»Pauschquantum«) von 225 Talern bewilligt wurde, und dies auf jeweils vier Jahre. Nun sollte ein Reichs-Militärgesetz die organisatorischen Grundlagen feststellen, nach denen in Zukunft das Parlament bewilligen mußte. Zwei Dinge waren mithin verkoppelt: das Gefüge der Armee-Organisation und die finanzielle Sicherung der Ausgaben für das Heer - die Marine blieb außerhalb der Neuregelung. Die Militärverwaltung verlangte die dauernde Bewilligung, das sogenannte Äternat. Das war ein ewiger Etat, an dem das Parlament keine Änderungen mehr vornehmen, schon gar nicht die Regierung unter Druck setzen konnte.

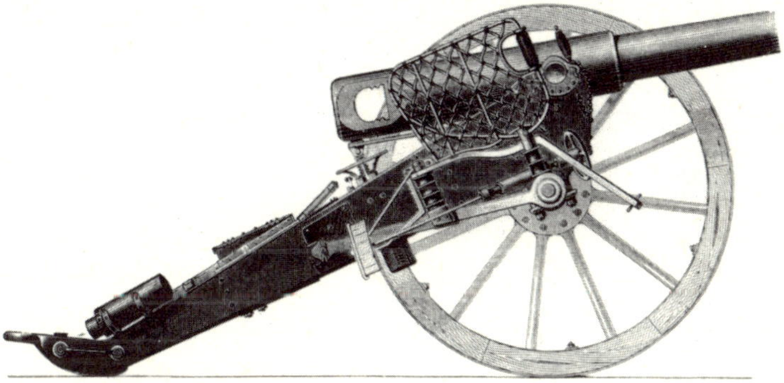

Deutsches Feldgeschütz, 1873

Die Generalität wollte der Wiederkehr des Verfassungskonflikts ein für allemal vorbeugen. Eine Mauer der Legalität sollte gegen künftige Konflikte schützen. Der Reichstag dagegen sah sich vor der Wahl, entweder dauerhaft auf die Verfügung über 90 Prozent der Reichsausgaben zu verzichten, oder den preußischen Verfassungskonflikt noch einmal zu inszenieren - allerdings auf der Bühne des Reiches und mit stark veränderter Kulisse. Es gab lange und erbitterte Auseinandersetzungen. Die Liberalen, unterstützt von Baden, forderten einen verantwortlichen Reichskriegsminister und hätten über alles weitere mit sich reden lassen. Im Ausschuß stand man bereits vor dem Scheitern der Regierungsvorlage.

Bismarck drohte jetzt mit Auflösung des Parlaments oder Rücktritt, er erhielt waschkorbweise Zustimmungsadressen von Handelskammern und liberalen Wahlvereinen. Die schwankenden Liberalen wollten schließlich nicht alles aufs Spiel setzen, und Bismarck fand in der Bewilligung auf sieben Jahre (»Septennat«) auch einen »allgemeinen Wort für den Staat, in welchem die Armee einen Staat für sich bilde und schwer zu behandeln sei für jeden Minister«. Auch Bismarck wünschte keine dauernde Unabhängigkeit der Armeeführung von der Politik, und er wollte auch nicht die »Majorität ... für die Gesamtgesetzgebung« zerstören.[45] So kam es zum Kompromiß: der Reichstag wahrte sein Budgetrecht in der Theorie, bewilligte auf sieben Jahre die Forderungen der Militärs, und die Rahmenfragen der Militärorganisationen wurden dauerhaft in Gesetzesform vereinbart. Die Gespenster des Verfassungskonflikts waren gebannt.

Zwar mußten Bismarck und das preußische Staatsministerium

noch immer um die liberalen Stimmen werben und dafür in den Fragen der Gewerbeordnung, beim Strafrecht, aber auch bei der preußischen Kreisreform weiter entgegenkommen, als den Konservativen lieb war. Aber der liberale Akzent der Innenpolitik war durch Verzicht auf die prinzipielle Auseinandersetzung mit der Regierung über die künftige Gestalt Deutschlands teuer erkauft. Dabei allerdings muß die Beurteilung der liberalen Ziele und ihrer Taktik davon ausgehen, daß vor dem liberalen Bürgertum hier nicht eine Alternative stand. Für die Liberalen bedeutete der beginnende Kulturkampf ein Stück Säkularisierung des Alltags und damit Fortsetzung des Kampfes für Verfassung, Freihandel, Gewerbefreiheit und Aktiengesellschaften. Mit der Regierung würde man sich später auseinandersetzen, das Haushaltsrecht einfordern, »konstitutionelle Garantien« in Preußen verlangen und für Ministerposten eigene Kandidaten präsentieren. Einen Prinzipienkampf um die Reichsverfassung anzufangen, waren die Liberalen nach 1866 und 1870 zu schwach, und außerdem drängten die Fragen der inneren Reichsgründung: Rechtsvereinheitlichung, Münzen, Maße und Gewichte, Eisenbahn-Tarife, Weiterführung der alten Freihandelspolitik Preußens und des Zollvereins. Von der späteren Einsicht, daß der Kulturkampf, wie Bismarck ihn anfachte, antiparlamentarische Kampfpolitik großen Stils war, waren die Liberalen der Reichsgründung noch fern: Bismarcks »Majorität für die Gesamtgesetzgebung« funktionierte.

Sie formte die kurze Ära des liberalen kaiserlichen Deutschland. Die Liberalen regierten nicht gerade, aber sie fühlten sich auch nicht unterdrückt. Alle wichtigen Gesetzesvorlagen zur Wirtschaftsordnung wurden von den Mehrheitsfraktionen mit dem Reichskanzleramt im Großen wie im Detail abgestimmt. Der Bundesrat, die Einzelstaaten und das preußische Staatsministerium wurden auf diese Weise taktisch überspielt.

So nahm der neue Reichstag fast unbesehen mehrere Haushaltsvorlagen an, die noch aus dem Erbe des alten Norddeutschen Reichstags stammten, genehmigte eine weitere Kriegsanleihe und stimmte der Einführung von nicht weniger als vierundzwanzig Gesetzen des Norddeutschen Bundes in Bayern zu, durchweg Anpassungsvorschriften für Handels- und Steuerrecht. Die Parlamentsarbeit hatte vier Schwerpunkte: Rechtsordnung und Verwaltung, Militäretat und Wirtschaftsgesetzgebung.

Die Große Politik aber blieb außerhalb der Reichweite des Parlaments. Nur bei Etatdebatten wurde darüber gesprochen, oder wenn der Kanzler im Reichstag Grundlinien seiner Außenpolitik darzulegen beliebte, oder im Zusammenhang mit Handelsvertrags-Verhandlungen. Die Abstinenz von der Außenpolitik hatte allerdings nicht nur mit den Buchstaben der Verfassung zu tun. Vor allem war sie ein Ausdruck des Mythos, der Bismarck als Meister der Realpolitik darstellte. Kam es einmal zu einer Interpellation über Vorgänge auf der Bühne der Großen Politik, so verriet das Augurenlächeln der Fraktionsführer, daß es bestellte Arbeit war, um den Worten des großen Kanzlers öffentliches Gewicht zu geben.

Die Wirtschaftspolitik des Zollparlaments wurde bruchlos weitergeführt. Politische Ziele und wirtschaftliche Interessen blieben eng verflochten. Das Reichskanzleramt unter Delbrück wurde zu einem kombinierten Handels- und Finanzministerium des Reiches. Für die Liberalen lag hier das Herzstück tatsächlicher Politik, hier ging es um Machtfragen und Interessen. Hier taten sich kaum Konflikte auf. Hier lag ein Bereich deutscher Politik, der weitgehend parlamentarisiert war. Lag hier auch das Modell für die künftige Identität von Regierung und liberaler Reichstagsmehrheit? Es war verständlich, wenn die Nationalliberalen und die Fortschrittler jahrelang dieser Täuschung erlagen.

Es konnte nicht ausbleiben, daß Fronten gegen die Einzelstaaten entstanden. Sie mußten vielfach Machtbefugnisse und Gesetzeskompetenzen abgeben, die das Reich gewann. In der Rechtspolitik wurde tief in ihren Besitzstand geschnitten. Die Reichstagsmehrheit ergriff schon 1872 die Initiative, um die Kompetenz über das gesamte bürgerliche Recht auf das Reich zu übertragen. Im Kern stand die Frage der Zivilehe, das heißt die rechtliche Gültigkeit der staatlichen anstelle der kirchlichen Trauung. Es war ein Stück Säkularisierung, das hier verwirklicht wurde, und gehörte bereits in die ansteigende Welle des Kulturkampfs. Aber dort, wo das Reich mit den Länderkompetenzen auch Ländereinnahmen haben wollte, endete der Weg der Kompromisse. Die Tabaksteuervorlage, später das Tabakmonopol des Reiches scheiterten an der Allianz der süddeutschen Regierungen mit dem preußischen Finanzministerium, und noch bitterer wurde Bismarcks Scheitern bei dem Versuch, die Eisenbahnen - sie trugen zu den Ländereinnahmen kräftig bei - auf das Reich zu übernehmen. Eine Reichsbahn hat es unter Bismarck so wenig wie unter seinen Nachfolgern gegeben. Erst der Weltkrieg hat dann, unter ganz anderen Verhältnissen, die Bahnen der zentralen Verwaltung unterstellt.

Und doch wurde die liberal-konservative Mitte keine willfährige Gesetzgebungsmaschine. Die zeitgenössische Kritik der Sozialisten, die das behauptete, schloß von dem Stil, in dem die Militärfrage gelöst worden war, auf die Gesamtheit der inneren Politik - gerade aber für die Formulierung der Wirtschaftspolitik spielten Handel, Banken und Industrie, dazu die Freihandelsinteressen der ostdeutschen Landwirte die entscheidende Rolle. Es fehlten allerdings der Wille und die Möglichkeit, aus der liberal-konservativen Parlamentsmehrheit ein Instrument parlamentarischen Machtstrebens zu machen. Aber diese Frage wurde nicht erst im Reichstag von 1871 entschieden. Sie war im Grunde seit 1848, seit der Begründung des agrarisch-industriellen Kompromisses durch Preußens oktroyierte Verfassung von 1850 nur noch ein einziges Mal, im preußischen Militär- und Verfassungskonflikt, als Machtfrage aufgeworfen worden. Das Prinzip der Interessenvertretung galt für alle Fraktionen des Reichstags. Aber das Ziel bürgerlich-liberaler Parlamentarisierung galt nach der Reichsgründung im Grunde nur noch für die liberalen Linken, Erben der preußischen Opposition gegen Junkerstaat und die Einheit von Thron und Altar. Für die Mehrheit der bürgerlichen Interessenvertreter blieb die Wirtschaft Kern aller Politik. Hier lag auch eine Diskrepanz zu Bismarck. Denn für ihn war die Wirtschaftspolitik ein Mittel, kein Ziel. Für ihn handelte Politik zuerst von Macht, für die Liberalen zuerst von Interessen, dann von Prinzipien, und Macht war ihr Resultat.

So entstand nach der Reichsgründung ein Schwebezustand. Die großen Machtfragen waren aufgeschoben, Kompromisse regierten, nicht Konflikte, eine Verfassung war dies ohne Entscheidung. Aber sollte man um theoretischer Klarheit willen einen bequemen Modus vivendi aufs Spiel setzen? Für die Macht eines Parlaments kämpfen, hinter dessen letzte Ziele und Möglichkeiten das allgemeine Wahlrecht ein unübersehbares Fragezeichen setzte?

Das allgemeine Wahlrecht war von Bismarck, Teil und Mittel einer Revolution von oben, in die Reichsgründung hineingebracht und von den Liberalen aller Richtungen widerstrebend hingenommen worden. Sie wußten, daß die plebiszitäre Spielart der Massendemokratie dem charismatischen Staatsmann die Macht zuschanzen konnte, das Wachstum des Industrieproletariats aber der Sozialdemokratie, vielleicht noch dem Zentrum. Dafür aber die neue Machtstellung, die Nähe Bismarcks, die Popularität im Bürgertum aufs Spiel setzen? Der Abgeordnete Miquel, bereits auf dem Weg zum preußischen Staatsminister, zur Nobilitierung und zum Roten Adlerorden, hatte längst das Stichwort geliefert, als er 1866 sagte: »Politiker haben heute weniger als je zu fragen was wünschbar, als was erreichbar ist.«[46]

Das industrielle Großbürgertum, die freikonservative Beamten- und Industriearistokratie und der realpolitische Teil der ostelbischen Großgrundbesitzerklasse sah seine Interessen bei der Führung des Reiches aufgehoben, und bei einer Parlamentarisierung der Spitze hatte man kaum mehr zu gewinnen als die traurige Aussicht, den Siegeszug der radikalen Demokratie zu beschleunigen.[47] Die wirtschaftlichen Machteliten, Großgrundbesitz und Großindustrie, waren seit der Reichsgründung politisch abgefunden und bereit, auf der Basis staatlich geförderter Wirtschaftsexpansion und Sicherung des Rechtsstaats durch Selbstverwaltung und Verwaltungsgerichtsbarkeit sich für das neue Reich zu engagieren. Noch bestimmte zudem der seit mehr als einem Jahrzehnt ungebrochene Aufschwung der Industriewirtschaft, verbunden mit dem Goldenen Zeitalter gesicherter Exporte und hoher Rendite für die deutsche Landwirtschaft, das Investitionsklima. Angeheizt durch die französischen Milliarden, die großenteils durch Rückzahlung älterer Anleihen seitens der Einzelstaaten in anlagesuchendes Privatkapital umgewandelt wurden, gab es einen fiebrig gesteigerten Aufschwung der Investitionen, der Produktion, des Absatzes und der Spekulation. Daß die »Gründerzeit« auch schwere Risiken enthielt, wirtschaftliche, politische und moralische, das war erst eine Lehre der Zukunft.[48]

Vorerst dauerte ein optimistisches Wirtschaftsklima an. 1873 wurde im Reichstag mit gewaltiger Mehrheit von Agrar- und Industrievertretern beschlossen, die gegen Englands Übermacht dreißig Jahre zuvor eingeführten Zölle auf Roheisen abzubauen mit dem Ziel, binnen drei Jahren beim uneingeschränkten Freihandel britischer Doktrin anzukommen. Wirtschaftliches Selbstbewußtsein, das auch vor der mächtigen englischen Konkurrenz nicht zitterte, paarte sich mit dem liberalen Glauben an die prästabilierte Harmonie des Marktes und einer politischen Saturiertheit, die die Dinge so nahm, wie sie nun einmal geworden waren. Lauernde Konflikte? Alte Rechnungen? Politische Abgründe? Die Reichsgründung hatte viel davon zugedeckt. Vieles aber blieb offen, und die wachsende Industriewirtschaft fügte mit Wandel und Bewegung, Zunkunftsangst und Revolutionsfurcht neue Belastungen hinzu. Das alles gehörte zum Stoff der Politik. Aber solange die Ära Delbrück hielt, solange Bismarck mehr gegen Zentrum, Konservative und Sozialisten regierte als gegen die Interessen der Liberalen - solange war auch die Täuschung erlaubt, der bürgerliche Liberalismus werde ernten, wo Armee und Obrigkeitsstaat gesät hatten.

Die liberale Reichsgründungsepoche endete irgendwo zwischen der wirtschaftlichen Trendwende des Sommers 1873 und der »Krieg-in-Sicht«-Krise, die zwei Jahre später zur Wegscheide der Großen Europäischen Politik wurde. Der Wirtschaftsabschwung wurde Anfang Mai 1873 von einem mittleren Börsenkrach in Wien ausgelöst und durch die internationale Verflechtung des Bankensystems verstärkt. Die Ursachen lagen nicht an der Börse, sondern in Überinvestitionen und Überproduktion der Industriewirtschaft. Es war eine Wachstums- und Konsolidierungskrise, die 1873 begann und zwanzig Jahre lang in Wellen wiederkam. Sie sollte die deutsche Innenpolitik gründlich umpflügen.

Zur Konjunkturkrise der Industrie aber trat noch im Reichsgründungsjahrzehnt die Strukturkrise der kornbauenden Landwirtschaft, vor allem in Preußens östlichen Provinzen. Der Weltmarkt veränderte sich, die Kornpreise begannen ihre lange Talfahrt, viele deutsche Betriebe gerieten an die Rentabilitätsgrenze oder darunter. In der Außenpolitik die gleiche Ernüchterung. Das europäische Kräftemessen des Mai 1875 hat, ohne daß ein Schuß abgefeuert wurde, die Grenzen der deutschen Halbhegemonie in Kontinentaleuropa festgestellt. Die Wiederherstellung des Mächtesystems nach der Schwäche der zurückliegenden zwei Jahrzehnte wurde dokumentiert. Die Deutschen wurden an die fortdauernde Gefahr ihrer Mittellage erinnert. Wirtschaftliche Ernüchterung, Angst der Machteliten um ihren Wohlstand, die Vertiefung der gesellschaftlichen Bruchzonen und öffentlicher Vertrauensverlust standen auf der einen Seite, die außenpolitische Konfrontation und die nachfolgende Orientierung auf den künftigen Zweifrontenkrieg auf der anderen Seite der Bilanz, mit der die Epoche der Reichsgründung schloß. Beides aber, die weltwirtschaftliche Depression im Innern und die Doppeldrohung, die aus dem Mächtesystem kam, sollten das Gesicht des industriellen Deutschland weit über die Regierungszeit Bismarcks hinaus formen.

Der Bankrott der Gründerzeit und der nachfolgende lange Konjunkturabschwung lösten tiefe Veränderungen in der Politik aus. Was als Bankenkrach begann, endete als Veränderung der Politischen Kultur. »Uberspekulation, Überproduktion und damit verbunden die industrielle Großexpansion fanden keinen Kredit, keinen Absatz und keine Nachfrage mehr. Während der Diskontsatz weiter stieg, die Preise und die Produktionskosten ebenfalls weiter in die Höhe gingen, sanken die Börsenkurse. Gründungs- und Emissionsgewinne, verwegene Agiotage und die Hoffnung auf schnelles

Reichwerden - der Antrieb der Hausse - schwanden dahin.«[49] Den Wiener Bankrotten folgte der Zusammenbruch mehrerer Bankhäuser in New York, die viel europäisches Kapital in den amerikanischen Eisenbahnbau gelenkt hatten. Das deutsche Banksystem wurde zurückgeworfen, leitete aber einen Prozeß der Konzentration ein, verkraftete die eingetretenen Verluste und baute die Verschränkung mit der Großindustrie aus. Zu den Folgen zählte, daß die Berliner Börse für Deutschland maßgebend wurde, ebenso die Berliner Großbanken.

Die Bankenkrise hatte eine Austrocknung des Kapitalmarktes zur Folge. Kredite wurden knapp und teuer. Der Kreditknappheit aber folgte die große Absatz- und Produktionskrise, die 1874 einsetzte und drei Jahre später ihren Tiefpunkt erreichte. Die Eisenpreise sanken von 1873 bis 1878 um 50 bis 60 Prozent. Bei steigendem Exportanteil ging der Verbrauch im Binnenmarkt von 68,5 Kilogramm pro Person in 1873 auf 49,9 Kilogramm in 1879 zurück. 1877 bereits verkaufte die Schwerindustrie zum Selbstkostenpreis.[50] Technische Neuerungen wie die Einführung des Thomasverfahrens und des Siemens-Martin-Ofens hatten zur Folge, daß die Produktionskapazität für Eisen voll genutzt oder aber stillgelegt werden mußte, eine Reduzierung entsprechend dem sinkenden Bedarf aber nicht rentabel war. Der Eisenzoll, der den deutschen Produzenten noch bis zum 31. Dezember 1876 einen geringen Schutz gegenüber Belgiern und Briten bot, wurde in dieser Lage zur Wetterfahne der künftigen Wirtschaftspolitik.

Mit dem Ziel, die bisher lehrbuchmäßig freihändlerische Politik Delbrücks zu revidieren, setzte 1873 eine Gründungswelle von Schutzzoll-Verbänden ein: Textilindustrielle und Schwerindustrielle übernahmen die Führung. Eine zweite Generation von Interessenverbänden entstand, die auf Parlamente, Parteien und Bürokratie Druck ausübte. Die erste Generation der Interessenverbände, meist in den dreißiger Jahren entstanden, war zahm und regierungsfromm gewesen, großenteils halb-amtliche Institutionen wie Industrie- und Handelskammern, Landwirtschaftsräte und beratende Beiräte aller Art, die der Verwaltung Information und Expertise zuführten, ohne Forderungen zu stellen.[51]

Mit der alten Bescheidenheit war es nun zu Ende. Im Süden wurde der Verein deutscher Textilindustrieller, der traditionell Furcht und Schrecken vor der britischen Baumwollindustrie pflegte, im Westen der 1871 gegründete »Langnamverein« Rammbock eines breiten Protests. Hauptziel war es, die Weiterführung des Freihandels zu verhindern. Damit stand zum erstenmal das wirtschaftliche Leitprinzip zur Diskussion, das seit Gründung des Zollvereins 1828/34 preußische Handelspolitik bestimmt hatte und das Grundlage der Synthese von Industriebürgertum und preußischem Machtstaat geworden war.

Als der Absatz bei nachgebenden Preisen weiter zurückging und im Reichstag 1873 die Eisenzollvertreter kläglich unterlagen, entstand im rheinisch-westfälischen Industriebezirk aus einem ersten Protest-»Comité« der machtvolle »Verein Deutscher Eisen- und Stahlindustrieller«. Man wollte gemeinsam auf die Zechen einwirken, um durch Senkung des Kokspreises Produktionskosten zu

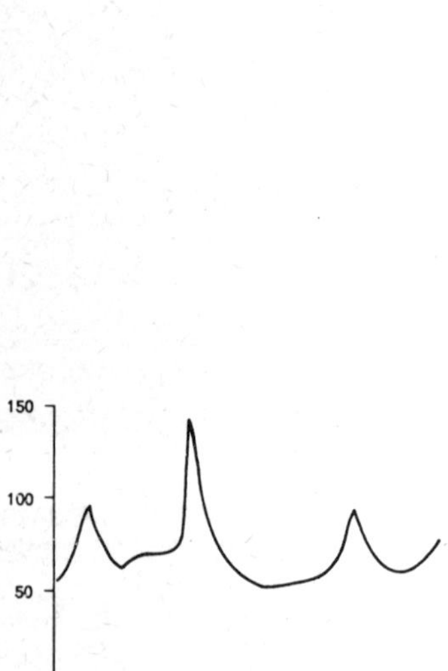

Deutsche Roheisenpreise pro t 1850 bis 1914 (in Mark)

drücken. Daneben ging es auch um Sicherung staatlicher Aufträge zur Konjunkturbelebung. Zusammen mit den schlesischen Stahlproduzenten wollte man auf die Regierung einwirken, daß sie den stockenden Eisenbahnbau weiterführte, der zwanzig Jahre lang die Wachstumsmaschine gewesen war. Im übrigen sollte die Industrie stärker im Reichstag vertreten sein. Baare, Generaldirektor des Bochumer Vereins, erklärte, dort sei »der Schwerpunkt der wirtschaftlichen Gesetzgebung«. Sie galt es im industriellen Sinne zu lenken. Vordringlich aber war, den geringen Eisenzoll wenigstens über Ultimo Dezember 1876 hinaus zu bewahren, ein Zeichen zu setzen. Über wirksame Schutzzölle für alle Industriezweige konnte man später reden. Hinter der Gründung sammelte sich sofort die Prominenz der deutschen Schwerindustrie.

Der Centralverband Deutscher Industrieller gruppierte unterdessen die übrigen Schutzzöllner zum Angriff auf die Regierungspolitik. Generalstabschef der neuen schwerindustriellen Lobby wurde Henry Axel Bueck, nebenbei Besitzer eines vierhundert Morgen großen Mustergutes in Ostpreußen. Dafür akkumulierte er Machtpositionen: 1873 Sekretär des Langnamvereins, 1874 Sekretär der Nordwestlichen Gruppe des Vereins Deutscher Eisen- und Stahlindustrieller, 1876 Geschäftsführer und später Generalsekretär des Centralverbandes Deutscher Industrieller. Zuerst stellte er die Verbindung zu den süddeutschen Textilindustriellen her. Seit 1876, als die Agrarier in der Deutschkonservativen Partei politisch aktionsfähig wurden, schlug er die Brücke zu jenen anfangs nicht zahlreichen Landwirten, die für Schutzzölle eintraten.[52]

Die preußische Landwirtschaft, vor allem die Besitzer der großen, auf mittleren und schlechten Böden Getreide anbauenden Güter im Osten, hatten seit Jahrhunderten vom Verkauf ihrer Überschüsse über Seehandelsrouten gelebt, und überwiegend gut. In den fetten Jahrzehnten des Getreideanbaus, von 1830 bis 1870, investierten viele Landwirte in industrielle Unternehmungen in Berlin, in Schlesien und im Westen. Doch blieb ein Interessengegensatz, der 1848 und im preußischen Verfassungskonflikt politisch ausgeweitet wurde. Die preußische Freihandelspolitik war stets mehr den Landwirten zugute gekommen als der rheinischen Textilindustrie und der schlesischen und westfälischen Schwerindustrie, die unter der überlegenen britischen Konkurrenz stöhnte. Seit der wirtschaftlichen Trendwende von 1873 allerdings zeichnete sich ab, daß die Landwirte in industrienahen Gebieten am Schutzzollgedanken mehr und mehr Geschmack fanden, da er ihnen den rasch wachsenden Binnenmarkt gegen ausländische Importe, vorzugsweise England, Belgien und Frankreich, sicherte. Allerdings blieben die Schutzzöllner unter den Landwirten solange eine Minderheit, als überseeische und russische Konkurrenz wenig spürbar war, also ungefähr bis in die Mitte der siebziger Jahre.

Erfolgreicher war die Schutzzollagitation beim Kongreß Deutscher Volkwirte, der bereits bei der Jahrestagung 1875 in München einen zollfreundlichen Antrag annahm.[53] Der Verein für Socialpolitik allerdings, obwohl er gegen Krise, Lohnabfall und Unruhen den Gedanken der Sozialreform, Staatsintervention und gemäßigte Schutzzölle vertrat und der sprachgewaltige Gustav Schmoller auf der öffentlichen Gründungstagung in Eisenach ausfuhrschützende Handelsprinzipien pries und die Freihändler scharf angriff, versagte sich dem Antrag des alten Rodbertus-Jagetzow auf Unterstützung der Schutzzölle. Allerdings konnten die ersten Geister der konservativen Sozialpolitik, Roscher, Engel, Hildebrand, Wagner, Knapp, Brentano und Anschütz, auch nicht als Hilfstruppe der Liberalen gezählt werden. Sie zogen aus der Krise die Schlußfolgerung auf mehr Staat und aktive Sozialpolitik.[54]

Am Ende des Jahres 1875 standen die aktiven Schutzzöllner der Industrie noch immer weitgehend allein. Denkschriften über den Fluch der Depression und den Segen des Schutzzolls gingen an das Reichskanzleramt, an Bundesrat, Reichstag und Landesregierungen. Industrieschutz sollte mit militärischen und nationalen Argumenten begründet werden. Drohende Arbeiterunruhen bei Stillegungen wurden ins Feld geführt. Aber die großen Handelsstädte, die Häfen, vor allem aber die Führer der agrarischen Interessen, die von höherem Eisenzoll steigende Maschinenpreise erwarteten, taten sich zusammen und begannen eine Massenkampagne für die Beibehaltung des traditionellen preußischen Freihandelskurses. In einem erregten publizistischen Klima und bedrängt von Petitionen beider Seiten bekräftigte indes der Reichstag am Ende des Jahres 1875 gegen die Schutzzöllner, gegen die Vertretungen der größten Ruhrgebietsstädte, gegen Handelskammern von Essen bis Breslau, gegen die westdeutschen Tuchmacher, die süddeutschen Textilfabrikanten, gegen die westdeutschen Kleineisenfabrikanten, gegen »Langnamverein« und westdeutsche Schwerindustrie noch einmal, daß der Eisenzoll verschwinden solle.[55] Das aber erwies sich bald als der letzte Sieg des Freihandels und des wirtschaftlichen Liberalismus. Als billige Massenimporte aus USA und Rußland die Landwirte zum Schutzzoll bekehrten, als hinter der Industriekrise die Soziale Frage drohend heraufzog und als Bismarck durch Schutzzölle die Reichsfinanzen sichern wollte, begann der Umschwung zum Protektionismus.

Der Ungewißheit der inneren Kräfteverhältnisse entsprach fünf Jahre nach der Reichsgründung die Ungewißheit der äußeren Lage. Seit dem Krieg war es deutsche Staatsräson, Frankreich isoliert zu halten und im übrigen jenes Gleichgewicht in Europa wieder zu reparieren, das durch nichts stärker als durch die Bildung des deutschen Nationalstaats ins Wanken geraten war. Der im Feldlager von Versailles unter den Fahnen der siegreichen Armeen geborene deutsche Nationalstaat wurde vom Mißtrauen der europäischen Mächte begleitet. Wo würde die vor einem Jahrzehnt begonnene Neuordnung Mitteleuropas enden? Wo die deutsche Dynamik ihren Abschluß finden? Die Annexion Elsaß-Lothringens erwies sich als eine üble, unübersehbare Hypothek. Das Dreikaiserabkommen des Oktober 1873, von der Ideologie-Klammer der monarchischen Solidarität gegen Revolution und Republik zusammengehalten, Erinnerung des Wiener Systems, erwies sich bald als wirkungsloses Instrument. Die aufbrechenden Balkankonflikte zwischen Österreich-Ungarn und dem Zarenstaat um das Erbe des bröckelnden Osmanen-Reiches nahmen ihm jede Aussicht auf Dauer. Bismarcks Versuch, durch Stärkung der Republik in Frankreich die französische Politik für die Monarchien, vor allem den Zaren bündnisunfähig zu halten, verfehlte seine Wirkung. Eine Metternichsche Politik der Antirevolution ließ sich im Zeitalter der Nationalstaaten nicht mehr verwirklichen, und nach Napoleon III. hatte Bismarck selbst am meisten dazu beigetragen, daß der Nationalismus das Gesicht Europas veränderte. Deutschland konnte sich zwar kleiner machen als es war; Bismarck mochte von Saturiertheit sprechen. Eine Rückkehr zu den zerstörten Gleichgewichtslagen der Metternichzeit gab es nicht.

Wie aber sollte dann Deutschland in seiner bedrohten und bedrohlichen Mittellage Sicherheit finden? Das kollektive Sicherheitssystem des Wiener Kongresses war 1848 schwer gestört worden, im Krimkrieg gestorben, und im Zeitalter des Nationalegoismus blieben nur das Gleichgewicht und der Versuch, wie Bismarck es formulierte, in einem System von fünf Mächten stets mit zweien verbündet zu sein.

Aber Deutschland war halbhegemoniale Großmacht geworden, kein Partner des Gleichgewichts, sondern dessen Bedrohung. Der britische Diplomat Sir Henry Bulwer meinte dies, als er beklagte, Europa habe mit Frankreich eine »mistress« verloren und einen »master« gewonnen[56]. Disraeli sprach im britischen Unterhaus 1871 von der »Deutschen Revolution«, die den britischen Interessen abträglicher sei als die Französische vor einem Menschenalter[57]. Kein Leitprinzip der britischen Politik gelte noch wie früher, und keine Macht habe mehr verloren als England. Aber in solchen Worten steckte viel Rhetorik, viel Innenpolitik. Der konservative Oppositionsführer wollte das Land aus der Schlappheit des »Gladstonianism« wachrütteln, und Deutschland war ein Argument in einem britischen Konflikt. Gleichwohl, es lag in diesen Sätzen auch eine Warnung an Berlin. »The importance of Berlin will be great a few years hence when the power of Germany is felt by all Europe« – schrieb der britische Botschafter aus der neuen Reichshauptstadt[58].

Geschehen ist damals nichts. England bezog Position und mußte seine Interessen neu definieren, und das Bismarcksche Deutschland war ein unbequemer Faktor des Gleichgewichts, weit schwieriger zu behandeln als Preußen, Österreich und das Dritte Deutschland von ehedem. Preußen hatte einige platonische Sympathien verloren, die Annexion der französischen Westprovinzen galt als Ausdruck militaristischer Maßlosigkeit, aber England befand sich auf der Höhe von Weltgeltung und Macht. *Splendid isolation* bedeutete auch, Veränderungen der europäischen Landkarte gelassen zu registrieren. Die Belastungen und Ängste, die in der folgenden Generation aus Kolonialpolitik, Handelskonkurrenz und Flottenwettrüsten entstanden, waren dem mittelviktorianischen Empire noch fern.

Bismarck allerdings hat die Schatten auf der glanzvollen Fassade gesehen. Angst vor dem Verlust des Gewonnenen, Zweifel an der Stärke Preußens und eine tiefe Skepsis gegenüber dem Nationalismus als Kitt des neuen Reiches, das alles trieb ihn in den frühen siebziger Jahren in eine schwankende Politik, die Entscheidungen offenhielt, auftrumpfend und zugleich beschwichtigend, säbelrasselnd und zugleich von düsteren Visionen heimgesucht. Bei einer Abendgesellschaft im Mai 1872 ließ er sich vernehmen:

Mein Schlaf ist keine Erholung, ich träume weiter, was ich wachend denke, wenn ich überhaupt einschlafe. Neulich sah ich die Karte von Deutschland vor mir, darin tauchte ein fauler Fleck nach dem anderen auf und blätterte sich ab.[59]

Die deutsche Lage war bedrohlich und labil. Es gab im Grunde nur drei Wege, wieder zu einer langfristig stabilen Mächtekonstellation zu gelangen: Entrichtung eines Preises für die deutsche Einheit, um die betroffenen Mächte zu kompensieren, Hegemonie oder behutsame Politik der Bewahrung.[60] Nicht, daß dies theoretisch so durchdacht in Denkschriften niedergelegt worden wäre, mit klaren Optionen. Aber in der Logik der deutschen Mittellage lag die Versicherung durch Defensive wie die Versuchung der Offensive.

Da gab es zuerst den Weg der Ausgleichspolitik, der Frankreich und Rußland für die geschehenen Veränderungen der Landkarte nachträglich Entschädigung gewährte. Aber wo sollten solche Tauschobjekte der Machtpolitik liegen? Rußland hatte 1870 jene Bestimmungen des Pariser Friedens von 1856 gekündigt, die ihm den militärischen Zugriff auf das Schwarze Meer verwehrten (»Pontusklauseln«). Preußen hatte zugestimmt, damit war die russische Souveränität im Süden wiederhergestellt: fortan würden wieder russische Kriegsschiffe die weiche Flanke des Balkans bedrohen, auf die Dardanellen drücken und ihre Kanonen auf das östliche Mittelmeer richten. Aber dies war kein Abschluß, sondern für die Russen ein Anfang, vor allem im Blick auf das unübersichtliche Schachbrett des Balkans, wo der Zarenstaat gegen die Donaumonarchie stand. Hier lagen für die Zukunft, je mehr der Panslawismus Rußland vorantrieb, Entscheidungen vor dem Deutschen Reich, die keine Hinhaltetaktik beiseite schieben konnte. Und Frankreich? Elsaß oder Lothringen standen nicht mehr zur Disposition. Die Falle war zu. Schon die Diskussion darüber wäre tödlich gewesen für jede Regierung in Berlin. Blieb also die Kompensation durch das südliche Belgien. Aber sie war nur zu haben für den Preis des Krieges mit England. Der Schluß: die blaue Linie der Vogesen ließ sich nicht nach Luxemburg verlegen, das wußte man seit 1867, noch weniger nach Brüssel. Es blieb die Förderung französischer Kolonialpolitik durch Berlin, und so geschah es für die nächsten dreißig Jahre. Bismarck ging darin sehr weit, weil er selbst an Kolonien nicht glaubte. Aber die Statuen der »verlorenen Töchter« auf der Pariser Place de la Concorde blieben schwarz verschleiert, die Revanche hörte niemals auf, Stabilisierungsfaktor zu sein für Frankreichs Politische Kultur.

Der zweite Weg, die Hegemonie, hätte es erfordert, die Armee hoch gerüstet zu halten und durch präventive Schläge jeder Zangenbewegung zuvorzukommen. Das war eine Fortführung der klassischen Präventivkriegsstrategie, sie folgte aus der Mittellage und nutzte den Vorteil der inneren Linie. Aber sie mußte auch das militärische Denken in selbstzerstörerische Richtung lenken und alle Außenpolitik dem Primat der Strategie unterwerfen. Im Innern wäre der Preis unerträglich gewesen. So wurde nach der Reichsgründung zwar mehrfach vernehmlich mit dem Säbel gerasselt. Aber der Präventivkrieg wurde nicht Mittel Bismarckscher Politik. Doch blieb die Hoffnung, mit der Drohung Politik machen zu können, ohne daß die Gewehre losgingen. Dieses Kalkül sollte im Frühjahr 1875 eine europäische Krise auslösen und zu Kriegspanik in den Börsensälen und Kabinetten Europas führen. Das Ergebnis aber war negativ, der deutsche Spielraum wurde enger. Der unausweichliche Zweifrontenkrieg gegen überlegene Gegner legte sich seitdem als Trauma auf

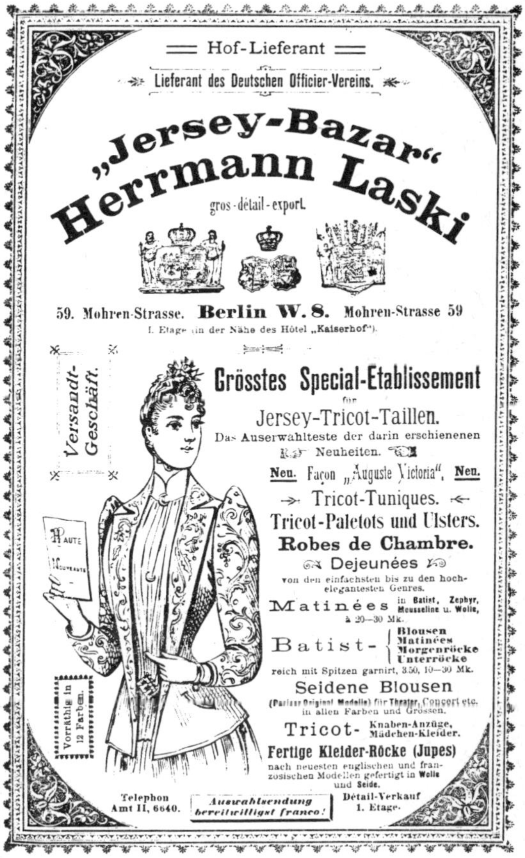

Die Bedürfnisse des eleganten Alltags

deutsche Politik und Strategie. Schon ein Jahrzehnt nach der Reichsgründung wurde die Doppelbedrohung den strategischen Aufmarschplänen des Großen Generalstabs zugrunde gelegt, die schließlich 1905 im Schlieffen-Plan gipfelten: als Leitmotiv der präventive Schlag zur Sprengung einer übermächtigen Koalition.

Schließlich die dritte, nüchternste Alternative. Sie bedeutete Beschränkung auf die Mittel der Politik und dauernde Defensive, dazu die Hoffnung, daß die europäischen Mächte mit der Zeit Deutschland als Stabilitätsfaktor hinnehmen würden oder, wie Bismarck einmal bildhaft pointierte, als »Bleigewicht am Stehaufmännchen Europa«. Es lag aber in dieser Politik ein doppeltes Gefahrenmoment. Zum einen mußte die Überlegenheit der deutschen Militärmaschine auf die Dauer verlorengehen an Frankreich oder Rußland oder, schlimmer noch, an beide zusammen. Zum anderen mußten, wenn die Peripherien machtpolitisch gefüllt waren, die Konflikte sich wieder auf die Mitte Europas konzentrieren. Und endlich gab es da, jenseits aller politischen Berechnung, den wachsenden Bevölkerungsdruck in Deutschland, einen wachsenden Hunger nach industriellen Arbeitsplätzen, zunehmende Aggressivität im Exporthandel. Damit aber mußte die deutsche Mittellage in der nächsten Generation eine neue, beunruhigende Qualität gewinnen. Doch war dies in der Bismarckzeit noch kein Faktor, mit dem deutsche Politik rechnen mußte.

Gezogener 21-cm-Mörser der deutschen Belagerungs- und Festungsartillerie in fahrbarer Lafette

Die Reichsgründung war gegen isolierte Gegner zustande gekommen. Aber die Furcht, daß eine überlegene Koalition sie revidieren werde, sollte seitdem die deutsche Politik belasten. Eine neue Kaunitzsche Koalition – das Bündnis von 1756 für die »déstruction totale de la Prusse«, das Friedrich der Große durch präventive Eröffnung des Krieges gestört hatte – war für Bismarck und seine Zeitgenossen mehr als ein historisches Gespenst. Auch ist daran zu erinnern, daß der »Kulturkampf« seine prinzipielle Schärfe erst dadurch gewann, daß zwischen den katholischen Mächten, gegen die Preußen 1866 und 1870 gekämpft hatte, und den inneren »Reichsfeinden« Querverbindungen behauptet wurden und nicht nur platonische Sympathien. Es war zwar, wie sich später zeigte, nichts an solchen wilden Kombinationen, aber sie gehörten zu den Imponderabilien, mit denen Politik rechnet.

Im Frühjahr 1875 kam es zur Krise, als Bismarck fürchtete, das besiegte Frankreich sei wieder bündnisfähig und könne den Kern einer Koalition abgeben gegen das neue Deutschland. Achtzehn Monate zuvor hatten die letzten Besatzungstruppen Ostfrankreich verlassen, die Milliarden-Entschädigung an die Deutschen war vorzeitig gezahlt. Frankreich erholte sich rascher als erwartet vom Krieg. In Berlin beobachtete man zuerst mit größtem Mißtrauen eine russisch-österreichische Annäherung, und so spielte in einigen Köpfen die Idee einer befreienden Aktion – die »Augsburger Allgemeine« spekulierte unterdessen über eine denkbare Aufteilung Österreich-Ungarns zwischen Rußland und Deutschland – und vielleicht war dies auch Gegenstand einer diplomatischen Geheim-Mission Radowitz von Berlin nach St. Petersburg[61]. In den folgenden Monaten entwickelte die Wilhelmstraße die »einer Zwangsvorstellung nahekommende Befürchtung«[62], eine neue Kaunitzsche Koalition sei im Werden. Frankreich aber, dessen Außenpolitik von dem nüchternen Duc de Decazes geführt wurde, blieb das schwächste Glied in der Kette und völlig außerstande zu einem neuen Krieg. Als die Nationalversammlung in Paris im Frühjahr 1875 aber ein Kadergesetz beschloß – es gab der allgemeinen Wehrpflicht in Frankreich eine höhere Effizienz – das die Kalkulationen des Großen Generalstabs in Berlin empfindlich störte, erschien in der regierungsnahen Berliner »Post« ein Artikel mit der provozierenden Überschrift »Ist Krieg in Sicht?«. Die Schlagzeile gab der sofort ausbrechenden europäischen Krise das Stichwort.

Ob Bismarck dahinterstand oder ob der Generalstab den Artikel lanciert hatte, ist ungeklärt. Deutlich ist, daß Bismarck zuvor diplomatische Signale gegeben hatte, darunter ein amtliches deutsches Pferdeausfuhrverbot, und daß solche Hinweise auf deutsche Empfindlichkeit in Frankreich verstanden worden waren. Der »Krieg-in-Sicht«-Artikel war dagegen grobes Geschütz, und die Wirkung war weit schlimmer in Berlin, wo gefeuert wurde, als in Frankreich, wo getroffen werden sollte. Es kamen diplomatische Indiskretionen hinzu, in London philosophierte der deutsche Gesandte v. Radowitz, ein Präventivschlag gegen Frankreich sei »politisch, philosophisch – ja selbst christlich« begründet[63]. Militärische Drohreden wurden laut, die kaum noch zu dementieren waren. Die Rothschild-Bank hatte zuvor die Pariser Börsianer mit Gerüchten geschreckt über deutsche Angriffsabsichten. Nun aber folgte eine Baisse weit über Paris hinaus. Der Duc de Decazes ergriff die Chance, die im deutschen Auftrumpfen lag, und stellte die Regierungen in London und St. Petersburg über diplomatische Kanäle und in der Presse vor die Frage, ob sie die Demütigung Frankreichs und die Machtdemonstration der Deutschen hinnehmen wollten. Die Regierung Disraeli, eher zum Ausbau des Empire als zu europäischen Kraftakten geneigt, bot in Berlin durch den Botschafter Lord Odo Russell unüberhörbar und insistierend ihre Vermittlung an. Zugleich forderte Disraeli die Kabinette in St. Petersburg, Wien und Rom auf, desgleichen zu tun. Andrássy in Wien hielt sich zurück und gab beruhigende Signale nach Berlin.

Franzosen, Briten und Russen fanden zu gemeinsamer Aktion und erzwangen in Berlin den raschen Rückzug. Bismarck vollzog ihn durch die an die Presse gegebene Mitteilung, nicht auf Rücknahme des Kadergesetzes zu bestehen. Danach ließ er seinem Ärger die Zügel schießen über die spektakuläre Erklärung des russischen Kanzlers Gortschakow: »La paix est assurée.«

Die Wilhelmstraße hatte schlecht Schach gespielt. Was als Drohgeste begann, endete als Niederlage. Die deutsche Außenpolitik hatte ihre Grenzen erfahren, Bismarck eine Lektion bekommen. Das Mächtesystem war wieder in Geltung, größere Machtverschiebungen würde es nicht mehr geben, die Reichsgründungsepoche war zu Ende. Vor jeder Machterweiterung des Deutschen Reiches stand in Zukunft die Drohung von Ost und West.

Zwar hat die britische Politik alsbald Europa wieder den Rücken zugekehrt, im November 1875 erwarb die Londoner Regierung die Aktienmehrheit des Suezkanals und bereitete durch den Sprung nach Ägypten die Verdichtung der langen Verbindungswege des Empire vor: Bismarck hatte nichts dagegen, im Gegenteil, er erwartete davon eine Entlastung. Auch trieb die schon 1875 aufbrechende Balkankrise mit Serbien und Rußland als treibende Kräfte die Wiener Regierung endgültig auf die deutsche Seite. Aber die Donaumonarchie war die schwächste Macht in der europäischen Pentarchie, und ein Bündnis mit Wien war, wie die Dinge auf dem Balkan lagen, über kurz oder lang mit der Feindschaft der Russen zu bezahlen. So kündigten sich seit 1875 Bündniskonstellationen an, die die deutsche Außenpolitik einengen mußten. Eine große Konvenienzpolitik würde es nicht geben, noch weniger eine Strategie des Präventivkriegs. Bismarck: »Man kann die Wege der göttlichen Vorsehung dazu niemals ganz sicher im voraus erkennen.«[64] So blieb nur, die eigene militärische Stärke auszubauen, und dazu die Hoffnung, daß die Großmächte ihre Interessen, Ziele und Konflikte am Rande Europas finden würden und nicht in der Mitte.

Die Bilanz der deutschen Außenpolitik am Ende der Reichsgründungszeit zeigte, daß Deutschland als bewahrende Macht überdauern konnte, als expansiver Militärstaat aber nicht. Nüchtern die Interessen abwägend und mit großer Kaltblütigkeit des Urteils formulierte Bismarck zwei Jahre nach der fatalen »Krieg-in-Sicht«-Krise eine Denkschrift, die als »Kissinger-Diktat« berühmt wurde: tour d'horizon und auf wenigen Folioseiten Eingrenzung der deutschen Interessen auf die Erhaltung des Bestehenden.

England sollte sich in Ägypten, Rußland am Schwarzen Meer festfressen, je mehr desto besser, beide Mächte »in ihren größten Interessen auf eine Rivalität angewiesen, die sie zur Teilnahme an Koalitionen gegen uns ... kaum fähig macht«. Deutschland aber blieb die Aufgabe, wie Preußen nach dem Wiener Kongreß, zwischen Ost und West seine Machtposition zu entwickeln. Das war noch einmal die Vision der Rückkehr zu den Gleichgewichtslagen des alten Wiener Systems, und doch zugleich die einzige Chance, das Reich vor der tödlichen Zange zu bewahren:

Ein französisches Blatt sagte neulich von mir, ich hätte »le cauchemar des coalitions«. Diese Art Alp wird für einen deutschen Minister noch lange, und vielleicht immer, ein sehr berechtigter bleiben. Koalitionen gegen uns können auf westmächtlicher Basis mit Zutritt Österreichs sich bilden, gefährlicher vielleicht noch auf russisch-österreichisch-französischer; eine große Intimität zwischen zweien der 3 letztgenannten Mächte würde der dritten unter ihnen jederzeit das Mittel zu einem sehr empfindlichen Drucke auf uns bieten.

Wenn Wien und St. Petersburg ihre Interessensphären auf dem Balkan vorschoben, so war dies erwünscht. Rußland würde dadurch des deutschen Bündnisses bedürfen, Österreich aber von einer Allianz mit Rußland abgehalten werden. Zwischen England und Frankreich aber standen ihre Mittelmeerinteressen: Suezkanal, Ägypten und das nördliche Afrika. Der Schlüssel zur Sicherheit Deutschlands lag unverändert bei Rußland und England. Bismarck fügte ein Stück Wunschdenken hinzu, als er feststellte, beide brauchten einen »befriedigenden status quo, der ihnen dasselbe Interesse an Erhaltung des Bestehenden gibt, welches wir haben«[65].

Deutschland hatte seine Rolle gefunden. Bismarck predigte die Sicherung der bestehenden Zustände. Der weiße Revolutionär wurde zum späten Schüler Metternichs. Deutschland sollte seine Rolle noch einmal darin finden, wie im Wiener System, Europa zu stabilisieren. Aber anders als damals nicht durch Schwäche, sondern durch Stärke, Balance in den Interessen der Großmächte und Ablenkung ihres Ausdehnungsdranges an die Küsten Afrikas und Asiens:

Wenn ich arbeitsfähig wäre, könnte ich das Bild vervollständigen und feiner ausarbeiten: nicht das irgendeines Ländererwerbs, sondern das einer politischen Gesamtsituation, in welcher alle Mächte außer Frankreich unser bedürfen, und von Koalitionen gegen uns durch ihre Beziehungen zueinander nach Möglichkeit abgehalten werden.

7.
Suche nach neuem Gleichgewicht – 1876 bis 1890

»Dies Volk kann nicht reiten! Die was haben, arbeiten nicht, nur die Hungrigen sind fleißig, und die werden uns fressen. Ich sage dies ohne Bitterkeit und ganz ruhig: ich sehe sehr schwarz in Deutschlands Zukunft.«

Bismarck in Friedrichsruh, 2. Dezember 1883.

Honoré Daumier, Europäisches Gleichgewicht (1867)

Zu den Bedingungen der Reichsgründung gehörte die Tatsache, daß die europäischen Großmächte sich in Außeneuropa engagierten und Kapital, Prestige und Macht in Mittelasien, in den Vereinigten Staaten und Mittelamerika, in Nordafrika und im Fernen Osten investierten. Die europäische Mitte, von jeher Brennpunkt der Weltpolitik, wurde vom Außendruck entlastet. Preußen konnte die nationale Frage der Deutschen im Sinne seiner Machträson lösen. Die Reichsgründung vollzog sich, was die Erben zu ihrem Unheil vergaßen, in einer europäischen Ausnahmesituation. Nichts aber hat stärker als eben die deutsche Nationalstaatsbildung dazu beigetragen, daß die Ausnahme unwiederholbar wurde und die Krimkriegslage mit Rußland im Abseits nicht wiederkehrte. Denn die Gründung des Reiches, seine rasch wachsende Bevölkerungszahl und das verdichtete Industriepotential machten das neue Deutschland zu einem Machtfaktor, dessen künftige Rolle ungewiß, immer aber beunruhigend blieb.

Das Ende der Reichsgründungszeit kam, als die europäischen Kabinette in der »Krieg in Sicht«-Krise 1875 das Maß des neuen Gegners nahmen. Der Bismarckstaat war unwillig gewesen, diese Machtprobe vom Schachbrett auf das Schlachtfeld zu verlegen, und er wäre dafür auch zu schwach gewesen. Zugleich aber war Preußen-Deutschland zu stark, als daß die frühere und Europa bequemere Ordnung der Dinge sich ohne Krieg hätte wiederherstellen lassen. Das Ende der Reichsgründungszeit war auch zugleich das Ende der leeren Peripherien. Die Expansion der Großmächte mußte früher oder später auf die Mitte zurückschlagen. Deutschland war durch seine Geographie dazu verdammt, Gegner zu sein oder Verbündeter, im besten Fall ein Schiedsrichter, der es keiner Seite recht machen konnte. *Splendid isolation* in Europa und von Europa war der Name eines Traumes, der dem Land in der Mitte am wenigsten gestattet war. Um nicht Spielball der Mächte zu sein, Schlachtfeld und Teilungsobjekt, blieb allein der Weg in den Machtstaat, in defensive, aber dominierende Bündnisse, blieben mit Blick auf England dauernder Verzicht auf Kolonialehrgeiz und Flottenmacht und Sicherung der gesellschaftlich-politischen Grundlagen. Seit den bösen Zeiten des Dreißigjährigen Krieges bestand Preußens Lebensgesetz darin, sich dem »tertium non datur« zwischen den europäischen Kriegsparteien zu entziehen, mithin der Zerreißung zwischen Ost und West eine starke Staatlichkeit entgegenzustellen. Daraus erwuchs noch die Machträson des Bismarckstaates, der nur überdauern konnte, solange zwischen der Teilung der europäischen Mitte und einer deutschen Hegemonie über Europa ein dritter Weg gangbar blieb. Diesen schmalen Weg zu finden und durch Bündnisse und Machtaufbau abzusichern, konnte Bismarck noch gelingen. Danach aber wurde, was als »Weltwirtschaft« und »Weltpolitik« begann, Ansatz zur Sprengung der mitteleuropäischen Zwangslage und damit Aufbruch zu einer sizilischen Expedition: jener Weg in die Katastrophe, den einst die Seemacht Athen auf dem Höhepunkt ihrer Macht ging.

Die deutsche Machtstellung um 1880 kann nur beurteilt werden im Vergleich zum Potential der mächtigen Nachbarn, Rußland und England. Das russische Riesenreich ging, durch ständige Expansion gegen Polen und Schweden im Westen, China im Osten, die Osmanen im Süden sich mühsam stabilisierend, in der zweiten Hälfte des neunzehnten Jahrhunderts durch einen schmerzhaften Modernisierungsprozeß, angeheizt durch die militärische Niederlage im Krimkrieg. Binnen weniger Jahrzehnte galt es nachzuholen, was Westeuropa an gesellschaftlicher Leistungsfähigkeit und Politischer Kultur über Jahrhunderte erworben hatte. Am wichtigsten war die Bauernbefreiung. Ihr lief ein brutaler Industrialisierungsprozeß parallel, in wenigen Zentren ungesund konzentriert, ohne zureichende Kapitalbildung – daher der große Kapitalhunger der russischen Industrie –, ohne breite technische Grundlage und ohne große Binnennachfrage. Darüber präsidierte ein Staatsapparat, in dem Bestechlichkeit Teil des Systems war, der keiner Staatsidee unterworfen war, und dessen Ineffizienz durch hartes Klima und große Entfernungen noch befördert wurde.[1] Die Theokratie des Zaren war einem nagenden Prozeß der Säkularisierung ausgesetzt. Der Panslawismus stieg auf zur Ersatzreligion. Eine aggressive, durch Zensur zu Unverantwortlichkeit erzogene Presse ersetzte die öffentliche Meinung. Das Verwaltungs- und Industriebürgertum zog sich auf feindliche Distanz zur Autokratie zurück. Fremde Beobachter wie Bismarck und auch nachdenkliche Russen sahen die Tage dieses Systems gezählt. Das Ende in einer blutigen Revolution und im Zerfall des Reiches erschien binnen einer Generation unabwendbar. Gerade diese Lage enthielt freilich auch die Versuchung zu kurzen, siegreichen Kriegen.

Dies alles stand im Hintergrund einer Kabinettspolitik, die Angst und Anmaßung durch ein unstillbares Sicherheitsbedürfnis ergänzte und Sicherheit vor allem militärisch begriff. Dem entsprach der Drang, immer mehr zu gewinnen im Osten und Südosten, der Aufbruch zu den Dardanellen, der Druck auf Österreich, das nur noch als Hindernis galt auf dem Weg zum Mittelmeer, und dem entsprach von jeher auch die blutige Unterdrückung des polnischen Nationalismus auf dem westlichen Glacis der Festung Rußland. Da die nichtrussischen Völkerschaften des Bündelreiches anders schwerlich an die Zarenherrschaft zu binden waren, galt es, stets neue Provinzen ihnen vorzulagern.

So entstand eine Politik der Stabilisierung durch militärische

Expansion, die sich zwangsläufig überdehnte Ziele stecken mußte. Der Wiedergewinnung militärischer Bewegungsfreiheit im Raum des Schwarzen Meeres folgte, wie aus einem Naturgesetz, nach 1870 der erneuerte Druck auf das Osmanenreich. Dahinter stand bereits der Anspruch auf das Erbe der Habsburger Monarchie, während im Nahen und Mittleren Osten unterdessen durch Truppenaufmärsche und Infiltration, Geld und starke Gesten die Kraftprobe mit England gesucht wurde. Strategische Bahnen wurden in Polen gebaut ohne Rücksicht auf wachsendes Mißtrauen im deutschen Generalstab: seit 1871 dachte Moltke über das strategische Problem des Zweifrontenkriegs nach; hochmobile Kosakengarnisonen wurden unweit der deutsch-russischen Grenze eingerichtet und durch überlange Manöver scharf gemacht. Mit Hekatomben von Menschenopfern wurden die Bahnen auch in den leeren Osten des Reiches hineingetrieben, um in Sibirien die Bedrohung durch das Reich der Mitte auf alle Zeiten auszuschalten. Dazu kam die Infiltration der friedlosen Stämme Afghanistans, der tastende Zugriff auf den Khyber-Paß, den Schlüssel Indiens, und damit eine Machtprojektion auf den indischen Subkontinent. Schon 1878/79 führte sie an den Rand des Krieges mit Großbritannien und provozierte britische Generäle wie Lord Roberts zu strategischen Planungen, den unersättlichen Koloß im Norden zu zertrümmern.

England war damals tief verstrickt in innere Konflikte.[2] Die Stabilität der Whig-Tory-Politik im Parlament täuschte über die Tiefe der Gegensätze hinweg, die sich im Lande bis zum Weltkrieg aufstauten. Irland war seit mehr als hundert Jahren eine schwärende Wunde: nicht Kolonie und auch nicht England, ein Alptraum an Überbevölkerung, Ausbeutung, Vernachlässigung und religiösem Haß. Ohne das Heilmittel einer durchgreifenden Agrarreform und ohne *Home Rule* für die unglückliche Inselbevölkerung, überwiegend katholisch, gab es keine Lösung seiner Probleme. Der Integration städtisch-industrieller Massen in die spätviktorianische Gesellschaft stand die Drohung einer sozialen Explosion gegenüber, die 1848, als die Chartisten zu Hunderttausenden auf Whitehall marschierten und Wahlrecht, Lohngarantien und besseres Leben für die Arbeiter verlangten, durch Entschlossenheit und Kampfbereitschaft der Regierung noch einmal abgefangen worden war.

Was mit Wahlreform, Schulreform und Tory Democracy (Lord Randolph Churchill, 1882) begann, endete mit einer großen, volltönenden Weltpolitik, die der britischen Monarchin die Kaiserkrone Indiens aufs Haupt drückte und Freihandel und den Two-Power-Standard (die britische Flotte sollte stets stärker sein als die beiden folgenden Flotten zusammengenommen) zur Räson des Weltreichs machte: auch hier die Radikalisierung aller überlieferten Politik. Die populären Massenstimmungen der imperialistischen Epoche dienten als Druckventil nach dem Refrain jenes Liedes, das damals in der Music Hall die kleinen Leute in patriotische Ekstase versetzte: »We don't want to fight, / but, by Jingo, if we do, / we have got the men, / we have got the ships, / and we have got the money too.«

Dabei wurde das Empire mit geringem Kraftaufwand unter Kontrolle gehalten. Die Stützpunktpolitik wurde erst im Lauf der letzten Jahrzehnte des neunzehnten Jahrhunderts zu raumgreifender Kolonialpolitik ausgeweitet. Die Lebenslinie, welche die roten Partien des Globus miteinander verband, war eine Kette von Flottenstationen zwischen Plymouth, dem Kap der Guten Hoffnung und dem Indischen Ozean, der kürzere Weg seit einigen Jahren durch das Mittelmeer, vorbei an Gibraltar, Malta, wozu seit 1878 auch Zypern kam, dann der Suez-Kanal mit Port Said, Aden am Roten Meer und Singapur als Drehscheibe des Fernen Ostens. Mit geringem Kraftaufwand und durch ein System indirekter Herrschaft betrieben, war dies ein Weltreich, das durch Beherrschung der Ozeane funktionierte, die schnelle Manövrierfähigkeit von Kreuzern und Fregatten nutzte und die Möglichkeit ausspielte, britische Macht an jedem zu Wasser erreichbaren Ort der Erde innerhalb von Wochen drohend zusammenzufassen und einzusetzen.

Aber auch Überdehnung und damit Gefährdung dieses Reiches waren unübersehbar. Es beruhte strategisch auf der Konzeption der *Fleet in being,* die durch ihr bloßes Dasein schon Macht erzeugte, ausübte und projizierte, hielt Landtruppen nur als taktische Reserve in Bereitschaft und wurde schon durch anderthalb Kolonialkriege überanstrengt. Reichtum und soziale Machtverteilung in England, die Konsensfähigkeit des Parlamentarismus und der innere Frieden waren mit dem Gefüge des Empire und seinem industriellen Interessenverbund untrennbar verfugt. Damit aber war die ungestörte Beherrschung der Seewege, wie die Deutschen nach Bismarck zu spät erfuhren, das britischste der *British interests.* Die historische Grunderfahrung britischer Staatskunst im neunzehnten Jahrhundert, von Castlereagh bis Salisbury, ließ sich in einer Doktrin des europäischen Gleichgewichts zusammenfassen, die jede kontinentale Machtkonzentration bekämpfte, weil ein geeinter Kontinent für Englands Handel, Sicherheit und Politische Kultur bedrohlich war und auch die Verteidigung des Empire an seiner schwächsten Stelle gefährdete. Britische Gleichgewichtspolitik in der Vergangenheit hatte stets ihre Spitze gegen Frankreich oder Rußland gekehrt, in der Zukunft aber war auch Deutschland in das Krisenkalkül einzubeziehen. Würde das neue Deutschland, so wie das alte Preußen, für England agrarischer Rohstofflieferant und Festlandsdegen sein? Oder entstand in der Mitte des Kontinents ein durch Industriepotential und Bevölkerungsdruck ernst zu nehmender Gegner?

Die europäische Windstille, die die Reichsgründung ermöglicht hatte, endete in den Jahren 1876/78. Die Bismarcksche Politik wurde in die weltpolitischen Gegensätze hineingezogen, die neue deutsche Großmachtrolle erstmals auf dem Berliner Kongreß 1878 dokumentiert. Zugleich wurde die gefährliche Bürde deutlich, die die Deutschen damit schulterten. Aus einem Guerillakrieg gegen die Türkenherrschaft, der in der Herzegowina ausbrach und den die Serben mit Waffenlieferungen und laut bekundeter Sympathie anheizten, war im Juli 1876 ein serbisch-türkischer Krieg erwachsen. Dafür steuerte Mütterchen Rußland nun den Oberbefehlshaber General Tschernajew, ferner Freiwillige, Waffen und Gebete um den Sieg der orthodoxen Sache bei. Aber die türkische Armee, keineswegs kranker Mann, schlug die Serben vernichtend. Diese baten im Dezember

1876 um Waffenruhe. Damit war das Prestige der Schutzmacht Rußland angegriffen. Das Ansehen des Zarentums schien, wenn man die panslawistische Presse las, auf dem Spiel zu stehen. Es lockte ein militärischer Spaziergang an das warme Meer. Aus dem Provinzaufstand wurde auf solche Weise binnen Jahresfrist ein Großmächtekrieg.

Rußland griff im April 1877 an. Beide Seiten fochten mit wütender Erbitterung, der Kampf um die flankierende türkische Festung Plewna forderte Divisionen an Opfern. Nach ihrem Fall standen die Russen im Januar 1878 am Marmarameer. Nur wenige Tagesmärsche trennten sie noch von Istanbul. Sie diktierten den Frieden von San Stefano, liquidierten weitgehend den europäischen Brückenkopf der Osmanen und schoben ein abhängiges Groß-Bulgarien vom Schwarzen Meer bis zur Ägäis quer über den Balkan. Das aber war eine Negation des europäischen Gleichgewichts und ein Schlag ins Gesicht des britischen Kabinetts, seit dem Krimkrieg Protektor der Osmanen. Es war auch eine Herausforderung an Österreich, die ganz Europa in Brand setzen konnte. Die Regierung Disraeli, in Afghanistan und im Kaffernkrieg im südlichen Afrika in Militäraktionen engagiert, schickte fünftausend Mann Gurkhas, indische Elitetruppen, nach Malta. Fregatten unter dem Union Jack liefen ins Marmarameer ein. Die langen russischen Nachschublinien über See gerieten in Gefahr, und dem Petersburger Kabinett wurde solchermaßen signalisiert, daß der Preis des Friedens von San Stefano ein Krieg mit England sein werde, den Rußland nicht gewinnen konnte. Diese Sprache wurde in St. Petersburg verstanden, zumal Österreich ihr Nachdruck gab durch Aufnahme von Kriegskrediten, während die Grenzgarnisonen in Alarmbereitschaft versetzt wurden.

Es folgten Verhandlungen in London, wo der russische Bär einen ansehnlichen Teil seiner Beute fahrenließ. Die russische Balkan-Hegemonie wurde zurückgestutzt. Auf Wunsch Gortschakows aber blieb die Ratifikation der Londoner Vorverhandlungen einem europäischen Mächtekongreß vorbehalten. Er begann in Berlin am 13. Juni 1878 und endete nach zwanzig Plenarsitzungen, zahllosen Kommissionsberatungen, Festen und Banketten einen Monat später.[3] Ort der großen Sitzungen, wo die Großmachtvertreter auf Französisch miteinander verhandelten und nur Disraeli sich demonstrativ des Englischen bediente, das er meisterhaft beherrschte, – Bismarck: »Der alte Jude, das ist der Mann« – war das neue Reichskanzlerpalais in der Wilhelmstraße. Ein Netz von Geheimpolizisten sorgte in der schwülen Julihitze Berlins unauffällig für die Sicherheit der Gäste. Vor den Residenzen von Botschaftern und Premierministern zogen Doppelposten preußischer Eliteregimenter auf. Dem leiblichen Wohl diente ein gewaltiges Büfett, für das Borchardt, der renommierteste Berliner Hotelier jener Zeit, pro Tag 500 Goldmark aus der Reichskasse erhielt und dabei noch wissen ließ, er zahle drauf, aber das sei ihm die Sache wert.

Am Verhandlungstisch sahen die Russen ihre Hoffnung enttäuscht, die Rückendeckung der Deutschen gegen England und Österreich zu finden und das Spiel noch einmal umzukehren. Unter dem Vorsitz Bismarcks wurden die Londoner Verhandlungen Punkt für Punkt nachvollzogen. Bismarck gab den Russen gelegentlich moralische Unterstützung, während Disraeli die Kaltblütigkeit eines alten Pokerspielers an den Tag legte. Der russische Hegemonialanspruch wurde demontiert, der Friede von San Stefano ein Fetzen Papier. Gortschakow, alt, eitel und schwerhörig, mußte es hinnehmen. Es gab vorerst keinen russischen Satelliten am Ägäischen Meer, kein Groß-Bulgarien von des Zaren Gnaden, keine Liquidierung der europäischen Besitzungen des Osmanenreiches, keine russische Dauerpräsenz im östlichen Mittelmeer. Statt dessen rückte Österreich in die Balkanstellung ein, erhielt Bosnien und Herzegowina, während England sich mit der Dankbarkeit des Sultans auch – für die nächsten achtzig Jahre – die Insel Zypern sicherte. Die Russen behielten Bessarabien, das dem verbündeten Rumänien abgenommen wurde, und einige kleinasiatische Plätze. Bismarck hatte dafür gesorgt, daß Rußland aus dem Kriegsabenteuer mit Gewinn hervorging und ohne Krieg. Aber nach russischer Ansicht hatte er nicht genug getan. Katkow, der Großinquisitor des Panslawismus im fernen Moskau, sah Verrat am Werk. Eine haßerfüllte Entfremdung, Mißtrauen und Aggressivität, Kosakenaufmärsche und Pressehetze waren die Folge.

War der Kongreß eine Niederlage der Russen? Es war ihnen die Hegemonie im Südosten versagt geblieben, der Zugang zum Mittelmeer, die Zertrümmerung des Osmanenreiches. George F. Kennan hat die Kongreßregelung als Maximum dessen dargestellt, was Rußland ohne Krieg vernünftigerweise erwarten konnte. Die deutsche Diplomatie hatte den Russen geholfen, das Gesicht zu wahren, Krieg zu vermeiden und das Mögliche nach Hause zu tragen. Bismarck hatte seine Rolle beschrieben als »ehrlicher Makler, der das Geschäft zustande bringen will«. Hätte er nicht besser getan, den Kalten Krieg zwischen Rußland auf der einen, England und Österreich auf der anderen Seite zum heißen zu eskalieren? Hatte er nicht nach dem Kissinger Diktat von 1877 die Hände wärmen wollen an den Feuern, die anderswo brannten? Kam Bismarcks Friedensliebe von 1878 den Deutschen nicht nachmals teuer zu stehen? Oder hat Bismarck nur begriffen, daß in einem britisch-russischen Krieg unvermeidlich Österreich die Hauptlast hätte tragen müssen und daß die absehbare österreichische Niederlage für Deutschland unerträglich wäre? Wo aber würde Frankreich stehen? Ohne Beteiligung am Krieg schließlich ein Sieger? Das alles war schwer vorauszusehen. Sicher war allein, daß der zwischen England und Rußland 1877/78 drohende Krieg eine deutsche Neutralität nicht lange gestattet hätte. Bismarcks Rolle auf dem Berliner Kongreß war mithin nicht die des souveränen Schiedsrichters. Es war, noch immer am Rande des Krieges, die Politik des kleineren Übels, um die fatale Option zu vermeiden. Hatte Bleichröder recht, Bismarcks kluger jüdischer Bankier, der nachdenklich bemerkte: »Es gibt keine ehrlichen Makler!«?

Der Kongreß, glanzvoll inszeniert, wie die großen Monarchentreffen der Metternichzeit, so glanzvoll, daß der Alptraum des Weltkriegs fast vergessen werden konnte, war für Bismarck ein Triumph und auch für die Deutschen. Ihr Kanzler, so schien es, kutschierte Europa vierelang vom Bock. Zugleich erinnerte dieser Triumph an die Tatsache, daß innerer Zustand und äußere Stellung jedes Landes untrennbar verbunden waren: die Tage des Kongresses waren die Tage der großen Reichstagskrise, die von den beiden Attentaten auf den Kaiser ausgelöst wurde, dann mit der Bismarckschen Staatsstreichdrohung und Parlamentsauflösung ihren dramatischen Höhepunkt erreichte und endlich die große Wende zu Zollreform und Protektionismus einleitete. Mit seinem Platz unter den Mächten fand das konservative Deutschland auch seine innere Form. Bismarck wollte noch einmal durch Gipfeldiplomatie und die Solidarität konservativer Staatsvernunft das Staatensystem sichern. Die Politik der festen Hand von oben sollte Deutschland zu einem zuverlässigen und stetigen Partner dieser Ordnung machen. War der weiße Revolutionär zu den Maßstäben des verblichenen Metternich bekehrt?[4]

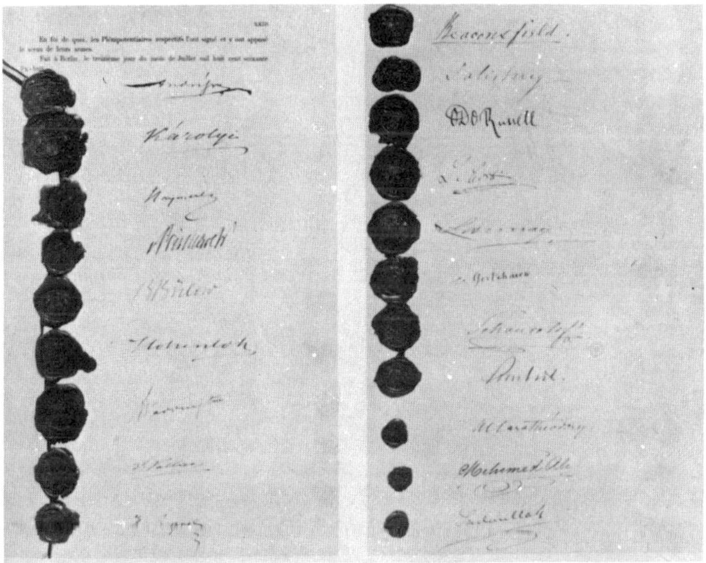

Siegel und Unterschriften unter dem Vertragswerk des Berliner Kongresses 1878.

Ernte der Vernunft oder Saat der deutsch-russischen Entfremdung?

Doch dem Kongreß folgten bittere Auseinandersetzungen. In der russischen Presse, vor allem in den von Katkow dirigierten panslawistischen Blättern häuften sich, aus Arroganz, Selbstmitleid und Sendungsbewußtsein gespeist, Angriffe gegen Graf Peter Schuwalow, der in London dem Westen zuviel gegeben habe, gegen Bismarck, der den Wechsel von 1870 habe platzen lassen, und gegen die Deutschen, die der Wiener Diplomatie den Rücken gestärkt hatten. Die kaiserliche Zensur ließ alles dies passieren. Für den Zaren war es ein willkommenes Mittel, die panslawistische Unzufriedenheit nach außen zu lenken. Die Presse wurde seitdem, mit der Armee verbündet, ein mächtiger Einfluß auf die russische Außenpolitik, was die Beziehungen des Hofes und des russischen Auswärtigen Amtes zu Berlin schwer schädigte.

Bei alldem ging es um europäische Machtpolitik, um russische Innenpolitik und endlich auch, in einer Epoche weltweiter Wachstumsstörungen, um wirtschaftliche Interessen. Seit 1875 hatten die Russen ihre Importzölle drastisch erhöht, nämlich ungefähr verdoppelt, indem sie Zahlung in Gold statt in entwerteten Papier-

Rubeln verlangten. Aber der Zollkrieg blieb noch unterhalb der Reizschwelle der Großen Politik. Nun aber fügten der Krieg und der Kongreß eine »geradezu hysterische Bitterkeit« hinzu, die den Westen für alles Übel verantwortlich machte, das der russischen Seele widerfahren war, Österreich anklagte, vor allem aber Bismarck und die Deutschen.[5]

Die Ausführung der Kongreß-Beschlüsse führte bereits zu Reibungen. Die Russen reagierten gereizt auf deutsche Nadelstiche. Bismarck fand Gelegenheit, sich wieder des Alptraums Kaunitzscher Koalitionen zu erinnern. Die freie Mittlerstellung zwischen den Mächten, Grundgedanke der Kissinger Denkschrift, hatte die Probe des Kongresses nicht überstanden. Eine bleibende Festlegung der deutschen Außenpolitik erschien unausweichlich: »Es bedarf auch keines Beweises, daß wir, in der Mitte Europas, uns keiner Isolierung aussetzen dürfen«, schrieb Bismarck in der ersten der großen Denkschriften, mit denen er ein Jahr nach dem Kongreß den Kaiser für den Zweibund mit Österreich zu gewinnen suchte[6]. Bismarck schaute sich um nach Sicherungen, und er fand sie in einer modifizierten Wiederherstellung des alten Bundesverhältnisses zu Österreich. Jetzt sollte es sich auszahlen, daß der Krieg von 1866 rechtzeitig abgebrochen worden war. Die »begrenzte Option« für Österreich war möglich.[7] Bismarck wollte ein Defensivbündnis mit dem Habsburgerstaat in der Hoffnung, dadurch Druck auf Rußland ausüben zu können und gleichzeitig die Verbindung nach Osten zu halten. Rußland sollte den Deutschen kommen.

Es gibt keinen Zweifel, daß dieser Wechsel der preußisch-deutschen Außenpolitik prinzipiell war und daß weitreichende gesamteuropäische Folgen ihn begleiteten. Der widerstrebende Kaiser machte gegen Bismarcks düsteren Realismus, der mit dem russischen Krieg rechnete, die preußische Tradition der russischen Gefolgschaft voll geltend und eine Staatsräson, die Preußen seit dem Siebenjährigen Krieg stets, wohl oder übel, an die Seite Rußlands gezwungen hatte. Hatte er die Weisheit vorauszusehen, daß Rußland ungeachtet der Abgründe, die zwischen Autokratie und liberaler Republik lagen, eine Brücke gemeinsamer Machtinteressen zu Frankreich suchen würde? War nicht auch zu sehen, daß das alt gewordene Bündelreich der Habsburger die Form des modernen Machtstaates nicht mehr finden konnte? Gab es Verlaß auf England, um Deutschland zu sichern?

In drei großen Denkschriften für den alten Kaiser hat Bismarck damals alle Argumente für das österreichische Bündnis aufgezählt: die Unsicherheit der zarischen Sympathien, die Aggressivität des Panslawismus, auch die Beschränkung des künftigen Bündnisses auf eine »Defensivalliance«, der »jede Absicht und jede Möglichkeit zum Angriff fehlt«[8]. Ja, Bismarck formulierte sogar die – später durch die Außenpolitik Giers' bestätigte – Erwartung, ein starkes konservatives Bündnis zwischen Berlin und Wien werde auf Rußland Anziehungskraft ausüben. Der Zarenstaat könne ja wiederum »jederzeit der Dritte in diesem Bunde der beiden deutschen Mächte« werden. Der künftige Vertrag mit Wien hinderte aber zugleich die Österreicher an einer Allianz mit Frankreich, die durch Hinzutritt Rußlands eine »erdrückende Tripelalliance gegen Deutschland«

werden könnte: eine Kaunitzsche Koalition war seitdem nicht mehr möglich. Auffallend unscharf blieb bei alledem die Beurteilung Englands. Hier hat Bismarck die Erfahrungen des Kongresses zu verallgemeinern versucht, wenn er schrieb, England werde »an dieses Bündnis der beiden mitteleuropäischen Kaiserreiche ... sehr gerne eine feste Anlehnung suchen«[9]. Diese Anlehnung aber unterblieb, und Bismarck hat das ganze folgende Jahrzehnt versucht, sie dennoch herzustellen. Denn ohne England mußte das System Bismarck, das nach dem Berliner Kongreß seine Form fand, Fragment bleiben.

Um so wichtiger war die national-deutsche Grundlage, die dem Zweibund sicher war. Bismarck hob in seinen Denkschriften für den Kaiser dieses Element stark hervor, und es war das einzige Mal, daß in einer Staatsschrift Bismarcks großdeutsche Töne anklangen. Deshalb ist es auch fraglich, ob sie mehr waren als ein Stück politischer Poesie. Das aber waren sie jedenfalls:

Schließlich gestatte ich mir, mit Bezugnahme auf die nationalen Empfindungen im gesamten Deutschen Reiche noch auf die geschichtliche Tatsache ehrfurchtsvoll hinzuweisen, daß ›das deutsche Vaterland‹ nach tausendjähriger Tradition sich auch an der Donau, in Steiermark und in Tirol noch wiederfindet, in Moskau und Petersburg aber nicht. Diese Tatsache bleibt für die Haltbarkeit und Popularität unserer auswärtigen Beziehungen im Parlament und im Volke von wesentlicher Bedeutung.[10]

Der Zweibund, der am 7. Oktober 1879 unterzeichnet und alsbald ratifiziert, jedoch erst 1888 endlich veröffentlicht wurde, verpflichtete in dürren Worten den deutschen und den österreichischen Kaiser, gegen einen russischen Angriff »einander mit der gesamten Kriegsmacht ihrer Reiche beizustehen und demgemäß den Frieden nur gemeinsam und übereinstimmend zu schließen«. Deutschland schützte damit Österreich gegen Rußland, denn in der Sicherung Mitteleuropas – was nicht notwendigerweise dauernde Erhaltung der gesamten Donaumonarchie implizierte – lag ein Lebensinteresse des Deutschen Reiches. Österreich aber versprach im Fall eines französischen Angriffs nur »wohlwollend neutrale Haltung«, denn das deutsche Elsaß-Lothringen war kein Lebensinteresse der Donaumonarchie. Erst wenn Rußland sich einmischte, sollte für Wien der Bündnisfall eintreten.

Es ist oft gesagt worden, daß mit dem Zweibund die Machtekonstellation des Ersten Weltkriegs begründet wurde. Das ist richtig und unrichtig zugleich. Richtig ist es, weil der Zweibund mehr und mehr Achse der deutschen Außenpolitik wurde und schließlich, je stärker sich das Reich in der Türkei engagierte und die Doppelbedrohung in Ost und West zur strategischen Falle wurde, zum Bündnis auf Gedeih und Verderb emporwuchs; alle anderen Optionen fielen aus. Unrichtig aber ist es, weil der Zweibund von 1879 unzweideutig defensiv angelegt war, in der Julikrise 1914 aber offensiv genutzt wurde; weil Rußland noch fast ein Jahrzehnt in das Bismarcksche Bündnissystem eingebunden blieb; weil letztlich eine große deutsch-russische Rochade zur Aufteilung der Donaumonarchie niemals ganz undenkbar war[11]; vor allem deshalb, weil das Bismarcksche Bündnissystem nicht auf die Szenarios künftiger europäischer Großkriege ausgerichtet war, sondern den Frieden elastisch absicherte. Es war, da im Zeitalter des souveränen europäischen Machtstaates ein System kollektiver Sicherheit nicht möglich war, die nächste praktische Annäherung an ein solches System, und sein Zentrum lag in Berlin. In jeder europäischen Krise, so stellte sich die Lage in der späten Bismarckzeit dar, spielte Berlin die Hinterhand, konnte bremsen, beruhigen, abwarten und sich nach Möglichkeit heraushalten. Ohne Hegemonialmacht zu sein, erwarb Deutschland durch das System Bismarck eine quasi-hegemoniale Stellung. Die achtziger Jahre waren die kurze Epoche einer Pax Germanica.

Der Zweibund entstand, als die deutsch-russischen Beziehungen in der Bismarckzeit am Tiefpunkt standen. Im März 1881 wurde, dreiundsechzigjährig, Zar Alexander II. durch die Bombe eines Revolutionärs ermordet, ebenso ein Mann der militärischen Unterdrückung in Polen wie wohlmeinender Reform von oben in Rußland, und zudem noch von dem Axiom der preußisch-russischen Waffenbrüderschaft gegen Frankreich und die Revolution bestimmt. Rußland ging danach durch eine Phase des organisierten Terrors und der Nihilistenprozesse, die das Bürgertum mit Sympathie für die Angeklagten begleitete. Die Lebensdauer des russischen Kolosses erschien äußerst begrenzt, die Intelligenzija befand sich im Aufstand, und die Bourgeoisie, deren Kinder revoltierten, hielt sich neutral. Da suchte der deutschfreundliche Außenminister v. Giers, Rußland nicht im Alleingang der Gegnerschaft Englands und Österreichs auszusetzen. Der Zarenstaat brauchte, wie Bismarck erwartet hatte, Anlehnung an die stabile deutsche Monarchie. So entstand 1881 der zweite Dreikaiserbund. Er brachte Deutschland, wenn die französische Armee angriff, die russische Neutralität und durchkreuzte schon dadurch jede französische Revanche-Strategie.

Der Bund wurde auf das »monarchische Prinzip« gegründet. Das war Taktik, denn die konservative Internationale der Revolutionsverhütung war das einzige Band, das die Mächte zusammenführte, und es war auch Erinnerung an das Wiener System, aber ohne dessen Interventionsvorbehalte. Angesichts des sich verschärfenden Handelskriegs zwischen deutschen Industrieexporteuren und russischen Industriellen, russischen Kornexporteueren und deutschen Agrariern, eines gehässigen Tons in der bürgerlichen Presse auf beiden Seiten und der Bereitschaft der Generalstäbe, einen Präventivschlag zu führen, war dieses Dreikaiserbündnis wenig wert. Aber es stärkte die zaristische Autokratie gegen die Massenstimmungen, die der Panslawismus anheizte. Die Bulgarien-Krise 1885/86, als der österreichisch-russische Konflikt an den Rand des großen Krieges führte, entzog ihm dann endgültig die Vertrauensgrundlage.

Ersatz wurde, was Bismarck bislang stets abgelehnt hatte, ein geheimes Bündnis zu zweien, der Rückversicherungsvertrag mit Rußland vom 18. Juni 1887. Er versprach der Wilhelmstraße die russische Neutralität, kam es zum Krieg mit Frankreich, ließ für den österreichischen Kriegsfall alles offen und erklärte in unbestimmten Worten in einem Zusatzabkommen platonische Sympathien des deutschen Auswärtigen Amtes für den Fall, daß der Zar Maßnahmen ergreife, »um den Schlüssel seines Reiches in der Hand zu behalten«[12]. Gemeint war der russische Zugriff auf die Meerengen zwischen Schwarzem Meer und Mittelmeer und auf die Anrainerstaaten. Bismarck hatte keine Bedenken, den russischen Drang nach Süden zu unterstützen: Rußlands Weg in die »orientalische Sackgasse« (Bismarck) mußte über kurz oder lang England alarmieren und beide Seiten, London wie St. Petersburg, der deutschen Unterstützung nur umso bedürftiger machen.

Der »Rückversicherungsvertrag« versprach mehr, als er in Wirklichkeit halten konnte. Allerdings setzte er das Reich noch einmal in die Hinterhand, kam es zwischen Rußland und Österreich zum Balkankrieg. Er war in Rußland so unpopulär, daß er nicht veröffentlicht werden konnte. Er hatte keine andere Grundlage als die Solidarität der Throne, und mit der war es in Katkows Rußland nicht mehr weit her. Letztlich ruhte er auf der düsteren Erkenntnis der Machteliten hier wie dort, daß ein großer europäischer Krieg, wie immer er ausging, in der sozialen Umwälzung enden müsse. »In Rußland ... beruhen unsere Beziehungen ausschließlich auf der Persönlichkeit des Kaisers Alexander«, schrieb Bismarck, wohl wissend, daß dessen bornierter Nationalismus, seine Russifizierungspolitik und seine Abhängigkeit von den Panslawisten das Riesenreich unberechenbar machten. »Einen anderen Boden hat das Faß dort nicht; wenn wir denselben ausschlagen, so läuft das Faß aus.«[13] Aber Bismarck selbst hatte dem Faß längst selbst den wirtschaftlichen Boden ausgeschlagen, als er wiederholt den Wunsch der russischen Finanzverwaltung brüskierte, durch einen Handelsvertrag ein Stück des deutschen Getreidemarktes für russische Exporte zu reservieren, damit aus den Erlösen die laufenden Industrie- und Staatsanleihen bedient werden konnten.

Die Truppenaufmärsche der Jahre 1885/86, Kosaken in Grenznähe, dahinter Linientruppen im Dauermanöver, fanden ein wirtschaftliches Nachspiel, als ein Ukas im Frühjahr 1887 allen Ausländern – betroffen waren hauptsächlich die Deutschen – Besitz und Nutzung von Grundbesitz in den westlichen Verwaltungsbezirken Rußlands verbot, was praktisch auf indirekte Enteignung hinauslief[14]. Eine deutsche Pressepolemik gegen russischen Kredit und russische Staatspapiere folgte. Schließlich ging von der Reichskanzlei eine Anweisung an die Reichsbank, fortan russische Papiere nicht mehr zu beleihen. Dieses »Lombardverbot« blieb bis zum Handelsvertrag von 1894 in Kraft. Es bedeutete eine amtliche Mißtrauenserklärung gegen Rußland, legte den deutschen Kapitalexport lahm, lenkte die russischen Anleihen an die Pariser Börse und beschleunigte aus zweitrangigem Grund die in vollem Gang befindliche Annäherung der russischen und französischen Banken, Industriellen und Generalstäbler.

So war der Rückversicherungsvertrag schon im Jahr seiner Unterzeichnung kaum noch mehr als ein Stolperdraht, der Rußland am Eintritt in einen Krieg gegen Deutschland hindern sollte. Der von den Bismarckianern nach 1890 stets als Inbegriff der alten Staatskunst gepriesene Vertrag, dessen Nichtverlängerung die Torheit des folgenden Regimes beleuchten sollte, war von Anfang an nichts als ein Aushilfsmittel, um die französisch-russische Zange eine Weile offenzuhalten. Konnte man die Bedeutung des Vertrages nüchterner beschreiben als Herbert von Bismarck, damals Unterstaatssekretär im Auswärtigen Amt in der Wilhelmstraße? »Es ist immer eine Art Druck auf den Czaren und hält uns im Ernstfall die Russen wohl doch sechs bis acht Wochen länger vom Hals, als ohnedem.«[15]

Die Entscheidung zwischen Ost und West offenzuhalten, das war das Gesetz, unter dem Preußen seit dem Ende des Siebenjährigen Krieges überlebt hatte und dessen souveräne Nutzung noch die Reichsgründung ermöglichte. Die konservative Solidarität, die die Reiche der »drei Adler« einander einst in der Heiligen Allianz zugesichert hatten, prägte die erste Hälfte des neunzehnten Jahrhunderts, sie bestimmte die Entscheidungen der 48er Revolution und reichte noch aus, um 1863 die »Konvention Alvensleben« zustandezubringen auf Kosten Polens, und die kurzlebigen Dreikaiserbündnisse seitdem zu begründen.

Der Berliner Kongreß aber bedeutete, ohne daß dies sogleich öffentlich begriffen wurde, die Wende. Rußlands Herrscher erhielten eine Lektion. Die fast schon errungene russische Hegemonie prallte auf England und Deutschland und scheiterte vorerst. Lag darin die europäische Gußform für den Rest des Jahrhunderts? Bismarck hat es geglaubt, zumindest gehofft. Die russische Herrschaft über Ost- und Südosteuropa wurde beschnitten, Berlin überwachte den Vollzug. Die bittere Erkenntnis aber, daß Preußen-Deutschland nicht mehr Juniorpartner war, sondern die Schlüsselstellung im Mächtesystem einnahm, wurde in den Petersburger Salons gehaßt. Deutschland wurde für die Panslawisten Hauptgegner der Zukunft, der allein der Donaumonarchie noch Kraft verlieh. Zugleich aber rückte dadurch das unversöhnte Frankreich wieder als Hauptfaktor ins europäische Mächtespiel. Die russisch-französische Annäherung begann 1882/84 auf der Schiene der Generalstäbe und der panslawistischen Salons, setzte sich 1887 zwischen den Banken fort und führte folgerichtig 1892/94 zu Handelsvertrag und Militärbündnis.[16]

Bismarcks Sicherheitsmaxime aber, in einem System von fünf Großmächten die Partie stets zu dreien zu spielen, hing damit von England ab und dem Interesse, welches das britische Kabinett an der Ausbalancierung Frankreichs und Rußlands durch Deutschland hatte. Bismarck dachte in geschichtlichen Kategorien, und da mußten die Briten eines Tages das deutsche Bündnis suchen. Denn wo immer das Empire in Gefahr stand, war Rußland am Werk oder Frankreich. Bismarcks großes Konzept stellte eine natürliche Interessenübereinstimmung der Seemacht mit dem Deutschen Reich in Rechnung, die früher oder später die Form des Bündnisses finden würde. Aber es lag in diesem Konzept auch der Denkfehler der kontinentalen Sehweise. Denn ein deutsches Bündnis brachte England keinen Gewinn, vor allem keine Sicherheit, welche die Briten nicht ohnehin hatten: mußten nicht Österreich und Deutschland, was immer geschah, gegen Rußlands Drang nach dem warmen Meer stehen? Ein Bündnis mit den beiden Mittelmächten versprach, die Insel in unübersehbare Verpflichtungen zu ziehen dort, wo diese am kostspieligsten waren und wo Englands Machtprojektion am wenigsten wirkte: auf dem Festland irgendwo in den Wirrnissen der ostmitteleuropäischen Machtgeographie.

Deutschland hatte, das gehörte zu den Resultaten des Berliner Kongresses, England als Garantiemacht des Südostens abgelöst. Disraeli hatte Bismarck in diesem Punkt gern und unauffällig den Vortritt zediert, denn damit war der große Kontinentalblock unmöglich, Rußlands öffentliche Meinung zeigte sich verbittert, der deutschfreundliche Zar und Giers, der Außenminister, standen in den vornehmen Kreisen St. Petersburgs nahezu allein. Was aber hatte das Reich dafür erhalten? Bismarcks Versuch in den achtziger Jahren, die Russen in eine Angriffsstellung auf die Dardanellen zu manövrieren und die Konflikte zu England unauffällig zu vertiefen, legt den Schluß nahe, daß der ehrliche Makler moralisch unanfechtbar gehandelt hatte, als er 1878 die Großmächte an den Verhandlungstisch nötigte, politisch aber unklug. England, ob unter Gladstone oder Disraeli, blieb den Preis schuldig, den die deutsche Politik seit 1878 erwartete: das war die große europäische Bündnisachse von London über Berlin bis Wien, die den Kontinent stabilisieren sollte durch ein Bündnis derer, die von Veränderungen der Landkarte nichts Gutes zu erwarten hatten. Herbert von Bismarck, Intimus seines Vaters, den er bis in die Unterschrift imitierte, inzwischen Staatssekretär des Auswärtigen Amtes, skizzierte 1888 in einem Brief an Lord Rosebery, Außenminister von 1886 und Vertrauter Gladstones, die deutsche Idealvorstellung angesichts der permanenten russischen Kriegsdrohung:

The situation would be much clearer and even quite reassuring if England would make up her mind to join the peace-league: the latter would then have even the majority of the minor states on her side and be so strong that Russia and France would not dare to wage war against such a coalition: it would simply secure peace, and as your trading country is most interested in this, I think it ought to pursue a policy which would render European wars almost impossible ...[17]

Aber England, durch den permanenten Ausnahmezustand auf der irischen Insel gelähmt, blieb für die Deutschen »Nonvaleur im europäischen Spiel«[18]. Ein formales Bündnis erschien unerreichbar, und schon die ersten tastenden Schritte auf dem Weg dahin implizierten angesichts der Kriegsgefahr im Nahen und Mittleren Osten zwischen England und Rußland, daß der Bruch mit Rußland unheilbar wurde und das Reich zwischen die Fronten geriet. Ein Bündnis, so resignierte Bismarck schon 1885, könne sich »immer nur faktisch durch gemeinsame Politik bilden«[19]. Diese gemeinsame Politik sollte im Nahen Osten liegen, wo Österreich der Stützung bedurfte: durch England in erster, durch das Deutsche Reich aber, wenn es nach Bismarck ging, erst in letzter Instanz. So blieb das Verhältnis der deutschen Politik zu England, während die Lage an der russischen Grenze bedrohlich wurde und französisches Kapital, französische Kultur und französisches Militär wachsende Sympathie in Rußland fanden, weiterhin in der Schwebe. Die Kolonialfragen zwischen England und den Deutschen ließen sich regeln, die Große Politik wurde durch Rivalitäten in bezug auf Angra Pequena, Sansibar und Ägypten irritiert, aber nicht aus dem Gleis geworfen.

Für Berlin war es am wichtigsten zu verhüten, daß der Zustand des hochgerüsteten Nicht-Kriegs in Europa in den Schießkrieg der Großmächte umschlug, denn früher oder später wären die Deutschen in den Strudel hineingezogen worden. Deutschland mußte, solange es irgend ging, die Option zwischen England und Rußland offenhalten. Berlin durfte weder auf den Krieg zwischen Bär und Walfisch hoffen, denn er hätte Europa umgestürzt, noch ihr Zusammengehen wünschen, denn das hätte die Teilung der Welt bedeutet und implizierte selbst noch eine ferne Möglichkeit, die Reichsgründung einer Revision von außen zu unterziehen. Konflikte der Großmächte, aber ohne mitteleuropäischen Krieg, und deutsche Sicherheit, aber ohne deutsche Hegemonie, darin ließ sich die Funktionsweise des Systems Bismarck beschreiben. Auch in seiner Reifezeit in den achtziger Jahren blieb es ein System der Aushilfen. Das letzte, offene Allianzangebot Bismarcks an England erging 1889 und führte zu nichts. Solange die britische Politik außerhalb des Systems blieb, konnte dieses die Friedensordnung für Europa, die es hätte bilden können, nicht werden.

Das System Bismarck aber stabilisierte Europa von jenem Punkte aus, der am gefährdetsten war, nämlich von der Mitte. In dieser Beruhigungsfunktion lag auch der Vorzug des Systems für Rußland und England. Es lag darin auch die Chance, wohl die einzige, die Mächte mit dem revolutionären Grundzug der Reichsgründung zu versöhnen, Zeit und Gewöhnung für die Deutschen arbeiten zu lassen. »Wir haben keine kriegerischen Bedürfnisse, wir gehören zu den – was der alte Fürst Metternich nannte: saturierten Staaten.« So beschwor Bismarck die Deutschen, und so insistierte er gegenüber den Großmächten.[20] Bismarcks System, mochte es auch unvollendet bleiben, hatte doch die Stärke, daß es der geschichtlichen Erfahrung entsprach. Denn die Existenz des Reiches »leitete sich eher von der Verträglichkeit mit den Interessen der Weltmächte ab als von der Tatsache in sich ruhender Gestalt und eigener Macht«[21]. Das Reich war nur so stark, in diesem Paradox ließ sich die Erfahrung der Bismarckzeit zusammenfassen, wie es seine Grenzen hinnahm und sich mit der gefährdeten Mittellage abfand. In dieser Weise hat das Deutsche Reich in Europa seinen Platz unter den Großmächten gefunden.

Die Gesamtlage enthielt hohe Risiken, aber es gab bis zur Jahrhundertwende noch keine beherrschende Konfliktsituation, in deren Brennpunkt sich Deutschland fand. Bismarck hatte es verstanden, die Reichspolitik nach den Grundtendenzen der preußischen Geschichte fortzuführen und den deutschen Nationalstaat solchermaßen zu einem Teil des europäischen Gesamtgefüges zu machen. Das war zuerst militärische Stärke, dann die Sicherung einer autonomen Mittelposition zwischen Ost und West und endlich, trotz aller inneren Konflikte und Brüche, ein im Vergleich zu den industriellen Nachbarn hohes Maß an geistigem und gesellschaftlichem Konsens. Die militärische Stärke der preußisch-deutschen Armee und ihrer rund 2,5 Millionen Reserven entsprach dem Rüstungsstand Frankreichs oder Rußlands; sie blieb zwar ziffernmäßig zurück, ersetzte

Honoré Daumier, Europäisches Gleichgewicht (1866)

aber die Minderzahl durch hohe Beweglichkeit, durch Qualität der Ausbildung und Auftragstaktik, durch Technik und den Vorteil der inneren Linie. Angesichts der beherrschenden Schiedsrichterrolle Englands im Mächtesystem aber durfte der Mangel einer kampfstarken Flotte in deutschen Häfen eher als ein Element der Sicherheit denn als Defizit an Macht gelten. Deutschland war die einzige Großmacht, die dem British Empire nicht gefährlich werden konnte.

Die innere Militarisierung nach 1870/71 war nicht nur, wie meist gesagt wird, Fehlentwicklung. Sie stützte auch die gesellschaftliche Konsenskraft ab und sah für den Notfall ein Regime des Ausnahmezustands vor, das aber hypothetisch blieb. Die Formierung der Gesellschaft durch Nationalismus in den siebziger und Protektionismus in den achtziger Jahren bildete wiederum die Voraussetzung für das hohe Maß an diplomatischer und strategischer Manövrierfähigkeit, das die Reichspolitik unter Bismarck hatte. Das Reich blieb dabei nach Ost und West verhandlungsfähig und vertrauenswürdig. Es entzog sich schon aufgrund seiner obrigkeitlichen Struktur der ideologischen Blockbildung, die seit 1878 auf der Tagesordnung stand, und auch noch weitgehend nationalistischen Missionsideen. Die Politische Kultur verkörperte, eben weil ihr die Letztentscheidung aus einem Punkt mangelte, ein System der Vermittlung, gegründet auf die Leitidee sozialer Harmonie, auf Effizienz der Staatsverwaltung und Wohlfahrt der Bürger.

Die freie Stellung im System der Mächte, die aus dem Erbe Preußens kam, wurde durch diese Politische Kultur ergänzt und ermöglicht. Sie hatte viele Gesichter. Eine große Sozialdisziplinierung gehörte dazu, aber auch - nach dem Abklingen des Kulturkampfes um 1880 wieder verstärkt - konfessionelle Toleranz; das Sozialistengesetz von 1878 nicht anders als die heilende Sozialpolitik des folgenden Jahrzehnts; die Einebnung sozialer Gegensätze, steigende Realeinkommen der Mittel- und Unterschichten und verbreitete Hoffnung auf materielle Besserung; dazu als wichtigstes Gefühlselement die Indienstnahme christlich-pietistischer Tugenden für Staat und Nation: Gehorsam, Fleiß, Disziplin, Loyalität, das Ethos des Dienstes und der Blick aufs Ganze des Gemeinwesens.

Gewiß war alles das doppeldeutig, und solche Tugenden erwiesen sich im weiteren Verlauf der deutschen Geschichte als mißbrauchbar. Aber es bleibt daran zu erinnern, daß in den menschlichen Dingen nichts ist, was nicht mißbrauchbar wäre, und daß Preußens staatsbezogene Tugenden durch die Erfahrung späteren Mißbrauchs nicht schon von Anbeginn und auch nicht auf alle Zeit widerlegt sind. So wird man wohl auch der Konsensfähigkeit des Bismarckreiches und den Elementen dieses Konsensus erst einmal aus ihrer eigenen Entstehung und ihrer eigenen Zeit gerecht werden müssen, nicht aber allein aus der bitteren Perspektive der Späterlebenden.

Aber diese politische Kultur des Konsensus, die in der späten Bismarckzeit noch vom Erlebnis der Reichsgründung zehren konnte, ging zugleich schon ihrer Krisis in der industriellen Massengesellschaft entgegen. Die mächtige Gestalt Bismarcks verdeckte noch für die Dauer eines Jahrzehnts die Risse, die zwischen Industrie und Landwirtschaft, zwischen Paternalismus und Pluralismus, zwischen altpreußischer Saturiertheit und neudeutscher Aufbruchsstimmung existierten und die in Parteien und Verbände tief hineinwirkten. »Das moderne Leben rankte empor an dem Spalier des ungebrochenen Obrigkeits- und Militärstaates, ein Widerspruch in sich, den nur Autorität und Glück der Führung verdecken konnten« (L. Dehio).

Das Gefüge der Gesellschaft in der späten Bismarckzeit stand unter der Last verschärfter wirtschaftlicher Verteilungskämpfe und politischer Umsturzängste. Im Niedergang der individualistisch-liberalen Sozial- und Wirtschaftsphilosophie, den Unternehmenskonzentration und landwirtschaftliche Strukturkrise vorantrieben, sollten Protektionismus und starker Staat aufs neue Sicherheit und Hoffnung schaffen. Alte Staatsräson und neue Industriegesellschaft galt es, zur Synthese im modernen Machtstaat zu bringen, der doch, um zu überdauern, auf Einfügung in das europäische Mächtesystem und Anpassung an die Weltmächte angewiesen blieb. Unter Bismarck ist dies noch gelungen. Aber für die Erben der Reichsgründung wurde diese Bedingung angesichts eines entfesselten Nationalismus, wirtschaftlicher Konkurrenzkämpfe und sich schließender Kriegsbündnisse fast zur Quadratur des Kreises, unlösbar und für den Bestand von Staat und Nation tödlich gefährlich.

Der Bankrott der Gründerzeit und der Abschwung der Konjunktur veränderten auch Stil und Gefüge der deutschen Innenpolitik. Die Aschermittwochstimmung, die dem Gründungsfieber folgte, wirkte tief in das Parteiengefüge hinein, ließ eine neue Generation von Interessenverbänden entstehen und lenkte alle Ansprüche der Industrie und bald auch der Landwirtschaft auf den Staat, der wieder Prosperität schaffen sollte und Sicherheit. War unter der liberalen Vorherrschaft der Staat zurückgedrängt worden zugunsten der Unternehmer und des Marktes, so entstand aus der Krisenstimmung der siebziger Jahre ein neues Leitbild der Politik, die sich der organisierten Interessen anzunehmen hatte, und des Staates, der für gute Konjunktur, Absatz und Beschäftigung zu sorgen hatte. In Deutschland, wo der vielregierende Beamtenstaat des achtzehnten Jahrhunderts sich für schlechthin alles zuständig erklärt hatte und fast ungebrochen ins Industriezeitalter getreten war, setzten sich die Strömungen des Neo-Merkantilismus und des wirtschaftlichen Nationalismus ähnlich selbstverständlich durch wie in Frankreich und Österreich. Der deutsche Machtstaat mußte, um Effizienz und Legitimation zu sichern, wieder Interventionsstaat werden. Nur England blieb bis zum Ersten Weltkrieg, wenn auch nicht ohne Anfechtungen und die Forderung Joseph Chamberlains nach *imperial preferences,* Hort des Freihandels.

Verschiebung der Sozialnormen, Umschichtung der Gesellschaft und Verschärfung der Klassenfronten gehörten zu den Folgen der Depression.[22] Am deutlichsten veränderten sich Parlament und Parteien. Während die Begriffe der Politik, vor allem im liberal-bürgerlichen Milieu, noch einige Zeit unverändert blieben, drangen die Klassen- und Interessenparteien neuen Stils vor. Auf der Rechten entstand 1876 die Deutschkonservative Partei, von Bismarck und dem Verband der Steuer- und Wirtschaftsreformer ins Leben gerufen. Auf der äußersten Linken begruben »Lassalleaner« und »Eisenacher« unter Bebel und Liebknecht den alten Dogmenstreit und bildeten eine sozialdemokratische Partei, die fortan eng mit Gewerkschaften und proletarischem Vereinsleben verwoben blieb, Ghetto und Subkultur. Die Epoche der Reichsgründung, da Politik noch wesentlich zwischen dem Reichskanzleramt unter Delbrück – der 1876 stürzte – und den liberalen Fraktionsführern ausgehandelt wurde, ging sichtbar ihrem Abschluß entgegen.

Die großen Interessenverbände, Kinder der Depression, setzten Werbe- und Agitationsmethoden durch, die in England erprobt waren. Mit dem Appell an Egoismus und Sonderinteressen und der Denunzierung parlamentarischer Politik als Klopffechterei unpraktischer Leute zielten sie auf den neuen politischen Massenmarkt. Zu dessen Wesenszügen zählte der Gegensatz von Öffentlichkeit und Parlamentsbetrieb, eine plebiszitäre Grundstimmung und die Auffächerung von Politik in Einzelentscheidungen, die allein nach Vorteil und Nachteil beurteilt wurden. Die Interessenverbände des Handels und der Industrie, der Banken und der Arbeitgeber, die sich bald Dachverbände schufen mit Sitz in Berlin, wollten Märkte aufteilen und den Absatz sichern. Ihre *raison d'être* war es, Ministerien, Presse und Parteien unter Druck zu setzen. Mit dem Stil wandelte sich auch die Gestalt der Politik. Den akademischen und industriel-

Preußischer Ministerpräsident

Reichskanzler

Gutsbesitzer von Friedrichsruh

Zeichnungen von Wilhelm Scholz im Kladderadatsch (1879)

len Führungsschichten wurden die freiheitlich-parlamentarischen Ideale der liberalen Frühzeit fremd. Wirtschaftskrise und die Angst vor sozialer Gärung machten das Parlament zu einer Börse, wo organisierte Interessen notiert und Macht über die Öffentlichkeit gehandelt wurde. Der neue Verbandspluralismus schickte auch einen neuen Abgeordnetentyp auf die Parlamentsbänke. Die Honoratioren wurden abgelöst durch alerte Verbandsfunktionäre. Die Frage, was ein Abgeordneter neuen Typs seinen Verband kostete, wurde mit dem Hinweis auf 50.000 Mark beantwortet, in den Wahlkampf zu investieren.

Bisher bewegten sich Fraktionen und Parteien um die Achse der großen Gestaltungsfragen von Gesellschaft und Politik. Als aber das Freihandelssystem unter Kritik geriet, falteten sich die Gegensätze zwischen Freihändlern und Schutzzöllnern auf. Sie verbanden sich mit dem Für und Wider des Staatsinterventionismus. Auf dieser Grundlage, quer zu den alten Parteien und fast unabhängig davon, versuchte Bismarck das innenpolitische Gleichgewicht zu ändern. Und als im Oktober 1878 das Sozialistengesetz kam und die staatliche Sozialpolitik begann, und als 1879 der neue Zolltarif für Korn und Eisen die Freihandelstür zuschlug, da fand auch der neue Typus des Obrigkeitsstaates mit Interessenpluralismus und Massenzustimmung seine Form. Bis zum Ende der Monarchie sollten politischer Massenmarkt und Interessenkampf zum Funktionskern des Bismarckstaates gehören, bis an den Rand der Unregierbarkeit. Mit dem alten Gefüge des deutschen Konstitutionalismus hatte alles dies nicht mehr viel zu tun.[23]

Der großen Wende von 1878/79, die oft als zweite, innere Reichsgründung beschrieben wurde, ging eine Zermürbungstaktik voraus, die Bitternis säte. Den Reichstag »schußrecht« kommen lassen, mit diesem Wort der Jägersprache hat Bismarck später sein Erfolgsrezept beschrieben. Ein Kleinkrieg gegen die Widersacher im Parlament begann, zuerst gegen die Zentrumspartei, dann gegen die Linksliberalen und endlich am nachhaltigsten und schärfsten gegen die Sozialdemokratie. Das begann nach dem Attentat, das ein unglücklicher Böttchergeselle namens Kullmann 1874 auf der Promenade in Bad Kissingen gegen Bismarck versucht hatte. Das Zentrum nannte er »meine Partei«, und wenn er einen politischen Grund hatte, dann die Bitternis der Kulturkampfgesetze. Das gab Anlaß für ein scharfes Vereinsgesetz. Es scheiterte indes an der Abwehr des Reichstags, und man ließ es fallen, als das Zentrum Stütze der Regierungspolitik wurde. Statt dessen kam eine Strafrechtsänderung, die die Parlamentarier alsbald »Kautschukparagraphen« tauften, weil mit juristisch zweifelhaft formulierten Tatbeständen das gesamte Vereins-, Presse- und Versammlungsrecht eingeengt werden sollte. Unter Führung Eduard Laskers, Rechtsanwalt aus jüdischer Familie, kampfstarker Liberaler und intellektueller Bismarckgegner, geprägt vom preußischen Verfassungskonflikt und der Vision einer großen Bürgerkultur, brillanter scharfer Redner und Wortführer der liberalen Prinzipienstreiter gegen den Pragmatismus der Miquel und Bennigsen in der Nationalliberalen Partei, wurde im

Reichstag wiederum alles abgelehnt. Ein rascher Betrachter konnte Niederlage auf Niederlage des Reichskanzlers registrieren. Nicht so Bismarck selbst: er deutete seinen ratlosen Kollegen im preußischen Staatsministerium das Rätsel. Es könne nämlich unter bestimmten Umständen auch im Scheitern ein Gewinn liegen. Solchermaßen werde »einerseits die Verantwortlichkeit für die ungenügende Bekämpfung der Umsturzpartei von den Regierungen auf den Reichstag übertragen und andererseits die Bekanntschaft mit dem Vorhandensein der Gefahr in der ruhebedürftigen Bevölkerung verbreitet werden, wovon sich eine allmähliche Umstimmung der Reichstagsmehrheit erwarten lasse«[24]. Die preußischen Minister erhielten eine Lektion in Meinungssteuerung durch Umsturzangst und wirtschaftliche Panik. Es sollten noch viele folgen. Bismarck inszenierte einen publizistischen Feldzug, um Zentrum und Linksliberale als Freunde des Umsturzes darzustellen. Den Lasker-Flügel galt es von den regierungsfreundlichen Nationalliberalen zu trennen. Der »wohlgesinnten Presse« wurde die Aufgabe zugewiesen, fortan die Gefahren grell auszumalen, die Staat und Gesellschaft drohten. Die Leser sollten erschrecken vor dem umstürzlerischen Inhalt der sozialistischen Lehren.

Jene Techniken der Meinungssteuerung und Parlamentsbeeinflussung, die im Sommer 1878 beim Sozialistengesetz triumphieren und seitdem alle Parlamentstaktik und die Wahlen durchziehen sollten, gingen durch ihre Generalprobe. Das Parteienfeld kam in Bewegung. Der nationalliberale Bankier Friedrich Kapp, alter Achtundvierziger, Amerika-Rückwanderer und neuer Bismarckianer, notierte 1875 einen »Zersetzungsprozess der alten Parteien .... Die Nationalliberale Partei z.B., der Zahl nach die mächtigste, ist ein solches Sammelsurium aller möglicher, z.T. unvereinbarer Bestrebungen, Ansichten und Ziele, daß sie aus dem Leim gehen muß«. Triumphierend berichtete der Rittergutsbesitzer Moritz von Blankenburg, der sich im pommerschen Varzin (Bismarcks Dotation für 1866) Rat geholt hatte für die Deutschkonservativen, seinem alten Mentor v. Roon, der »Zusammenbruch der liberalen Minister und Parlamentsherrschaft« sei nahe herbeigekommen[25]. Die Liberalen begriffen, daß die Reichsgründungszeit zu Ende war und der Kanzler die »Zersplitterung unserer gegenwärtigen Parteiverhältnisse« wollte, weil er »nach einer anderen stützenden Mehrheit sich sehnt«[26].

Die Wahlen des Januars 1877 zeigten, wie Wirtschaftskrise, Umsturzangst und Massenmobilisierung die Mehrheitsverhältnisse verschoben. In die Ecke der unpraktischen Idealisten und Umsturzfreunde gedrängt, verlor der linke Flügel der Nationalliberalen um Eduard Lasker seine Schlüsselstellung. Rechts der Mitte fanden sich seitdem Mehrheiten, ohne daß die Lasker-Gruppe noch gefragt wurde. Die spätere »Sezession« zeichnete sich ab. Auf der Rechten gab es wieder Konservative, eingeschworen auf Bismarck, den Nationalstaat und den Schutz der kornbauenden Großbetriebe vor dem Niedergang der Weltmarktpreise. Und die Sozialdemokraten erreichten zum erstenmal 9 Prozent der Stimmen; doch Wahlrecht und Wahlkreisgeometrie sorgten dafür, daß daraus nur 3 Prozent der Mandate wurden: genug, um Angst zu machen; zu wenig, um gefährlich zu werden.

Gestützt auf die industriellen und agrarischen Zollbefürworter, wollte Bismarck die im Konstituierenden Reichstag des Norddeutschen Bundes schon verfehlte und seitdem immer wieder mißglückte Steuerreform in Angriff nehmen.[27] Nicht als bloße Straffung und Steigerung der vorhandenen Regelungen, sondern mit einem politischen Ziel. Das Reich sollte nicht länger mehr, wie die Redeweise damals ging, »Kostgänger der Einzelstaaten« sein. Dafür waren Zölle notwendig, substantielle Zölle. Denn das waren indirekte Steuern, und die indirekten Steuern gehörten verfassungsmäßig dem Reich. Wenn Bismarck das Reich von den jährlich neu beschlossenen, altertümlichen und schwerfälligen »Matrikularbeiträgen« der Einzelstaaten befreien wollte, so traf er in diesem einen Punkt mit den Protektionisten zusammen, der Hoffnung auf steigende Zölle.

Aber wo sollten im Reichstag dafür Mehrheiten sein? Selbst unter den Landwirten überwog die Zahl derer, die dem alten Freihandelscredo anhingen, mit dem die preußischen Getreide-Exporteure seit Menschengedenken gut gefahren waren, solange die Überschüsse nach England exportiert wurden und die Knappheit in Deutschland den Getreidepreis hoch und die Güter rentabel hielt. Auch die preußischen Minister, im Zeichen der Freihandelsdoktrin aufgewachsen, wollten die Reichspolitik nicht von der Leine der preußischen Finanzen lassen und noch weniger einen Konflikt mit dem preußischen Gutshof und den Liberalen riskieren. So mußte Bismarck sich zu der Einsicht bequemen, daß es unmöglich war, »schon in der gegenwärtigen Reichstag-Session eine Steuervorlage durchzubringen«. Dann aber überraschte er die preußischen Minister mit der Ankündigung, es gehe nun gar nicht mehr um einzelne kleine Reformen, sondern um die große, entscheidende Wende: »Er wünsche nicht etappenweise, durch Einbringung einzelner Steuer-Vorlagen vorzugehen, sondern erstrebe eine durchgehende Reform des gesamten Zoll- und Steuerwesens«[28].

Aber dafür brauchte man zuerst eine tragfähige Mehrheit. Ohne sie gab es weder Zölle noch neue Steuerquellen für das Reich. Aber wie dies bewerkstelligen, wo die Mehrheit in Parlament und Ministerialbürokratie an Freihandel glaubte und nicht an Zölle und schon gar nicht an deren Steigerungsform in Schutzzöllen? Um aber durch Kampfpolitik Mehrheiten zu erringen, spielte Bismarck eine Zeitlang mit der bizarren Idee, aufgrund der Maigesetze von 1873 den Papst für Preußen abzusetzen, *pro rata parte* als Teil des preußischen Klerus und dadurch aufs neue den Kulturkampf anzublasen; die Juristen im Kultusministerium waren entsetzt. Gleichzeitig wollte er den rechten Flügel der Nationalliberalen auf seine Seite ziehen, indem er Ministerposten bot. Ein Jahr ist darum vergeblich verhandelt worden, vor allem mit dem nationalliberalen Parteiführer v. Bennigsen. Der hätte schon gewollt, aber nicht allein, und schon gar nicht unter Aufgabe der parlamentarischen Machtstellung. Das aber wäre angesichts der Unvereinbarkeitsregelung in der Reichsverfassung unumgänglich gewesen. So stellten die Nationalliberalen Bedingungen, forderten auch Ressorts für Männer des linken Flügels, Forckenbeck und Stauffenberg, und rechneten, auf diese Weise das preußische Staatsministerium zu majorisieren und das Kernstück der Reichsregierung unter Kontrolle zu nehmen. Das ging nicht so direkt gegen Bismarck, wie dieser wohl glaubte. Es ging vielmehr um die Nachfolge Bismarcks, um Kontinuität und bürgerliche Interessenvertretung.[29]

Bismarck aber wollte eigentlich nicht mehr als eine funktionierende Mehrheit hier und jetzt. Konservative und gemäßigte Liberale sollten sich für Reichsfinanzreform und einträgliche Zölle engagieren. Aber daraus wurde nichts. Bennigsen ließ Bismarck höflich sagen, die Liberalen hätten »Zeit zu warten, inzwischen steige die Finanznot und das Septennat laufe ab. Sie würden gar nichts von Belang bewilligen, sondern sich mit Abstrichen, Anleihen und dergleichen vorläufig helfen«[30]. Die Liberalen wollten Bismarck kommen lassen und glaubten, die Zeit arbeite für sie. Haben sie damals die schwache Chance verspielt, das Reich auf den Weg zur parlamentarischen Monarchie zu lenken? Schwer abzuschätzen ist das. Wohl gab es selten in der deutschen Parlamentsgeschichte begabtere Parlamentarier als die liberale Elite der Reichsgründungszeit. Aber sie unterschätzte damals die Unausweichlichkeit der Reichsfinanzreform und überschätzte ihre eigene Geschlossenheit gegen den Schutzzoll. Vor allem verstand sie nicht, wie die Depression die Institutionen bereits unterminiert hatte und den Liberalismus spaltete, Krisenangst und Sozialistenfurcht mobilisierte und dem Obrigkeitsstaat neue Effizienz gab, und wie wenig alles dies dem liberalen Parlamentarismus nutzte.

Schwerlich gab es 1876/77 schon einen Generalplan, einen »grand dessein« Bismarcks. Wohl aber gab es, wie beim Schachspiel, ein Dispositiv. Herzstück war die finanzielle Stärkung des Reiches durch einen Fächer von Steuerreformen, vor allem den Einfuhrzoll auf Rohstoffe. Die Gefahr bestand darin, daß der Kampf um Schutzzölle Landwirtschaft, Industrie, Handwerk und Handel gegeneinander aufbrachte. Tatsächlich aber war längst die Forderung allgemein geworden, der Staat müsse Arbeitsplätze sichern, die Rentabilität der Unternehmen gewährleisten und Wachstum fördern, um die wirtschaftliche Krise nicht in Zusammenbruch und sozialem Umsturz enden zu lassen. Dem Staat aber stand dafür kaum ein Instrumentarium zu Gebot. Handelsverträge ließen im Zeichen des Freihandels kaum Gestaltungsmöglichkeiten. Der deutsche Zolltarif war vorerst in Richtung Freihandel festgelegt statt in die Gegenrichtung, welche die Interessenten mit »Schutz der nationalen Arbeit« werbewirksam bezeichneten. Das wichtigste sozialpolitische Ziel aber blieb es, die Sozialdemokratie einzudämmen, Realeinkommen zu sichern und endlich das zu tun, was unter der liberalen Vorherrschaft unmöglich gewesen war: »daß man realisiert, was in den socialistischen Forderungen als berechtigt erscheint« (Bismarck)[31]. Aus diesen Elementen entstanden 1877/78 Umrisse eines Programms zur wirtschaftlich-politischen Krisensteuerung: Staatsräson neuer Art durch Wohlfahrtspolitik im Industriezeitalter. Die Mittel jedoch und der Zeitplan mußten sich nach den parlamentarischen Kräfteverhältnissen richten. Wenn diese aber im Weg standen, mußte man sie ändern. Deshalb wollte Bismarck 1877 zuerst ein »Wirtschaftliches Programm« der Regierung vorlegen, dann eine Reichstagsauflösung provozieren und Neuwahlen erreichen, um die bloße »Wiederwahl der bisherigen Abgeordneten« auszuschließen.

Am 10. März 1878 berieten die preußischen Minister dieses Programm, ohne daß Bismarck sich schon auf Schutzzölle festlegte. Unübersehbar war nur, daß der Kanzler, der fast ein Jahr lang von seinem pommerschen Gut Varzin aus die Regierungsgeschäfte mit der linken Hand betrieben hatte, den Reformkatalog nun mit seiner politischen Existenz verband[32]. Er habe

wiederholt zu erkennen gegeben, daß er nur bei einer Steuerreform im großen Stil im Amte zu bleiben gedenke. Er sei der Meinung, daß man durch wesentliche Erhöhung der indirekten Steuern, namentlich, neben Bier- und Petroleum-Steuer, durch Tabak- und Zucker-Monopol, wie durch hohe Besteuerung der Branntwein-Schankstätten, zu einer Einnahme bis zu 300 Millionen Mark gelangen und dann auf die Matrikularbeiträge verzichten, ja aus den Reichseinnahmen an die Einzelstaaten herauszahlen könne. Diese würden in der Lage sein, die direkten Steuern zu erleichtern, letztere mit den an ihre Eintreibung sich knüpfenden Auspfändungen seien ein Haupthebel für die Agitation der Socialdemokratie, eine Hauptquelle der über unsere wirthschaftlichen Verhältnisse herrschenden Mißstimmung.

Aber vor der Zoll- und Steuerreform standen der Kampf gegen den Reichstag, Umkehrung der Mehrheiten und Veränderung der Fraktionen. Oder war es so, daß die große Wirtschafts- und Finanzreform nur das Mittel war, um die Machtstellung der Liberalen zu zerschlagen und eine andere Politik abzusichern? Das Verhältnis von Zielen und Mitteln blieb lange doppeldeutig:

Bei einem Vorgehen in der angedeuteten Richtung könne die Regierung mit der Hoffnung in den Wahlkampf eintreten, die jetzigen Fractionsbildungen durch wirthschaftliche Interessen gekreuzt, die übergroße Zahl der Doctrinairs in den parlamentarischen Körperschaften verringert zu sehen[33].

Aber wie dies einleiten, und wie schließlich zu einem anderen Reichstag kommen? Die Reichstagsauflösung brauchte Zeit. Die Wähler umzustimmen, ging nicht ohne spektakulären Grund, eine Krise, die Drohung des Chaos. Wie aber sollte ein kompliziertes Steuer- und Zollpaket, das selbst den Fachleuten schwer durchschaubar blieb, die Massen in Bewegung setzen? Bismarck spielte mit hohem Einsatz. Sehr unerwartet hat er auch gewonnen. Denn am 11. Mai 1878 schoß in Berlin auf offener Straße Unter den Linden ein junger Schreiner namens Hödel, ein Wirrkopf, mit der Pistole auf den Kaiser. Er verfehlte zwar sein Ziel. Nun aber war die Situation da, die die Nation alarmierte. Der Täter stammelte, als man ihn ergriff, ein paar Worte. Daraus ließ sich eine Verbindung zu den Sozialisten konstruieren. So gab es den Anlaß, im Reichstag binnen Tagen ein Sozialistengesetz einzubringen. Zusammengestückelt aus den Trümmern der »Kautschukparagraphen« von 1875, war es für das Parlament, das diese gehässigen Presse- und Vereinsrechtsänderungen noch in übler Erinnerung hatte, nichts als eine Zumutung. Wollte Bismarck diesen Entwurf wirklich zum Gesetz machen? Eher wollte er wohl, daß der Reichstag ihn ablehnte. Alle ablehnenden Abgeordneten erschienen dann als Mitschuldige am Königsmord. Lehnte der Reichstag ab, »so werde die Verantwortlichkeit ihn schwer treffen, die Regierung aber ihre Schuldigkeit getan haben«. Gleichwohl, der Entwurf wurde, wie sich der Chef der Reichskanzlei

Christoph von Tiedemann erinnerte, »ebenso prompt beseitigt«, wie er entstanden war. Bennigsen sah in allem nur die »Absicht eines Krieges gegen den Reichstag und die Einleitung zu einer Auflösung« und hatte recht damit.

Aber Bennigsen bot für den Herbst an, die Liberalen würden einem umfassenden Vereinsgesetz die gebührende Aufmerksamkeit zuwenden. Damit war Bismarcks großes Spiel durchkreuzt. Die Liberalen erwiesen sich als gute Taktiker. Bismarck räsonnierte nun über die notwendige Transzendierung der Verfassung und künftige Konflikte. Doch es blieb bei Drohungen: »In der Frage der Steuerreform«, so konnte der liberale Finanzminister Preußens und ehemalige Oberbürgermeister von Berlin, Hobrecht, lesen, als er einen Brief aus Friedrichsruh erhielt,

ebenso wie augenblicklich in dem von Ew. pp. gleichzeitig berührten Kampf gegen die Socialdemokratie kommt es m.E. nicht darauf an, ob die Ziele, die man sich steckt, uno actu in einer Parlamentssession oder mit einer Vorlage parlamentarisch erreichbar sind, u. selbst, wenn sie anscheinend parlamentarisch ganz unerreichbar wären, so würde ich, wenn sie vernünftig sind, sie doch glauben erstreben zu müssen... Die Politik ist langlebig und beansprucht Pläne auf Menschenalter hinaus... Die Gelehrten ohne Gewerbe, ohne Besitz, ohne Handel, ohne Industrie, die vom Gehalt, Honoraren und Coupons leben, werden sich im Laufe der Jahre den wirthschaftlichen Forderungen des produzierenden Volkes unterwerfen oder ihre parlamentarischen Plätze räumen müssen... Je höher wir uns das Ziel der indirecten Steuer- und Zollerträge stecken, desto mehr Wahrscheinlichkeit haben wir m.E. überhaupt, etwas zu erreichen. Große prinzipielle Reformen haben eine werbende Natur, nicht nur für diejenigen, welche dabei Erleichterung von augenblicklichem Druck hoffen, sondern für alle mit konstruktiven Gedanken am Staat teilnehmenden Politiker. Aber auch die Zahl der egoistisch Interessierten wird um so größer, je weiter wir das Ziel greifen, und je mehr wir, von den politischen Schulfuchsereien unserer Parlamentsdebatten abstrahierend, der wählenden Bevölkerung gesunde wirthschaftliche Interessen unterbreiten.[34]

Selten hat Bismarck offener über Ziele und Mittel seiner Politik geschrieben. Aber auch hier blieb ein Stück Spielertum dabei, denn Hobrecht war kein Mann des inneren Kreises, kein *confidant*, sondern gestandener Kommunalpolitiker und liberaler Vertrauensmann. An die Adresse der Liberalen waren denn auch die unbestimmten und doch auch sehr bestimmten Schlußwendungen gerichtet, die eine Drohung aussprachen und doch dementierbar blieben, so als sei nichts gewesen:

Mit den bisherigen parlamentarischen Klopffechtereien der Fraktionspolitik auf doktrinären, für die wählende Bevölkerung nicht zugänglichen Gebieten fürchte ich, daß wir das parlamentarische System der Abwirtschaftung aussetzen, und doch gibt es nichts, was wir an seine Stelle setzen könnten, ohne in Experimente zu fallen, welche die Geschichte ad absurdum geführt hat. Was ich mit meinen schwachen Kräften noch tun kann, um zu hindern, daß unsere neuen Einrichtungen am unpractischen Idealismus politischer Kinder und doctrinärer Gelehrter und schließlich an dem persönlichen Ehrgeiz der fractionsführenden Redner zugrunde gehen – so hatte Bismarck den Entwurf eigenhändig ergänzt – *unter Rückfall in Partikularismus und in Schwankungen zwischen Anarchie und dummer Gewalt – das will ich wenigstens versuchen, solange ich lebe, und wenn ich keinen Beistand dabei finde, so kann ich den Untergang unsrer neuen Herrlichkeit doch mit kühlerem Herzen ansehen als diejenigen, welche ihn herbeizuführen beschäftigt sind.*

Da fielen abermals Schüsse. Ein junger Akademiker, der stellungslose, verwirrte Dr. Nobiling, feuerte am 2. Juni 1878 auf den Kaiser, diesmal aus nächster Nähe und mit Schrot. Der achtzigjährige alte Soldat, der viele kleine Verletzungen davontrug, empfand es als kränkend, daß auf ihn wie auf Niederwild geschossen wurde. Aber Bismarck begriff die politische Goldader, die hier lag. So folgte der Parlamentskrise dritter Akt: »Dann lösen wir den Reichstag auf« – so Bismarcks durch Tiedemann gut verbürgte Reaktion, bevor er sich Zeit nahm, nach dem Befinden des alten Herrn zu fragen. Das Attentat war politischer Sprengstoff in den Händen Bismarcks. Diesen Stoff nutzte er nun in einer Öffentlichkeit, die nicht lange überzeugt werden mußte, daß wie in Rußland Nihilismus und Anarchie drohten.

Zwei Tage später suchte das preußische Staatsministerium nach einer Antwort auf die neue Krise. Man war bereit, Bismarcks Theorie eines verzweigten Komplotts auch ohne Beweise hinzunehmen. In Erinnerung an den heißen März 1848 wurde die Bereitstellung der Berliner Garnison gegen bewaffneten Aufstand überprüft. Sollte der Belagerungszustand verhängt werden? Man war sich unschlüssig. Er blieb Ultima ratio. Wichtiger war, daß Bismarck auf der Woge der Krisenstimmung im Lande reiten und nunmehr durchsetzen wollte, was so lange mißglückt war, die große Steuer- und Wirtschaftsreform. Nun stand ein anderer, regierungsfrommer Reichstag in Aussicht. Nichts war jetzt wichtiger als die sofortige Auflösung des Parlaments – und in der preußischen Regierungsrunde wurde mit ungewohnter Offenheit argumentiert und protokolliert. Bismarck wollte auflösen:

Einmal, weil er auf die nächsten Wahlen das Hauptgewicht lege und es vorteilhaft sei, für diese den durch das Nobilingsche Attentat hervorgebrachten Eindruck zu benutzen, sodann aus dem bereits angeführten Grunde, daß die Nationalliberalen speziell dem jetzigen Ministerium kein Vertrauen zu schenken erklärt und dies als Grund für ihre ablehnende Haltung hingestellt hätten.

Angst vor dem Umsturz sollte die Wahlen regieren. Die Entscheidung fiel in einem rasch anberaumten Kronrat. Mit Rücksicht auf den liberalen Kronprinzen stellte Bismarck alle Argumente auf den Kampf ab gegen die Sozialisten – die große Steuer- und Wirtschaftsreform würde von selbst folgen. Und es wäre wohl auch verfehlt, im Kampf gegen die Mächte des Umsturzes, wie das damals hieß, nur Taktik und Manipulation zu sehen. Dazu saß die alte Angst von 1848 zu tief. Dazu war die Erschütterung durch zwei Attentate, mochten sie auch isoliert geplant und dilettantisch durchgeführt sein, zu groß. War Preußen auf die Wege Rußlands geraten? War die wirtschaftliche Krise nur Vorbote nahen politischen Zusammenbruchs? Stand das Gebäude des Kaiserreichs auf schwankendem Boden? »In der Familie, in der Gemeinde, im Staate, überall trete Opposition nicht als berechtigte Kritik, sondern als Auflehnung gegen menschliches und göttliches Gesetz unter Verhöhnung der Religion auf«, so gab der Innenminister Graf Eulenburg zu Protokoll.

Wo alle überkommene Autorität durch Säkularisierung und Industrialisierung herausgefordert war, sollte scharfes Durchgreifen noch einmal helfen. In der Krise des Sommers 1878, eine Woche vor Eröffnung des Berliner Kongresses, spielte sich ein symbolisches Drama ab, das die Politische Kultur in Deutschland auf Jahrzehnte prägen und in ihrer Humanität verhärten sollte. In den Attentaten lag Gefahr für jene Großmachtrolle, die der Kongreß gerade bestätigen sollte. Die Deutschen erschraken vor der Fratze der Modernität, und Bismarck, den Ängsten selbst auch unterworfen, die er so meisterhaft zu dirigieren schien, kam zur Sache: *Es sei gegen die Socialdemokratie, ohne die übrigen Partheien sich zu verfeinden, ein Vernichtungskrieg zu führen durch Gesetzesvorlagen, welche die socialdemokratischen Vereine, Versammlungen, die Presse, Freizügigkeit (durch die Möglichkeit von Ausweisungen und Internierung), vielleicht den Waffenbesitz und das Waffentragen träfen.* Der Kronprinz Friedrich Wilhelm sah, daß dies die Kriegserklärung an die Liberalen war, und daß die liberalen Parteien daran zerbrechen mußten. Sein Gegenvorschlag: alle notwendigen Gesetze mit den Führern der Reichstagsmehrheit zu vereinbaren. Es zeigte sich hier eine fundamentale Differenz des politischen Stils, noch mehr aber die andere Definition der politischen Ziele. Was der Kronprinz wollte, war das Bündnis mit den Liberalen. Was Bismarck wollte, die Zerstörung des politischen Liberalismus und seine Zähmung durch Interessenpolitik. Durch Bismarck nachdrücklich geleitet, ging der Kronrat daher untertänigst über die Meinung des Thronfolgers hinweg. Die Maßnahmen, die jetzt zu ergreifen waren, dienten nicht so sehr dem »augenblicklichen Zustande, als dem schon seit Jahren, gleich der Fluth anschwellenden Einflusse der socialdemokratischen Agitation« (Bismarck)[35].

So beschloß die preußische Regierung nunmehr, durch den Bundesrat den Reichstag aufzulösen. Nun aber tönte aus dem liberalen Südwesten des Reiches das Echo jener Bedenklichkeiten, die der Kronprinz vergeblich vorgebracht hatte. Die badische Regierung der liberalen Honoratiorenpolitiker, bislang stets Sekundant Preußens in der Reichspolitik, begriff, daß es nur vordergründig um die Sozialdemokratie ging und daß Auflösung und Sozialistengesetz Hebel Bismarcks waren, um den Liberalismus zu zerstören und dann die neue Wirtschaftspolitik durchzusetzen.[36] Karlsruhe lehnte daher die Auflösung des Reichstags ab. Nun hätte ja im Bundesrat Baden überstimmt werden können. Aber durfte der nationale Notstand eine Mehrheitsfrage sein? Bismarck brauchte Einigkeit. Um sie herzustellen, war er nicht wählerisch bezüglich der Mittel. Staatssekretär v. Bülow im Auswärtigen Amt übernahm es, die badische Regierung vom Ernst der Lage zu überzeugen. Er durfte erwähnen, daß der Kanzler, »um überhaupt weiter zu regieren«, zu scharfen Mitteln greifen wolle. Die Rücktrittsdrohung des cäsarischen Kanzlers war, unmittelbar vor der am 13. Juni 1878 vorgesehenen Eröffnung des Berliner Kongresses zur Kriegsverhütung, fürwahr eine Waffe. Aber Bülow konnte noch weiter gehen. Der Kanzler hatte ihn ermächtigt, vom Ausnahmezustand zu reden. Die Verhängung des Kriegszustandes »über einzelne, durch social-demokratische Wühlereien besonders gefährdete Gebiete des Reiches« sei erwogen, jedoch vorerst zurückgestellt worden. Doch habe der Kanzler keinen Zweifel, daß Artikel 68 der Reichsverfassung dem Kaiser das Recht gebe, sobald die öffentliche Ordnung im »Bundesgebiet« bedroht sei, den Kriegszustand zu verhängen. Und dann sehr bestimmt: *Der Reichskanzler würde daher nöthigen Falles vor dieser Verantwortlichkeit nicht zurückschrecken, und wenn er die Unterstützung der Regierungen auf dem eingeschlagenen Wege wider Verhoffen nicht finden sollte, wahrscheinlich sofort in der Notwendigkeit sich befinden, eine solche Verantwortlichkeit zu übernehmen.*

Das war ein innerer Präventivschlag. Es war das erste Mal, daß die Idee der Auflösung des Reiches und der Reorganisation unter preußischem Diktat in ein amtliches Schriftstück kam – weshalb das Berliner Konzept auch streng sekretiert wurde und der ganze Vorfall, der wie ein Skalpell die Machtstrukturen Deutschlands bloßlegte, seitdem zu den bestgehüteten Geheimnissen der Wilhelmstraße gehörte. Im Gespräch mit dem Kultusminister Falk sprach Bismarck damals von einem »juristischen Staatsstreich«: »Deutschland könne dann eben nicht reiten. Der Bündnisvertrag müsse gelöst werden und damit die Verfassung umgeworfen werden«. Auf Falks Einwand, derlei sei doch unmöglich, antwortete Bismarck mit Kälte: »Die Regierungen würden schon zusammenhalten. Rheinbundszeiten seien vorüber... Drei oder vier Regierungen würden widersprechen, aber durch Bedrohung mit dem Schicksal Nassaus und Hessens eingeschüchtert werden«[37]. Wie um alles wieder wegzuwischen und für einen makabren Scherz zu erklären, sagte er in denselben Tagen im Beisein der Baronin Spitzemberg: »Wenn ich nicht staatsstreichere, setze ich nichts durch«[38].

Ein Staatsstreich fand nicht statt. Aber die Drohung mit dem Staatsstreich hinterließ tiefe Spuren. Sie gehörte seitdem zu den effektiven Elementen der deutschen Verfassung. Zwei Tage vor Beginn des Kongresses, der damals die Welthändel in Berlin regeln sollte und die mächtigsten Männer Europas in Berlin versammelte und der Reichshauptstadt Glanz und Bedeutung gab, tat der Bundesrat, wie ihm geheißen. Der Reichstag wurde, ohne daß die Karlsruher Minister noch Laut gaben, aufgelöst. Das Ende der liberalen Ära war besiegelt. Fortan übernahm Sachsen jene Rolle des Sekundanten, die bislang dem Land des Großherzogs Friedrich I., Paladin der Reichsgründung, zugekommen war.

Die wirtschaftliche und fiskalische Reform, bislang blockiert durch die Gegenforderung »konstitutioneller Garantien« und tragfähiger Teilparlamentarisierung, kam in Gang durch Krisengefühl und Umsturzangst. Die Nationalliberalen waren die Verlierer. Mit ihnen aber scheiterte, wenn es sie je gab, die Chance, den Bismarckstaat auf den Reformweg bürgerlicher Parlamentarisierung nach dem Westminster-Vorbild zu bringen. Jetzt sollte alles zusammenkommen; eine Finanzbasis für das Reich, Protektionismus für Deutschlands Stahlkocher und Getreideproduzenten, Zerschlagung der politischen Arbeiterbewegung und Aufbau eines neuen Obrigkeitsstaates, der auf die Krise des Denkens und die Depression der

Wirtschaft eine neue Anwort gab: sozialstaatlich und autoritär, pluralistisch und mit Massenkonsens ausgestattet, gegründet auf die Autorität des charismatischen Staatsmanns. Die »Diktatur des Reichskanzlers über Deutschland« so verhallte die Klage aus Karlsruhe, vollendete sich damals[39]. Es blieb nur der fromme, vergebliche Wunsch: »Möge der Reichstag uns davor bewahren«.

Wilhelm Scholz (1878)
»Der Pfeil ist auf die Sozialdemokraten gerichtet; wie aber, wenn er über das Ziel hinausfliegt?«

Was folgte, war ein Wahlkampf böser, neuer Art. Ein Fiebertraum wurde inszeniert. Der Reichskanzler, auf der Bühne des Berliner Kongresses Dirigent des europäischen Mächtekonzerts, nutzte Umsturzängste und Krisengefühle. Wäre es nach ihm gegangen, so hätte die Hauptstadt des Reiches sechs kriegsmäßig bewaffnete Regimenter erlebt, die »tüchtig patrouillieren und dem Mob imponieren«. Bismarck wurde jetzt, was er für die Legende seither blieb, »Mann von Eisen«[40] und Retter der Gesellschaft. Der Wahlkampf bereits riß die neuen Fronten auf. Die Kontur der alten Parteien verblaßte. Freihandel oder Schutzzoll, Laissez-faire-Ökonomie oder Staatsinterventionismus, das waren die Konflikte, die fortan die Nation teilen sollten. Die großen Verbände, Centralverband Deutscher Industrieller, Deutscher Handelstag und die agrarischen Steuer- und Wirtschaftsreformer ließen sich deutlich hören. »Zucht und Ordnung« forderten sie und meinten den Kampf gegen Freihandel, Liberalismus und Umsturz. Nicht weniger als hundert Kandidaten wurden, ihre Loyalität verbürgt, mit Wahlkampfspenden direkt unterstützt; ein halbes Hundert Freihändler nach Kräften bekämpft. »Kraft« und »Wohlstand« sollte der Schutzzoll den Deutschen bescheren. Wo die Industriellen Krupp, »König« Stumm und Henry Axel Bueck namens der deutschen Industrieverbände forderten, die christlichen Grundlagen des Volkslebens zu sichern, da gaben sie Zentrum und preußischen Konservativen ein Zeichen, daß fester Glaube und gute Geschäfte einander nicht ausschlossen. Die Wahlen am 30. Juli 1878 registrierten weiterhin steigende Wahlbeteiligung (von 1877 = 60,4 auf 1878 = 63,1 Prozent). Im Ergebnis gab es 106 Konservative und 125 Liberale, und das Zentrum in der Schlüsselstellung, die über Mehrheiten entschied. Die Sozialdemokratie, der Bürgerschreck, hatte verloren (von 1877 = 12 auf 1878 = 9 Mandate).

Als der Rauch der Wahlschlacht wich, blieb das Schicksal des Sozialistengesetzes noch immer offen, und auch die Schutzzollfrage war noch unentschieden. Die Zentrumspartei war stärker als je zuvor; ohne den politischen Katholizismus ließen sich in Zukunft kaum noch Mehrheiten finden. Die katholische Partei indessen fand das Ausnahmegesetz gegen die Sozialisten nicht nach ihrem Geschmack, die Erinnerung an die Ausnahmegesetze des Kulturkampfs war noch zu frisch. Erst als diese stufenweise demontiert wurden, konnte, wie Windhorst 1880 schrieb, die »gemeinsame Bekämpfung der allerdings drohenden politischen und socialen Revolution« beginnen. Aber diese Revolution hatte für die Zentrumsführer nicht nur das Gesicht des Marxismus, sondern auch das des Liberalismus und des weltlichen Staats. Eine gefügige Mehrheit kam, trotz Berliner Kongreß, trotz Attentat und Krise nicht zustande. Bismarck drohte in einem Brief an den Bayernkönig, der neue Reichstag sei noch lange nicht der »richtige Ausdruck der zweifellos loyal und monarchisch gesinnten Mehrheit der deutschen Wähler«. Und beugte sich der Reichstag nicht, so sollte die »parlamentarische Tätigkeit« kein »Selbstzweck« sein. Bevor sich Aktenstaub auf ihr sammeln konnte, wurde die Drohung mit dem Staatsstreich wieder hervorgeholt. Bis zum Ende blieb sie Ultima ratio für Politik und Taktik Bismarcks. Zweck des Deutschen Reiches, so pointierte der Kanzler, sei der Rechtsschutz. »Ich hoffe, daß das Verhalten des Reichstags die verbündeten Regierungen der Nothwendigkeit überheben wird, die Consequenzen dieser Rechtslage jemals practisch zu ziehen.«[41]

So blieb das Sozialistengesetz, das im Oktober 1878 nach dem Vorbild eines britischen Sondergesetzes gegen den irischen Geheimbund der Fenier rasch vorgelegt wurde, mangels gehorsamer Mehrheiten eine Halbheit. Am wichtigsten war der bizarre Umstand, daß die Sozialisten die Bühne des Reichstags behielten, um Lebenszeichen zu geben und Brandreden zu halten, die straflos publiziert werden konnten, während die Parteiorganisation verboten wurde, aktive Tätigkeit für die Partei unter Strafe stand. Die Sozialisten gerieten unter ein umfassendes Vereinigungs- und Versammlungsverbot. Es konnte ihnen die Erlaubnis zu bestimmten Gewerben versagt werden – das traf die Vielzahl sozialdemokratischer Schankwirte, bei denen Gesinnungsgenossen sich zu politischer und unpolitischer Geselligkeit trafen –, und sie konnten aus bestimmten Bezirken behördlich ausgewiesen werden. Es war, was man damals den »kleinen Belagerungszustand« nannte. Das viel wichtigere Ausführungsgesetz zum Artikel 68 der Reichsverfassung, das den unhandlichen preußischen Belagerungszustand der achtundvierziger Zeit modernisieren sollte, kam weder damals noch später zustande.[42] »Die Vorlage, so wie sie jetzt ist, wird praktisch dem Sozialismus nicht Schaden tun, zu seiner Unschädlichmachung keinesfalls ausreichen«. Das war, noch bevor der Reichstag zusammentrat, die Prognose Bismarcks, und die Geschichte des Gesetzes hat ihm recht gegeben.

Warum dann das Gesetz überhaupt einbringen und durch den Reichstag zwingen? Weil es symbolisches Handeln war, Selbstbeweis des Obrigkeitsstaats, und weil es die feinen Risse in den liberalen Parteien verbreiterte. Die Wirkung lag in der Tat mehr im Bereich der politischen Moral als der Unterdrückung der Arbeiterbewegung. Die Partei, durch die Härte des preußischen Vereinsrechts gewarnt, tauchte ab in den Untergrund. Sport und Gesang dienten als harmlose Tarnung. Parteitage wurden in der Schweiz abgehalten. Allerdings gilt auch, daß die Anarchisten die Partei verließen und die Parlamentsfraktion, da sie das Monopol auf legale Tätigkeit hatte, entscheidend Einfluß gewann.

Das Gesetz spaltete den Reichstag und hinterließ einen moralischen Riß. Das Ende der Ära Bismarck 1889/90 sollte viel damit zu tun haben. Daß es fehlgeschlagen sei, wird oft behauptet; es ist aber so wenig beweisbar wie die Gegenthese, daß es ein Erfolg gewesen sei. Die Beurteilung wird erschwert, weil das Ausnahmegesetz Teil einer großen, in sich widersprüchlichen protektionistischen Gesetzgebung war, die auch den Industriearbeiter erfaßte, als Unterwühler des Staates wie als Objekt seiner Fürsorge. Nicht nur, daß Industrieschutz zwangsläufig auch Arbeitsplätze sicherte, es wurde ja das Sozialistengesetz auch binnen weniger Jahre durch die staatliche Sozialpolitik ergänzt.

Die Vorgeschichte der drei großen Versicherungsgesetze des folgenden Jahrzehnts – Kranken-, Unfall- und die Alters- und Invalidenversicherung – datiert tatsächlich aus den Kämpfen um das Sozialistengesetz. Damals warf in einer großen Denkschrift der Vizepräsident des preußischen Staatsministeriums, der Verwaltungsjurist Graf Stolberg-Wernigerode, die Frage auf, »welche organischen Änderungen der bestehenden Gesetzgebung neben den in dem Gesetz-Entwurfe gegen die gemeingefährlichen Bestrebungen der Socialdemokratie vorgesehenen Maßnahmen erforderlich sind, um der bestehenden Staats- und Rechtsordnung... den schließlichen, nachhaltigen Erfolg zu sichern.« Die Staatsregierung müsse sich die Führung sichern bei den »organischen Gegenwirkungen gegen die socialdemokratische Bewegung«. »Kräftige und planvolle Initiative« wurde gefordert.

Das Ergebnis war ein Maßnahmenkatalog, der der deutschen Sozialpolitik in den folgenden Jahrzehnten die Führung in Europa gab. Er reichte von Wahlrechtsänderungen und Änderungen der Gewerbeordnung, Entlastung der Unterschichten von der Klassensteuer (der preußischen Einkommensteuer) bis zur »Ausdehnung der gesetzlichen Fürsorge für das sittliche, geistige und leibliche Wohl der Arbeiter, insbesondere die Fragen wegen weiterer Ausdehnung und umfassender Organisation des Hülfskassenwesens und wegen etwaiger Modifikationen des von vielen Seiten als ungenügend betrachteten Haftpflichtgesetzes; allgemeine gesetzliche Organisation des Fortbildungsschulwesens für Arbeiter, Lehrlinge und Gehülfen...«[43].

Aber die staatliche Sozialpolitik blieb noch einige Jahre Programm. Vorerst ging es um höhere Reichseinnahmen und Protektionismus. Das Sozialistengesetz war nichts als eine Vorstufe auf diesem Wege. Es dramatisierte eine Gefahr, welche die Regierung vor den Wählern auf der Höhe ihrer Entschlossenheit zeigte. Die

Antriebskräfte der großen Wende aber lagen nicht in Sozialistenfurcht und Revolutionsangst. Es war die Depression und die Forderung an den Staat, etwas Entscheidendes zu tun, Führung zu geben, Schutz und Sicherheit.

Nachdem das Sozialistengesetz erledigt war, trat im Reichstag die »Freie Wirtschaftliche Vereinigung« quer zu den alten Fraktionen hervor. Sie zählte zweihundertvier Köpfe, eine ungewisse Mehrheit, zu der man die Konservativen großenteils, weniger die Nationalliberalen und mehr das Zentrum zählen konnte. Industrielle Verbandsfunktionäre fanden sich da, Unternehmer, Manager, viele Rittergutsbesitzer, Regierungsfreunde und Bismarckianer. Geschäftsführer wurde Hermann Rentzsch MdR, Geschäftsführer des Vereins Deutscher Eisen- und Stahlindustrieller. Die Mehrheit der Landwirte hielt sich noch zurück. Und doch kam im Reichstag eine von der Schwerindustrie geführte Koalition von Industrie und Landwirtschaft zusammen. Sie unterstützte Bismarcks inneren Kampfkurs und verlangte, durch Schutzzölle entschädigt zu werden. Schon einen Tag nach Annahme des Sozialistengesetzes kamen die »204« mit einer Erklärung an die Öffentlichkeit, die erstmals unumwunden Schutzzölle forderte. Ein Petitionssturm wurde entfesselt, der aussah wie eine Volksbewegung und die Landwirte großenteils für die Protektionisten gewann. In Wahrheit war nur jeder vierzigste deutsche Landwirt beteiligt, die meisten aus dem schon immer schutzzöllnerischen Bayern, wo man wenig von Exporten erhoffte und viel befürchtete von Importen. Aber jeder, der an die Reichskanzlei schrieb, durfte eine eigenhändig unterschriebene Antwort des »Eisernen Kanzlers« erwarten.[44]

Zur Massenbewegung kamen Gutachten von Enquetekommissionen. Unter den Einzelstaaten waren Karlsruhe, Oldenburg und Weimar entschieden, andere lauwarm gegen Zölle. Sie wurden alle gleichermaßen übergangen. Kernproblem blieben die agrarischen Schutzzölle, weil viele der norddeutschen, vor allem der preußischen Landwirte noch immer nicht daran glaubten. Waren die Jahrzehnte der fetten Exporte über die Ostsee endgültig vorbei? Mit dem Freihandel war man lange gut gefahren, Schutzzölle waren stets eine zweischneidige Sache und halfen dem Erzfeind in der Industrie, und mit Geduld würde man die Krise wie eine Dürreperiode überleben.

Aber nur dann, wenn die neue wirtschaftliche Koalition das Zollprogramm im Ganzen billigte, hatte das Geschäft im Reichstag eine Grundlage. Steuerreform und Schutzzoll wurden daher Fragen der Staatsräson. Bismarck ließ den Liberalen drohend übermitteln, notfalls werde man den Zollvertrag – er machte über den Zollverein das Reich erst zur wirtschaftlichen Einheit – auflösen und sich auf Preußen zurückziehen. Man könne dann, so ließ sich der Kanzler zitieren, »dem Deutschen Reiche ein Denkmal errichten und darauf die Inschrift setzen: ›In den Sattel hat man ihm geholfen, aber zu reiten verstand es nicht‹«[45]. Die Zollreform, das hatten die preußischen Gesandten im Reich darzulegen, war von »unserer politischen Zukunft« nicht mehr zu trennen. Sie allein garantierte die Dauer des »monarchischen Prinzips« – was nicht mehr sagen wollte als daß Bismarck, wenn Bundesrat oder Reichstag ablehnten, wohl nur der Rücktritt geblieben wäre.

Staaten	1810	1840	1860	1880	1900
Belgien	–	100	110	130	150
Deutschland	–	75	105	145	220
Frankreich	70	115	145	140	155
Italien	–	40	50	60	60
Österreich	–	75	85	100	110
Rußland	–	70	75	70	90
Großbritannien	140	175	200	235	225
USA	–	215	225	290	310

Internationale Wettläufe: Niveau der landwirtschaftlichen Entwicklung (100=jährl. Nettoproduktion von 10 Mill. Kalorien auf pflanzl. Grundlage pro männl. Erwerbstätigen in der Landwirtschaft)

Während die Börse die Zolleinigung im Bundesrat schon durch eine Hausse in Industriewerten honorierte, begann das Geschäft im Reichstag. Das unentbehrliche Zentrum verlangte das Ende des Kulturkampfs, die Freikonservativen wollten Mehreinnahmen des Reiches durch Steuersenkung der Einzelstaaten ausgleichen. Die Liberalen, durch den Zoll gespalten, wollten »konstitutionelle Garantien«, aber niemand konnte so recht sagen, was das nun im einzelnen bedeutete. Die exportinteressierten Industrieverbände und Handelskammern in den Seestädten, der Maschinenbau und viele Landwirte lehnten den Schutzzoll ab. Erst nach langen Verhandlungen wurde ein Paket geschnürt, das Industrie und Landwirtschaft noch eben unterstützten, weil es den einen nicht zu viel und den anderen nicht zu wenig bot.

Ging es da wirklich um Zölle und Interessen? Oder ging es um eine neue Politik, ein neues Verhältnis von Staat und Wirtschaft? Eduard Lasker, der brillanteste Redner der Linksliberalen, griff im Reichstag den Kanzler an: er betreibe die »Finanzpolitik der Besitzer gegen die Nichtbesitzer«. Bismarck improvisierte daraufhin die Generalabrechnung mit dem Liberalismus und den Honoratiorenpolitikern. Nicht ohne antijüdischen Unterton replizierte er mit dem bösen Satz, der alsbald in den deutschen Zitatenschatz einging, von »denjenigen Herren, die ja bei der Herstellung unserer Gesetze in allen Stadien die Majorität bilden, von denen die Schrift sagt: sie säen nicht, sie weben nicht, sie spinnen nicht, und doch sind sie gekleidet... Die Herren, die unsere Sonne nicht wärmt, die unser Regen nicht naßmacht, wenn sie nicht zufällig ohne Regenschirm ausgegangen sind« (8. Mai 1879).

Unterdessen verkaufte die Zentrumspartei sich teuer. Bei einem Diner des Reichskanzlers wurde die »Franckensteinsche Klausel« vereinbart. Sie legte fest, daß das Reich aus den neuen Zolleinnahmen jährlich 130 Millionen vorab erhalten, der Überschuß aber an die Einzelstaaten gehen sollte. Diese konnten dann durch Matrikularbeiträge den Reichshaushalt speisen. Es war eine unelegante Form, den Föderalismus im Spiel zu halten. Und doch blieb diese Klausel fast bis zum Ersten Weltkrieg, der das ganze veraltete Finanzsystem umstürzte, in Geltung. Das Zentrum habe, so Franckenstein später, »sich mit den Conservativen einfach zu dem Zwecke verbunden,... die nationalliberale Partei definitiv aus ihrer Verbindung mit der Regierung abzudrängen«[46].

Obwohl viele Landwirte zweifelnd blieben und vom Schutzzoll für Eisen nur Verteuerung ihrer Maschinen fürchteten, hielt der Kompromiß. Industrie- und Agrarzölle wurden im selben Tarifwerk verankert, das der Reichstag am 12. Juli 1879 beschloß: 117 Gegenstimmen kamen von der Fortschrittspartei, einigen Nationalliberalen und den Sozialisten, die gegen die »Brotverteuerung« des kleinen Mannes zu Felde zogen. Ein Schutzzoll war es nicht geworden, erst die Erhöhungen von 1885 und 1887 brachten Landwirtschaft und Schwerindustrie den Solidarschutz, der den deutschen Kornpreis um fünfzehn bis zwanzig Prozent gegenüber dem Weltmarktpreis erhöhte.

Aber 1879 wurde ein Schlußstrich unter sechzig Jahre preußischer Niedrigzoll- und Freihandelspolitik gezogen. Der Zolltarif gab der Sammlung von »Roggen und Eisen« staatliche Vertragsform. Vor allem spaltete er die alte Nationalliberale Partei und damit die einzige politische Kraft, die noch eine bürgerlich-parlamentarische Alternative zum System Bismarck war. Ihr Rückhalt in den bürgerlichen Schichten schwand, ihre Führung fiel in Zorn und Resignation. Der Berliner Forckenbeck und der süddeutsche Landwirt v. Stauffenberg legten die Präsidentenwürde des Reichstags nieder. Auf dem Berliner Städtetag wurde Sturm geläutet wider den Protektionismus. Dann traten auch jene letzten preußischen Minister zurück, die noch als liberal zählten: der Kultusminister Falk, der seine antiklerikale Kampfpolitik scheitern sah, der Landwirtschaftsminister Friedenthal, der Kornzölle ablehnte, und der Finanzminister Hobrecht, der gegen die Liberalen die Finanzpolitik nicht verantworten wollte. Die konservative Wendung der Wirtschaftspolitik war Teil und Mittel einer großen Schwenkung von der Dynamik der liberalen Nationalbewegung zu konservativer Stabilisierung. Die Wendung, in der Außenpolitik längst vollzogen, wurde in dieser zweiten, konservativen, inneren Reichsgründung wiederholt. Ende der kurzen »Blütezeit des Reichstages« (Max Weber).

Man wird heute den Schutzzoll für Industrie und Landwirte nicht mehr mit gleicher Strenge verurteilen wie die liberalen Zeitgenossen. Dazu sind weit und breit zu viele spätere Regierungen liberalen oder sozialistischen Bekenntnisses in die Anfechtung des Protektionismus gefallen. Im internationalen Handel starb der Freihandel um 1880, und nur in England überlebte er bis zum Weltkrieg. Dort war die Stützung der Landwirtschaft, da sie effizient arbeitete und gering an Zahl war, kein Problem der Gesellschaftspolitik; dort profitierten die kleinen Leute von niedrigen Weltmarktpreisen für Lebensmittel; dort waren Industrie und Gewerkschaften einig, die Lebensmittel billig zu halten, und die Landwirte nicht mächtig genug, sie durch Zölle zu verteuern. Zudem hielt die sinkende Tendenz der Kornpreise nicht lange an und entschärfte die Gegensätze.

Ob Deutschland durch Festhalten am Freihandel gewonnen hätte, ist nicht ausgemacht. Der Industrialisierungsprozeß wäre vermutlich beschleunigt worden. Der Agrarschutz aber war in einem Lande, wo noch ein gutes Drittel der Beschäftigten in der Landwirtschaft arbeitete, auch praktische Sozialpolitik. Wirtschaftlich ließ sich für den Übergang zum Schutzzoll damals viel anführen. Und doch war der Kern der Sache die politische Wendung, die anders als durch mächtige Interessen wohl kaum zuwege zu bringen war. Max Weber hat eine Generation danach die eigentliche Fatalität der konservativen Wendung darin gesehen, daß der Liberalismus entmachtet wurde und die cäsaristische »Regierungsform des Genies« nicht auf Dauer gegründet war.

Für die Zeit nach Bismarck fehlte es an stabilen Institutionen und an Regierungserfahrung der bürgerlichen Parteien. Die Konstellation der Reichsgründung, die den Kanzler zum Mittelpunkt der Verfassung gemacht (Antrag Bennigsen), die Einheit des bürgerlichen Rechts hergestellt (Antrag Lasker) und die Reichsbank begründet hatte (Antrag Miquel), war durch Sozialistengesetz und Zolltarif zerstört. Hier lag wohl der eigentliche Schaden dieser Epoche. Die Liberalen hatten den Machtkampf verloren, bevor sie ihn wirklich begannen, »weil Bismarck keine wie immer geartete selbständige, d.h. nach eigenen Verantwortlichkeiten handelnde Macht neben sich zu dulden vermochte« (Max Weber)[47]. Seit 1879 ging ein Riß durch die Politische Kultur des deutschen Nationalstaats.

Wilhelm Scholz, Wie man ein Hindernis wegschafft für eine große liberale Partei (1880) »Erst spalten, dann verkleinern und die Wurzeln ausgraben.«

Die achtziger Jahre wurden davon belastet, daß der Regierungspolitik im Reichstag Anlehnung, Gegengewicht und Stabilität fehlten. Diese strukturelle Dauerkrise sollte den Abbau des Kulturkampfes und die staatliche Sozialpolitik erschweren. Beides waren eminent politische Probleme. Das Ende der konfessionellen Bitternis sollte die Zentrumspartei zum Funktionselement des Systems Bismarck machen. Die Sozialpolitik war dazu bestimmt, in der »großen Masse der Besitzlosen die konservative Gesinnung zu erzeugen, welche das Gefühl der Pensionsberechtigung mit sich bringt« (Bismarck).

Die Sozialpolitik war von vornherein groß gedacht, sie sollte Verfassungspolitik sein, das Sozialistengesetz positiv ergänzen, den Sozialisten das Wasser der Unzufriedenheit abgraben und auch dem Industriearbeiter jenen materiellen Schutz bieten, der ihn aus einem Objekt traditioneller Armenpflege zum Industriebürger machte. Den Arbeitern sollte - wie Bismarck im Reichstag sagte (2. 4. 1881) - »das Gefühl menschlicher Würde« zurückgegeben werden. Es waren aber auch die Grenzen deutlich sichtbar. August Bebel schrieb an Engels über Bismarck als Sozialreformer: »Bringt er wirklich Gesetze zugunsten der Arbeiter, so hat er erstens die gesamte Bourgeoisie gegen sich, und er wird zweitens die Arbeiter nicht gewinnen, weil er beim besten Willen doch nur Halbheiten bieten kann.«[48]

Die dringendste Aufgabe war die Verbesserung der Haftpflicht bei Arbeitsunfällen in der Industrie. Theodor Lohmann, christlich-konservativer Fachmann im preußischen Handelsministerium, wollte bei der rasch steigenden Zahl der Arbeitsunfälle prinzipiell die Unternehmer haften lassen. Unfallversicherungsgemeinschaften sollten eintreten, zu denen Arbeitgeber, Arbeiter und örtliche Armenverbände je ein Drittel beisteuerten; die Arbeiter aber Mitwirkungsrecht an der Verwaltung ihrer Mittel erhielten. Bismarck lehnte diese Konzeption ab, denn sie erinnerte zu sehr an das gefährliche parlamentarische Haushaltsrecht. 1880 übernahm er selbst das preußische Handelsministerium, damit stieg das Gewicht der Sozialpolitik. Die Grundlinien, die für das entscheidende erste Jahrzehnt der staatlichen Sozialpolitik galten, sind danach wohl wesentlich von Bismarck bestimmt worden.

Am Anfang stand die Weiterentwicklung der alten, hauptsächlich staatlichen Armenpolitik. Bedürftigkeit, die unverschuldet ins Elend führte, war unchristlich und staatsgefährdend. Die Armenpflege demütigte zudem die Betroffenen und entwurzelte sie. Ein soziales Netz sollte den Arbeiter im Notfall vor dem Absturz sichern. Dafür sollte sich die Initiative des Reiches unmittelbar und greifbar auswirken in der staatlich subventionierten Arbeiterversicherung. Bismarck dachte im Begriff des »christlichen Staats«. Konservativer Paternalismus des Gutshofs und »praktisches Christentum in gesetzlicher Betätigung« (Bismarck) kamen zusammen. Außerdem wollte der Reichskanzler die durch Napoleon III. für Frankreich in Gang gesetzten staatlichen Arbeiterrentenkassen für Deutschland übernehmen und auf diese Weise konservative Pensionärs- und Rentnergesinnung bei den Arbeitern erzeugen.[49] Konnte der Arbeiter, solchermaßen versorgt, noch gegen seinen Wohltäter aufstehen?

Das erste große Gesetz, die Haftpflicht des Staates begründend, wurde noch 1880 von Zentrum und Liberalen so gründlich verändert, daß Bismarck es fallen ließ. »Warum solle denn der Soldat und der Beamte Pension haben«, fragte Bismarck, »und nicht der Soldat der Arbeit? ... Diese Sache wird sich durchdrücken. Sie hat ihre Zukunft. Es ist möglich, daß diese Politik einmal zugrunde geht, wenn ich tot bin. Aber der Staatssozialismus paukt sich durch. Jeder, der diesen Gedanken wieder aufnimmt, wird ans Ruder kommen.«

Bismarck aber war gewillt, am Ruder zu bleiben. Die Sozialpolitik wurde Kern einer neuen Staatsräson. Sie legitimierte den Staat als »permanent identische Persönlichkeit« (Bismarck) in den Spaltungen des Industriezeitalters. Bismarck war der erste europäische Staatsmann, der diese Lektion der Industrialisierung begriff und gegen starke Einzelinteressen durchsetzte. Die Nachwelt hat ihm recht gegeben und seinen Gegnern unrecht. Ein starker persönlicher Anteil auch an jener neuen Initiative, die dann mit der kaiserlichen Botschaft vom 17. November 1881 die Sozialpolitik zum Staatszweck erklärte, ist nach neuen Forschungen tatsächlich Bismarck zuzuschreiben. Neben die Unfall- und Haftpflichtversicherung wurde bald gleichrangig die Krankenversicherung gestellt. Das Versicherungsprinzip brach mit den niederdrückenden Traditionen der Armenpflege, die im Industriezeitalter schlechthin scheitern mußte. Aber nicht mehr die vom Reichstag abgelehnte Reichsanstalt wurde Träger, sondern korporative Berufsgenossenschaften mit staatlicher Garantie. Sie sollten sich selbst verwalten, den Arbeitern kam daraus ihr Anteil zu. Darin war die Sozialpolitik am deutlichsten erkennbar als ein Element des Antiparlamentarismus: Verfassungsreform durch Sozialreform. Aus den korporativen Genossenschaften wollte Bismarck Gegengewichte zur Sozialdemokratie gewinnen, die deshalb auch ein Gesetz nach dem anderen ablehnte. Vielleicht ging es sogar um eine künftige Volksvertretung, »welche anstatt oder neben dem Reichstage ein wesentlich mitbestimmender Faktor der Gesetzgebung würde, wenn auch äußerstenfalls durch das Mittel eines Staatsstreichs« (Bismarck)[50].

Die Leistung der staatlichen Sozialpolitik, die seit 1883 in Stufen Gestalt annahm, bestand in Neuordnung, Konsolidierung und Ausdehnung des bestehenden, komplizierten betrieblichen und fachgewerkschaftlichen Arbeiterversicherungswesens. Ihr Kern war – und blieb bis heute – die öffentlich-rechtliche Zwangsversicherung gegen jene Gefahren, die den vermögenslosen Arbeiter und seine Familie bedrohten: Unfall, Krankheit und Invalidität (Altersversicherung). Die Versicherung gegen Arbeitslosigkeit sollte erst in der Weimarer Republik 1927 dazukommen. Bismarcks Forderung, den Industriearbeiter aus der frühindustriellen Existenznot zu erlösen, hat sich durchgesetzt als Wesenskern des Sozialstaats. Daß die Soziale Frage, wie sie damals schon ein halbes Jahrhundert hieß, jemals endgültig lösbar sei, hat Bismarck nicht geglaubt: »Keine politische Frage kommt überhaupt zu einem vollständigen mathematischen Abschluß, so daß man Bilanzen nach den Büchern ziehen kann; sie stehen auf, haben ihre Zeiten und verschwinden schließlich unter anderen Fragen der Geschichte...« (im Reichstag, 2. 4. 1881).

Die Industrie wurde von den Kosten der Sozialpolitik weitgehend entlastet. Um ihre Konkurrenzfähigkeit gegenüber dem Ausland zu erhalten, hätte man sonst in lohnintensiven Branchen wohl weitgehend auf die neuen Einrichtungen verzichten müssen. Ein Hauptmotiv lag ja gerade in der inneren Absicherung der deutschen Machtstellung, indem Elend eingedämmt und Konsens geschaffen wurde. Die Industrialisierung war Hauptvoraussetzung deutscher Großmachtstellung. Die Sozialpolitik aber sollte ihre zerstörerischen Wirkungen aufheben und dem Machtstaat in der Mitte die stabilste Sozialverfassung Europas geben.

Diese Gestaltungsfragen des Staates sollten die deutsche Innenpolitik für ein halbes Jahrzehnt polarisieren, von dem ersten Scheitern der Unfallversicherung 1880 bis zu ihrem Abschluß 1884. Gegensätzliche Interessen mußten verbunden, der Widerstand der Liberalen gegen »Staatssozialismus« überwunden, die Ablehnung der Sozialisten beiseite geschoben werden, denen der sozialkonservative Paternalismus doch wesensmäßig verwandt war. Bismarck selbst erschwerte die Sache, indem er immer neue Finanzvorlagen mit der Versicherung verknüpfte. So wurde erst nach langen Kämpfen im Parlament der dritte Entwurf des Unfallversicherungsgesetzes endlich 1884 angenommen. Ein Jahr zuvor war die Krankenver-

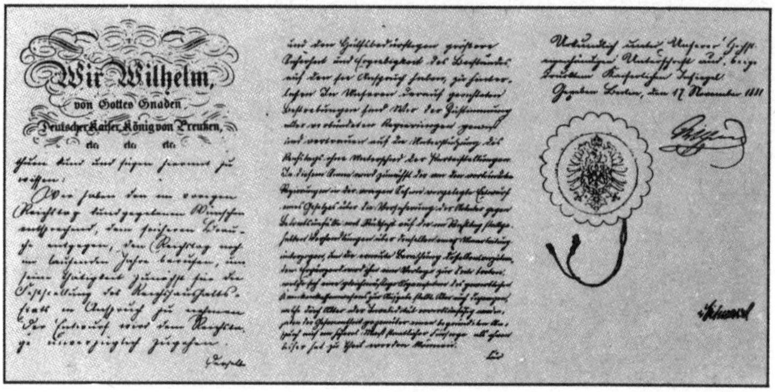
Wir Wilhelm,
von Gottes Gnaden
Deutscher Kaiser, König von Preußen,
etc. etc. etc.

Kaiserliche Botschaft vom 17. November 1881, die die staatliche Sozialversicherung in Deutschland ankündigte

sicherung bewilligt worden. Es brauchte noch einmal fünf Jahre, bis 1889 die Alters- und Invalidenversicherung zustande kam. Damit bestand in Deutschland eine neue Sozialverfassung, die den Staat in Anspruch nahm als Schlichter und Interventionsinstanz, ihm aber auch neue Wirkungen eröffnete und eine neue Begründung. In ihrer Zeit war sie vorbildlich, und sie sollte den Bismarckstaat überdauern.

Die Wirkung auf die Industriearbeiter des Kaiserreichs ist schwer abzuschätzen, zumal in anderen Bereichen der Sozialpolitik nicht viel geschah, am wenigsten beim Arbeiterschutz im Betrieb. Was Kinder-, Frauen- und Sonntagsarbeit anlangte, gab Bismarck seine frühliberalen manchesterlichen Ansichten von der Freiheit der Arbeiter niemals auf. Hier blieb er hinter den Forderungen der Kirchen und des Vereins für Socialpolitik weit zurück. Ungeachtet aller Warnungen aus der preußischen Ministerialbürokratie, vor allem von Theodor Lohmann, die Versicherung werde vergeblich sein, wenn nicht dem Arbeiter Schutz gegen den Fabrikherrn zuteil werde, stellte sich Bismarck bis 1890 gegen jede weitergehende Reform, die den Staat gegen die Interessen von Großindustrie und Großgrundbesitz gekehrt hätte. Wie man die Einpassung in den Staatszweck zu sehen hat, die Verfassungsqualität der Sozialpolitik und die bleibende Leistung, so muß man sich auch der Grenzen erinnern. Vielleicht liegen hier die Gründe, warum die Arbeiterbewegung in Deutschland nicht auf Revolution setzte, warum sie aber dem Staate Bismarcks auch mit unverhohlener Feindschaft begegnete.

Auch die andere große Revision des Reichsgründungsjahrzehnts, der Abbau des Kulturkampfs, ging vom Staat aus, zielte auf neuen Konsens, blieb aber in taktischen Schachzügen stecken und konnte auch die Rolle des Staates gegenüber der Kirche nicht mehr zurücknehmen. Zivilehe und staatliche Schulaufsicht mußten bleiben. Der Kulturkampf war ja stets mehr Kampf gegen das Zentrum als gegen die Kirche gewesen, und in beidem ist er gescheitert. Das Zentrum konnte vom Augenblick seiner Entstehung an die katholischen Wähler für sich mobilisieren, mehr als jede andere Partei ihr Potential, und Bismarck hat unfreiwillig den Wahlhelfer gespielt. Kirche und Zentrumspartei auseinander zu manövrieren, mißlang. Seit 1878/79 wurde das Zentrum für Mehrheiten im Reichstag wie im preußischen Abgeordnetenhaus fast unentbehrlich, Grund genug, die eigentlichen Kampfgesetze zu demontieren oder zumindest in

Vergessenheit gleiten zu lassen. Das Zentrum bot sich als Ersatz der Liberalen an, aber ohne deren Insistieren auf Öffnung der Verfassungspolitik und Teilung der politischen Macht. Als geborene Minderheitspartei mußte es eher ein stabiles Arrangement mit der Regierung anstreben, als auf das Kräftespiel des Parlamentarismus setzen. Auch machten Industrialisierung und sozialer Zerfall die Konservativen beider Konfessionen zu natürlichen Verbündeten. Der Zentrumsführer Windthorst sprach 1881 dem Reichskanzler Mut zu im Blick auf die Sozialreform:

Es sind ja ungeheure Aufgaben hier zu lösen, ich sehe mit Furcht auf die entsetzliche Gährung in den Arbeiterklassen in den großen Städten, aber der einzige Weg, der noch zum Frieden führen kann, ist der eingeschlagene...[51]

Adolph Menzel, Arbeiter im Eisenwalzwerk

Bismarcks Kalkül, das Zentrum werde zerfallen und die Mehrheit konservative Interessengruppe werden, erfüllte sich weder im Kulturkampf noch während dessen Liquidierung. Die aber brauchte viel Zeit. 1880 schuf sich die preußische Regierung, als das Zentrum sich dem 2. Militärseptennat, der Eisenbahnverstaatlichung in Preußen und der Verlängerung des Sozialistengesetzes entgegenstellte und damit seine Macht ausspielte, eine gesetzliche Handhabe, um die Kulturkampfgesetze von 1873 elastisch anzuwenden oder klug zu ignorieren. Erst 1886/87 gab es einen definitiven Waffenstillstand, aber er wurde nicht im Parlament erzielt, sondern durch Verhandlungen zwischen Wilhelmstraße und Vatikan.

Längst war das Zentrum in Preußen unentbehrlich geworden, um konservativ zu regieren. Durch Patronage katholischer Beamter generös entschädigt, blieb die Partei fortan in Preußen Säule für Thron und Altar. Im Reich aber war vieles anders, vor allem das Wahlrecht und seine Folgen. Der wachsende Gewerkschaftsflügel im Ruhrgebiet und um Mönchengladbach verlangte Rücksichten. Zwischen dem Zentrum und den Liberalen standen klerikaler und agrarischer Antikapitalismus und Antimodernismus. Im Reichstag

Im Welthandel gehört Deutschland seit der Jahrhundertwende zu den Führungsmächten.

Stülcken-Werft um 1885

besetzte das Zentrum eine geistig-politische Position links der Mitte, wie im preußischen Abgeordnetenhaus rechts davon, und beides hielt sich die Waage.

Zur großen politischen Sinnstiftung sollte in der späten Bismarckzeit, wie im Innern die Sozialpolitik, nach außen die Kolonialpolitik werden. 1882 erklärten die Briten in bezug auf Ägypten, sie seien dort, um zu bleiben. Ägypten war als verlängerter Uferstreifen des Suez-Kanals lebenswichtig für das Empire. 1882 übernahm England die Kolonialherrschaft, die dort Protektorat hieß. Lord Cromer herrschte im Namen der Queen wie ein Prokonsul. Die Schlagader des Weltreiches galt es militärisch zu schützen.[52] Damals begann eine neue Epoche kolonialer Traumwelten und kolonialer Eroberungen. Keiner der europäischen Staaten mit Großmachtanspruch konnte sich dem *scramble for Africa* entziehen. Über Kolonialreiche zu gebieten, auch wenn sie hauptsächlich aus weißen Flecken auf der Landkarte bestanden, wurde Attribut des Machtstaats. Binnen weniger Jahre gehörten Kolonien zur Kleiderordnung der europäischen Großmächte.

Honoré Daumier, Kolonialpolitik

1880 ging es im Reichstag erstmals um Kolonialfragen. Die Bremer Firma Godefroy, in Südseegeschäften in eine Schieflage geraten, sollte auf Druck der Disconto-Gesellschaft und ihres Chefs Hansemann durch eine Zinsgarantie des Reiches saniert werden. Das mißlang. Eugen Richter, der Führer der Fortschrittspartei, mobilisierte eine breite Abwehrfront im Reichstag und triumphierte über den Kanzler. Der legte daraufhin erst einmal alle Kolonialprojekte, die damals wie Pilze im Sommerregen aus dem Boden schossen, »ad acta Samoa«. Aber ein Jahr später kam die Postdampfersubvention: durch die Hintertür war die Kolonialpolitik ins deutsche Haus eingetreten. In Reichstag und öffentlicher Stimmungslage kündigte sich, angestoßen durch die internationalen Wettläufe nach Übersee und ein ansteckendes Kolonialfieber der europäischen Großmächte, eine folgenreiche Wende an.

1884 ging die schwarz-weiß-rote Reichsflagge erstmals über einem sandigen Küstenstreifen Afrikas hoch. Es war der von dem Bremer Großkaufmann Adolf Lüderitz gegründete Handelsstützpunkt in Angra Pequena, später Lüderitzbucht genannt, in Südwestafrika. Lüderitz, der für den Handel mit Nomaden eine Faktorei brauchte, der Landerschließung suchte und eine Basis für Kupferprospektion, betrieb sein Geschäft zunächst mit Waffenschmuggel im Kampfgebiet der Nama und Herero. Deutsch-Südwestafrika begann als Ansammlung von Warenschuppen in der Nähe eines flachen Ankerplatzes. In Mittelafrika nördlich des Äquators versuchte Vogelsang einige Küstenplätze zu besetzen, aber bis in die neunziger Jahre reichte die deutsche Herrschaft in Kamerun nicht weiter als die deutschen Schiffsgeschütze. Das angrenzende schmale, lange Handtuch Togo wurde in derselben Zeit erworben. In Ostafrika war der Doktor der Philosophie Carl Peters am Werk, skrupellos, landgierig und ein wenig auch selbsternannter Missionar des deutschen Idealismus, der zusammen mit dem Kaufmann Jühlke und dem Déclassé Graf Pfeil, Klein-Konquistadoren sie alle, in den unbekannten Kontinent vormarschierte in der ungewissen Erwartung, das Reich werde notfalls Rettung schicken. Parallel dazu engagierte sich Hansemanns

Wilhelm Scholz, Unser Stolz (1884)
»Wie stehen wir nun in der Welt da?«

Disconto-Gesellschaft in der Südsee, vor allem in Neu-Guinea, dessen deutscher Teil alsbald Kaiser-Wilhelm-Land genannt wurde. Schon 1884 gebot das Reich auf dem Papier über Territorien, die mehrfach die Fläche Deutschlands einnahmen.

Aus Nordafrika, Zankapfel zwischen Paris und London, hielten sich die Deutschen wohlweislich heraus. Es entstand sogar ein kurzer Kolonialflirt, als Bismarcks Deutschland die kolonialen Sehnsüchte Frankreichs unter Jules Ferry in Tunesien unterstutzte. Doch die Hoffnung war vergeblich, die Franzosen würden einst die verlorenen Töchter am Rhein in den Felsenklüften und Sanddünen der Sahara vergessen. Der Höhepunkt deutsch-französischer Gemeinsamkeit kam, als 1884 beide Länder auf der Kongokonferenz in Berlin den Briten signalisierten, diese hätten nun genug.

Aber Kolonien bedeuteten nicht nur Große Politik der Europäischen Kabinette. Kolonien waren auch symbolischer Kraftbeweis für die europäischen Nationen, die in den Tropenzonen Prestige suchten, den Export innerer Krisen, Ressourcen für wirtschaftliche Ausbeutung und günstigen Absatz.[53] Die koloniale Welle, durch den »ideologischen Konsensus« einiger vielschreibender Propagandisten lange vorbereitet, sollte durch Auswanderung Unterbeschäftigung bannen und Rohstoffknappheit beheben, Absatzkrisen und revolutionäre Gärung wegschwemmen und wirtschaftliches Wachstum dauerhaft sichern. Innerhalb weniger Jahre wurde sie, während die Reichspolitik nur zögernd mitging, zum öffentlichen Fiebertraum. Die Phantasie breiter Schichten war entzündet, und nicht erfolglos versuchte Bismarck bereits 1884, mit den Kolonien die Reichstagswahlen zu verbessern. Die Deutschen fanden erstmals seit der Reichsgründung wieder ein beflügelndes nationales Ziel, ein Preis dafür war nicht in Sicht, und dieses Ziel versprach auch, die mitteleuropäischen Zwangslagen, in denen deutsche Außenpolitik bislang operiert hatte, zu öffnen. »Jetzt moussiert alles wegen Kolonialpolitik«, spottete Herbert von Bismarck 1884. Aber auch der Reichskanzler machte sich vorübergehend Hoffnung, der Aktionismus in Übersee werde innere Streitigkeiten beiseite schieben und aus den Mühseligkeiten mit dem Reichstag herausführen. Mit Hilfe der Regierungspresse, der Exportinteressenten und der Publizität, die das Parlament den Kolonien gab, nutzte der Reichskanzler »den Kongo für die innere Politik« (W. v. Bismarck).

Aber das Fieber ging, wie es gekommen war. In breiten Schichten der Bevölkerung indessen hinterließ es eine dauernde Anfälligkeit für die süße Last, die damals der Brite Rudyard Kipling des weißen Mannes Bürde nannte: »white man's burden«. Schon in den neunziger Jahren schlug die Krise, die man doch glaubte, exportiert zu haben, auf das Reich zurück. Mit Kolonialkriegen in Ostafrika 1888/89, in Südwestafrika beim Herero-Aufstand 1904 bis 1907, mit der Maji-Maji-Revolte in Ostafrika 1905/06, wurden Hypotheken bezahlt, die in den achtziger Jahren aufgenommen worden waren.

Diese Kriege ähnelten in nichts dem Kriegsbild, mit dem Soldaten und Offiziere aufgewachsen waren: statt einer Kriegserklärung Überfälle und Hinterhalte, statt Trennung von Kombattanten und Nicht-Kombattanten Mord und verbrannte Erde, statt begrenzter Taktik blinde Wut, Frauen und Kinder Geiseln der Kriegführung. Wasserstellen wurden zu Hinterhalten, gefangene deutsche Schutztruppensoldaten wurden qualvoll gemartert, ihre Kameraden nahmen brutale Rache in einem unbegriffenen und unbegreifbaren Krieg. Die Psychologie dieser Kriege war für die Deutschen ein Alptraum, es gab keinen Anfang und kein Ende, niemals reichten die geringen Truppen aus, um Dschungel und Wüsten unter Kontrolle zu bringen. Alle taktischen Lehren, alle Strategie Europas war hinfällig, wo der Gegner überall und nirgends war, der Schlacht auswich und aus dem Dunkel der afrikanischen Nacht zuschlug, hilflos und zugleich heimtückisch und grausam. Krieg war in Afrika nicht Krieg, Friede nicht Friede.

In den Kontoren der Industrie und den Vorstandszimmern der meisten Banken war man stets kühl geblieben, was die Kolonialinvestitionen anlangte. Nur unter stärkstem Druck von oben bequemten sich die Bankiers, symbolische Investitionen zu tätigen, um den Reichskanzler nicht im Stich zu lassen. Aber innerlich haben die klugen Rechner ihre Schecks sogleich auf Verlustkonto gebucht. Wo gab es jenes »deutsche Indien in Afrika«, das die Kolonialträumer suchten? Die deutschen Investitionen, Warenströme, Auswanderer, alles ging unverändert in die Industrieländer der Nordhalbkugel. Die Kolonien dagegen blieben Faß ohne Boden, gewinnbringend nur für wenige Reedereien, die die Häfen anliefen, und eine Handvoll Verkäufer von Schnaps, Gewehren und billigen Stoffen. Kupfererze und Diamanten, die Südwestafrika anziehend machen sollten, wurden erst später in großem Umfang ausgebeutet.

Bald wurde auch deutlich, daß die Kolonien die Zwänge der deutschen Mittellage in Europa nicht aufbrachen. Sie waren nicht verteidigungsfähig, aber sie konnten das Reich in unübersehbare Konflikte ziehen. Müde winkte Bismarck ab, als ihm ein Kolonialpionier noch mehr Territorium aufreden wollte, irgendwo zwischen dem Kap und Kairo, und deutete auf die Karte an der Wand: »Hier liegt Rußland, und hier... liegt Frankreich, und wir sind in der Mitte; das ist meine Karte von Afrika.« Als er dem Kaiser der neunundneunzig Tage, Friedrich III., Vortrag über das System der deutschen Außenpolitik hielt, fand er es nicht wert, Kolonien und Kolonialpolitik überhaupt zu erwähnen. Und im folgenden Jahr machte er, als ihn eine hamburgische Kaufmannsdeputation in Friedrichsruh aufsuchte, den Vorschlag, ihnen die ganze Kolonialwirtschaft - er wollte damals die Kolonialabteilung des Auswärtigen Amtes nach Hamburg verlegen - gegen Zahlung einer symbolischen Summe zu verpachten:

Das Auswärtige Amt wird mich los oder es wird die Kolonialfragen los... Mein Gewerbe ist, Europa den Frieden zu erhalten. Wenn ich das tue, bin ich bezahlt.[54]

Honoré Daumier, Der Friede - ein Idyll

Am Ende seiner Laufbahn fand Bismarck, daß die ganze Kolonialpolitik ein Fehler war und daß man um des lebensnotwendigen Bündnisses mit England willen gut daran tat, die Episode beizeiten zum Abschluß zu bringen. Herbert von Bismarck, damals Staatssekretär im Auswärtigen Amt, hatte deshalb 1889 zu sondieren, ob die Briten nicht das ganze Deutsch-Südwest zu übernehmen Lust hätten. Der Streit mit den USA um die Samoa-Inseln im Pazifik, seit 1884 de facto deutsches Protektorat, wurde ungeachtet der Erregung der Koloniallobby auf dem Konferenzwege beigelegt: für Deutschland die bizarre Lösung eines Tri-Dominiums mit England und den USA, für die USA dauerhafter Anlaß, sich an Europa zu erinnern und die Flotte auszubauen, die bis zur Jahrhundertwende auf den dritten Platz in der Welt vorrückte. Der Tausch des Protektorats über Sansibar gegen den Besitz Helgolands, 1889 in Verhandlungen zwischen Berlin und London eingefädelt und 1890 vollendet, fügte sich in die Linie der Ernüchterung und der Konzentration auf Europa.

Hier, in Mitteleuropa, zog längst der Ernstfall herauf, und die Kolonien erschienen dem düsteren Realismus Bismarcks nur noch als Ablenkung und Belastung. Seit 1884 verschlechterte sich die Sicherheitslage des Reiches. Französisch-russische Generalstabsgespräche kamen in Gang, und die Deutschen erfuhren davon. Die jungen deutschen Generalstäbler, die Jahr um Jahr zu Gast waren bei illustren russischen Regimentern, berichteten von Brüskierungen und kalter Behandlung durch ihre russischen Kameraden. Die Franzosen lieferten Prototypen ihrer neuen Infanteriewaffen an die russischen

Armeewerkstätten. Der serbisch-bulgarische Krieg brachte Österreich und Rußland an den Rand des Krieges.

Bismarck, desinteressiert am Balkan, wollte eine Abgrenzung der Interessensphären beider Mächte, aber ohne Erfolg. Er kämpfte gegen den österreichischen Wunsch, den Bündnisfall des Zweibundes so auszuweiten, daß er auch den Angriff auf Rußland umfaßte. Leitgedanke blieb, wie Bismarck dem Kaiser Friedrich III. im Kronrat darlegte, »die Aufrechterhaltung des Friedens… ohne Voreingenommenheit für die eine oder andere auswärthige Macht«. Daraus folgte die Pflicht, »auf die Kriegslust der befreundeten Macht… mäßigend einzuwirken, denn ein für Österreich unglücklich verlaufender Krieg zwischen jenen nöthige uns, selbst über die vertragsmäßige Pflicht hinaus Österreich Hülfe zu leisten, da dessen ungeschwächte Großmachtstellung für uns ein Bedürfnis des europäischen Gleichgewichts sei«[55].

Aber die betonte Berliner Neutralität konnte die Existenz des Zweibunds von 1879 nicht aus der Welt schaffen und wurde in St. Petersburg mißtrauisch aufgenommen. Das wurde noch gefährlicher, als der französische Kriegsminister Boulanger, gestützt auf eine radikal nationalistische Massenbewegung und starke Sympathien in der Armee, die Revanche zur großen innenpolitischen Wende nutzen wollte, Rüstungskredite von 500 Millionen Francs aufnahm und Rußland, ebenfalls in Paris, Anleihen für 100 Millionen Francs kontrahierte. In Deutschland verschärfte sich das Gefühl, am Rande des Zweifrontenkriegs zu stehen. Der Rückversicherungsvertrag, im Sommer 1887 unterschrieben, war nach Lage der Dinge ein Meisterstück der Diplomatie, und doch längst unterhöhlt von Haßgefühlen beider Seiten und mithin kaum noch eine Sicherheitsgarantie.

Während die verbündeten Generalstäbe in Wien und Berlin, ungeachtet der defensiven Natur des Zweibundes, sich die Vorzüge rascher Präventivkriegsführung ausrechneten und Gleiches auf russischer Seite geschah, fürchtete Bismarck, wenn es zum Krieg kam, inneren Zerfall und äußere Teilung: finis Germaniae. Den Deutschen blieb allein Friedenspolitik auf hohem Rüstungsstand, und dann die vage Hoffnung auf das englische Bündnis.

Der Sicherung des Rüstungsvorsprungs sollte 1886 eine Heeresvermehrung dienen, die mit der Forderung an den Reichstag verbunden wurde, das Paket sogleich mit der Finanzierung auf abermals sieben Jahre zu bewilligen. Angesichts des europäischen Ernstfalls, der seit 1885/86 in der Luft lag, war die Heeresvermehrung wahrscheinlich gerechtfertigt, und es war mehr als Taktik, wenn Bismarck neue Finanzvorlagen, vor allem das Branntweinmonopol für das Reich, mit düsteren Visionen der deutschen Zukunft begründete. Er erinnerte an die Zeit vor einhundert Jahren,

als Friedrich der Große noch lebte und wenig Leute daran dachten, daß das tausendjährige Deutsche Reich seinem Ende so nahe wäre, wie es sich nachher bestätigte.[56]

Wer wisse denn, ob nicht im nächsten Kriege »die Fortsetzung, gewissermaßen der vierte Teil desselben Werkes uns dargeboten werden würde, daß wir nicht an den Fahnen der feindlichen Armee, an ihren roten Fahnen die sozialistischen Ideen angebracht sehen würden«[57]? – Das war sehr klug und sehr weit gedacht. Und dennoch hätte vieles anders kommen können. Und als die rote Fahne 1945 über dem Brandenburger Tor wehte, da war es, weil die deutsche Politik die Furcht Bismarcks durch die Hybris der Späteren ersetzt hatte.

Der Alltag neben der Politik: Friedrich Stahl, Innenansicht des Café Bauer, 1889

Die große Apokalypse, die Bismarck nur fünfzehn Jahre nach der Reichsgründung in scharfen Strichen in die Zukunft zeichnete, war freilich innenpolitisch ein handwerkliches Meisterstück. Pferdeausfuhrverbot, Mobilmachung der Reserven und Nachrichten über Kriegskredite lösten eine Börsenpanik aus und schreckten die Wähler. Bismarck brauchte die neuen Militärvorlagen, noch mehr aber brauchte er eine bismarcktreue Mehrheit. Die aber war im Entstehen, seitdem Nationalliberale und Konservative übereingekommen waren, in den nächsten Stichwahlen einander zu unterstützen. Als die Mitte-Links-Mehrheit dann tat, was zu erwarten war, und die neue Militärvorlage nur auf drei Jahre bewilligte, wurde der Reichstag aufgelöst, Neuwahlen folgten, und das »Kartell« gewann eine solide Mehrheit. Sie bewilligte 1887 das Septennat und die Truppenvermehrung und verlängerte im Vorbeigehen auch die Wahlperiode von drei auf fünf Jahre. Aber eine solide und disziplinierte Regierungsmehrheit war das »Kartell« nicht. Die Kämpfe der Nach-Bismarckzeit zwischen Industrie und Landwirtschaft kündigten sich an, als die Nationalliberalen zögerten, den bestehenden Zolltarif zum Schutzzoll zu steigern. Das Zentrum mußte aushelfen.

Im Frühjahr 1888 starb, lebenssatt und einundneunzigjährig, Kaiser Wilhelm I. Er war noch ein Kind des achtzehnten Jahrhunderts, zweiter Sohn König Friedrich Wilhelms III. und der schönen Königin Luise. An den bitteren Winter der Besiegten in Tilsit 1807 erinnerte er sich noch, als Preußens Zukunft in der Hand des russischen

Kaisers und des französischen Eroberers lag. Die Demütigung von 1848, als er vor der Revolution nach England entwich, während sein regierender Bruder die schwarz-rot-goldene Kokarde an den Zweispitz steckte, verwand er nie. Wilhelm I. war nicht zum Regieren bestimmt; er sollte Soldat und Offizier werden. Der blutige Zusammenbruch des friderizianischen Heeres 1806, die ruhmreichen Fahnen verloren, wurde ihm lebenslanges Trauma. Die Waffenbrüderschaft mit den Russen war ihm politisches Lebensgesetz Preußens: ohne Rußland stand Preußen allein, gegen Rußland war Preußen verloren, mit Rußland und Österreich wurde Preußen nach dem Wiener Kongreß Festung der Gegenrevolution.

»Einfach, bieder und verständig«, so hatte ihn seine Mutter 1810 geschildert, und so wurde er im Schatten seines begabten, dilettierenden, romantischen und zuletzt im Wahn versinkenden Bruders erzogen, weniger ein gebildeter Offizier als ein Mann der soldatischen Pflichterfüllung. Daß er die schöne Elisa Radziwill nicht heiraten durfte, weil diese große Familie des alten Polen den Hohenzollern nicht als ebenbürtig galt, der Vater auch ein wenig liberal, hat er hingenommen als Gebot der Staatsräson, aber innerlich einen tiefen Bruch davongetragen. Die Ehe mit der gebildeten, liberalen Weimarer Fürstentochter Augusta, die im Umkreis Goethes und der Weimarer Klassik aufgewachsen war, erweiterte seinen Gesichtskreis, überforderte ihn indes auch.

1858 wurde er, was er nie hatte werden sollen und was er, wäre es nach ihm gegangen, auch nicht werden wollte, zuerst Regent an Stelle seines umnachteten älteren Bruders, und 1861, nach dessen gnädigem Tod, in Königsberg, Preußens Königsstadt seit 1701, gekrönt. Stets hatte er im Schatten anderer gestanden, die begabter waren, sensibler, weltläufiger als er. Nun manövrierte er sich, wie besessen von dem Wunsch, ein zweiter Soldatenkönig zu werden, in den Verfassungskonflikt mit dem überwiegend liberalen Abgeordnetenhaus. Er wollte Preußens Armee, die im französisch-italienischen Krieg von 1859 zwar mobilisiert, aber von einem gnädigen Schicksal und durch die Behutsamkeit der Wilhelmstraße davor bewahrt worden war, zu marschieren, zu einem schneidigen Instrument machen. Aber wollte er auch Feldherr sein? Wollte er Österreich herausfordern? Gerade das wollte er nicht.

In der Armee sah er das Rückgrat des Staates, einen Staat im Staate, ja den eigentlichen Bezugspunkt des Staates. Es gehörte zu seiner Verstrickung, daß er die Armee gegen die Liberalen vergrößern und mehr als bisher konservativer Staatsräson unterwerfen wollte, während die Liberalen durch die Armee deutsche Nationalpolitik betreiben wollten, als Schachspiel wenn möglich, notfalls auf dem Schlachtfeld. In solchen Wirrnissen fand er den Ausweg nicht mehr. 1862, in der Krise des Konflikts mit dem liberalen Parlament wurde ihm von seinen militärischen Beratern, Roon und Hiller von Gaertringen an der Spitze, als letzte Trumpfkarte Bismarck in die Hand gedrückt. »Kurbrandenburgischer Vasall« wollte dieser sein. Das klang nach Treue und Tradition, und so zerriß Wilhelm I. das schon – Schrecken der Militärpartei – zugunsten seines liberalen Sohnes, Kronprinz Friedrich Wilhelm, verfaßte Abdankungsschreiben im Park des Schinkel-Schlosses Babelsberg. Hatte er vergessen,

Konrad Siemenroth, Kaiser Wilhelm und sein Kanzler, 1887

wie kurbrandenburgische Vasallen, wenn sie konnten, mit Hohenzollernfürsten umzugehen pflegten? Bismarck war sich zeitlebens bewußt, daß seine Familie schon ein paar hundert Jahre in der Mark begütert war, bevor die Hohenzollern 1415 damit belehnt wurden von einem fernen Kaiser.

Bismarck war politische Leidenschaft, er konnte sich bis zu Weinkrämpfen erregen, er kämpfte mit der Selbstbeherrschung, und er hatte auch wieder die Haltung eines Spielers, der alles auf *eine* Karte setzt und doch vorgibt, er habe deren viele. Das alles war Wilhelm I. fremd, und es blieb ihm unheimlich. »Nur zu brauchen, wenn das Bajonett schrankenlos waltet«, hatte sein hellsichtiger regierender Bruder 1848 über den Gutsherrn von Schönhausen geschrieben.

Wilhelm I. mag sich manchmal an alte Warnungen in Hofkreisen vor dem »roten Reaktionär« erinnert haben. Die Ziele Bismarcks mag er letztlich noch gebilligt haben, die Mittel nicht. »Fürst Otto von Bismarck – Ein treuer deutscher Diener Kaiser Wilhelms I.«, so hat Bismarck seine eigene Grabschrift formuliert. Im Leben aber war es anders. Da war der große Kanzler, wie Wilhelm I. einmal sagte, »wichtiger als ich«.

Mit Bismarck trat zum letztenmal, und entscheidend, ein stärkerer Geist in das Leben Wilhelms I. Von Anfang bis Ende hat der Monarch gegen den Minister rebelliert, stets hat er nachgegeben, gegen sein Gewissen, gegen traditionelle Überzeugungen der Außenpolitik und gegen den oft wiederholten Rat seiner Frau, der deshalb Bismarck in den »Gedanken und Erinnerungen« ein hämisches Andenken sicherte. Den Kampf gegen Österreichs altes Kaisertum wollte er nicht. In der Frage der spanischen Thronkandidatur 1870 hat ihn Bismarck überspielt. Das Reichsgründungsbündnis mit den Liberalen widersprach seinem Instinkt. Der Kulturkampf erschien dem frommen Mann als politischer Frevel. Die Verletzung, die er bei dem zweiten Attentat im Sommer 1878 davontrug, hat er als Opfer des Soldaten für das Vaterland philosophisch hingenommen. Die Sozialdemokratie hat er nicht als soziale Bewegung, sondern nur als revolutionäre Verirrung begriffen: »Dem Volke muß die Religion zurückgegeben werden« – war seine Antwort, am Ende seines Lebens ein milder, frommer Soldat.

Partriarchalisch wollte er regieren, Bismarcks cäsarische Methoden waren ihm unheimlich. Es hat Wilhelm I. gewundert, daß er, der doch 1848 als Kartätschenprinz die Kinder schreckte, nach der Reichsgründung immer mehr Zuneigung und Verehrung empfing, daß unter seinem Eckfenster, das auf die Linden hinausging, sich die Menschen versammelten und sein Erscheinen mit Hurrarufen begrüßten. Hier hatte er gestanden, als der Pakt mit Bismarck begann, und in Gedanken schon das Schafott gesehen, auf dem er und sein Minister enden würden. »Et après, Sire – dann sind wir tot«, hatte Bismarck solche Visionen weggewischt, wie er auch später, geduldig argumentierend, wo er diktieren wollte, dem Monarchen die Angst ausredete. Stets hatte Wilhelm I. sich Bismarck gebeugt, dem Poeten großer Staatsschriften, der zugleich der schärfste Denker des europäischen Mächtesystems war und dessen Alpträume die Ängste seines Monarchen als Kinderspiel erscheinen ließen: stets hatte sich Wilhelm I. gebeugt, zuletzt und am mühsamsten in der Frage der Abkehr von Rußland 1879 und der Wendung zum Zweibund mit Österreich, und hätte es doch besser nicht getan. »Der Große« war er nie, für sich nicht und nicht für seine Zeit. Erst sein prunkender Enkel Wilhelm II. hat die Hohenzollern-Dynastie auf diese Weise aufschminken wollen, bis in jedem zweiten Dorf in der Mark ein Denkmal dieses Sinnes stand. Dem Großvater wäre dies als Peinlichkeit erschienen. Er lebte für einen Monarchen des späten neunzehnten Jahrhunderts ungewöhnlich schlicht, er sammelte nicht Kunst, er baute nicht. Die Badewanne ließ er, wenn sie gebraucht wurde, aus dem benachbarten Hotel de Rome kommen. Er arbeitete sich gewissenhaft durch die Staatsgeschäfte. Manchmal sagte er: »Mein Bruder wußte das viel besser.« Seine Briefe klingen »einfach, bieder und verständig«. Memoiren hat er der Nachwelt erspart. Er war, als er starb, ein Denkmal geworden jenes Preußen, das das Reich noch gründen konnte, nicht aber mehr formen.

Ihm folgte der liberale, von der englischen Verfassung tief beeindruckte Kronprinz Friedrich Wilhelm, der als Kaiser Friedrich III. nur neununddneunzig Tage amtierte. Dann starb er an Kehlkopfkrebs. Das deutsche Ministerium Gladstone, Alptraum Bismarcks und Traum der Liberalen, wie es Friedrich III. wohl vorschwebte, sollte niemals Gestalt annehmen. Während die fatalen Krankenbulletins einander folgten, die Kronprinz Wilhelm pflichtschuldig und kalt zur Kenntnis nahm, gab es noch Nobilitierungen und Ordensverleihungen, die neue Sympathien zeigten. Der erzkonservative preußische Innenminister v. Puttkamer, durch amtliche Wahlbeeinflussung mehr als üblich belastet, mußte seinen Schreibtisch räumen. Aber an liberale Verfassungsreform, innere Entspannung, Öffnung zur linken Mitte war nicht mehr zu denken. Alles stellte sich bereits auf den jungen Herrn ein, der ganz anders sein wollte als sein Vater. Nach dessen bitterem Ende ließ er das Schloß in Kronberg, Geschenk der Queen Victoria an ihre älteste Tochter, durch eine Abteilung des Majors von Borcke zernieren, um seine Mutter, die verwitwete Kaiserin, am Absenden von Nachrichten zu hindern.

Als der Kaiser starb, ein Charakter von hohem fürstlichen Selbstbewußtsein, schrieb kein Geringerer als Friedrich Nietzsche, dieses Ende sei ein großes, entscheidendes Unglück für Deutschland. Die letzte Hoffnung auf freiheitliche Entwicklung gehe zu Grabe. In diesem Epilog war gesammelt, was das liberale Deutschland von der Zukunft fürchtete und das konservative Deutschland von Wilhelm II. erhoffte. Bisher hatte eine Generation regiert, die ihre Prägung noch durch das Metternichsche Mächtekonzert empfangen hatte. Künftig würde eine Generation am Ruder sein, die den Bau des Reiches als gesicherten Besitz empfand und ihre Maßstäbe in Weltpolitik und Weltgeltung suchte.[58] Die Generation dazwischen, welche die Gefährdung des Reiches durch einen Ausgleich mit England und liberale Innenpolitik auffangen wollte, hatte niemals eine Chance.

Der Kaiser der neunundneunzig Tage: Friedrich III.

Wilhelm II. war, als er den Hohenzollern-Thron bestieg, bar jeder Ahnung, er könne der letzte sein, dem dies beschieden war: »the most brilliant failure in history« nannte ihn, durch Abneigung hellsichtig, sein Onkel, König Eduard VII. von England. Begabt und durch den verkrüppelten Arm auch seelisch beschädigt, bigott erzogen und zu schnellem, vordergründigem Urteil geneigt, unwillig zu eingehendem Aktenstudium und vertiefter Analyse der außenpolitischen Schachpartie, verführt auch durch rasche Auffassungsgabe und blendendes Gedächtnis, mit allen diesen Eigenschaften war der Kaiser ein Mann, in dem sich große Teile der Nation wiedererkannten. Bonner Borusse, Technokrat und Romantiker in einem, Kriegsherr und ewiger Kadett: Angst und Arroganz prägten ihn zu gleichen Teilen. Er liebte den Kasinoton der Potsdamer Garderegimenter, manchmal spielte er auch Fridericus Rex. Er ließ sich Wikinger-Lieder in freier Nachempfindung vortragen, war romantischer Weichheit ebenso hingegeben wie verführt durch auftrumpfendes Herrscherbewußtsein.

Wilhelm II. in der Uniform der Gardekürassiere.
Zeichnung von Max Koner, 1891

Hatte Wilhelm II. noch einen anderen Sinn für Preußen als bloß für dessen Dekorationen, Fahnen, Floskeln? Begriff er noch die Staatsräson des kargen Landes? Verstand er die zu steter Vorsicht mahnende Mittellage, die jedes jener lauten Worte, die er so liebte, gefahrvoll machte? Preußen, seltsamer Staat, dessen Aufhebung in jeder Stunde seiner Existenz gedacht werden konnte und der im Triumph der deutschen Nationalstaatsgründung seine Räson verlor, Preußen war für den Nationalismus der Jahrhundertwende nur noch Restwert, Jugenderinnerung, abgelebte Mahnung an bescheidene Zeiten. Wie sollte der Monarch, der die Welt vom hohen Balkon aus betrachtete, das Knistern der Tragbalken wahrnehmen? Ein abgründiger Charakter, war er das? Seine Versuchungen trug er in sich

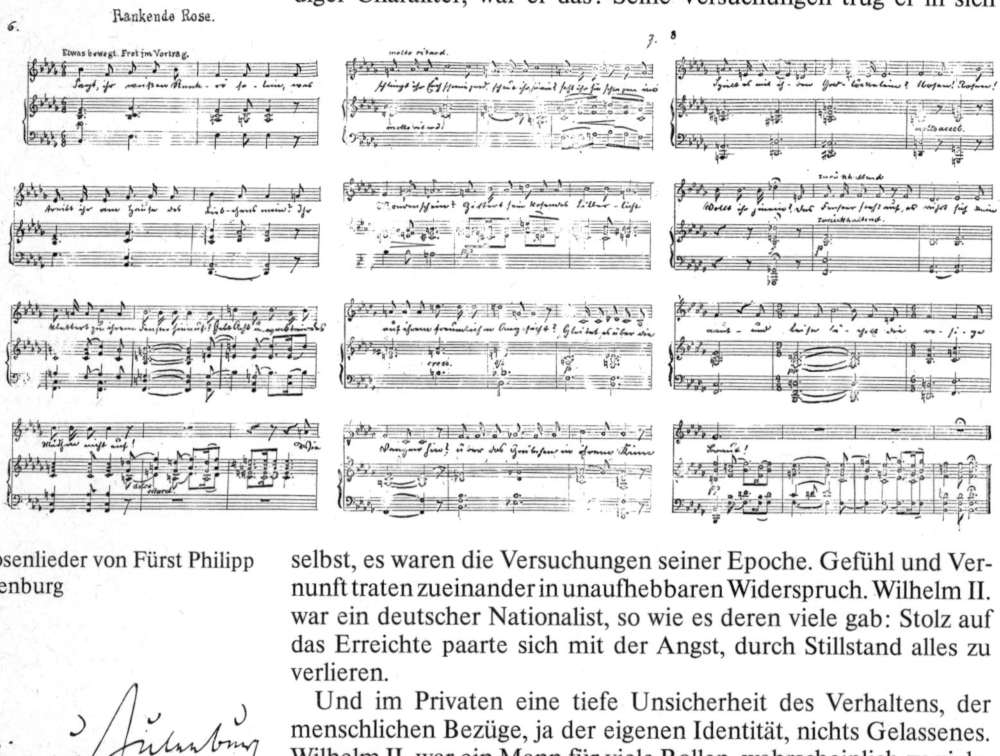

Die Rosenlieder von Fürst Philipp zu Eulenburg

selbst, es waren die Versuchungen seiner Epoche. Gefühl und Vernunft traten zueinander in unaufhebbaren Widerspruch. Wilhelm II. war ein deutscher Nationalist, so wie es deren viele gab: Stolz auf das Erreichte paarte sich mit der Angst, durch Stillstand alles zu verlieren.

Und im Privaten eine tiefe Unsicherheit des Verhaltens, der menschlichen Bezüge, ja der eigenen Identität, nichts Gelassenes. Wilhelm II. war ein Mann für viele Rollen, wahrscheinlich zu viele, um die entscheidende, selbst wo er sich mühte, gut zu spielen. Hinter den vielen Rollen aber, was blieb da? Vielleicht nur die läppische Turnerei an Bord der kaiserlichen Yacht, wo Admiräle sich Püffe nicht verbitten konnten, die neurotische Abknallerei alles jagdbaren Wildes, das beflissene Jagdherren und Forstmeister dem Kaiser vor die fließbandmäßig zugereichten Gewehre trieben, und endlich die neurotisch zwanghafte Holzfällerei des späten Exils. Die Belanglosigkeit ephemerer höfischer Gedanken, die Überladenheit seines privaten Gehäuses, schlechter Geschmack, flache Bildung, Kasinowitze drinnen und auftrumpfende Reden draußen, manischer Drang zu Monolog und Vortraghalten und sogar zum Predigen, merkwürdige Entourage mit homosexuellen Neigungen, Philipp zu Eulenburg am Flügel mit nordischen Gesängen und der Kaiser in Tränen zerfließend, die alte Exzellenz Graf Hülsen-Haeseler, Chef des Militär-

Olaf Gulbransson, Unter der Mitternachtssonne (1911)
Wenn der Kaiser auf seiner Nordlandreise auf den Fjord blicken wird,

kabinetts, um den Kaiser zu erheitern, in Damenkleidern tanzend und beim Tanz tot zusammenbrechend (8. Februar 1909) - Kaiser Wilhelm war ein Mann für alle Jahreszeiten, mit vielen Gesichtern, aber ohne Dienstethos und Arbeitswillen, neun Monate des Jahres auf Reisen, ohne die Einsicht in eigene Begrenzungen, in der öffentlichen Bewunderung tänzelnd wie ein Rokoko-Kavalier in einem Spiegelkabinett. Wilhelm II. war sich selbst unbekannt, und er war damit zugleich die Metapher der deutschen Identität.

Im Lauf der Jahre änderte sich die Gesellschaft: das Kasino-Element, die jungen Diplomaten, die Offiziere traten zurück, Gelehrte, der Reeder Ballin, Banker und Industrielle statt dessen. Ein wacher Sinn für Technik und Industrie befähigte den Kaiser zu glänzen und anzuregen, Neues aufzugreifen und Dynamik auszustrahlen. Was ihm zeitlebens verstellt blieb, war die Bismarcksche Ahnung von der deutschen Tragödie, der er so lange präsidierte.

Schon als Kronprinz hatte er niemandem verschwiegen, daß er gesonnen war, die Regierung selbst zu führen und nicht auf alle Zeit

werden sich seinen Augen Wikingerschiffe, bemannt mit reisigen Helden, zeigen. Eine sächsische Reisegesellschaft hat diese sinnige Huldigung erdacht.

im Schatten des dreiundsiebzigjährigen Kanzlers zu stehen, der wie ein Riese aus grauer Vorzeit wirkte neben dem gutwillig-nervösen Aktionismus des neunundzwanzigjährigen Monarchen. Bismarck hatte Wilhelm noch manche Lektion erteilt in Verfassungsfragen und Auswärtiger Politik. Er warnte ihn, die Einheit des Bundesrats dürfe durch Ansprüche Preußens nicht ohne Not aufs Spiel gesetzt werden. Der Träger des Königtums habe in guten Zeiten »arbeitsam mitzuwirken« - jedes Wort wog schwer - an den Regierungsgeschäften. In bösen aber müsse er fechten für sein Recht. Und vor geistlichen Beratern, - das ging gegen den Hofprediger Stoecker und die Innere Mission - müsse er sich hüten.[59] Noch deutlicher wurde Bismarck, als er im Frühsommer 1888 die naßforschen Marginalien des künftigen Kaisers zu Wiener Präventivkriegsplänen gegen den Zarenstaat tadelte:

Die Sicherheit unserer Beziehungen zum österreichisch-ungarischen Staat beruht zum großen Teile auf der Möglichkeit, daß wir, wenn Österreich uns unbillige Zumutungen macht, uns auch mit Rußland verständigen können. Fällt die letztere Möglichkeit fort, so wird Österreich ein viel anspruchsvollerer Bundesgenosse werden, als es bisher war.[60]

Wilhelm II., der für die großen Fragen der Innenpolitik 1890 immerhin Instinkt bewies, hatte zuvor versäumt, vom Meister der großen Kabinettspolitik die Züge zu lernen, die Dialektik der Großen Politik, und wie auf dem europäischen Schachbrett alles ineinandergriff und vieles heute hypothetisch und morgen doch schon wirklich war. Er begriff niemals auf längere Zeit, daß er einen Tiger ritt und nicht ein preußisches Artilleriepferd. Er hat den Teufelspakt mit den zerstörerischen Kräften seines Zeitalters, die er weder begriff noch zu steuern vermochte, nur mit seinem Thron bezahlt, die Deutschen aber mit Blut und Tränen, und am Ende mit dem Deutschen Reich. Wilhelm II. erschien vielen in seiner Zeit wie der Urheber der deutschen Hybris, in Wahrheit aber war er nur ihr Funktionär.

Die Warnungen Bismarcks verhallten unverstanden. Wilhelm II. hat sie kalt quittiert. »Sechs Monate will ich den Alten verschnaufen lassen, dann regiere ich selbst«, so ließ er verlauten[61]. Bismarck war sich, wie er in der Art des alten Dieners schrieb, der Schwierigkeiten mit dem »jungen Herrn« bewußt. Er handelte mit großer Vorsicht. »Ich habe in meiner langen ministeriellen Thätigkeit stets gefunden, daß die schwierigsten Aufgaben der Diplomatie in den Beziehungen mit dem eigenen Hofe liegen«, warnte er den Minister v. Scholz, der dem Kaiser eine ministerielle staatsrechtliche Belehrung über Kontrasignatur zukommen lassen wollte. Bismarck wiegelte sogar ab, »ein dem Könige coordiniertes Zustimmungsrecht« habe das preußische Staatsministerium nicht. Der mächtige Kanzler, der mehr als jeder andere zur Stärkung des preußischen Königtums beigetragen hatte, mußte am Ende begreifen, daß alle europäische Weisheit, alle politische Erfahrung vor den Stimmungen eines gekrönten Hauptes wenig zählten[62].

Danach folgte das Drama, wie es folgen mußte. Der Sturz des großen Mannes war nur noch eine Frage der Zeit. Doch wäre es zu einfach, ihn nur aus dem Gegensatz der Generationen oder der Verschiedenheit des politischen Stils zu erklären. Wahrscheinlich entwickelte er sich jenseits von individueller Schuld. Das persönliche Verhältnis verschlechterte sich rasch. Als der Kaiser eine neue Hoftracht einführen wollte, war Bismarck blanker Hohn. Dergleichen mußte in jeder Krise die Verständigung erschweren. Nadelstiche kamen von beiden Seiten. Bestimmend war endlich die Konstellation, die seit dem Frühjahr 1889 den Bruch unausweichlich machte. Denn Bismarck vertrat eine kompromißlos harte Linie gegenüber der Arbeiterbewegung, wollte das erschreckte Bürgertum an die Seite der Regierung treiben und das Sozialistengesetz verschärfen. Der Kaiser dagegen glaubte an die Notwendigkeit sozialer Versöhnung, und es gibt wenig Zweifel, daß die Vernunft diesmal auf seiner Seite stand.

Unterschiede der Betrachtungsweise und intrigante Ratgeber spielten ihre Rolle. Entscheidend aber wurde die unterschiedliche Behandlung der Massenstreiks im Bergbau 1889, dazu kamen Fragen der Schule und des Sozialistengesetzes, und es kündigten sich in dem Kampf zwischen dem alten Kanzler und dem jungen Kaiser auch jene Konflikte schon an, die seitdem den Gegensatz von Exportindustrie und Großlandwirtschaft ständig verstärkten. Es ging, hinter all den persönlichen Gehässigkeiten, letztlich um Stabilisierung des paternalistischen Staates, die Bismarck wollte, oder um Öffnung zur industriellen Massengesellschaft, die Wilhelm II. für die Lebensfrage des Reiches hielt und die bis 1914 nicht mehr zur Ruhe kam.

Der Ausbruch des Streiks
Holzstich von Robert Koehler, 1893

Das Drama begann mit einer fast beiläufigen Szene. Ein Kronrat wurde anberaumt, und hier legte der Kaiser all jene Zweifel am Sozialistengesetz dar, die von den Liberalen bis zu den Kathedersozialisten längst geäußert worden waren. Die Schlußfolgerung: die Schule sollte reformiert werden. Bismarck indes konstatierte sehr kühl, »daß Seine Majestät für Land und Stadt, für Volks- und höhere Schulen sorgen wolle, und daß man über der Sorge für die städtische, gebildetere Bevölkerung die für die ländliche nicht zurücktreten lassen möge. Letztere sei die stärkere an Zahl, wie an Kraft, wenn es sich schließlich bei dem Kampfe zwischen Staatsordnung und Socialdemokratie um Gewalt handele. Hierbei entscheide alle Schulbildung nicht, und Gymnasien hätten wir schon zu viele...«[63].

Unterdessen aber ging das Drama seitab der Berliner Bühne weiter. Im April 1889 hatten große Bergwerksstreiks im Gelsenkirchener Revier begonnen. Bei guter Ertragslage der Gruben verlangten die Arbeiter höheren Lohn – ein Schlepper erhielt 2,20 Mark, ein geübter Arbeiter hatte im Akkord täglich an die 4 Mark, ein Pferdejunge 1,80 Mark. Auch verlangten sie, für Überstunden bezahlt zu werden. Bald waren vierzigtausend Kumpel im Ausstand, dann wurde auch in Schlesien, um Waldenburg, gestreikt. Auf dem Höhepunkt der Bewegung waren hundertfünfzigtausend Arbeiter im Ausstand. Den Bahnen begann Kohle zu mangeln, die westfälische Schwerindustrie mußte Feierschichten fahren. Truppen wurden um die Streikzentren zusammengezogen. Sollte der Ausnahmezustand verhängt werden? Der Kaiser setzte auf Verhandlungen. Er empfing eine Deputation streikender Arbeiter – niemals gehörtes Signal in der Geschichte des Reiches.[64] Bismarck dagegen dachte an den Ernstfall. Er hätte gern die privaten Kohlengruben verstaatlicht, um die strategische Energieversorgung zu sichern. Der Kaiser wollte mehr Arbeiterschutz, notfalls gegen die Fabrikherren. Der Kanzler aber sah den Ausweg darin, dem Sozialistengesetz endlich jene Schärfe zu geben, die ihm von Anfang an gefehlt hatte.

Am Ende ging man ohne Kompromiß auseinander. Bismarck insistierte fortan, das Sozialistengesetz dürfe nicht zurückgenommen werden, sondern müsse konsequent weiterentwickelt werden. Große Teile der Industrie glaubten nicht mehr an eine solche Lösung, auch nicht die Nationalliberalen. Dadurch wurde das »Kartell« von 1887 unhaltbar, die Regierungsmehrheit zerfiel. Die Massenstreiks von 1889 hatten das System der taktischen Bündnisse zur Unterdrückung der politischen Arbeiterbewegung beendet. Die Streiks signalisierten Zentrum und Liberalen, daß Deutschland in das Zeitalter der industriellen Massengesellschaft eingetreten war. Bismarck aber verließ sich auf die alten Rezepte. Er manövrierte sich selbst an die Seite. Der Mann der Revolution von oben, der noch die Sozialpolitik kraftvoll bestimmt hatte, wurde Hindernis jener anderen Politik, die zwischen den Mittelparteien, der Industrie, der preußischen Ministerialbürokratie und dem Kaiser im Entstehen war.

Kaum ein Einzelproblem in der Geschichte des Kaiserreichs, mit Ausnahme der Julikrise 1914, sollte mehr Federn in Bewegung setzen als der Sturz Bismarcks im März 1890. Nur in einem Punkt besteht Übereinstimmung: Dies war mehr als ein Personenwechsel. Es war das Ende einer Epoche, die doch schon alle Knoten geschürzt hatte, welche dann ihren Erben zum Schicksal wurden. In der Arbeiterfrage gab es keine Annäherung. Bismarck versteifte sich beim Sozialistengesetz auf die Ausweisungsbefugnis der Behörden. »Bleibe das Gesetz unerledigt, so müsse man sich ohne dasselbe behelfen und die Wogen höher gehen lassen.« Er glaubte an Konflikte und scharfes Schießen: »Dann möge es zu einem Zusammenstoß kommen.« Und auch der Kaiser wußte, was auf dem Spiel stand, aber er zog die entgegengesetzte Schlußfolgerung: »Er wolle ohne den äußersten Notfall solchen Katastrophen soweit möglich durch Präventivmaßregeln vorbeugen, nicht seine ersten Regierungsjahre mit dem Blut seiner Untertanen färben.«[65]

Danach war der Bruch unheilbar. Auch die Generalität, seit den Tagen des Militärkonflikts die Garantiemacht hinter Bismarcks Politik, nahm Distanz und schwenkte auf die Seite des Kaisers. Zwar erging jetzt ein Erlaß an die Generalkommandos »betreffend die Überwachung der socialdemokratischen Bestrebungen«, der vorläufige Festnahmen und Waffengebrauch regelte, damit »jeder Aufruhr im Keim erstickt wird«[66]. Aber in Wirklichkeit ging es längst um innere Entspannung, und deren Protagonist war der Kaiser. Als die Reichstagswahlen am 20. Februar 1890 den Ruin des »Kartells« dokumentierten, rechneten die Liberalen und der Kaiser Bismarcks Starrsinn die Schuld zu. Bismarck aber sah darin den Beweis, daß die kaiserliche Sprunghaftigkeit die Politik ruinierte. Jetzt ging es um die Entscheidung für innere Versöhnung oder die Bitternis innerer Kämpfe.

Kaiser oder Kanzler: Bismarck hätte es nie auf diese Zuspitzung ankommen lassen dürfen. Denn damit hatte er bereits verloren, ohne es zu wissen. Der Kaiser sagte im Kronrat, die Deutschen hätten, anders als die Briten, sich »nicht um ihre Arbeiter gekümmert, sie ausgepreßt wie Zitronen und auf dem Mist verfaulen lassen«. Bismarck spottete, der Kaiser wolle »auf einmal alle Menschen beglükken...« Derartige enthusiastische Bestrebungen seien gefährlich auf dem Thron. Die kaiserlichen Erlasse über Arbeiterschutz und die Berufung einer internationalen Konferenz: für Bismarck nichts als »Utopien,... darauf gerichtet, die Popularität der niedersten Klassen zu gewinnen«[67].

Aber es gab ein retardierendes Moment. Bismarck fand sich bereit, den kompetentesten Berater des Monarchen, den rheinischen Oberpräsidenten v. Berlepsch zum preußischen Handelsminister zu machen, zuständig für die Sozialpolitik. Dann redete er von Rücktritt oder Rückzug auf das Auswärtige Amt, und dann trieb er doch wieder zum großen inneren Konflikt. Er suchte eine Kabinettsordre von 1852 hervor, die den Ministern Vortrag beim Monarchen nur nach Rücksprache mit dem Ministerpräsidenten gestattete. Wilhelm II. mußte darin die Absicht sehen, ihn zu entmündigen. »Diejenigen, welche sich mir entgegenstellen, zerschmettere ich«, bramarbasierte er beim Festbankett des brandenburgischen Provinziallandtags.

Bismarck setzte damals auf einen Kampfkurs, der die Summe seiner Erfahrungen zog seit 1848. Für die Zukunft des industriellen Deutschland aber hätte das alles eine Katastrophe bedeutet. Es gab zwei Szenarios, staatsrechtlich verzwickt das eine, das andere pure Konfliktspolitik. Im ersten Falle wollte Bismarck gegen den Reichstag die Reichsverfassung auflösen, die er zu einem Bund der Fürsten und Senate erklärte, ohne Beteiligung der Repräsentativkörperschaften. Die Schlußfolgerung: es waren dann ja auch die Fürsten, die durch Rücktritt vom Bundesvertrag die Verfassung auflösen konnten. Ob sie es durften, war eine andere Frage. Danach jedenfalls würde man weitersehen. Dazu gab es noch eine Variante, die von Preußen ausging. Man würde, so Bismarck, »um der fortgesetzten Renitenz eines Reichstages, in welchem die oppositionellen Elemente die Mehrheit hätten, zu begegnen, auch andere Mittel anwenden«. So konnte der preußische König die Kaiserwürde niederlegen oder den Reichsinstitutionen passiven Widerstand entgegensetzen. Wie auch immer, Bismarck wollte die fundamentale Veränderung der Reichsverfassung von oben, Abschneiden des Parlamentarismus, solange es noch ging, innerer Präventivschlag.

Der zweite Fall hatte mehr politische Farbe, und der Kaiser wäre überspielt worden. Bismarck plante, wenn erst die neuen Arbeiterschutzgesetze im Reichstag eingebracht waren, große Militärvorlagen und dann ein neues, radikal verschärftes Sozialistengesetz mit »Strafbestimmungen für die Arbeiter, welche andere zum Streiken zwingen wollen«. Das mußte zu erneuten Massenstreiks, städtischen Unruhen, zu Konflikt und Reichstagsauflösung treiben, vielleicht mehrmals, bis ein neuer Verfassungszustand eingerichtet war. Hat Bismarck geglaubt, die Geschichte könne sich wiederholen und es sei, noch einmal, ein preußischer Verfassungskonflikt zum Sieg zu führen wie 1866? Was immer an Realität darin steckte, es war eine »Politik der starken Hand am Rande, wenn nicht jenseits der Verfassung«[68].

Königlich privilegirte Berlinische Zeitung
von Staats- und gelehrten Sachen.
№ 130. Vossische Zeitung. 1890.
Abend-Ausgabe. Dienstag den 18. März.

Das war der Bruch. Weder der Kaiser noch die Kommandierenden Generäle, weder die Industrie noch die Häupter der liberalen Parteien konnten auf diesem Weg folgen. Am 18. März 1890 reichte Bismarck sein Entlassungsgesuch ein. Es war, nach den Hilflosigkeiten der vergangenen Wochen, ein letztes Meisterstück des Kabinettspolitikers, für Öffentlichkeit und Nachwelt bestimmt und so abgefaßt, daß der Kaiser, der Berichte des deutschen Konsuls in Kiew über russische Militärpolitik mit aggressiven Marginalien versehen hatte, als dilettierender Kriegstreiber dastand. Bismarck deutete an, man verlange von ihm eine andere Politik gegen Rußland. »Ich würde damit alle die für das Deutsche Reich wichtigen Erfolge in Frage stellen, welche unsre ausw. Politik seit Jahrzehnten im Sinne der beiden Hochs. Vorgänger Ew. M. in unseren Beziehungen zu Rußland unter ungünstigen Verhältnissen erlangt hat…«[69] Noch vor dem Furioso dieser letzten Szenen, als Windthorst für das Zentrum mit Bismarck über künftige Koalitionen sprach, hatte der Zentrumsführer erschüttert bemerkt: »Ich komme vom Sterbebette eines großen Mannes.«

Nr. 68. Freitag, den 21. März 1890. 7. Jahrg.
Berliner Volksblatt.
Organ für die Interessen der Arbeiter.

Der Rest war Epilog, politische Legende und der nationalistische Kult des Eisernen Kanzlers. Als Bismarck stürzte, geschah das Unerwartete – nämlich nichts. In den europäischen Hauptstädten wurden zwar die Berliner Ereignisse kopfschüttelnd und mit steigender Besorgnis registriert. Die Hofgesellschaft in St. Petersburg sah die »Aussichten auf einen Krieg« sich vermehren.

Die Reaktion in Deutschland war anders: »Es ist ein Glück, daß wir ihn los sind«, seufzte Theodor Fontane. Die Abschiedsszene auf dem Lehrter Bahnhof mit Hüteschwenken, Rufen »Wiederkommen« und der »Wacht am Rhein« täuschte über die wahre Stimmung. Sie wurde beschrieben in einem Bericht des K. u. K. Botschafters in Berlin vom 19. März 1890: »Es ist unglaublich, wie glatt hier dies weltgeschichtliche Moment abläuft. Der Eindruck allenthalben im Auslande ist weit gewaltiger als hier«. Ein späterer Bericht handelte von den Mitgliedern des Bundesrats: einige konnten »ihre Befriedigung kaum verbergen. Es ist wie ein freies Aufatmen nach Aufhören eines schweren Druckes«. Ähnliches muß wohl von der Mehrheit der politischen Parteien gelten. Das preußische Abgeordnetenhaus verharrte, als es amtlich vom Sturz des großen Mannes erfuhr, in eisigem Schweigen.[70]

Bismarcks Entlassung wurde auch von breiten Schichten zunächst mit Gleichgültigkeit, ja vielfach mit Erleichterung hingenommen. Wilhelm II. befand sich selten mehr in Übereinstimmung mit der öffentlichen Meinung als mit seinem »Der Kurs bleibt der alte, Volldampf voraus!«.

Doch noch 1890 trat ein Umschwung ein. Der gestürzte Kanzler sollte als Mythos noch einmal Machtfaktor der deutschen Politik

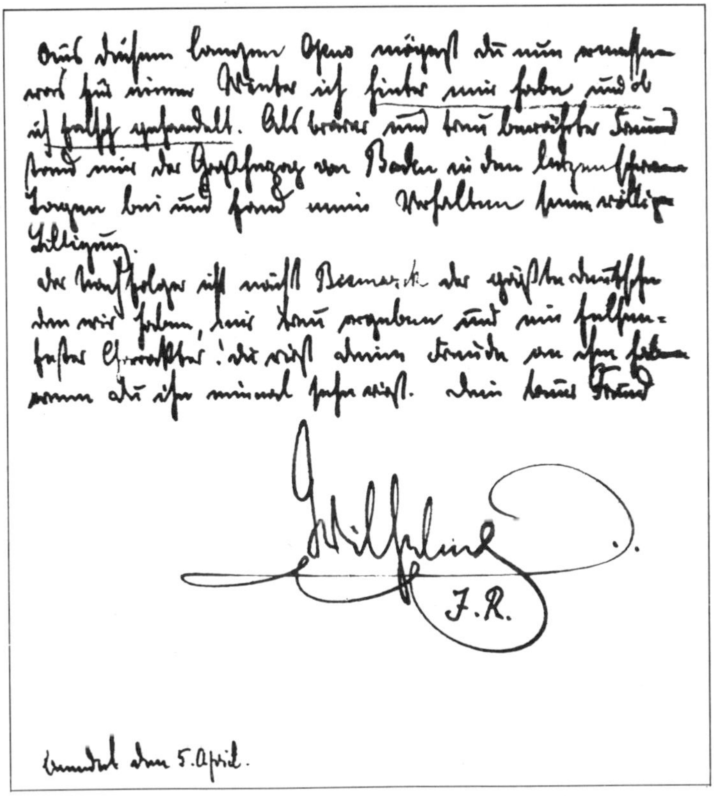

Aus diesem langen Opus mögest Du nun ermessen, was für einen Winter ich hinter mir habe und ob ich falsch gehandelt. Als braver und treu bewährter Freund stand mir der Großherzog von Baden in den letzten schweren Tagen bei und fand mein Verhalten seine völlige Billigung.
Der Nachfolger ist nächst Bismarck der größte Deutsche, den wir haben, mir treu ergeben und ein felsenfester Charakter! Du wirst Deine Freude an ihm haben wenn Du ihn einmal sehen wirst.

Dein treuer Freund
Wilhelm I(mperator) R(ex)
beendet den 5. April.

Schluß des Schreibens, das Wilhelm II. nach dem Rücktritt Bismarcks an Kaiser Franz Joseph I. sendet.

werden. Es gelang ihm, gegen den »Neuen Kurs« der inneren Entspannung, der Senkung der Kornzölle, der Steigerung der Exporte und des Ausgleichs mit England zur Symbolfigur zu werden, Ausdruck des nationalistischen Ressentiments. Bismarcks Aufgabe wäre die des Warners gewesen vor Hybris und kommendem Unglück, und mitunter hat er sie hellsichtig wahrgenommen. Aber populärer war er, wenn er den Abgeordneten von Bürgern, Studenten und Heimatvereinen, die zum »Alten im Sachsenwald« pilgerten, Lehren erteilte über die Fehler des Nachfolgers und die kaiserliche Politik. Der »Alldeutsche Verband«, 1890 gegründet als Protestbewegung gegen den Helgoland-Sansibar-Vertrag, den Bismarck inauguriert, und den Ausgleich mit England, den Bismarck so lange vergeblich gesucht hatte, machte ihn zuerst zur Propagandafigur und dann, beim achtzigsten Geburtstag 1895, zum Ehrenmitglied.

Der »Eiserne Kanzler« wurde Leitfigur der, mit Eckart Kehr zu reden, »Holding des deutschen Vorkriegsnationalismus«. Der »Zwingherr zur Deutschheit« sollte, wenn es nach den Alldeutschen ging, nur Wegbereiter gewesen sein für den kommenden »Zwingherrn zur Alldeutschheit«. Grotesker ließ sich Bismarcks Außenpolitik des Maßes und der europäischen Vernunft nicht mißverstehen. Bismarck, der niemals die Grenzen der deutschen Machtstellung vergessen hatte, den Visionen deutscher Teilung und europäischer Untergänge heimsuchten – der alte Mann in Friedrichsruh wurde nicht nur Zeuge der Gefährdung seines Werkes, sondern er hat zur Entgrenzung des deutschen Denkens selbst noch beigetragen.

Nicht nur die Alldeutschen. 1893 entstand als Protestbewegung gegen den liberal-freihändlerischen Gehalt der Caprivischen Handelsverträge und die Öffnung zur Industriewirtschaft der »Bund der Landwirte« mit bald dreihunderttausend Mitgliedern. Er gab sich »bismärckisch« in einem dogmatischen Sinne und zitierte Bismarck mit Ausdauer als »deutschen Bauern«.

Der Bismarck-Kult nahm Züge einer Ersatzreligion an und wurde Teil der Abwehrfront gegen den Industriestaat. Die wuchtigen Bismarcktürme, die nach 1898 die Berghöhen des protestantischen Deutschland krönten, waren Monumente politischer Verblendung. Der alternde Bismarck, in Friedrichsruh ein Stück Geschichte, hat nur noch in den »Gedanken und Erinnerungen«[71] mit Stilbewußtsein und einer vormärzlichen Eleganz die alte Größe der politischen Betrachtung wiedergewonnen. Hier wurden noch einmal vergangene Kämpfe ausgefochten, hier wurde Geschichte nach dem Bilde eines großen Mannes geformt. In der Wirklichkeit des wilhelminischen Deutschland aber triumphierte der »Eiserne Kanzler« über die Vergangenheit. Ihre Erben begriffen die Geschichte Bismarcks als Weg zum Millennium, aber der Aufstieg wurde Weg in die Apokalypse.

»v. Bismarck
Friedrichsruh 1. August 1895«

8.
Fortschrittsglaube am Abgrund – 1890 bis 1900

»Ich meine, mit dem Besten, was in mir ist, bin ich stets ein animal politicum gewesen und wünschte, ein Bürger zu sein. Das ist nicht möglich in unserer Nation, bei der der einzelne, auch der Beste, über den Dienst im Gliede und den politischen Fetischismus nicht hinauskommt...«

Theodor Mommsen, Testamentsklausel vom 2. September 1899.

Bismarck stellte seine Sache zuletzt nicht aufs Biegen, sondern aufs Brechen. Darüber kam er zu Fall. Für die Große Politik der europäischen Kabinette war der Sturz des großen Gleichgewichtspolitikers ein Bruch. Unruhe und Angst vor der Zukunft waren die Folgen. Für die Deutschen aber? Was war ihnen noch der Sturz des cäsarischen Staatsmanns? Viele von denen, die aus den Abendzeitungen davon erfuhren, haben die Berliner Krise wohl nur noch registriert als Vollzug eines Alterungsprozesses, später Abschied von einem Kapitel deutscher Geschichte, das abgeschlossen war.

Das Ereignis war, an den Maßstäben des Alltags gemessen, nichts als eine Erinnerung an den Umstand, daß die Zeiten sich geändert hatten. Es war dramatischer Akzent in einem großen Wandlungsprozeß, dem jedermann ausgeliefert war und der alle Gegenwehr ein wenig tragisch und ein wenig lächerlich machte. War der Alltag nicht wichtiger als die Politik? Es gab mehr Wohlstand als je zuvor in Deutschland, für den kleinen Mann mehr Seife im Einkaufskorb und mehr Fleisch im Topf, Hoffnung auf weitere Besserung des Lebens, und die Kinder würden es einmal besser haben. Den Alltag der Oberen veränderten Telefon und Zentralheizung, den der Unteren Elektrizität und fließend Wasser. Und hinter dem Alltag mit seinen Veränderungen veränderten sich nicht nur die Ideen und die Regeln des menschlichen Zusammenlebens, die Träume und die Alpträume. Es änderte sich auch das Bewußtsein dessen, was man tat und was man nicht tun durfte. Das Verhältnis der Generationen geriet ins Wanken, wo der Rat der Väter die Lebenswelt der Söhne verfehlen mußte. Das Verhältnis der Geschlechter zueinander änderte sich, je mehr der alte ländliche und handwerkliche Rhythmus des Lebens aus dem Takt geriet. Lagen nicht, tief unter dem tragenden Boden des politischen Gefüges, Angst vor dem Abgrund und Glaube an den Fortschritt eng nebeneinander? Mußte das Versprechen der Technik, daß alles machbar, und das Versprechen der Wissenschaft, daß alles erklärbar sei, nicht eher Angst erzeugen als Zuversicht? Die Welt wurde davon nicht wohnlicher, daß die Mythen zerfielen und

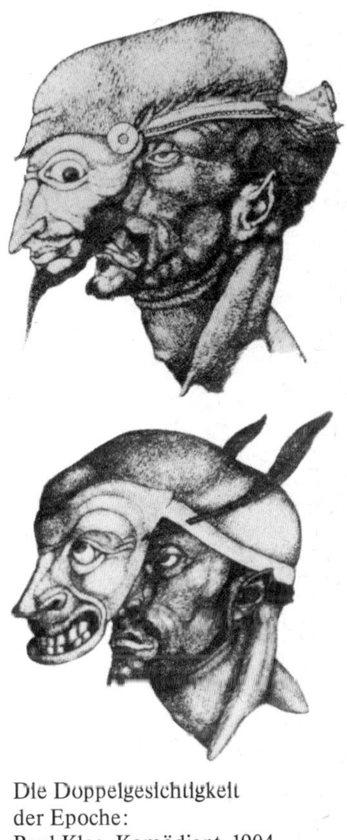

Die Doppelgesichtigkeit der Epoche: Paul Klee, Komödiant, 1904

die Tabus fragwürdig wurden, während die Grenzen des menschlichen Denkens und Handelns sich unaufhaltsam weiteten.

Zeichnung von Emil Orlik, um 1897

Es ist denkbar, daß die eigentlich bedeutsamen Ereignisse des Fin de siècle nicht in der Sprache der Politiker, der Militärs und der Statistiker beschrieben wurden, sondern in der Sprache der Dichter, der Künstler, der Architekten, Techniker und Wissenschaftler. 1889 gründeten Otto Brahm, Maximilian Harden, der Zeitungsherausgeber Theodor Wolff (»Berliner Tageblatt«) und die Brüder Hart die Bewegung der »Freien Bühne«, um der Zensur auszuweichen. Vorbild war das von André Antoine gegründete »Théâtre Libre« in Paris. Noch im Gründungsjahr wurde Gerhart Hauptmanns soziales Drama »Vor Sonnenaufgang« uraufgeführt (20.10.1889). Ergebnis war ein Theaterskandal, danach der Durchbruch des von Ibsen und Zola beflügelten naturalistischen Dramas, das auf soziale, ja naturwissenschaftliche Wahrheit zielte und sich dafür der realistischen Darstellung des Alltags bediente: das Anstößige war gewollt. Zu den bedeutendsten Dramen des Naturalismus der Jahrhundertwende zählten »Die Sozialaristokraten« von Arno Holz, »Meister Oelze« von Johannes Schlaf, »Die Ehre« von Sudermann, »Jugend« von Max Halbe, Stücke von Otto Erich Hartleben (»Die Lore« und »Rosenmontag«) und Karl Schönherr (»Erde«). 1893 machten Hauptmanns »Weber« Skandal. Das amtliche Berlin faßte sie als Provokation und Störung der öffentlichen Ordnung auf. Der Berliner Polizeipräsident Bernhard Freiherr von Richthofen (»Die janze Richtung paßt uns nich!«) verbot die öffentliche Aufführung. Darauf wurde das sozialkritische Stück, das von den brotlosen armen Leuten im schlesischen Gebirge handelte und von der brutalen Hilflosigkeit der preußischen Regierung vor fünfzig Jahren, in geschlossenen Aufführungen durch die »Freie Bühne« und die sozialdemokratische »Freie Volksbühne« weitergespielt. Ein Gerichtsbeschluß gab es wieder frei, und ein Jahr später wurden die »Weber« öffentlich gespielt. Das Publikum applaudierte, und die Kritik sah darin vor allem einen Protest gegen die Kunstschelte des Kaisers. Der ließ die kaiserliche Loge kündigen.

Verein Freie Bühne.

Sonntag, den 20. October 1889.

Vor Sonnenaufgang.

Soziales Drama in fünf Aufzügen von Gerhart Hauptmann.

Krause, Bauerngutsbesitzer	Hans Pagay.
Frau Krause, seine zweite Frau	Louise von Pöllnitz.
Helene, Krause's Tochter erster Ehe	Elsa Lehmann.
Hoffmann, Ingenieur, verheirathet mit Krause's anderer Tochter erster Ehe	Gustav Kadelburg.
Wilhelm Kahl, Neffe der Frau Krause	Carl Stallmann.
Frau Spiller, Gesellschafterin bei Frau Krause	Ida Stägemann.
Alfred Loth	Theodor Brandt.
Dr. Schimmelpfennig	Franz Guthery.
Beibst, Arbeitsmann auf Krause's Gut	Paul Pauly.
Guste, Mägde auf Krause's Gut	Sophie Berg.
Liese, Mägde auf Krause's Gut	Clara Hayn.
Marie, Mägde auf Krause's Gut	Antonie Ziegler.
Baer, genannt Hoopslabaer	Ferdinand Meyer.
Eduard, Hoffmann's Diener	Edmund Schmasow.
Miele, Hausmädchen bei Frau Krause	Helene Schüle.
Die Kutschenfrau	Marie Gundra.
Golisch, genannt Gosch, Kuhjunge	Georg Baselt.

Ort der Handlung: ein Dorf in Schlesien.

Regie: Hans Meery.

Nach dem ersten Akt findet eine Pause statt.

Offizieren wurde nahegelegt, das Haus nicht mehr in Uniform zu besuchen.[1]

In Schwabing, nördlich von Münchens Universität und beiderseits der Leopoldstraße gelegen, entstand damals der beißend-ironische Kabarettstil des »Überbrettl« und der »Scharfrichter«. »Jugend« und »Simplicissimus« wurden große Erfolge der Publizistik, Zeitschriften, von denen eine das Traumland bürgerlicher Aussteiger der wilhelminischen Gesellschaft beschrieb und Experimentierfeld des »Jugend«-Stils wurde, während die andere ein Publikum suchte, das in Scherz und Satire die eigene Überzeugung bestätigt fand, Süddeutsche, Liberale und Bürgerliche seien, gemessen an den preußischen Archetypen des Junkers und des arroganten Offiziers, doch die besseren Menschen. Der Witz des Simplicissimus war nicht gutmütig, er war beißend und offenbarte Risse, die es nach den Konventionen der Politik nicht geben durfte.

Ein neues, leichteres Lebensgefühl der »Belle Epoque« war im Entstehen, das den Sozialprotest überspielte und den Widerspruch einer neuen Generation von Bürgerkindern aufnahm, die den Prunk der Hofgesellschaft und das martialische Gehabe der amtlichen Kunst zum Lachen und zugleich zum Weinen fand. Zwischen Bohème und Bibliothek entstand eine Protest-Schickeria, die zwischen Paris, Rom und Warschau zu Hause war, der Kunst zugetan und sich selbst, und die den strengen Konventionen ihrer Elternhäuser allenfalls noch Mitleid gönnte. Décadence war ihnen nicht Schrecknis, sondern eine weiche, sensitive, intelligente Lebensform.

Am tiefsten wohl wirkte sich die Entdeckung der Sexualität aus. Der Wiener Doktor Sigmund Freud beunruhigte nicht nur die Fachleute der Psychiatrie. Er zog dem Gerüst der Konventionen schlechthin den Boden weg. Dabei mußte man nicht psychologische Fachliteratur lesen, um zu begreifen, was in der Luft lag. Es war das große, lockende und erschreckende Versprechen der Befreiung, dem doch die Verteidiger von Konvention und Tradition die Ahnung entgegensetzten, es werde hier auch ein Preis zu entrichten sein. Aber das Versprechen der Identität wog schwer. Es unterminierte und es verführte. Es löste den Eros aus der Schwere der bürgerlichen Rechtsinstitutionen von Familie und Erbrecht, es säte Zweifel an der Institution der Ehe, Jahrhunderte der Zähmung des Ego durch Pietismus und Sozialdisziplin drohten dahinzugehen. Dazu aber kam die unverstandene Mahnung des Wiener Seelenforschers, es müsse dabei bleiben, daß Triebsublimierung und Leistung einander bedingten. Was sollte man glauben? Was wollte man glauben?

Eine dramatische Formulierung der Sexualität war vor der Jahrhundertwende kaum zulässig. Bei Richard Wagner (»Tannhäuser«, »Lohengrin«) gab es bereits Andeutungen unerhörter Art, schwüle Stimmungen und doppelten Boden. Dem Gewoge auf der Bühne entsprach das Getose im Orchestergraben, Seelenwelten öffneten sich, die sonst wohlweislich verschlossen blieben. Es lag in dieser Musik ein Element der Entfesselung, eine subversive Botschaft, die drohte und zugleich lockte. Bismarck hatte mit konservativem Instinkt begriffen, daß der reaktionäre sächsische Tonsetzer ein pompöser Revolutionär war, der Wege ging, die Preußen und die Kultur des Idealismus transzendierten, vielleicht zerstörten. Einen Reichszuschuß für den Bayreuther Festspielhügel würde es nicht geben.

»Uns Deutschen darf der Stolz die Brüste schwellen.
Wenn schlichtes Wesen gilt als Wertbemesser
Sind wir sowohl im Individuellen
Und auch als Volk, als Ganzes, sind wir besser.«

Selbstbekenntnis, »Simplicissimus« 1901

Max Liebermann,
Theodor Fontane, 1896

Thomas Theodor Heine,
Frank Wedekind

Die Aufdeckung des menschlichen Triebverhaltens mußte beunruhigen, nicht nur weil es die Menschen an sich selbst erinnerte, sondern auch, weil die Institutionen in Gefahr gerieten. Wo Ibsen Noras Ausbruch aus dem Puppenheim radikal auf die Bühne brachte (deutsch erstmals 1880), ließ der alte Theodor Fontane seine Frauengestalten, die zarte Effi von Briest aus der Beletage und die schöne Lene aus dem Dienstmädchenzimmer (»Irrungen Wirrungen«) noch entsagen und zerbrechen am Widerspruch von Innenwelt und Außenwelt. Und auch Flaubert erlaubte Madame Bovary keinen Ausweg aus der Ehe als die Katastrophe.

Niemals gerieten Fortschrittsglaube und Angst vor dem Absturz so zur Einheit wie in den Jahren um die Jahrhundertwende, als die Decke der Konventionen riß. Baudelaire veröffentlichte »Les Fleurs du Mal« und gab einer ganzen Epoche das Stichwort; die Blumen, von jeher Inbegriff von Herzensgüte und Reinheit, enthielten die Botschaft des Bösen. Der Mensch, legitimiert durch die Ersatzreligion der modernen Naturwissenschaft, bewegt durch Zweifel an Gott und mithin auch an dessen Ebenbilde, stand vor sich selbst. Was Ibsen, Strindberg und Tschechow damals als Bedingung der menschlichen Existenz erkannten und andeutend bloßstellten, Gesellschaftsstück und antike Tragödie, offenbarte schwankende Fundamente. Tschaikowskys Nußknacker-Ballett deutete schon die Übermacht der Ratten gegen die glanzvollen Reiter an, während die Petersburger Hofgesellschaft gebannt applaudierte. Wedekind (»Frühlings Erwachen«) und Schnitzler (»Der Reigen«) aber wurden deutlicher, wo bisher Andeutungen genügt hatten. Der »Erdgeist«, die zweite Fassung der »Büchse der Pandora« und vor allem der »Reigen« machten, mehrfach verboten und dadurch um so interessanter, Theatergeschichte: ein kunstvolles Gewebe von Heuchelei, Zynismus, Gefühlskälte, liebloser Begierde – und die Humanität als Opfer. Die Bedeutung dessen aber, was gezeigt wurde, lag jenseits der Bühne. Es ging um die Frage der Identität. Im kritischen Augenblick zwar konnte der Text sich mit drei Strichen behelfen, oder die Regie ließ eine gnädige Verdunkelung der Bühne eintreten, und die Konventionen waren noch immer stark genug, um das Publikum an der Revolution der Nuancen teilhaben zu lassen. Die mystische Wirkung der Phantasie wurde einbezogen und angestoßen, weiter zu tasten in das unbekannte Land der menschlichen Seele. »Salome« von Richard Strauss ließ die Schleier der Konventionen fallen.

War der Mensch der geblieben, der er in der langen Kette der Generationen immer gewesen war? Oder waren das neue Theater, die neue Malerei, die neue Seelenkunde auch Vorboten eines neuen Menschen, Gott und Teufel in einer Person? Die Andeutung solcher Fragen schuf Unruhe. Es gab Proteste der Wohlmeinenden, den Ruf nach strenger Zensur und nach neuen, schärferen Gesetzen. Die Frucht vom Baum der Erkenntnis war noch immer süß und bitter zugleich. Und es war auch fast rührend und streifte das Tragische, wenn die Verfechter der Konvention einwarfen, es werde der Mensch, der sich zum Gott erhebe, als Teufel enden.

Mehrere Generationen und zwei Revolutionen zuvor hatte Jean-

Jacques Rousseau das Dilemma der Modernität formuliert, daß Technik und Wissenschaft ihrer moralischen Bewältigung davoneilten. Man mußte nicht die Schriften des Genfers gelesen haben, um zu begreifen, daß um die Jahrhundertwende die Kluft sich weitete und der Mensch, der souverän über die Wissenschaft zu gebieten schien, ihr auch wieder unterworfen war. Das Theater, immerhin, bot Andeutungen, daß für die Modernität ein Preis zu entrichten sei.

Titelblatt zu dem Prachtwerk »Deutsche Gedenkhalle« (1900): der deutsche Festungskomplex

Das letzte Jahrzehnt des neunzehnten Jahrhunderts war ein »Zeitalter der Reizsamkeit« (K. Lamprecht), erfüllt von Unsicherheit und dem Versuch, ihr zu begegnen. Bismarcks Sozialistengesetz fand 1890 keine Mehrheit mehr. Aber des Kaisers Konzept, durch die Schule noch einmal die alten Werte zu restaurieren, fand in den Schulkonferenzen von 1890 und 1900 Ausdruck. Zentrum und Kon-

Thomas Theodor Heine, Universalmittel gegen Revolutionäre (1898)

servative brachten im preußischen Landtag eine Schulvorlage ein, die den christlichen Charakter des Volksschulunterrichts erhalten oder, wo er gefährdet schien, wiederherstellen sollte.[2]

Der neue Kanzler v. Caprivi betrachtete die ganze Sache nur unter taktischen Gesichtspunkten. Das Zentrum, unentbehrlich für die Mehrheitsbildung, wollte er für die Reichspolitik gewinnen. Dabei aber entstand ein Schulgesetz, das nicht nur radikale Abkehr vom Kulturkampf war, sondern auch die preußische Tradition religiöser Toleranz preisgab, um dem Klerus und seinem Verlangen nach ka-

tholischen Konfessionsschulen zu genügen. Die »Lehre« der Lehrer, aber auch ihr »Wandel« unterstanden der Schulaufsicht, und bei Prüfungen hatten die kirchlichen Oberbehörden mitzusprechen. Die Liberalen verteidigten damals das Monopol staatlicher Schulaufsicht, die liberale Presse vor allem kämpfte für geistige Freiheit, Professoren engagierten sich gegen das Gesetz. Der Historiker Heinrich von Treitschke, von unbezweifelbarer Staatstreue, fürchtete um die Freiheit von Forschung und Lehre, und auch konservative Professoren wie Felix Dahn und Willibald Beyschlag unterschrieben Proteste an

das Kultusministerium. Der Presse- und Petitionssturm war es dann, der dem Entwurf das Lebenslicht ausblies. Nach der ersten Lesung wurde er zurückgezogen. Es war nicht unwichtig, daß der Kaiser fürchtete, durch Insistieren auf dem Gesetz die Chancen des »Kartells« der staatstragenden Partei vollends zu ruinieren.[3]

Zwei Jahre später folgte die »Umsturzvorlage« und mit ihr ein erneuter Fehlschlag. Miquel, preußischer Staatsminister, zuständig für die Finanzen, und der Saarindustrielle »König« Stumm, Vertrauter des Kaisers und freikonservativer Politik-Kondottiere mit dem Auftreten eines Großfürsten, waren enttäuscht, daß die Arbeiterschutzpolitik seit 1890 sich nicht sogleich in besseren Wahlen und zahmeren Sozialisten auszahlte. Ein Kurswechsel wurde geplant, der mit dem Reform-Kanzler v. Caprivi nicht zu vollziehen war. Der ehemalige General war zu sehr Exponent eines Versöhnungskurses auf mittlerer Linie geworden. Da bot sich als Hebel die Erneuerung des Kampfes gegen die Sozialdemokratie an. Den Anlaß gaben wiederum anarchistische Attentate, diesmal im Ausland. Der Kaiser rief im Herbst 1894 in Königsberg zum »Kampf für Religion, für Sitte und Ordnung, gegen die Parteien des Umsturzes«[4].

Es ging um mehr als nur die militante Arbeiterbewegung. Während eine neue Phase des Wirtschaftswachstums begann und während Technik und Wissenschaft den Deutschen in Kernbereichen der Industriewirtschaft einen Leistungsvorsprung sicherten, ging es um den Preis der Modernität.

Was der Kaiser und die Konservativen wollten, war nicht allein der Sturz eines liberal-konservativen Kanzlers. Sie wollten noch einmal Dämme aufrichten, die Staat und Moral schützten. Aber gab es dafür, nach dem Scheitern des Zedlitzschen Schulgesetzes, im Reichstag noch Mehrheiten? Der Kaiser war notfalls wohl bereit, im Wege des Staatsstreichs die Verfassung so zu ändern, daß Mehrheiten erhältlich wurden.[5] Der Kanzler wehrte beides ab, den Frontalangriff auf die Sozialisten und den Kampf gegen den Reichstag. Er bezahlte dafür mit seiner politischen Existenz und mußte anschließend um Abschied nachsuchen »in Gnaden und mit der gesetzlichen Pension«.

Aus der »Umsturzvorlage« wurde nichts. Um aber die Bitternis dieser Kämpfe zu begreifen und auch die gleichmäßige Verteilung fundamentaler Überzeugungen auf beiden Seiten, tut man gut daran sich zu erinnern, daß in vielen europäischen Ländern – in Frankreich rollte die Dreyfus-Affäre ab – Anti-Sozialismus und, mit steigender Gewalt, auch Anti-Semitismus militante Konventionen waren, Stichwort für Hexenjagden, die durch Verfolgung einer identifizierbaren Gruppe Schuldiger oder Unschuldiger, darauf kam es nicht an, tieferliegende Zweifel bannten. Das Wesentliche am Zedlitzschen Schulgesetz wie an dem neuen Sozialistengesetz allerdings war nicht, daß sie regierungsamtlich geplant wurden, sondern daß Parlament und Öffentlichkeit sich mit Erfolg widersetzten.

Die »Ära Stumm« begann 1893, nach dem Neunkirchener Stahlindustriellen so genannt, der paternalistische Sozialfürsorge und ein Regiment der festen Hand in der Politik forderte und auch gegenüber Universität und Presse nicht zimperlich war in seinen Forderungen. Einflußreich in der freikonservativen Partei und bei Hofe, gefürchtet in der Ministerialbürokratie, regierte er sein Industrie-Imperium mit fester patriarchalischer Hand wie einen Gutshof, kannte seine Arbeiter und empfand Streik als Landesverrat. Was aber für den Konzern taugte, konnte für das Reich nicht falsch sein. In der »Ära Stumm« gab es viele Versuche, einzugreifen und zu maßregeln, wenn Wissenschaftler oder Publizisten unliebsame oder gar im Geruch des Sozialismus stehende Meinungen äußerten. Die »Kathedersozialisten« des »Vereins für Socialpolitik«, darunter auch die Häupter der deutschen Nationalökonomie, mußten sich öffentlich beschuldigen lassen, aus Sympathie oder mangelnder Kenntnis den Sozialdemokraten zuzuarbeiten. Aber die Regierung, auch der preußische Kultusminister, blieben unbeeindruckt. Hans Delbrück, der große Kriegshistoriker und Herausgeber der Preußischen Jahrbücher, handelte sich zwar einen Verweis ein und eine Geldbuße, als er die Behandlung der dänischen Minderheit in Schleswig kritisierte, aber weiter geschah nichts.

Zum Lehrstück für Wissenschaftsfreiheit und Staatseingriff wurde 1895 der »Fall Arons«. Der Physiker Dr. Arons, Schwiegersohn des Bankiers Julius Bleichröder und in bequemen Verhältnissen lebend, gehörte der sozialdemokratischen Partei an. Die Berliner Universität, wo der junge Privatdozent angehenden Studienräten experimentelle Unterweisung gab, wurde darüber amtlich 1893 informiert. Zuvor hatte die Fakultät gebeten, Dr. Arons zum außerordentlichen Professor zu ernennen. Jetzt mahnte das Ministerium die Fakultät statt dessen, Dr. Arons wegen seiner aktiven Tätigkeit für die Sozialdemokratie zu entlassen. Die aber weigerte sich, und unter Führung des hochangesehenen Nationalökonomen Gustav Schmoller wurde festgestellt, es entspreche nicht den »Aufgaben und den guten Traditionen« der deutschen Universitäten, »gegen die Betätigung einer politischen Überzeugung von Universitätslehrern«, sofern darin weder Verletzung der Berufspflicht noch eine gesetzwidrige Handlung liege, disziplinarisch einzuschreiten.[6] Der Kaiser verlangte Bericht, und Pressekommentare verwiesen darauf, daß Arons Sozialdemokrat sei und dazu noch Jude.

Die Universität forderte Arons zu politischer Zurückhaltung auf, der Kaiser verlangte sofortige Entfernung, das Ministerium aber prüfte die Rechtsgrundlagen. Die aber ließen es nicht zu, einen Privatdozenten – anders als die Professoren unterstand er nicht dem Ministerium, sondern der Fakultät – aus dem Dienst zu entfernen. Nun folgte ein Gesetzentwurf, der Professoren und Privatdozenten in dem Punkt gleichstellen sollte. Im Parlament sprach der angesehene Chirurg Rudolf Virchow, Mitglied der Fortschrittspartei, für die alte korporative Universitätsfreiheit. Was als Disziplinierung eines unliebsamen Privatdozenten begann, endete als prinzipieller Kampf um die Gedankenfreiheit. Die Regierung mußte ihr Gesetz so abändern, daß die Freiheit der Wissenschaft erhalten blieb, Privatdozenten aber fortan disziplinarrechtlich belangt werden konnten. Jetzt gab es eine rechtlich gesicherte Möglichkeit des Zugriffs.

Dabei allerdings spielte die Philosophische Fakultät nicht mit. Sie hielt sich an die Frage der Gewalt. Arons gehöre zwar zur Sozialdemokratie, doch zu jenem Teil, »welcher die Gewalt verschmäht«. Bloße Zugehörigkeit aber sei kein Entlassungsgrund. Zwei Jahre später entschied das Preußische Staatsministerium gegen Arons und die Universität. Es wurde ihm die Lehrbefugnis entzogen, und zudem hatte er die Kosten des Verfahrens zu tragen. Ein Exempel war statuiert worden, und als Exempel blieb der Fall von Bedeutung: nicht nur für das Bedürfnis der Regierung, Zeichen zu setzen, sondern auch für die aufrechte Haltung der Universität, die das »geistige Leibregiment der Hohenzollern« hieß und doch die Gedankenfreiheit über die Politik stellte. Antisozialismus und Antisemitismus verbanden sich, und wieviele der Professoren waren frei davon? Gleichwohl entschieden sie im Sinne der Liberalität, als es um die Umsturzvorlage ging nicht anders als da die Gesinnungen eines jüdischen Privatdozenten überprüft wurden. Hätte Arons Sozialismus im Hörsaal gepredigt, wäre er verloren gewesen. So aber war es eine Sache, was er glaubte, und eine andere, was er wissenschaftlich leistete.

Zeitbild, 1895
Proletarier: »Siehst Du, das sind auch zwei von den neuen Dichtern, die sich so eine Menge Geld mit unser'm Elend verdienen!«
Karikatur aus den »Fliegenden Blättern«

Am tiefsten wurde die Liberalität der wilhelminischen Gesellschaft herausgefordert durch die »Lex Heinze«. Anlaß wie Zielrichtung dieses Gesetzentwurfs, der 1892 kam und acht Jahre später endgültig scheiterte, warfen am schärfsten die Frage auf, ob der Staat, wie die Konservativen glaubten, die Pflicht habe, dem Chaos zu wehren, oder ob Kunst und Wissenschaft ihrem eigenen Gesetz gehorchen sollten.

Anlaß war der Prozeß gegen eine Dirne und ihren Zuhälter 1891 in Berlin, der den Bildungsschichten einen grausigen Blick eröffnete auf die kriminelle Halbwelt. Ein Gesetz sollte helfen. 1892 kam ein Gesetzentwurf, der Prostitution, Kuppelei und Zuhälterei unter verschärfte Strafen stellte und zugleich gegen unsittliche Schriften und Darstellungen zielte. Was aber waren solche Schriften? Die Undefinierbarkeit ließ sogleich die alten Kampffronten wieder aufbrechen, und nach den üblen Erfahrungen mit dem Zedlitzschen Schulgesetz im preußischen Landtag mußte die Regierung froh sein, daß ihre

Thomas Theodor Heine,
Die deutsche Kunst (1902)
»August, quetsch den Deckel zu, sie lebt noch.«

Vorlage im Ausschuß in Vergessenheit geriet und schließlich 1893, als ein neuer Reichstag gewählt wurde, von der Tagesordnung verschwand.

Erst fünf Jahre später griff die Zentrumspartei die Sache wieder auf. Unübersehbar war, daß aus dem Gesetz gegen die Halbwelt nunmehr eine Waffe der Zensur gegen Theaterstücke werden sollte, die dem Klerus schamlos erschienen. Nur wenige moderne Theaterstücke hätten fortan noch passieren dürfen. Die Freiheit der Kunst stand auf dem Spiel, und die überkommenen Maßstäbe klassischer Ästhetik waren wenig hilfreich, wo es zu definieren galt, wo die Kunst endete und die Unsittlichkeit begann. Außerhalb des Parlaments gab es kaum eine Stimme, die das Gesetz verteidigte, eine Gruppe von Strafrechtsprofessoren sprach öffentlich dagegen, im Parlament aber kämpften Konservative und Zentrum entschieden dafür. Die Rechtsliberalen hielten sich lange bedeckt, begriffen aber noch rechtzeitig, daß hier die alte Fahne der Gesinnungsfreiheit wieder wehen mußte. Die Rechte wurde von der sonderbaren Allianz der Polen, Welfen und Antisemiten unterstützt, und die Regierungsvorlage wäre mehrheitsfähig gewesen, wenn die SPD-Fraktion nicht durch Hinausziehen der Debatte, stets erneute namentliche Abstimmungen und schließlichen Auszug – die Folge war Beschlußunfähigkeit – Obstruktion geübt hätte. Es war eine der raren Gelegenheiten, wo sich eine Fraktion im Reichstag dieses zweischneidigen Mittels bediente. Damit fiel die Vorlage.

Der öffentliche Druck war am Ende so stark gewesen, daß auch die Regierung im Grunde erleichtert war.[7] Wer gönnte nicht den Bigotten der Zentrumsfraktion die Demütigung? Ernster war, daß die Liberalen die neue Rolle der Sozialdemokratie begriffen, ohne die für die Opposition im Deutschen Reichstag fast nichts mehr auszurichten war. Hans Delbrück in den Preußischen Jahrbüchern (1900): »Wir sind soweit, diese Partei schon gar nicht mehr entbehren zu können.« War die Sozialdemokratie der eigentliche Sieger? Wo die liberale Vernunftideologie am Scheitern war und die Konservativen Zuflucht suchten beim Staat, da wurde die Ghetto-Partei zum Retter der Liberalität. Sublime Ironie, daß dieselbe Partei die neue Psychologie als Ausdruck bürgerlicher Dekadenz abtat und das flache Glanzbild des sozialistischen Fortschrittsmenschen verkaufte. Umgekehrt war zu bemerken, daß jene Lehre, die den sozialistischen neuen Adam als Retortenmenschen erwies, von den verunsicherten Hütern der Tradition als geistiger Zwilling des Sozialismus angegriffen wurde. Diese ideologische Komödie der Irrungen war ein folgenreiches Mißverständnis und machte die Sozialdemokratie, die doch in weltlichen Dingen den Menschen als hilfloses Wesen ansah, zum Verteidiger des mündigen Bürgers, wo es um die geistigen ging. Folgenreich auch insofern, als dieser Kampf der Partei der Arbeiter und Kleinbürger auf den Weg ins zwanzigste Jahrhundert ein Stück Liberalität ins Gepäck schmuggelte.

Vom Schulgesetzentwurf für Preußen 1892 bis zum Untergang der Lex Heinze im Reichstag acht Jahre später galt, daß Gefahren symbolisch dramatisiert wurden, die sich letztlich traditioneller Politik entzogen. Ungreifbar waren sie; sie hatten viele Gesichter; und die Grenzen der politischen Parteien wurden ihrem Wesen nach transzendiert. Denn in Wahrheit ging es nicht um Strafparagraphen und polizeiliches Eingreifen. Es ging um das Bild des Menschen im Industriezeitalter, um den neuen Massen- und Maschinenmenschen, um einen anderen, anti-klassischen und doch nicht weniger elitären Begriff von Kultur, und zuletzt ging es um Angst vor Zerstörung und Selbstzerstörung der Zivilisation. Erlebten die Deutschen die Geschichte des Dorian Gray, die der britische décadent Oscar Wilde damals schrieb? Der glänzende Gesellschaftsmensch, dem der verborgene Spiegel sein wahres, verwüstetes Antlitz zeigte und dem kein Ausweg blieb, als das verräterische Glas zu zerschlagen?

Nicht Nacktheit, neues Theater oder obszöne Schriften unterhöhlten die Institutionen. Theater und Literatur brachten verdrängte Welten ans Tageslicht, sie erinnerten an einen Wertewandel, der sich jeder Steuerung entzog. Daß die Wertfundamente wackelten, auf denen Erziehung ruhte, wer wollte daran vorbeisehen? Wer wollte zweifeln, daß längeres Leben, industrielle Arbeitsformen und neue Berufschancen der Frauen die überlieferten Formen der Ehe änderten? Wer wollte leugnen, daß die Erkenntnisse der Psychologie das Gefüge von Schuld, Verantwortung und Sühne unterminierten, auf dem Strafrecht und bürgerliches Recht seit jeher ruhten? Befanden jene sich nicht in einer tragischen Situation, die die Lebensordnungen erhalten wollten, die alt geworden waren und für deren Ersatz nur Ratlosigkeit bereitstand? Wer wollte bestreiten, daß die Geschichte des Fortschritts auch die Geschichte seines Preises ist? Die Erzählung von Dorian Gray erinnert an das Erschrecken eines Zeitalters vor sich selbst.

Eduard Thöny, Die alte Schule (1914)
»Wir wollen ihnen die freideutsche Jugendkultur schon austreiben! Ich sperre jeden ein, der nach frischer Luft riecht!«

Um die Jahrhundertwende spaltete sich die Wirklichkeit. Der Kampf für die Tradition wies Züge einer Donquichotterie auf. Das neue Theater durch Zensur zu zähmen, die Sexualität durch Verschweigen zu beschwichtigen, die Entgrenzung der Wissenschaften durch Personalpolitik zu mildern, das war nur noch symbolisches, hilfloses Handeln. Der Politikbegriff des liberalen Zeitalters endete, den das Bürgertum des neunzehnten Jahrhunderts mit Leben erfüllt und noch seinen geschworenen Gegnern aufgezwungen hatte: staatsbezogen und elitär, individualistisch und rationalistisch. Vom linken und vom rechten Rand der Politik drängte die praktische Erkenntnis vor, daß Massenkonsens in der Industriegesellschaft aus anderem Boden wuchs: aus Marschtritt und Wir-Gefühl, aus organisierten Interessen, aus Suche nach Sinn in einer säkularisierten Welt und dem Bedürfnis nach neuer Führung, wo die alte geschwächt war, aus Charisma, plebiszitärer Demokratie und Massengefolgschaft. Hinter dem tiefen Umbruch der deutschen Parteienlandschaft um die Jahrhundertwende, hinter den neuen Methoden von Führung und Massenkonsens stand die Spaltung der politischen Wirklichkeit.

Wie aber war sie zu deuten? Psychologie und Sozialwissenschaften, junge Wissenschaften allzumal in der Anfechtung der Macht, hielten den Schlüssel. Die Fachhistorie, alt und traditionsbewußt, war unschlüssig, ihn zu benutzen. Hier aber lag die entscheidende Bedeutung der Forschung nach Wertfreiheit, die der Soziologe Max Weber, einer der Gründungsväter der jungen Disziplin, sehr früh aufgriff und seit 1904 systematisch begründete.[8] Zusammen mit Werner Sombart und Edgar Jaffé wurde Weber damals Herausgeber des Archivs für Sozialwissenschaft und Sozialpolitik. Sein erster Beitrag war der nachmals berühmt gewordene Aufsatz »Die Objektivität sozialwissenschaftlicher und sozialpolitischer Erkenntnis«. Mit radikaler Schärfe zog er den Trennungsstrich zu allen Resten metaphysischer Wissenschaft, ob historischer und geschichtsphilosophischer, ob positivistischer Observanz. Aber auch dem naiven Glauben, der von der Wissenschaft Antwort auf die Sinnfrage erwartete, setzte er eine beherzte, rationale Alternative entgegen: »Das Schicksal einer Kulturepoche, die vom Baum der Erkenntnis gegessen hat, ist es, wissen zu müssen, daß wir den Sinn des Weltgeschehens nicht aus dem noch so sehr vervollkommneten Ergebnis seiner Durchforschung ablesen können, sondern ihn selbst zu schaffen imstande sein müssen.« Werturteile könne die Wissenschaft nicht begründen, Werte nicht setzen. Aufgaben und Grenzen der Wissenschaft lagen nicht in der Bestimmung der Ziele, sondern in der Bereitstellung der Mittel. Drei Aufgaben blieben ihr: die geeigneten Mittel zur Erreichung eines vorgegebenen Zieles benennen; die voraussehbaren Folgen beschreiben; und endlich Rang und Bedeutung der gesetzten Ziele im sozialen und kulturellen Bezugsrahmen verdeutlichen. »Eine empirische Wissenschaft vermag niemanden zu lehren, was er soll, sondern nur, was er kann und – unter Umständen – was er will.«

Es war eine Warnung an die überschwenglichen Kollegen, insbesondere Volkswirte und Historiker, und es war ein Appell an den Staat, die Wissenschaft gewähren zu lassen. Die Wissenschaft sollte nicht Schauplatz geistigen Bürgerkriegs werden. Das vor allem meinte Weber, einer der schöpferischen Denker des späten Liberalismus, wenn er der Wissenschaft Wertabstinenz abforderte. Der Versuchung, Macht durch Wissenschaft zu begründen, stellte er einen tapferen Pessimismus entgegen. Hatte der glühende Nationalist, dessen Freiburger Antrittsvorlesung von 1895 alldeutsch eingefärbt war, nur übersehen, daß jedes Denken in Raum und Zeit steht? Dialog mit den Umständen ist? Unauflöslich verfallen an Hoffnungen und Ängste, an Furcht und Erlösungsglauben? Wenn dem so war, so mußte der Sprecher der Wissenschaft, um ihr Freiräume zu sichern, nur um so mehr insistieren, daß die Wissenschaft sich streng auf ihr Geschäft beschränke. Das aber waren, was Gesellschaft und Politik anlangte, Mittel und nicht Ziele.

Weber wußte nur zu gut, daß die empirische Wirklichkeit im weiteren Sinne Kultur war, »weil und soweit wir sie mit Wertideen in Verbindung setzen«. Im »Idealtypus« fand Weber für die Gesellschaftswissenschaft eine Art von objektivem Richtigkeitstypus, der erfahrungsgesättigt sein und doch jenseits aller Wertbedingtheit stehen sollte. Im Idealtypus lag die Chance, angesichts der »sinnlosen Unendlichkeit des Weltgeschehens« durch Fragen Strukturen zu ermitteln.

Max Weber ging es nicht allein um die Befestigung des Ausgangspunktes, der sozialwissenschaftliches Fragen erlaubte und begrenzte. Er hat mit aller Schärfe die Gefahr begriffen, daß Sozialwissenschaft Magd und Märtyrer der Politik wurde, dadurch aber Kredit und Wirkungsmöglichkeit als Wissenschaft einbüßte. Ging es ihm dabei letztlich um den einen großen Zweck, »der uneingeschränkten Vorherrschaft eines einzigen Wertmaßstabs das Feld frei zu machen, nämlich dem deutschen Nationalstaat«[9]? Max Weber, das war nicht nur die Erkenntnis der Grenzen der Sozialwissenschaften. Es war neben dem leidenschaftlichen Bekenntnis, ein Bürger zu sein, und dem Leiden an den defizitären Formen der Bürgerlichkeit in Deutschland der Versuch, die Sozialwissenschaft zu einem Schauplatz kritischer Vernunft zu machen. Während alle Werte der Erosion ausgesetzt waren, sollte Wissenschaft Auswege darlegen, aber nicht autoritativ verfügen. Entstand hier, jenseits der Politik, aus der Wissenschaft ein überparteiliches Ordnungsdenken? Jedenfalls galt es, die Wissenschaft vor der Parteilichkeit der Wissenschaftler zu schützen.

Die Wahrheitsfrage suspendiert, insistierte Weber darauf, daß Wissenschaft auf Erkenntnis zielen müsse. Politik aber war aus anderem Stoff. Und auch hier hat Weber mit der Schärfe sozialwissenschaftlicher Logik gleichsam auf den Knochen des Problems durchgeschnitten. Er setzte idealtypisch die »Verantwortungsethik« der »Gesinnungsethik« entgegen. Diese würde dem für wahr erkannten Prinzip folgen bis an die Grenzen des Erdkreises, *fiat iustitia et pereat mundus*, jene aber human und biegsam sein und in einem höheren Sinne korrumpierbar durch Vernunftgründe. Verantwortungsethik befähigte zu Kompromissen, Gesinnungsethik aber schärfte, je mehr die Gesellschaft und ihre Wertgrundlagen auseinandertraten, die Waffen des Bürgerkriegs.

Es waren um die Jahrhundertwende vor allem zwei Disziplinen, die in der Anfechtung der Politik standen, die Historie und die Volkswirtschaftslehre, letztere in Erinnerung an die Kameralisten des achtzehnten Jahrhunderts noch immer distinguiert »Staatswissenschaften« genannt. In Max Webers scharfem Urteil waren sie allesamt Sünder. Es gab da die Richtung der Kathedersozialisten, die in der Besserung der Lebensverhältnisse der Industriearbeiter die Voraussetzung politischer Stabilität sahen; dann die von Schmoller repräsentierte Richtung, die die Nationalökonomie an objektiv vorgegebenen ethischen und kulturellen Werten orientiert sehen wollte, vor allem an der Vernunft des Staates. Endlich aber hielt Weber auch nichts von dem Versuch, wie einer seiner Biographen schrieb, »die Nationalökonomie gleichsam als eine in sich selbst ruhende empirische Wissenschaft zu treiben, die ihre Wertmaßstäbe und Urteilskriterien allein aus sich selbst entwickle«[10]. Der Wert, auf den sich alle Wissenschaft zuletzt bezog, mußte umfassend und unbestreitbar sein. Für Weber blieb es von Anfang bis Ende der deutsche Nationalstaat, getragen von der Kultur der Bürgerlichkeit.

Thomas Theodor Heine, Nationalliberal (1897)
»Einem Freigeist und Revolutionär wie Sie werde ich nie meine Tochter zur Frau geben. Auch mein Herz glüht jugendlich für die Freiheit, aber für eine Freiheit mit obrigkeitlicher Bewilligung.«

Suche nach deutscher Identität, das war vor allem das Geschäft der Geschichtswissenschaft. Sie lehrte das Verstehen, und sie predigte die Einmaligkeit der Menschen und Ereignisse. Das war Erbteil des Historismus der ersten Jahrhunderthälfte. Staatsbezogen zwischen Hegels Vernunftvision und Bismarcks Pragmatismus, wurde die Historie der Jahrhundertwende eine neue, nationale Art, das eigene Selbstverständnis zu formulieren. Die »Whig interpretation of history« in England, die auf den unaufhaltsamen Siegeszug von Reform, Recht und Vernunft setzte und daraus »ultimate history« (Acton) schreiben wollte, hatte in Deutschland ein nationales, machtbewußtes Gegenüber: Idealpolitik gegen Realpolitik oder, wie Werner Sombart es auf dem Höhepunkt des deutsch-britischen Gegensatzes in illusionärer Selbstsicherheit formulierte, »Händler und Helden«. Kein Buch hat um die Jahrhundertwende und lange darüber hinaus mehr Einfluß ausgeübt als Heinrich von Treitschkes »Deutsche Geschichte im 19. Jahrhundert«. In fünf dicken Bänden wurden Metternichzeit, Lebensformen des Vormärz und das tragische Narrenspiel von 1848/49 beschrieben, danach brach die Erzählung ab, Altes Testament, das der Politik die Fortführung des Neuen Bundes zuwies.

Während den Sozialwissenschaften noch lange der Geruch der Zersetzung anhaftete, stand die Geschichte im Zentrum des Verhältnisses von staatlichen Institutionen und öffentlichen Werten. Der Versuchung der öffentlichen Rolle zu widerstehen, hätte den Historikern ein Übermaß an Entsagung abgefordert. Vorbei die Zeit der »Göttinger Sieben« von 1837, Monarchen ließen sich nicht mehr auf Staatsstreich ein, und es bestand auch kaum Anlaß, gesinnungshalber Planstellen zu räumen. Vorbei auch die Zeit, da vom parlamentarischen Rostrum aus Visionen der Erneuerung die Nation wachrüttelten wie 1848/49. Die neuen praeceptores Germaniae waren, ohne es zu wissen, Epigonen, und vielleicht waren sie nicht einmal daran schuld. Die neo-rankeanische Schule des machtpolitischen Denkens: mußte sie nicht formulieren, was die Nation vorantrieb? Mußte sie nicht der Täuschung der Kontinuität verfallen, daß der Weg Deutschlands zur Hegemonie nur Fortsetzung der Reichsgründung sei? Die Epoche war bestimmt, so schrieb Ludwig Dehio im Angesicht der Katastrophe des Machtstaats, »durch das Emporkommen einer Generation, die die neue Schöpfung des Reiches bereits als festen Besitz empfand und zu dem Schöpfer selbst und der Staatsführung überhaupt mit ruhigem Zutrauen emporblickte. Indem sie die autoritäre Neuordnung der Dinge im Innern als etwas Gegebenes akzeptierte, wandte sie ihre Aufmerksamkeit nach außen und blickte von der gefestigten deutschen Basis aus auf das erregende Spiel der großen Mächte, das Bismarcks diplomatische Kunst immer wieder zu meistern verstand«[11].

Der Primat der Auswärtigen Politik, Formel der Revolutionsverhütung aus der Metternichzeit, wurde übertragen auf den neuen Machtstaat in der Mitte Europas. Die deutsche Staatsräson wurde erschlossen aus der deutschen Mittellage. Noch 1911 hat kein Geringerer als Otto Hintze, wohl der bedeutendste der Verfassungshistoriker jener Zeit und ein nachdenklicher Kenner Preußens, den Obrigkeitscharakter des Deutschen Reiches durch den Druck erklärt, der auf seinen Grenzen laste. Den Staat vorrangig als Machtstaat zu begreifen, wurde angesichts des Traumas der Kaunitzschen Koalition, dem Bismarck zeitlebens verfallen war, und der neuen, als »Einkreisung« empfundenen Weltlage um 1900 eine fast unausweichliche, dadurch aber nur um so gefahrvollere Verengung des Blickfeldes.

Zwischen Machtstaat und Industriegesellschaft suchten die Historiker die deutsche Identität, und die große Mehrzahl fand sie auf der Seite des Machtstaats. Darum ging es letztlich auch in dem großen Streit um Würde und Erkenntnisgehalt der Kulturgeschichte, der als »Lamprecht-Streit« Wissenschaftsgeschichte machte und doch darüber hinaus die Mentalität der deutschen Eliten spiegelte. Die Neo-Rankeaner Lenz, Oncken und Delbrück, vor allem aber der Rechts- und Wirtschaftshistoriker v. Below und der Bismarck-Biograph Dietrich Schäfer zermalmten in einer orthodoxen Phalanx die Kulturgeschichte, mit der Lamprecht auf die Entfremdung des modernen Menschen eine andere als die alleinseligmachende politische Antwort suchte. Methodisch in wichtigen Bereichen ungesichert, dazu durch Jastrows Forderung nach »sozialer Wissenschaft« exponiert, wurde Lamprechts neue Gesellschaftsgeschichte durch eine Detail- und Methodenkritik von bissiger Schärfe innerhalb der Zunft abqualifiziert und in der Öffentlichkeit als vorwissenschaftliches Unternehmen desavouiert.

Die wissenschaftliche Kontroverse wurde dadurch noch angeheizt, daß Lamprecht liberaldemokratische Anschauungen zugeschrieben wurden, Bereitschaft zur Kapitulation vor den Massen. Im Kern der ideologischen Auseinandersetzung stand die Frage, welche Identität Historie suchen und formulieren solle. Im Kern des Methodenstreits aber, und das erkannten Bernheim und Rachfahl, fand sich die Sorge, die Historie würde angesichts des Vordringens naturwissenschaftlicher und sozialwissenschaftlicher Denkmodelle ihren erkenntnistheoretischen Sondercharakter verlieren. »Um 1900 weniger beendet als abgebrochen«, blockierte der Methodenstreit jedenfalls die Öffnung der Politik-Historie zu gesellschafts- und wirtschaftswissenschaftlichen Problemen.

Während die Industrie Mentalität und Lebenswirklichkeit der Deutschen durch und durch veränderte und Politik mehr und mehr Steuerung von nicht mehr steuerbaren Prozessen wurde, erlebte die auf Bismarck zentrierte Politik-Historie ihre Apotheose.[12] Längst hatte der greise Theodor Mommsen, um gefährlichen Analogieschlüssen vorzubeugen, den Versuch preisgegeben, seine Römische Geschichte, für die er 1902 den Literatur-Nobelpreis erhielt, in das Augusteische Zeitalter fortzusetzen. Unterdessen bot sich die neorankeanische Schule, die Lehrstühle besetzte, Lehrer prägte und die Erfolgsbücher schrieb, als Bannerträger des Optimismus an. Der wurde gebraucht, während die deutsche Lage zwischen den Mächten sich unaufhaltsam verschlechterte.

Angesichts einer drohenden Überwältigung der Politik durch die Interessen, einer Vulgarisierung der Kultur und der Demokratisierung der Institutionen entschied sich die Historie in ihrer Mehrheit, die gefährdeten oberen Etagen des Staatsbauwerks zu verteidigen. Die Soziale Frage ist von den Historikern, wenn überhaupt, nur beiläufig formuliert worden, die Gefährdung des Konsens nur abwehrend bewältigt worden. Sie dachten an den Staat und fanden in ihm die beherrschende Kategorie ihrer Wissenschaft. Sie begriffen die Gefährdung der Politischen Kultur als Angriff von unten, vor allem aber als Einkreisung von außen. Am stärksten von allen Wissenschaften wurde die Fachhistorie ein Opfer der neuen deutschen Festungsmentalität.[13] Gefechte wurden mit Papier, Feder und Druk-kerschwärze geführt, die – was immer Max Weber anmahnte an Wertabstinenz – den künftigen Bürgerkriegen des zwanzigsten Jahrhunderts vordachten und vorarbeiteten.

Jene Einheit aus Zerstörungskraft und Schöpferkraft, die der Kultur der Weimarer Republik ihr zerrissenes Antlitz gab, war schon um die Jahrhundertwende im Entstehen. Jeder Gedanke der Welt nach dem Großen Krieg ist vorher schon gedacht worden, aber es fehlte noch die radikale Durchschlagskraft, und die Spur der Gedanken wurde noch mit Tinte, nicht mit Blut gezeichnet. Die Angst vor dem Bürgerkrieg und die Zuflucht beim Machtstaat öffneten dem Fin de siècle seine Denkperspektiven. Aber es blieb den Menschen der Jahrhundertwende noch erspart, mit den Konsequenzen zu leben.

Hermann Muthesius, Villenviertel in der Gartenstadt Hellerau bei Dresden, 1911

Die Unruhe, das Krisenbewußtsein, die aggressive Verteidigung der Ordnung, wie sie war und doch nicht mehr sein konnte, das alles entsprang Antrieben, die in Mentalität und Lebensformen ihren Ursprung hatten. Alles änderte sich, fast alles. Dem Statistischen Jahrbuch für das Deutsche Reich war in dürren Zahlen noch vor der Jahrhundertwende zu entnehmen, daß nach Beschäftigtenzahl, Wertschöpfung und Investitionen die Industrie aller Branchen den agrarischen Bereich bereits zwischen 1885 und 1895 überholt hatte. Aber das war eine abstrakte Erkenntnis, und es bedeutete in der ostpreußischen Universitätsstadt Königsberg etwas anderes als in Gelsenkirchen, das damals, »Stadt der tausend Feuer«, sich der Halbmillionengrenze näherte. Und Industriegesellschaft wurde in München, wo die Prinzregentenzeit einen Vorhang zog vor die Konflikte des industriellen Deutschland und ein Abglanz Alteuropas die Zustände vergoldete, anders buchstabiert als dort, wo nächtens abgefackelte Gase den Himmel erhellten und Güterzüge krachend rangiert wurden.

Alles änderte sich, fast alles. Die Massenstreiks von 1889 im Ruhrkohlenbergbau und in Schlesien hatten viele das Fürchten gelehrt. Es war keine Revolution, es wurde aber geschossen und es floß Blut. Und wo sollte das alles enden?

In seiner Regierungserklärung hat der Bismarck-Nachfolger versprochen, kein Gesetz, keine Maßnahme einzubringen, »die nicht vom Standpunkt geprüft worden ist, wie wirkt sie auf die socialdemokratische Frage«. Das Kräftemessen zwischen Staat, Arbeiterbewegung und Unternehmerschaft wurde zur tiefsten sozialgeschichtlichen Zäsur des Kaiserreichs. Für die Gewerkschaften begann ein langer, bis zum Weltkrieg nicht mehr abreißender Anstieg zu steigenden Zahlen, steigender Verantwortlichkeit und steigender Macht. In der Sozialdemokratie gewann, glanzvoll formuliert durch Eduard Bernstein, die Theorie des Revisionismus an Boden, die dem Erfahrungssatz huldigte, daß steter Tropfen den Stein höhle, und besagte, daß die Besserstellung des Industriearbeiters und zuletzt die Umgestaltung der gesellschaftlichen Machtverhältnisse nicht durch Bürgerkrieg herbeizuführen sei, sondern durch Stimmzettel, Argumente, Vernunft und wachsende Zahlen.

Die bürgerlichen Parteien suchten den Anschluß an die Regeln und die Dynamik der Demokratie, wie in England Tories und Liberale neuen Zuschnitts, Lord Randolph Churchill und Joseph Chamberlain. Den Liberalen, da die Trennlinie zur Gewerkschaftsbewegung bereits in der Reichsgründungszeit scharf gezogen war, konnte dies kaum gelingen. Immerhin hielten die neuen Angestellten-Gewerkschaften peinlich auf Abstand zur Sozialdemokratie, und die Liberalen erwarben eine neue Klientel.

Auf der Suche nach Identität: Bruno Schmitz, Kyffhäuser-Denkmal, 1896

Skrupelloser, aber auch effizienter betrieben die Konservativen das Geschäft der Massenorganisation. Es verhalf ihnen zu einer Bluttransfusion, die sie allerdings bezahlten mit Vulgarisierung ihrer Politik und Brutalisierung ihrer Argumente. Der Bund der Landwirte, der schon ein Jahr nach seiner Gründung (1893) mehr als 300.000 Mitglieder zählte[14], dazu die Kriegervereine, die neuen Agitationsvereine wie Ostmarkenverein (»Hakatisten«), Flottenverein und Kampfbund gegen die Sozialdemokratie, darüber als Holding der Alldeutsche Verband mit seinen Querverbindungen zu Industrie, Militär, Marine und Hofgesellschaft, das alles war plebiszitäre Massenbewegung von rechts, und dabei auch ein Potential von Krisenstimmung und Unzufriedenheit, das durch markige Kaiserhochs und zackiges Auftreten sich staatstreu maskierte. In Wahrheit war das Gleichgewicht des konstitutionellen Obrigkeitsstaats von beiden Seiten gefährdet. Der Obrigkeitsstaat präsidierte über tiefe Spaltungen, und die verfeindeten Lager hielten einander des Bürgerkriegs für fähig. Ihre Rhetorik jedenfalls war die des letzten Gefechts, pathetisch und nicht immer mit Sicherheit nur hypothetisch.

Am tiefsten wurde die Zentrumspartei in diesen neunziger Jahren umgeformt. Die großen Bergwerksstreiks hatten sich großenteils in jenen Gebieten abgespielt, wo die katholischen Arbeitervereine und die Kolpingfamilie stark waren. 1891 kam aus Rom die Enzyklika »Rerum novarum«, die die Distanz des politischen Katholizismus zum Industriekapitalismus deutlich vergrößerte und zugleich die Katholiken sozialpolitisch christlicher Pflicht unterwarf, auch die Trennungslinie zu Wertewelt und Politik der Sozialisten scharf zog.

Schon am Tiefpunkt der ersten Depressionswelle, im Frühjahr 1877, hatte der Zentrumsabgeordnete Graf Galen im Reichstag einen Antrag gestellt, der alle offenen sozialpolitischen Forderungen zusammenfaßte: Schutz der Sonntagsruhe, Einschränkung der Gewerbefreiheit, Förderung der Innungen, Arbeiterschutz in den Fabriken, Verbot der Beschäftigung von Jugendlichen, Einschränkung der Frauenarbeit, Einführung paritätischer Schiedsgerichte für Arbeitsstreitigkeiten, Neuordnung der Haftpflicht bei Unfällen. Alles, bis auf die Unfallversicherung, war unerledigt geblieben. Doch hatte der Antiliberalismus des katholischen Sozialmilieus die Annäherung an Bismarck und die preußischen Konservativen befördert.

1890 entstand als sozialpolitischer Arbeitskreis des deutschen Katholizismus der Verein »Arbeiterwohl« aus Abgeordneten, Klerikern und Honoratioren der alten industriell-agrarischen Führungsschicht. Die paternalistische Sozialreform des Antrags Galen sollte weitergehen. Die Bergwerksstreiks aber zeigten, daß dies nicht mehr ausreichte. Im Herbst 1890 gründeten Honoratioren des katholischen Deutschland den »Volksverein«. Der Zentrumspartei sollte er die Massenbasis sichern, die bisher allein im katholischen Vereinswesen gelegen hatte, und ihr die kleinen Leute erhalten. Der »Volksverein« stellte daher den Fundamentalgegensatz zu den Sozialisten heraus. Arbeiter und Unternehmer rief er zu Gemeinschaft und Kooperation statt zum Klassenkampf. Es war der Versuch, den Maschinenmenschen des zwanzigsten Jahrhunderts zu gewinnen. Als Erneuerungs- und Sammlungsbewegung war der »Volksverein« von unten aufgebaut, wie die Gründer in altertümelnder Sprache verkündeten, »um dem einbrechenden Feinde zu wehren, die Irrenden zu bekehren, die Schwankenden zu stützen und den Eifer der Treuen noch mehr zu erwärmen«. Die Erhaltung des Glaubens, darin gipfelte der Gründungsaufruf, sei »die größte soziale Tat«[15].

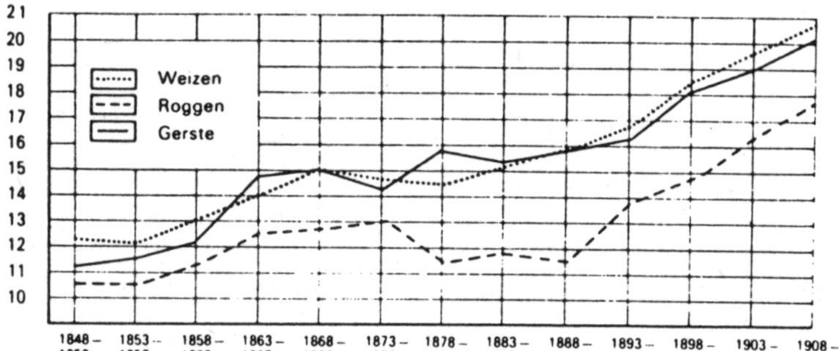

Entwicklung der Hektar-Erträge von Weizen, Roggen und Gerste in 5-Jahres-Durchschnitten von 1848/52 bis 1908/12 (in dz)

Damit gewann das Zentrum einen neuen organisatorischen Unterbau (Mitgliederstand 1900 = 182.000). Er wurde Forum der Fraktionspolitik, aber auch Element der Massendemokratie und des gewerkschaftlichen Einflusses. Beides wurde verstärkt, als die Christlichen Gewerkschaften in den folgenden Jahren die konfessionellen Arbeitervereine übernahmen. Ihr Schwerpunkt lag in Essen und Mönchengladbach (1894 Christlicher Bergarbeiterverein, dem Organisationen der Textil- und der Metallarbeiter folgten). Waren die Arbeitervereine und der Volksverein noch von oben kontrollierbar, so erwuchsen die Christlichen Gewerkschaften aus der Arbeiterschaft, scheuten den Arbeitskampf nicht und nutzten auch das verpönte Mittel des Streiks. Die Verschärfung der Verteilungskämpfe durch die Depression, die Erfolge der Streiks, die Mobilisierung der Arbeiter und die Konkurrenz der Freien Gewerkschaften wirkten zusammen. Die Christlichen Gewerkschaften organisierten sich professionell. Es gab hauptberufliche Arbeitersekretäre, die das Berührungsverbot gegenüber den Sozialisten nicht beachteten.

Die Zentrumspartei war vom Industriezeitalter eingeholt worden. Neben den Block der Agrarier und den des Klerus trat noch vor der Jahrhundertwende ein nach links blickender Gewerkschaftsflügel. Die Spannungen, die damals begannen, drohten eine Partei zu sprengen, die doch den Schlüssel zur Mehrheitsbildung in den Parlamenten hielt. Vorsicht, Bedachtsamkeit, Vermittlung waren die Folge, aber auch Immobilismus und Übertaktik, und immer wieder der Rückzug auf den sicheren Boden der katholischen Grundüberzeugungen.

Alters- und Invalidenversicherung. Holzstich, um 1895

Die Politik hat in diesen Prozessen, die dem Wandel der Wirklichkeit vieldeutige Facetten einschliffen, nicht mehr geführt, sondern meist reagiert, und ihre Antworten waren oft nur ein Stammeln. 1890 spottete der gestürzte und zum Generalleutnant ehrenhalber beförderte Kanzler, der Kaiser habe seinen besten Staatsmann zum General, seinen besten General zum Kanzler gemacht. In der Tat, der Generalleutnant von Caprivi, der seit 1883 die Marinegeschäfte geführt und im Reichstag respektabel vertreten hatte, war in der Politik fast ein Unbekannter. Er wurde sicherlich nicht berufen aufgrund eines Programms. Es war auch damals nicht Mode unter preußischen Generälen, Programme für Kanzlerschaften zu entwerfen.

Warum Caprivi, im Grunde ein Außenseiter der preußischen Militärelite, keiner der alten großen Familien zugehörig, Verwaltungsadel »ohne Ar und Halm«, 1890 im Alter von fast sechzig Jahren in die politische Schlüsselposition der deutschen Politik berufen wurde, ist schwer zu sagen. Er war unverheiratet, Sohn eines Juristen aus altösterreichischer Familie und einer Mutter aus dem Bildungsbürgertum, ein Mann des Staates und der Armee, ohne Berührungsangst gegenüber Parteipolitik und Parlament. Immerhin besaß Caprivi hohes Ansehen in der Armee, und der Entzug des militärischen Vertrauens hatte zu Bismarcks Sturz beigetragen. Unter Parlamentariern wurde er geachtet, vielleicht gerade deshalb, weil er Kolonien kühl betrachtete – es wurde ihm der Satz zugeschrieben: »Je weniger Afrika, desto besser« – und eine deutsche Großmachtrolle zur See für selbstmörderisch hielt. 1888 hatte er, als der Kaiser über seinen Kopf in die Marine hineinregierte, den Abschied erbeten, wurde aber dann Kommandierender General des X. Armeekorps. Ein Mann von Charakter und Kompetenz, ein »Militär mit steifem Kreuz« auch vor Fürstenthronen, den Bismarck gern zum Generalstabschef gemacht hätte.[16] Angesichts der drohenden politischen Zuspitzung, die Bismarcks Konfliktkurs 1890 enthielt, hatte Bismarck selbst noch Caprivi für die Rolle eines »Konfliktministers nach Art des Grafen Brandenburg« vorgesehen, während ohne Wissen des Kanzlers der Monarch dem darob entsetzten General bereits die Nachfolge Bismarcks in allen Ämtern in Aussicht stellte.

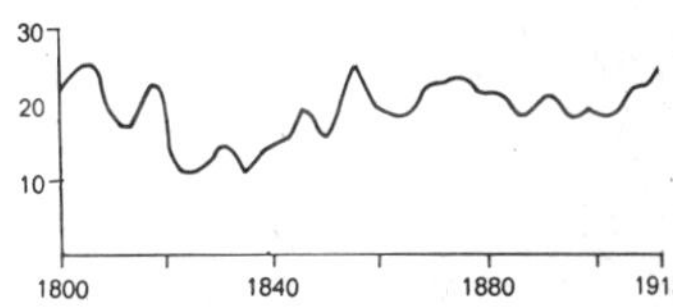

Getreidepreis von 1800 bis 1913 je 100 kg (2/3 Roggen, 1/3 Weizen) in fünfgliedrig gleitenden Jahresdurchschnitten (in Mark)

Caprivi hatte, als er das Reichskanzlerpalais betrat, das Gefühl, seinen militärischen Ruhm zu begraben. Er trat sofort und fast unausweichlich in den Schatten der Bismarck-Legende, und die historische Bewertung ist ihm und seinem umfassenden Neuansatz in der Politik bis heute kaum gerecht geworden. Ein General der Steuermann eines liberal-konservativen Reformkurses?

Die kurze Ära Caprivi von 1890 bis 1894 war ein Versuch, ein neues Gleichgewicht zu tarieren, die Politik wieder auf inneren Konsens zu stellen, die staatliche Sozialpolitik weiterzuführen im Sinne aktiven Arbeiterschutzes – das war für einige Jahre das erklärte Programm des Kaisers –, die seit 1885 steigenden Lebensmittelpreise zu dämpfen und der Industriewirtschaft neue Märkte zu eröffnen im Innern und vor allem in Übersee, dadurch Arbeitsplätze zu mehren und die Auswanderung zu mindern.

Das alles geschah in einer neuartigen Verschränkung von innerer Reform und kontrollierter Großmachtpolitik nach außen, nachdem die traditionelle preußische Bündnisachse nach St. Petersburg nicht mehr funktionierte. Die Gefahr des Zweifrontenkriegs machte es unausweichlich, den Zweibund zu festigen, dem Dreibund mit Italien interessenpolitische Klammern einzuziehen und die Bündnischance mit England offenzuhalten. Je weniger nach Osten noch Bewegungsraum bestand, desto wichtiger wurde England. Die Insel entschied über Gleichgewicht oder Hegemonie, über Matt oder Remis auf dem europäischen Schachbrett. In der Handelspolitik lag das Scharnier. Denn Großmachtpolitik bedurfte für den Machtstaat des inneren Konsensus. Ohne leistungsfähige Industrie- und Exportwirtschaft war sie schlechthin undenkbar. Unvereinbar war sie auch mit der gewaltigen Auswanderungswelle, die um 1890 Jahr um Jahr mehr als 100.000 Deutsche in die Industrieländer trug, vor allem in die USA und nach Kanada. Großmachtpolitik war im Innern Mittel der Beruhigung, des Wirtschaftswachstums und des nationalen Zusammenhalts.

Sie erforderte aber zugleich, die industrielle Exportoffensive außenpolitisch abzusichern. Caprivi nahm die Drohung des Zweifrontenkrieges, gelernter Generalstäbler, tödlich ernst. Daher rührte die verstärkte Annäherung an England, die Bismarcks Bündniswerben fortsetzte und schon am 1. Juli 1890 zum Tausch der Insel Helgoland, mitten in der Elbmündung und unweit der künftigen Kanalverbindung zwischen Nord- und Ostsee (Kaiser-Wilhelm-Kanal, heute Nord-Ostsee-Kanal) strategisch gelegen, gegen das Protektorat über das ferne Sultanat Sansibar führte – was sofort die Gründung des Alldeutschen Verbandes, Protestaktion und Kriegserklärung an die Regierung auslöste. Daher rührten aber auch, nachdem noch 1890 der Rückversicherungsvertrag ersatzlos fortgefallen war, nach Osten Gesten der Verständigung, die erstmals konstruktive Verhandlungen über einen Handelsvertrag mit Rußland umschlossen. Die Lektion war gelernt, daß Wirtschaftspolitik Vorspann der Sicherheitspolitik war. Die deutsch-russischen Verhandlungen seit dem Sturz Bismarcks, geführt um russisches Getreide gegen deutsche Industriegüter, riefen aber sogleich einen Proteststurm der Bismarckschen Denkschule und der in der Tat durch den weltweiten Niedergang der Agrarerlöse schwer mitgenommenen deutschen Kornproduzenten hervor.

Der Politik aber, die die Reichsverwaltung unter Caprivi binnen weniger Monate entwickelte, sind Logik und innerer Zusammenhang nicht abzusprechen. Dem Mann, der sie vertrat in Parlament und Öffentlichkeit, fehlte es nicht an dem seltenen Politikermut, dicke Bretter zu bohren. Es war, für die Dauer eines retardierenden Moments, die letzte Chance, Deutschland innenpolitisch auf der Mitte zu stabilisieren, Konsens zu bilden und durch wirtschaftliches Wachstum zu befestigen, zugleich aber die deutsche Großmachtrolle für die Weltmächte hinnehmbar zu machen.

Caprivis Scheitern war, wie die Dinge in dem vergifteten inneren Klima lagen, bei der Sprunghaftigkeit des Kaisers, der Durchschlagskraft der außerparlamentarischen Verbändeopposition von rechts und der Verweigerung von links, innenpolitisch wohl unvermeidlich. Außenpolitisch aber war dieses Scheitern ein dauerhaftes Unglück.

Die im März 1890 durch Wilhelm II. so spektakulär wie schlecht vorbereitet nach Berlin einberufene Konferenz der Industrienationen über Arbeiterschutz hatte mit frommen Wünschen geendet und ohne bindende Abmachung.[17] Der Zielkonflikt zwischen Sozialpolitik, die die Gemeinkosten der Industrie erhöhte, Sicherung und Schaffung von Arbeitsplätzen für die starken Jahrgänge der Reichsgründungsepoche, Exportförderung und Stärkung der Massenkaufkraft im Innern galt unvermindert weiter. Gleichwohl war die Fortführung der Sozialpolitik ein Gebot des Konsensus, der Schutz der Arbeiter am Arbeitsplatz ein Element deutscher Staatsräson, und der Kaiser forderte, daß etwas geschehe. Der neue Handelsminister v. Berlepsch machte aus der Rhetorik der kaiserlichen Februarerlasse eine Novelle zur Gewerbeordnung von 1869. Weit mehr als die Sozialpolitik der achtziger Jahre orientierte sich diese Reform an den Forderungen christlicher Sozialethik: Sonntagsarbeit wurde prinzipiell untersagt, Ausnahmen wurden für die Arbeitgeber teuer. Kinder unter vierzehn Jahren durften nicht in Fabriken beschäftigt werden, Jugendliche unter sechzehn Jahren nicht mehr als zehn Stunden arbeiten, Frauen nicht über elf. Der Bundesrat erhielt die Befugnis, für Betriebe mit besonders schwerer Arbeit eine tägliche Maximalarbeitszeit festzusetzen. Ergänzend trat ein Gesetz über Gewerbegerichte hinzu; es ermächtigte die Gemeinden, Gewerbegerichte (Vorsitzender ein Richter, Beisitzer ein Unternehmer und ein Arbeitervertreter) als Schiedsinstanzen im Arbeitsrecht einzusetzen. Die Einrichtung bewährte sich so sehr, daß 1902 Graf Posadowsky-Wehner die Gewerbegerichte für alle Gemeinden mit mehr als 20.000 Einwohnern obligatorisch machte.

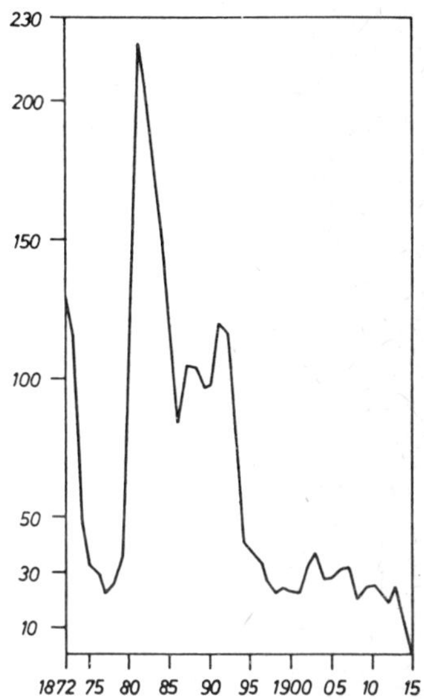

Dritte deutsche Auswanderungswelle des neunzehnten Jahrhunderts 1880 bis 1893 (in 1000)

An die Stelle des prinzipiellen Mißtrauens zwischen Staat und Arbeiterschaft trat erstmals eine neue Form der Partnerschaft. Zusammen mit dem seit 1894/95 verstärkten Wachstum der Industriewirtschaft, dem Anstieg der Reallöhne, dem Abbau der direkten Steuern in Preußen (Steuersatz für Jahreseinkommen bis 1.500 Mark = 0,62 Prozent) und einem insgesamt entspannteren innenpolitischen Klima erhielten die Revisionisten in der SPD Auftrieb. Daß die Sozialdemokraten im Reichstag sitzen blieben, während die übrigen Abgeordneten stehend das Kaiserhoch ausbrachten, schuf

Irritation. Aber war es mehr als eine Demonstration gegen einen Monarchen, der es 1895 geschmackvoll fand, sie eine »Rotte von Menschen« zu nennen, »nicht wert, den Namen Deutsche zu tragen«?

Der Neuansatz der Sozialpolitik enthielt ein unverschlüsseltes Angebot an Sozialdemokraten und Zentrum. Im Mittelpunkt der Caprivischen Neuorientierung aber stand die Handelspolitik. Sie provozierte die wütende außerparlamentarische Opposition gegen Caprivi, sie aber hat auch den weltweiten Wirtschaftsaufschwung seit 1894/95 für Deutschland erst voll nutzbar gemacht. Es war eine Politik, die auf der Höhe ihrer Zeit stand und die geringen Möglichkeiten des Staates, durch Zoll- und Handelspolitik dem Wirtschaftsleben Impulse zu geben, mit Augenmaß und klarer Zielsetzung nutzte. Anders als unter Bismarck, da die Handelspolitik weit unterhalb der eigentlichen, der Großen Außenpolitik rangierte, wurde sie jetzt zum Hebel innerer Befriedungs- und Wachstumspolitik und zur tragenden Basis der deutschen Sicherheitsinteressen in Europa. Sie trug dazu bei, daß nach 1893 (Schließung der nordamerikanischen »frontier« und damit das Ende freier Landnahme im Westen) die Auswanderung abebbte, die Exporte rasch anstiegen und Deutschland zur zweitstärksten Industriemacht aufrückte. Die Nummer Eins blieb England.

Der Bismarcksche Zolltarif von 1879, der unter so großen politischen Verwerfungen zustande gekommen war, hatte im Kern eine Bündnisformel für Industrie und Landwirtschaft erhalten: für Roheisen wie für Getreide wurde ein autonomer Zollsatz von 1 Mark pro 100 kg festgesetzt. 1885 war der Getreideschutzzoll, während der Weltmarkpreis stetig verfiel, auf 3 Mark, 1887 auf 5 Mark pro Doppelzentner festgesetzt worden. Das war ein veritabler Hochschutzzoll, der allerdings die Bedrängnis der Landwirtschaft auch nicht mehr grundlegend wenden konnte. Denn deren Schwierigkeiten resultierten zum einen aus den niedrigen Weltmarktpreisen, zum anderen aus den überhöhten Preisen, die der neue Reichtum für die Rittergüter zahlte und die ein wachsendes Mißverhältnis zur Rendite aufwiesen.

Die handelspolitische Entspannung begann mit dem österreichischen Handelsvertrag von 1891, als der Zweibund Achse deutscher Sicherheitspolitik wurde. Die Hochschutzzölle wurden damals auf den Stand von 1885 zurückgeführt. Ausgewirkt hat sich das kaum, Agrarimporte aus Österreich schlugen wenig zu Buch, und die nachfolgenden Handelsverträge mit der Schweiz, mit Belgien und Italien beließen den Getreidezoll auf der alten Höhe. Trotzdem wurde auf dem Lande, vor allem im Osten, eine Agitation entfesselt, die die ganze Misere der Landwirtschaft und den Preissturz der folgenden Jahre dem »Mann ohne Ar und Halm« im Reichskanzlerpalais anlastete. Der Kaiser aber feierte seinen Kanzler als Mann der »rettenden Tat« und verlieh ihm den Grafentitel – was den vermögens- und kinderlosen General eher in Verlegenheit setzte.[18]

Als Antwort auf die machtpolitische Entfremdung, auf die deutsche Hinhaltetaktik in den Balkanfragen und die Nicht-Erneuerung des

Rückversicherungsvertrages kam es im August 1892 zur Unterzeichnung einer russisch-französischen Militärkonvention, die von langer Hand vorbereitet war. 1893 folgte ein Handelsabkommen, das auf den seit 1887 rasch gewachsenen Finanzbeziehungen zwischen Paris und Moskau aufbaute. Die Russen erklärten anschließend diesen Vertrag zum Normaltarif und drohten all jenen Staaten, die ihnen nicht die günstigsten Einfuhr-Regelungen boten (»Meistbegünstigung«), sie in Zukunft nach einem Maximaltarif zu behandeln. Der setzte die Einfuhrzölle noch einmal 20 bis 30 Prozent über den schon erheblichen Sätzen des Normaltarifs fest. Das war eine wirtschaftliche Kriegserklärung. Sie ging vor allem an die Berliner Adresse, und sie traf am stärksten den deutschen Eisen- und Maschinenexport.

Die Deutschen setzten auf den groben Klotz einen groben Keil: der Bundesrat verfügte am 28. Juli 1893 »bis zur Wiederherstellung eines billigen Ausgleichs« einen Zollzuschlag auf russische Einfuhren bis zu 50 Prozent. Die Russen hielten im Zollpoker mit und setzten auf den Maximaltarif noch einen Zuschlag von 50 Prozent. Hafengebühren wurden für die Deutschen prohibitiv erhöht. Handel fand praktisch nicht mehr statt.

Unterdessen untermalten die Russen den Handelskrieg durch militärische Demonstrationen. Im Oktober 1893 lief ein russisches Marinegeschwader im französischen Kriegshafen Toulon ein. Die weißgekleideten Offiziere wurden von den Damen der Gesellschaft empfangen wie Befreier, in Paris gab sich der Präsident der Republik die Ehre. Die russisch-französische Militärehe, deren Verlöbnis 1891 mit einem französischen Besuch in Kronstadt begangen worden war, wurde zwei Jahre später mit Champagner besiegelt. Den Deutschen aber war ein Zweifel nicht erlaubt, daß hier der europäische Ernstfall geprobt wurde.

Noch vor Jahresende 1893 wurde die Militärkonvention der Dritten Republik mit dem Zarenstaat förmlich ratifiziert. Die Zange um Deutschland schloß sich noch nicht, vieles hätte in den Machtkämpfen der Jahrhundertwende noch anders kommen können, aber sie lag bereit. Hier fand sich die tiefere Begründung jener großen Heeresvermehrung, die Caprivi nach der Reichstagsauflösung von 1893 durchsetzte. Es war die letzte auf die Dauer von zwanzig Jahren: die preußische Armee hatte die Grenzen ihres zuverlässigen Rekrutierungsreservoirs erreicht, und in Zukunft würde die Flotte wachsende Ansprüche stellen – angefeuert vom Obersten Kriegsherrn.

Der Handelskrieg ging weiter. Würde er im Schießkrieg enden? Unter den russischen Handelspartnern stand das Reich mit 27,9 Prozent der Exporte und 28,1 Prozent der Importe an erster Stelle. Ein Zusammenbruch war für Rußland nicht auszugleichen. England blieb deutlich hinter Deutschland zurück, und im Handel war Frankreich mit 4,7 Prozent der russischen Importe und 7,5 Prozent der Exporte nicht sehr merkbar. Noch wichtiger: die Russen waren mit ihrem Hauptausfuhrartikel, nämlich ukrainischem Getreide, auf keinen Markt mehr angewiesen als auf den benachbarten deutschen. 10 Prozent des russischen Weizens, 40 Prozent des Roggens gingen normalerweise nach Deutschland. Frankreich, selbst Überschuß-

Der kleine Fortschritt

land, konnte außer moralischem Beistand nicht viel leisten. Zwar hatten Hungerkatastrophen 1891 und 1892 die russischen Exporte versiegen lassen, aber 1893 drängten sie wieder auf einen Markt, auf dem nun die Käufer fehlten. Rußland aber mußte wohl oder übel exportieren, auch wenn die russischen Bauern hungerten, denn es drückte die ungeheure Zinslast, die in den letzten Jahrzehnten der Industrialisierung und des Eisenbahnbaus angewachsen war. Unter diesen Umständen war Handelspolitik große und gefährliche, war politische Politik.

Seit Jahren war über Zollkonzessionen für deutsche Industrieausfuhren nach Rußland verhandelt worden, stets vergeblich. Parallel zu ihrem Zollpoker ließen die Russen nebenbei wissen, sie seien zu Zugeständnissen bereit. Die deutsche Regierung wollte indessen bessere Bedingungen, als die Franzosen sie gerade erst erhalten hatten. Beide Seiten begriffen, daß sie über Handelspolitik reden mußten, um eine politische Katastrophe zu verhindern. Giers, der russische Außenminister, ließ wissen, er teile nicht die Auffassung des Fürsten Bismarck, man könne »politisch gut stehen und sich wirtschaftlich bekriegen«[19].

In Rußland wurde die handelspolitische Härte der Deutschen, während die eigene Abschottung kaum beachtet wurde, als politischer Angriff gesehen, die Zeitungen waren in Aufregung, das Klima vergiftet, die Angst vor einem Krieg ging um, gepaart mit der Bereitschaft, daraus die große Abrechnung mit Wien zu machen. Aber es siegten noch einmal die wechselseitigen Interessen. Nach Toulon wurde intensiv verhandelt, und in den ersten Januartagen 1894 wurde ein Abkommen paraphiert, das auf zehn Jahre wechselseitig Meistbegünstigung gewährte. Das russische Getreide konnte nun zu dem reduzierten Zolltarif in Königsberg, Duisburg und Mannheim angeboten werden und mit dem Korn aus deutschem Anbau wirksam konkurrieren.

In Deutschland standen Gegner und Anhänger des Vertrags einander unversöhnlich gegenüber. Der Generalstabschef Graf Waldersee sah darin die Kapitulation vor dem Zarenstaat. Er hätte die Zweibundachse ausgebaut und Rußland alle Konzessionen verweigert. Waldersee, Vertrauensmann des Kaisers und ein Scharfmacher, befürwortete seit langem den Präventivschlag gegen Rußland. Tatsächlich aber gehörte die Entspannung gegenüber Rußland in die große Konzeption Caprivis von Anfang an. Der Handelsvertrag hat in gewisser Weise, wenngleich verspätet, die Lücke gefüllt, die der Rückversicherungsvertrag gelassen hatte. Es war das östliche Ge-

Erfindung mit Zukunft: Benz-Motorwagen

gengewicht zur Annäherung an England. Wenn der Ausgleich mit Rußland scheiterte, dann hätte diese Konstellation, da die Kontinentalbündnisse sich schlossen, England zum Schiedsrichter des Kontinents gemacht. Der Handelsvertrag aber knüpfte wieder Verbindungen an, die schon im Abreißen waren. Noch wichtiger war seine Signalfunktion für die deutsche Innenpolitik. Fortan war die deutsche Politik durch internationale Verträge auf Förderung der Industriewirtschaft, vor allem der industriellen Exporte festgelegt. Es entsprach dem deutschen Interesse, das Welthandelssystem offenzuhalten. Bisher hatten die Deutschen am Freihandelssystem des British Empire partizipiert, aber auch, ohne Mitgliedstaat zu sein, am französischen Handelsvertragssystem. Konnte aber dieser einseitige Vorteil dauern, während das Reich die Zollmauern höher zog?

Im Ansatz war die Caprivische Handelspolitik darauf gerichtet, einem weltweiten Protektionismus vorzubeugen, der kein Land stärker getroffen hätte als Deutschland, dessen Ausfuhr zu drei Vierteln aus Fertigprodukten bestand, während bei der Einfuhr 69 Prozent Rohstoffe und Nahrungsmittel notiert wurden (28 Prozent Fertigwaren, 3 Prozent Edelmetalle zum Leistungsausgleich).

Zu den Motiven zählte auch, daß seit 1880 die deutsche Ausfuhr, während die Einfuhr rasch wuchs, praktisch stagnierte. 1889 lag sie nicht höher als 1882. Es öffnete sich eine gefährliche Kluft zwischen Ein- und Ausfuhr. Der Einfuhrüberhang betrug bei einem Handelsvolumen (Einfuhr und Ausfuhr) von insgesamt rund 7,5 Milliarden Mark im Jahr 1890 allein rund 863 Millionen Mark. Die deutsche Handelsbilanz war dauerhaft passiv.[20] Wenn aber Wachstum und Beschäftigung stagnierten, so mußten der soziale Frieden und letztlich auch das stabile Gefüge des Machtstaats in Gefahr geraten. So hatte die Caprivische Handelspolitik viele Aspekte: bündnispolitisch, sicherheitspolitisch, preisdämpfend im Innern und exportfördernd nach außen. Am wichtigsten aber war ihre Funktion als Staatsräson des industriellen Deutschland.

Ein »Kampf ums Dasein« war im Gang, so hatte Caprivi im Dezember 1891 die neue Handelspolitik im Reichstag begründet. Für die Sicherung der deutschen Stellung zwischen erstarkenden Industrienationen und angesichts sich schließender Märkte reichte die Defensive des Bismarckschen Protektionismus nicht mehr aus. Über der Innenpolitik hing noch immer die Drohung der Massenstreiks von 1889. Caprivi im Reichstag: »Wir müssen exportieren: entweder wir exportieren Waren, oder wir exportieren Menschen. Mit dieser steigenden Bevölkerung ohne eine gleichmäßig zunehmende Industrie sind wir nicht in der Lage, weiter zu leben.«

Machtstaat und Wohlfahrtspolitik waren die Leitmotive dieser Politik. Wirtschaftlich war sie ein Erfolg. Ihre politischen Auswirkungen verbanden sich mit dem 1894/95 beginnenden großen industriellen Aufschwung, der, getragen von neuen Technologien, bis 1914 das europäische Mächtesystem auf die Höhe seiner Macht und seiner Verblendung führte und dem deutschen Industriepotential seine besondere Dynamik gab. Politisch aber scheiterte der kantige Kanzler an der neuen Sammlungspolitik rechts der Mitte, die Johannes Miquel, der Liberale von ehedem, vom Kaiser als Frankfurter Oberbürgermeister entdeckt, im Januar 1890 zum preußischen Fi-

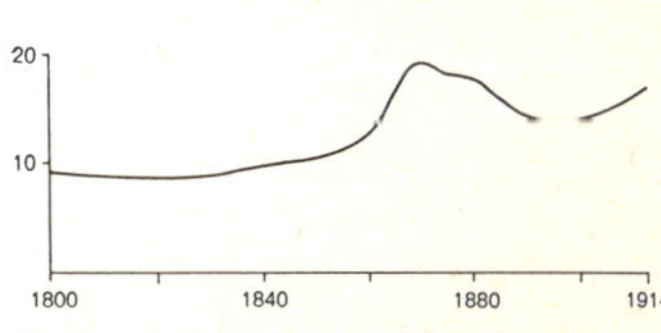

Exportquote Deutschlands von 1800 bis 1914 (Export in v.H. des Nettosozialproduktes zu Marktpreisen)

nanzminister berufen und seitdem politischer Ratgeber des Kaisers, im Zentrum der Regierungsmaschinerie vertrat.

Für die Großgrundbesitzerklasse Ostelbiens und die aufgeputschte Massengefolgschaft des Bundes der Landwirte war Caprivi längst Staatsfeind Nummer eins. Er galt den wütenden Angriffen der Agrarier als Agent des mobilen Kapitals, Verderber Preußens und Verräter der Bismarckschen Tradition. Die 1892 eingetretene Trennung des preußischen Ministerpräsidenten vom Amt des Reichskanzlers, taktischer Fehler, wirkte sich verhängnisvoll aus und führte zu Spaltungen. Eine Hausmacht hatte der General nicht, die politischen Parteien hielten sich in Reserve. Die wilhelminische Hofkamarilla wisperte und intrigierte gegen den eigenwilligen General, dessen politische Gesamtkonzeption den Höflingen teils unverständlich, teils unheimlich war. Die Versöhnung des Kaisers mit dem frondierenden Alten im Sachsenwald galt als Mißtrauensvotum gegen Caprivi.

Schließlich hatte auch die Sozialpolitik zweiter Stufe, die die Versicherungsgesetze durch Arbeiterschutz ergänzte, nicht jene raschen Erfolge gebracht, die der Kaiser, begeistert von seiner Wirkung im höfischen Strahlenglanz, sich versprochen hatte. Hatte er nicht befohlen, es habe Zufriedenheit zu herrschen? Hatte man seine Anordnung mißachtet? Zwar wiederholten sich die Massenstreiks von 1889 nicht. Aber die Ambivalenz der durch v. Berlepsch betriebenen Integrationspolitik, die die Arbeiterbewegung in die Verantwortung zog, schuf Beunruhigung. Denn in die Szenarios des letzten Gefechts paßte eine Arbeiterbewegung nicht, die Versicherungsgelder verwaltete, Rentenmarken klebte und mehr in die Rolle des Partners der Staatsverwaltung gedrängt wurde als in die des Feindes der Gesellschaft.

Der Aufstieg der Sozialdemokratie, ungebremst durch Kampfgesetze, erschien unaufhaltsam. Was verschlug es, daß Caprivi 1893 in den Wahlen Erfolge gegen die Linke errang? Die »Umsturzvorlage« war 1894 die Antwort des Kaisers und seiner Berater, vor allem des preußischen Ministerpräsidenten Graf Botho Eulenburg, persönlicher Freund des Kaisers, auf die greifbaren Gefahren der Sozialdemokratie und die ungreifbaren der Industriekultur.

Mit Caprivi aber war das neue Kampfgesetz nicht zu machen. Er hielt die Vorlage und schon ihre Einbringung für provozierend, unpraktisch und gefährlich. Den Konsens des industriellen Deutschland suchte er auf der Linie der Integration, nicht der Konfrontation. Kurz vor seinem Sturz lehnte er es zudem mit Blick auf Miquels neualte Sammlung ab, »einzelnen Interessengruppen größere Konzessionen zu machen, als mit dem Gesamtwohl der Nation vereinbar«. In der Sozialpolitik war die Leitidee »Schutz des schwächeren Elements der Bevölkerung«[21]. Nach viereinhalb Jahren eines Amtes, das er als bittere Pflicht gegenüber dem Vaterland begriffen hatte, fernab der Bismarckschen Intimität zur Macht, ein Mann von starken Überzeugungen und einem Blick für Staatsräson, konservativer Reformer ohne Sehschwäche nach rechts, dabei ohne Illusion bezüglich der Stabilität der prekären inneren Lage und der äußeren Gefährdung des Reiches, trat der Reichskanzler Graf Caprivi zurück. »Ich habe jetzt noch einen guten Abgang und glaube, daß die Geschichte mir einmal gerecht werden wird. Jedenfalls gehe ich mit gutem Gewissen...«, schrieb er in einem Privatbrief, 23. Oktober 1894[22].

Dieser Rücktritt aber kam gelegen. Der starke Mann, den der Kaiser nach 1890 gegen die Bismarcksche Fronde gebraucht hatte, war entbehrlich geworden. Mit Friedrichsruh würde man sich arrangieren. Viel wichtiger war, daß der Kaiser nun jener grandiosen Illusion erlag, die Bismarck in die Reichsverfassung gelegt hatte, der Vorstellung nämlich, es könne und müsse letztlich der Kaiser selber regieren. Es war ja auch etwas daran. Es gab kein Reichskabinett, keine Reichsregierung. Es mußte das Reich von Preußen aus regiert werden, das System der Personalunionen zwischen Reichsämtern und Preußenministerien ächzte und knarrte. Militärpolitik, Auswärtiges, Soziale Fragen, Rechtspolitik, Wirtschaft und Finanzen – wo lag der gemeinsame Bezugspunkt, wenn nicht im Kaiser? Bismarck hatte gemeint, im Kaiser als Institution, als Spitze der preußischen Verwaltung. Aber 1894 entstand die Vorstellung, so absurd sie erscheinen mochte für ein Sechzigmillionenvolk im Industriezeitalter, es sei der Kaiser als Person gefordert. Die deutsche Staatsrechtslehre, achtbar und positivistisch, suchte im Verfassungssystem nach dem einheitsverbürgenden Prinzip. Den sinnstiftenden Punkt fand sie nirgendwo anders als in der kaiserlichen Rolle: nicht mehr Präsidium eines Bundes, was der Kaiser seiner Entstehung nach war, sondern Reichsmonarch, weil es keinen anderen Sammelpunkt der Kräfte gab.[23]

Was schon für die friderizianische Epoche Staatsmythos und Legende war, die Vorstellung vom König als oberstem Maschinenmeister, sollte dies mehr als ein Jahrhundert später bizarre Wirklichkeit werden? Das Erbe Bismarcks war vielleicht nirgendwo gefährlicher als in jener Verfassungsillusion, der Bismarck vorgearbeitet und die er selbst stets doch nur als höfische Konvention honoriert hatte. Der Kaiser aber, souffliert von unverantwortlichen Ratgebern wie dem vielschreibenden Grafen Philipp Eulenburg, dem undurchschaubaren Geschäftsführer der deutschen Außenpolitik Baron Holstein und dem ehrgeizigen Bülow, nahm die Rolle, die ihm angetragen wurde, wörtlich. Es begann eine Phase, die als »persönliches Regiment« in ihrer Zeit scharf angegriffen und danach oft als Caprice des Kaisers bewertet wurde. Aber solche Caprice konnte sich nur entfal-

Die Limbecker Chaussee in Essen vor Beginn der Arbeit bei Krupp

Der Arbeiteralltag, mittags 12 Uhr wird warmes Essen gebracht, vor Einführung der Betriebskantinen bei Krupp in Essen.

ten, wo die Verhältnisse es erlaubten. Und die deutschen Verhältnisse erlaubten die persönliche Regierungsform nicht nur. Die Komplexität der Verfassungsverschränkungen zwischen Preußen und dem Reich, die Machtabstinenz der Reichstagsmehrheit, die Dynamik der radikalen, populistischen Opposition von rechts, die Unregierbarkeit des Verbändestaates, das alles drängte zu dem Versuch, einen personalen, charismatischen Schiedsrichter an die Spitze zu stellen, vielleicht einen Führer.

Wilhelm II. hat den großen Mantel angezogen, der bereitlag, sprunghaft, von den Geschäften maßlos überfordert, erfüllt von Sendungsbewußtsein. Er agierte im klimatisierten Glashaus der höfischen Welt und nahm doch zugleich mit wachem Intellekt und politischem Instinkt die technokratischen Strömungen der deutschen Gesellschaft auf: ihren Durchsetzungswillen, ihr Kraftgefühl, die neureiche Arroganz, die Sentimentalität, die Angst und die Hybris. Vielleicht lag hier eine Chance, die Deutschen jenen »herrlichen Zeiten« entgegenzuführen, die ihr Kaiser ihnen verhieß. Gelang es, so war das persönliche Regiment gerechtfertigt. Was aber, wenn es nicht gelang?

Das »persönliche Regiment«, oder was man dafür hielt, ist von den Zeitgenossen als Anachronismus belächelt und als Verformung der Verfassung kritisiert worden, und nicht anders haben die meisten Historiker dies gesehen. Aber es war die Zeit, da Max Weber den Idealtypus charismatischer Herrschaft als einen der drei reinen Typen legitimer Herrschaft geistvoll, abstrakt und auch mit unverstelltem Blick auf die preußisch-deutsche Regierungsweise seit Bismarck entwickelte. War die Rolle des Kaisers anders noch haltbar, wenn er nicht zum Staatsnotar absinken wollte? Für Verzichte ohne Not aber war die Autorität der Staatsführung und des preußischen Machtkartells noch auf lange Zeit zu lebenskräftig. Und hat nicht, um einen anderen einflußreichen politischen Denker und Publizisten der Zeit zu zitieren, der national-soziale Pfarrer Friedrich Naumann in seinem Erfolgsbuch von »Demokratie und Kaisertum«, seit 1900 in vielen Auflagen, die Rolle eines sozialen Führertums entworfen, das sich nicht aufs Parlament sützte und auch nicht auf altpreußische Tradition, sondern auf Verwaltungseffizienz, die in sozialem Ausgleich sich manifestierte, und dazu in einer populären raumgreifenden Machtpolitik? Gewiß, Naumann hat sich gegen die Vermutung gewehrt, er schreibe Wilhelm II. zuliebe. In späteren Auflagen seines Buches vollzog er scharfe Abgrenzungen. Aber ein cäsaristisches Regime lag nun, wie vordem schon in Frankreich, auch in Deutschland seit den frühen Tagen Bismarcks in der Luft. Der neudeutsche Cäsarismus, schrieb Naumann in der »Hilfe«, sei nicht »geschichtlicher Irrtum«, sondern »zeitgeschichtliche Notwendigkeit«[24]. Und tatsächlich waren es ja im zwanzigsten Jahrhundert mehr die Cäsaren als die biederen Verwalter der Macht, die die Welt bestimmten.

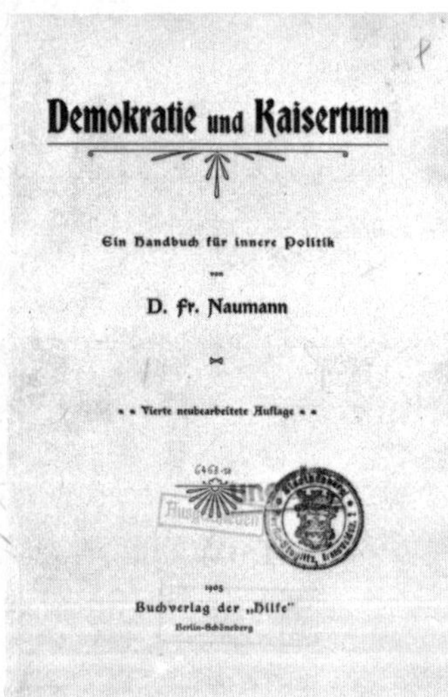
Demokratie und Kaisertum

Ein Handbuch für innere Politik

von

D. Fr. Naumann

Vierte neubearbeitete Auflage

1905

Buchverlag der „Hilfe"

Berlin-Schöneberg

Die Mechanik der strukturellen Dauerkrise, die als »persönliches Regiment« registriert wurde, setzte einen schwachen Kanzler voraus, der am Amte hing, ohne daraus ein Gegengewicht zur kaiserlichen Führungsrolle zu machen. Er wurde 1894 in dem greisen süddeutschen Grandseigneur Fürst Chlodwig zu Hohenlohe-Schillingsfürst gefunden, ehemals bayerischer Ministerpräsident, dann Statthalter in Elsaß-Lothringen, der kurze Zeit als Staatssekretär des Auswärtigen Amtes unter Bismarck europäische Erfahrung gesammelt hatte. »Onkel Chlodwig«, wie der Kaiser den fünfundsiebzigjährigen Herrn aus ehemals reichsunmittelbarer Familie freundlich und respektlos nannte, würde jedenfalls nicht stören.

Immerhin hat der alte Konstitutionalist im Kanzleramt den Kaiser in den nächsten Jahren mehrfach daran hindern können, im Wege des Staatsstreichs das Regelsystem der Verfassung umzuwerfen. Graf Posadowsky-Wehner sollte über das Reichsamt des Innern wachen, Miquel in Preußen die Fäden zusammenhalten. Die übrigen Führungsfiguren, wohl mit Ausnahme des hochkonservativen preußischen Innenministers v. Köller, wurden eher als non-valeurs notiert. Die Grundlage des neuen Regimes sollte möglichst wenig im Reichstag liegen und möglichst viel im preußischen Landtag mit seinen beiden Häusern, die sich nicht nach Gesinnungsstrenge unterschieden, sondern allein darin, daß das Herrenhaus ernannt wurde, das Abgeordnetenhaus sich aber der Mühsal unterziehen mußte, gewählt zu werden, wenngleich nach dem überraschungslosen Dreiklassenwahlrecht.

Nach dem Sozialistengesetz

Amts-Blatt
des
Reichs-Postamts.

— Nr. 37. —

Inhalt.

Erlaß des Staatssekretärs des Reichs-Postamts vom 25. Juni 1898.

Berlin, 25. Juni 1898.

Wiederholt ist neuerdings der Versuch gemacht worden, Angehörige der Reichs-Post- und Telegraphenverwaltung für die Bestrebungen der Sozialdemokratie zu gewinnen; auch sind mehrere Fälle zu meiner Kenntniß gelangt, in denen außerhalb der Verwaltung stehende Agitatoren in Versammlungen von Beamten das Wort geführt haben, um Unzufriedenheit zu erregen, die Maßnahmen der Behörden in gehässiger Weise zu kritisiren und Zwietracht unter den verschiedenen Beamtenkategorien zu säen.

Wenngleich ich überzeugt bin, daß der Geist der Pflichttreue in der Beamtenschaft auch für die Zukunft ein Bollwerk gegen das Eindringen sozialdemokratischer Bestrebungen bilden wird, so halte ich es doch für meine Pflicht, ausdrücklich darauf hinzuweisen, daß — wie ich bereits im Reichstag erklärt habe — jede Betheiligung an sozialdemokratischen Bestrebungen mit den durch den Diensteid gelobten Amtspflichten unvereinbar ist, und daß deshalb Beamte, die derartigen Anschauungen Ausdruck geben, nicht im Dienst geduldet werden können.

Dieser Erlaß ist durch die Vorsteher der Verkehrsanstalten persönlich sämmtlichen Beamten und Unterbeamten, neu Eintretenden nach der Vereidigung, gegen Anerkenntniß bekannt zu geben.

von Podbielski.

Eigentliche Grundlage des »Neuen Kurses« aber sollte, unter der Fahne einer Rückkehr zu Bismarck, die von Miquel verkündete »Sammlung der produktiven Stände« sein. Miquel selbst, der Aufsteiger, der angekommen war, setzte entschlossen auf die Konservativen und den Bund der Landwirte. Als preußischer Finanzminister sorgte er dafür, daß die Landwirtschaft Strukturhilfen erhielt aus dem Staatshaushalt. Er setzte sich beim Kaiser ein für Vermehrung, Erhaltung und Befestigung des mittleren und kleineren Grundbesitzes, »ja selbst der größeren Güter«, und sorgte dafür, daß die Agrarier wußten, wer ihr Beschützer war. Insgesamt wollte er, ausgehend von einer neuen Agrarschutzpolitik, Dämme bauen gegen die sozialen Folgen der Industrialisierung. Wo Caprivi getrieben hatte, sollte nun gebremst werden: »Dann wird das Wort wahr werden, daß die revolutionären Wühlereien an dem harten Schädel der deutschen Bauern scheitern müssen.«[25]

Hier wurde auch die Geschäftsgrundlage entworfen, die dann seit 1896 eine mittelständische Sozialpolitik ermöglichte, unterstützt von den Konservativen und vom Bund der Landwirte, weil sie zur Mitte hin Schulterschluß suchten. Zur selben Zeit erstrebte die Schwerindustrie, Bismarcks Mahnwort zitierend, auf ihre Weise das »Zusammenfassen der produktiven Stände des Landes«. Sie forderte mit Erfolg, daß v. Berlepsch, Mitglied des Vereins für Soziale Reform und Exponent der Caprivischen Vermittlungs- und Versöhnungspolitik, seinen preußischen Ministersitz räume. Ihm folgte 1896 mit v. Brefeld ein Vertrauensmann der Schwerindustrie, deren publizistisches Sprachrohr, die »Deutsche Volkswirtschaftliche Correspondenz« ihm auf den Weg mitgab, er möge »mit eisernem Besen sein Ressort von den Repräsentanten des Geheimrats- und Professorensozialismus reinigen«[26].

Die neue Sammlungspolitik, die ebenso durch den Gegensatz der Agrarinteressen und der Industrieinteressen gefährdet war wie die alte Sammlungspolitik Bismarcks, bedurfte, nicht anders als in den Tagen jener »Zweiten Reichsgründung« von 1878/79, wiederum des Antisozialismus als Bindemittel. Die Umsturzvorlage aber scheiterte 1894; Hohenlohe hatte sie nicht retten können, er hatte nicht einmal den Versuch gemacht. Im Sommer 1897 wurde Miquel Vizepräsident des Preußischen Staatsministeriums und nahm die Zügel kürzer. Daß er das gleiche Wahlrecht nicht liebte, war bekannt. Was er an dessen Stelle setzen wollte, blieb unklar. Unklar blieben auch die Umrisse der Verfassungreform, die er 1897 ankündigte.

Wirkungsvoller war das Sammlungskonzept, das die Regierung nun auch amtlich absegnete, als Richtlinie für die Reichstagswahlen 1898. Das alte Kartell von Konservativen und Nationalliberalen sollte neu erstehen. Die Feinde waren die Sozialisten, die vulgär-radikalen Antisemiten, die Zentrum und Liberale das Fürchten lehrten, und die »Partei Richter«, das hieß, die Linksliberalen. Das Zentrum? Zuverlässig war es nicht, aber man würde es im Reichstag brauchen: »Das Zusammengehen der staatserhaltenden Elemente ist überall kräftig zu fördern.« Es sollte von Interessen, Staatswohltaten und dem Schutz der nationalen Arbeit gesprochen werden. Dagegen galt: »Die Aufwerfung rein politischer Streitfragen ist tunlichst zu vermeiden«. Die Regierung würde verfassungsmäßig regieren, was aber mit dem Wahlrecht geschah, sollte offenbleiben.

Das Sammlungskonzept wurde als Kompromiß vorgestellt, der niemandem nahm und jedem gab, während der Staat den Wohltäter machte: »Ausgleichung der gegenüberstehenden Interessen des Handels und der Landwirtschaft, Verminderung des übermäßigen Zwischenhandels, Verstärkung des Schutzes der Landwirtschaft gegen auswärtige Konkurrenz, tunlichste Förderung der Mittelklassen in Stadt und Land, insbesondere durch kooperative Organisation des Handwerks, durch Erleichterung und Verbilligung des Kredits mittels des Genossenschaftswesens, weitere Entwicklung der gewerblichen Mittelschulen und geeignete Heranziehung des Handwerks bei Vergebung staatlicher Arbeiten … Der kleine und Mittelbesitz ist zu vermehren, wo die wirtschaftlichen Verhältnisse dies angezeigt sein lassen.« Die Sozialpolitik wurde auf dem erreichten Stand eingefroren. Beamte hatten sich regierungstreu zu halten und von parlamentarischen Kandidaturen fernzuhalten. Vor allem aber wurden die Ministerien zur Ordnung gerufen, nicht ihre Ressortstreitigkeiten durch Bündnisse mit den Parlamentsfraktionen auszumachen.[27]

Solche Sammlungspolitik war nichts als der tastende Versuch, industrielle Hochleistung und Agrarkonservatismus, wirtschaftliche Expansion und Obrigkeitsstaat in ein System zu bringen und die mächtigen Marschsäulen der Verbände von Landwirtschaft und Industrie, von Handwerk und Handel nicht gegeneinander ins Feld zu stellen. Es lag darin auch die Chance, der Regierung mehr zu sichern als die Restautorität des im Gewühl mit den Armen rudernden Verkehrsschutzmanns. Das »persönliche Regiment« des Kaisers war das Bemühen, Führung darzustellen, ohne tatsächlich zu führen, und niemals wörtlich gemeint. Die Funktion des neuen Regierungsstils erschließt sich im Zusammenhang der Gefahr der Unregierbarkeit. Es stand komplementär zu der hemdsärmeligen Verbandspolitik, deren Manager nicht in der Wilhelmstraße residierten, sondern in den großbürgerlichen Villen des Tiergartenviertels. Mit Parteien und Ministerien verhandelten sie von Macht zu Macht.

Von einer disziplinierten parlamentarischen Koalition war alle Sammlungspolitik seit Bismarck weit entfernt. Die deutsche Öffentlichkeit erhielt eine Probe davon, als der Bund der Landwirte den Bau des Mittellandkanals vom Rhein zur Elbe, der den Anschluß herstellte zum Kanalsystem von Spree und Havel und weiter zur Oder, als Straße des Teufels und der weiteren Industrialisierung bekämpfte und als Liebesgabenpolitik an die reichen Herren der westlichen Großindustrie. Für den Getreidetransport gab es die Staffeltarife der preußischen Bahnen: der Kanal würde Schlote und Lärm bringen, Industrieanlagen und wachsende Städte und die knappen Arbeitskräfte abziehen oder verteuern. Mehr noch: er war Symbol einer fremden, feindlichen Welt, die sich aus dem Westen heranschob.

Das ländliche Preußen schickte seine Landräte an die Parlamentsfront. Die Sammlung war vergessen, wo es für den Bund der Landwirte darum ging, billige Massenfracht nach Berlin, Landflucht und höhere Löhne in den östlichen Provinzen zu hindern. Der schlaue Miquel geriet zwischen die Konservativen, die im hellen Aufstand waren, die Industrie, die gespalten war, und den Kaiser, der stets für Technik und Fortschritt schwärmte und damals einer wahren Kanalleidenschaft verfallen war. Am Ende ist die preußische Regierung kläglich gescheitert an einer Frage, deren Symbolwert noch ihren wirtschaftlichen Nutzen überstieg. Der Kaiser hatte eine persönliche Niederlage eingesteckt, die Sammlungspolitik war schwer angeschlagen, und es war eine müde Rache, wenn die konservativen »Kanalrebellen«, die gegen den Monarchen und den von ihm geliebten Fortschritt gestimmt hatten, zur Disposition gestellt und bei Hofe nicht mehr empfangen wurden.[28]

Das Ganze wiederholte sich zwei Jahre später. Sammlungspolitik war nur solange ein Ausweg aus der Strukturkrise des pluralistischen und massendemokratischen Obrigkeitsstaats, wie Industrie und Landwirtschaft, die Machteliten des Ostens und des Westens, noch zusammenhielten. Im übrigen blieb Sammlungspolitik im engen Sinne Wahlhilfe, welche die Rechte einander für den stets kritischen zweiten Wahlgang bei den Reichstagswahlen zusicherte, im weiteren Sinne aber nicht mehr als ein Konsens, den sozialen und demokratischen Preis der Industrialisierung zu drücken. Das schloß ein, daß Parteien und Verbände ihre eigenen Wege gingen, wann immer es ihr Interesse so wollte.

Preußen, dem noch die Reichsgründung gutgeschrieben worden war, und der preußische Gutshof, der so lange regiert hatte, kämpften ein bitteres, wütendes und sinnloses Nachhutgefecht. Und wie es in Niederlagen geht, kämpfte der Gutshof mit allen Mitteln, auch denen der vulgären Agitation. »Wir müssen schreien, daß es das ganze Land hört, wir müssen schreien, daß es bis an die Stufen des Thrones vernommen wird.« Dazu eine zynische Bereitschaft, vom Feinde zu lernen: »Daß wir unter die Sozialdemokraten gehen und ernstlich gegen die Regierung Front machen!« Das war die Sprache, war die Existenzangst, die den Bund der Landwirte 1893 ins Leben gerufen hatte.[29] Und es war eine Sprache, die mit ihren Mitteln ihre Ziele bereits, nichts ahnend, preisgab. Aber der Erfolg, der so viele Mittel geheiligt hat, heiligte auch diese.

Preußens Großgrundbesitzerklasse, die doch, wo sie erfolgreich war, den Boden wie einen Fabrikbetrieb bewirtschaftete, lehnte sich noch einmal symbolisch auf gegen die Moderne, gegen die Technokratie, gegen die Veränderung des Landes und der Menschen durch rauchende Schlote. Und auch dieser Kampf hatte, weil er unausweichlich war und weil er letztlich nicht zu gewinnen war, tragische Züge.

Denn nur als Machtstaat konnte Deutschland sich behaupten. Um aber Machtstaat zu bleiben, mußte es Industrienation unter Industrienationen werden. Das war die Ratio der Caprivischen Politik, und sie hatte mit dem Sturz des glücklosen Kanzlers und dem Triumph seiner Gegner ihr Ende nicht gefunden. Der Traum vom Stillstand, die Vision der glücklichen Insel irgendwo im Nirgendwo, das waren für den Machtstaat in der Mitte vergebliche Sehnsüchte. »Vom Weltbürgertum zum Nationalstaat«, so hat damals Friedrich Meinecke in feiner geistesgeschichtlicher Federzeichnung den verlorenen Traum der Deutschen und ihre neue Realität einander gegenübergestellt. Was dahinter sich erstreckte, war ein Weg ohne Wiederkehr, Weltpolitik und Weltwirtschaft auf der Basis des Nationalstaats und über ihn hinaus. Wohin aber würde dieser Weg führen? Zur Hybris und zur Hegemonie über Europa und in Kriege, über denen, wie einst bei Kaunitz, die Drohung der »destruction totale de la Prusse« stand? Künftig indes nicht mehr mit der Degenspitze geschrieben, sondern mit der nihilistischen Brutalität des in den Labors und Erprobungsstätten entstehenden technischen Krieges. War das so logisch, wie es unabwendbar war, Teil der blinden Dynamik des Industriezeitalters? Oder gab es auch jenen anderen Weg noch, die Bismarcksche Selbstbeschränkung, Saturiertheit auf alle Zeit und europäische Vernunft der Mitte? Aber den hatte schon Bismarck selbst nicht mehr gehen können. Wenn aber nicht Bismarck, wer dann?

Die Handelsvertragspolitik der frühen neunziger Jahre enthielt noch mehr als die tastende deutsche Kolonialpolitik jene Zielrichtung auf Weltpolitik, deren Gefahr der Kanzler v. Caprivi noch hatte bannen wollen durch Ausgleich mit England und Entspannung gegenüber Rußland. Die deutsche Öffnung zur Weltwirtschaft aber wurde durch die neue Wachstumsphase des industriellen Welthandelssystems zwischen Baltimore und Yokohama, zwischen Liverpool und Hamburg noch beschleunigt, ja unumkehrbar gemacht. Um für Deutschland auf die Dauer nicht tödlich gefährlich zu werden, hätte die Phase weltpolitischer Dynamik, von Wettlauf und Wettrüsten, auch der Fortführung jener behutsamen Ausgleichspolitik bedurft, die Caprivi begonnen hatte und die dann, zwanzig Jahre später, viel zu spät, der Kanzler v. Bethmann Hollweg wieder aufnehmen sollte.

Dazwischen lag die Phase deutscher Weltpolitik. Voller Unruhe, nach innen abgestützt zwar auf eine expandierende Wirtschaft, aber nach außen nicht abgedeckt durch Augenmaß und Selbstbeschränkung. Heißt das aber nicht, das Unmögliche verlangen? Ließ sich Außenpolitik im souveränen Machtstaat damals selbstbeschränken? Ließ sich nach Bismarck Deutschland kleiner machen, als es war? Entzog sich die industrielle Aggressivität, die Wohlstand schuf und Arbeitsplätze und dem sozialen Frieden diente in einem friedlosen Lande, nicht jener politischen Weisheit, die Selbstbeschränkung forderte? War dieser Gedanke überhaupt noch denkbar, wo alle Welt den Kampf ums Dasein predigte? Der Kolonialpolitik den Abschied zu geben, war für Konservative und Sozialisten, so gegensätzlich sie auch sonst standen, nicht schwer. Aber auf industrielle Investitionen verzichten, auf Exporte überallhin, und soviel als möglich? Das setzte die Notwendigkeit des Undenkbaren voraus, nämlich eine bewußt langsamere Entwicklung, ein Zurückhalten der durchgehenden Pferde, und dazu eine Regierung, die über eine Autorität verfügte, wie sie selbst dem alten Bismarck nicht mehr gegeben gewesen war. Das wäre höhere Vernunft gewesen, die sich allein aus der Verhütung von Katastrophen rechtfertigen konnte, die weit in der Zukunft lagen. Wenn sie aber verhütet wurden, wo sollte dann die Rechtfertigung liegen?

Streichgarn- und Merino-Spinnerei vom Hövel & Co., Bergisch Gladbach
oben: um 1873
unten: um 1900

Wenn man alles hin und her wendet, war der Weg der Weltpolitik unaufhaltsam. Er mußte beschritten werden, und selten hat es eine Politik gegeben, die den Machteliten notwendiger erschien und bei den Regierten populärer war. Das galt für Deutschland nicht anders als für die übrigen Europäer, es galt für Rußland, das 1905 mit dem fernöstlichen Inselstaat Japan einen kurzen, bitteren und demütigenden technischen Krieg führte, und es galt auch für die USA, die nach der Landnahme auf dem Kontinent nun ihrer Hemisphäre die Pax Americana auferlegten.

Die deutsche Weltpolitik hatte starke innere Antriebskräfte, und die Zeiten waren vorbei, da Bismarck mit äußerster Konsequenz und Härte, um nicht außenpolitische Ventile zu öffnen, den Deckel über der deutschen Unruhe festgeklopft hatte. Sie hatte aber auch europäische Bedingungen, am wichtigsten darunter die alte Idee, im mitteleuropäischen Gehäuse gefangen zu sein und ohne sichere Bündnisse zu stehen; dann die Superiorität der alten Weltmächte gegenüber der jungen deutschen Großmacht; und schließlich der Wettkampf um Märkte, um Rohstoffe, Verbindungslinien, Investitionen in Übersee. Und hinter alledem ein populärer Druck, auf den Regierungen lastend, das nationale Prestige hochzuhalten, Flagge zu zeigen und sich nichts zu vergeben.

Was in Deutschland um die Jahrhundertwende geschah, war Teil einer europäischen Bewegung, deren Antriebskräfte bis heute umstritten sind. Was erklärt schon ein Begriff wie »Imperialismus«? Aus älteren Bedeutungen wurde das Wort damals herausgelöst und erhielt seine kritische Unbestimmtheit. Ein britischer Journalist, J.A. Hobson mit Namen, war aus dem Himmel des spätviktorianischen Fortschrittsdenkens in die blutige Wirklichkeit des Burenkriegs im südlichen Afrika gestürzt. Ergebnis dieser Erfahrung war ein Buch, das ökonomisch argumentierte und doch moralisch gemeint war, und das die sozialistischen Führer seitdem ausschrieben.

Mit seiner Anklage gegen den »New Imperialism« gab Hobson das Stichwort, das zum Schlagwort wurde. Rationalist, suchte er nach rationaler Welterklärung. Er fand sie, indem er die Marxschen Krisentheoreme weiterdachte: Ursache des »Neuen Imperialismus« seien Überproduktion und anlagesuchendes Kapital in den Metropolen der Industriewirtschaft, Annexion und Schutzherrschaft nichts als staatliche Schutzmaßnahmen zugunsten weniger Allzureicher. Das Heilmittel fand Hobson im Bild einer gerechten, planenden Gesellschaft, die den Reichen nahm und den Armen gab und solchermaßen Massenkaufkraft sicherte.[30] Sozialismus als Rezept gegen Eroberung, Ungerechtigkeit und Machtpolitik, und vielleicht auch gegen die Natur des Menschen? Was davon blieb, sollte die Botschaft eines neuen Glaubens sein, der jenen Bürgerkrieg rechtfertigen würde, der allen Bürgerkriegen ein Ende setzte. Der aber sollte Menschenopfer fordern, wie die Welt sie noch nicht gesehen hatte.

Die kraftvolle Energie, die Organisationsleistung, der Erfindungsreichtum, die ganze zerstörerische Schöpferkraft der europäischen Zivilisation, ihr Ausgreifen in weite Räume, ihr missionarischer Eifer, ihr Machthunger, ihr Selbstzweifel und auch ihre Angst, einem blinden Fortschritt ausgeliefert zu sein – ging das alles in den nüch-

Kaiser Wilhelm II.: Der deutsche Michel als Friedenshüter

Die Missionsidee der sittlichen Ordnung gegen die Kräfte der Unter- und Außenwelt

ternen Rezepten des Engländers auf? Die Geschichte des Sozialismus seit 1917 wurde zu einem einzigen Dementi der Verheißungen Hobsons.

Josef Schumpeter, einer der großen Wirtschaftsdenker der Zwischenkriegszeit, hat angesichts des Totentanzes der europäischen Zivilisation die Vorstellung begraben, der Aufbruch der Jahrhundertwende sei erklärbar durch ein ökonomisches Politikmodell. »Imperialismus«, so schrieb er ohne Hoffnung auf eine geschlossene ökonomische Theorie, sei die »objektlose Disposition eines Staates zu gewaltsamer Expansion ohne angebbare Grenze«. Der Zusammenprall der Großmächte war dann, wenn nicht heilsame Disziplinierung durch die Drohung gemeinsamen Untergangs eintrat, unvermeidlich und tödlich. Denn zum mächtigen Erbe älterer Geschichtsepochen gehörten die »arationalen und irrationalen, rein triebhaften Neigungen zu Krieg und Eroberung«.

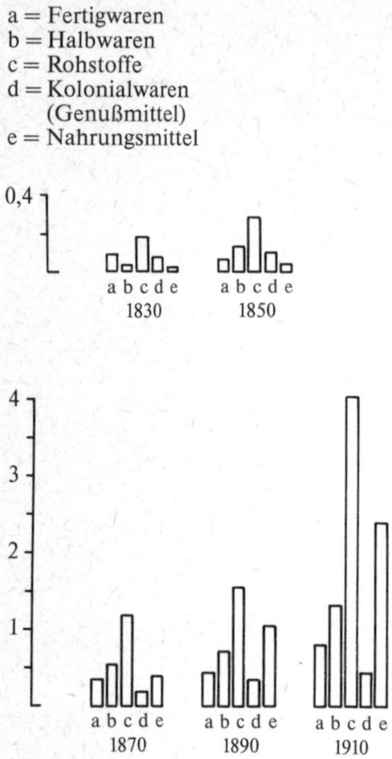

Import Deutschlands von 1830 bis 1910 (in Mrd Mark; 1 Mark = 5,56g Ag)

Die bisherigen Kriege? Die meisten waren geführt worden ohne zureichenden, erklärenden Grund. Sie waren Erbteil älterer Lebensnotwendigkeiten und einer Lage, wie Schumpeter pointierte, »in der Völker und Klassen zu Kriegern geformt werden oder untergehen mußten«. Daher rührten seelische Formungen und gesellschaftliche Kraftverhältnisse, die bis in die Gegenwart wirkten, gefördert durch die »innenpolitische Interessenlage herrschender Schichten« wie auch durch jene, die »bei kriegerischer Politik zu gewinnen haben«. Schumpeter ließ sich nicht auf den Gedanken ein, um den Preis der sozialistischen Diktatur die menschliche Natur zu ändern. Er setzte auf fortschreitende Rationalisierung des Menschen und seiner Lebensformen. Imperialismus war ihm »ein Atavismus der sozialen Struktur und ein Atavismus individualpsychischer Gefühlsgewohnheit«[31].

Solche Theoreme sind niemals Beschreibungen der historischen Wirklichkeit, und wer sie dafür nähme, dem würde die Geschichte zwischen den Fingern zerrinnen. Aber sie sind Schneisen im Dikkicht der Vieldeutigkeit, der Wechselwirkungen ohne Anfang und Ende, und haben darin ihren Wert. Hobsons Blick ging auf die Wirtschaftskapitäne, die in Übersee Märkte suchten, und lenkte auf die rationalen Antriebskräfte hin. Schumpeter aber zeigte die Machtinteressen, die Eliten, das menschliche Grundverhalten, und verwies damit auf Machtkampf und Mentalität. Eigentümlich aber bleibt, wie beiden Theoretikern, so gegensätzlich sie stehen, die Nationalisierung der Massen nebensächlich erschien, Manipulationsobjekt mächtigerer Faktoren, die doch zu den stärksten Antriebskräften der imperialistischen Epoche gehörte, jenseits der Interessen von neuen Investoren oder alten Inhabern der Macht. »Staatenbildend ist in unserer Geschichtsperiode nicht der Sozialismus, sondern der Nationalismus«, schrieb Naumann 1899 in der »Hilfe«: »Innerhalb kräftiger nationaler Staaten aber sind allein sociale Fortschritte erreichbar.«[32]

Der Nationalismus jener Epoche aber war nicht nur entfesselte Stimmungslage weit jenseits eines nüchternen älteren Patriotismus. Er forderte und drohte. Er forderte Aktion und Wohlstandsgarantie von den Regierenden, Herstellung von Sinn und Aufweis eines Zieles. Und er drohte mit Gewalt, Unregierbarkeit und Zerstörung der konstitutionellen Einrichtungen. Kein anderes Gesetz erkannte der Nationalismus der Jahrhundertwende an als allein sich selbst, und Imperialismus war seine Steigerung durch Industriewirtschaft.

Die neue kollektive Leidenschaft des Nationalismus, die zum erstenmal 1848 in die deutsche Geschichte eingebrochen war, forderte und förderte Machtstaat und Industriewirtschaft, drängte auf Entschärfung der Sozialen Frage und insistierte auf der Forderung an den Staat und die alten Eliten, Brot zu schaffen und Arbeit zu sichern für eine wachsende Bevölkerung. Wirtschaftlicher Nationalismus und dann Imperialismus wurden unentbehrlicher Zement des modernen Machtstaats. Die Versuchung, diese Bindungskräfte für den alten Staat zu nutzen, hat zweifellos mitgespielt. Wirtschaftliche Interessen kamen treibend dazu. Krisenstrategien sind erkennbar. Aber sie waren von jener Art, die die Woge reiten wollte, die sich ihrer Steuerung entzog. Was man in den neunziger Jahren Weltpolitik zu nennen begann, war zunächst nichts anderes als die Fortführung jener Öffnung zu Weltmarkt und Industriewirtschaft, die nach dem Sturz Bismarcks Integration der Nicht-Besitzenden in den Staat der Besitzenden versuchte. Aber die Entspannung nach Ost und West, durch die v. Caprivi zu Beginn der neunziger Jahre noch den deutschen Aufbruch abgesichert hatte, wurde im Innern aufs Spiel gesetzt. Unterdessen weitete sich das europäische System zum Weltmächtesystem, und das Risiko stieg. War dies den deutschen Steuerleuten nicht bewußt?

Die deutsche Weltpolitik der Jahrhundertwende war alles andere als ein in sich geschlossenes Konzept. Keine große, umfassende Strategie lag dahinter, kein »grand dessein« im Stile Richelieus. Ziele und Mittel, Kosten und Gefahren wurden niemals in eine umfassende Bilanz der deutschen Interessen eingebracht. Und wo hätte auch in dem jungen Deutschland die Weisheit herkommen sollen, aus solcher Bilanz künftige Gefährdung abzulesen? Noch schlimmer: welche Regierung hätte denn bremsen, mäßigen und Verständigung suchen dürfen, ohne durch den Vorwurf der Schlappheit vernichtet zu werden? Preußen war durch die Reichsgründung aus der Spur seines außenpolitischen Herkommens geworfen, mit den Weltmächten es nicht zu verderben und, ohne sich die Rolle des Vermittlers anzumaßen, doch zwischen Rußland und England eigene Staatsräson zu sichern. Selbst Bismarck hat sich getäuscht, der bei seinem Sturz noch glaubte, die Spur sei so tief eingefahren, daß deutsche Politik auf absehbare Zeit sie nicht verlassen könne.

Weltpolitik zielte nicht schon im Ansatz auf Weltmachtstellung. Sie hielt aber einen solchen Anspruch offen. Weltpolitik war nach der Rangordnung der Mächte an der Jahrhundertwende ein Element jeder Großmachtpolitik. Sie entzog sich für die Protagonisten moralischen Gesichtspunkten. Für Deutschland aber enthielt Weltpolitik die Versuchung, aus der mitteleuropäischen Zwangslage noch einmal auszubrechen, spät aber nicht zu spät, und von der scheinbar gesicherten europäischen Großmachtstellung zur Weltmacht aufzusteigen und den Rang zu erreichen, den Großbritannien zu Wasser und Rußland zu Lande seit dem Ende des Napoleonischen Imperiums unangefochten behaupteten: in allen großen Fragen der europäischen und außereuropäischen Machtverteilung ein Anspruch auf die Schiedsrichterrolle und notfalls die Chance des Veto. Was aber damals den Machteliten legitim dünkte, Geburtsrecht der aufsteigenden Großmacht, zur Weltmacht durchzustoßen, erschien wenige Jahrzehnte später als Herausforderung und Hybris. Ludwig Dehio schrieb 1948: »Die junge Generation, der Monarch an ihrer Spitze, traute es sich zu, den Aufstieg fortzusetzen, und sich in der alpinen Formation der Weltpolitik zurechtzufinden. Sie ließ sich von der ansteigenden Dünung emporheben und berauschte sich an den glänzenden Horizonten, die sich von der Höhe der Welle aus darboten. Sie schlug am Scheidewege frohen Mutes die lockende Straße ein, die auf einem unerwarteten Umwege dem Schrecken der letzten europäischen Hegemonialkämpfe entgegenführen sollte. Sie tat es triebhaft im Vollgefühl ihrer Vitalität.«[33]

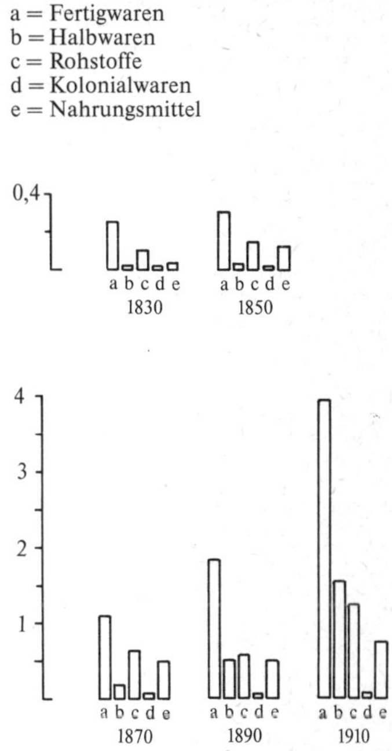

Export Deutschlands von 1830 bis 1910 (in Mrd Mark; 1 Mark = 5,56 g Ag)

Die industriewirtschaftliche Expansion Deutschlands in den neunziger Jahren war Teil eines weltweiten Aufschwungs. Der deutsche Anspruch, im Chinahandel dabeizusein, war für niemanden ein Casus belli außer für die Chinesen, und die nahm man militärisch nicht ernst. Im November 1897 wurde der chinesische Stützpunkt Kiautschou dem deutschen Kolonialbesitz einverleibt. Der neue Staatssekretär im Auswärtigen Amt, der glatte und ehrgeizige Bernhard von Bülow, Prototyp des wilhelminischen Bismarck-Epigonen, konnte im Reichstag aus kleinem Anlaß große Worte donnern lassen:

Die Zeiten, wo der Deutsche dem einen seiner Nachbarn die Erde überließ, dem anderen das Meer und sich selbst den Himmel reservierte, wo die reine Doctrin thront – (Heiterkeit – Bravo) – diese Zeiten sind vorüber ... Wir wollen niemand in den Schatten stellen, aber wir verlangen auch unseren Platz an der Sonne.

Thomas Theodor Heine, Die Drahtseilkünstlerin Germania in ihren unübertroffenen Produktionen auf dem straffgespannten Seil (1898)

Gefährlicher als der militärische China-Ausflug war die Verlängerung der deutschen Einflußachse über Wien und den Donauraum hinaus auf das Osmanische Reich, das die Russen längst als ihre sichere Beute betrachteten, und dann noch weiter nach Mesopotamien. Dort fanden sich lange Zeit nur Sand und alte Karawanenstraßen, bald aber die Ölquellen, mit denen in Zukunft die britische Flotte die Diesel ihrer Großkampfschiffe feuern wollte. Zwischen beiden Mächten, Rußland und England, schien damals nach Ansicht des Auswärtigen Amtes in Berlin hinreichend Konfliktstoff angehäuft, um den Deutschen die »freie Hand« zu sichern. Vor allem der Vortragende Rat Friedrich von Holstein, Vordenker des Amtes, ein schwieriger, verschlossener Einzelgänger, noch ein Mann der alten Bismarckschule, bei den Bismarckianern aber der Illoyalität verdächtig, weit gründlicher als jeder andere mit den Personalien des Amtes vertraut und im Rufe gründlicher Kompetenz, dem glänzenden Bülow durch Fleiß und Erfahrung überlegen – Holstein vertrat angesichts des Burenkrieges und kolonialer Reibungen Englands in Afrika und Asien diese Theorie. Sie aber erwies sich bald als tödliche Illusion. Die »Bagdad-Bahn«, die – Ironie der Geschichte – niemals Bagdad erreichte, sollte als strategische Lebenslinie der Osmanenherrschaft das Marmarameer mit dem Persischen Golf verbinden, das überdehnte Reich im Südosten erstmals zu einer Einheit machen, und ein deutsches Konsortium unter Führung der Deutschen Bank wollte sie bauen. Als der Kaiser 1897 den Sultan besuchte, wurde er zum obersten deutschen Handelsvertreter, und dies nicht ohne Erfolg. Die Deutschen erhielten den Zuschlag.

Aber die Unruhe der Großmächte blieb. Wollten die Deutschen im Südosten sich Satelliten schaffen? Die Petersburger Diplomatie tat so, als sei ihre Zustimmung nachgesucht worden, und forderte für sich die Dardanellen: jedenfalls sollte die Wilhelmstraße russischem Vormachtstreben nach Süden nichts in den Weg legen. Das Auswärtige Amt aber ließ die Russen kalt abfahren. Nur wenn Rußland den Deutschen Elsaß-Lothringen garantierte, ließ sich über den Südosten reden. Für die Russen aber war der ungewisse künftige Zugang zum Mittelmeer nicht wichtig genug, um ihre Westpolitik in einen Scherbenhaufen zu verwandeln und die Deutschen triumphieren zu lassen.[34] 1899 erhielten die Deutschen die Konzession, und jene Teilstrecken der Bahn, die bis 1914 im Sandboden verlegt waren, wurden anschließend von den Briten mit Sorgfalt gesprengt. So hat die Bagdad-Bahn immerhin Lawrence of Arabia zu kurzem Ruhm verholfen. Wichtiger aber war, daß das technische Großprojekt, in das die deutsche Industrie Riesensummen investierte, Grundlage wurde für die dauernde wirtschaftliche und militärische Anlehnung der Türken an die Deutschen.

So enthielt die neue Weltpolitik ein Leitmotiv jenes informellen Imperialismus, der auf Annexion und politische Beherrschung zu verzichten gelernt hatte und dem alle Europäer damals huldigten, Schweizer Pflanzungsgesellschaften und niederländische Kolonialingenieure eingeschlossen. Sich da herauszuhalten, war keiner Großmacht möglich, wollte sie nicht ihren Großmachtstatus preisgeben. Aber ein solcher Status war ja nicht nur ein Stück außenpolitische Rhetorik, war nicht nur eine Kombination auf dem Schachbrett der Großen Politik. Der Anspruch auf Groß- und Weltmacht war mit dem Seelenhaushalt der europäischen Nation eng verbunden, ja er stabilisierte ihn, und es lag darin auch ein Versprechen für Arbeitsmarkt, Wohlstand und wirtschaftliches Wachstum. Dies war nicht allein Politik, wie man in England sagte, »for the classes«; es war auch Politik »for the masses«. Es war um die Jahrhundertwende europäische Normalpolitik. Daran partizipierten die Deutschen, und sie profitierten auch davon, was immer kritische Geister der Linken über die Gefahren der neuen Machtpolitik zu Papier brachten. Der neue Imperialismus war ein Herzstück europäischer Politik im Reifestadium der Großindustrie, war Suche nach Identität, Ausbruch aus der Zivilisation und ein Vorgeschmack auf den kalten Egoismus künftiger Hegemonialkämpfe.

Ungefähr 1894 endete die Phase britischer Selbstisolierung vom Kontinent, und es war nicht ohne Ironie, daß dies als Rückwirkung kolonialer Überanstrengung geschah. Der britische Außenminister Lord Rosebery gab damals die seit dem Krimkrieg dauernde englisch-österreichische Interessengemeinschaft zum Schutz des Osmanischen Reiches preis, um den Anschluß an Rußland oder Frankreich oder beide zu suchen. Aber zwischen Briten und Franzosen standen noch zehn Jahre kolonialer Wettkämpfe, die 1898 im oberen Niltal bei Fashoda ihren Höhepunkt erreichten, als französische und britische Kolonialtruppen mit entsicherten Gewehren einander gegenüberstanden und ein bitterer Rückzug der Franzosen begann, den die platonischen Sympathien der Petersburger Diplomatie nicht versüßten.

In Rußland fand man damals nichts bedrohlicher als eine umfassende Verständigung der Westmächte: deshalb wurde auch die deutsche Diplomatie wieder zuvorkommend behandelt, und die russisch-französische Allianz damit verharmlost, daß sie Frankreich in Schranken halte und doch nur ein britisch-französisches Bündnis verhindere.[35] Eine russische Garantie des »Friedens an Deutschlands Grenze« schien noch einmal möglich.

Gegenüber Rußland hatte die britische Diplomatie vor dem Burenkrieg noch nicht mehr erreicht als einen Vertrag über die Pamir-

Grenze, der aber, da diese für praktische Zwecke unerreichbar war, nur akademischen Wert hatte. Ein gemeinsamer moralischer Aufschrei, zusammen mit Franzosen und Russen angesichts türkischer Greuel gegen die armenische Bevölkerung ausgestoßen, verhallte ohne Folgen. England blieb auch abseits der europäischen Koalition gegen den ersten koreanischen Krieg, den Japan 1894 gegen China (1895 Friede von Shimonoseki) mit dem Ergebnis führte, daß Korea vom Reich der Mitte abgetrennt wurde und Port Arthur vorübergehend unter japanische Herrschaft kam.

Entwurf Wilhelms II., Völker Europas, wahret eure heiligsten Güter!, 1895

Für Rußland ging es – der russisch-japanische Krieg war im Werden – um die gefährdeten Verbindungslinien nach Sibirien, für Frankreich um den Beweis, daß die russisch-französische Allianz nicht nur aus Worten bestand, sondern auch eine Schneide besaß. Da drängte sich das Deutsche Reich dazwischen, dessen Außenpolitiker bis dahin eher einer Teilung der Beute mit Japan zugeneigt waren. Jetzt gingen Deutschland, Rußland und Frankreich zusammen, reduzierten die japanische Beutemasse auf dem chinesischen Festland zu nichts, England blieb aus dem chinesischen Spiel und lernte den Geschmack der Isolierung und die Grenzen seiner Macht kennen. Und vielleicht ließ sich auf diese Weise, wie Wilhelm II. hoffte, der Druck auf die deutschen Grenzen reduzieren?[36]

Arbeiteten die Weltgegensätze tatsächlich für das Deutsche Reich? Wurde Bismarcks Kissinger Diktat zwanzig Jahre später, statt im europäischen Maßstab, in globaler Sichtweise noch einmal wahr? Das Deutsche Reich, zwischen den Weltmächten aufsteigend, ihre Konflikte nutzend und die mitteleuropäische Enge verlassend? Gab es für die Deutschen, zwischen den Weltmächten England und Rußland frei manövrierend, Vorteile suchend und die eigene Weltstellung ausbauend, die Chance der »freien Hand«? Im Vorfeld des Burenkriegs, den England 1899, von der Kap-Provinz aus vormaschierend, vom Zaun brach, suchten die Briten Anlehnung zuerst in Petersburg und boten sogar die Dardanellen – die sie nicht hatten – und dann in Berlin. Welcher Triumph, daß England das deutsche Bündnis suchte, und welche Torheit, es zu verweigern! Aber suchte England das Bündnis?

Damals wären die Briten, wie A. J. P. Taylor schrieb, auf ein Bündnis mit Deutschland sogleich eingegangen, wenn es ihnen angeboten worden wäre.[37] Aber was sie selbst boten, war wenig im Verhältnis zu dem, was sie forderten, nämlich Bereitschaft zum Kriege gegen Frankreich und Rußland, und der würde in Europa stattfinden und den Kontinent verwüsten, um britische Investitionen in China zu sichern. Eine deutsche Regierung, die sich darauf einließ, wäre von Sinnen gewesen. In Übersee brauchten die Deutschen die britische Unterstützung, so wie sie in Europa der russischen bedürftig waren. Wie sollten sie diesem Dilemma sich entziehen? Wie eine politische Antwort finden? Joseph Chamberlain sprach später von »le bonheur qui passe«[38]. Aber Salisbury setzte die Politik des Werbens um die deutsche Unterstützung fort. 1898 verzichteten die Deutschen, nachdem zwei Jahre zuvor die Transvaal-Frage zum großen anti-englischen Symbol gemacht worden war, förmlich auf alle Interessen an der Delagoa-Bay – das war der portugiesische Hafen, der die Burenrepublik Transvaal noch mit der Außenwelt verband. Dafür erhielten sie das Versprechen, bei künftigen Anleihen an Portugal beteiligt zu werden und als Sicherheit einen Teil des portugiesischen Kolonialreichs verpfändet zu bekommen. Es war das erste deutsch-britische Kolonialabkommen, und es sollten bis 1914 noch mehrere folgen. Vergessen die Krüger-Depesche Wilhelms II.: gegen die Buren hatten die Engländer freie Hand erhalten.

Bruno Paul, Englische Konzentrationslager (1901)
»Das Blut spritzt bis herauf, dies Pack macht mir noch die ganze Krone schmutzig.«

Über die Kolonien konnte man sich, wie 1890 bezüglich Helgoland und Sansibar, in der Weise von Gentlemen einigen. Warum sollte man nicht auch in Zukunft Konflikte unter Kontrolle halten angesichts der Katastrophen, die dem Empire wie dem Reich aus einem europäischen Kriege erwachsen mußten? Noch war England nicht Teil des Bündnissystems, das auf die Mitte drückte. Noch war es vielleicht möglich, den Traum Bismarcks zu verwirklichen und eine Stabilitätsachse vom Rand des Balkans über Berlin bis London quer durch Europa zu legen? Die *British interests* hatten immer gegen Frankreich und Rußland gestanden, und um die Jahrhundertwende flammten im Fernen Osten und in Nordafrika neue Konflikte auf. Preußen aber war der Alliierte, der seit dem Spanischen Erbfolgekrieg am meisten geblutet hatte für das Empire. Was sollte die Deutschen bewegen, das seebeherrschende England, das auf dem Land kaum gehen konnte, an die Seite Rußlands und Frankreichs zu treiben?

Und lag nicht auch in der Weltpolitik die Chance, die europäische

Kleinräumigkeit zu sprengen und mit England zusammen eine neue Balance der Welt einzurichten, noch bevor Rußland die ganze eurasische Landmasse schluckte? Noch immer befand sich die Insel in ihrer *Splendid isolation,* deren Glanz allerdings verblaßte und in Whitehall Anlaß gab zu Ängsten, eines Tages allein zu stehen. Noch immer war die Insel dem Kontinent sehr fern und sehr nah. Sehr nah bezüglich ihrer vitalen Sicherheitsinteressen an der strategischen Gegenküste Westeuropas, und sehr fern bezüglich ihres Reichtums, ihrer Märkte, ihrer Ressourcen. Die deutsche Politik hatte Spielraum

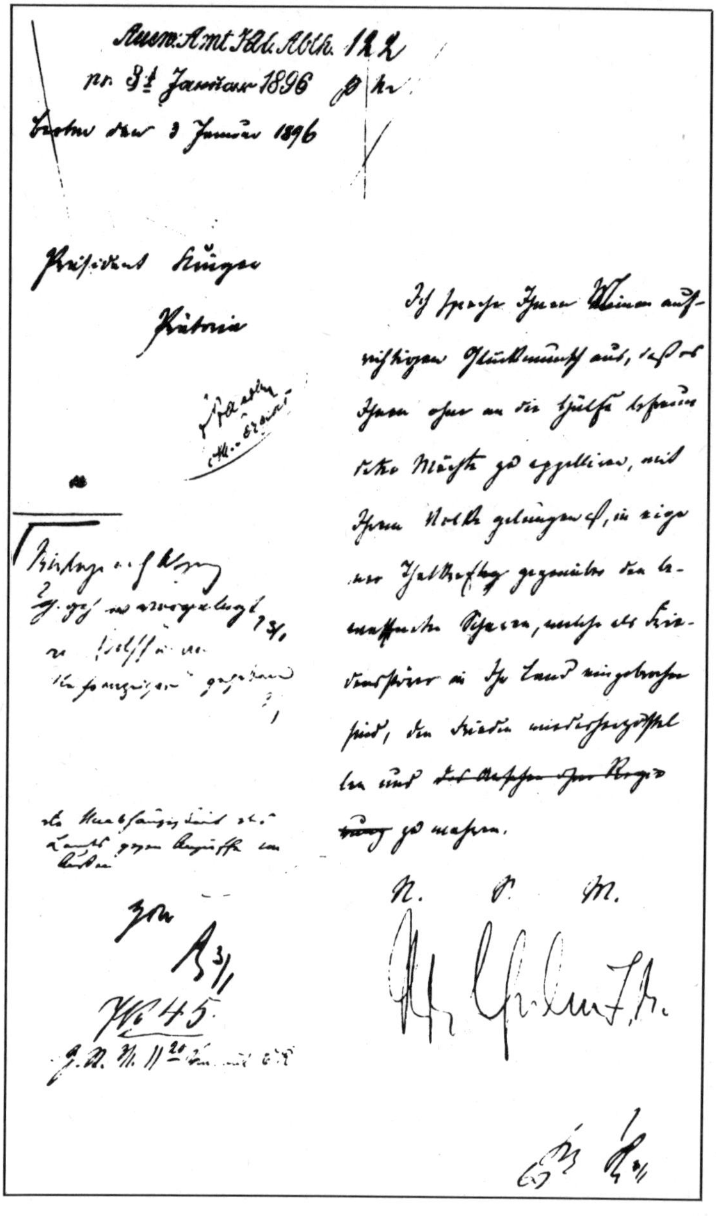
Berlin den 3 Januar 1896

Präsident Krüger
Pretoria

Ich spreche Ihnen Meinen aufrichtigen Glückwunsch aus, daß es Ihnen ohne an die Hülfe befreundeter Mächte zu appelliren, mit Ihrem Volke gelungen ist, in eigener Thatkraft gegenüber den bewaffneten Schaaren, welche als Friedensstörer in Ihr Land eingebrochen sind, den Frieden wiederherzustellen und [illegible] zu wahren.

N. S. M.
Wilhelm I. R.

Telegramm Wilhelms II. an Präsident (»Ohm«) Krüger in Pretoria: die Krüger-Depesche gewonnen. Bülow versprach seinem Kaiser 1898 in einem enthusiastischen Telegramm die Rolle des Arbiter mundi.

Die Lage an der Jahrhundertwende enthielt ebensoviel Drohung wie Versprechen. Die deutsche Politik konnte, auch ohne Bündnis mit England, viel erreichen. Das französisch-russische Bündnis war an der Peripherie gefährdet, und vielleicht stand es überhaupt nur auf dem Papier. Wer konnte das wissen? Der deutschen Politik war viel möglich. Nur eines war ihr verboten, absolut und unter Strafe des Untergangs: die Herausforderung Englands durch ein seestrategisches Machtpotential.

Aber es machte sich noch vor der Jahrhundertwende in Deutschland ein zunächst sportiver, dann aus Angst und Arroganz gemischter Englandhaß breit. Heinrich von Treitschke, der 1896 starb, war mit seiner vielgelesenen »Deutschen Geschichte« einer der großen wissenschaftlichen Popularisierer des Glaubenssatzes, englische Staatsräson sei Niederhaltung der tüchtigen Deutschen, ihre wirtschaftliche Ausbeutung und ihre Rekrutierung als Festlandsdegen. Der Kaiser gehörte zu seinen eifrigsten Lesern, und aus vielen seiner Marginalien gegen England sprach Treitschke.

Von Abkunft her halb englisch, war Wilhelm II. stets imponiert von britischer Flottenmacht. Keine Uniform wählte er lieber aus der Requisitenkammer seiner öffentlichen Auftritte als die eines Admiral of the Fleet. Er liebte es, Schlachtschiffe zu zeichnen. Gegenüber der federnden zivilen Lässigkeit britischer Umgangsformen legte er kontinentales Unverständnis an den Tag, in einem Denksystem militärischer Prägung befangen, das England zugleich überschätzte und unterschätzte. Wilhelm II. war der militanteste unter den militanten Deutschen, die an den Endkampf um die Weltmachtstellung glaubten. Selten hatte er den Nerv der öffentlichen Sentimentalität so gut getroffen wie mit jenem »Krüger-Telegramm« am 3. Januar 1896, als er »Ohm« Krüger, den Präsidenten der Transvaal-Buren, dazu beglückwünschte, eine Woche nach dem »Jameson Raid«, daß er sein Land bisher ohne Hilfe befreundeter Nationen verteidigt habe. Die Episode war grotesk gewesen durch das Mißverhältnis von starken Worten und schwachen Taten, sie säte Mißtrauen in der englischen Öffentlichkeit, und sie schnitt in das Gewebe der Diplomatie. In den Spannungen, die dann dem Burenkrieg vorausgingen, taten die deutschen Diplomaten alles, um sich die Verlegenheit, und die Briten vieles, um sich die Ungelegenheit eines neuen »Krüger-Telegramms« zu ersparen. Aber was immer das Ausland darüber dachte: Wilhelm II. hatte in Reden, Interviews und Telegrammen meist nicht mehr als das gesagt, was viele Deutsche am Stammtisch auch sagten, und er würde damit fortfahren.

»Handelsneid« und »perfides Albion« wurden Stichworte einer aus kollektiven Unterlegenheitsgefühlen gespeisten England-Feindschaft, die an Hysterie grenzte. Was immer die Deutschen an Einzelheiten vorzubringen hatten – 1887 zum Beispiel kam der Merchandise Marks Act, der das »Made in Germany« einführte, begleitet von englischen Klagen über Dumping, Imitation und unlauteren Wettbewerb – hatten sie vergessen, daß ihrem Handel das Empire offenstand, den Briten aber Zollmauern den Weg nach Mitteleuropa erschwerten? Von 1890 bis 1913 stieg das deutsche Handelsvolumen

Der Nord-Ostsee-Kanal war 1887 begonnen worden, 1895 eingeweiht. Der Kanal erlaubte der deutschen Flotte die strategische Rochade.

um 181 Prozent, das – auf höherer Vergleichsebene beginnende – britische nur um 105 Prozent.

Hinter allen soziologischen und wirtschaftlichen Erklärungen der tiefen Entfremdung, die nach Bismarck begann und die im Flottenbau ihren schneidendsten Ausdruck fand, stand letztlich die Einsicht, daß England den Maßstab dessen bildete, was Weltmacht war. Auf der anderen Seite des Kanals schwand die traditionelle Geringschätzung der deutschen Interessen und des deutschen Potentials; seit 1890 gab es drüben ein wachsendes Interesse, aus dem deutschen Aufstieg zu lernen[39], aber auch ein wachsendes Bewußtsein der Gefahr. Lange bevor in London die Öffentlichkeit 1908 vom »Battle-of-Dorking«-Fieber erfaßt wurde – fiktive Darstellung einer deutschen Invasion, die zum Bestseller wurde – wurde die britische Politik durch die Rauchfahnen hinter dem 1895 feierlich eröffneten »Kiel-Kanal« daran erinnert, daß die *British interests,* wie gegen Napoleon, am Rhein verteidigt werden mußten, oder überhaupt nicht. Alle anderen weltpolitischen Konflikte traten bald zurück.

Die wirtschaftlichen Rivalitäten waren zweitrangig; sie waren noch innerhalb der Regeln des »good cricket«. Es war ärgerlich, wenn die Deutschen auf dritten Märkten und selbst im Empire ihre

Maschinen und ihre Pharmazeutika verkauften. Es war beunruhigend und ließ die betroffenen Produzenten nach Vorzugszöllen für das Empire rufen. Aber Große Politik war dies nicht. Große Politik waren erst die Schiffsgeschütze, die seit der Jahrhundertwende die Home Fleet, seit dem Seesieg von Trafalgar 1805 ohne Gegner, bedrohten. Selbst der Aufbau der deutschen Kontinentalhegemonie, die sich eher wirtschaftlich vollzog als militärisch vorbereitet wurde, war noch kein Casus belli. Das System der *British interests* aber mußte in Alarmzustand geraten, sobald das neue deutsche Machtpotential durch eine ernst zu nehmende Schlachtflotte ergänzt wurde und die deutsche Machtprojektion die Schlagadern des Empire berührte und auf dessen Zentrum zielte. Das aber geschah seit 1898, und der Architekt der deutschen Schlachtflotte wurde der überaus fähige, ehrgeizige und von der altpreußischen kontinentalen Militärdoktrin durch Welten des Nationalismus und der Technikbegeisterung getrennte Flottenadmiral Alfred Tirpitz.

Als v. Bülow 1897 die Auswärtige Politik übernahm, wurde wenig später Tirpitz Chef des Reichsmarineamts, das der glücklose und im Reichstag mehrfach mit großen Flottenprojekten gescheiterte Admiral Hollmann verließ. Tirpitz hatte eine glänzende Laufbahn in Truppenkommandos und Stabsstellungen hinter sich, seit 1892 war er im persönlichen Auftrag des Kaisers damit befaßt, die Taktik der Hochseeflotte zu entwickeln.

Tirpitz war ein Technokrat reinsten Wassers. Realgymnasiast, mit sechzehn Jahren Seekadett geworden, konnte der Sohn eines Rechtsanwalts und einer Arzttochter in der Flotte, wo Adel nicht so wichtig war, rasch aufsteigen; arbeitsam, lernhungrig und ehrgeizig, mit Intellekt und Ellbogen weit über dem Durchschnitt ausgestattet. 1887 kommandierte er die Torpedobootflottille, die Prinz Wilhelm, den künftigen Kaiser, nach England zum Regierungsjubiläum der Queen brachte. Die Gespräche zwischen dem Prinzen, dessen Flottenmanie damals erwachte, und dem schneidigen Seeoffizier wurden Beginn einer ungewöhnlichen Karriere.

Von Außenpolitik im Bismarckschen Sinne verstand Tirpitz, als er 1898 Staatsminister wurde und das Reichsmarineamt übernahm, wenig oder nichts. Er hatte Darwin gelesen und übertrug, wie es damals viele taten, dessen Lehre von der Unerbittlichkeit der Auslese auf die europäischen Groß- und Weltmächte. Er glaubte an Kampf und Krieg, und daß die kraftvolle deutsche Nation der altgewordenen britischen Zivilisation überlegen sei und dazu ausersehen, ihr Erbe in der Welt anzutreten. In den Theoremen des amerikanischen Admirals und Bestsellerautors Mahan fand er, wie sein oberster Kriegsherr, die Bestätigung, daß Weltmacht anders nicht zu erringen sei als durch Seemacht, auf friedliche Weise wenn möglich, notfalls aber durch Krieg.

Tirpitz, als Seeoffizier hochqualifiziert, als Organisator eines militärischen Riesenprogramms imponierend und in der Beeinflussung der Öffentlichkeit und der Sympathiewerbung im Reichstag durchaus virtuos – Tirpitz' rascher Aufstieg in die außenpolitische Schlüsselrolle bezeichnete den Punkt, an dem deutsche Weltpolitik Hybris wurde. Dabei hatte sein Kalkül eine gewisse, abgründig überspannte Logik. Deutschland war im Zangengriff der Franzosen und der Russen, und auf den Zweibund war nicht viel Verlaß. Diese Gefährdung galt es aufzubrechen. Den Schlüssel des Weltgleichgewichts hielt England. Ob England sich dem deutschen Bündnis fügte, ob die Inselmacht niedergekämpft werden mußte, die Weltmachtstellung Englands bildete den Riegel vor dem deutschen Ausbruch aus der verzweifelten, unaufhebbaren kontinentalen Mittellage, so wie sie vor bald einem Jahrhundert den Riegel vor der Weltherrschaft des französischen Imperators gebildet hatte und wie sie ein halbes Jahrhundert später den Riegel bilden würde vor der Weltreichskonzeption Hitlers. Dieser Riegel mußte, das wurde zum deutschen strategischen Axiom der Jahrhundertwende, biegen oder brechen.[40]

So oder ähnlich mögen die Denksysteme ausgesehen haben, mit denen die deutsche Führung aus der Weltpolitik der neunziger Jahre in die Weltmachtpolitik der Jahrhundertwende hinüberglitt. Oder gab es gar keine Konzeption, um die isolierten Kombinationen der deutschen Innenpolitik zur großen weltpolitischen Schachpartie in Beziehung zu setzen? War alles nur innenpolitische Ablenkung und ein »Palliativ«, wie Tirpitz einmal schrieb, »gegen gebildete und ungebildete Sozialdemokraten«? Inszenierung eines Dramas, dem die ganze Bismarcksche Reichsgründung nichts war als eine überlange Generalprobe? Wurde die Existenz des Reiches aufs Spiel gesetzt, um ein Strohfeuer der Begeisterung anzufachen für Stapelläufe, Matrosenanzüge und markige Kaiserreden, und um den Regierenden ihr Geschäft ein wenig leichter zu machen? Oder stand dahinter letzten Endes doch eine Vorstellung, allein aus der künftigen Weltmachtstellung dem Druck auf die gefährdete mitteleuropäische Position standhalten zu können? Dann war diese Strategie aus Verzweiflung geboren, und in Verzweiflung würde sie enden.

Seestrategie und Schiffsbautechnik hingen eng zusammen. Ohne strategische Konzeption ließ sich die Technik nicht planen, ohne die geeigneten Kampfschiffe ließ sich Strategie nicht entwerfen. Von jeher herrschte aber in der deutschen Marine ein Durcheinander seestrategischer Ansichten, und das technische Durcheinander folgte daraus. Hatte die Marine der Armee den Rücken freizuhalten? Hatte sie die Handelsschiffahrt zu decken und ab und an in Übersee Flagge zu zeigen? Hatte sie zwischen Themse und Helgoland die Entscheidung zu erzwingen? Jede dieser Fragen setzte ein anderes strategisches Konzept voraus, und jedesmal gehörte dazu eine neue technische Antwort.[41] Die Durchsetzung des Stahlpanzers anstelle der Holzbauten, die Entwicklung der Turbine, des Großdiesels, dann vor allem der Torpedowaffe (seit 1866) und der Tauchtechnik seit der Jahrhundertwende, vor allem aber, einander beschleunigend, die Fortschritte in Stahlpanzerung der Schiffe und Durchschlagskraft der Granaten boten neue Möglichkeiten der Kombination auf dem seestrategischen Schachbrett. Hier vor allem lag die Versuchung, der die deutschen Spätankömmlinge auf dem Wasser erlagen, durch einen technischen Spurt sich an die Spitze des Rüstungswettlaufs zu setzen.

Die Technik der Panzerplatten, der Geschütze, der Elektrizität und der Optik, die die deutsche Industrie so gut beherrschte, bot den

Offizieren mit den goldenen Streifen auf der nachtblauen Uniform die Chance, ihre alte Aschenputtelrolle abzuwerfen. Wirtschaftlich gewann die deutsche Werft- und Waffenindustrie die Möglichkeit, Leistung zu zeigen, Geschäfte zu machen und im internationalen Waffenexport dabeizusein. Die Technik aber bedurfte der Strategie, das heißt einer die Armee, den Kaiser und auch den geldbewilligenden Reichstag überzeugenden Darstellung von Zielen und Mitteln. Tirpitz war der Mann, der beides überschaute, Technik und Strategie, und der dazu noch statt der alten Konfrontation gegen den Reichstag eine Überrollungs- und Überredungskunst entwickelte, die ihn zur Schlüsselfigur der neuen deutschen Schlachtflottenpolitik machte. Ohne ihn hätte es Weltpolitik gegeben. Ohne ihn wäre auch der Traum deutscher Seegeltung geträumt worden. Schwerlich aber wäre ohne Tirpitz aus diesem Traum Realität und dann, als England zum Spurt ansetzte und durch den Bau der »Dreadnoughts« seit 1908 die Deutschen überholte, aus der Realität ein strategischer Alptraum geworden.

Schiffskurbelwelle mit einem Gewicht von 45000 kg auf der Drehbank

Im Flottengesetz von 1898, mit dem Tirpitz alle Planungen seiner Vorgänger vom Tisch wischte, wurden nicht einzelne Schiffe gefordert, sondern ganze Geschwader. Der Plan schien einfach, aber er war politisch doppelbödig.[42] Denn wenn Geschwader gefordert wurden, konnte der Reichstag nicht einzelne Schiffe streichen, ohne in die Kommandogewalt des Obersten Kriegsherrn einzugreifen und einen Verfassungskonflikt zu provozieren. Die technische Eigengesetzlichkeit wurde damit zum Hebel der Strategie, zugleich blockierte sie alle Detailkritik des Parlaments.

Die Begründung war so einfach wie überzeugend. Die anderen Mächte, England voran, hatten in den letzten Jahren aufgerüstet. Die Deutschen mußten nachholen. Dafür sollte zum erstenmal, wie bei der Armee die Zahl der Soldaten, der Sollbestand der Schiffe gesetzlich festgelegt werden. Der Sollbestand von zwei neuen Geschwadern sollte bis 1905 erreicht sein. War der Reichstag erst einmal in diese Falle getappt, dann mußte er auch die jährliche Bewilligung folgen lassen, um den einmal festgesetzten Bestand unter Dampf zu halten. Und nicht nur dies: das Parlament war dann auch gehalten, Jahr um Jahr die Bausummen zu bewilligen, die der Marine nach Plan zustanden.

Würde der Reichstag dieses Großprogramm ablehnen, das so geordnet, gemäßigt und sachgerecht erschien, so drohte die Auflösung. Daß die Abgeordneten von ihren Wählern unter Druck gesetzt wurden, dafür sorgte Tirpitz dann in einer Werbekampagne, die jedem Industrieunternehmen gut angestanden hätte. Hunderte von

Journalisten und Gelehrten, Abgeordneten und Diplomaten schrieben Tausende von Artikeln, Broschüren und Abhandlungen. Vorträge und Reden wurden gehalten in Vorlesungssälen und auf Marktplätzen. Der Druck für die Flotte sollte nicht von oben kommen, sondern von unten. Und er kam. Geachtete Professoren wie Lujo Brentano und v. Schulze-Gävernitz zogen als Wanderprediger für die deutsche Seemacht durchs Land. Und wo nicht von den Segnungen kraftvoller Seemacht gesprochen wurde, war doch vom Burenkrieg,

Wilhelm II., Eine Seeschlacht, 1895

S. M. Panzerkreuzer Prinz Adalbert (Jung-Deutschlands Flotten- und Kolonialkalender 1908)

von Kolonien und dem englischen Handelsneid die Rede.[43] Die Wirkung ging tief in die Reihen der Sozialdemokratie. Wenn es je eine überparteiliche Sache gab, dann war es die Flotte. Tirpitz' Propaganda stieß in den Meinungs- und Mobilisierungstechniken die Tür zum zwanzigsten Jahrhundert auf. Sie ergänzte die Verschleierung, den Druck und die technische Systematik, mit der der Admiral sich durchsetzte.

Dem Parlament und der Öffentlichkeit indes hat Tirpitz wohlweislich vorenthalten, daß die Flotte mehr leisten sollte als Handelsschutz und Küstenverteidigung mit der schmalen Chance, gegen England als »Ausfallflotte« einmal aktiv zu werden. Tatsächlich hat Tirpitz von Anfang an, seit 1897, eine »Flotte gegen England« geplant.[44] Er wollte hinter einem Schleier harmloser Begründungen zuerst die Deutschen beruhigen, dann auch die britische Admiralität. Ihr traute man ein zweites »Kopenhagen« zu, den kaltblütigen Zugriff auf die sich sammelnde gegnerische Flotte, der 1807 praktiziert worden war und von der formidablen dänischen Seemacht binnen Stunden nur rauchende Trümmer zurückließ. Für Tirpitz war »Krieg die Fortsetzung der Politik«[45]. Seine Hochseestrategie war von Anfang an durchgeplant, wurde aber stufenweise durch die späteren Flottenvorlagen entwickelt und durch die These der »Risikoflotte« verschleiert. Die Flotte war für den Ernstfall gedacht, der auf dem Schachbrett der Politik durchkalkuliert oder zur See ausgefochten werden mußte. Auf die Dauer, so glaubte Tirpitz, und er stand damit nicht allein unter den Machteliten des industriellen Deutschland, sei der Entscheidungskampf mit England unvermeidlich, weil die seeabhängige deutsche Industrieentwicklung sonst durch die Briten abgeblockt werden konnte. Sein seestrategisches Konzept mit schwer gepanzerten Schlachtschiffen kurzer Reichweite konzentrierte alle Mittel auf die Entscheidungsschlacht zwischen Helgoland und Themse. Damit aber war »unmittelbar die englische Insularität« bedroht[46]. Alles spitzte sich zu auf die »durchgeschlagene rangierte Hochseeschlacht«[47].

Aus dem Dogma der Vernichtungsschlacht folgte, daß am Ende Sieg oder Niederlage stand, Weltmacht oder Untergang. Was Tirpitz zur See konzipierte, hat danach der Schlieffen-Plan zu Lande realisiert: Militärstrategie ohne Alternativen. Sie waren in diesem Denken nicht zugelassen. Die Axiome des Vulgärdarwinismus, Leben als Kampf, schlossen die Mäßigung der Vernunft ebenso aus wie der durch Mahan gepredigte Glaube an Weltmacht durch Seemacht. Und Alternativen, die das Zugeständnis des Irrtums enthielten, hätten auch in unübersehbare innenpolitische Niederlagen geführt, wenn am Ende die ganze teure Seerüstung für nichts gewesen war, oder nur der Weg der Deutschen ins Verderben.

Tirpitz, das war Technokratie und Glaubensstärke, das war Machtatavismus mit den Mitteln der Großindustrie und der modernen Waffentechnik. Tirpitz bedeutete die Abdankung der Politik vor der Faszination des Machbaren und der Logik der Macht. Tirpitz ging es wie dem Lyderkönig Kroisos, dem das Delphische Orakel kundgab, wenn er den Halys überschreite, werde er ein großes Reich zerstören. Tirpitz tat es, und es war das deutsche.

9.
Weltpolitik ohne Krieg? 1900–1914

Abend-Ausgabe.

Berliner Tageblatt

und Handels-Zeitung.

Der Untergang der „Titanic“.

Mehr als 1300 Tote, anscheinend ca. 870 Gerettete.

»Weltpolitik indes muß getrieben werden. Die wirtschaftliche Expansion und der Lebenswille des Volkes drängen hinaus. Die deutsche Politik muß dem Circulus vitiosus entrinnen. Sie kann nicht für reine Kontinentalpolitik optieren. Die Aufgabe, die diese Situation stellt, ist das eigentliche Problem der auswärtigen Politik des Deutschen Reiches. Alles, was geschieht, läßt sich als Versuch ihrer Lösung auffassen. Es ist klar, daß die weltpolitische Bewegungsfreiheit des Deutschen Reiches desto größer ist, je unabhängiger von der Konstellation der Mächte seine kontinentale Stellung ist ... Die Entscheidung über die deutsche Weltpolitik fällt auf dem Kontinent ... Indes kann man sich vielleicht eine deutsche Weltpolitik ohne eine überragende Stellung zur See, aber gewiß keine ohne eine solche Stellung zu Lande denken.«

J. J. Ruedorffer (Kurt Riezler), Grundzüge der Weltpolitik in der Gegenwart, 1914.

»Das Zeitalter ist verrückt.«

A. Bebel, 12.8.1913.

Mit hoher Fahrt jagte der Oceanliner »Titanic« Mitte April 1912 dem Blauen Band nach, einer prestigeträchtigen Prämie für die schnellste Atlantiküberquerung auf der Route Southampton-New York. Die Jungfernfahrt des hochmodernen Schiffes war ein gesellschaftliches Ereignis, und sie führte, um Zeit zu gewinnen, ein wenig nördlicher als üblich über den Nordatlantik. 1911 durch die White Star Line in Dienst gestellt, war die »Titanic« mit 46.326 Bruttoregistertonnen der größte Passagierdampfer der Epoche. Die Konstruktion, die Erfahrungen des Schlachtschiffbaus verwertete, galt den Ingenieuren als Garantie der Unsinkbarkeit. Aber das Wunderwerk der Technik legte niemals in New York an. Während die Passagiere, darunter die Spitzen der Geldaristokratie der amerikanischen Ostküste, auf dem Oberdeck dinierten und tanzten, rammte das Schiff in der Nacht vom 14. auf den 15. April 1912 einen Eisberg. Innerhalb von kaum drei Stunden war alles zu Ende. Nur wenige hundert Menschen wurden aus den eisigen Wassern des winterlichen Nordatlantik gerettet. Die Katastrophe war ein *memento mori* der technischen Zivilisation. Aber erst, als der Große Krieg begann und das Feld der Ehre zum Blutsumpf wurde, lernten die Europäer, daß die Fahrt der »Titanic« die Metapher ihrer Überhebung und ihres Untergangs gewesen war.

Kölner Karneval
Zeichnung von Passavanti, 1900

Die Epoche der Jahrhundertwende hatte viele Gesichter. Den Mitlebenden, die auf Politik und soziale Bewegung schauten, erschien sie unwohnlich, ein Zeitalter der Neurose, bedroht von Machtkämpfen und sozialen Umschichtungen und gekennzeichnet durch einen atemlosen Prozeß der Ablösung, der Modernisierung, von Abschied und Aufbruch. Und doch, gemessen an der Zeit der Untergänge, die 1914 begann, scheint über den letzten beiden Vorkriegsjahrzehnten ein Glanz zu liegen, wie er über allen Abschieden liegt, herbstliche Färbung, wehmütig und hellsichtig machend in der Ahnung kommender Katastrophen. Aber unser Blick hat die Unmittelbarkeit verloren. Der Erbe kennt das Ende, weil er Erbe ist. Er ordnet dem Ende das Krisengefühl, die Abschiedsstimmung, die Aufbrüche, Leistung und Hybris der Epoche zu. Er verkürzt die retardierenden Momente und übergeht die Frage, ob alles nicht auch hätte anders kommen können.

Wann aber hätten Menschen je ihre Lage gemessen an den Gefährdungen, die ihr innewohnten, und nicht an den Hoffnungen, die sie sich machten, ja machen mußten? Eine Generation später, am Tiefpunkt der Weltwirtschaftskrise, hatten die liberalen Werte allen Glanz verloren. Was aber 1931 der Heidelberger Philosoph Karl Jaspers seinen Hörern sagte, galt auch schon für die sonnigen Fluren der Jahrhundertwende. Jaspers sprach vom Preis der Modernität. »Seit der französischen Revolution lebt in der Tat ein spezifisch neues Bewußtsein der epochalen Bedeutung der Zeit. Es hat sich im neunzehnten Jahrhundert gespalten: dem Glauben an den Anbruch einer großartigen Zukunft steht das Grauen vor dem Abgrund, aus dem keine Rettung mehr ist, entgegen.«[1] Dem Fortschrittsglauben antwortete die Kulturkritik. Den Zukunftsentwurf dementierte die Verzweiflung hellsichtiger Propheten wie Friedrich Nietzsche, der künftige Barbarei erahnte.

Was materielle Wohlfahrt, Aufstieg und Aufstiegschancen betraf, Öffnung der gesellschaftlichen Strukturen, Einkommenssteigerung, Wirtschaftsleistung, Leistungswille und Lebensgefühl, da hielt die Lage, in der die Mehrzahl der Menschen der Jahrhundertwende sich befand, jeden Vergleich mit den zurückliegenden Jahrzehnten aus. Nicht allen, aber der Mehrzahl ging es besser. Es gab Not, Bedrängnis, Entwurzelung, Armut, schlimme Ausbeutung, miserable Wohnbedingungen, krankmachende Arbeit, Niedergang der Hausindustrie, Niedergang vieler alter Handwerke ohne Markt und ohne Zukunft.[2] Aber die Gesamtbilanz sah positiv aus. Die Gewerbegerichte, bestehend aus einem vorsitzenden Richter, einem Unternehmer und einem Gewerkschafter, wurden erweitert und schlichteten im Arbeitsrecht. In den Großunternehmen wurde der Arbeiterschutz ausgebaut und staatlich überwacht – allein Handwerk und Kleinbetriebe entzogen sich solchem heilsamen Druck von oben. Die Streiks wurden gemeinsam durch Gewerkschaften und Unternehmer aus einem wilden, aufstandsähnlichen Arbeitskampf zum militanten Ritual diszipliniert. Es entstand, was man bald den »institutionalisierten Klassenkampf« genannt hat. Die Verteilung des Sozialprodukts wurde in scharfen Konflikten geregelt, die Basis blieb unzerstört. In der Großindustrie fanden die Gewerkschaften ihre härtesten Gegner, in der chemischen Industrie und in der Schwerindustrie konnten sie kaum Fuß fassen. In der Elektroindustrie und im Bergbau blieb ihre Mitwirkung bei Festsetzung von Arbeitsbedingungen und Lohn lange gefährdet. Aber in den Mittel- und Kleinbetrieben drangen sie vor. 1890 gab es im ganzen Reich erst 51 Tarifverträge, 1913 waren es an die 14.000, und sie erfaßten über 140.000 Betriebe mit mehr als 1,4 Millionen Arbeitern. Die Gewerkschaften begannen, ihren Blickpunkt zu erweitern. Betriebspatriotismus ging mit der Zähmung jugendlicher Kampf- und Streiklust einher, es entstand eine zunehmend in betriebliche und überbetriebliche Verantwortung eingebundene ältere, erfahrene Führungs- und Funktionärs-

Peter Behrens, Zinshäuser für Arbeiter in Hennigsdorf bei Berlin, 1910

schicht. Sie stieg auf und ergänzte sich nach dem von Robert Michels, einem der wenigen sozialdemokratischen Privatdozenten, damals im Blick auf die deutsche Arbeiterbewegung formulierten »ehernen Gesetz der Oligarchie«[3].

Neben der qualifizierten, durch die Gewerkschaften vertretenen industriellen Arbeiterschaft aber fanden sich die Verlierer der Industrialisierung: altes Hausgewerbe, Heimarbeit, Handwerker ohne Zukunftschancen, Kinder und Frauen, dazu der fast unverändert große Bereich ländlicher Arbeit, in dem der ortsansässige Inste und Heuerling langsam ersetzt und verdrängt wurde durch das Heer der Saison- und Wanderarbeiter. Im Brennpunkt der Arbeiterpolitik und an der Spitze der Arbeiterbewegung – und das gilt für die breite Literatur zum Thema nicht anders – stand der Industriearbeiter. Er gehörte zu den Gewinnern der Industrialisierung, nicht zu ihren Verlierern. Er kam ja nicht aus jenen heilen Handwerksverhältnissen, die allein in den Köpfen der Romantiker lebten. Er kannte eine ganz andere, zerfallende Handwerkswelt, ihre brutale Disziplin, ihre Härte, ihre mangelnde Solidarität mit den Schwachen, ihre Heiratsverbote, ihre Gehässigkeit und Enge. Die meisten jener Facharbeiter, die die Handwerkswelt verließen, haben es nicht tränenfeucht getan, sondern sie atmeten auf, und sie hatten allen Grund dazu.

Dieses Aufatmen war das ganze neunzehnte Jahrhundert hindurch zu hören. Wo das Handwerk sich nicht umstrukturierte, sich von Produktion auf Zulieferung und Reparatur oder - vor allem beim Bau - Verarbeitung industrieller Produkte umstellte, da ging es unter: Übergang oder Untergang, ein Drittes gab es nicht. Und die Handwerksgesellen, die immer hartköpfige Realisten gewesen waren, waren es auch jetzt. Deshalb schlugen sie sich auf die Seite der Industrie. Deshalb gründeten sie ihre alten Bruderschaften aufs neue und begründeten so die industrielle Gewerkschaftsbewegung. Den Stolz, den Kampfgeist, die Solidarität und die Disziplin, die nahmen sie nicht aus Büchern und Aufsätzen. Sie fanden sie in ihrer eigenen stolzen Tradition: eine selbstbewußte, zum Trotz erzogene Schicht von Handwerkern, die zu Facharbeitern wurde. Es gehörte zu den Belastungen des Kaiserreichs, daß von den neuen und alten Machteliten Aufstiegswille, Leistungskraft und moralische Disziplin dieser Arbeiteraristokratie nicht gesehen, begriffen und integriert wurden, sondern denunziert als Kampfansage an die bürgerliche Gesellschaft. Es gehörte indes auch zur Leistung des Nationalstaats, durch die Sozialpolitik dem Industriearbeiter seine Würde zurückzugeben und durch politische Integration jenem Konsensus vorzuarbeiten, ohne den die Gesellschaft sich selbst zerstören mußte.

Volksfest in der Hasenheide bei Berlin.
Zeichnung von Georg Koch, 1878

Niemand hat mehr als August Bebel, unumschränkter Führer der Sozialdemokratie, Volkstribun und roter Gegen-Bismarck, diese widersprüchliche Einheit von Sozialprotest und Sozialdisziplin, von Kampfgeist, Anpassungsfähigkeit und Patriotismus verkörpert. Er kam aus engen Verhältnissen, war Handwerksgeselle und Autodidakt, aufstiegsbewußt und exzessiv rechthaberisch. 1840 geboren, der Vater königlich preußischer Unteroffizier in Köln, der starb früh, bald folgte die Mutter nach. Mit siebenundzwanzig Jahren wurde Bebel zum Führer der deutschen Sozialdemokratie gewählt, die damals noch Sekte war. Er blieb es nahezu fünfzig Jahre und starb 1913, als die Partei längst die bestorganisierte Arbeiterbewegung der industriellen Welt geworden war. Maximilian Harden verglich in der »Zukunft« Bebels Stellung 1903 mit der eines asiatischen Despoten: »Sein Wille geschieht. Er ist Zensor, Richter, Oberfeldherr, König, Gott.« Georg von Vollmar, der abgedankte preußische Oberleutnant, der die »königlich bayerische« Sozialdemokratie führte, intellektuell dem Arbeiterführer weit überlegen, unter den Führern der Partei wohl der beste Kopf mit Sinn für Realpolitik, nannte Bebel einmal im Zorn einen Diktator – um sich dann doch wieder zu fügen.[4] Wie hatte Bebel so hoch steigen können? Wie kam es, daß Bebel unzweifelhaft den Willen der Mehrheit seiner Partei verkörperte und sie zugleich kommandierte wie ein Unteroffizier ungeschickte Rekruten? Noch einmal Harden: »Er ist die Partei.« Wie hatte er das werden können?

Einen großen Plan besaß er nicht. Auch seine Lobredner haben ihm niemals politisches Augenmaß, Sinn für Ziele oder Mittel nachgesagt. Stets habe er in der Politik von der Hand in den Mund gelebt, schrieb Helmut von Gerlach, der der Sozialdemokratie mit Sympathie begegnete, 1909 in einem biographischen Essay. »Bebel hat immer nur allerfernste Zukunfts- und allernächste Augenblickspolitik betrieben.«[5] Aber eine Politik, die stets nur von Fall zu Fall denkt und im übrigen Utopie bleibt – ist das noch Politik? Darf Politik das Verhältnis von Zielen und Mitteln preisgeben, zwischen Utopie und Tagestaktik ein Vakuum belassen? Wenn dem so ist, dann wäre Bebel der Vorwurf nicht zu ersparen, daß die tiefe Spaltung der deutschen Sozialdemokratie vor der Realität, die aus ihrer Geschichte

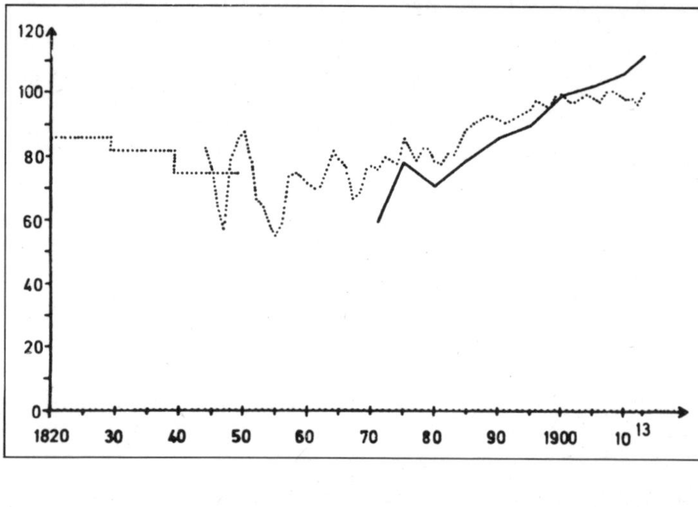

Reallohnentwicklung von 1820 bis 1913 (1900 = 100)

········ durchschnittliche Bruttoreallöhne nach Kuczynsi 1820 bis 1913

—— Reallöhne nach Desai 1871 bis 1913

kam, von ihm vertieft wurde. Dann aber wäre auch jene Hilflosigkeit im Angesicht des zusammenbrechenden Kaiserreichs, als 1918 die alten Unheilsprophetien sich erfüllten und die neue Republik in Agonien geboren wurde, noch zum Erbe Bebels zu zählen. Wenn Bebel Verkörperung der Partei war, dann lag das Problem in der Partei, und nicht allein bei ihrem Führer. Oder war fünfzig Jahre lang alles nur Rhetorik gewesen, was jenseits der Tagespolitik lag, Prinzip Hoffnung und Flucht aus der wirklichen Politik?

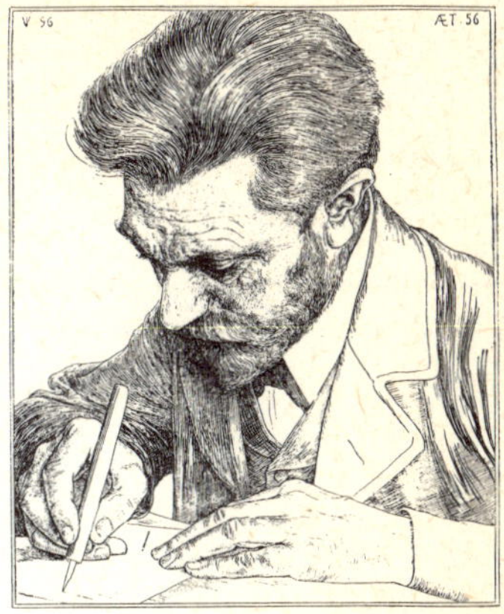

August Bebel: der Volkstribun als Schreibender (nach einer Lithographie von Veet)

Bebel war Gegenspieler Ferdinand Lassalles gewesen, hatte entschiedener als dieser den Segen der Großpropheten in London erhalten, galt Marx und Engels als der bessere Revolutionär. Lassalle, der im Duell fiel, war Beau und Elegant gewesen und Arbeiterführer, der sich um einer Adelsdame willen schoß. Dem Drechslermeister Bebel haben dieses jammervolle Ende des Gegenspielers und die Führungsschwäche der Lassalleaner den Weg freigemacht an die Spitze der deutschen Sozialdemokratie, die 1875 geeint wurde. Den Theoretikern in London räumte Bebel großen Einfluß ein auf die Programme der Partei, mehr als auf ihre Praxis jedenfalls. Ob der Abgeordnete von Glauchau-Merane je Marxist von großer analytischer Fähigkeit wurde, ist indes zu bezweifeln. Bebels Aufstieg hatte andere Wurzeln. Er war ungeheuer fleißig und las viel – nicht zuletzt in der erzwungenen Muße der Untersuchungshaft während des Krieges gegen Frankreich und der anschließenden, zusammen mit Karl Liebknecht auf Schloß Hubertusburg verbüßten Festungshaft (zwei Jahre wegen Vorbereitung zum Hochverrat, dazu neun Monate Gefängnis wegen Majestätsbeleidigung). Hier las er Marx' »Kapital«, Engels' »Lage der arbeitenden Klasse«, Lassalles »System«, Klassiker wie Plato, Aristoteles, Machiavelli, aber auch Darwin (»Entstehung der Arten«), Liebig (»Chemische Briefe«) und Haeckel (»Natürliche Schöpfungsgeschichte«). Sein eigenes, wichtiges Buch »Die Frau und der Sozialismus« wurde Bestseller der deutschen Arbeiterbewegung (1. Auflage 1883, 50. Auflage 1909).

Die Frau

und der Sozialismus

Von August Bebel

Vierunddreißigste Auflage

Verbessert und mit neuen Materialien versehen

Stuttgart

Verlag und Druck von J. H. W. Dietz Nachf.

1903

Bebel verfügte über ein untrügliches Gedächtnis für Menschen und Zahlen. Debatten bestritt er mit Polemik und zukunftsfrohem Pathos und, seitdem er Mitglied des Haushaltsausschusses des Reichstags geworden war, mehr und mehr auch mit imponierender Detailkenntnis von Haushalt und Gesetzgebung. Einem Adolphe Thiers, einem William Gladstone gegenüber hätte Bebel ein anderer werden müssen. Wo er Bismarck zum Gegner hatte, wuchs er zum Arbeiter-Bismarck empor, dem Vorbild nach Durchsetzungswillen und üblem Stil der Menschenbehandlung nicht ungleich. Er verwaltete in der Partei eine Art Willensbildungs- und Meinungsmonopol für die Tagespolitik, und zugleich befriedigte er ihre Bedürfnisse nach visionärer Zukunftsdeutung. Bebel war beides, und darin lag seine Stärke: Oligarch, Organisator, Stratege, aber auch Visionär, Verkörperung des Kampfes und Prophet des Sieges. Nur eins war er nicht: Pragmatiker, Entwerfer kleiner Schritte, Bohrer dicker Bretter.

Gelernter Drechsler, gehörte Bebel zu jenen alten Handwerkszweigen, denen die Industrialisierung die Chance der Umstellung bot. 1861 schloß er sich dem Leipziger Gewerblichen Bildungsverein an, förderte die Gründung der ersten modernen deutschen Bergarbeiterorganisation und sprach gegen Lassalles Forderung nach allgemeinem, gleichem Wahlrecht, weil er den Arbeiter für unreif und die bonapartistische Versuchung für groß hielt. Die Begegnung mit Liebknecht 1865 sollte ihn prägen, seitdem gab es keine Brücke mehr zum Fortschrittsliberalismus, auch dann nicht mehr, als Bebel selbst Unternehmer und Rentier wurde. Denn um für die Politik zu leben, ohne von ihr leben zu können, mußte er sich von der Arbeiterexistenz entfernen. Er verkaufte Familienparzellen und machte sich in Leipzig selbständig. Als Kleinmeister zahlte er einen halben Taler mehr Wochenlohn als die Konkurrenten und ließ täglich eine Stunde weniger arbeiten: das beruhigte das Gewissen und schärfte den Sinn für wirtschaftliche Zusammenhänge. Die Baukonjunktur nach der Gründerzeit half ihm: die Werkstatt für Tür- und Fensterbeschläge wurde Fabrik. Bebel gewann einen Sozius, der sich um die Technik kümmerte, und bediente sich der unternehmerischen Verbindungen von Friedrich Engels. 1884 zog Bebel sich zurück und erhielt eine Abfindung, die ihm eine bequeme bürgerliche Existenz ermöglichte. Längst schon verbrachte er mit Frau und Tochter den größten Teil des Jahres am Zürichsee, wo ihm ein Vierzehn-Zimmer-Haus mit großem Obstgarten (50 Ar) zu eigen war, dazu Badehaus und Bootsplatz am See. Bebel war nicht mehr Proletarier, sondern lebte in beneidenswert bourgeoisen Verhältnissen, wie es überhaupt in der Reichstagsfraktion der deutschen Sozialdemokratie keinen wirklichen Arbeiter gab.[6]

Mußte nicht die Villa den revolutionären Donner dementieren, den Bebel liebte? Wo Wasser gepredigt und Wein getrunken wird, bleibt immer ein Rest von Zweifel. Aber in der Partei schadete es ihm nicht. Wo Oben und Unten so gefestigt waren, wo das eherne Gesetz der Oligarchie so unumstößlich regierte wie in der deutschen Sozialdemokratie vor dem Ersten Weltkrieg und wo die Achtung vor persönlicher Tüchtigkeit – und die konnte Bebel niemand bestreiten – so groß war, da stärkte die bürgerliche Lebensform die politische Stellung.

Auch sonst war Bebels Karriere nicht frei von förderlichen Paradoxien. Dem Sozialistengesetz verdankte er, weil es ihn zum Heroen machte und zugleich die Führungsstruktur der Partei noch mehr als zuvor auf ihn lenkte, die unbestrittene und unbestreitbare Stellung. Die Basis existierte nur im Untergrund, sie konnte ihren Abgeord-

Aktienkurse und Arbeitslosenquote von 1870 bis 1913
a) Durchschnittswerte der Kurse börsennotierter Aktien in v. H.
b) Arbeitslosenquote

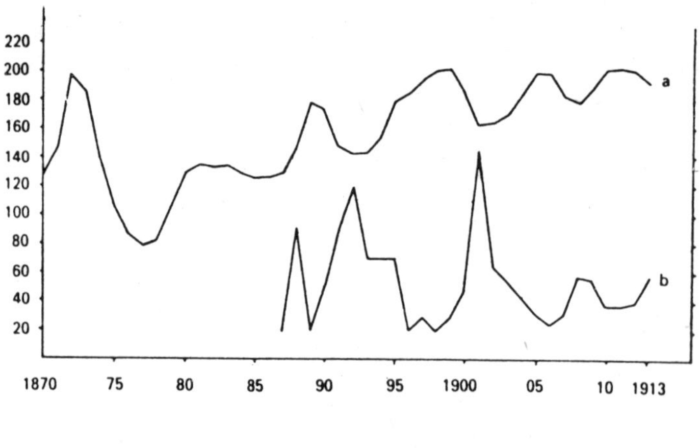

neten nicht diktieren, die Fraktion war, was ihre Wähler anlangte, unabhängiger als jede andere. Wie hätte sich die Arbeiterpartei sonst jemals mit dem freien Mandat der Abgeordneten befreunden können, mit Repräsentation und Parlamentarismus?

Bebel wurde im Reichstag der große Widerpart der gesamten bürgerlichen Rednerliste, von Eugen Richter beim Fortschritt bis zu Heydebrand bei den Konservativen. Er formulierte die Rechenschaftsberichte der Fraktion. Er konnte Partei-Karrieren machen oder verhindern. Alles stärkte seine Macht über die Partei. Charisma war im Spiel, das ihn zugleich in Utopie trieb und in Polemik. Die Partei führte Bebel als Massenbewegung vom marxistischen Zentrum aus. Ihre Parteitage dienten mehr der Akklamation der Führung als deren Rechtfertigung. Die Partei der Außenseiter wurde Staat im Staat, und Bebel riß Gräben auf, wo immer sie sich aufreißen ließen, schuf Trennungen zu Liberalen und Christen, wo immer möglich. So hat Bebel das flache Spätaufklärertum der Arbeiterbildungsvereine zugespitzt zu einem Prinzipienkampf gegen Religion und Kirchen. Er fürchtete deren soziales Engagement. In der katholischen Soziallehre und der evangelischen Sozialethik sah er nicht die Chance der Versöhnung, sondern die Bedrohung der Organisation. So mußte die Sozialdemokratie kämpferisch und kompromißlos sein im Kampf um die Seelen und Gegenkirche werden.

Damit aber hat Bebel, der mehr auf die Ratio setzte als auf das Gemüt, die Partei ideologisch und sozial eingemauert und die Mehrheitschance auf lange Zeit verspielt. Aber Bebel war zu sehr ein Gegen-Bismarck, um Kompromisse zu formulieren, wenn sie sich vermeiden ließen. Zuspitzung, Polemik, scharfe Grenzen: das waren die Mittel seines Charisma. Dazu die Vermeidung jener politischen Reformen, die zwischen Fernziel und Gegenwart vermitteln konnten.

Aber Parteispaltungen hatte Bebel nicht zu fürchten. Die Utopie nährte den linken, der Pragmatismus den rechten Flügel der Partei, währenddessen das marxistische Zentrum, pragmatisch handelnd und revolutionär bekennend, die Macht verwaltete. In der »Massenstreikdebatte«, angeregt durch die Revolten 1905/06 in St. Petersburg, hat Bebel, statt zum Endkampf zu treiben, die Pragmatiker bestärkt und die Fraktion der »Jungen«, die das Machtmonopol des Vorstands angriffen, mit der Kälte eines Bismarck aufgerieben.

Er war ein kleiner, drahtiger und zart wirkender Mann, eher leidenschaftlich als vergeistigt. Von grober Schimpfe bis zu haarspaltender Genauigkeit stand ihm jedes Register zur Verfügung. Die Schwächen seiner Gegner kannte er besser als ihre Stärken. Wenn er im Reichstag sprach, so fand er, je älter er wurde, viel Respekt selbst unter seinen zahlreichen Gegnern. Redete er auf öffentlichen Plätzen, so wurden die Kinder hochgehalten. Kam er in eine Arbeiterstadt, so herrschte Geburtstagsstimmung. Als er 1913 starb, war er längst eine historische Gestalt geworden, ein Führer mit Legende.

Führer aber, so ist zu fragen, wohin? Vielleicht besaß er die Vision eines Landes der Freiheit und Gerechtigkeit. Aber wie aus dem Hier und Heute, dem Bebel den Krieg erklärt hatte, jenes Traumland zu

L. von Flesch-Brunningen, Im Kinderasyl

erreichen wäre, gab er niemals preis. Die Diskussion darüber unterblieb oder fand nur in Form der Revisionismus-Debatte statt. Bebel war zu mächtig und zu klug, als daß er die Stellung des Volkstribunen durch operatives Abwägen kompromittieren wollte. Ob er sich ein anderes Deutschland jenseits des Kaiserreichs vorstellen konnte? Gewiß ist, daß er am Ende seines Lebens umgetrieben wurde von der Ahnung künftiger Vernichtungskriege. Seine Warnungen davor und seine dem Landesverrat eng verwandte Informationsvermittlung an das Foreign Office – davon später – hatten ethische Qualität. Das aber war 1912 und 1913 im Blick auf den Ernstfall getan, nicht den altgewohnten der linken Rhetorik, sondern den modernen des industriellen Krieges.

Sonst aber? Die visionäre Rhetorik gehörte zu den Voraussetzungen seiner Machtstellung, nicht anders als die Sachkompetenz im Reichstag und das Meinungsmonopol in der Partei. Gesinnungsethik und Machtinstinkt des Volksführers prägten ihn. Die Verantwortungsethik des Staatsmannes blieb ihm versagt. Die deutsche Sozialdemokratie der Jahrhundertwende und noch lange danach aber blieb in ihrer reformerischen Praxis wie in ihrem politischen Versagen die Partei August Bebels. Wie aber stand die geistige Lebenswelt des sozialdemokratischen Milieus zur materiellen Wirklichkeit, zum Alltag, zur Erfahrung des Hier und Heute?

Die große Berufszählung von 1907, die im ganzen Deutschen Reich abgehalten wurde, zeigt eine Nation in Bewegung, und viele Lebensläufe wiesen nach oben, in bessere Lebensverhältnisse. In der Industrie gab es 8,6 Millionen Arbeiter, darunter fast 5 Millionen Facharbeiter. Den Männern in Blaumann und mit Henkelmann aber standen 700.000 Angestellte mit weißem Kragen gegenüber, mit monatlicher Lohnzahlung und längeren Kündigungsfristen. In den Bereichen Handel und Verkehr war die Zahl der Arbeiter geringer (2 Millionen), die der Angestellten relativ weit größer (0,5 Millionen).

Walzwerk für Stahlblech der Krupp AG

Die Sicherheit der Existenz stieg dabei wahrscheinlich von unten nach oben an.[7] Deutlich zeigt die Berufszählung die Herausbildung einer Arbeiteraristokratie, die sich auf die Sonnenseite der Industrialisierung durchkämpfte, und eine Vielzahl von Verlierern auf der Schattenseite. Die Hausindustrie, in vielen ländlichen Berg- und Waldregionen fernab der Industrie noch immer im Schwange, Spielzeugschnitzer und Instrumentenmacher, Spezialzweige der Textilerzeugung, das alles bot kaum noch ein Auskommen. Das Ergebnis war die Fortsetzung alter, frühindustrieller Ausbeutung, weil die wirtschaftliche Basis krank war, weil staatlicher Arbeiterschutz sie kaum erfaßte, und weil die Menschen der Heimindustrie zu passiv waren und zu resigniert, um sich gegen ihr Schicksal aufzulehnen.

1907 wurde die Zahl der hier arbeitenden Kinder auf 300.000 geschätzt, alle durch den Buchstaben des Gesetzes geschützt vor gewerblicher Arbeit, aber durch die Armut ihrer Lebensverhältnisse dazu gezwungen.[8] Die Momentaufnahme der gewerblichen Tätigkeit zeigt auch, daß mehr als ein Viertel der Frauen gewerblich arbeitete, viele davon als Dienstmädchen, aber auch steigende Zahlen in der Industrie. Jede Dritte der in einem statistisch erfaßbaren Lohnverhältnis stehenden Frauen war verheiratet. Für die Landarbeit versagen alle Zahlen. Hier gab es vom Landproletarier in ländlichen Branntwein- und Zuckerfabriken bis hin zum jüngeren Bruder im bäuerlichen Familienbetrieb noch immer die ganze Breite der alten, vorindustriellen und frühindustriellen Arbeits- und Entlohnungsformen, und nur die wenigen, die es zur selbständigen bäuerlichen oder handwerklichen Existenz brachten, rückten in das altneue Selbstbewußtsein des Mittelstands ein. Der Rest führte wohl großenteils eine dumpfe, gottergebene Existenz, und wer die nicht wollte, wanderte ab in die Städte, und viele suchten, jedenfalls bis in die neunziger Jahre, den verlorenen Acker auf den Prärien jenseits des Atlantik.

Die Berufszählung von 1907 zeigt nicht eine in zwei feindliche Klassen gespaltene Gesellschaft, sondern sie zeigt auf allen Ebenen Gewinner und Verlierer. Zwar wurde auch für die Facharbeiter die handwerkliche Lebenswelt eingeebnet. Aber wer wollte ihr nachweinen? Sie war längst unwohnlich geworden. Ihr Erbe an die Industriewirtschaft bestand allerdings in der Disziplin der Facharbeit, in der Solidarität der Gleichen, in der Hierarchie der Protestorganisation, in dem Instinkt, stabile Gegenwelten zur bürgerlichen Lebensform zu bauen. Die handwerkliche Qualifikation wurde zwar großenteils obsolet, sie wurde aber durch lange Lehrzeit des Facharbeiters und nachfolgende Berufsausbildung ersetzt, teils in den leistungsfähigen Lehrlingswerkstätten der Großindustrie, die sich die Ausbildung ihres Facharbeiterstamms viel kosten ließ, teils in staatlichen Berufsschulen von hohem Standard, wie es sie damals weder in Frankreich noch in England gab. Wie im Alten Handwerk, wo den Gesellen vom Handlanger moralische und materielle Welten trennten, blieb auch für die industrielle Lebenswelt der Unterschied zwischen Gelernten und Ungelernten groß, wie auch zwischen dem Facharbeiter in einer Zukunftsbranche und dem in einem veralteten Betrieb. Die Wochenlöhne in Berlin dementieren die Rede vom allgemeinen Elend. Ein gelernter Maurer verdiente in der Hochkonjunktur knapp über 40 Mark in der Woche, ein Hilfsarbeiter immer noch 27 Mark. Ein Drucker bekam 31,25 Mark, ein Maschinenbauer 32,16 Mark. Das alles galt für das Jahr 1907, bis dahin war ein langsamer, aber stetiger Anstieg zu verzeichnen gewesen. Was war dafür zu kaufen? Eine Wohnungsmiete kostete für das Jahr 100 bis 300 Mark, eine gute Mahlzeit 2,50 Mark, eine Bahnfahrt von Potsdam nach Berlin 1,50 Mark.

Ganz anders das Bild in den Randbereichen der Industrialisierung. In der Konfektionsindustrie verdiente eine Arbeiterin kurz vor der Jahrhundertwende nicht mehr als 8,83 Mark pro Woche, das lag knapp über dem Satz der Armenfürsorge, und es war zum Leben zuwenig und zum Sterben zuviel. Werkstattarbeiterinnen brachten es nach derselben Erhebung bei zehn bis sechzehn Stunden täglicher Arbeitszeit auf nicht einmal 10 Mark in der Woche. Das Gewerbegericht, das diese Zahlen konstatierte, empfand sie als Schande: »menschenwürdiges Dasein der Arbeitnehmer« sei trotz »angestrengter fleißiger Arbeit« nicht möglich[9].

Insgesamt zwar wurden steigende Realeinkommen registriert, steigende Kaufkraft und steigende Konsumfähigkeit der Arbeiterschichten. In den Randbereichen der Industrialisierung indes, wo die Menschen nicht organisierbar waren, die alte Kampftradition der Gesellenbruderschaften nicht galt, und wo nur der Defaitismus untergehender Gewerbe herrschte, hielten sich Lohn- und Arbeitsbedingungen, die schon an der Jahrhundertwende, als die Maßstäbe sehr bescheiden waren, als schockierend empfunden wurden. Da hilft kein Wegsehen. Neben den qualifizierten, durch ihre Kampforganisation zunehmend wirkungsvoll vertretenen Industriearbeitern standen die vielen Verlierer der Industrialisierung: altes Hausgewerbe, Handwerker ohne Zukunftschancen, ohne Markt und ohne Absatz, die aussterbenden »Alleinmeister«, dazu Kinder und Frauen, ältere Arbeiter jenseits der Vierzig, und dazu eine bis 1913 ständig wachsende Zahl der ländlichen Saison- und Wanderarbeiter, eine Art ländliche Reservearmee der Arbeit.

Wie kann man, wo so viel Elend blieb, von Besserung der Lebensverhältnisse sprechen? Man kann es, denn zum einen ist die Sozialgeschichte die Geschichte der großen Zahl, sie übergeht das Einzelschicksal, sie überhört den Hilferuf des Untergehenden, wo die meisten überleben, besser als zuvor. Und zum anderen war es der Vergleich mit der Vergangenheit, der die meisten Menschen mit ihrem Schicksal aussöhnte. Den meisten war es, solange die Erinnerung reichte, schlechter gegangen. Die Erinnerung an die namenlose Kälte, an die wiederkehrenden Wellen des großen Hungers, das alles war an der Jahrhundertwende noch gegenwärtig, die Verzweiflung der

Am Puddelofen

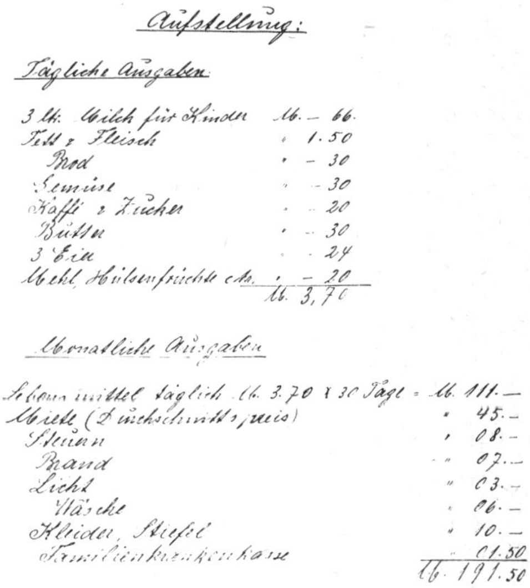

Aufstellung:

Tägliche Ausgaben

3 Ltr. Milch für Kinder	M. – 66
Fett u. Fleisch	" 1.50
Brod	" – 30
Gemüse	" – 30
Kaffe u. Zucker	" – 20
Butter	" – 30
3 Eier	" – 24
Mehl, Hülsenfrüchte etc.	" – 20
	M. 3,70

Monatliche Ausgaben

Lebensmittel täglich M. 3.70 × 30 Tage =	M. 111.–
Miete (Durchschnittspreis)	" 45.–
Steuern	" 08.–
Brand	" 07.–
Licht	" 03.–
Wäsche	" 06.–
Kleider, Stiefel	" 10.–
Familienkrankenkasse	" 01.50
	M. 191.50

Arbeiter-Haushaltsbuch, 1911

Bettlerscharen und die Angst vor ihrer Wut. Fast alle lebten seit Reichsgründung und Industrialisierung ein wenig satter, ein wenig wärmer, ein wenig sicherer, ein wenig hoffnungsvoller auch als ihre Väter und Großväter, und viele Industriearbeiter hatten auch eine sichere Anwartschaft auf Versorgung im Alter, bei Krankheit und Berufsunfall, wo früher der Sturz in Armut und Elend gedroht hatte. Die Wohnquartiere in den Arbeitervierteln der Großstädte, zur Straße eine achtunggebietende Fassade mit Geschäften und hoher Toreinfahrt, dahinter ineinander geschachtelt Wohnungen, kleine Werkstätten, Ställe für die Kuh, die Ziege oder das Schwein, unsägliche Gerüche, Lärm und nacktes Ziegelmauerwerk, die Toilette nur über zugige Treppen zu erreichen, fließend Wasser nur in wenigen Wohnungen – das alles war, verglichen mit den Wohnungen der Reichen, mitleid- und ekelerregend. Und doch, war dies nicht mehr an Raum und bescheidenem Komfort als in den Insthäusern und Katen, aus denen die Bewohner der Hinterhöfe großenteils gekommen waren? Die Miserabilität der Lebensumstände, die heute zu beklagen ist, galt vielfach auch noch für das mittlere Bürgertum. Vorgestern noch hatte sich der alte Kaiser die Badewanne im Hotel de Rome ausgeliehen, ungewöhnlicher und erst spät aus England übernommener Komfort.

So war die Epoche der Jahrhundertwende die Zeit, da die Seelenbilanz der meisten Deutschen, hätte man sie befragt, am meisten Zuversicht enthielt. Man hat sie nicht befragt. Meinungsumfragen waren unbekannt. Aber der Historiker hat andere, vielleicht tiefer greifende Möglichkeiten, sich der Seelenzustände früherer Generationen zu vergewissern.

Es gab bis tief ins neunzehnte und zwanzigste Jahrhundert hinein stets eine enge Beziehung zwischen Hunger und Heirat, zwischen Knappheit und Kinderzeugung. Je schlechter die Zeiten wurden, je höher der Brotpreis stieg, je knapper die Arbeit wurde, desto weniger wurde geheiratet, desto weniger füllten sich die Wiegen. Das galt für das Mittelalter, und es galt noch bis tief in die Industrialisierungsepoche hinein, die dann endlich eine »demographische Transition« brachte, indem sie den alten, ländlichen Kinderreichtum abbremste. Dieser neue Gleichgewichtszustand wurde im letzten Jahrzehnt vor dem Krieg erreicht. Bis dahin aber stieg, vom Depressionspunkt 1893 ausgehend, die Zahl der Eheschließungen, bezogen auf je 100.000 Einwohner, von 790 (1893) auf 854 (1899) fortlaufend an, ging in den Rezessionsjahren 1901 bis 1903 merkbar zurück (790) und stieg dann noch einmal bis 1906 auf 816 an; danach stabilisierte sie sich auf Werte um 780. Ähnlich verlief die Linie, die die Zahl der Neugeborenen registrierte: der Tiefpunkt (jährliche Wachstumsrate = 0,93) lag ebenfalls im Krisenjahr 1893, dann folgte ein Anstieg bis 1898/99 (jährliche Wachstumsrate = 1,56), zehn Jahre der Stabilisierung (von 1900 bis 1910 bei ca. 1,40), endlich ein langsamer Rückgang, Ausdruck eines optimistischen Lebensgefühls und neuer, industrieller Lebensformen, und endlich dann, 1913, ein scharfer, auffallender Knick.[10] Die Erklärung bleibt unsicher: Ausdruck wirtschaftlicher Bedrängnis, politischer Zukunftsängste – oder nur Ergebnis verlängerter Wehrpflicht und langer Manöver?

Wie nahmen sich die Erfahrungen aus, unter denen die Menschen der Jahrhundertwende ihre Lebenswelt betrachteten? Die Jahrzehnte seit der Reichsgründung waren keine goldenen Jahre. Die Verheißung der liberalen Individual- und Wirtschaftsphilosophie hatte die weltweiten industriellen Wachstumsstörungen und die Strukturkrise der Landwirtschaft nicht überlebt. Protektionismus und die Hoffnung auf den vielregierenden, alles geradesetzenden Staat als kollektiver Übervater gehörten überall auf dem Kontinent

Eine junge Nation: natürliche Bevölkerungsbewegung von 1817 bis 1959
a) mittlere Bevölkerung (in Mill.)
b) Eheschließungen (pro 1000)
c) Geburten (pro 100)
d) Sterbefälle (pro 100)

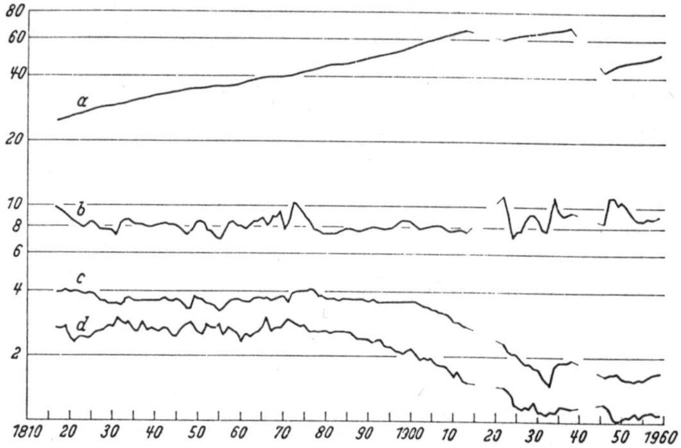

zum Fundament der Politischen Kultur. Durch zwei Jahrzehnte, von 1873 bis in die Mitte der neunziger Jahre, sanken die Preise. Daraus konnte kein Wirtschaftsklima der Zuversicht und des Wachstums kommen. Sie sanken unterschiedlich und gleichmäßig, aber doch in entscheidenden Bereichen permanent. Am stärksten galt dies für den Transport von Waren und Menschen: der Gewinn lag auf der Seite der Mobilität. Es galt für Korn und die meisten Nahrungsmittel; die Verlierer waren die Landwirte, die nicht, stadtnah gelegen, in Sonderkulturen wie Spargel oder Gemüse ausweichen und dadurch die Erträge stabilisieren konnten. Am stärksten aber galt der Preis-

Luppenhammer

Luppenkarre

rückgang für den wichtigsten industriellen Rohstoff, für Eisen und Stahl. Unter diesen Voraussetzungen blieben die Prämien auf Investitionen gering. Der Zinssatz glitt langsam ab, in Frankreich mit seinem permanenten Kapitalüberschuß mehr noch als in Deutschland, dessen Industrie großenteils unterkapitalisiert und daher sehr bankenabhängig blieb. Kapital war in ganz Europa billig zu haben. Selbst zweifelhafte Schuldner wie russische Banken und Bahnen brauchten kaum über 3,5 Prozent Jahreszins zu bieten und fanden ihre Anleihen doch zwischen London, Paris und Berlin rasch überzeichnet. Gewinne sanken, mit ihnen sank der Börsenkurs auch bester Aktien. Die deutsche Gründerzeit, als die Bäume in den Himmel wuchsen, die Gewinnerwartungen unbegrenzt stiegen und die Spekulation blühte, und die ihr seit 1873 folgende Epoche der Zusammenbrüche, der Konsolidierung, der Konzentration und der flauen Preise hinterließen Schwindelgefühle, Zweifel an den Segnungen der liberalen Marktgesellschaft, und einen schalen Geschmack.

Ob die lange Atemnot der industriellen Wirtschaft auf einem chronischen Mißverhältnis von Waren und Dienstleistungen zur Geldmenge beruhte, wie manche Theoretiker die Krankheit diagnostizierten, oder ob der Aufschwung der Jahrhundertwende aus technologischen Innovationsschüben und ihrer großindustriellen Umsetzung für neue Märkte kam, bleibt umstritten. Deutlich jedenfalls ist, daß 1893 weltweit ein Tiefpunkt erreicht war und seitdem der Wachstumstrend sich wendete. Die Preise zogen allgemein an. Es stiegen damit die Prämien auf investiertes Kapital. Der langen Deflation

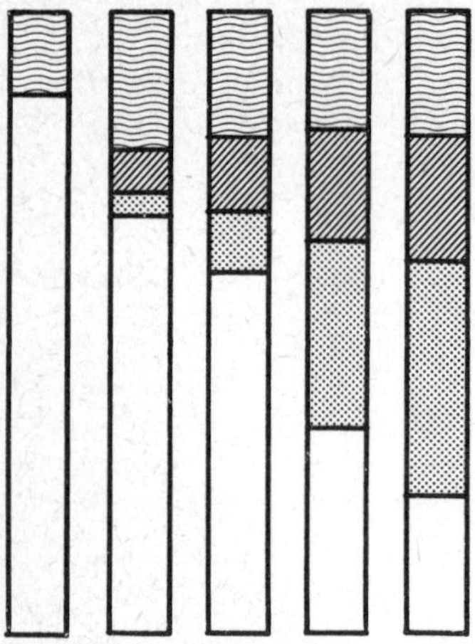

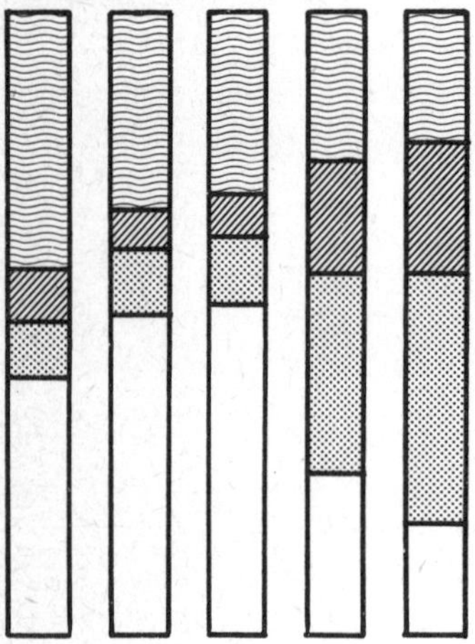

folgte ein anfangs kaum merkbarer, dann langsam inflationärer Anstieg aus der Talsohle, der bis zum Vorabend des Großen Krieges anhielt. Jene Gewinnerwartungen, jene Risikofreude, jener Wagemut kehrten wieder, der in wirtschaftlichen Wetterberichten als Vertrauen bezeichnet wird. Als das Vertrauen sich wieder herstellte und neue Technologien neue Märkte eröffneten, folgten die Investitionen, dann Anschlußinvestitionen.

Die neue Gründerzeit begann auf der Grundlage eines differenzierten, hochentwickelten, weltweit ausgreifenden industriellen Systems, das wesentlich auf freiem Austausch der Industriegüter beruhte, von Protektionismus bedroht war und dessen Grundlage der Goldstandard blieb: Ungleichgewichte konnten durch Kredite, mußten zuletzt aber durch Transfer von Edelmetallen ausgeglichen werden. Durch steigende Nachfrage befeuert und durch Großforschung vorangetrieben, begann eine zweite industrielle Revolution. Hatte die erste Welle der Industrialisierung England auf ein Jahrhundert zur Werkstatt der Welt gemacht, so waren es seit der Jahrhundertwende Deutschland und die Vereinigten Staaten, die in Schlüsselbereichen der Zukunftsindustrie die Führung an sich nahmen. Nichts war dabei wichtiger als Stahl, die Chemie der Farben und der synthetischen Stoffe und die rasch wachsende Elektroindustrie, die durch elekrisches Licht und Telefone, durch Bügeleisen und Straßenbahnen den Alltag der Menschen am stärksten veränderte.[11]

Von 1860 bis 1913 fiel der Stahlpreis um 80 bis 90 Prozent, und am stärksten war der Preisverfall seit Einführung des Gilchrist-Thomas-Verfahrens zur Erzeugung basischen Stahls in einem verbesserten Bessemer-Verfahren, das seit 1880 großtechnisch umgesetzt wurde. Von den 125.000 Tonnen, die die Kontinentaleuropäer im Jahr 1861 erzeugten, stieg die Produktion auf rund 32 Millionen im Jahr 1913. Stahl, noch in der ersten Hälfte des neunzehnten Jahrhunderts ein knapper und extrem teurer Rohstoff, verdrängte das Schmiedeeisen. Der alte Vorteil der Briten, phosphorarmes gutes Eisenerz unter den eigenen Füßen zu haben und es im Siemens-Martin-Verfahren zu verhütten, schwand dahin. Das verbesserte Bessemer-Verfahren erlaubte es den deutschen Hüttenwerken, die bisher wirtschaftlich kaum nutzbaren lothringischen Minette-Erze und die nahezu unerschöpflichen schwedischen Erzvorkommen zu verhütten. Die Deutschen hatten dabei den Vorteil dessen, der spät kommt: sie begannen mit wissenschaftlicher Systematik, vermieden Umwege, konzentrierten ihre Anlagen und setzten, um gegen die anfangs überlegenen Briten zu bestehen, auf Rationalisierung und Konzentration.

So waren die deutschen Hüttenwerke schon um die Jahrhundertwende durchweg größer und moderner als die britischen. Der Verbund zwischen Hochofen und Hüttenwerk in Westfalen war meist integriert. Dazu kam in Deutschland ein weit höheres Maß an vertikaler Unternehmenskonzentration auf allen Stufen der Bearbeitung als in England. Technologie und Produktivität waren in Deutschland besser entwickelt, die deutschen Verfahren forderten und förderten die Rationalisierung der Transportsysteme. Auch die Erzeugerstufe war effizienter organisiert. Schon vor dem Ersten Weltkrieg wurden viele Hochöfen in teilautomatisierten Verfahren beschickt. Dazu kam seit 1883 der Vorteil der deutschen Industrienormen (DIN), die auf der Produktions- wie auf der Verarbeitungsstufe weitere Rationalisierung erlaubte. Zudem erreichten die Deutschen ein günstigeres Verhältnis zwischen Brennstoffmenge und Stahlerzeugung als ihre Konkurrenten, machten systematisch Gebrauch von der Abwärme und erzeugten aus Abfall Nebenprodukte wie Ammoniak. Den technischen Vorteil vertikaler Integration spielten sie voll aus, so daß das Eisen von Anfang bis Ende heiß blieb. Effizienz und Kostenvorteile waren die Folge. Aufgrund besserer Kapitalnutzung und systematischer Rationalisierung stieg bis zum Weltkrieg die Jahresleistung pro Stahlarbeiter an der Ruhr und in Schlesien auf 77 Tonnen, in England blieb sie unterhalb 50 Tonnen. Auf dem Markt gewannen die Deutschen dadurch wachsende Preisvorteile. In den Vorkriegsjahren konnten die Essener Stahlkocher ihre Konkurrenten vom Clyde um 20 bis 25 Prozent unterbieten. 1893 bereits hatte die deutsche Stahlproduktion mengenmäßig die britische überholt. 1903 übernahmen die Deutschen auch bei Gußeisen die Führung. Lange Zeit hatte der Aufbau der metallurgischen Industrien einen Großteil der deutschen und der amerikanischen Produktion aufgenommen. Seit der Jahrhundertwende aber drängten beide Nationen auf den Weltmarkt. 1910 bereits exportierten die Deutschen mehr Eisen und Stahl als die Briten. Es war ein Alarmzeichen für die Stahlkocher der Insel, daß deutscher Exportstahl bester Qualität ihnen nun auch auf dem heimischen Markt erfolgreich begegnete.

Die chemische Industrie, die zu den ältesten Sektoren der Industrialisierung gehörte, erlebte um die Jahrhundertwende in vielen Bereichen Innovationsschübe und ihre Umsetzung für Massenfertigung. Aluminium, lange Zeit ein knappes Metall, ließ sich seit 1886 aus Bauxit massenhaft billig gewinnen. Legierte Stähle eroberten sich Spezialmärkte. In der Zementherstellung, bei Lacken, Gummi und in der keramischen Industrie, überall expandierte der Markt, wenn auch die wichtigsten Anwendungsbereiche für Zement und Kunstkautschuk noch in der Zukunft lagen. Am wichtigsten waren das Solvay-Verfahren der Ammoniaksoda-Herstellung und die Fortschritte der organischen Chemie bei der Herstellung neuer Werkstoffe.

Die theoretischen und praktischen Vorarbeiten für die industrielle Expansion der organischen Chemie waren in der ersten Jahrhunderthälfte hauptsächlich in England geleistet worden, seitdem vor allem in deutschen Labors. Einen Maßstab der Leistung für Produktion und Nachfrage bildete Schwefelsäure, die in vielen Prozessen gebraucht wurde. Noch um die Jahrhundertwende waren die Briten führend. Zehn Jahre später lag die deutsche Produktion um rund das Doppelte darüber. In Anilinfarben hatten die deutschen Unternehmen, vor allem BASF, Hoechst, Agfa, schon um 1870 eine beherrschende Stellung auf dem Weltmarkt, um 1900 kamen rund 90 Prozent aller künstlichen Farbstoffe aus deutscher Produktion. Die chemische Industrie hatte auch die meisten Tochterfirmen im Ausland. In Frankreich war bis zum Weltkrieg noch eine Farbstoff-Fabrik in französischer Hand, sechs standen unter deutscher, zwei unter schweizerischer Kontrolle. Zahlreiche Firmen waren völlig abhängig von deutschen Zwischenprodukten. »In technischer Virtuosität und aggressivem Unternehmungsgeist blieb dieser Sprung zur Hegemo-

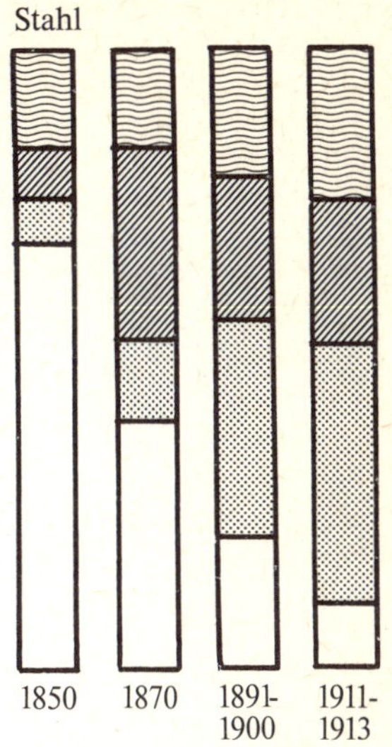

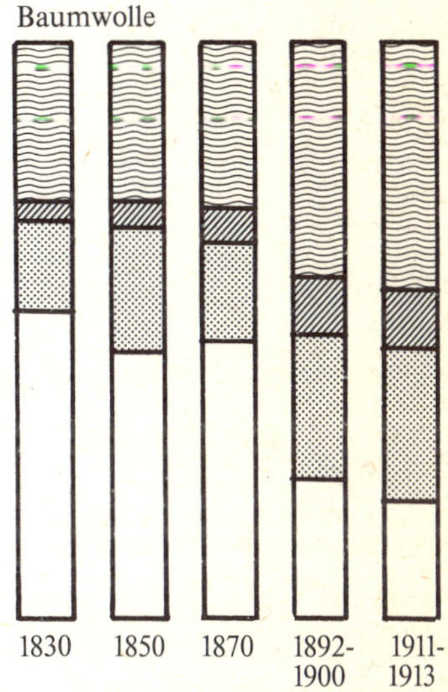

Anteile Großbritanniens, Deutschlands und der USA an der Weltproduktion bedeutender Industriegüter von 1800 bis 1913

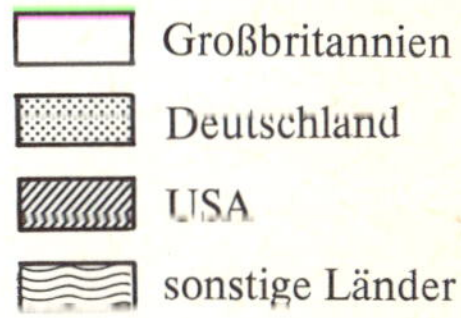

Schuckerts dynamoelektrische Maschine

nie, fast zum Monopol, ohne Parallele« (David Landes). Im Bereich der Großchemie waren die erfolgreichen Deutschen am erfolgreichsten, allenfalls die Basler chemische Industrie war in der Lage mitzuhalten. Dabei war das Entwicklungspotential der chemischen Industrie nahezu unbegrenzt. Denn die gleichen wissenschaftlichen Methoden und Verfahrenstechniken, die die Farbenindustrie bestimmten, waren prinzipiell auch anwendbar auf alle benachbarten Bereiche der organischen Chemie, die um die Jahrhundertwende ihre Märkte erst zu entwickeln begann. Dazu gehörte der gesamte Bereich der Zellulose mit Explosivstoffen, Lacken, fotografischen Platten und Filmen, Zelluloid (seit 1868) und Kunstfasern. Die Viskose wurde Ausgangspunkt für eine breite Palette neuer Produkte, 1909 wurde das erste Kunstharz patentiert. Eine Entdeckung führte zur nächsten. Der Vorrang systematisch wissenschaftlicher Forschung, die Bildung von Absatz- und Preiskartellen, die hohe Unternehmenskonzentration, aber auch der aufnahmefähige Binnenmarkt, das alles gab der deutschen Großchemie an der Jahrhundertwende eine Dynamik, die ihr bis zum Weltkrieg die Führung in der Welt sicherte.

England hatte als die Werkstatt der Welt begonnen, ein Jahrhundert später waren die Deutschen dabei, die Fabrikhalle der Welt zu werden. Der bloße Zahlenvergleich von Produktion und Export zwischen England und Deutschland täuscht über die wirkliche Situation: denn es waren vor allem die älteren Industrien, in denen England noch stark war. In den wissenschaftlich-technischen Zukunftsindustrien der Großchemie und der Elektrotechnik, die das Gesicht der modernen industriellen Zivilisation zu prägen begannen, lagen die Briten weit zurück, und auch die Amerikaner waren lange Zeit nur die Nummer zwei oder drei. Allerdings war eines nicht zu übersehen: die deutsche Erfolgsgeschichte und ihre Fortsetzung hingen davon ab, daß die Märkte offenblieben, das Welthandelssystem funktionierte und die beginnende deutsche Industriehegemonie, die für die Deutschen so verführerisch war, durch politische Zurückhaltung entschärft wurde. Es war, in der langen Aufschwungphase der Weltwirtschaft, die seit 1895 in Gang war, noch einmal das Caprivi-Dilemma: Industriewachstum und Weltwirtschafft zu verbinden mit einer Politik, die auf informellen Imperialismus

Siemens-Schuckertwerke in Nürnberg, 1908

setzte statt auf formelle Eroberung, die auf Vertrauen baute statt auf Rivalität, die die deutsche Wirtschaftskraft voll entfaltete und doch den Versuchungen der Macht widerstand, die daraus erwuchsen.

Aufgeklärtes deutsches Selbstinteresse mußte, wie es unter Bismarck geschehen war, zu einer Definition von Staatsräson führen, die auf Hegemonie in Europa verzichtete, schon dem Anspruch auswich und jene militanten Gesten mied, die so imponierend aussahen und so verführerisch waren, die so gefährlich blieben und so nutzlos waren für die deutsche Sicherheit. Die Lage Deutschlands erlaubte die waffenrasselnde Rhetorik nicht. Die Deutschen hätten tatsächlich, so paradox war ihre Lage, sich kleiner machen müssen, als sie waren, um das europäische Gleichgewicht nicht aus den Angeln zu heben. Aber was war ihnen das Gleichgewicht? Und wozu sollten sie es bewahren? Und welche Kosten mochten innenpolitisch aus solcher Vernunft erwachsen? Deutsche Staatsräson, auf Stabilität der Industriegesellschaft gerichtet und auf Sicherung des Machtstaats in Europas Mitte, verlangte, wie immer man es wendet, das Undenkbare zu denken: Selbstbeschränkung des souveränen Machtstaats, Verzicht auf politische Ausbeutung des industriellen Vorrangs, Disziplin der Realpolitik.

Aber eine auf Selbstbeschränkung gestellte Politik, wie war sie zu begründen? Wie war sie durchzusetzen in der pluralistischen Massengesellschaft? Wie sollte die politische Führung symbolische Grenzen anerkennen, wo alles auf Entgrenzung drängte, in der Gesellschaft, in der Wirtschaft, im geistigen Leben? So lag das deutsche Verhängnis jener Entscheidungsjahre weniger darin, wie viele Historiker meinen, daß die Deutschen in der Politik aggressiver, böser, maßloser gewesen wären als ihre Nachbarn. Daß sie so waren, kann mit Gründen bestritten werden. Ein Imperialismus war des andern wert. Nur war jener der verspäteten Nation in Europas Mitte besonders verführerisch, am meisten aus Angst geboren und am stärksten der Gefahr ausgesetzt. Das Unheil lag eher wohl darin, daß den Erben Bismarcks die alten Lektionen von Staatsräson und Zwang der Mittellage nichts mehr sagten und daß das Kapitel Bismarck unter allgemeinem Aufatmen abgeschlossen war. Unlösbar aber war endlich der Widerspruch, daß die Deutschen in einem Wettlauf mit-

Die AEG und Siemens teilten den Elektromarkt unter sich weitgehend auf: Gesamtansicht der AEG-Maschinenfabrik Brunnenstraße in Berlin

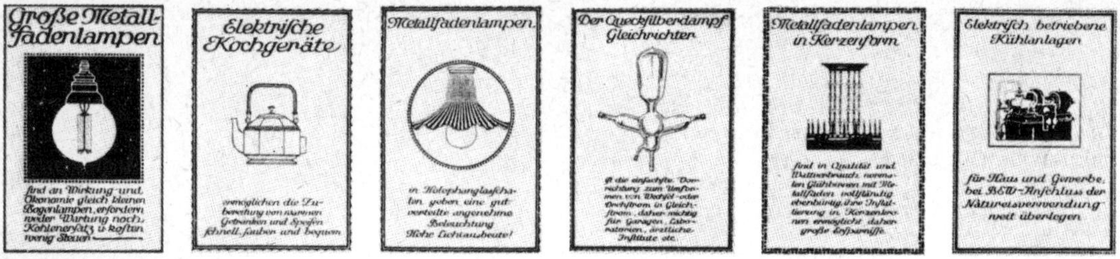

Peter Behrens (?), Annoncen für AEG-Produkte, 1909/10

halten mußten, der ihnen – und ihnen allein – auf die Chance des Sieges die Strafe des Untergangs setzte.

Aber wie diesen Wettlauf anhalten? Wie die deutsche Unruhe zügeln? Politik gehorchte nicht mehr den Gesetzen des durchorganisierten Maschinenstaats – und hatte es den je gegeben außer auf jenem geduldigen Papier, dem die Monarchen Preußens ihre Testamente anvertrauten und die Staatsdenker ihre Theoreme? Politik verfügte auch nicht über die Steuerungs- und Meinungstechniken des modernen Staatsinterventionismus, der ja erst Erzeugnis der Existenzkrisen des zwanzigsten Jahrhunderts war, vordem aber nur schwaches Instrument ihrer Verhinderung. Politik war weitgehend symbolisches Handeln, war »Politik der Diagonale« zwischen den unsteuerbaren Kräften, wie es der Kanzler von Bethmann Hollweg bald nennen wird. Seit Caprivi ging es um Öffnung des Industriestaats zum Weltmarkt, ohne die Agrarier in die Rebellion zu treiben, ging es um Sicherung des Agrarsektors, ohne in die Realeinkommen der Industriebevölkerung schmerzhaft einzuschneiden. Die Verwaltung fand sich schwankend zwischen sozialem Ausgleich und parlamentarischer Komplizenschaft – wobei beide Seiten, Regierung und Sozialdemokratie, sich von den Ihren ungern ertappen ließen. Für den Ernstfall waren noch die Notbremsen des Militärstaats in Reserve: Ausnahmezustand oder Kriegsverfassung. Beide blieben indes einsetzbar nur um den Preis der Zerstörung jener Lebenswelten, die sie konservieren sollten: ein unlösbares Dilemma, das die Eliten hätte warnen müssen, den letzten Schritt zu tun dorthin, wo alle Rückkehr vergeblich blieb.

Das alles stand nebeneinander, Schachbretter ineinander verkeilt. Die Rationalität der Elemente in der großen Summe nichts als ein Würfelspiel der Krisen und der Kriegsgefahren. Allein auf die Spitze des Ernstfalls gestellt, bot Politik noch den scharfen Umriß preußischer Obrigkeitsverhältnisse: es lag darin die Versuchung zum kurzen erfolgreichen Feldzug und zur inneren Rochade. Aber der Ernstfall blieb Hypothese, und je länger er unwirklich blieb, desto weniger durchgliederte er noch die Wirklichkeit der neuen Massengesellschaft, die von Aufbruch zu Aufbruch trieb. Deutschland an der Jahrhundertwende war eine atemlose, reizbare, unerhört tüchtige und von tiefen klassenpolitischen Bruchzonen durchzogene Industriegesellschaft. Niemals war so viel Wachstum, so viel Hoffnung, so viel Versprechen. Und niemals war der Bismarckstaat so fern der Ahnung seines Untergangs.[12]

Gegenüber solchen Zwangslagen, solcher Dynamik fand alle Regierung gleichsam vom Balkon aus statt. Um die Jahrhundertwende nahm ihn noch der Kaiser ein, für die Deutschen und ihre Nachbarn

längst in die Rolle des Nationalmonarchen gewachsen: vergessen die vorsichtigen Konstruktionen eines Bundespräsidiums, Rücksichten auf die Einzelstaaten, Abwehr von zu viel Zentralismus und zu viel Nationalismus. Jetzt fügten sich Prachtentfaltung und Technokratie, Popularitätssuche, Machtpolitik und Oberster Kriegsherr in ein neues Bild der politischen Gewalt zusammen. Vor die Herrschaftsmagie der legitimen preußischen Monarchie schob sich charismatisches Führertum als Integrations- und Entscheidungsinstanz. Charisma sollte die neue Monarchie tragen: 1890 die Aura des Königs der Armen, das war die Ideenformel hinter dem »Neuen Kurs« gewesen. Dann, nach dessen Preisgabe, seit 1897, die eines imperialen Flottenkaisertums, das machtpolitische Effizienz, technische Leistung und Anspruch auf Weltmachtstellung verkörperte. Aber es blieben Widersprüche zwischen traditionaler Herrschaft, die aus Preußens Geschichte kam, und charismatischem Führertum, das aus dem deutschen Nationalismus kam. Und wenn damals gesagt wurde, Deutschland werde schlecht regiert, aber gut verwaltet, so erinnert das daran, daß sich Charisma und Traditionsmonarchie allein im Prinzip rationaler, bürokratischer Machtverwaltung zusammenführen ließen. Die drei reinen Typen legitimer Herrschaft – rational, traditional und charismatisch gegründet – die Max Weber damals in seiner »Grundlegung der verstehenden Soziologie« (»Wirtschaft und Gesellschaft«) entfaltete, kamen nicht von ungefähr. Es waren, auf Deutschland bezogen, konkurrierende Deutungen der Wirklichkeit. Und welche unter ihnen eines Tages Konsens stiften würde, blieb um die Jahrhundertwende offen. Unübersehbar war allein, daß die drei Systeme im Prinzip einander ausschlossen. Was im Blick auf den Kaiser nichts war als ein Rollenkonflikt, augenfällig im nervösen Wechsel seiner Gala-Verkleidung, war im Blick auf Staat und Politik ein Knäuel von Widersprüchen. War aber der Reichskanzler, der im Jahr 1900 auf den greisen Fürsten Hohenlohe-Schillingsfürst folgte, der Mann, das ruhelose Reich in neue, stabile Gleichgewichtslagen zu führen? Es muß bezweifelt werden. Vielleicht war jeder überfordert. Graf Bernhard von Bülow aber war es ganz gewiß.

Bülow, Reichskanzler aus wenigbemitteltem Landadel, versuchte den Eindruck zu erwecken, er sei, hoch auf dem Balkon postiert, der Dirigent des Orchesters in der Tiefe. Bülow war Höfling, er wollte etwas werden. Mit fünfzig Jahren, 1899, wurde er Graf, sechs Jahre später Fürst. Macht und Reichtum bedeuteten ihm viel, Politik war ihm der Weg dahin. »Du hattest die Wahl zwischen zwei Wegen«, so dialogisierte er mit sich selbst nach seinem Sturz, »einer kleinen Existenz, G[eneral] K[onsul] in Kairo oder Sofia; Gesandter in Athen oder Haag; Unterstaatssekretär; im besten Falle schließlich einige

Sektwerbung im »Simplicissimus«

Jahre Botschafter; dann Rücktritt als Herr v. B. mit sehr geringem Vermögen und Lebensabend in Bonn oder Venedig in bescheidenen Verhältnissen; oder Minister, Fürst, reich, Villa Malta, historische Figur. Das letztere nicht möglich ohne Anfechtungen, Feinde, Kämpfe.«[13]

So wurde Bülow, ein Mann von glänzender Erscheinung, vorzüglichem Gedächtnis und gesellschaftlich gewandt, fleißig und ehrgeizig weit über dem Durchschnitt des diplomatischen Adels, aufstiegshungrig bis an die Grenze des gesellschaftlich noch tolerablen Maßes, intelligent und so ichbezogen, daß später (1929) vier Bände gerade reichten, seine »Denkwürdigkeiten« zu fassen, eine Schlüsselfigur in der Umgebung des Kaisers. Mit Holstein im Auswärtigen Amt, mit Graf Philipp zu Eulenburg, Konfident des Kaisers (»Phili«), mit Herbert von Bismarck, als er noch im Lichte stand, mit jedem und mit allen, sofern sie nur der Karriere nützten, verband den vielschreibenden Diplomaten über Jahrzehnte eine persönliche Korrespondenz, die vieles enthielt: Klatsch, Große Politik, immer wieder die Karriere und dazwischen im Grunde gar nichts.[14]

Ein Mann von leichter Menschenbehandlung, von angenehmer Oberflächlichkeit auch, liebte Bülow die großen Auftritte. Seine Reden folgten weniger den Prinzipien logischer Deduktion als dem Kompositionsprinzip eines unterhaltsamen Theaterstückes. Bülow war kein Parlamentarier, das hätte die Karriere beschädigt. Er war aber, wenn je ein kaiserlicher Kanzler sich parlamentarisch verhielt, dieser Rolle am nächsten. Ironisch, daß er stürzte, als die Mehrheit des Bülow-Blocks sich über die Finanzierung der Flottenrüstung unheilbar zerstritt und der Kaiser den Kanzler wegen dessen kaltkorrekter Distanz in der leidigen »Daily Telegraph«-Affäre von 1908 ein Jahr später fallen ließ.

Zwischen einem eingreiflustigen Kaiser und einem schwer regierbaren, Mehrheitsdisziplin nicht unterworfenen Parlament brauchte der Reichskanzler Fähigkeiten, die ans Übermenschliche grenzten. Diesem Maß entsprach Bülow nicht. Er war geschickt, wendig, aber er hielt Rhetorik schon für Politik. Er hatte keine Vision als die, Erfolg zu haben und das zu werden, was er im Blick auf sich selbst »eine historische Persönlichkeit« nannte[15]. Die Eigenschaft, die seine Politik im Innern bestimmte, die Distanz des hohen Balkons, machte ihn auch in der europäischen Politik unfähig, die »forces profondes« zu begreifen, die jenseits der Dossiers und Höflichkeitsfloskeln der professionellen Diplomatie lagen.

Seit 1897, noch unter Hohenlohe-Schillingsfürst, hatte Bülow das Auswärtige Amt innegehabt und damit, neben Tirpitz, das Schlüsselressort der deutschen Reichspolitik. Das Reich den Verführungen der Großmachtstellung zu entziehen und die Drohung des Krieges zu bannen, dafür fehlte ihm die Vision deutscher Staatsräson und die Einsicht in die tödliche Gefahr. Er begann als Wortführer jener Weltpolitik, die zwischen den Mächten die »freie Hand« souverän zu bewahren suchte, und bis 1905 soufflierte ihm Holstein noch aus der Kulisse des Auswärtigen Amts die Stichworte[16]. Und er verließ die Wilhelmstraße, als allein noch der Zusammenbruch dieser Konzeption zu konstatieren war angesichts der Zange der britisch-französischen Entente cordiale von 1904 und der russisch-englischen Ver-

Zeno Diemer, Zeppelins historische Fahrt

ständigung von 1907. In Deutschland sprach man seitdem von Einkreisung. Waren die Umstände übermächtig gewesen? Hatte Bülow das große Spiel nicht zu spielen vermocht? Oder war die Mittellage des Reiches, wer immer in der Wilhelmstraße residierte, so voller Gefahr, daß alle Staatskunst letztlich nichts sein konnte als Abwehr des »cauchemar des coalitions«, Bändigung der deutschen Dynamik, Mahnung der Saturiertheit?

Wenn dem so war, dann ließen sich Innen- und Außenpolitik nicht mehr zusammenführen, industrielles Wachstum und europäisches Gleichgewicht nicht mehr verbinden. Dann vergrößerte der innere Druck mit jedem Tag die äußere Gefahr. Dann aber war die Partie verfahren, und Politik mußte sie früher oder später umwerfen; dann blieb allein Selbstbeschränkung des Machtstaats, oder aber Sprengung des europäischen Mächtesystems. Für die Selbstbegrenzung der deutschen Macht und der deutschen Unruhe indessen fehlten jeder Regierung nach Bismarck die Mittel und der Mut. Denn war nicht auch der »Eiserne Kanzler« letztlich daran gescheitert, daß zwischen dem Diktat der Staatsräson und der Verheißung der Industriewirtschaft die Kluft nicht mehr zu überdecken war?

Bülow hat die späte Machtchance des Reichs in Europa maßlos überschätzt. Er glaubte seiner eigenen Rhetorik. Er hoffte, steuern zu können zwischen innerem Machtverzicht, der politisch untragbar war, und äußerer Machtzerstörung, und bei alldem den Krieg zu vermeiden. Die deutschen Interessen fand er in der Aufhebung des Gleichgewichts, wo sie allein in dessen Bewahrung noch liegen konnten. Bülow wußte die Woge der imperialen Stimmungen zu reiten, beherrschte das Management der Wahlen und der parlamentarischen Mehrheiten. Ein guter politischer Generalstabschef hätte er sein können. Ein Stratege war er nicht. Mit seinen Talenten wie mit den Täuschungen, denen er unterlag, antwortete er auf Selbstbewußtsein und Geltungsbedürfnis der deutschen Machteliten. Ihnen wollte er imponieren, und ihnen hat er länger imponiert, als mit der deutschen Staatsräson verträglich war.

Bülow machte dabei einen durch die innere Lage bedingten Denkfehler. Denn er führte die Außenpolitik, als habe das Reich die Hegemonie bereits errungen. Er suchte die Basis seiner Politik rechts der Mitte, ließ sich tragen von Industriewirtschaft, Weltpolitik und Flottenbau. Gegenzusteuern, wie vor ihm Caprivi und nach ihm Bethmann Hollweg, hat er nicht versucht. Er verstand sich als legitimen Erben Bismarcks. Aber aus der Bismarckschen Vorsicht, die Selbstbeschränkung forderte und das Überleben des ruhelosen Reiches meinte, hat er erst gelernt, als es zu spät war. Späte Erkenntnis bezüglich des Preises der »gefährlichen Weltpolitik« konnte nichts mehr bessern. Zwischen Aufstieg und »langsamem Verkümmern«, so rechtfertigte er später seine Politik, sei ein dritter Weg für das Reich nicht offen gewesen. Das war eine Zwangsvorstellung aus dem Sentiment des Vulgärdarwinismus, die unter Bülow zur sich selbst erfüllenden Prophezeiung wurde, rechtfertigend und verführend zugleich. Aufstieg oder Untergang, schicksalhaft und naturnotwendig, ein Drittes sollte es nicht geben.

Gab es den Ausweg wirklich nicht? Es waren da, hinter aller Modernität der technischen Apparate und hinter aller Rationalität der Begründungen, Antriebskräfte am Werk, die Schumpeter später der atavistischen Grundstruktur des europäischen Imperialismus zurechnen sollte, dazu das eindimensionale Ernstfalldenken einer siegreichen Kriegerkaste, die sich bedroht fühlte, und die Abdankung der politischen Vernunft bei den Eliten und der Verlust des Blicks aufs Ganze des Gemeinwesens. Wo blieb jener gesunde Überlebensinstinkt, der die Omnipotenzphantasien der Flottenideologen der tödlichen Lächerlichkeit preisgab? Wo die nüchterne Rechenhaftigkeit der Industrie, die in der ganzen Welt Geschäfte machte und doch heroischen Alpträumen vom Endkampf zum Opfer fiel? Deutschland war zur Fabrikhalle der Welt geworden. Aber die deutschen Eliten, statt Realpolitik zu treiben, träumten von Weltpolitik, Kolonialexpansion und Flottenbau, und wenn alles das zu nichts führte, dann mochte die Fabrikhalle einstürzen, wie die Festhalle des Hunnenkönigs die letzten Nibelungen unter sich begrub: atavistischer Alptraum in der Welt der Konstruktionsbüros.

Bülow suchte innenpolitischen Halt. Er fand ihn, indem er, dem Druck des Bundes der Landwirte und der Deutschkonservativen Partei nachgebend, die Caprivische Handelsvertragspolitik zurücknahm und in einem neuen Zolltarif, der Anfang Dezember 1902 von einer Mitte-Rechts-Reichstagsmehrheit verabschiedet wurde, der alten Miquelschen Sammlungspolitik feste Form gab. Miquel hatte seit 1897 gemahnt, »politisch keine Maßregel zu treffen, ohne gewiß zu sein, ob sie sich der Zustimmung der besitzenden Klassen zu erfreuen habe«[17]. Danach war aus Vertretern der Großlandwirtschaft, der Industrie und des Handels ein »Wirtschaftlicher Ausschuß« zusammengetreten, dem von der Regierung die Rolle eines korporativen Ersatzparlaments mit Vetorecht zugestanden wurde.

Den interessierten Industriebranchen und der kornbauenden Landwirtschaft - nicht aber dem kleinen Viehzüchter und Milchbauern, der Futtergetreide hinzukaufen mußte und an niedrigen Einstandspreisen interessiert war - wollte die Regierung umfassenden Einfluß zugestehen: das Orchester sollte Musik machen, der Dirigent würde dazu die Arme heben. Es zeigte sich bald, daß die Industrie nur lauwarm für die Rückkehr zu den alten Zollsätzen von 1887 oder gar ihre Erhöhung eintrat. Durch Protektionismus hatte sie nicht viel zu gewinnen, konnte aber auf Auslandsmärkten, wie das Reichsschatzamt bemerkte, »durch die Rückschläge einer solchen Politik schwer getroffen werden«[18]. Alles kam daher auf die Gestaltung der Agrarzölle an und ihre Koppelung an die Interessen der Industrie.

Bei den Landwirten Ostelbiens, bedroht durch den Preisverfall der letzten anderthalb Jahrzehnte, aufgeputscht durch die Untergangsvisionen des Bundes der Landwirte, bestand tiefes Ressentiment gegen die Industrie und die Regierenden in Berlin, und die »Kanalrebellen« hatten erst jüngst im Preußischen Landtag eine Talentprobe abgelegt und bewiesen, daß das ländliche Preußen noch immer die stärkste Vetogruppe im Lande war. Die Regierung habe »das Vertrauen breiter Schichten gerade der Bevölkerungsklassen verloren, welche, durch Grundbesitz auf das innigste mit den Staatsinteressen verwachsen, ehedem die festeste Stütze ihrer Politik bildeten« - so der Landwirtschaftsminister v. Hammerstein. Man sprach von »Entfremdung« und meinte den Zerfall des tragenden Machtkartells.[19]

Bülow aber brauchte Vertrauen und Konsens. Sonst war die Weltpolitik im Innern auf Sand gebaut. Im Frühjahr 1901 wurde die zweite Kanalvorlage zurückgezogen, um Ostelbien ein Signal der Verständigung zu geben. Dann wurden Minister ausgetauscht. Miquel, Hammerstein und Brefeld mußten gehen. Die Finanzen übernahm Frhr. v. Rheinbaben, das Handelsressort der nationalliberale Großindustrielle Möller, Vorstandsmitglied des Centralverbands Deutscher Industrieller. Die Landwirtschaft übernahm Victor v. Podbielski, Provinzialvorsitzender des Bundes der Landwirte in Brandenburg. Er war nicht in der Regierung, um zu verhandeln, sondern um die Maximalforderung nach einem Zoll von 7,50 Mark pro Doppelzentner Getreide durchzusetzen. Das aber war zuviel. Es gefährdete die Zustimmung der Industrie und mußte den Reichstag zum Hexenkessel machen. Die Sozialdemokraten reagierten durch Obstruktion.

Bülow hat seitdem gegengesteuert, die Einzelstaaten mobilisiert, sozialpolitische Beschwichtigungen ausgeteilt und alles daran gesetzt, die widerstreitenden Interessen von Nationalliberalen, Zentrum und Freikonservativen auf einen Kompromiß zu verpflichten, der auch bei den agrarischen Konservativen noch Gnade fand. Das ist ihm schließlich gelungen. Das Ergebnis war im Grunde geringfügig: eine Erhöhung des Maximalzolls für alle Getreidesorten um 0,50 Mark pro Doppelzentner. Zentrum, Nationalliberale und Freikonservative stimmten geschlossen dafür, von den Konservativen waren dreißig dafür, dreizehn fanden den Kompromiß schlechthin unannehmbar und stimmten vor lauter Degout mit den Sozialisten dagegen (2. Dezember 1902). Der Bund der Landwirte brach die Be-

Olaf Gulbransson, Sein wahres Gesicht (1908)
»Kinder, nehmt's eurem Bernhard nicht übel, wenn er im Reichstag mal 'n bißchen liberal schwätzt! - In Wirklichkeit sind wir ja doch alle Junker.«

ziehungen zu den Freikonservativen ab, die zustimmenden Konservativen wurden als Verräter hingestellt, der Regierung wurde Schlappheit vorgeworfen. Es dauerte mehrere Jahre, bis der Riß wieder gekittet werden konnte. Bülow war der Konsens für die Weltpolitik wichtiger gewesen als die restlose Erfüllung der agrarischen Wünsche. Deshalb hatte er zuletzt die neuen Zollsätze gegen »die Unvernunft der Agrarier« durchgesetzt. Der Tarif gab der kornbauenden Landwirtschaft erhöhten Schutz, ließ aber noch die Möglichkeit offen, »zu Handelsverträgen mit den benachbarten Nationen zu kommen« – was im Blick auf Rußland im Jahr 1904 auch geschah, zumal der Zarenstaat angesichts revolutionärer Gärung im Innern und des drohenden Krieges mit Japan zu einem langen Zollpoker außerstande war. Der Industrie gab der neue Zolltarif Wettbewerbsvorteile auf dem Binnenmarkt. Die Eisenindustrie konnte hier ihre Rentabilität sichern und auf dem Weltmarkt den Überschuß zu beliebigen Preisen anbieten.[20]

Tatsächlich hat der Zolltarif die großen Wirtschaftsinteressen gebündelt und gefördert, die agrarischen allerdings so sehr, daß die Brot- und Fleischpreise merkbar anzogen, der Reallohnanstieg zurückging, ja zum Teil die Einkommen sich minderten, die Arbeitgeber Unterstützungs- und Lohnerhöhungsforderungen in breitem Umfang ausgesetzt waren und die Sozialdemokratie den Reichstagswahlkampf 1903 überaus erfolgreich mit der Parole vom Brotwucher der herrschenden Klassen bestreiten konnte. Fast alle hatten gewonnen: die Landwirtschaft ihren erhöhten Zoll, die eisenschaffende Industrie und die gesamte Grundstoffindustrie die heimische Basis, und die Sozialdemokratie rund fünfundzwanzig Reichstagsmandate. Nur die Masse der Konsumenten und die verarbeitende Industrie zahlten den Preis. 1903 verloren die bürgerlichen Parteien, deren Klientel zu den Verlierern gehörte, dreizehn Mandate. Und die Banken, die Elektroindustrie und der Maschinenbau betrieben seitdem, zusammengeschlossen im Dachverband des Hansabunds, zusammen mit Angestelltengewerkschaften und Handelsverbänden die Rückkehr aus dem Land des Hochschutzzolls. Das Zentrum geriet in eine Schiedsrichterrolle, und sein Gewerkschaftsflügel wuchs. Früher oder später drohte die Umkehrung der inneren Bündnisse. Bülows Zolltarif registrierte die Summe wirtschaftlicher und politischer Macht- und Vetopositionen an der Jahrhundertwende. Die Agrarier hatten gesiegt, aber nur knapp. Und ob sie noch einmal siegen konnten, das stand dahin. Der Zolltarif, der den Konsens des Machtstaats festigen sollte, offenbarte die Risse der Industriegesellschaft.

Das agrarische Übergewicht der Zollpolitik hatte auch außenpolitische Gründe. Ohne Entgegenkommen bei der Zollfrage waren die Konservativen für die »häßliche und gräßliche Flotte« nicht zu haben, und schon gar nicht für die Vergrößerung der Flotte und die Beschleunigung des 1898 festgelegten Bautempos, die Tirpitz plante, die der Kaiser vertrat und die Bülow als Motor der Weltpolitik brauchte. Es kam hinzu, daß die bevorstehenden Kämpfe um Zölle und Handelspolitik die Mehrheitsbasis gefährdeten. Was lag also

Koloniale Expansion Großbritanniens, Frankreichs und des Deutschen Reiches von 1882 bis 1912

Jahr	Großbritannien	Frankreich	Deutsches Reich	Andere Länder
1882	Ägypten	Guinea. Am Kongo		
1883		Bamako (Niger) als Beginn der Durchdringung Westafrikas. Annam (Vietnam).		
1884	Südost-Neuguinea Somaliland	Guinea Tonking	Togo, Kamerun Dt.-Südwestafrika Bismarckarchipel Kaiser-Wilhelm-Land	Merw (Rußland)
1885	Betschuanaland Nigeria (z.T. 1861)		Dt.-Ostafrika Marshallinseln	Massaua/Eritrea (Italien). Rio de Oro Protektorat (Spanien). Beginn der Erwerbung des Kongo (Belgien).
1886	Oberburma Kenia	Kambodscha		
1888		Somaliland		
1889	Rhodesien			Somaliland (Italien)
1890	Sansibar (Zanzibar)			Eritrea Kolonie (Italien)
1891	Zentralafrikanisches Protektorat (Njassaland)			
1892		Sudan, Dahomey		
1893		Elfenbeinküste Laos		
1894	Uganda			
1895		Verwaltungseinheit Frz.-Westafrika		Pamir (Rußland)
1896		Madagaskar Kolonie		
1898	Waihaiwei		Kiautschou	Port Arthur (Rußland)
1899	Sudan		Marianen, Karolinen, Palau-, Samoa-Inseln	
1900	Nigeria Protektorat	Protektorat des Tschad		Mandschurei (Rußland)
1902	Burenrepubliken			
1908				Kongo (Belgien)
1910	Südafrik. Union			
1912				Tripolis, Dodekanes (Italien)

näher, als die nächste Flottenvorlage, die eigentlich erst für die Zeit nach 1905 fällig war, vorzuziehen? Stand beides, Flottenbau und

Agrarschutz, in einem unmittelbaren geschäftlichen Zusammenhang? »Der Industrie die Flotte, die Weltpolitik und die Expansion, den Agrariern die Zölle und die Aufrechterhaltung der sozialen Vormachtstellung der Konservativen«[21] – war es so? Unübersehbar bleibt, daß die Zolltarif-Formel in der Innenpolitik die Basis festigte für die Flottenpolitik, das strategische Herzstück des Anspruchs auf Weltmachtgeltung. Die Flottenvorlage von 1900 verdoppelte die künftige deutsche Schlachtflotte von zwei auf vier Geschwader, das dritte Geschwader sollte sofort begonnen werden, das vierte zunächst aus alten Küstenpanzerschiffen zusammengestellt, nach 1912 systematisch erneuert werden. Das war zuviel, um noch verharmlost zu werden. Die Novelle mußte die Londoner Admiralty alarmieren. Zugleich fand jetzt in Deutschland die Verschleierungsformel der Risikoflotte amtlichen Ausdruck. In der Begründung der Novelle von 1900 hieß es, die deutsche Flotte müsse so stark sein, »daß ein Krieg auch für den seemächtigsten Gegner mit derartigen Gefahren verbunden ist, daß seine eigene Machtstellung in Frage gestellt wird«[22]. Nun beschleunigten sich die Stapelläufe, wo Sektflaschen an Stahlplatten zerschellten und Galauniformen und Bratenröcke, von patriotischen Schauern durchpulst, Kaiserworten lauschten, die zunehmend markiger wurden, zunehmend englandfeindlich: Hybris in den Formen einer Kindstaufe, der Blick in die Zukunft von Fahnengewoge und Lorbeerkränzen verstellt.

England aber mußte seine Kräfte streuen, um die Schlagadern des Empire zu schützen. Das Reich konnte in der Nordsee die Entscheidung suchen, und nach dem Stand der Planungen von 1900 war absehbar, wann in dem Kalten Krieg zwischen dem Reich und England der Punkt erreicht war, da England Symptome der Unterlegenheit zeigen würde. Die Formel der Risikoflotte war Verschleierung (Tirpitz: »Mundhalten und Schiffebauen«). Seestrategisch glaubten die Deutschen, im Spurt an den Briten vorbeiziehen und ihre Lage im »Nassen Dreieck« zum entscheidenden Vorteil umdrehen zu können. Es war ein Plan, wie Bülow später vermerkte, der »große, sehr große und weite Horizonte eröffnete«. Und es war eine Strategie, die die Seelords an der Themse als tödliche Bedrohung begriffen und, waren sie nicht von Blindheit geschlagen, begreifen mußten.

Alles spitzte sich seitdem auf die Frage zu, auf welcher Seite England stehen würde in den kommenden Hegemonialkämpfen auf dem Kontinent. Von Anbeginn hat Bülow den Marinestrategen Tirpitz gefördert, weil er im selben Zuge sich selbst förderte und seinen kaiserlichen Herrn. Sehr spät erst, 1908, gab es Auseinandersetzungen mit Tirpitz wegen »Überspannung des Marinestandpunkts«[23]. Das konstatierte das Scheitern der deutschen Seestrategie, aber es blieb folgenlos. Bülows Ziele, als er regierte, waren die Ziele der deutschen Eliten, seine Illusionen waren die ihren. Unter Bülow, als der Burenkrieg im südlichen Afrika die Schlüsselstellung Englands scheinbar außer Kraft gesetzt hatte und den Deutschen die Schiedsrichterrolle über Europa verhieß, wurde die Straße der Selbstzerstörung des Reiches, die so glänzend verlief und so begeistert beschritten wurde, Weg ohne Wiederkehr.

Weltpolitik war der Schlüsselbegriff, der innere Lage und äußere

Machtentfaltung verband. Ein Phäakendasein war den Deutschen zu keiner Zeit gegeben. Aber die Versuchung, die Bedrohung des Machtstaats in der Mitte aufzuheben durch Industriewirtschaft, inneren Konsens und starke Führung und auf dieser Basis eine hegemoniale Drohung zu entwickeln, war so machtvoll wie gefährlich. Politische Revolutionen hatte man nicht zu fürchten, wohl aber innere Konflikte zerstörerischen Ausmaßes, Erosion der Machtpyramide, Zerfall des militärischen Ernstfallpotentials. Weltpolitik sollte Konsens schaffen und disziplinieren, Märkte schützen und Begeisterung schüren, Einflußsphären öffnen und Rohstoffe sichern.

Primat der Innenpolitik? Primat der Außenpolitik? Das bleiben bis heute Denkhilfen und Konstrukte, deren Nutzen in der Analyse liegt, deren Wirklichkeitscharakter aber durch die Verflechtung von wirtschaftlichem Wachstum, politischem Konsens und europäischer Machtstellung dementiert wird. Weltpolitik war das Versprechen, daß die Mittellage zwischen den europäischen Mächten nicht auf alle Zeit den Horizont verstellen werde. Weltpolitik aber enthielt auch im Ansatz die Gefahr, daß die Mächte, auf deren Kosten sie sich entfalten sollte, der Bedrohung eine neue Kaunitzsche Koalition entgegenstellen würden, das schwache Österreich durch Englands Industrieimperium ersetzt. Das alte »corriger la figure de la Prusse« aber mußte im Industriezeitalter, ob es die Deutschen betrieben oder ihre Nachbarn, zur Katastrophe Europas werden.

Weltpolitik war die lockende Formel, in der das industrielle Deutschland an der Jahrhundertwende sich selbst suchte. Und es war zugleich die Drohung, die die Jahrhundertkonflikte zwischen Bär und Walfisch, Rußland und England, und zwischen den alten Rivalen im Westen einebnete, Erbfeinde versöhnte und das europäische Mächtesystem umstürzte, das seit Napoleons Sturz so viele Krisen und Kriege überdauert hatte.

Geburtswehen der Modernität: Seite aus dem Skizzenbuch des Berliner Stadtbaurates Ludwig Hoffmann

Weltpolitik aber hieß bei Licht besehen zuerst und immer wieder wirtschaftliches Wachstum und Handelsexpansion. Das war Ziel und Begründung zugleich. Weltpolitik hieß, England an den Rand zu drängen, das Empire zuerst wirtschaftlich, dann militärisch und politisch zu beerben, hieß, Stützpunkte in Übersee zu sammeln, hieß, mitzureden in allen Weltangelegenheiten und eine Schiedsrichterrolle zu beanspruchen. Das alles war gefährlich genug. Am gefährlichsten aber wurde Weltpolitik, wo sie den Bau der Schlachtflotte vorantrieb. Hatte nicht Tirpitz dem Kaiser verheißen, die Verdoppelung der Geschwaderzahl im 2. Flottengesetz von 1900 werde Deutschland zu einer der vier Weltmächte machen? Der Burenkrieg im südlichen Afrika, seit 1899 im Gange, lenkte die Sympathien des gesamten europäischen Kontinents auf die belagerte Bauernrepublik, am stärksten in Deutschland.

Niemals war die große Bündnispolitik mit England notwendiger und näher als um die Jahrhundertwende. Und niemals war England in der deutschen Öffentlichkeit verhaßter als zu dieser Zeit. Im Auswärtigen Amt zwar überlebte noch die Bismarcksche Denkschule, mit dem Geheimrat Holstein als Zentralfigur, die gegen Rußland Sicherheit mit England suchte: die Russen hatten erst jüngst, 1899, den deutschen Zugriff auf Kleinasien bekämpft und für den Fall des Zusammenbruchs der Donaumonarchie alle deutschen Ansprüche abgeblockt. Die deutschen Machteliten waren in der Bündnisfrage geteilt, als Optimum erschien die »freie Hand«. Aber wie lange würde die europäische Lage sie erlauben? Für Bülow, Tirpitz und die kaiserliche Entourage wurde die Versuchung übermächtig, Englandhaß und Flottenbau, Weltmachtgestus und Charisma zu verbinden. Freilich war dies auch gefahrvoll: denn solchermaßen wurde die innere Zustimmung auf äußere Erfolge gestützt. Was aber, wenn die Mächte Europas den deutschen Ausbruch aus der Mittellage gemeinsam bekämpften? Dann mußte nicht nur die äußere Lage unhaltbar werden. Dann stand auch das innere Gefüge zur Disposition.

Die Briten zahlten einen unerwartet hohen Preis für den Burenkrieg. Mit Mühe brachten sie ihn nach drei Jahren zu Ende. Die spätviktorianische Armee erwies sich als ineffizient. Alle Landtruppen waren in Südafrika gebunden, während Paris seine Regimenter in den Grenzgebieten Marokkos und Algeriens patrouillieren ließ und die Russen an der afghanischen Grenze Truppen konzentrierten. Spanien meldete Lust an auf Gibraltar. Hinweise auf die Entstehung einer Kontinentalallianz wurden in der deutschen Presse vorschnell und hysterisch hochgespielt.

Als die Briten gegen das russische Vordringen im Fernen und Mittleren Osten der Unterstützung durch die deutsche Diplomatie bedürftig waren, ließ man sie unter Hinweis auf strikteste deutsche Neutralität in Berlin kalt abfahren. Dies aber war wohl das Ende der vielen halbherzigen Versuche Londons seit einem Jahrzehnt, mit Berlin und dem Dreibund in ein stabiles Verhältnis zu kommen, vielleicht zu einem Bündnis. Während die Bismarcksche Denkschule für die Allianz mit England die »freie Hand« preiszugeben bereit war, suchte Bülow gegen seine Berater in der Wilhelmstraße alle nur denkbaren Argumente zusammen, die der wechselseitigen Garantie des Reiches und des Empire entgegenstanden. Der Traum der europäischen Stabilität, jetzt und auf alle Zeit, die Teilung der Welt noch einmal, ein letztes Mal von Europa aus, das alles schien damals möglich. Aber die deutsche Weltpolitik zielte längst auf mehr als auf Parität mit den Briten. Die hätte man haben können, die deutsche Flotte brauchte bis 1902 noch nicht sehr ernst genommen zu werden, im Handel waren beide Länder einander ihre besten Kunden, es gab in Übersee keine umstrittenen Gebiete. Die Kapitalverflechtung zwischen Firmen beider Länder nahm zu, deutsche und englische Exporteure fanden oft die Kartellbildung bequemer als die Konkurrenz. Zur Sicherung des Handels, der Reeder Ballin hat das oft gesagt, bedurfte man der Schlachtflotte nicht. Eher war sie eine Gefährdung wachsender Auslandsinteressen. Warum hat die deutsche Politik, die doch nach Bismarck das englische Bündnis, das er so lange vergeblich gesucht hatte, die Chance gesicherter Weltmachtstellung im Akkord mit England damals nicht ergriffen? Der Gründe sind viele.[24]

Zuletzt aber läuft jede Erklärung auf die Hybris der europäischen Hegemonie hinaus, die die Deutschen wollten und die sie nur durchsetzen konnten gegen England. Aber mußten sie die Hegemonie wollen? Sie waren angetreten, um durch Weltpolitik die Mittellage zu überwinden, und nach kaum einem Jahrzehnt war der Machtstaat in der Mitte bedrohter als je in seiner Geschichte. Was den Deutschen seit 1905 zum Trauma der Einkreisung wurde, war in Wahrheit das Verhängnis ihrer eigenen Überhebung. 1907 bereits begann der Große Generalstab England als sicheren Gegner im künftigen Krieg anzunehmen. Doch weder hat die Kriegsplanung daraus Konsequenzen gezogen, noch die Politik dies als Warnungszeichen ernst genommen.

Rudolf Wilke, Gebet vor der Schlacht (1900)
»Christliche Soldaten, fassen wir unsere Gefühle zusammen in dem Rufe: Der liebe Gott hurrah! hurrah! hurrah!«

Joseph Chamberlain, Sozialreformer von Format, Führer der gegen die irische Autonomie kämpfenden »Liberal Unionists«, Kolonialminister im Tory-Kabinett Salisbury, Visionär des afrikanischen Großreiches »from the Cape to Cairo«, zählte zu den großen Vertretern des massendemokratischen, liberalen Imperialismus der Spätphase. Bewunderer der deutschen Sozialpolitik und ihrer Bindungskräfte, hatte er lange Zeit das Bündnis mit Deutschland gesucht. Seit 1902 indes fand er die Sicherung der *British interests* im Bündnis mit Frankreich.

Chamberlains Enttäuschung war die Enttäuschung der Machteliten und der politischen Öffentlichkeit der Insel über Berlin. Des Kaisers Reise an das Sterbebett der Queen Victoria, seiner Großmutter, milderte ein wenig die Spannungen. In seiner Tischrede teilte er ohne Umschweife den Briten die See zu, den Deutschen aber das Land. Es war ein Tonikum, nicht mehr, für eine durch den Burenkrieg zerrissene Nation. Aber die Öffentlichkeit wurde beherrscht durch Meinungsmacher wie »Calchas« (J.L. Garvin), der in der einflußreichen »Fortnightly Review« im Januar 1901 die Frage stellte: »Will England Last the Century?«

Das Fragezeichen verwies auf die deutsche Flottendrohung. Wenig später ließen sich Bülow und Chamberlain zu öffentlichen Vergleichen über deutsche Kriegführung in Frankreich 1870 und britische jüngst in Südafrika hinreißen. Bülow suchte Popularität mit seiner bald so genannten »Granit-Rede« und herrischer Pose – wer den heroischen Charakter und die sittliche Grundlage »unserer nationalen Einheitskämpfe« zu entstellen suche, der »beißt auf Granit« (8.1.1902). Im Auswärtigen Amt herrschte blankes Entsetzen: »Die Chamberlain-Rede von Bülow ist das Krüger-Telegramm in Taschenformat«, schrieb Holstein.[25] Er hatte Bülow entschieden abgeraten. Wollte der Kanzler bewußt die Briten brüskieren? Das jedenfalls gelang ihm, noch bevor die Allianz der Briten mit Japan für den Fernen Osten (30.1.1902) und bald auch für Europa eine neue Konstellation heraufführte. In Zukunft hatten die Briten kein Bedürfnis mehr nach deutscher Unterstützung in Fernost gegen Rußland, und auch in Europa sank der Preis, den ihnen Berlin wert war.[26]

Wichtiger noch als die Auswirkung des britisch-japanischen Bündnisses auf Fernost war die Konsequenz für die europäischen Metropolen. Paris und London fanden sich aufgrund der beiderseitigen Bündnisverpflichtungen unvermittelt vor der Möglichkeit, daß beide gegeneinander im Fernen Osten für Interessen kämpfen mußten, die nicht die ihren waren. Die Entente war seitdem im Entstehen. Sie wurde unausweichlich, als die deutsche Flottenrüstung und die öffentliche Begleitmusik aus Englandhaß und Machtwahn den Briten den letzten Zweifel nahmen, daß die Deutschen den Ernstfall meinten. Seit 1902 wurden von der Admiralty Vorbereitungen getroffen für eine neue Flottenstation mit Blick auf die Nordsee. Der Armee-Generalstab in London predigte zur selben Zeit das Rapprochement mit Frankreich und Rußland. Der stellvertretende Generalstabschef warnte die Regierung in Whitehall, die wachsende deutsche Macht zerstöre das Gleichgewicht. Das Reich sei »unter all unseren Gegnern der zäheste, zielklarste und gewichtigste«[27]. Aber vorerst konzentrierte der neu formierte Imperial General Staff noch seine Krisenplanungen auf die russische Bedrohung Indiens.

Am schärfsten wurde das Mißtrauen gegen die deutschen Rüstungen vom Foreign Office formuliert, obwohl lange Zeit noch Rußland als Hauptgefahr galt. Es gab zwei Denkschulen, die eine präsidiert vom Unterstaatssekretär Sir Eyre Crowe, der die deutsche Strategie als Zerstörung des Empire beschrieb, die andere vertreten durch Lord Sanderson, der die Chancen und den Nutzen der Kooperation mit Berlin betonte. Sein Argument: warum sollten nicht im Lauf des zwanzigsten Jahrhunderts, wie zuvor die Briten aufgestiegen waren, die Deutschen die Führungsrolle des Kontinents übernehmen? Die britische Politik nahm die deutsche Weltpolitik ernst, sehr ernst, aber die Schlußfolgerungen blieben offen. Jahrelang auch war noch unentschieden, ob nicht Rußland dem Empire gefährlicher war. Nicht anders als die deutsche Politik schlingerte Whitehall in den Wellen der öffentlichen Meinungen, Gefühle und Stimmungen. »Wer den Bürgerkrieg vermeiden will, muß Imperialist werden« – der Zynismus eines Cecil Rhodes galt auch für die britischen Machteliten. Ob Rußland oder Deutschland, es war mehr das Spiel der Machtverhältnisse in England als die Analyse der Weltpolitik, die schließlich zur Identifizierung der Deutschen als Hauptfeind führte.

Rüstungsausgaben von 1907 bis 1914 (in Mill. US-Dollar)

Jahr	Großbritannien	Frankreich	Deutschland
1907–08	291,8	243,7	290,5
1913–14	385,0	277,2	352,7

Parallel zum Wettrüsten entwickelte sich eine Handelsagitation, die deutsche Übertüchtigkeit beantworten wollte durch Preisgabe des Freihandels und Aufbau eines Präferenz-Systems für das Empire. Joseph Chamberlain wurde der Prophet dieser Lehre, verlor damit indes auch die Wahlen von 1906. In Deutschland wurde die drohende Abschließung der Empire-Märkte, da jede vierte Mark im Export nach England verdient wurde, mit Angst, ja Panik registriert. Die deutschen Freihändler schärften hier ihre Argumente, doch die deutschen Flottenideologen taten es genauso.

Seit dem Beinahe-Zusammenstoß britischer und französischer Truppen in Nordafrika 1898, er ging als Fashoda-Krise in die Geschichte der Internationalen Beziehungen ein, hatte der französische Außenminister Delcassé den großen Ausgleich mit London gesucht. In England war seit 1902/03 ein strategischer Konsensus im Entstehen, das Empire müsse am Rhein und in der Nordsee verteidigt werden, und der Himalaya und die nördliche Sahara seien nichts als Nebenfronten. Das Ergebnis war das große Rapprochement mit Frankreich: Marokko für die Trikolore, Ägypten für den Union Jack. Das war der Kern der Entente cordiale, die seit 1904, ergänzt und ausgebaut durch die strategische Abstimmung gegen die deutsche Gefahr, das Gleichgewicht Europas fundamental veränderte. Auf dem Schachbrett war Deutschland schon der Verlierer. Die Entente, die nun entstand, widersprach allen Berechnungen der Wilhelmstraße: Paris und London würden auf alle Zeit in Übersee miteinander rivalisieren, und das russisch-französische Bündnis würde den Anschluß Englands nicht überdauern. Jetzt erwies sich alles als Wunschdenken. Die »freie Hand« Berlins war zur Einkreisung geworden. Aber war die Entente vom April 1904, die dem deutschen Machtstaatsdenken so kraß widersprach, nicht in Wahrheit das Vorbild für jene Herunterstufung des nationalen Egoismus, ohne die das Reich in der europäischen Mitte damals nicht mehr zu sichern war? Dazu aber waren die deutschen Machteliten nicht bereit, und dafür war es auch zu spät.

Die Entente zwischen Paris und London war befördert worden durch jene Machtkämpfe im Fernen Osten, aus denen bald der russisch-japanische Krieg hervorgehen sollte: vorbei die Bismarck-Hoffnung, Deutschland könne überseeische Konflikte der Mächte für sich nutzen. Statt dessen enthielt die Entente, als ihr Absprachen der Generalstäbe für den Krieg in Westeuropa folgten, schon die Formel für die Eindämmung der Deutschen. Die Entente entschied das große Spiel der Wilhelmstraße, die Mittellage durch Weltpolitik aufzubrechen, strategisch gegen die Deutschen. Gewiß, der russisch-japanische Krieg legte 1905 die Zange noch einmal lahm, und im Krisenjahrzehnt vor dem Weltkrieg hätte manches noch anders kommen können. Aber die Entente bedeutete für das Reich das Ende des kalkulierbaren Aufstiegs zur Weltmacht. Sie ließ den Deutschen nur die bittere Alternative, für alle Zeit auf Hegemonie zu verzichten oder in unkalkulierbarem Gewaltstreich den Ausbruch aus der Mittellage doch noch zu erzwingen.[28]

Die deutsche Reaktion auf diese Zwangslage war unsicher. Bündnisfühler gingen nach Rußland. Bei der Verlängerung des Handelsvertrages von 1894 wurde Entgegenkommen gezeigt. Die russische Industrie erhielt auf Drängen Bülows Anleihen, deren Übermaß Kritik auf sich zog. Im Westen wurde die gesamte militärische Strategie auf den Schlieffen Plan abgestellt. Es war auf der Grundlage älterer Vorarbeiten die definitive, jedes diplomatische Bremsmanöver ausschließende Aufmarschplanung.[29] Was immer geschah, ob der Krieg von West oder von Ost drohte, die deutschen Armeen mußten im Westen die Entscheidung suchen, auf Paris vorstoßen und dann, nach der Vernichtungsschlacht, sich herumwerfen nach Osten, um die russischen Massenheere vor der Oder zu stellen und zu schlagen. Der Schlieffen-Plan entstand unter dem Trauma der russischen Dampfwalze. Offensiven nach Ost und West zugleich waren wegen der Unterlegenheit an Menschen und Material nicht mehr möglich. Die britische Beteiligung am Landkrieg in Flandern war bereits in Rechnung gestellt. So galt es, den Vorteil der inneren Linie und den Zeitfaktor zu nutzen: zuerst den schnellen französischen Aufmarsch zerschlagen, dann den langsamen, führungsschwachen Gegner im Osten treffen.

Wo die Staatskunst versagt hatte, die Briten herauszuhalten, sollte das Kriegshandwerk ihre Landung verhindern und im Sichelschnitt die Entscheidung erzwingen. Der Schlieffen-Plan, nach dem Chef des Großen Generalstabs genannt, besaß eine ingeniöse, zwingende Logik. Hybris der Hegemonialpolitik und Scheitern der Staatskunst sollte er durch militärische Effizienz aufheben. Wäre es da nicht besser gewesen, so viel Gedankenstärke beizeiten in eine weniger gefährliche Politik zu investieren? Der Plan war ein Kind der Verzweiflung. Für die Wilhelmstraße hätte er das Alarmsignal sein müssen, den Primat der Politik wiederherzustellen und die Verständigung mit dem Westen oder mit dem Osten zu suchen, und um fast jeden Preis. Über dem Schlieffen-Plan lag schon eine Ahnung vom Finis Germaniae.

60-й купонъ къ 4% облигаціи №71105 Серія Б
ОБЩ. КУРСКО-ХАРЬКОВО-АЗОВСКОЙ ЖЕЛ. ДОРОГИ.

Владѣльцу сего купона платится 19 Марта/1 Апрѣля 1919 года, безъ взиманія какихъ бы то ни было русскихъ налоговъ: 10 герм. мар. въ Берлинѣ, въ Правленіи Учетнаго Общества и въ банкирскомъ домѣ С. Блейхредеръ и во Франкфуртѣ н/М., въ Правленіи Учетнаго Общества; 12 франк. 35 сант. въ Парижѣ, у Гг. бр. Ротшильдъ; 5 голл. гульд. 93 цент. въ Амстердамѣ, у Гг. Липпманъ, Розенталь и К°; въ Россіи—въ Конторахъ Государственнаго Банка, а въ С.-Петербургѣ, кромѣ того, въ С.-Петербургскомъ Международномъ Коммерческомъ Банкѣ и въ С.-Петербургскомъ Учетномъ и Ссудномъ Банкѣ—стоимость 10 герм. марокъ рублями, по курсу дня, по предъявленіи на Берлинъ.

Директоръ Государственной Коммиссіи Погашенія Долговъ 60

Dividenden-Kupon für Aktien der »Kursk-Charkow-Asow Eisenbahn-Gesellschaft«

Aber noch war vieles offen. In der deutschen Tragödie bildete die Krise von 1905, als der Zarenstaat unter den harten technischen Schlägen der japanischen Militärs fast zusammenbrach, das retardierende Moment: Port Arthur kapitulierte am 1. Januar 1905, zwei Monate später verloren die Russen die lange Schlacht von Mukden, am 27. Mai 1905 endete die Seeschlacht von Tsushima in der Katastrophe der Zarenflotte. In St. Petersburg züngelte aus den Massenstreiks die Revolution.

Niemals war das Deutsche Reich mächtiger als in der Lage von 1905. Noch einmal die Situation des Krimkriegs, Rußland im Abseits, geschlagen und gelähmt, das Bündnis mit Frankreich nichts als wertloses Papier, die Entente cordiale vorerst ein Wechsel auf die Zukunft. Für eine deutsche Machtpolitik, die es ernst meinte, welche Versuchung! Welche Chance auch, aus einer Politik der Stärke im Westen noch einmal Verständigung zu suchen! Nichts von alledem geschah.

Meinten die Deutschen die Weltpolitik ernst? Meinten sie Weltmacht? Oder war alles nur Rhetorik für den heimischen Verbrauch und zum Erschrecken künftiger Historiker? Im Trauma der Einkreisung gefangen, adoptierten die Militärs die desperate Logik des Schlieffen-Plans für den kommenden, jetzt als unausweichlich geltenden Krieg. Wollten sie den Krieg? Wenn ja, dann hätten sie ihn haben können, 1905 oder 1906, mit einer Siegeschance wie niemals früher oder später.

Berlin wollte den Krieg nicht, damals nicht und später erst aus Verzweiflung. Was die Wilhelmstraße wollte, war sehr viel weniger als Krieg: eine Darstellung deutscher Stärke, ein Symbol deutscher Weltmachtgeltung, und vielleicht im fernen Marokko einen Marinestützpunkt am Atlantik. Wichtiger aber war die Erinnerung, daß keine Veränderung der Landkarte geschehen sollte, ohne daß Berlin am Anfang gefragt und am Ende entschädigt wurde durch Kompensation.

So entstand damals, als Rußland durch Japan geschlagen wurde, die erste im Stakkato der Marokkokrisen. Nominell war der Scheri-

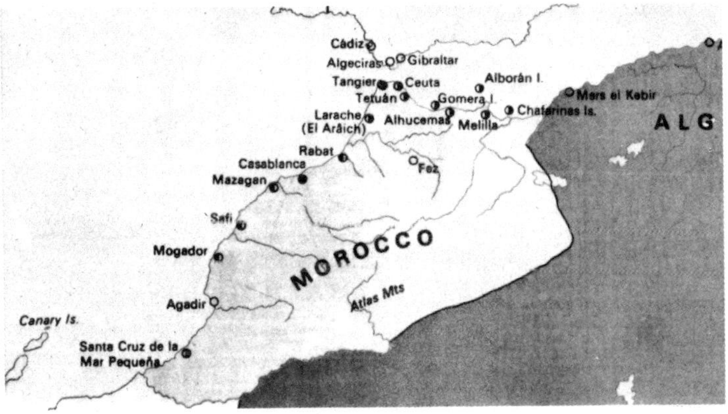

Marokko an der Jahrhundertwende: französischer Hinterhof

fenstaat in Nordafrika souverän. Seit der Entente Cordiale war indes Zweifel nicht mehr erlaubt, daß er zur französischen Interessensphäre zählte. Bismarck hatte den Franzosen, was die Kolonien anlangte, jeden Blankoscheck gegeben, und je mehr Saharasand und Indochinasümpfe für Paris, desto besser für die deutsche Sicherheit. Aber diese Lehre war vergessen. Der Kaiser, voll böser Ahnungen, reiste nun, und zwar auf Insistieren des Auswärtigen Amts, nach Tanger zu einer Art Staatsbesuch, um für die längst Erinnerungswert gewordene marokkanische Souveränität zu demonstrieren. Es gab keine Vorbereitung, keine Methode, kein Ziel. Es gab nur, ganz vage, die Hoffnung, Frankreich werde sich auf diese Weise in die brutale Umarmung der Berliner Politik ziehen lassen. Die Machtrhetorik brauchte endlich Belege, und in Marokko sollten sie sich finden. Nur wie sollte das geschehen?

Delcassé, der Chef des Quai d'Orsay, betrieb seinerseits in Marokko, abgedeckt durch die Entente mit London, eine Vorwärtsstrategie am Rande des Krieges, um dem französischen Imperialismus Nahrung zu geben. Den Deutschen bot er handelspolitisch alle Vorteile, die sie nur wollen mochten, aber mehr auch nicht. Aber Berlin wollte kein zweiseitiges Arrangement, sondern die große internationale Krise und dann eine Konferenz der Großmächte, die die Deutschen im Triumph verlassen würden.

Was aber als Demonstration deutscher Weltmachtgeltung begann, endete mit einem schalen Geschmack. Zuvor wurde Delcassé vom Präsidenten der Republik gestürzt. Rouvier fürchtete kriegerische Konsequenzen, angesichts der russischen Schwäche spielte er auf Zeit; auch glaubte er, es drohe soziale Unruhe im eigenen Land. Deshalb wiederholte er das Angebot französischen Entgegenkommens: Tausch, Kompensation, Handelsvorteile. Aber die Wilhelmstraße unter Holstein insistierte auf ihrer Konferenz, die die Unabhängigkeit Marokkos garantieren und somit die Kraftlosigkeit der Entente cordiale erweisen sollte.[30] Als diese Konferenz dann im Frühjahr 1906 in Algeciras stattfand, regelte sie Handels- und Polizeifragen über die Köpfe der Marokkaner, gab den Franzosen im übrigen freie Hand und vermittelte den Deutschen die Erkenntnis, daß sie allein standen. Außer für wenige Fachleute des Völkerrechts war niemandem erkennbar, warum es der Konferenz bedurft hatte. Diese erste Marokkokrise handelte, wie sich zeigte, nicht von Marokko, sondern vom europäischen Schachbrett. Die Deutschen hatten ihre Partie mit Macht begonnen und fast lustlos beendet. Statt den Franzosen die Schwäche ihrer Position zu zeigen, bewiesen sie ihnen den Nutzen der Entente mit England.

Mit der ersten Marokkokrise und dem russisch-japanischen Krieg war das Jahr 1905 ein Wendepunkt, doch vorerst ohne Wende. Angesichts der Niederlage im Fernen Osten und der Revolution in den Straßen der Hauptstadt war der Zarenstaat noch einmal, wie nach dem Krimkrieg, der deutschen Unterstützung bedürftig. Der Kaiser reiste, um die Gelegenheit beim Schopf zu packen, nach Schloß Björkö, einer der prachtvollen Sommerresidenzen unweit St. Petersburg. Es war der Versuch, die russische Schwäche zu nutzen, um ein Kontinentalbündnis gegen England zu formieren. Deutschland wäre Schiedsrichter Europas geworden.

»Willy« und »Nicky« prosteten einander zu, kleideten sich in die Uniform der Garderegimenter der anderen Seite, nahmen Paraden ab und winkten leutselig einem ausgesuchten Publikum. Wegen der Attentatsgefahr vermied man weite Fahrten und große öffentliche Zeremonien. Sie redeten einander an als Vettern mit Vornamen oder auch im pompösen Ton als Kaiser und als Zar. Und beide glaubten, daß die Komödie, die sie so gutwillig spielten, die Wirklichkeit sei: zwei Monarchen, Gesalbte Gottes auf ihre je unterschiedliche Weise, und doch längst eingesponnen und gefesselt durch die Staatsräson, die Bürokratien, die Interessen. »Björkö« war, für einen kurzen Moment am Rande der Weltgeschichte, die Illusion zweier gutwilliger Männer in prächtiger Uniform, es könne die Lage Europas geordnet werden durch Tischreden und verwandtschaftliche Sympathie – und im Hintergrund die Ahnung, daß für beide, russische wie deutsche Machteliten, der künftige Krieg die Katastrophe heraufbeschwor. So hatte der juvenile Traum von der Ordnung der Welt durch Einverständnis der Mächtigen eine bizarre Seite und eine tragische: gute Absichten waren nicht stark genug, um die tödlichen Konflikte aufzuheben zwischen dem Zarenstaat, der Österreich zerstören wollte und dafür auf das Kriegsbündnis mit Frankreich setzte, und dem Deutschen Reich, das Österreich groß und Frankreich klein halten mußte. »Nicky« und »Willy« glaubten, Weltgeschichte zu machen, als sie einen kurzen, klaren Vertragstext aufsetzten, halb Strategieklausur, halb Biertisch, und bewiesen doch nur, wie wenig noch die Signatur eines Zaren oder eines Kaisers wog. Wilhelm II.

kehrte nach Berlin zurück, triumphierend einen Vertragsentwurf in der Hand, demzufolge Zar und Kaiser einander Hilfe zusicherten gegen jeden Angriff in Europa, nicht aber in Asien, und Frankreich sollte zum alsbaldigen Beitritt gedrängt werden. Drei Monate später aber, als die russische Regierung aus ihrer Lähmung erwachte und die Petersburger Revolutionäre unter Anklage des Hochverrats standen, herrschte über die Allianz der beiden Herrscher in St. Petersburg nur noch betretenes Schweigen. Der Entwurf wurde von den Russen niemals ratifiziert. Die Deutschen hatten 1901 das Westbündnis, 1905 die Verständigung mit Frankreich und noch im selben Jahr den Kontinentalblock mit Rußland verfehlt.

Der Ernstfall nahm Kontur an. 1906 bereits begannen strategische Absprachen zwischen dem britischen und dem französischen Generalstab für den Kriegsfall. 1911 folgte der zweiten Marokkokrise eine Militärkonvention, die bereits Aufmarschzeiten, Truppenabfolge und Gefechtsstreifen festlegte, so daß am sechzehnten Mobilmachungstag die Briten auf dem Schlachtfeld stehen sollten. Im Foreign Office formulierte der Unterstaatssekretär Sir Eyre Crowe, feiner Kenner deutscher Poesie und überscharfer Analytiker deutscher Politik, zu Neujahr 1907 eine Analyse, die kein frohes neues Jahr ankündigte: von jeher habe Preußen auf Vergrößerung seiner Macht und Ausweitung seines Territoriums gesetzt, unter Wilhelm II. suche Deutschland die Vorherrschaft zur See und den Umsturz des Gleichgewichts in der Welt. Das britische Empire solle verdrängt und zerstückelt werden. Die deutsche Politik der letzten Jahre liefere den Beweis, daß das Reich »die Errichtung einer deutschen Hegemonie bewußt erstrebt, zuerst über Europa und dann über die Welt«. Werde aber die größte Landmacht der Welt auch zur größten Seemacht, so zwinge dies die übrigen Nationen, »sich zur Beseitigung eines solchen Alps zusammenzuschließen«[31].

Das war noch kein *Germaniam esse delendam*. Es war aber, auf dem Weg vom Antagonismus zum Krieg, eine Festlegung des »official mind« in England. Noch galt ein französisch-russisches Übergewicht als ebenso bedrohlich wie das deutsche. Aber immer erschien das Empire in Gefahr, und England mußte sich entscheiden. Die alte Suprematie war wirtschaftlich im Schwinden, *Splendid isolation* scheiterte an den überdehnten Verbindungslinien des Empire, man brauchte Verbündete um jeden Preis. Deutschland aber hatte den Preis zu hoch gesetzt. Die Tragik der britischen Position lag indessen darin, daß in letzter Analyse es gleich war, ob die Briten kämpften oder ihre Rivalen beschwichtigten: das Empire hatte den Zenit seiner Bahn durchschritten.

Spätestens seit 1905 orientierte sich die Admiralty bei der Festlegung des Two-Power-Standard nicht mehr an den kombinierten Flottenstärken Rußlands und Frankreichs. Deutschland war Gegner Nummer eins geworden. Unter Lord Fisher als erstem Seelord wurde die deutsche Herausforderung angenommen. Das Wettrüsten gewann an Dynamik[32]. Fisher modernisierte die Bemannung, setzte den neuen Linienschifftyp der »Dreadnoughts« (Fürchtenichts) durch und dislozierte die Großkampfschiffe im Blick auf die Entscheidung in der Nordsee. Die Dreadnoughts aber waren den deutschen Schlachtschiffen weit überlegen. Die Nelson-Klasse erhielt

30,5 Zentimeter Geschütze, die noch auf 7–8 Kilometer Entfernung den Gegner faßten, es wurden Linienschiffe von 18.000 Tonnen gebaut, größer als alles, was die Deutschen hatten, und stärker gepanzert. Die deutsche Flotte? Sie konnte nicht mithalten. Die Werftindustrie reichte nicht aus, die Schleusen von Wilhelmshaven waren zu eng, zu eng auch der Nord-Ostsee-Kanal. Zudem fehlte das Geld für mehr und größere Schiffe, solange jede Steuerreform blockiert wurde durch das Veto der Bülowschen Blockparteien. Seit 1905 war die deutsche Seestrategie ausmanövriert. Dem politischen Schach folgte das seestrategische Matt. Dazu kamen die überlegenen Truppenmassen der Entente: Wehrpflichtarmeen in Frankreich und Rußland und die britische Berufsarmee. Sollte Deutschland sich zu Tode rüsten?

Wo aber blieben die politischen Folgerungen? Wo die schmerzhaften Bilanzen? Die Rückkehr aus den Höhen der Weltpolitik zu Sicherheit und Stabilität? Keine Abrüstung, keine Rüstungskontrolle, kein Ansatz kollektiver Sicherheit, die Haager Abrüstungskonferenzen 1899 und 1907 von den Deutschen durch militante Rhetorik desavouiert, ihre bescheidenen Ergebnisse halbherzig hingenommen, es gab unter Bülow und Tirpitz kein Herunterstufen der überdehnten Ziele.[33] Wie der Schlieffen-Plan eine verfahrene Bündnislage auf dem Land militärisch korrigieren sollte, so war die Fortsetzung des »naval race« nur noch Rechthaberei von selbstmörderischer Qualität.

Warum aber war die Anpassung an veränderte weltpolitische Daten undenkbar? Weil jeder Schritt zurück nach so viel Glanz und Glorienschein die Frage aufwarf nach der Rationalität der Führung, der Verantwortlichkeit der Militärs und der Effizienz der Monarchie. Die deutsche Strategie war so stark innenpolitisch bestimmt, daß sie außenpolitisch nicht mehr korrigierbar war. Und gab es nicht auch die Versuchung – der Kaiser und seine Umgebung spekulierten auf die disziplinierende Wirkung von Rüstung und Kriegsangst auf Parlament und Öffentlichkeit[34] –, den Ernstfall als Zuchtmittel der Innenpolitik aktiv zu halten?

»Die Koalition ist de facto da« – so der Kaiser nach der ersten Marokkokrise. Er hatte recht. Die Kaunitzsche Koalition gegen den Machtstaat in der Mitte war durch den Hinzutritt Englands mächtiger, als Bismarck sie in seinen Alpträumen je gefürchtet hatte. Was blieb, war nur noch Abkehr von der Weltpolitik bei hohem Rüstungsstand, dem aber Verfall der Massenloyalität folgen mußte. Oder die alte Bismarcksche Hoffnung auf Konflikte an der Peripherie und baldigen Zerfall des russischen Kolosses. Oder endlich der präventive Schlag zur Sprengung der Entente: Aufstieg oder Untergang.

Die deutsche Politik, die seit Bismarck aus der Mittellage entkommen wollte, fand die Lage Deutschlands nach einem Jahrzehnt des Aufbruchs bedrohter denn je. Die Entscheidung für die Hegemonie beschwor seit 1905 den Ernstfall herauf. Aber erst in den letzten Vorkriegsjahren, unter der pessimistischen, vorsichtigen, die starken Gesten zurücknehmenden Führung Bethmann Hollwegs, der dafür vom deutschen Vorkriegsnationalismus gehaßt wurde, setzte sich die Einsicht durch, daß die Weltpolitik bitter gescheitert und das Überleben des Reiches eine Frage des klugen Verzichts, der Vertrauenswerbung, ja der Hinnahme der bedrohten und bedrohlichen Mittellage geworden war. Doch für solche Rückkehr zu den Maximen Bismarckscher Staatskunst war es außenpolitisch zu spät, und innenpolitisch war die Weltpolitik so sehr zum Bindemittel geworden, daß jede Korrektur daran zerstörerisch werden mußte. Seit der Jahrhundertwende trug das ruhelose Reich in sich den Keim seiner Zerstörung.

Bülow hatte Außenpolitik stets betrachtet als Verlängerung der inneren Politik, als Stilmittel, Bekräftigung seiner Rhetorik und Zement der Massenpsyche. Letzten Endes nahm er, obwohl gelernter Diplomat, die Lage des Reiches in Europa nicht ernst, weder ihre Bedrohlichkeit noch ihre Bedrohtheit, wie überhaupt seiner Politik für Mit- und Nachwelt ein Element des Unernstes anhaftet. Er begriff die Lage des Reiches nicht im Licht des äußeren Ernstfalls, sondern der inneren Machterhaltung. Aus nichtigem Anlaß löste er 1906 den Reichstag auf, wo die Sozialdemokraten die stärkste Fraktion bildeten und das Zentrum zwischen rechts und links die Schlüsselrolle hielt.

Der Hottentotten- und der Herero-Aufstand in Südwestafrika,

Thomas Theodor Heine, Österreichisch-deutsches Silvester (1908)

eine blutige Guerilla, bot den Anlaß: Truppenverstärkungen von 17.000 Mann halfen den Aufstand niederschlagen, danach zog sich der Kleinkrieg zwischen Felswüsten, weißen Farmen und einsamen Wasserstellen noch zwei Jahre lang hin. Ende 1906 forderte die Regierung im Reichstag zusätzlich 29 Millionen Mark dafür. Das Zentrum lehnte ab oder wollte jedenfalls nur bewilligen, wenn zuvor bestimmte Beschwerdepunkte in der Kolonialverwaltung abgestellt würden. Mit dem Staatssekretär Dernburg, Chef des neu errichteten Kolonialamts, war darüber nicht zu verhandeln. Zentrum und Sozialdemokraten stimmten daher den Etat seines Hauses nieder. Das aber war mehr als eine Schlappe. Es war die Kriegserklärung an die kaiserliche Weltpolitik und ein Fragezeichen hinter Bülows Innenpolitik. Der Auflösung des Parlaments folgte unter patriotischem Gelärme die Inszenierung der »Hottentotten-Wahlen«. Das Ergebnis war, durch Stichwahlabkommen der Rechtsliberalen und Konservativen gefördert, die Erneuerung des alten Bismarck-Kartells. Es entstand der »Bülow-Block«, der die konservativ-katholische »Ära Posadowsky« stornierte, die Handelsvertragspolitik nicht anrührte, um nicht verborgenen Streit zwischen Landwirten und Industriellen zu entfesseln, die »Weltpolitik« lauthals weiterführte, an ihrer Finanzierung indes kläglich scheiterte.

Die Schwäche der Reichsfinanzen, seit den Tagen des Norddeutschen Bundes chronisch und unter Bismarck niemals dauerhaft behoben, wurde seit der Jahrhundertwende strukturelle Dauerkrise. Die Flottengesetze von 1898 und 1900 mußten finanziert, der Boxerkrieg in China bezahlt, die Heeresvermehrungen von 1893, 1899 und 1905 (zuletzt auf 633.000 Mann Sollstärke) und die Erhöhung der Militärpensionen gedeckt werden. Zölle und Verbrauchssteuern, die Einnahmen der Reichspost, dazu die Gewinne der Reichsbank und der Eisenbahnen in Elsaß-Lothringen – die einzigen Bahnen in Reichsbesitz – deckten den steigenden Bedarf nicht. Jahr um Jahr errechnete sich ein Defizit von rund 200 Millionen Mark, so daß etwa ein Zehntel der Reichsausgaben aus Anleihen zu decken war und der Schuldendienst bedrohlich wuchs. Anleihen aber durften verfassungsmäßig nur für »außerordentliche Bedürfnisse« aufgenommen werden, schwerlich um laufende Defizite zu decken. Gleichwohl hat man, weil andere Aushilfen fehlten, sich damit beholfen. Diese Reichsfinanzpolitik wurde in der Öffentlichkeit und vor allem in Bankenkreisen als unsolide, ja skandalös beurteilt. Bülow wußte, sie war »auf die Dauer unhaltbar«[35].

Die Reichsschuld, beim Sturz Bismarcks noch eine Milliarde, belief sich 1904 auf das Dreifache (Einnahmeseite des Etats = 1.868 Mrd, Ausgabe = 1.892 Mrd Mk.). 1904 zwar fiel im Tausch gegen Milderungen beim Jesuitengesetz die Franckensteinsche Klausel von 1879 (siehe Seite 223). Damit brauchten die Einnahmen des Reiches nicht mehr den Umweg über die Bewilligung durch die einzelstaatlichen Parlamente zu nehmen. Aber das Defizit wuchs unverändert weiter. Dabei stand die Einführung einer Reichseinkommensteuer außerhalb jeder Diskussion: sie erschien als Anfang der schiefen Bahn zu Umverteilung und Sozialrevolution.

Der Staatssekretär des Reichsschatzamts, Frhr. v. Stengel, gedrängt von steigenden Rüstungskosten, entwickelte nun eine Maßnahme, die die Systematik des Föderalismus aushöhlte, – die Ironie wollte es, daß die Anregung von Bayern ausgegangen war – und forderte eine Reichserbschaftssteuer, dazu höhere Verbrauchssteuern. Die Erbschaftssteuer sollte das Zentrum und die Linksliberalen gewinnen, die Verbrauchssteuern die Rechte. Bülow: »Um die einzelnen vorgeschlagenen Steuern gegeneinander auszuspielen und so im Bundesrat und Reichstag durchzubringen«. Schon im Stadium der Regierungsberatungen aber wurde die weitgreifende Vorlage der Erbschaftssteuer beschnitten. Gatten und Kinder wurden ausgenommen, nur erbende Seitenverwandte sollten zahlen. Bülow mußte auch dann noch den Kaiser, der von Mitfürsten und Konservativen gegen die direkten Steuern bearbeitet worden war, disziplinieren. Er tat es mit dem Hinweis auf die höheren Zwecke, denen alles diente: »aus politisch-taktischen« Gründen sei die Reichserbschaftssteuer geboten und sie verspreche, auf fünf Jahre »die notwendigen Aufwendungen für die Vermehrung der Flotte zu dekken«[36].

Bülow hatte mit dieser kleinen Finanzreform nur Zeit gekauft, die »Hottentotten-Wahlen« stärkten 1907 die Rechte. Aber die steigenden Rüstungskosten holten ihn unerbittlich ein.

Es war nicht ohne Ironie, daß in England die Koalition von Labour und Liberalen, ebenfalls verfolgt von rasch wachsenden Etatdefiziten aus der Flottenrüstung, zu ähnlichen Rettungsmitteln griff. Des Schatzministers Lloyd Georges Budget von 1909, in den Londoner Clubs bald »Butcher's Budget« (Metzger-Haushalt) genannt, operierte ebenfalls mit der Erbschaftssteuer, traf auf den Widerstand des konservativen House of Lords, führte zu Verfassungskrise, Auflösung des Unterhauses und liberalem Pairsschub im Oberhaus, dazu dessen Entmachtung, und sicherte der Royal Navy mit der finanziellen auch die dauernde militärische Überlegenheit gegenüber den blauen Uniformen in Kiel und Wilhelmshaven. Bülow dagegen scheiterte. Die kleine Finanzreform von 1906 erwies sich als Beruhigungsmittel ohne heilende Wirkung, die Auszehrung der Reichsfinanzen ging weiter. Die Reichsschuld belief sich 1908 bereits auf mehr als 4 Milliarden Mark, das jährliche Defizit stieg auf 500 Millionen Mark. Nun sollte das bittere Medikament von 1906 erneut gereicht werden, aber diesmal verschärft: Erbschaftssteuer auch auf Kindes- und Gattenerbe, als Ausgleich erhöhte Verbrauchssteuern auf Branntwein, Sekt, Wein, Bier, Tabak, Gas, erstmals auch auf elektrischen Strom und auf Zeitungsanzeigen.

Der Staatssekretär des Reichsschatzamts v. Sydow erlebte es, den Reichstag nahezu geschlossen gegen sich zu sehen: die Konservativen tobten, die Erbschaftssteuer werde die Landwirtschaft durch Zwangsverkäufe ruinieren. Freisinn und Sozialdemokratie lehnten die Verbrauchssteuern ab, die Zeitungen von rechts bis links bissen sich an der Anzeigensteuer fest. Die Konservativen kündigten amtlich die Blockpolitik. Sie verübelten Bülow seine Initiative von 1908, das preußische Dreiklassenwahlrecht zu verändern, und gaben der Versuchung nach, mit dem Zentrum eine Etatsicherung zu finden, die mobiles Kapital und Massenkonsum belastete und das ländliche Deutschland schonte. Bülow, der zwar die Öffentlichkeit mobilisieren konnte, aber den offenen Kampf gegen die Konservativen scheuen mußte – denn wie sollte er in Preußen gegen sie regieren? –, wollte angesichts solcher Blockaden »ganz als Kanzler, als Olympier, nur mit großen Gesichtspunkten« abtreten, wenn es denn sein mußte[37].

Es war ein letzter Versuch, die Schuld an seinem absehbaren Sturz dem Parlament zuzuschieben, was den Kaiser dann dazu zwingen sollte, ihn zu halten. Denn war man schon so weit in Preußen-Deutschland, daß parlamentarische Mehrheiten einen kaiserlichen Kanzler stürzten? In der Tat, man war. Bülows große Inszenierung wurde zur Abschiedsvorstellung: *Wo keine Partei die absolute Mehrheit hat, kann auch keine Partei verlangen, daß die Regierung nur auf ihre Worte schwört. Weil ich mich hierzu gegenüber der Zentrumspartei nicht entschließen konnte, ist es zum Bruch mit dieser Partei gekommen. Ich kann mich auch der rechten Seite nicht unterordnen ... Ich habe von Anfang an, sobald ich Minister wurde, es als meine Aufgabe betrachtet, die Spannung zu beseitigen, die damals zwischen der konservativen Partei und der Krone bestand ... Ich bin vom ersten Tage, buchstäblich von der ersten Stunde meiner ganzen Tätigkeit für die Wünsche, für die Bedürfnisse, für die Interessen der Landwirtschaft eingetreten (Sehr richtig!). Ich glaube, meine Herren, Sie (nach rechts) werden lange warten können, bis Sie wieder einen Kanzler bekommen (lebhafte Zustimmung links und große Heiterkeit!), der konservative Interessen, der wahrhaft konservative Interessen und die wirklichen und dauernden Bedürfnisse der Landwirtschaft so konsequent und – ich füge hinzu – so erfolgreich vertritt wie ich ...*

Bülow spielte das aufgeklärte Selbstinteresse der Landwirte aus gegen die bloße Interessenvertretung. Wahrscheinlich hatte er recht, die Konservativen unrecht. Aber sie wollten ihn loswerden. Hatte er nicht den Kaiser im Stich gelassen in der »Daily Telegraph«-Affäre, im letzten November? Bülows Abschiedsrede im Reichstag und die Ablehnung der Erbschaftssteuer durch Konservative und Zentrum, Verteidiger der ländlichen Interessen, war nur noch Vollzug eines Verdikts, das längst gefallen war. Der wendige Bülow hatte sich festgelegt, die große Steuerreform nicht gegen die Nationalliberalen und nicht ohne Erbschaftssteuer hinzunehmen. Jetzt überließ er Bethmann Hollweg, dem Chef des Reichsamts des Innern, alle Verhandlungen und reichte den Rücktritt ein.

Der Kaiser, hinter konstitutionellen Höflichkeitsfloskeln seine Befriedigung schlecht verbergend, nahm ihn am 26. Juni 1909 an. Die Weltpolitik, die die innere Basis hatte befestigen sollen, erwies sich bei steigenden Kosten als Keil der Regierungsmehrheit. Daß Bülow nicht über ihre potentiell tödlichen außenpolitischen Folgen stürzte, sondern letztlich wegen der Kostenfrage, wirft indes die Frage auf nach der Verantwortlichkeit für eine Politik, die ihren eigenen Ruin in sich trug.

Sein Sturz wäre langsamer vonstatten gegangen, hätte er nicht auch Züge einer höfischen Kabale gehabt. Am 28. Oktober 1908 hatte das Londoner Massenblatt »Daily Telegraph« einen ungezeichneten Artikel »The German Emperor and England« gebracht. Es schien sich, so der Eindruck des Lesers, um gezielte Indiskretionen eines pensionierten Diplomaten zu handeln. In dem Artikel versicherte der Kaiser die Briten seiner Sympathie. Leider begegneten sie ihm mit Argwohn – »you English are mad, mad as March hares« – und das müsse er als Kränkung empfinden, habe er doch durch Worte und Taten stets Sympathie bewiesen. In Deutschland finde er sich mit solcher Haltung in der Minderheit. Während des Burenkriegs, als die öffentliche Meinung Deutschlands England feindlich war, habe er den Empfang einer Burendelegation abgelehnt, eine Kontinentalliga mit Frankreich und Rußland vereitelt, die England »bis in den Staub demütigen« wollte, und endlich habe er seiner von Sorgen gequälten Großmutter, der verblichenen Queen, im Dezember 1899 einen Feldzugsplan ausgearbeitet und übersandt – welcher Plan denn auch dem durch Lord Roberts in Südafrika befolgten merkwürdig ähnlich war. Der Bau der deutschen Flotte? Er gehe nicht gegen England, sondern diene allein dem Schutz des Handels. Und England sei vielleicht noch einmal froh, wenn Deutschland im Pazifik einmal an seiner Seite stehe.[38]

Die schwatzhafte Veröffentlichung plazierte den Kaiser zwischen alle Stühle. In England wurden die naiven Freundschaftsbekundungen abgewogen gegen das Eingeständnis, die meisten Deutschen seien antibritisch. Der Hinweis auf General Roberts verletzte das Ehrgefühl. Die Erinnerung an die Kontinentalliga schien darauf abgestimmt, die Briten von ihren neuen Alliierten zu trennen. In Deutschland wurde dem Kaiser verübelt, daß er die Burenschwärmerei nicht teilte und daß er aufdringlich um die Briten warb. Zudem schien hier ein eklatantes Beispiel persönlicher, unverantwortlicher Politik gegeben. Man sprach vom »persönlichen Regiment« und meinte damit die Einschränkung einer Gedankenwelt, die unverantwortlich, naiv und selbstherrlich erschien.

Tatsächlich hatte der Kaiser im Spätherbst 1907 drei Wochen Ferien an der englischen Südküste verbracht, dabei persönliche Gespräche mit seinem Gastgeber Oberst Stuart Wortley geführt und es in Kauf genommen, daß seine Ansichten weitergegeben wurden. Bei den Manövern 1908 wurden die Gespräche fortgesetzt. Des Kaisers guter Wille, etwas für die Verbesserung der deutsch-britischen Beziehungen zu tun, war unverkennbar. Unklar blieb, ob und inwieweit solche Äußerungen mit dem Reichskanzler abgesprochen waren. Unübersehbar war, daß das »Interview«, das dann erschien, eine Komposition war. Später sagte der Kaiser, er habe den Kanzler unterrichtet; dieser wiederum, er habe die Äußerungen des »Interviews« nicht gebilligt. Und beide hatten wohl in ihrer Weise recht.[39] Tatsächlich wäre alles dementierbar gewesen, hätte Stuart Wortley sich nicht abgesichert. Aus seinen Notizen fertigte er einen Entwurf, dieser ging nach Berlin, um vom Kaiser gebilligt zu werden. Der fand den Artikel »gut geschrieben« und seine Worte »wahrheitsgetreu wiedergegeben«. Entwurf und Begleitbrief des Verfassers gingen dann an den mit der Bosnien-Krise beschäftigten Bülow »zur Kenntnisnahme«, und der gab beides zur Prüfung an das Auswärtige Amt. Dort wurde indes nur die aktenmäßige Richtigkeit geprüft, nicht die politische Wirkung überdacht, und so nahm das Unheil seinen Lauf. Der Kaiser hatte vorgelegt, und Bülow hatte geschäftsmäßig und

THE

GERMAN EMPEROR

AND

ENGLAND.

PERSONAL INTERVIEW.

FRANK STATEMENT

OF

WORLD POLICY.

PROOFS OF FRIENDSHIP

We have received the following communication from a source of such unimpeachable authority that we can without hesitation commend the obvious message which it conveys to the attention of the public.

Discretion is the first and last quality requisite in a diplomatist, and should still be observed by those who, like myself, have long passed from public into private life. Yet moments sometimes occur in the history of nations when a calculated indiscretion proves of the highest public service, and it is for that reason that I have decided to make known the substance of a lengthy conversation which it was my recent privilege to have with his Majesty the German Emperor. I do so in the hope that it may help to remove that obstinate misconception of the character of the Kaiser's feelings towards England which, I fear, is deeply rooted in the ordinary Englishman's breast. It is the Emperor's sincere wish that it should be eradicated He has given repeated proofs of his desire by word and deed. But, to speak frankly, his patience is sorely tried, now that he finds himself so continually misrepresented, and has so often experienced the mortification of finding that any momentary improvement of relations is followed by renewed outbursts of prejudice, and a prompt return to the old attitude of suspicion.

As I have said, his Majesty honoured me with a long conversation, and spoke with impulsive and unusual frankness "You English," he said, "are mad, mad, mad as March hares. What has come over you that you are so completely given over to suspicions quite unworthy of a great nation? What more can I do than I have done? I declared with all the emphasis at my command, in my speech at Guildhall, that my heart is set upon peace, and that it is one of my dearest wishes to live on the best of terms with England. Have I ever been false to my word? Falsehood and prevarication are alien to my nature. My actions ought to speak for themselves, but you

Das fatale Interview, das keines war

konstitutionell korrekt prüfen lassen, kleine Änderungen wurden eingefügt. So hatte Bülow erhebliche Schuld an der Veröffentlichung des törichten Textes. Im Grunde hatte nur der alte, erfahrene Holstein vor »den bedenklichen Stellen« gewarnt, aber zu spät.

Der Erfolg hat viele Väter, der Mißerfolg nur einen. Die Verantwortung wurde, als der Eklat da war, zwischen Kaiser und Kanzler hin und her geschoben. Im Hintergrund versuchte Holstein aus dem Unfall noch etwas Nützliches zu retten. Jetzt sei Gelegenheit, dem Kaiser zu zeigen, daß bessere Beziehungen zu England nicht erreichbar seien »ohne irgendeine Vereinbarung über die Schiffsbauten«. Aber Bülow finassierte, verschleierte seine Mitverantwortung und ließ den Kaiser im Regen stehen. Der aber prasselte nieder, zuerst in der Presse, dann im Reichstag. »S.M. glaubt jetzt wohl noch«, schrieb Holstein an Bülow, »daß, falls eine Sühne nöthig ist, der RK als Prügelknabe herhalten muß. Das wäre gerade die richtige Art, um

Der Kaiser nach Wunsch

die Fortdauer der Unarten des Kaiserlichen Knaben zu ermöglichen«. Unterdessen reiste der Kaiser nach Österreich. »Ich streckte 65 Hirsche«, meldete er überglücklich dem Kanzler, der in Berlin die Verfassungskrise kommen sah[40]. Eine gemeinsame Adresse des Reichstags drohte, unterblieb aber dann, weil die Gegensätze zwischen den Parteien größer waren als ihr Wille, dem Monarchen Schranken zu setzen. Die Deutschkonservativen immerhin beschlossen, öffentlich an den Kaiser »ehrfurchtsvoll« den Wunsch zu richten, er möge in Zukunft größere Zurückhaltung üben. Die übrigen Parteien waren sich einig, dem Kaiser eine Lehre zu erteilen, und Bülow wollte daraus eine »Warnung« machen, »daß es so nicht weitergeht«.

Aus der Entgleisung war eine Krise des »persönlichen Regiments« geworden, als der Reichstag am 10. November 1908 debattierte. Zuviel hatte sich angehäuft an naßforschen Reden, an Staatsschauspielertum, an Sorge vor den außenpolitischen Folgen, Kritik am »System der Mittelmäßigkeiten« im Auswärtigen Amt. Nicht die Veröffentlichung war das Hauptproblem, so pointierten die Hauptredner der Parteien, sondern Tatsachen und Gedankenwelt dahinter. Verfassungsänderung verlangten die Sozialisten, konstitutionelle Garantien die Liberalen. Bülow dagegen beschwichtigte, wich aus und befestigte zugleich die Kanzlerposition gegen kaiserliche Eigenmächtigkeiten: überzeugt sei er, daß der Kaiser »fernerhin auch in Privatgesprächen jene Zurückhaltung« beobachten werde, »die im Interesse einer einheitlichen Politik und für die Autorität der Krone gleich unentbehrlich ist«. Dazu die sanfte Drohung: »Wäre dem nicht so, so könnte weder ich noch einer meiner Nachfolger die Verantwortung tragen«.[41]

War denn der Kanzler übergangen worden? Und wie sollte er in Zukunft, ohne sich mit einer Parlamentsmehrheit zu verbünden, Gegengewichte zum Hof finden? Vieles blieb offen, Garantien waren nicht zu geben ohne tiefe Änderung der Kräfteverhältnisse, und der Kaiser zeigte keine Einsicht: »Sagen Sie mir, was geht eigentlich vor? Was bedeutet dies alles?« erkundigte S.M. sich beim Chef des Zivilkabinetts v. Valentini. Bülow taktierte zwischen dem Monarchen und der öffentlichen Meinung. Die Formel der Einigung fand sich schließlich in dem von dem linksliberalen Haußmann vorgeschlagenen Satz einer kaiserlichen Erklärung, Wilhelm II. sehe »Seine vornehmste Kaiserliche Aufgabe darin, die Stetigkeit der Politik des Reichs unter Wahrung der verfassungsmäßigen Verantwortlichkeiten zu sichern«. Das Ergebnis von soviel Aufregung? Ein veränderter Stil, dieselbe miserable Dramaturgie, dieselbe verfehlte Politik. Vielleicht hat Wilhelm II. etwas gelernt? Ob er den Abgrund ermaß, an dem Deutschland und Europa standen, während er so großsprecherisch daherredete?

In den kommenden Jahren suchte er, öffentliche Ausrutscher zu vermeiden. Indes gab es sie immer wieder, in bestürzender Lächerlichkeit: »Als Instrument des Herrn Mich betrachtend, ohne Rücksicht auf Tagesansichten und -meinungen, gehe Ich Meinen Weg« – so klang es zum Beispiel bei der Abendtafel für Vertreter der Provinz Ostpreußen am 25. August 1910, ohne Rücksicht auf Geschmack oder Wirkung. Daß es aber seine Denkungsweise war, die Abkapselung des Hofes von der Wirklichkeit, der Unernst am Rande des Ernstfalls, welche in Parlament und Presse Ängste heraufbeschworen, das würde er nie begreifen. Und konnte er es? Selbst im Exil noch tat er, als sei eigentlich nichts geschehen. Das Verhältnis zu Bülow jedenfalls war zerstört. Seit den Novembertagen 1908 mußte man sich nach einem Nachfolger umsehen. Als im Reichstag Zentrumspartei und Konservative die Finanzreform scheitern ließen und einem neuen Kanzler auch neue Finanzen versprachen, kam der Zeitpunkt der Entlassung.

Theobald von Bethmann Hollweg

Der neue Kanzler war nicht Mann des Militärs, nicht Diplomat, nicht Höfling. Was Verwaltung anlangte, durfte er als Fachmann gelten. Was Große Politik betraf, so hatte er nur eine kurze Lehrzeit. Theobald von Bethmann Hollweg, von den enttäuschten Scharfmachern der Rechten bald als »Bethmann Soll-Weg« apostrophiert, entstammte preußischem Beamtenadel, in Hohenfinow an der Elbe begütert, die Familie hatte reichsstädtisch-frankfurterischen Hintergrund, es gab da intime Beziehungen zum Hohenzollernhaus, die dem brillanten Verwaltungsjuristen die Bahn ebneten. Seit 1906 war Bethmann preußischer Innenminister und zugleich, in Personalunion, Chef des Reichsamts des Innern gewesen. Die Wahl des Kaisers fiel auf den Dreiundfünfzigjährigen, weil Bethmann ein Jahr lang die Verhandlungen über die Reichsfinanzreform mit den Fraktionen geführt hatte. Er allein war vielleicht in der Lage, aus dem Scherbenhaufen ein paar nutzbare Bruchstücke herauszusuchen.

Bethmann hat dies getan, aber die Sicherung von jährlich 500 Millionen Mark zusätzlich für den Reichshaushalt mußte auch ihm mißglücken. Denn es war die Quadratur des Kreises: Verbrauchssteuern mit hohem Ertrag ließen sich gegen die Mehrheit des Reichs-

Warengattung	Wert in Mill. Mark	% der Werte
Baumwolle, roh	560,9	6,3
Schafwolle, roh, gekrempelt usw.	389,8	4,4
Weizen	377,3	4,2
Gerste	310,0	3,5
Kautschuk u. Guttapercha	270,4	3,0
Gold, roh, auch in Barren		
Kupfer, roh	216,2	2,4
Rindshäute	204,0	2,3
Pelztierhäute und -felle	190,1	2,1
Palmkerne, Kopra usw.	178,6	2,0
Kaffee, roh	176,5	2,0
Eier von Geflügel, Eigelb	167,1	1,9
Eisenerze	161,3	1,8
Steinkohlen	157,8	1,8
Rohseide, ungefärbt	146,7	1,6
Bau- und Nutzholz, gesägt, Kanthölzer usw.	139,1	1,6
Chilesalpeter	133,5	1,5
Wollengarn	119,9	1,3
Kleie, Malzkeime, Reisabfälle, usw.	114,9	1,3
Bau- und Nutzholz, roh	113,7	1,3
Pferde	109,4	1,2
Tabakblätter, unbearbeitet	104,1	1,2
Baumwollengarn	102,1	1,1
Leinsaat	100,8	1,1
Schmalz und Schmalzartige Fette	94,9	1,1
Ölkuchen	92,8	1,0

tags nicht durchsetzen; direkten Reichssteuern auf Besitz und Einkommen aber standen die Vetoposition der Konservativen und das Interesse der Einzelstaaten entgegen, das Monopol der Personalsteuern zu behalten. So kam es nur zu Aushilfen. Zentrum und Konservative wehrten alles ab, was der Landwirtschaft schaden konnte, und belasteten Schecks und Wechsel mit einer neuen Steuer, den Verkauf von Grundstücken, die Begebung von Wertpapieren, wovon nur inländische Staats- und Reichsanleihen ausgenommen blieben. Das hatte zum Ergebnis, daß der Realkredit der Landwirtschaft verteuert und die deutsche Stellung bei internationalen Anleihen, ohnehin nicht glanzvoll, geschwächt wurde. Bagatellsteuern kamen hinzu, allesamt darauf gerichtet, die Landwirtschaft zu entlasten und Banken und Industrie zahlen zu lassen. Karl Helfferich, Mitglied des Direktoriums der Deutschen Bank, spottete über die »feineren Unterscheidungen« der neuen Mehrheit, für die es zwei Arten von Besitz gebe: »Besitz, den man selbst hat, und Besitz, den andere haben.« Letzterer erscheine »für die Besteuerung hervorragend geeignet«.[42]

Nein, Bethmann Hollweg hatte keinen guten Anfang. Er galt als schwach, sein Handeln als zögernd. Sein Berater Dr. Kurt Riezler bemerkte an ihm »die Hamletgeste – die Idee des Guten und ihre Macht«. Beunruhigend wenig klang das nach Bismarck. Lange Zeit schien Bethmann die Durchsetzungsfähigkeit nach oben und unten zu fehlen, und als der britische Kriegsminister Lord Haldane 1912 über Rüstungsbegrenzung in Berlin verhandelte, registrierte er betroffen das Chaos der Kompetenzen.

Die Maxime jeder Regierung in Berlin war seit der Jahrhundertwende nur noch »Politik der Diagonale«, und so hat Bethmann den verbleibenden Rest an Handlungsfähigkeit auch beschrieben. Verzicht auf Ziele jenseits des Horizonts der Machbarkeit war angesichts der in Reichstag und Preußischem Landtag, in der Verbandsöffentlichkeit und bei Hofe wuchernden Vetos Lebensgesetz jeder Regierung. Es lag ja in der Natur der konstitutionellen Regierungsweise, daß sich der Beuteinstinkt von Mehrheiten nicht durch Koalitionsdisziplin verstaatlichen ließ. Die Folge war, daß sich im späten Kaiserreich Regierung beschränken mußte auf Verwaltung in höherem Sinne. Tat sie es nicht, so konnte die Schwäche oben rasch in Unregierbarkeit unten umschlagen. Bethmann hat gleichwohl in Personalentscheidungen Härte gezeigt, so bei dem Regierungs-Revirement des Juni 1910, als zwei Reichs-Staatssekretäre und drei preußische Minister ausgetauscht wurden, um der Regierung mehr Verhandlungsraum zur Mitte hin zu geben. Riezler notierte damals beifällig die Meinung, ein Staatsmann müsse »Skalpe um seinen Gürtel hängen haben«.

Vor allem hat Bethmann Hollweg, der deutsche Staatsräson im Konsens der industriellen Massengesellschaft suchte, eine neue Basis im Innern mit vertrauensbildenden Maßnahmen nach außen, in Richtung England, zu kombinieren gesucht. Im Innern setzte er eher Caprivis antibismarckschen Versöhnungskurs fort als Bülows entzweiende Politik. Nach außen verfolgte er noch einmal, die Chance der Verwirklichung verspielt, den Bismarck-Traum vom englischen Bündnis. Er begriff die weltpolitische Entscheidungsrolle, die die Insel zwischen den festgefügten feindlichen Kontinentalblöcken zu spielen hatte – vielleicht noch spielen konnte. Bethmanns behutsame Politik stand bereits unter dem Schatten des drohend heraufziehenden Krieges. Wenn Englands abwartende Neutralität hielt, würde er nicht stattfinden oder doch mit einer Restchance für das Deutsche Reich.

Viel Zeit blieb nicht mehr. Nach innen galt es, patriotischen Konsens zu schaffen, nach außen, das Netzwerk gemeinsamer Interessen mit England zu verdichten. Denn hatte nicht auch England, kam es zum Weltkrieg, wenig zu gewinnen und viel zu verlieren? Konnte das überdehnte Empire einem Krieg ausgesetzt werden, der im besten Falle nur verlorene Siege versprach? Und war nicht die Niederlage der Mittelmächte, kam es zum Krieg, vorauszuberechnen aufgrund der überlegenen Zahlen, welche die Entente mobilisieren konnte, ihrer geographischen Lage, ihres industriellen Potentials?

In einer Nation indes, deren herrschende Schichten vom süßen Gift der Bülow-Rhetorik gekostet hatten und ein Recht auf Fortsetzung beanspruchten, provozierte der düstere Ernst der Bethmannschen Analysen nichts als den Vorwurf der Schlappheit. »Buß- und Bethmann« nannten die Konservativen und Großindustriellen den Kanzler untereinander, und Verständnis hätte er nur dort gefunden, wo Verständnis zu finden zwangsläufig eine Belastung seiner Politik gewesen wäre, bei Bebel nämlich und den wenigen Abgeordneten der bürgerlichen Mitte, die die tödliche Natur der Machtpolitik im Zeitalter des Imperialismus begriffen. Ein Bündnis mit Bebel zur Kriegsverhinderung blieb undenkbar. Notwendig dagegen war, für den kommenden Krieg den Konsens der Massen zu sichern, die Bebel repräsentierte. Zwiespältigkeiten entstanden so, die nicht aufzulösen waren. Für Bethmann selbst liefen alle Linien auf die Katastrophe zu. Als in Hohenfinow an der Oder neue Bäume gepflanzt werden sollten in der prachtvollen Lindenallee, die zum Schlosse führte, fragte er, wozu das alles noch gut sei: »In ein paar Jahren stehen doch die Russen hier!«

Bülows volkstümlicher Imperialismus, hemmungslos die auswärtigen Interessen dem inneren Popularitätsbedürfnis opfernd, war gescheitert. Die Übermacht des preußischen Landtags, durch Preußens Verfassungshegemonie die beherrschende Vetoposition der Reichspolitik, versperrte den Weg zu jenem neuen patriotischen Konsens, der auch die Kräfte links der Mitte einschließen sollte – und angesichts steigender äußerer Bedrohung einschließen mußte.

Bethmann aber war überzeugt, es müsse »doch früher oder später mit den Sozialdemokraten gearbeitet werden«. Wenn er ein innenpolitisches Konzept hatte, dann das der langsamen Verschiebung der politischen Gewichte, der Reform, aber auch der Vermeidung des Bruches. Denn ein deutscher Kanzler ohne die preußische Wurzel war verfassungsmäßig und politisch schlechthin nicht denkbar. Und doch: »In den nächsten 6 Jahren könne nicht konservativ regiert werden«, sagte er 1911 in vertrautem Kreise. Riezler hielt fest, der Kanzler müsse »gegen rechts immer zurückgehalten werden«[43]. Wahlreform in Preußen, woran schon Bülow gescheitert war, Verfas-

Warengattung	Wert in Mill. Mark	% der Werte
Milchbutter	92,0	1,0
Maschinen aller Art	83,5	0,9
Reis	80,3	0,9
Gold, gemünzt		
Wolle, gekämmt	79,6	0,9
Erdöl	73,7	0,8
Kalbfelle	73,3	0,8
Braunkohlen	70,3	0,8
Mais	61,6	0,7
Wein in Fässern	59,5	0,7
Baumwollenwaren	56,6	0,6
Därme, Magen, Blasen	53,9	0,6
Klee-, Luzerne-, Serradellasaat	51,0	0,6
Federvieh, lebend	50,9	0,6
Schaf- und Ziegenfelle, roh behaart	50,0	0,6
Fische, frisch	47,8	0,5
Hafer	47,2	0,5
Seidenwaren	47,1	0,5
Kakaobohnen	45,4	0,5
Zinn, roh, Bruchzinn	43,8	0,5
Obst und Beeren zum Genusse, frisch	43,7	0,5
Jute	42,6	0,5
Roggen	42,5	0,5
Flachs, roh, gebrochen usw.	41,7	0,5
Sesam	41,2	0,5
Raps, Rübsen	40,1	0,4
Baumwollabfälle	39,9	0,4
übrige Waren	2743,0	30,7
Gesamteinfuhr	8934,1	100,0
Edelmetalle	375,9	

Deutscher Außenhandel 1910

Einfuhr

Warengattung	Wert in Mill. Mark	% der Werte
Maschinen aller Art	500,4	6,7
Baumwollenwaren	365,1	4,9
Steinkohlen	323,3	4,3
Wollenwaren	263,3	3,5
Zucker	194,5	2,6
Seidenwaren	183,4	2,5
Pelztierhäute und -felle	168,8	2,3
Eisenwaren, fein	165,3	2,2
Leder, lack., gefärbt. usw.	132,1	1,8
Anilin- und andere Teerfarbstoffe	125,8	1,7
Roggen	111,8	1,5
Gold, gemünzt Eisenwaren, fein	86,5	1,2
Spielzeug aller Art	86,1	1,1
Koks	84,9	1,1
Wollengarn	77,5	1,0
Kleider und Putzwaren aus Baumwolle, Wolle usw.; Leibwäsche, wollen; Korsette	73,9	1,0
Fahrräder, Fahrradteile	72,6	1,0
Rindshäute	66,2	0,9
Kupfer-, Messing- usw. waren, fein	63,7	0,8
Bücher, Karten, Musikalien	62,2	0,8
Baumwolle, roh	61,9	0,8
Hafer	60,9	0,8
Eisendraht	59,5	0,8
Eisen, Schmiedbares, in Stäben usw.	57,2	0,8
Eck- und Winkeleisen	56,7	0,8
Baumwollgarn, auch Vigognegarn	54,8	0,7
Eisenbahnschienen	54,3	0,7

sungsreform für Elsaß-Lothringen, um die Militärkolonie im Südwesten ans Reich zu binden – 1911 beschloß der Reichstag eine Verfassung für Elsaß-Lothringen, die allgemeines Wahlrecht und Landesvertretung, einen bundesstaatlichen Rahmen und starke Eingriffsrechte des Reiches verband –, in der Wirtschafts- und Steuerpolitik aber Stillhalten, um schlafende Hunde nicht zu wecken: das alles gehörte zum Reformkurs Bethmanns. Die Symbole der Innen- und Außenpolitik veränderte er, die Substanz nicht.

Halbherzig war dieser Reformkurs, und halbherzig mußte er wohl sein, um nicht schon im Ansatz zu scheitern an Preußen, am Kaiser und am konservativen Veto. Weshalb dieser Kurs auch dem melancholischen Naturell des »Philosophen von Hohenfinow« mehr entsprach als das krachende Zupacken.

Weil er aber halbherzig angefangen wurde, erwarb der Reformkurs dem neuen Kanzler kein Vertrauen, und noch sein Sturz im Sommer 1917 wird diese Widersprüchlichkeit spiegeln: ein Mann des patriotischen Konsens und der Staatsräson, wurde er bekämpft als politische Charaktermaske, die aus purer Unverbindlichkeit ein taktisches Konzept machte.[44] Wenn aber Bethmanns patriotischer Konsens Antwort sein sollte auf die Bedrohung von außen, so blieb er doch Schimäre in einer Lage, da die Konservativen sich durch die Steuergesetzgebung tödlich bedroht fanden. Hinter den Anfängen der Reichserbschaftssteuer von 1906 sahen sie das böse Ende der Expropriation durch gierige Reichstagsmehrheiten, während Handel und Gewerbe einschließlich der Banken, dazu der kleine Mann durch seine hochbesteuerten Lebensbedürfnisse, die steigenden Lasten der Rüstung tragen sollten.

Bot der »Hansabund« den Ausweg? 1906 gegründet als Bündnis des gesamten gewerblichen Mittelstands gegen den Bund der Landwirte und die Schwerindustrie, zielte die Dachorganisation der Mitte weit über die Wirtschaftsgesetzgebung hinaus auf Eindämmung der »agrardemagogischen Richtung« des Großgrundbesitzes, ja der Adelsvormacht im Staat. Gewerbe, Handel und Industrie pochten auf »die ihnen auf Grund ihrer wirtschaftlichen Bedeutung zukommende Gleichberechtigung sowohl in der Gesetzgebung wie in der Verwaltung und Leitung des Staates«[45]. Der Hansabund bot sich dem Kanzler als Basis organisierter Interessen an. Anfangs wurde er selbst vom schwerindustriellen »Centralverband deutscher Industrieller« unterstützt. Die Fertigwarenindustrie, geführt vom »Bund der Industriellen«, der Deutsche Handelstag, die mittelständischen Interessengruppen, die mittleren und die Großbanken standen dahinter. Dazu kamen Querverbindungen zu den liberalen Fraktionen in den Parlamenten, weil die Nationalliberalen durch den Zickzackkurs Bülows in der Steuerfrage verprellt waren und die drei linksliberalen Gruppen – »Freisinnige Volkspartei«, »Freisinnige Vereinigung« und »Deutsche Volkspartei« – sich zusammengetan hatten zur »Fortschrittlichen Volkspartei« (1910), vereinigt im Protest gegen das konservativ-agrarische Regime der Vergangenheit.

Bethmann hätte damit eine ausbaufähige Basis gehabt, und mit den Sozialisten wollte er reden. Aber er war angetreten als Kandidat des Kaisers, und dieser wollte den Reichstag »mehr im Zügel gehalten« haben[46]. Bethmann selbst glaubte an Notwendigkeit und Berechtigung der beamtenmäßigen Regierung. Hinter der Parlamentarisierung sah er die Drohung des organisierten Bürgerkriegs der Mehrheit gegen die Minderheit. Deshalb wollte er seine Politik der begrenzten Reformen von der scheinbar gesicherten Ebene der Staatsverwaltung über den Parteien führen. Das war vielleicht heilsame Rückkehr aus den Schlingerbewegungen Bülowscher Demagogie. Aber Grundlage für einen kraftvollen Reformkurs im Innern war es nicht, nicht Gegengewicht zu Preußens altem Machtkartell und nicht Voraussetzung, um deutsche Außenpolitik und deutsche Lebensinteressen wieder zusammenzuführen. Bethmann hätte eine politische Revolution von oben durchführen müssen, nicht weniger als das sinnen die meisten Historiker ihm an. Aber dafür mangelte der Ansatzpunkt im Verfassungssystem. Um aber neben das Verfassungssystem zu treten, fehlten Bethmann der Mut, das populäre Vertrauen, die Anlage auch zum charismatischen Führer. Hat Bethmann die Chance einer »preußischen Reformzeit« verspielt? Erst die Katastrophe, die er gerade verhindern wollte, konnte den Weg freimachen zu jenem neuen Mehrheitskonsens, den Bethmann wollte – das Dilemma war da. War es auch lösbar?

Auch die Beharrungskräfte waren nicht zu unterschätzen, die Verschachtelungen der preußisch-deutschen Verfassung, der Machtinstinkt der Konservativen, die Angst des Kaisers, auf der schiefen Ebene der Demokratie abzurutschen. Noch immer galten die Berührungsverbote, die die Sozialisten von jeher umgaben. Wie sollte da, zwischen Konservativen und Sozialisten, eine Mehrheitsbasis entstehen? Und wenn es keine Mehrheitsbasis gab: sollte das Zeitalter des patriotischen Konsensus durch Gewaltstreich von oben eingeleitet werden? Bethmann hat diese Verknotungen philosophisch durchschaut. Politisch vermochte er nicht, sie zu zerschlagen. Und war es, von allen inneren Hemmnissen abgesehen, angesichts des drohenden Krieges die Zeit, durch Verfassungsreform die Gesellschaft und durch Gesellschaftsreform die Politische Kultur zu ändern? Das Dilemma Bethmanns lag darin, daß die Beamtenregierung über den Parteien im besten Falle effizient verwaltete. Die Kraft zur Veränderung besaß sie nicht oder nur dann, wenn sie sich mit dem Übergewicht der organisierten Interessen verbündete.

Bethmann wollte dem Konsens vorarbeiten durch Reform des alten, aus der Reaktionsperiode nach der Achtundvierziger-Revolution stammenden Dreiklassenwahlrechts in Preußen. Es war allgemein, aber nicht gleich. Es hatte sechzig Jahre lang zuerst überwiegend liberale und seit der Reichsgründung überwiegend konservativ-katholische Mehrheiten produziert. Seine Zeit war abgelaufen. Überall in Deutschland gab es damals Anläufe, die alten, an Besitz oder Steueraufkommen gebundenen Wahlrechtsbeschränkungen in Einzelstaaten und Kommunen zu verändern. Aber Bethmann konnte weder, noch wollte er in Preußen das gleiche Wahlrecht einführen, zu sehr war damit in den Städten die liberale Machtposition, auf dem Lande die konservative und die katholische verbunden. So bot er einen Kompromiß. Der Besitzvorteil sollte begrenzt, dafür sollten Pluralstimmen staatsbürgerliche Qualitäten wie Militärdienst, Kinderzahl und Alter in die Stimmengewichtung einbringen – und im Blick auf die Nationalliberalen auch akademischer Abschluß.

Warengattung	Wert in Mill. Mark	% der Werte
Weizen	51,5	0,7
Platten und Bleche aus schmiedbarem Eisen	50,2	0,7
Farbendruckbilder, Kupferstiche usw.	49,6	0,7
Kautschuk u. Guttapercha	49,0	0,7
Lederwaren, fein	48,0	0,6
Telegrafenkabel	47,4	0,6
Luppeneisen, Rohschienen, Ingots	45,0	0,6
Roheisen	45,0	0,6
Wolle, gekämmt	44,9	0,6
Klaviere usw.	44,2	0,6
Schafwolle, roh, gekrempelt usw.	43,3	0,6
Gold- und Silberwaren	43,2	0,6
Weizenmehl	43,2	0,6
Zink, roh, Bruchzink usw.	40,5	0,5
Indigo	39,6	0,5
Chlorkalium	39,2	0,5
Porzellan usw., farbig, vergoldet usw.	38,8	0,5
Zellstoff (Zellulose) usw.	32,6	0,4
Artilleriezündungen, Patronen	28,2	0,4
Lumpen	28,1	0,4
Ölkuchen, Ölkuchenmehl	27,0	0,4
Waren, grob, aus weichem Kautschuk	27,7	0,4
Bier	24,6	0,3
Silber, roh, auch in Barren		
Kalbfelle	18,9	0,3
übrige Waren	2911,4	38,9
Gesamtausfuhr	7474,7	100,0
Edelmetalle	169,5	

Ausfuhr

Das aber war zuwenig für die Sozialisten, die große Wahlrechtsdemonstrationen organisierten: Höhepunkt war der »Wahlrechtsspaziergang« im Berliner Tiergarten mit 250.000 Teilnehmern. Und es war zuviel für die Konservativen in Abgeordnetenhaus und Herrenhaus, zuviel auch für einen Großteil der bürgerlichen Parteien: sie alle sahen in Bethmanns Wahlrechtsvorlage nur eine Abschlagszahlung auf das verhaßte allgemeine Wahlrecht, nicht einen Damm dagegen. Und sie alle würden Mandate verlieren – was wogen da die staatspolitischen Gesichtspunkte? Als Bethmann begriff, daß die Reformvorlage nur in der Kümmerform der Konservativen und des Zentrums zu haben war, ließ er sie Ende Mai 1910 fallen. In der Sozialdemokratie verschärfte sich der Streit zwischen dem linken Flügel, der sich bestätigt fühlte im Drang zur Massenaktion, und der Mitte, die sich bestätigt fühlte in ihrer revisionistischen Praxis. Die Liberalen rechts und links standen in einer Grundfrage der Politischen Kultur gegen den schwarz-blauen Bock. Freunde der Sozialisten wurden sie deshalb nicht. Immerhin begannen seitdem begrenzte Koalitionen im Parlament und bei den Wahlen.

Ein Mann der Staatsräson und des inneren Ausgleichs, überzeugter Vertreter der Beamtenregierung über den Parteien, blieb Bethmann dem überlieferten Berührungsverbot gegenüber der Sozialdemokratie unterworfen. Selbst die Koalition der Mitte, die sich anbot, konnte und wollte er allenfalls informell ins Werk setzen. Dabei fehlte ihm jede Möglichkeit, bei dem entfesselten Nationalismus der Alldeutschen, des Bundes der Landwirte, des Flottenvereins, des Ostmarkenvereins (»Hakatisten«), kurzum beim Sozialmilieu der Uniformen, der grünen Röcke und der Zylinderhüte Anlehnung zu suchen. Das Ergebnis war seit dem kläglichen Ausgang der Wahlrechtsreform auf Dauer Politik der Defensive, ein Balanceakt, verwirrend für die Zeitgenossen, irritierend für die Historiker. War Bethmann ein »Kanzler ohne Eigenschaften«?[47] Indessen war das Scheitern des Beamten-Kanzlers an den Rissen der Politischen Kultur und an dem Konflikt mit England nicht allein das Scheitern eines Mannes von gutem Willen. Es war das Scheitern der deutschen Politik an ihren konstitutionellen Grundlagen und ihren gesellschaftlichen Strukturen und mithin an sich selbst.

In der Außenpolitik war das Erbe der Ära Bülow am schwierigsten, und davon verstand der neue Kanzler am wenigsten. Und doch darf es bis heute zu den tragischen Paradoxien der deutschen Geschichte gezählt werden, daß die Politik der Wilhelmstraße während der letzten Vorkriegsjahre mehr auf Ausgleich und Vertrauen setzte als während der fünfzehn Jahre davor. Aber im Innern hatte sie mit den mächtigen Wortführern des organisierten Nationalismus zu kämpfen, durch den Konservative und Nationalliberale ihrer Fahne die Massengefolgschaft sicherten. Verführt durch Jahre aggressiver Rhetorik, in einem Klima der Militanz und der Selbstüberschätzung lebend, schwankend zwischen dem weltpolitischen Auftrumpfen, das die Einkreisung heraufgeführt hatte, und dem Selbstmitleid, das sie beklagte, war die Mehrheit der Deutschen außerstande zu begreifen, daß im Spiel der Großen Mächte die Existenz des Reiches der Einsatz war.

Aber war nicht, wie in Berlin, so in London, Paris und Petersburg, die innere Militanz ein Echo auf die Militanz, die von außen kam? Es gab einen Rüstungswettlauf, der dem wirtschaftlichen Wettlauf parallel lief, und es gab auch einen Wettkampf der starken, symbolischen Gesten, die unvermittelt den Ernstfall heraufbeschworen. Das britische »Battle of Dorking«-Fieber, populäre Wahnvorstellung einer deutschen Landung an der englischen Südküste, und die amtliche Identifizierung der Deutschen als Hauptfeind des Empire; das französische Elsaß-Lothringen-Trauma und die konsensheischende Revanche-Idee – jeder französische Schulbub lernte beizeiten das Lied »Enfant, tu seras soldat« und kannte seine Bedeutung; die wechselseitigen Flottenbesuche der Kriegsschiffe in Toulon und Kronstadt, mit Paraden auf Deck und kriegstrunkenen Liebesmahlen der Offiziere an Land; die Massierung von Kosaken und Angriffstruppen unmittelbar östlich der deutsch-russischen Grenze, dazu die haßerfüllte Sprache der panslawistischen Bildungsschichten gegen Österreich und, weil Österreich ohne das deutsche Bündnis nicht mehr existieren konnte, gegen das Deutsche Reich; das alles stand auf der einen Seite. Die Angst der Einkreisung, die Vision des Aufstiegs von der Kontinental- zur Weltmacht, der Rausch des Erfolges und die Angst vor künftigen Katastrophen, die Schreckensvision des Endkampfs zwischen Germanen, Slawen und Romanen, die schon Bismarck heimgesucht und ihn in eine komplizierte Sicherheitspolitik getrieben hatte und die im Zeitalter des Vulgärdarwinismus axiomatischen Charakter gewann, stand auf der anderen, der deutschen Seite. Die Kraftmeierei militärischer Lautsprecher war Beschwörungsformel solcher Angst und zugleich schon gefährliche Verführung. Wohin trieben Angst und Haß die Großmächte?

Schwankende, schwache Regierungen verwalteten allenthalben in Europa die Macht und so auch in Deutschland. Weder zum Krieg entschlossen noch entschieden für seine Vermeidung, bewegten sich die Großmächte um die Jahrhundertwende im Strudel sozialer Wandlungen, die jeder Tradition und jeder Regierung spotteten.

Symbolisches Handeln war, was blieb, und kein symbolisches Handeln war gewinnender als die große heroische Geste, die der Nation Größe versprach und mit der Größe auch Ersatz für den verlorenen Lebenssinn. Welche Versuchung lag nicht darin, die Verstrickungen des modernen industriellen Lebens auf die eine, alles vereinfachende Frage des Ernstfalls zurückzuführen? Der Krieg, versprach er nicht Auswege aus den Labyrinthen der industriellen Massengesellschaft? Auswege freilich, die in unbekannte Schrecken mündeten.

In solcher Lage Politik der Entspannung in Gang zu setzen, dem »perfiden Albion« Kolonialabkommen und Rüstungsbegrenzung anzubieten, erforderte Mut zur Unpopularität. Und wenn neuerdings viele meinen, der Übergang zum parlamentarischen Regiment hätte der deutschen Vorkriegspolitik ihre militanten Züge genommen, so hält die Wirklichkeit da eine andere Lektion bereit: nicht selten war es das Parlament, das antrieb, und die Regierung, die bremste. Von den Konservativen und den Nationalliberalen, aber auch von den Flottenenthusiasten des Zentrums war, bei realistischer Betrachtung, wenig an Einsicht in die Gefahr der Lage zu erwarten. Wie aber hätte ohne sie das Reich parlamentarisiert werden können?

Das Dilemma Bethmanns lag nicht allein darin, daß er über den Parteien regieren wollte; es lag auch darin, daß er zur Sicherung der Détente gar nicht anders konnte. In der Marokkokrise 1909/10 gelang es nur mit knapper Mühe, den Sturm im Reichstag abzufangen, der sich erhob, als die Gebrüder Mannesmann, auf zweifelhafte Rechtsansprüche pochend, gegen Geist und Buchstaben des mühsam ausgehandelten deutsch-französischen Marokkoabkommens vom 9. Februar 1909 – Frankreich erhielt darin freie Hand zur wirtschaftlichen Beherrschung des Saharastaates, und in den europäischen Hauptstädten atmete man auf – Erzvorkommen im Süden ausbeuten wollten. Gegen das Auswärtige Amt mobilisierte die Stahlfirma nicht nur die Verbände der Schwerindustrie und die Alldeutschen, sondern auch die Nationalliberale Partei.

»Eine Politik der Stärke« forderte Gustav Stresemann, der für Zynismus und Demagogie wie für Staatskunst begabteste Parlamentsführer des deutschen Liberalismus, um Bethmann bloßzustellen. Im Grunde ging es um nichts als die Gewinne eines Großunternehmens der Stahlindustrie. Aber die Verbände machten daraus eine Frage der nationalen Geltung. Das Ergebnis war, daß sich in Paris Zweifel an den Zielen der Deutschen tiefer fraß. Kaum eine französische Regierung war noch imstande, mit Berlin zu verhandeln.

Indes hat Bethmann, wie alle Kanzler seit Bismarck, letztlich das Verhältnis zu Frankreich abgeschrieben. Für die Denkschule jener defensiven Weltpolitik, die er repräsentierte, war das Hauptziel, mit den Briten auf der Grundlage gemeinsamer Interessen zum weltpolitischen Akkord zu kommen. Dafür war selbst die Begrenzung der deutschen Flottenrüstung, durch die Admiralty ohnehin ausmanövriert, kein hoher Preis. Anders als Bülow war Bethmann bereit, die flottengestützte Weltmachtpolitik zurückzunehmen bis zu dem Punkt, der dem britischen Sicherheitsbedürfnis Genüge tat. »Damit, daß Alldeutsche, Flottenverein usw. ein gewaltiges Geschrei erheben, muß gerechnet werden«, so nahm er das Maß seiner innenpolitischen Feinde[48]. Das einmal für richtig Erkannte müsse gleichwohl getan werden. Stand dahinter, wie die Fischer-Schule argwöhnt, eine Strategie der Kriegsvorbereitung? Es war die Politik der Kriegsvermeidung, und der Gegensatz zu Bülows brutaler Leichtfertigkeit konnte nicht schärfer markiert werden. Wo dieser der öffentlichen Meinung der Rechten gefolgt war, betrieb Bethmann Revision der überspannten und an ihrer Überspannung gescheiterten Weltpolitik. Keine Macht war dafür wichtiger als Großbritannien. Und war nicht London wie Berlin auf Entspannung angewiesen? Der Bestand des British Empire verlangte den Frieden mit dem Deutschen Reich fast um jeden Preis, vielleicht selbst den der Beschwichtigung, später »appeasement« genannt. Denn der Krieg, der das Empire verteidigen sollte, mußte es zugleich zerstören.

Als Weltmacht befand sich England längst im Niedergang, zurückgefallen hinter Amerika und Rußland, zudem im Zentrum seiner Macht gefährdet durch den deutschen Aufstieg und die deutsche Schlachtflotte. Aber noch immer hielt die Regierung in Whitehall, wenn die europäischen Kriegsbündnisse gegeneinander blankzogen, die Waage der Entscheidung. Kam es zur Détente mit

England, so war dies ein Schlüssel auch für die innere Entspannung in Deutschland und damit für Reformen. Außenpolitik wurde, wie in den früheren Stufen der Reichsentwicklung seit Bismarck, auch in ihrer letzten noch einmal Verfassungsfrage.

Der Glanz der Weltpolitik

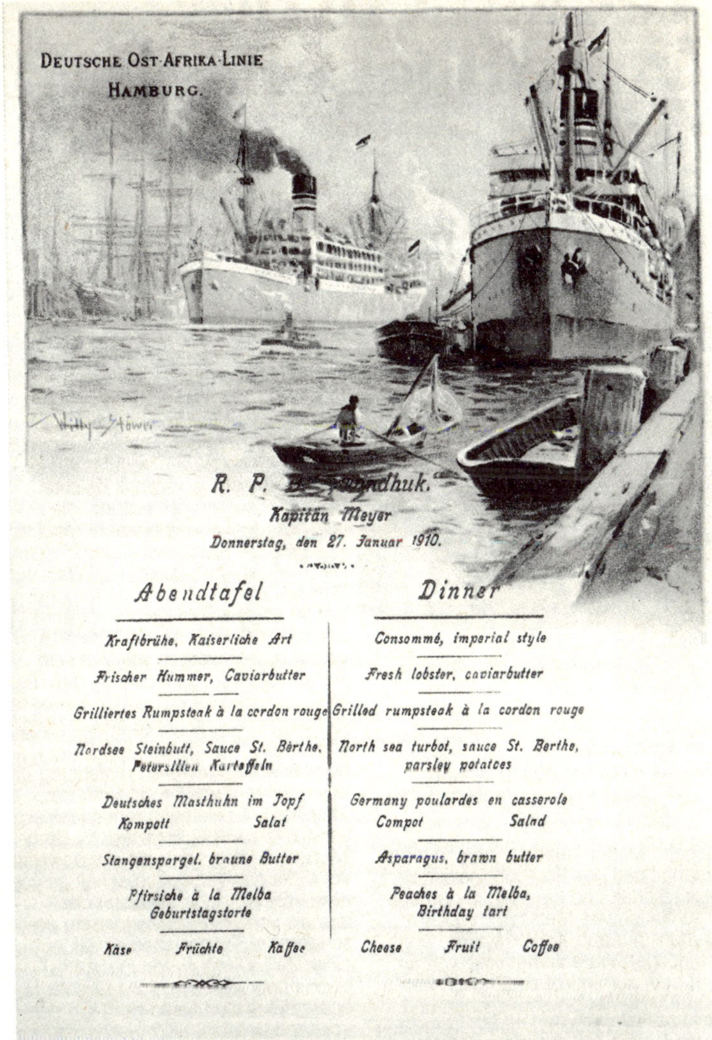

Es war nicht die vielberedete Handelsrivalität, die zwischen Briten und Deutschen stand: der Reeder Ballin, der beim Kaiser ein und aus ging, wollte davon nichts wissen. Es war auch nicht koloniale Konkurrenz. Es ging im Kern um Hegemonie und die Frage des kommenden Krieges. Es ging um die deutsche Schlachtflotte und die Schneide der Weltpolitik. Bethmann wollte in den seit Herbst 1909 unter sorgfältiger Abschirmung gegenüber der Öffentlichkeit beginnenden Verhandlungen zugleich weniger und mehr als Rüstungsbegrenzung. Weniger, indem er mit Rücksicht auf den Kaiser, Tirpitz und die Flottenlobby allenfalls Verlangsamung des Bautempos anbot; Tirpitz forderte sogar die Festschreibung eines Stärkeverhältnisses von 3 : 2, was angesichts weltweiter britischer Verpflichtungen die deutsche Übermacht in der Nordsee bedeutete und mithin in London eher Mißtrauen erweckte. Mehr aber auch, indem er die britische Neutralität suchte für den Fall, daß die Mittelmächte angegriffen wurden. Das deutsche Flottenangebot war mithin ohne Substanz, und die Suche nach britischer Neutralitätsgarantie weckte im Foreign Office Mißtrauen. In Sir Edward Greys Worten: »We cannot enter into a political understanding with Germany which would separate us from Russia and France, and leave us isolated, while the rest of Europe would be obliged to look to Germany«[49].

Das war die alte britische Furcht vor Isolierung und deutscher Kontinentalhegemonie. Immerhin wurde fast ein Jahr verhandelt, aber für ein Abkommen reichte es nicht. So blieb nur der Weg über vertrauensbildende Maßnahmen und Verträge zweiten Ranges, um letztlich doch noch England zum stillen Teilhaber des deutschen Sicherheitssystems zu machen. Vielleicht führte der Weg nach London, wie früher schon, über St. Petersburg? Jedenfalls wurde 1910 versucht, den in der Bosnien-Krise 1908 abgerissenen Draht nach Rußland zu reparieren. Die »Entrevue von Potsdam« zwischen »Nicky« und »Willy«, Zar und Kaiser, wurde genutzt, um im Nahen Osten die Karten des Einflusses neu zu zeichnen: Persien für die Russen, die Türkei für die Deutschen, und auf dem Balkan möglichst Ruhe.

Bethmann hat damals noch einmal versucht, die Dynamik zu fesseln, die Unruhe zu sistieren, die Konflikte zu dämpfen und den Manövrierraum für Politik zu erweitern. Die deutsche Sicherheit wollte er nicht durch Hegemonie definieren, sondern noch einmal, zu spät, im europäischen Konzert. Weltpolitik mußte getrieben werden. Davon abzugehen hätte die inneren Grundlagen längst ruiniert. Aber Weltpolitik durfte nur so weit reichen, wie die kontinentale Machtbasis trug, und diese Basis vor allem nicht gefährden. Sie zu befestigen, war die eigentliche Zielsetzung der neuen Politik. Aber schon 1911, als die zweite Marokkokrise, von Deutschland inszeniert, Europa an den Rand des Großen Krieges trieb, wurde dieses Ziel dauerhaft verfehlt.

Die Machtverhältnisse in Marokko waren 1906 durch die Algeciras-Akte zugunsten Frankreichs geregelt und 1909 bestätigt worden. Als ein Aufstand in dem Wüstenland den Thron des Sultans gefährdete und mit ihm den Verankerungspunkt französischer Kontrolle, ließ Paris im Mai 1911 Kolonialtruppen auf Fez marschieren. Diese Militärintervention indes war durch die alten Abmachungen rechtlich nicht gedeckt. Die deutsche Öffentlichkeit, vom Auswärtigen Amt scharfgemacht, ihr Kolonialappetit geweckt, forderte Genugtuung, Kompensation, ja ein Stück Südmarokko, wo reiche Erzvorkommen vermutet wurden. Der neue Staatssekretär v. Kiderlen-Wächter, eigensinnig und rücksichtslos, sich selbst überschätzend und skrupellos das steigende Kriegsrisiko in Kauf nehmend, die Presse der Alldeutschen, der Konservativen und Nationalliberalen zuerst antreibend und dann von ihr getrieben, wollte Kriegsschiffe in südmarokkanische Häfen auslaufen lassen. Der Kaiser hatte Bedenken, bremste und erreichte immerhin, daß nur das Kanonenboot »Panther« im Hafen von Agadir Anker warf, weshalb die Sache in der Presse als »Panthersprung nach Agadir« bekannt wurde. Bethmann ließ die Sache treiben. Sein Berater Riezler, auf Weltpolitik gerichtet, notierte beifällig: »Im AA. richtige Ansicht, daß wir was ordentliches von den Franzosen trotz deren Willen uns zu compensiren nur bekommen, wenn wir Faustpfand besetzen«[50]. Die dauernde Festsetzung des Reiches dort war nicht beabsichtigt, es fehlte jeder Rechtstitel, und das britische Kabinett gab Warnsignale nach Berlin. Kiderlen-Wächter geriet nun unter den Zwang, den er selbst erzeugt hatte: einen Rückzug würde die deutsche Öffentlichkeit nicht hinnehmen, ein Kolonialerfolg dagegen die Reichstagswahlen verbessern.

Eine zweitrangige Kolonialfrage wurde so zur weltpolitischen Krise hochgepokert. Zu welchem Ende all das? Vordergründig zum Schutz deutscher Interessen: das Auswärtige Amt hatte sich entsprechende Eingaben von Unternehmen und ihren Verbänden bestellt. Tatsächlich aber sollten die Franzosen, wenn sie freie Hand in der Sahara wollten, mit Land in Mittelafrika bezahlen. Marokko bot die letzte Chance, ohne Krieg in Afrika Kolonien zu erwerben. Kiderlen-Wächter verlangte den Kongo, Paris aber lehnte ab. Unterdessen hielt der britische Schatzkanzler Lloyd George, bislang Haupt der pro-deutschen Gruppe im Kabinett, in Londons Mansion House eine kampflustige Rede, die Berlin entschieden warnte vor Ansprüchen auf Marokko. Vernehmlich wurde da an britische Bündnispflichten erinnert. Sir Edward Grey, Chef des Foreign Office, schickte Warnungen an die Admiralty, man habe mit einem Präventivschlag der Deutschen zu rechnen.[51] Auf der Staatssekretärsebene formulierte Sir Eyre Crowe mit kompromißloser Härte, dies sei »nichts anderes als ein Kräftemessen. Nachgeben bedeutet nicht Einbuße an Interessen und Prestige. Es bedeutet die Niederlage, mit allen unausweichlichen Konsequenzen«[52]. In London war es seitdem nicht mehr die Frage, ob man für Frankreich kämpfen würde, sondern nur noch, wie und wo und mit wieviel Divisionen. Die »Grand Strategy« Englands für den europäischen Krieg war seit 1911 festgelegt.

Für Berlin war die Schlüsselrolle Englands schwer zu übersehen. Es gehörte zum üblen Erbe der zweiten Marokkokrise, daß danach ein Rapprochement mit der Insel der Öffentlichkeit als nationaler Verrat galt. Kiderlen-Wächter zwang durch wiederholte Rücktrittsdrohungen den Kanzler und den Kaiser, beide erschreckt von der Fratze des Ernstfalls, auf seinen Kurs. Riezler: »Kiderlens Eigensinn ist zur Zeit der größte politische Faktor... Bei dem Vertrauen, das er genießt, kann ihn weder der Kanzler noch der Kaiser gehen lassen«[53]. Wollte der Staatssekretär den Krieg? Bethmann war dessen nicht sicher. Der Kanzler jedenfalls wollte ihn nicht. Anfang September 1911 reagierte das Publikum durch eine Börsenpanik. Würde es Krieg geben? Vor die Frage Rückzug oder Krieg gestellt, bequemte sich dann die Reichspolitik, Kompensationen anzunehmen: den Franzosen blieb Marokko, für die Deutschen gab es ein Stück des französischen Kongo, dafür Verzicht auf einen Teil Togos. Was war alles das wirklich wert? Niemand wußte es. Entscheidend war, daß die Deutschen dem Krieg ausgewichen waren. Würden sie es noch einmal tun? Sie hatten mit Mühe das Gesicht gewahrt. Einen Sieg konnte man das Ergebnis schwerlich nennen.

In Deutschland, wo die Parteien Glanz und Gloria erwarteten, erhob sich ein Proteststurm. Dem Kaiser wurde Schlappheit vorgeworfen. Konnte er noch führen? War Deutschland, so spitzte der nationalliberale Parteiführer die Frage hysterisch zu, noch Großmacht? So warf die zweite Marokkokrise nicht nur die Frage der Regierbarkeit des Landes auf, sie provozierte auch Zweifel an der Effizienz der konstitutionellen Monarchie im Kampf ums Dasein. Wer die Reden im Reichstag anhörte, konnte den konservativen v. Heydebrand vernehmen, wie er England für alles Übel verantwortlich machte, und einen Kanzler, der in ungewöhnlich ernster Rede – »Der Starke braucht sein Schwert nicht im Munde zu führen« – den Vorrang der Kontinentalpolitik gegen die Kolonialpolitik begründete. Sterben für Marokko? Für ein Stück Sand den europäischen Präventivkrieg auslösen? Bethmann hätte sich da auf Bismarck berufen können. Aber wer hörte ihm noch zu?

Die Bedeutung der Krise des Sommers 1911 lag darin, daß allenthalben schwache Regierungen noch schwächer wurden, daß die nächste Kolonialkrise Europa dem Abgrund nähern mußte, daß die Automatik der Bündnisse bekräftigt wurde und daß seitdem schon das Faktum des Verhandelns für eine entfesselte Öffentlichkeit im Parlament und außerhalb den Tatbestand des Landesverrats erfüllte. Nach dem ersten Schock angesichts der Kriegsgefahr waren der Kaiser, der doch die starken Gesten und Worte so liebte, und die Regierung Bethmann Hollweg behutsamer als die Redner der parlamentarischen Rechten im deutschen Reichstag. Stand die Welt auf dem Kopf? Jedenfalls enthielt die zweite Marokkokrise die Lehre, daß außenpolitische Vernunft innere Gefahren heraufbeschwor.

Wenn schon ein Stück Sand am Rande der Barbarei die Welt in den Krieg stoßen konnte, dann mußte Alteuropa wie Zunder brennen, sobald die Existenzfrage einer Großmacht gestellt war. Seit der zweiten Marokkokrise war der Ausbruch des Großen Krieges, ohne Illusion gesehen, nur noch eine Frage des Datums. In der Publizistik der europäischen Machtstaaten gab es kein Thema von gleicher Faszination wie der künftige Krieg. Angst vor sichtbarer Unterlegenheit oder die Unerträglichkeit von Prestigeverlust und Hochrüstung würden die Katastrophe herbeiführen, früher oder später, so zog – unter stürmischer Heiterkeit des Reichstags – damals August Bebel den Schluß aus der Krise von 1911. Es war dies auf den Tag genau sieben Jahre vor dem Zusammenbruch der Monarchie und der Niederlage im Krieg: *Alsdann wird in Europa der große Generalmarsch geschlagen, auf den hin 16 bis 18 Millionen Männer, die Männerblüte der verschiedenen Nationen, ausgerüstet mit den besten Mordwerkzeugen, gegeneinander als Feinde ins Feld rücken.* Und dann, Höhepunkt hellsichtiger Rhetorik: *Die Götterdämmerung der bürgerlichen Welt ist im Anzuge (Lachen). Seien Sie sicher: sie ist im Anzug.*[54]

Dr. Kurt Riezler, Alter ego des Reichskanzlers, hat bald darauf eine Schrift »Die Erforderlichkeit des Unmöglichen« publiziert und darin eine Theorie der Großmachtpolitik vertreten, die alle Allianzen nur als »Aufschub der Feindschaft« begriff. Im Egoismus lag für jede Großmacht das eigentliche Gesetz ihrer Existenz. 1914 spitzte Riezler, diesmal unter Pseudonym, weil sich für den Berater des Kanzlers kühne öffentliche Bekundungen nicht schickten, seine Theorie zu. In »Grundzüge der Weltpolitik der Gegenwart« folgerte er aus den Balkankonflikten und der jüngsten Marokkokrise, daß die »Parallelexpansion« der Großmächte, ihre wirtschaftliche Verflechtung, vor allem aber der zerstörerische Charakter des modernen Großkriegs zu dauerndem »Aufschub kriegerischer Auseinandersetzungen« zwangen. Die Begründung dieser Paradoxie: »Für alle europäischen Großmächte bedeutet ein verlorener Krieg gegen eine Großmacht, menschlicher Voraussicht nach, den politischen Ruin, wenn nicht besondere Nebenumstände eintreten und z.B. die Zuschauer den Sieger zu einer besonderen Schonung zwingen.« Allein Rußland sei von dieser »Regel« ausgenommen. Durch seine Größe geschützt, habe das Riesenreich nach einer Niederlage allenfalls den Sieg der Revolution und Verlangsamung seiner Entwicklung zu fürchten[55].

Bilder einer rationalen Welt: Weserbrücke in Bremen, Entwurf 1894

Das war sehr klug und weit in die Zukunft gedacht, und es war auch sehr rational und bürgerlich gedacht. Und als im Sommer 1914 die Wilhelmstraße ihr tödliches Krisenkalkül trieb, da mag solcher Glaube an die verborgene Vernunft der Machtpolitik mitgespielt haben. Und in der Tat: hatten nicht die Großmächte noch jedesmal den Absturz in den Malstrom des Krieges vermieden? Hatten nicht alle Krisen gezeigt, daß Kriege noch kalkuliert, doch nicht mehr gekämpft wurden? Die tödliche Konsequenz der Marokkokrise indes lag darin, daß alle Spielräume verengt, alle Ernstfall-Planungen zwingend wurden. Riezler erlag einer schönen Täuschung, wenn er die atavistischen Antriebskräfte des Krieges, die Verheißung der Weltmacht und das Pathos des Untergangs, wenn er Hybris und Machtwahn in die Schachbrettanalogie zwang. Krieg versprach zum letzten Mal die Kristallisation der Macht aus den diffusen Strukturen der industriellen Massengesellschaft. Das Modell der Großen Politik, das die deutsche Führung entwickelte, entbehrte des Wirklichkeitsbezugs, und deshalb war es gefährlich. Die Regierungen spielten Schach nach Regeln, die eher dem Poker entsprachen.

Aber gab es überhaupt ein einziges Modell? Oder waren es mehrere, gegenläufige, aus gegensätzlichen Wertewelten und Interessen entstehend? Die innere Lage in den letzten Vorkriegsjahren verschärfte alle sozialen Bruchlinien, damit aber auch die Konflikte der Politik und des politischen Denkens. Den Reichstagswahlen vom Januar 1912 ging eine tiefe Entfremdung des bürgerlichen Lagers vom konservativ-katholischen Machtkartell voraus. Die Nationalliberalen begannen erstmals über parlamentarische Kooperation mit der Linken nachzudenken. Der Fortschritt wurde an die Seite der Sozialisten gedrängt. Die Rezession von 1911 erzeugte Massenarbeitslosigkeit, Unzufriedenheit und Ressentiment. Die Machtpolitik am Rande des Krieges verstärkte die Angst vor der Zukunft. Zum erstenmal war das große optimistische Fortschrittsbewußtsein der Epoche tief verstört. Das Gespenst des Krieges und die Teuerung des Brotes, Angst um den Arbeitsplatz und drohende Reden im Reichstag, die den »Leutnant und zehn Mann« (Oldenburg-Januschau) zum Schiedsrichter der politischen Konflikte erhoben, ließen ein Gefühl der Bedrohung und die Bereitschaft zum Protest entstehen. Der Hansabund mobilisierte als Sammlungsbewegung die Mehrheit des industriellen Deutschland gegen die grüne Front der Protektionisten. Und dahinter stand drohend die Frage, ob die industrielle Massengesellschaft noch in den Formen des preußischen Beamtenstaats integrierbar und durch eine Kaste von Erbberechtigten regierbar sei.

Die Reichstagswahlen vom Januar 1912 spiegelten den Selbstzweifel der Deutschen wider, Zerfall des Konsens, Teilung in feindliche Lager. Die Wahlbeteiligung stieg auf 84,6 Prozent, höher als je zuvor, tiefe Unrast, ja Angst vor der Zukunft verrieten sich da. Konservative, Freikonservative, Antisemiten und Zentrum verloren zusammen ein Drittel ihrer Mandate. Die Nationalliberalen behielten 45 Sitze (bisher 52). Fortschritt und Sozialdemokraten, die in den Stichwahlen einander stützten, waren mit 152 Mandaten stärker als je, die Sozialisten hatten ihre Mandatszahl (bisher 53) auf 110 mehr als verdoppelt. Dazu kamen 32 Polen und Sonstige, die in keine Koalition paßten. Mit diesem Reichstag war noch schwerer zu verhandeln als mit dem letzten, denn nun waren Mehrheiten ohne die Sozialdemokratie kaum noch denkbar. Mit diesem Reichstag zu regieren, ohne die Regierung in Abhängigkeit der Linken zu stellen, war nicht mehr möglich, gegen ihn aber konnte man auch nicht regieren. Ohne kraftvolle Reform von oben mußte alles in Blockaden enden. Bethmann hat daraus gegen jede »weitere Demokratisierung unserer Verfassung« noch einmal den Schluß gezogen auf das Recht der Regierung über den Parteien; die extreme Rechte träumte vom Staatsstreich oder wenigstens von Ausnahmegesetzen gegen die Sozialisten und murrte gegen den unentschlossenen Kaiser: Bebel wollte gar von Absetzungsabsichten wissen[56]. Im Reichstag wurde zwar durch Änderung der Geschäftsordnung die Regierung gezwungen, sich Anfragen zu stellen, aber von Parlamentarisierung konnte keine Rede sein: die beherrschende Stellung der Sozialdemokratie schreckte die Reformer, erbitterte die Rechte und lähmte den Reichstag vollends. Bebel wußte: »Unser Erfolg … führte alle bürgerlichen Parteien zusammen«[57]. Steigende Lebensmittelpreise und Massenstreiks im Ruhrgebiet gaben die dumpfe Begleitmusik ab für Angriffe auf Preußen, den Kaiser und das bürokratische Regime. Über der inneren Politik hingen Mißtrauen, eine Ahnung von Krise und naher Entscheidung. Aber eine Entscheidung fand nicht statt.

Aus dem langen Frieden wurde unmerklich Vorkriegszeit. Den Rissen der Innenpolitik entsprachen die Spaltungen der Außenpolitik. Der Großadmiral von Tirpitz zog aus der Niederlage von 1911 die Folgerung, nun erst recht gegen England zu rüsten. Er forderte – vergeblich – Fortsetzung des Vierer-Bautempos (vier Großkampfschiffe jährlich über 1912 hinaus). Er setzte auf das letzte Gefecht gegen England und die deutsche strategische Siegeschance, kam der Krieg nur spät genug. Er fand dabei nicht nur die Unterstützung der Rüstungslobby, sondern Rückhalt auch beim Englandhaß der Bildungsschichten und der Agitation der Wehrverbände.

Bethmann indes und das Auswärtige Amt unter Kiderlen-Wächters Nachfolger v. Jagow zogen aus der Marokkokrise die entgegengesetzten Folgerungen. Die Fratze des Ernstfalls hatte den Ausgleich mit den Briten als lebenswichtig erwiesen, die deutsche Kontinentalhegemonie war unerreicht, ja sie war unerreichbar. Gerade um die Weltpolitik fortzuführen, galt es, die Kontinentalbasis durch Politik zu sichern.

Gegen des Großadmirals ausufernde Rüstungspläne, die die deutsche Außenpolitik in die Sackgasse der Einkreisung getrieben hatten und die Innenpolitik in die Entscheidung zwischen Verfassungsbruch oder Parlamentsherrschaft treiben mußten, mobilisierte der Kanzler zuerst den Rotstift des Reichsschatzamts, dann die Gegenforderungen des Großen Generalstabs, dem für den Schlieffen-Plan die Truppenmassen fehlten und der traditionell auf dem Vorrang der Kontinentalbedrohung beharrte. Endlich gelang es ihm, über den Reeder Ballin (Hamburg-Amerika-Linie) den Draht zu Sir Ernest Cassell herzustellen und dem britischen Kabinett mehr deutsche Verhandlungsbereitschaft zu signalisieren, als tatsächlich da war. Verhandeln wollten Bethmann, der neue Staatssekretär Jagow und der einflußreiche Botschaftsrat in London, Richard von Kühlmann. Aber wollten dasselbe auch die blauen Uniformen, die goldenen Litzen und der Kaiser?

Im Februar 1912 kam Lord Haldane, Kriegsminister der liberalen Regierung Asquith, nach Berlin mit einer Neutralitätsformel, für die im Gegenzug die Deutschen ihren Flottenbau bremsen sollten: eröffnete sich noch einmal die Rückkehr zu den versäumten Gelegenheiten der neunziger Jahre? Wurde die britische Formel angenommen, die die Entente cordiale und die britisch-französischen Generalstabsbesprechungen der Vorjahre einschränkte, dann mußten die Deutschen zwar auf ihr nächstes Flottengesetz verzichten. Dafür aber würde England, solange die Deutschen nicht angriffen, bei jedem Kontinentalkrieg Zuschauer bleiben.

Hier bot sich spät, aber nicht zu spät, noch einmal die Chance europäischer Friedenssicherung. Denn mit England in Wartestellung war kein Angriff der Entente denkbar, und Deutschland konnte, zwar gefährdet, von der europäischen Mitte aus Weltpolitik betreiben, allerdings unter dem Vorbehalt, daß britische Interessen unantastbar waren. Der Schlieffen-Plan hätte allerdings einschneidender Revision unterzogen werden müssen. Die nördliche Umfassung der französischen Festungen war verboten, da die belgische Neutralität den Briten als Bedingung ihrer Sicherheit galt. Aber die Offiziere mit den roten Generalstabsstreifen waren schließlich dazu

Thomas Theodor Heine,
Nach der Straßendemonstration (1910)
Nur dem taktvollen und besonnenen Eingreifen der Polizei ist es zu danken, daß die Ruhe nicht gestört wurde.

da, der Führung militärische Wahlmöglichkeiten zu eröffnen. Daß sie statt dessen unverändert alles auf den Westaufmarsch durch Belgien setzten und im Frühjahr 1913 alle Planungen für die Führung des Krieges allein im Osten endgültig einstellten, gehört zu den politischen Todsünden der deutschen Militärs. War dies alles 1912 noch einer Revision zu unterziehen, auch wenn sie schmerzte? Ein Krieg würde noch mehr schmerzen, und unter den Schatten des kommenden Krieges blieb Bethmanns Politik gestellt.

Denn die Mission Lord Haldanes scheiterte: am Kaiser, der jedes Einfrieren der Flottenrüstung als nationale Schmach ansah, in der Selbstbeschränkung des Machtstaats eine Gefahr für das Kaisertum ahnte; an Tirpitz, der die Strategie der Entscheidung in der Nordsee nicht preisgeben wollte; und an der Schwäche der politischen Führung, die ihre zutreffenden Einsichten nicht durchsetzte. Bethmann wollte zurücktreten: »...einen Krieg heraufbeschwören, ohne daß unsere Ehre oder unsere Lebensinteressen tangiert sind, würde ich für eine Versündigung an dem Geschicke Deutschlands halten, selbst wenn wir nach menschlichem Ermessen den völligen Sieg erhoffen könnten«[58].

Dies und die Erkenntnis, daß die Flotte nur im Munde des zwischen Pessimismus und Heldenpose schwankenden Kaisers kriegsbereit war, nicht aber im »German Ocean«, dämpfte indes die kriegslustige Sprache in Berlin. Dann aber machten die Marine-Planer durch Hinweise auf die für 1912 bevorstehende Flottennovelle die Rechtspresse scharf, und Bethmann verlangte von London mehr als die Neutralität, ein »Schutzbündnis«. In Wahrheit wäre in der verzweifelten deutschen Lage sogar weniger als die Neutralitätsformel Haldanes schon viel gewesen, aber das britische Kabinett war enttäuscht von der Doppelzüngigkeit der Berliner Führung, und das Angebot wurde nicht erneuert. Die Aktenlage verbietet es, hier auf deutscher Seite etwas anderes als Leichtsinn und Verblendung am Werk zu sehen. An den Deutschen hätte die Mission, sollte das Reich überdauern, nicht scheitern dürfen.

Lange 24-cm-Ringkanone (5,23 m Rohrlänge) in Küsten-Lafette (Typus der deutschen Küstengeschütze)

Statt die Schwelle zum Krieg anzuheben, brachten die Verhandlungen nur Bitternis: in London fand man alles Mißtrauen gegen Strategie und Politik der Deutschen bestätigt, in Berlin verfestigte sich der Vorrang einer zur Staatsräson gewordenen ausweglosen Militärdoktrin. Beiden Seiten wurden, als Lord Haldane in Berlin war, offensichtlich Vorteile geboten: den Briten die Garantie ihrer Flottenübermacht, den Deutschen aber, solange sie nicht angriffen, die Stornierung der Entente. War die deutsche Führung, Wilhelm II. und Tirpitz an der Spitze, blind gegenüber der Gefahr? Gefangen in Stimmungen, die sie selbst erzeugt hatten? Englandhaß und Unterlegenheitsgefühl, Flottenreligion und Kampfrhetorik, Weltmachtdenken und Vulgärdarwinismus?

Es war spät, sehr spät, und der Ernstfall sehr nahe. Unaufhaltsam trieb das Reich in Zwangslagen, da nur noch Präventivkrieg oder Absturz blieben. Inkompetenz des Kaisers und seines Großadmirals? Systemzwang des Flottenkaisertums? Todessehnsucht einer altgewordenen, bedrohten Elitenkultur? Atavistische Flucht aus der Zivilisation in heroische Barbarei? Hybris entsteht, wo diese Komponenten sich, wie in Europa vor 1914, zusammenfügen. Denn nicht

Postkarte zum Regierungsjubiläum 1913, dem Jahr der großen Heeresvorlage im Reichstag

Torheit, nicht Unwissenheit verdarb das Deutsche Reich. Die Gefahren waren nicht verborgen. Es fehlte nicht an Warnungen, wohin der Aufbruch aus der Mittellage führen würde. Aber es war in der Politischen Kultur ein Trieb enthalten, von Erfolgen verstärkt und durch das Kraftgefühl technischer Hochleistung begünstigt. Dem war, wider alle Kenntnis der Gefahr, nicht zu widerstehen. Umkehr hätte Irrtum bedeutet, Eingeständnis schwerer, in der Massengesellschaft unverzeihlicher Fehler. Also riß alles vorwärts. Solange noch ein Rest der erträumten Machtchance gegeben war, war der Verzicht auf die äußerste militärische Kraftentfaltung für die Deutschen denkbar, aber nicht zu verwirklichen. Wie kam es aber, daß die Kraft, diese Dynamik zu bezwingen, unter Bismarck noch vorhanden war, nach ihm aber nicht? Die Erben Bismarcks gingen, ihren Ruin vor Augen, in ihr Verderben.

Längst hatten die »Dreadnoughts« die deutsche Seestrategie aus den Fugen gehoben. Sie war immer Drohgeste geblieben. Nun wurde sie zur tödlichen Falle. Denn die Gestaltung der Beziehungen zu England blieb, wie Bethmann an den deutschen Botschafter in London schrieb, »Angelpunkt« der deutschen Außenpolitik. Aber sollte Englands Neutralität den Aufbau der deutschen Hegemonie auf dem Kontinent sichern helfen? Oder sollte sie lediglich den Präventivschlag auf dem Kontinent verhindern? Die deutsche Doppeldeutigkeit stand der deutschen Sicherheit im Weg. Nach der Haldane-Mission blieb Deutschen und Briten nur noch der lange Umweg über die Regelung von Konflikten in Afrika und in Nahost. Dies allerdings geschah mit so erstaunlichem Erfolg, daß das Scheitern in der zentraleuropäischen Sicherheitsfrage nur um so schärfer hervortritt. Und es geschah nicht *wegen* der deutschen Flotte, sondern *trotz* ihrer wachsend für beide Seiten bedrohlichen Existenz.

1913 kam es zu einem Abkommen über die Aufteilung des portugiesischen Kolonialbesitzes für den absehbaren Fall, daß Portugal seine Schulden an Berlin und London nicht zahlen konnte. Endlich gelang es auch in der Türkei, mit den Briten mehr und mehr zusammenzuarbeiten, Interessensphären abzugrenzen, die Bagdadbahn aus der Konfliktzone zu nehmen und endlich 1914 zu einem Vertragstext zu kommen, der – parallel zur Verständigung über die Teilung

Englische Gleichgewichts-Lafette von Monerieff für 7-t-Geschütze (17,7 cm Seelendurchmesser)

Außenhandel der Großmächte 1913

Staaten	Export Mrd. Dollar	Export Anteil %	Import Mrd. Dollar	Import Anteil %	Außenhandel Mrd. Dollar	Außenhandel Anteil %
Groß-britannien	2,6	14	3,2	16	5,8	15
USA	2,4	13	1,8	9	4,2	11
Deutsch-land	2,4	13	2,6	13	5,0	13
Frankreich	1,3	7	1,6	8	3,0	8

türkischer Ölkonzessionen am Golf - durch erhebliches deutsches Entgegenkommen den Weg zu gemeinsamer deutsch-englischer Kontrolle der Türkei, allerdings unter deutscher Führung, zeigte. Der Ausbruch des Krieges hat die Ratifizierung des Vertrages gehindert.[59] Beide Seiten, klug geworden durch die Entwicklung der Entente cordiale, die ebenfalls bei Kolonialkonflikten angesetzt hatte, hatten von der Peripherie her der Entspannung vorarbeiten wollen. Aber das kam zu spät.

Regionale Verteilung des Außenhandels der Großmächte 1913 (in %)

Staaten	Export nach Europa	Export nach Nord-amerika	Export nach anderen Konti-nenten	Import aus Europa	Import aus Nord-amerika	Import aus anderen Konti-nenten
Groß-britannien	35	10	55	44	24	32
USA	60	17	23	48	8	44
Deutsch-land	75	8	17	54	17	29
Frankreich	70	7	23	53	11	36

Der Vertrag von 1914 war möglich, obwohl durch den jungtürkischen Staatsstreich 1913 eine deutschfreundliche Offiziersjunta die Macht ergriff, die für die Reorganisation der Armee eine große deutsche Militärmission ins Land holte unter dem mit Sondervollmachten ausgestatteten General Otto Liman von Sanders. Das militärpolitische Gleichgewicht in Nahost verschob sich. Denn die Deutschen besetzten Schlüsselpositionen in Generalstab und Truppenführung. England verweigerte sich damals dem russischen Protest und de-

Auslandsanlagen am Vorabend des Ersten Weltkriegs 1913/14

Gläubiger	Mrd. Dollar	Schuldner	Mrd. Dollar
Großbritannien	18,0	Europa	12,0
Frankreich	9,0	USA und Kanada	10,5
Deutschland	5,8	Lateinamerika	8,5
USA	3,5	Asien	6,0
Belgien, Niederlande, Schweiz	5,5	Afrika	4,7
Andere Länder	2,2	Australien	2,3
	44,0		44,0

monstrierte Entgegenkommen für Berlin. Die Deutschen revanchierten sich kavaliersmäßig, indem sie – während das Krupp-Direktorium und die Deutsche Bank im Aufruhr waren – den türkisch-englischen Dockvertrag passieren ließen, was Desinteresse an allen türkischen Schiffsbauangelegenheiten signalisierte. Indes, zur Definition gemeinsamer Sicherheitsinteressen im Kern der mitteleuropäischen Konfliktzone, zur Sistierung des deutschen Flottenbaus und zur Ruhigstellung der in London und Berlin von Angst und Wut getriebenen Öffentlichkeit reichte das alles nicht mehr. Es gab kein Vertrauen mehr auf den Frieden. Kein Vertrauen mehr auf die Vernunft. Kein Vertrauen mehr in die Zukunft. Statt dessen nur noch Zuflucht bei den Bündnissen und bei der eigenen Rüstung. Der Weg in die Selbstzerstörung wurde unumkehrbar, als Europa im Zenit seiner Herrschaft über die Welt stand.

Und doch, es gab im Angesicht der Katastrophe noch verzögernde Momente, solange Berlin und London an der Komplizenschaft für den Frieden festhielten. Daß die Großmächte sich dem tödlichen Strudel der Balkankrise 1912/13 in konzertierter Anstrengung entzogen, muß bis heute als Anstoß für die Frage gelten, ob der Große Krieg 1914 vermeidbar oder unausweichlich war. Die Großmachtkonflikte, wenn Angst und Friedenswille einander die Waage hielten und verhandelt wurde, erwiesen sich 1912/13 als noch begrenzbar. Damals begannen Serbien und Bulgarien einen Stellvertreterkrieg für Rußland. Griechenland und Montenegro wollten an der türkischen Beute beteiligt sein. Der Balkan sollte für den Panslawismus gewonnen und zur russischen Interessensphäre gemacht werden. Es begann der vorletzte der osmanischen Erbfolgekriege: der letzte war der Weltkrieg. Die Siege der kleinen Balkanmächte 1912 alarmierten sofort die Wiener Regierung. Denn in Wien konnte man ausrechnen, daß Österreich-Ungarn nach der Türkei der Feind Nummer eins sein werde. Österreich-Ungarn ordnete Teilmobilisierung der Truppen an, Rußland erklärte Kriegsbereitschaft. Beiden Großmächten bot der Balkankrieg die instinktiv ergriffene Chance, aus inneren Lähmungen die Flucht nach vorn anzutreten, Begeisterung zu wecken und Stärke zu zeigen.

Die deutsche Politik geriet in ein Dilemma. Die Entspannung gegenüber Rußland stand – wenn Österreich marschierte – auf dem Spiel, aber auch der Bestand des Zweibunds mit Österreich. Die Regierung am Ballhausplatz in Wien mahnte immer ungeduldiger. Sie sah im Zweibund mit Berlin nicht mehr das Verteidigungsbündnis, das es dem Buchstaben nach war, sondern Rückendeckung für den Präventivschlag gegen Rußlands Satelliten. Österreich-Ungarn aber mußte als Großmacht erhalten bleiben, das erforderten schon die deutschen Bündnisinteressen. Eine Niederlage war nicht hinnehmbar, unter Bismarck nicht und jetzt nicht. Dann würde zuerst Deutschland in den Krieg gezogen, danach auch Frankreich. Bethmann Hollweg warnte deshalb am 2. Dezember 1912 in einer großen Reichstagsrede die Russen, daß sie mit dem Feuer spielten. Darauf erging eine englische Warnung an Berlin, daß die Briten einem großen europäischen Krieg, der zur deutschen Hegemonie führe, nicht tatenlos zuschauen würden: »Die Wurzeln der englischen Politik ... lägen in der hier allgemein verbreiteten Empfindung, daß das

Gleichgewicht der Gruppen einigermaßen aufrechtzuerhalten sei. England würde daher unter keinen Umständen eine Niederwerfung der Franzosen dulden können« – so gab der deutsche Botschafter die Warnung des britischen Kriegsministers wieder[60].

Europa stand am Rande des Weltkriegs, und die Deutschen hielten den Schlüssel in der Hand, der ihn auslösen würde. Jede Ermutigung der Österreicher, denen ein Adriahafen für Serbien der Casus belli war, hätte in Europa den Großbrand entzündet. Obwohl die Öffentlichkeit in Deutschland eine Politik hart am Rande des Krieges guthieß und die Sozialdemokraten im Reichstag den Atem anhielten, wurde der Schlüssel nicht gedreht. Statt dessen trat eine Botschafterkonferenz zusammen, die im Frühjahr 1913 durch die Errichtung des Staates Albanien dem serbischen Drang zur Adria einen Riegel vorschob. Damit war den österreichischen Interessen Genüge getan. Die Chance der kollektiven Sicherheit war bewiesen. Aber das Resultat ließ sich auch anders lesen: Rußland wollte das Erbe der Türkei, die Wiener Politik setzte auf Krieg oder Untergang und forderte deutsche Unterstützung, und England würde vor der Entscheidung stehen, gegen die Mittelmächte zu fechten. Hatte sich der Schlüssel zum Krieg doch bewegt?

Olaf Gulbransson, Kaisermanöver (1900)
Seine Majestät erklären dem Prinzen Ludwig von Bayern die feindlichen Stellungen.

Wilhelm II. quittierte die englische Ankündigung, im Krieg Frankreich zu unterstützen, durch einen nervösen Brief an den Chef des Auswärtigen Amtes, der eher Stimmungen als Entschlüsse verriet: »England wird aus Neid und aus Haß gegen Deutschland unbedingt Frankreich und Rußland gegen uns beistehen. Der eventuelle Existenzkampf, den die Germanen in Europa (Österreich, Deutschland) gegen die von Romanen (Galliern) unterstützten Slaven (Rußland) zu fechten haben werden findet die Angelsachsen auf der Seite der Slaven. Grund: Neidhammelei, Angst unseres zu groß werdens… Es geht um sein oder nicht sein Deutschlands«[61]. Die kaiserliche Aufgeregtheit befahl eine Zusammenkunft der höchsten Militärs ins Berliner Schloß; Tirpitz war dabei, der Chef des Generalstabs v. Moltke, der Chef des Marinekabinetts v. Müller und der Vizeadmiral v. Heeringen. Ebenso auffallend wie die Präsenz der Militärs war die Abwesenheit der Politiker. Bethmann wußte nicht, was vorging. Der Kaiser entwickelte seine Ansicht, Österreich müsse, um Großmacht zu bleiben, »kraftvoll auftreten«. Da Rußland die Serben unterstütze, sei der Krieg »auch für uns unvermeidlich«. Die Bundesgenossen sollten nach Osten kämpfen, Deutschland »mit ganzer Wucht gegen Frankreich … Die Flotte müsse sich natürlich auf den Krieg gegen England einrichten«. Moltke sekundierte dem Kaiser: er halte den Krieg für unvermeidlich »und je eher je besser«, es müsse aber der Krieg gegen Rußland erst noch populär gemacht werden. Die Marine indessen blieb kühler, Tirpitz sprach für »Hinausschieben des großen Kampfes um 1 1/2 Jahre«. Moltke rechnete, die Armee käme »in immer ungünstigere Lage, denn die Gegner rüsteten stärker als wir«.

War das der Entwurf für den großen Krieg 1914? War die improvisierte Zusammenkunft, die bestehende Ernstfallplanungen bestätigte, ein »Kriegsrat«?[62] Der Balkankrise, die der Anlaß war, folgten weder die große Propaganda-Kampagne noch eine wirtschaftliche Mobilmachung, und selbst die große deutsche Armeevorlage 1913 war mehr Nachrüstung gegenüber Rußland und Frankreich als ein Ausdruck konsequenter Kriegsplanung. »Das Ergebnis war so ziemlich 0« - resümierte denn auch der Admiral v. Müller, als er sich fragte, welche praktischen Maßnahmen nun folgen sollten.

Der Balkankrieg 1912/13 blieb begrenzt. Und doch hat er, ungeachtet des gemeinsamen deutsch-britischen Krisenmanagements, Europa ein Stück näher an den Großen Krieg geführt. Denn der Großmachtstatus der Donaumonarchie stand, von Rußland provoziert, auf dem Spiel, damit aber die Existenz des letzten deutschen Bündnispartners, der zählte. Wenn Österreich zusammenstürzte, das an seinen ungelösten und unlösbaren Nationalitätenfragen dahinsiechende »Kakanien«, dann war die Lage Deutschlands auf dem Kontinent bedrängt. Also mußte die Donaumonarchie im Kampf um das Erbe der Osmanen gestützt werden, um Prestige zu sammeln und ihre Großmachtrolle weiterhin zu spielen. Zwar wollte die politische Führung in Berlin das Rapprochement mit England, aber gleichzeitig brachten Militärs und Politiker sich selbst in Zugzwang. Statt Optionen zu öffnen für den Ernstfall, und sei es die von Bismarck als Ultima ratio durchdachte Komplizenschaft mit Rußland zur Aufteilung der Donaumonarchie, wurde die Existenz des Reiches militärisch und diplomatisch an ein Bündelreich gekettet, das der Mehrzahl seiner Bewohner verhaßt war, das dem modernen Nationalismus hilflos gegenüberstand und das von der russischen Weltmacht als sichere Beute betrachtet wurde. Der allgemeine Menschenjammer nehme, so schrieb damals Karl Kraus mitleidlos und böse, »in der österreichischen Versuchsstation des Weltuntergangs die Fratze des gemütlichen Siechtums« an.

Die Balkankrise beschwor schon den Ernstfall herauf. Während die Wehrverbände für mehr Rüstung agitierten, die bürgerlichen Parteien im Grunde Politik am Rande des Krieges durch den Erfolg gerechtfertigt fanden, blieb die Regierungspolitik zwiespältig. Auf der einen Seite Fortsetzung des deutsch-britischen Dialogs über Nahost, über Kolonialfragen, Verzicht auf die von Tirpitz geforderte Flottennovelle, und vielleicht am Ende doch noch ein Abkommen über die Begrenzung der Flottenrüstung, auf der anderen Seite Betonung der Kontinentalstrategie, Sicherung des österreichischen Bündnispartners und Vermehrung der Armee. Noch vor dem kaiserlichen Militärrat hatte der Große Generalstab, unbeeindruckt von Bedenken der auf Homogenität des Offizierskorps bedachten konservativen Militärs, die Vermehrung der deutschen Landtruppen gefordert, weil im künftigen Krieg das britische Expeditionskorps die Massenheere Rußlands und Frankreichs verstärken werde. Oberst Ludendorff, kalter und hochbegabter Technokrat im Generalstab, verfaßte 1912 eine Denkschrift, die, ausgehend vom Schlieffen-Plan, sofort die Heeresverstärkung um 300.000 Mann verlangte, drei neue Armeekorps. In der Heeresvorlage 1913 wurde dann etwas weniger als die Hälfte gefordert.[63]

Es war immer noch ein Rüstungssprung, der die Drehung der Rüstungsspirale zwischen den Mächten beschleunigte und innenpolitisch Sprengstoff enthielt. Zwar wurde die Begründung der Heeresvermehrung durch russische Rüstungen bis in die Reihen der Sozialisten, die seit 1848 im Kreuzzug gegen das Zarentum eine Mission sahen, positiv aufgenommen. Aber wie sollte das Ganze – 180 Millionen Mark einmalig und 150 Millionen Mark jährliche Mehrkosten – finanziert werden? Die Sozialdemokraten boten gern ihre Mitwirkung bei direkten Besitzsteuern an. Statt dessen einigte sich die Regierung auf einen einmaligen »Wehrbeitrag« der Besitzenden, dazu ein Bündel indirekter Steuern. Die bittersten Debatten wurden aber nicht über die Finanzen geführt, sondern um die Grundfrage des Militarismus: die feudalen Regimenter wurden angegriffen, die Zuwahl der Offizierskorps, die Bevorzugung des Adels, die amtliche Doppelzüngigkeit beim Duellwesen, und die Sozialdemokraten beschwerten sich über den Boykott mancher Ortskommandanten gegen Schankwirtschaften, die als sozialdemokratisch galten. Es war ein Vorgeschmack auf die Bitternisse, die wenig später in der »Zabern-Affäre« aufbrachen, als die Arroganz der Militärkaste dem zivilen Deutschland vorführte, wer Herr im Hause war: Übergriffe des Militärs im elsässischen Zabern wurden von oben nicht gerügt, sondern gerechtfertigt.[64] Die Militärvorlage wurde, hart am Rande von Konflikt und Neuwahlen, endlich gegen die Linke bewilligt, während Bethmanns Politik der Diagonale auf allen Seiten Mißtrauen erregte.

Am Vorabend des Weltkriegs war die Atmosphäre in Deutschland gewitterschwül. Unheilschwanger war auch die außenpolitische Lage. Zwar hatte Bethmann in düsteren Farben das Bild künftiger Kriege gemalt: »Von den Dimensionen eines Weltbrandes, von dem Elend und der Zerstörung, die er über die Völker bringen würde, kann sich kein Mensch eine Vorstellung machen, und alle Kriege der Vergangenheit werden wahrscheinlich ein Kinderspiel dagegen sein.« Und Bethmann hatte auch die öffentliche Meinung angegriffen, hatte mit dem Blick auf Alldeutsche, Wehrvereine und Kolonialgesellschaft von unverantwortlichen Minderheiten gesprochen und den Druck derer beklagt, »die sich am lautesten gebärden«. Aber was setzte er dagegen? Das militärische Establishment wurde von ihm verteidigt, die Gardelitzen, Ehrenstellen und alles, was den Linken verhaßt war und was bürgerlichen Technokraten wie dem Oberst Ludendorff nur noch Schnörkel der Vergangenheit waren.

Außenpolitisch hatte Bethmann eine durch Wunschdenken unverstellte Einsicht in die tödliche Gefahr Europas. Aber die deutsche Führung war viel zu sehr ein Teil der Drohung, als daß sie diese transzendieren konnte. Alle Auswege schienen verstellt: in Europa durch die Bündnisstrukturen, die Rüstungswettläufe, den im vollen Gang befindlichen Kampf um die osmanische Erbfolge, die Dynamik der wirtschaftlichen und militärischen Hegemonialkämpfe, die Unmöglichkeit endlich, die Staatsräson souveräner Nationalstaaten der Disziplin kollektiver Sicherheit zu unterwerfen; in Deutschland aber durch die Strukturschwäche der Beamtenregierung, den Druck einer entfesselten öffentlichen Meinung, das Kriegskalkül der Militärs und die Vetopositionen der imperialistischen Ligen und Massenverbände. In ihrer Doppeldeutigkeit unterlag die deutsche Politik einer Logik der Verzweiflung. Die Wirklichkeit hatte die Alpträume Bismarcks übertroffen.

Titelseite des »Simplicissimus« 1906

Wilhelm Schulz, Krieg (1906)

»Ich geh' zu den Menschen«,
der Friede rief.
Da war eine Grube,
so breit und tief,
Die er nicht umgehn,
überspringen kann,
Die hält ihn an.

Wie ratlos er über die Grube blickt,
Steht drüben der Krieg:
der grinst und nickt
Und schaufelt bedächtig
und ohne Ruh
Die Grube zu.

Er füllt sie mit blutigen Leibern an,
Damit der Friede hinüber kann.
Und warf er den letzten Menschen
hinein.
Dann wird es sein.

August Bebel hat damals, bereits vom Tode gezeichnet, dem englischen Generalkonsul Angst in Zürich über die deutschen strategischen Planungen berichtet zur Weitergabe an das britische Kabinett. Die deutsche Flottenrüstung ziele auf den »großen Kampf gegen England«. Die neue Militärvorlage von 1913, vom Generalstab gegen die Marine erzwungen, habe das finanzielle Potential ausgeschöpft. Nun müsse England, um den Frieden zu retten, seine Suprematie zur See sichern. »Aber Worte und Drohungen allein genügen nicht, energisches Handeln muß folgen, um die regierenden Kräfte und die Chauvinisten in Deutschland davon zu überzeugen, daß England es ernst meint. Nur auf diese Weise kann der Friede zwischen den beiden Ländern erhalten bleiben.«

Bebel war nicht Pazifist, aber er wollte den Frieden, und er wollte ihn durch Gleichgewicht sichern. Er sah, nicht anders als Bethmann, England in der Schlüsselrolle. Da die Sozialdemokratie im Reichstag allein stand und die Sympathien des Reichskanzlers platonisch blieben, suchte Bebel, um die deutsche Außenpolitik zum Umlenken zu zwingen, den Weg über das britische Kabinett. War dies Landesverrat? War es Realpolitik am Rande des Krieges, gerechtfertigt durch eine Ahnung von finis Germaniae? Bebel liebte, wo er von der bürgerlichen Welt sprach, das Pathos des Untergangs. Aber er war auch, aus profunder Erfahrung, zum Kenner der Politik geworden. Er sah

Daniel Frymann: Wenn ich der Kaiser wär' – Politische Wahrheiten und Notwendigkeiten

Zweite Auflage
6. bis 10. Tausend

Viel Feind' – viel Ehr'

Erschienen in Leipzig 1912 in der Dieterich'schen Verlagsbuchhandlung, Theodor Weicher, Inselstraße 10

das »morsche Österreich« Deutschland und Europa in den Krieg ziehen. Das war die Schlußfolgerung der Balkankrise 1912. »Daß wir der Katastrophe entgegentreiben, ist seit langem meine Überzeugung, aber es scheint, sie kommt rascher, als ich ahnte«.[65]

Die Friedenszeit löste sich auf, als habe sie nie bestanden, ihre Strukturen alterten, ihre Maßstäbe verloren allen Wert. Nichts hat den Frieden mehr gefährdet als die Gewißheit, daß der Krieg früher oder später kommen werde. Die einen fürchteten ihn: Zerstörung der liberalen Zivilisation. Die anderen sehnten ihn herbei: Krieg als Ersatz des Staatsstreichs, der alle Zwecke der modernen Industriegesellschaft reduzieren sollte auf jenes eine Ziel, das ein für allemal die Lösung bringen würde, den Sieg.

Krieg wurde apokalyptische Bedrohung. Und Krieg wurde auch apokalyptische Hoffnung. Bis weit in Hofkreise und das konservative Sozialmilieu wurde nach den Reichstagswahlen 1912 der alldeutsche Traum vom Staatsstreich geträumt. In Gutshäusern und Offizierskasinos wurde es Mode, das »System Bethmann« als Ausdruck politischer Schlappheit anzugreifen. Im Herbst 1913 verfaßte auf Betreiben des alldeutschen Führers Dr. Heinrich Claß – sein Buch von 1912 »Wenn ich der Kaiser wär« ging bereits der 5. Auflage zu – der pensionierte Kavalleriegeneral v. Gebsattel eine Denkschrift, die in Europa eine Politik der »gepanzerten Faust« forderte und in Deutschland den Staatsstreich. Es war nicht ein Außenseiter, der hier phantasierte, es war die alldeutsche Rhetorik, die zu Politik wurde. Über Belagerungszustand und Ausschaltung der »Judenpresse« sollte der Weg zur Weltmachtstellung führen: ein Führerstaat für die Deutschen, die deutsche Führung für Europa. Der Kronprinz, Haupt der radikalen Hofpartei, leitete die Denkschrift Bethmann zu.[66]

Der aber belehrte den radikalen Playboy und dessen Freunde über deutsche Staatsräson. Im Untergang der konstitutionellen Epoche wurden hier noch einmal ihre Grundlagen verteidigt. Der Staatsstreich? Er konnte, so hat Bethmann die alte Staatsnotwehrtheorie des neunzehnten Jahrhunderts noch einmal erneuert, immer nur Ultima ratio regis sein, sein Erfolg geknüpft an zwei Bedingungen: »Wenn ohne ihn der Staat zugrundeginge« und wenn der neue Zustand »von der Nation als gesunde Grundlage ihrer Fortentwicklung erkannt und empfunden wird«. Bethmann: »Jeder erfolglose Staatsstreich ist entweder eine Dummheit oder ein Verbrechen.« Richte denn der Reichstag des allgemeinen Wahlrechts das Reich zugrunde? »Ohne diese Erkenntnis bleibt der Staatsstreich ein Knabenstreich.«

Und der Krieg? »In keinem Fall noch ist Ehre und Würde Deutschlands durch eine andere Nation angetastet worden. Wer ohne solchen Anlaß den Krieg will, muß Lebensaufgaben der Nation im Auge haben, die ohne Krieg nicht erfüllt werden können.« Bismarck habe Kriege um solcher Aufgabe willen geführt. Danach aber wurde ihm die Bewahrung des Friedens oberstes Ziel. Nur »vollendete politische Urteilslosigkeit« oder »böser Wille« könne sich für den Krieg auf Bismarck berufen. Und dann, ohne alle Einschränkung, die Perspektive auf den Ernstfall, Ende der Monarchie, Zerstörung des Reiches: »In einem zukünftigen Krieg, der ohne zwingenden Anlaß unternommen wird, steht nicht nur die Hohenzollernkrone, sondern auch die Zukunft Deutschlands auf dem Spiel. Gewiß muß unsere Politik kühn geführt werden. Aber in jeder diplomatischen Verwicklung mit Schwertern rasseln, ohne daß die Ehre, die Sicherheit und die Zukunft Deutschlands bedroht sind, ist nicht nur tollkühn, sondern verbrecherisch.«[67]

Thomas Theodor Heine,
Der Kronprinz im Reichstag (1911)
»Junger Mann, zwingen Sie uns nicht auch schon zur Satire!«

Das Kassandra-Wissen begleitete die Selbstzerstörung der Politischen Kultur des bürgerlichen Europa. Unausweichlich? Jenseits aller Politik? Es gab, aus den Stimmungen des Fin de siècle, eine lähmende Faszination der Götterdämmerung, und dem Reichskanzler von Bethmann Hollweg war sie nicht fremd. »Der Kanzler sieht ein Fatum, größer als Menschenmacht, über der Lage Europas und über unserem Volke liegen«, so gab Riezler am Vorabend des Krieges diese Stimmungen wieder. Riezler, der doch auch wieder Distanz zu nehmen wußte: »Er ist indes keineswegs eindeutig. Seine Gerissenheit wohl ebenso groß wie sein Ungeschick. Beides vermischt und sich abwechselnd.«[68]

Ein Kanzler, am Ende doch, ohne Eigenschaften? Geschäftsführer der bestehenden Verhältnisse? Die Jahrzehnte seit der Reichsgründung waren erfüllt von Aufstieg wie nie zuvor, von Fortschrittsgewißheit, Wachstum und Bewegung. Und sie waren auch erfüllt von Untergangsprophetien, übertönt vom Pathos künftiger Katastrophen und der Verheißung von Endzeitschlachten, Klassenkämpfen und Rassekriegen. Eine Epoche der Ambivalenz, weil die technischen Möglichkeiten des Menschen seiner moralischen Fähigkeiten spotteten, eine Epoche des Sinnverlusts und der Suche nach Sicherheit, die doch auf alle Zeit verloren war. Nirgends aber trafen solche Zeittendenzen schärfer aufeinander als in der europäischen Mitte. Es waren die Zeiten der Kassandra, von Bismarck bis Bebel und Bethmann Hollweg. Aber das Kassandra-Schicksal erfüllt sich darin, ungehört zu bleiben. Und so trieb das ruhelose Reich seinen Untergängen zu.

Leopold Ranke, der Geschichtsschreiber der Großen Mächte, gab 1827 eine Studie über die Osmanen und die spanische Monarchie im sechzehnten und siebzehnten Jahrhundert zum Druck. Ranke hatte in den Archiven die Akten gelesen, hatte alles hin und her gewendet, Motive untersucht und Antriebskräfte analysiert. Er schrieb: »Nicht Blindheit ist es, nicht Unwissenheit, was die Menschen und die Staaten verdirbt. Nicht lange bleibt ihnen verborgen, wohin die eingeschlagene Bahn sie führen wird. Aber es ist in ihnen ein Trieb, von ihrer Natur begünstigt, von der Gewohnheit verstärkt, dem sie nicht widerstehen, der sie weiter vorwarts reißt, solange sie noch einen Rest von Kraft haben. Göttlich ist der, wer sich selber bezwingt. Die Meisten sehen ihren Ruin vor Augen, aber sie gehen hinein.«

10.
Der Große Krieg - 1914 bis 1918

»Erinnern wir uns des Anfangs - jener nie zu vergessenden ersten Tage, als das nicht mehr für möglich Gehaltene hereinbrach! Wir hatten an den Krieg nicht geglaubt, unsere politische Einsicht hatte nicht ausgereicht, die Notwendigkeit der europäischen Katastrophe zu erkennen. Als sittliche Wesen aber - ja, als solche hatten wir die Heimsuchung kommen sehen, mehr noch: auf irgendeine Art ersehnt; hatten im tiefsten Herzen gefühlt, daß es so mit der Welt, mit unserer Welt nicht mehr weitergehe.«

Thomas Mann, Gedanken im Kriege, 1918.

»Der alte gott der schlachten ist nicht mehr
erkrankte welten fiebern sich zu tode.«

Stefan George, Großer Gesang über den Krieg, 1917.

»A toi mes pensées
et mes larmes
tous les jours«

Vom Grab eines gefangenen französischen Soldaten in Schneidemühl.

Ernst Stern, Schlachtfeld, Bühnenbildentwurf für das Deutsche Theater in Berlin, 1916

28. Juni 1914, ein glühend heißer Sommertag in Sarajewo, im unruhigen Süden der Doppelmonarchie Österreich-Ungarn. Sarajewo war die schäbige Provinzhauptstadt von Bosnien-Herzegowina, fünf Jahre zuvor mit Unterstützung Berlins durch Annexion dem überdehnten Gefüge der Donaumonarchie angefügt, militärisches Vorland. Auf Inspektionsreise, Einheit und Selbstbewußtsein der Monarchie darzustellen, der Thronfolger Franz Ferdinand, rechts und links der Straße Honoratioren mit gezogenem Hut, die Polizeiabsperrung lässig gehandhabt. Der Erzherzog im offenen Wagen ein Ziel, das ein geübter Schütze kaum verfehlen wird. Ein Mann springt vor, es krachen Schüsse. Wenig später erlagen der Thronfolger und seine Frau dem Blutverlust und inneren Verletzungen. Das Wiener Zeremonialprotokoll vom Tage hielt fest: »Am 28. mittags traf aus Sarajevo im Obersthofmeisteramte die telefonische Nachricht von dem fluchwürdigen Attentate, welchem der H. Großherzog und Höchstdessen Gemahlin zum Opfer fielen, ein.«

Depeschen gingen von Wien in alle Welt, Extrablätter erschienen, der Kaiser brach die Kieler Regatta ab, in den Staatskanzleien war die Bewertung des Ereignisses unsicher. Ein Frösteln ging durch Europa. War das der Krieg? Begann der Kampf um die österreichische Erbfolge? Würde er sich begrenzen lassen auf den Balkan? Oder würden die Bündnisse, die Europa in feindliche Lager teilten, den kleinen Krieg zum großen machen? Aber die Mächte hatten in den letzten zehn Jahren gelernt, mit der Gefahr des Weltkriegs zu leben, Krisenmanagement zu betreiben und Interessengegensätze zu entschärfen. War der Krieg der europäischen Industrienationen nicht zu furchtbar, um noch denkbar zu sein? Zu selbstmörderisch, um noch wünschbar zu sein? Wußten nicht seit einem Jahrhundert die Machteliten Europas, daß der Große Krieg, wie immer er ausging, dem Umsturz vorarbeiten würde? Kriege wurden noch kalkuliert. Aber geschah dies, um sie zu führen? Oder um sie nicht führen zu müssen? Wo vorhersehbar war, daß der künftige Krieg unbegrenzt sein würde, erschien dem Vernunftkalkül ausgeschlossen, daß er begonnen würde. Lag aber nicht in solchem Kalkül, wie es Riezler theoretisch seit 1912 immer wieder entwarf, auch eine Versuchung, mit der Hypothese des Krieges zu operieren, dadurch die Bündnisse zu verschieben und die deutsche Mittellage aufzusprengen? Das Schachbrett als Schlachtfeld?[1]

Es gab keinen zwingenden Ablauf. Die Kette von Ursachen, Wirkungen und Wechselwirkungen, die zum Weltkrieg führte, hatte viele Glieder. Dem Erzherzog zwar wurde in amtlichen Berliner Kreisen nicht nachgeweint. Er galt nicht als Freund des Zweibunds. Sein Verlust erschien »Immerhin tragbar«[2]. Aber das Ende des Thronfolgers war mehr als kaltblütiger Mord. Geplant als Symbol österreichischer Schwäche, sollte die Rache dafür Beweis österreichischer Stärke werden. Altertümlicher Ehrenstandpunkt? Verteidigung der Staatsräson an der Linie, die Verfall und Überleben einer altgewordenen Großmacht trennte? Symbolisches Handeln am Rande des Krieges, und notfalls durch Krieg? Die Vermutung, es stehe hinter dem Attentat die durch Serbien geforderte Terror- und Nationalorganisation der »Schwarzen Hand«, wurde bald Gewißheit.

Der Mord war nicht Tat eines Einzelgängers, sondern vorbedachter Stoß gegen Österreichs schwankende Großmachtstellung. Und wo sich Handlungszwänge ergaben, entstanden sie aus dieser Ursache. Stand hinter der »Schwarzen Hand« aber der großserbische Nationalismus und hinter Serbien Rußland als allslawische Mutter, die den Balkan als Familienerbe beanspruchte, dann blieb im Grunde nur die Wahl, den Mord herunterzuspielen als vereinzelte Wahnsinnstat ohne tiefere Bedeutung oder aber ihn zur Frage von Sein oder Nichtsein hochzuspielen. Wie auch immer aber der Ballhausplatz reagieren würde, lässige Müdigkeit oder aggressive Nervosität, deutsche vitale Interessen waren hier berührt. Denn im deutschen Sicherheitssystem war Wien der letzte verläßliche Partner.

Wie lange aber noch und wie verläßlich? Kam es zum Weltkrieg, weil die Zweibundmächte einander mißtrauten? In der Reihe der fatalen Fehlrechnungen war diese nicht die geringste. Bismarcks kaltblütiges Kalkül, mit Rußland durch Teilung Österreichs auf lange Zeit zu einer Einigung zu kommen, war längst vom deutschen Nationalismus außer Kraft gesetzt. Bismarck war tot, seine Gedanken waren tot, sein System lag in der Agonie. Mit dem Chef des Auswärtigen Amts v. Jagow hatte im Mai 1914 der Generalstabschef v. Moltke die üble Lage besprochen und begründet, warum ihm der frühere Krieg der bessere war: »In 2–3 Jahren würde Rußland seine Rüstungen beendet haben. Die militärische Übermacht unserer Feinde wäre dann so groß, daß er nicht wüßte, wie wir ihrer Herr werden könnten. Jetzt wären wir ihnen noch einigermaßen gewachsen. Es bliebe seiner Ansicht nach nichts übrig, als einen Präventivkrieg zu führen, um den Gegner zu schlagen, solange wir den Kampf noch einigermaßen bestehen könnten«[3].

Erst die Überschichtung der großen europäischen Mächtekonflikte mit der Sarajewo-Krise hat dann, nach wochenlang täuschender Ruhe, in den letzten Julitagen übergangslos den Weltkrieg entflammt. Die Westmächte warteten, als die Mordnachricht eintraf, zunächst ab. Paris wurde, »victime de son alliance« (J. Cambon), durch die Drohung des Ernstfalls, dessen Auslösung bei den Russen lag, alarmiert. Da der deutsche Westvormarsch aber unausweichlich erschien, die Wiedergewinnung des Elsaß und Lothringens Staatsräson war und, wenn Paris zögerte, die Entente in Trümmer fiel, gab der Quai d'Orsay Signale nach Petersburg, man werde treu zum Bündnis stehen. Aber für Frankreich war es lebenswichtig, daß die Generalstabsabsprachen mit den Briten hielten. Würde London Truppen landen? Würde dies rechtzeitig geschehen, um die deutsche Angriffswelle zu brechen? In London begann das Krisenmanagement erst, als es zu spät war, das österreichische Ultimatum an Serbien herausgegangen war und die russischen Massen Feuer gefangen hatten.

Die Entscheidungen, die den Krieg herbeiführten, entwickelten sich unterdessen im Dreieck Berlin, Wien und Petersburg. Und jene zwei großen Fragen, die der Sturz Europas in den Malstrom des Krieges bis heute aufwirft, fanden ihre Antwort innerhalb dieses Mächtedreiecks. Zum einen: Warum geriet Wien unter den Zwang, Serbien niederzuwerfen? Zum anderen: Warum unterstützte Rußland Serbien durch eine Generalmobilmachung, welche den Krieg unausweichlich machte?

Warum der Handlungszwang in Wien? »Es müsse einmal gründlich mit den Serben abgerechnet werden«, so beschrieb der deutsche Botschafter in Wien zwei Tage nach dem Attentat die Stimmung der österreichischen Diplomaten und Generäle.[4] Wilhelm II. setzte, wie gewohnt, eine forsche Randglosse dazu: »Jetzt oder nie!« War das die Entscheidung? Auch wenn Wilhelm II. ein weiserer Mann gewesen wäre: die Rechnung des Reichskanzlers v. Bethmann blieb dieselbe. Unverkennbar, daß die gegenwärtige Gesamtlage Europas noch eine Chance bot, auf dem Balkan Österreich zu stabilisieren, ohne lebenswichtige Interessen Rußlands zu verletzen. Nahmen die Österreicher eine schnelle chirurgische Operation vor, wurde die Entscheidung, auf die militärische Strafaktion mit dem Weltkrieg zu antworten, Rußland zugeschoben. Das war wichtig für die Haltung der deutschen Sozialisten zum Krieg, für die Neutralen, wichtig vor allem, um England, vielleicht, herauszuhalten.

Aus diesem Kalkül erging der deutsche »Blankoscheck« an Österreich am 5./6. Juli 1914. Er gab den Österreichern, auch wenn sie angriffen, deutsche Unterstützung. Abweichung zwar von Bismarcks Doktrin, daß der Zweibund Deutschland niemals in Balkanwirren ziehen dürfe, aber die deutschen Militärs hatten dies seit langem, um sic loyal zu halten, ihren Wiener Kameraden zugesichert. Zweischneidig aber war dies. Denn nun standen die Österreicher unter Druck, Härte zu zeigen, auch wenn Rußland dadurch provoziert wurde. Aber war es möglich, »ihnen von Berlin aus die Hand zu führen« (v. Bethmann)? Der »Blankoscheck« sollte den schnellen Vergeltungsschlag auslösen und somit gerade am Weltkrieg vorbeiführen. Bethmann: »Ein schneller fait accompli und dann freundlich gegen die Entente, dann kann der Choc ausgehalten werden«[5]. Es galt Österreich moralisch zu kräftigen, die Entente zu verunsichern, die Lage zum deutschen Nutzen zu verändern.

Aber dann verschwendeten die Österreicher kostbare Zeit, ihre Politik zu kompliziert, ihre Armee zu langsam. Damit stieg das Risiko. Das harte Ultimatum an Serbien, mit Berlin heimlich abgestimmt, so daß es, für Belgrad kaum annehmbar, dem Einmarsch die Rechtfertigung lieferte, verlangte Bestrafung der am Attentat Beteiligten und strenge Untersuchung aller in Serbien gegen Österreich gerichteten Umtriebe, dies unter Beteiligung österreichischer Beamter. Bethmann begriff, noch bevor das Ultimatum endlich am 23. Juli herausgegangen war, daß der Einsatz im großen Spiel stieg: »Eine Aktion gegen Serbien kann zum Weltkrieg werden«[6].

Die Theorie des chirurgischen Schnitts ging über in die Strategie des kalkulierten Risikos. Es blieb die Chance, den Ring der Entente zu sprengen ohne Krieg. Bethmanns verzweifelte Überlegung: »Kommt der Krieg aus dem Osten, so daß wir also für Österreich-Ungarn und nicht Österreich-Ungarn für uns zu Felde zieht, so haben wir Aussicht, ihn zu gewinnen. Kommt der Krieg nicht, will der Zar nicht oder rät das bestürzte Frankreich zum Frieden, so haben wir doch noch Aussicht, die Entente über diese Aktion auseinanderzumanövrieren«[7].

Der große Krieg zeichnete sich ab. Deutschland würde ihn gegen Frankreich und Rußland führen müssen. Aber auch gegen England? Bethmann hat im Grunde dem diplomatischen Spiel nicht getraut.

Kriegspostkarte

Er wußte, nur der Anfang war kontrollierbar, der Rest »ein Sprung ins Dunkle« (14.7.1914). Aber die deutsche Führung war überzeugt, und so auch Bethmann, daß die Entente auf Krieg angelegt war und daß das Gewicht Rußlands früher oder später den Kontinent beherrschen werde: »Die Zukunft gehört Rußland, das wächst und wächst und sich als immer schwererer Alb auf uns legt«. Und war Rußland berechenbar?

Die Führung in Petersburg hatte, das wußte man in Berlin, nur die Wahl zwischen Revolution und Panslawismus.[8] Hier trat, als die Chance des raschen Zugriffs verspielt war und die Zerstörung der Entente aussichtslos wurde, das eigentliche Leitmotiv hervor, Kind einer düster-heroischen Weltauffassung: Präventivkrieg nicht um eines bestimmten Zieles willen, Landgewinn oder strategische Schlüsselposition, sondern um das enge Gehäuse der deutschen Mittellage in Europa zu zerbrechen, bevor es auf alle Zeit zu spät war, und das Reich gegen die Übermacht der Gegner zu sichern, solange es noch die Chance gab. Wenn dies ein Präventivkriegskonzept war, dann war es aus Angst und Schwäche geboren, aus der Räson des Militärstaats und aus der Hoffnung, die Einheit der Nation, die die Industriegesellschaft verweigerte, im Kriegerstaat zu finden.

Warum aber der Handlungszwang in Petersburg? Die russische Machtelite betrachtete seit den Tagen des Berliner Kongresses Serbien als slawischen Läufer auf dem Balkanschachbrett. Aber für Serbien die Welt in den Abgrund reißen? Für Serbien einen Krieg entfesseln, der unausweichlich den sozialen Umsturz vorantrieb? Die Lehren der russischen Geschichte waren bitter, und sie mußten die Führungsschichten warnen. Aber jede Wiederholung der Demütigung von 1909, als Österreich Bosnien annektierte, drohte tödlich zu werden für die Monarchie. Vielleicht lag die Antwort in der Demütigung Österreichs? Aber die russische Mobilisierung nahm der deutschen Politik jene Entscheidungsfreiheit, die vielleicht noch die Kabinette vor dem großen Krieg hätte zurückreißen können. Gab es in Petersburg Ende Juli 1914 nur noch die Wahl zwischen Krieg und Revolution?

Im Frühjahr 1914, als die Julikrise mit dem Ultimatum an Serbien gefährlich wurde, waren auf den Straßen von St. Petersburg noch die Barrikaden zu sehen und die Leichen der Streikenden, die von den Kosaken niedergemacht worden waren. In der Hauptstadt waren Massenstreiks im Gange und drohten, in offenen Aufstand gegen das Zarentum überzugehen. Das österreichische Ultimatum an Serbien änderte die Lage: »Many hundreds of workmen who were recently strikers participated in last night's patriotic demonstrations«, berichtete die »Times« aus der russischen Hauptstadt. Panslawismus wurde zum religiösen Feuer, das den Zaren bedrohte, wenn es nicht gegen Österreich gelenkt wurde. Sasonow, der russische Außenminister, sah vor sich nur noch Krieg oder den Sturz des Zarentums. Serbien als österreichische Beute? »Russia, as a whole, would immediately rise against us«, berichtete der britische Botschafter nach London[9]. Jules Cambon, der erfahrenste der französischen Diplomaten, gab eine morose Beschreibung der Lage für Rußland, Frankreich und Europa:

Que fera la Russie? Au dire de M. Cambon, le Czar, malgré sa crainte instinctive de la guerre, et des suites terribles qu'elle aurait, en cas de revers, pour lui et pour sa dynastie, ne pourra pas resister à la pression de l'opinion publique, du parti militaire et des panslavistes. Et la France, victime de son alliance, suivra le destin de son alliée sur le champ de bataille.[10]

Russische Mobilmachungsvorbereitungen waren schon einen Tag nach dem österreichischen Ultimatum unauffällig in Gang gesetzt worden, nicht unauffällig genug allerdings, um die Deutschen zu täuschen. Die verschlüsselte Ablehnung des Ultimatums durch Serbien geschah mit russischer Deckung. Die Generalmobilmachung der russischen Armee wurde am 30. Juli verkündet. Danach lief das militärische Uhrwerk. Denn die deutsche Aufmarschplanung mußte ihrer inneren Logik nach zuerst Frankreichs Armee vor Paris vernichten und dann den russischen Einbruch im Osten abriegeln. Diese Strategie setzte auf den Zeitfaktor und nutzte die Differenz zwischen der schnellen französischen Mobilmachung und der Schwerfälligkeit der russischen. Sie schloß aber aus, den Krieg, je nach Lage der Dinge, allein im Osten zu führen, wie es Wilhelm II., erschreckt vor der Drohung des Weltkriegs, zuletzt noch vergeblich von seinen Strategen verlangte, um England herauszuhalten. Die russische Mobilmachung setzte binnen Stunden eine Lawine in Gang, die alle Politik beiseite schob.[11] Vom österreichischen Rachebegehren gegen Serbien über die bedingungslose deutsche Unterstützung bis hin zur russischen Mobilmachung und zum deutschen Westaufmarsch führte ein gerader Weg.

Was aber würde England tun? Bis zuletzt blieben die französischen Planer im Ungewissen, ob die Briten landen würden. Für London war die Drohung deutscher Kontinentalherrschaft unzweifelhaft Kriegsgrund. Doch ging kein Signal nach Berlin, daß britische Neutralität nicht zu haben wäre. Das war neben geheimen Flottengesprächen mit den Russen, die der deutschen Führung bekannt wurden, der Beitrag der britischen Diplomatie zur Zuspitzung der Krise. Es gab auch in Whitehall die resignierte Einsicht, daß ein großer Kontinentalkrieg, wie immer er ausging, das Empire überanstrengen müsse, und daß, befand sich England erst im Kriege, die Chance bewaffneter Friedensvermittlung dahinwäre. Die britischen Vermittlungsvorschläge überholten sich daher, Ende Juli und Anfang August, aber zu spät. Ihre Grenze fanden sie dort, wo der Zusammenhalt der Entente auf dem Spiel stand. Der Vermittler durfte nicht zwischen die Fronten geraten. Als der deutsche Aufmarsch Belgien durchschnitt und die Festung Lüttich überrannte, erging noch ein Ultimatum aus London, das sofortige Räumung verlangte. Aber im Grunde war die Entscheidung schon gefallen. Älteste britische Sicherheitsinstinkte wurden geweckt, als der deutsche Aufmarsch die Gegenküste Englands bedrohte.

Max Liebermann, Grabenszene, 1916

Europa stürzte, während in den Metropolen die Massen tanzten und die ausrückenden Soldaten wie Opfertiere mit Blumen behängten, in einen Bürgerkrieg, der dreißig Jahre dauern sollte. Ahnten die, die da freudig marschierten, daß die Katastrophe schon da war, im Zenit der europäischen Zivilisation der mörderische Generalmarsch? Mit seinem unbegrenzten Kraftbewußtsein, seinem technischen Erfindungsgeist, seinem Fortschrittsglauben und seiner Todessehnsucht, mit moralischer Energie, mit Opfermut und tödlicher Leidenschaft kämpfte Europa sich zu Tode. Was als Vernunftkalkül begann, ende-

Der Übergang über die Maas

Hannoverscher Courier

Lüttich im Sturm genommen!

Berlin, 7. August.

Lüttich ist von den deutschen Truppen **im Sturm genommen worden.** Nachdem die Abteilungen, die den Handstreich auf Lüttich unternommen hatten, verstärkt worden waren, wurde der Angriff durchgeführt. **Heute morgen um acht Uhr war die Festung in deutschem Besitz.**

Für die Redaktion verantwortlich: Heinrich Stockfiek in Hannover. — Druck und Verlag: Gebrüder Jänecke in Hannover

te im Blutmorast des industriellen Massenkriegs, sinnlos in sich selbst und allen Sinn vergangener und künftiger Kultur radikal verneinend.

Hatten die Regierungen nicht, jede für sich, nach Einsicht und Staatsräson gehandelt, Optionen abgewogen, Risiken kalkuliert, geringeren Übeln den Vorzug gegeben, kleinere gegen größere Gefahren sorgsam veranschlagt, die Summe dennoch eine Katastrophe? Und gingen die Völker nicht guten Gewissens in den Krieg, für die Verteidigung von Volk und Vaterland zu sterben? »Ein ungeheurer, wenn auch wirrer Betätigungsdrang im Volke, eine Gier nach großer Bewegung, aufzustehen für eine große Sache, seine Tüchtigkeit zu zeigen« – so hat Riezler, der Berater des deutschen Kanzlers, nicht ohne Verwunderung und gleichsam vom Balkon aus, den Todesdrang notiert: »Abends und Sonntags Menschen mit Liedern«, schrieb er, als der Friede zur Neige ging[12].

Die Ereignisgeschichte des Juli 1914 lief als Krisenstakkato ab nach einer tieferen, dem politischen Krisenmanagement sich entziehenden tödlichen Logik, die im europäischen Mächtesystem lag, in der technischen Zivilisation und in der Verbindung von Massenkonsens und Machtstaat. Überall gab es die Versuchung, aus den Irrgängen industrieller Klassenkämpfe und innerer Konflikte zu flüchten in den Heroismus des Opfers, des Krieges, der Einheit: Manöverspaß als Ernstfall. Auf der Ebene der Diplomatie die Struktur der Bündnisse, die Sicherheit versprachen und doch, letztlich, den staatlichen Egoismus der Mächte beschränkten, aus Subjekten der Großen Politik angstvolle Opfer machten. Denn es entstand die tödliche Wahl, die Bewährungsprobe durchzustehen oder künftig alleingelassen zu werden, verspielt zu haben ohne Kampf, den Machtstaat zu ruinieren und mit ihm Massenkonsens und Sozialdisziplin, auf denen er ruhte. Endlich die Hochrüstung, verbunden mit wachsenden technischen Zwängen und der Notwendigkeit, Wut und Angst, Ehrgefühl und Blutdurst der Nationen aufzurufen und den Tiger der Massenseele zu reiten. Die Auslösung der großen Krise bereits dementierte die Planbarkeit der Politik am Rande des Krieges, ihre Folgen waren nicht mehr einholbar. Die Geister aus der Büchse der Pandora, ihrem Gefängnis entflohen, mußten die bürgerliche Welt, Maß und Gesittung des neunzehnten Jahrhunderts zerstören.

Fr. Erler, Tod vor Ypern, 1914

Die deutsche Strategie mußte ausgehen von der zahlenmäßigen Unterlegenheit gegenüber der Entente. Alles kam darauf an, die strategische Initiative zu erringen und zu behaupten. Die Chance des Sieges lag allein darin, den Krieg offensiv zu führen. Im Westen war die Strategie darauf abgestellt, die französische Hauptarmee vor der Festung Paris zu umfassen und zu vernichten, danach Umkehr und Verlagerung des Schwergewichts der militärischen Schläge nach Osten, und dort ein langer Krieg. Der Schlieffenplan von 1905 allerdings war modifiziert worden: politisch durch Schonung der neutralen Niederlande und um England außer Zugzwang zu setzen, strategisch durch Verschiebung starker Kräfte vom rechten Flügel, der doch die Entscheidung erzwingen sollte, auf die Front in Lothringen und zur Stärkung der Abwehr in Ostpreußen. Es war ein kühner, wohl zu kühner Plan, der an Verzweiflung grenzte, und letzten Endes hätte das übergroße Wagnis, das in solcher Strategie lag, jedes Kriegskalkül verhindern müssen. Statt dessen war es gerade jene tödliche Versuchung gewesen, die Restchance strategischer Initiative zu nutzen, die das Deutsche Reich an den Rand des Krieges getrieben hatte, und darüber hinaus. Die strategische Planung und die Politik des weltpolitischen Wagnisses bedingten einander.[13]

Der deutsche Vormarsch begann auf breiter Front, mit dem Schwerpunkt in Luxemburg und im südlichen Belgien. Aber seine Wucht reichte nicht aus. Der Elan der Truppe geriet der Führung aus dem Zügel, schwere Führungsfehler wirkten sich aus, den Angriffsspitzen folgten zu wenig breite Keile, die belgischen Bahnen waren zerstört, der Nachschub, der in den ersten Kriegstagen wie ein Uhrwerk funktionierte (alle zehn Minuten passierte ein Truppentransportzug die Hohenzollernbrücke in Köln), kam nicht nach. In den Grenzschlachten wurden die französischen Divisionen schwer angeschlagen, aber nicht vernichtet. Als die deutschen Spitzen an der Marne zum Stehen kamen, wo Reiterpatrouillen in der Ferne schon den Eiffelturm sahen und pommersche Grenadiere bis auf achtzehn Kilometer sich den vorderen Festungswerken näherten, war das strategische Wagnis gescheitert. Den Deutschen war die Initiative vorerst verloren, die Chance des Blitzkriegs vorbei, der Rückzug aus der überdehnten Sichelstellung begann. Der Versuch der Führung unter Falkenhayn, nahe der Kanalküste bei Ypern in zwei Offensivstößen doch noch die Entscheidung im Bewegungskrieg zu suchen, endete mit 80.000 Mann Gefallenen. Beim Dorf Langemarck brach am 10. November 1914 der Sturm junger kriegsfreiwilliger Regimenter im Maschinengewehrfeuer zusammen. Sie hätten

XVIII.

Feldpostbericht Nr.3[illegible]

H/Bilger war zu einem Erdtelefon-Kursus n[illegible]ert, der sehr interessant und reich an Abwechslung war. Kurze Zeit, nachdem er wieder zu seinem Bataillon zurückgekehrt war, musste er nach der Front abrücken. Bis jetzt sind sie noch in einer kleinen Stadt hinter der Front. Die neue Tätigkeit am Telefon behagt H/B.sehr.

H/Brandt ist nun auch wieder ins Feld gekommen; wir wünschen ihm alles Gute und dass er gesund zu uns zurückkehrt.

H/Diegmüller war kurze Zeit zum 4.Male an der Front, als er wieder verwundet wurde. Glücklicherweise ist die 4.Verwundung nicht schwer und H/D.konnte zur weiteren Erholung nach Westpreussen fahren. Inzwischen wurde er zu seinem Ersatztruppenteil als gesund entlassen.

H/Felsmann danken wir bestens für die wohlgelungene Fotografie. Er schreibt u.a. "Die letzten Tage waren mit die schönsten, die mir der Krieg gebracht hat. Meinem Wunsche zufolge war ich zu unserer Fliegerabteilung kommandiert, um mir selbst einmal unser Schussfeld, das wir nicht direkt einsehen können, aus dem Flugzeug aufzurollen; habe dann später auch selbst aus dem Flugzeug das Schiessen meiner Batterie durch Funkentelegrafie geleitet und gutes Resultat erzielt.

H/Brink (in franz.Gefangenschaft) dankt für das Weihnachtspaketchen und die Zigaretten.

H/Gräf hat jetzt eine etwas ruhigere Zeit hinter sich. Als sie das letzte Mal in Stellung waren, warf ein frnz.Flieger die Rede Wilsons in den Graben, die sie aber schon vorher in ihrer Zeitung gelesen hatten. Sie schossen dem Feind dafür durch ihre Granatwerfer die Zeitung hinüber, in der der Friedensvertrag mit der Ukraine stand. - Gesundheitlich geht es H/Gräf gut.

Wir müssen Ihnen leider die traurige Mitteilung machen, dass

Herr Wilhelm H e i l m a n n

(Bankabteilung) am 3.August in den Argonnen infolge Kopfschusses gefallen ist. Von Herzen betrauern wir in dem für's Vaterland [redacted] Gestorbenen einen lieben und freundlichen Mitarbeiter.

Interner Bericht der Metallgesellschaft

---

das Deutschlandlied beim Angriff gesungen, war Trost für die Überlebenden und Heldenlegende für die Zukunft.

Das Maschinengewehr zerfetzte die Angriffstruppen und machte den heroischen Sturmlauf des neunzehnten Jahrhunderts zum blutigen Anachronismus. Die Frage, wie der Infanterieangriff wieder Durchschlagskraft erlangen sollte, wurde für die militärischen Planer beider Seiten »taktisches Grundproblem des Krieges«[14]. Zuerst massiertes Artilleriefeuer, das die feindlichen Stellungssysteme um und um wühlte, dann Gas und schließlich die Entwicklung der Panzerwaffe waren die Antworten, die im Lauf des Krieges gegeben wurden. Aber nicht nur die Überlegenheit der Verteidigungswaffen bestimmte den Kriegsverlauf in den ersten Jahren: die Nachrichtenübermittlung brach vielfach zusammen, berittene Aufklärung wurde, zuerst bei den Deutschen, durch Flugaufklärung ersetzt, im übrigen kam der Nachschub an Munition und Nahrung für Mensch und Tier nicht mit, die ärztliche Versorgung brach vielfach zusammen, die zusammengeschossenen Angriffsverbände wurden schon im ersten Winter durch Ruhr und Typhus dezimiert.

Ende November 1914 war im Westen endgültig die strategische Initiative verloren. Vorbei die Chance, aus der Offenheit des Operationsraumes die Entscheidung herbeizuzwingen, vorbei die Hoffnung, sie im Westen zu finden, um dann den Krieg im Osten mit Wucht führen zu können. Wer in den deutschen Stäben die Kriegslage überschaute, begriff hinter dem trügerischen Schein des Erfolgs die Nähe der Katastrophe: denn Deutschland hatte auf Bewegung und Umfassung setzen müssen, und war damit gescheitert. Ein langer Krieg in Ost und West aber – war er gewinnbar? Der Krieg stieg in die Gräben, mit denen sich die Fronten festungsartig in vielfach verschachtelten Systemen in den Boden krallten. Seit dem Winter 1914/15 zog sich ein doppeltes, tiefgestaffeltes Grabensystem von der Küste Flanderns bis zur Schweizer Grenze, beide Seiten mitunter nur durch die Entfernung eines Handgranatenwurfs voneinander entfernt, durch Stacheldrahtverhaue gedeckt, die relative Sicherheit des Grabens immer wieder in Frage gestellt durch Sturmangriffe, deren Angriffsgebrüll im Maschinengewehrfeuer und Sperrfeuer der Artillerie rasch zum Wimmern erstarb. Hinter den Fronten aber Massengräber für die Regimenter der von Bajonetten erstochenen, von Granaten zerfetzten, vom Wundstarrkrampf geschüttelten, von Geschossen durchschlagenen, im Gas erstickten toten Soldaten, die Geometrie der Gräber letzte Geste, der Sinnlosigkeit Ordnung abzugewinnen.

Die deutschen Truppen, die die Ostgrenze von Ostpreußen bis Oberschlesien zu decken hatten, waren den angreifenden russischen Armeen weit unterlegen. Die 8. Armee hatte 153.000 Mann und 728 Geschütze. Ihre Chance lag allein darin, auf der inneren Linie schnell zu operieren und durch überlegene Führung und das Bewußtsein, für die bedrohte Heimat zu kämpfen, die Unterlegenheit wettzumachen. Stärkeren Rückhalt bot, wenn die schwachen deutschen Deckungsverbände zurückwichen, erst die Festungslinie Marienburg – Graudenz – Kulm – Thorn. Erste Abwehrerfolge gegen den auf französischen Druck überhasteten russischen Vormarsch konnten nicht ausgenutzt werden, da die Truppe zu schwach war. Mitte August wurde die östliche Front dem seit 1911 pensionierten General der Infanterie Paul von Hindenburg unterstellt, einem soliden, aber durch die Komplexität politisch-diplomatischer Systeme überforderten Militär, ihm zur Seite der Generalmajor Erich Ludendorff, gekennzeichnet durch Energie, die an Brutalität grenzte, höchste Organisationsfähigkeit und einen geschulten strategischen Verstand. Daß der Funkverkehr der Russen entschlüsselt wurde und Samsonow entscheidungsschwach operierte, setzte die deutsche Seite in einen Vorteil, den sie durch Gewaltmärsche der Truppen ausnutzte, um die tief ins südliche Ostpreußen eingebrochene Narew-Armee (191.000 Mann, 384 Geschütze) einzukreisen und zu vernichten. Die Wut der Verzweiflung angesichts der Greuel, die den russischen Vormarsch begleitet hatten, überlegene Artillerie und bessere Führung sicherten den deutschen Truppen in dem Sumpf- und Seengebieten unweit Tannenberg den Sieg in einer klassischen Umfassungs- und Vernichtungsschlacht: 92.000 russische Gefangene, 50.000 Tote und Verwundete wurden gezählt, 350 eroberte Geschütze. Die Deutschen verloren 10.000 Tote und Verwundete. »Tannenberg« wurde zum Mythos der Rettung und des Sieges, Hindenburg und Ludendorff wurden, überlebensgroß, Heroengestalten. Indes:

Bewohner von Ostpreussen!

die Russische Kaiserliche Armee ist eingetreten in Euer Gebiet
obwohl das Eintreten wegen der Kriegeszeit herausgerufen ist müsst Ihr Euch ruhig verhalten.
Euer Hab und Gut, Eure Familien werden geschützt und stehen unterm Schutze Russischer Gesetze und Bestimmungen der Hagger Conferenz. Lebet und arbeitet, wie Ihr früher gelebt und gearbeitet habt.
Eure, aufrichtige Klagen werden durchgesehn und die Schuldigen werden bestraft bei strengster Strafe des Kriegs gesetzes.
Verlasst Euch auf den russischen Soldaten und glaubet, er ist bloss schrecklich gegen den bewaffneten Feind auf dem Schlachtfelde
doch gedenket: gutgesinntes Benehmen und Vetragen zu Euch seitens der Russischen Kaiserlichen Armee ist nur dann möglich, wenn ihr Euch selbst zur Russischen Armee gutgesinnt benehmt
Jedes feindliche Auftreten gegen die Armee, wie auch in einzelnen Fällen, wird bei strengster Strafe des Kriegs gesetzes gestraft, und die Schuldigen der feindlichen Aus tritte, in welcher Weise es auch wäre, werden dem Feldkriegsgericht übergeben

Armeeschef
General
Siwers

Russisches Flugblatt an die Bewohner von Ostpreußen, 1914

An die deutschen Soldaten !

Es ist nicht war

dass wir, Franzosen, die deutschen Gefangenen erschiessen oder misshandeln.

IM CEGENTEIL,

unsere Kriegsgefangenen werden gut behandelt, und bekommen gut zu essen und zu trinken.
Diejenigen von euch, die dieses erbärmlichen Lebens überdrüssig sind, können sich ohne Angst den französischen Vorposten unbewaffnet melden.
Sie werden dort gut empfangen werden.

Nach dem Krieg, darf jeder wider nach Hause.

Psychologische Kriegführung: Flugblatt, das zum Desertieren aufforderte, 1915 technisch das Element der Bewegung und die Gegebenheiten des Geländes vollkommen ausnutzend, war dies doch nur eine Grenzschlacht, die den Krieg nicht entscheiden konnte, und auch die folgende Schlacht an den Masurischen Seen mit abermals 45.000 russischen Gefangenen (dazu 70.000 tote und verwundete Russen) befreite zwar Ostpreußen vom Alpdruck der Kosaken, doch dabei blieb es auf lange Zeit. War Tannenberg ein Cannae? Vernichtung des überlegenen Gegners? Die russische Dampfwalze war gebremst, aber es gab sie noch.

Unterdessen hatte sich die auf deutsches Drängen als Entlastungsstoß nach Galizien vorgetragene österreichische Offensive festgerannt, die österreichische Armee zeigte Zerfallserscheinungen, in Wien entstanden, weil die Wucht des deutschen Aufmarsches im Westen lag und die K. u. K. Armee verblutete, Mißtrauen und Bitternis gegen die Deutschen. Ein gemeinsames Oberkommando gab es nicht, die Koalitionskriegführung war schwer, oft kaum noch zu koordinieren, militärische Zwecke und politische Ziele durchkreuzten einander. Die deutsche Entlastungsoffensive nach Südpolen endete im Rückzug. Die Russen erwiesen sich bei hinhaltender Verteidigung als zähe Gegner. Im Winter 1914 auf 1915 waren die Fronten ineinander verkrallt, keine Seite stark genug, die Entscheidung zu erzwingen.[15] Ein Gleichgewicht allgemeiner Erschöpfung trat ein, der Bewegungskrieg wurde auch im Osten zum Stellungskrieg.

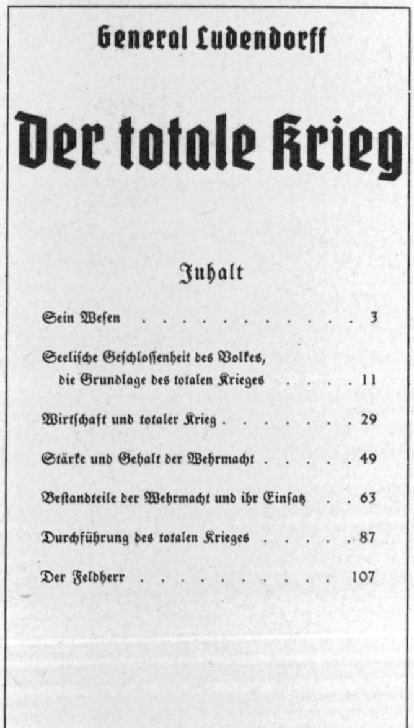
General Ludendorff

Der totale Krieg

Inhalt

Sein Wesen	3
Seelische Geschlossenheit des Volkes, die Grundlage des totalen Krieges	11
Wirtschaft und totaler Krieg	29
Stärke und Gehalt der Wehrmacht	49
Bestandteile der Wehrmacht und ihr Einsatz	63
Durchführung des totalen Krieges	87
Der Feldherr	107

Copyrigth 1935 by
Ludendorffs Verlag G. m. b. H., München
Printed in Germany
Druckerei Albert Ebner, München.

In seinem großen Werk »Vom Kriege« hat Carl von Clausewitz, den Blick gerichtet auf die Vernichtungsschlachten der napoleonischen Feldzüge, die Verschiedenartigkeit der Kriege nach dem Grade bemessen, in dem sie »das ganze Dasein der Völker« erfaßten. Je gewaltsamer die Spannungen, die dem Krieg vorausgingen, je tiefer die Konflikte, desto mehr gewann der Krieg seine »abstrakte Gestalt« und näherte sich dem Prinzip des »neueren, des absoluten Krieges«[16]. Bismarcks Kriege waren noch gezähmte Kriege gewesen, mit der Diplomatie in absichernder, parallellaufender Aktion, begrenzte Kriegsziele und begrenzte Kriegsmittel entsprachen einander, und vor allem von kurzer Dauer waren diese Kriege, so daß die Abgründe verschlossen blieben. Allerdings hatte schon der Krieg gegen Frankreich eine gefährliche Dimension aufgerissen: er begann als schneller Umfassungskrieg, zerstörte das bonapartistische Regime und endete als Zermürbungskrieg, nicht mehr Krieg der Armeen, sondern Krieg der Völker, der Gesinnungen, der Wertsysteme und Kulturen. Für den Machtstaat des zwanzigsten Jahrhunderts, der auf Industrieproduktion und Massenkonsens ruhte, wurde der Triumph des »neueren, des absoluten Krieges« zum Gesetz des Überlebens. Der Krieg mußte seiner Natur nach aufs Ganze zielen: nach innen und außen entgrenzt.

Steigerungsform des »absoluten Krieges« aber wurde der »totale Krieg«, dessen Prinzip Erich Ludendorff, Stratege und Technokrat, 1916 formulierte. Nichts mehr durfte über dem Krieg und dem Ziel der Niederwerfung des Gegners stehen. Krieg wurde Daseinsgrund des Lebens und Sinngebung des Todes. Er rechtfertigte die äußerste Steigerung und zugleich Umkehrung aller sittlichen Normen, die bis dahin galten. Verrat am totalen Krieg lag schon in dem Gedanken, daß die Nationen und Staaten nach dem Krieg, wenn alles ausgeblutet und verbrannt war, wieder miteinander würden leben müssen. So nahm der Krieg, wie nie zuvor, die Gestalt einer Endzeit-Utopie an, welche sich alles unterwarf. Die Maschine der Technokratie, der totalen Erfassung aller Kräfte, der inneren Mobilmachung walzte nieder, was sich ihr in den Weg stellte. Ernst Jünger, Schützengrabenoffizier mit Pour-le-Mérite-Orden und Künder einer Ästhetik des Todes (»In Stahlgewittern«) hat 1930 von der »totalen Mobilmachung« geschrieben, die den Krieg zum gigantischen Arbeitsprozeß machte: »In dieser absoluten Erfassung der potentiellen Energien, die die kriegführenden Industriestaaten in vulkanische Schmiedewerkstätten verwandelt, deutet sich der Ausbruch des Arbeitszeitalters vielleicht am sinnfälligsten an – sie macht den Weltkrieg zu einer historischen Erscheinung, die an Bedeutung der Französischen Revolution überlegen ist.«[17] Die Front wurde Leitmotiv und Bezugspunkt politischen Handelns für die in den Gräben verlorene Generation.

Diese revolutionäre Wucht des Krieges erklärt die ausufernde Steigerung der Kriegsziele beider Seiten, vor allem aber der deutschen Militärführung, die auf alle Zeit Sicherung der Mitte, militärisches Vorland und sichere Nahrungsmittelreserven suchte und Mitteleuropa zur Zitadelle des Kontinents zu machen suchte. Die Kriegsziele setzten die Vorkriegspolitik fort, nicht wörtlich, sondern indem die deutsche Halbhegemonie unangreifbar werden sollte, Kontinentalherrschaft auf alle Zeit. Das kalkulierte Risiko war 1914 zum Präventivkrieg geworden. Aber der Krieg war nicht als Raubzug geplant. Die annexionistischen Ziele unterstellten nachträglich dem Weg in den Krieg eine Räson, die er im Ansatz nicht hatte. Dann allerdings wurden die strategischen Ziele der Marine und des Heeres, Landbasen und Aufmarschräume, mit wirtschaftlich-industriellen Beherrschungsvisionen und Wehrbauern-Träumen verflochten: der Krieg trieb den Krieg voran, wurde Endkampf und Entscheidung. Dem aber entsprach der Stillstand der Diplomatie, ja die Sprachlosigkeit der Politik. Denn wer seine Sache auf Verhandlungen stellte, verriet Schwäche. Wer über Verzichte nachdachte, beging Verrat an dem Willen zum Siege. Wer im Kreuzzug dem Gegner Schonung bot, verriet den göttlichen Auftrag. Lag hier die »Dämonie der Macht«[18]? Der Weltkrieg war nicht Abirrung der europäischen Zivilisation in atavistische Düsternis: er war ihre äußerste Zuspitzung und zugleich das Mittel ihrer Zerstörung.

Zu Wasser, zu Lande und in der Luft wurde der Krieg geführt, und ebenso in den Fabrikhallen, die auf Rüstungsproduktion umgestellt wurden, in den Kontoren, in den Labors, die Ersatzstoffe entwickelten, und in den Versuchswerkstätten, die kriegswichtige Entwicklungen vorantrieben, in rasch aufgeblähten Verwaltungsbehörden, die Nahrungsmittel, Rohstoffe und Arbeitskräfte verwalteten, Lebensmittelkarten ausgaben, Bezugsscheine erteilten, in den Zeitungs- und Zensurstuben, wo Nachrichten produziert und Briefe überprüft wurden.

Der Kraftanstrengung nach außen entsprachen der »Burgfrieden« in Deutschland, die »Union sacrée« in Frankreich. Die militärischen Pläne, bei Kriegsausbruch sozialistische Funktionäre und Gewerk-

»Enlist now!« Englisches Werbeplakat, 1915.
Als einzige der europäischen Großmächte hatte Großbritannien die allgemeine Wehrpflicht nicht eingeführt; sie kam erst im Krieg.

schaftsführer in Gewahrsam zu nehmen, wurden vom Reichskanzleramt noch rechtzeitig unterbunden.[19] Große Friedensdemonstrationen, von der Sozialdemokratie geplant, unterblieben. Der Burgfrieden, vom Kaiser feierlich durch eine große Einheits- und Versöhnungsformel bestätigt (»Ich kenne keine Parteien mehr, ich kenne nur noch Deutsche«), war ambivalent: Mittel der Kriegführung nach außen, Instrument der Disziplinierung nach innen. Burgfrieden bedeutete, daß sich Parteien, Presse, Verbände einer Selbstzensur unterwarfen, um innere Kämpfe für die Dauer des Krieges zu dämpfen und um nicht der Militärzensur anheimzufallen. Es bedeutete, daß über mehrere Jahre die parlamentarischen Debatten, soweit sie öffentlich waren, kaum etwas besagten außer der Gewährung immer neuer Kriegskredite und daß bis 1917 auch die nichtöffentlichen Debatten, nachdem alle konfliktträchtigen Fragen zwischen Militärbehörden, Verbänden und Verwaltung vorab geregelt wurden, nicht sehr viel mehr enthielten. Das Parlament dankte ab, ja es tat so, als sei es nicht vorhanden. Das bedeutete, daß ein parlamentarischer Druck auf die Regierung, den Krieg nicht nur militärisch zu führen, sondern auch politisch zu bewältigen, nahezu nicht vorhanden war. Propaganda trat an die Stelle von Politik, die Selbstentmündigung aller Parteien folgte, Politik wurde Geheimsprache zwischen der Obersten Heeresleitung, die über die Stellvertretenden Generalkommandos tief in den Alltag hineinwirkte und mehr und mehr eine unerklärte Militärdiktatur beanspruchte, und einer Regierung, deren Vertreter in ihrer Mehrheit innerlich vor den militärischen Halbgöttern strammstanden.

Kriegführung und innere Machtveränderung, Kriegsziele und Verfassungswandel standen in einem intimen wiewohl ungeregelten Zusammenhang: dem Militär galt der Sieg von Anfang an als Ersatz für liberale Reformen, der aus ihrer Lähmung erwachenden Mitte-Links-Mehrheit seit 1917 bedeutete der Krieg den Zwang, das Land von oben zu verändern. Aber bis zum bitteren Ende blieb alles offen, und im Besitz der faktischen Macht und ungeheurer Popularität waren die Militärs überlegen. Die lakonischen Bestimmungen des preußischen Gesetzes über den Belagerungszustand gaben den Militärbehörden unbegrenzte Zuständigkeit, weit über den militärischen Bereich hinaus. Das Gesetz über den »Vaterländischen Hilfsdienst« hat sie 1916 noch erweitert.[20] Der absolute Krieg war, von niemandem in Frage gestellt, absolute Rechtfertigung für Durchbrechung, Aufhebung und Veränderung aller bürgerlichen Rechtsver-

Gesamtverluste im Ersten Weltkrieg

Staaten	Gefallene	Verwundete	Gefangene
Deutschland	1808000	4247000[1]	618000
Frankreich	1385000	3044000	446000
Großbritannien	947000	2122000	192000
Italien	460000	947000	530000
Österreich-Ungarn	1200000	3620000	2200000
Rußland	1700000	4950000	2500000
Türkei	325000	400000	
USA	115000	206000	4500

[1] 1,1 Mill. anerkannte Kriegsinvaliden

VERORDNUNG.

Für das private Photographieren im Operations- und Etappengebiet wird hiermit unter Strafandrohung Folgendes verordnet:

1

Landeseinwohner haben den Besitz von photographischen Apparaten, nicht belichteten Platten und Films der Militaerbehoerde anzuzeigen.

Diese befindet darüber, ob die Apparate, Platten und Films im Besitz der Eigentümer zu belassen oder ihnen zwecks Sicherstellung abzunehmen sind. Der Besitz von Apparaten, nicht belichteten Platten und Films ohne ausdrückliche Erlaubnis der Militaerbehoerde ist verboten.

2

Landeseinwohnern ist jedes Photographieren sowie das Mitführen photographischer Apparate untersagt. Einheimischen, ortsansaessigen Berufsphotographen kann von der Militaerbehoerde der photographische Gewerbebetrieb unter den gebotenen Einschraenkungen gestattet werden.

3

Deutschen Zivilpersonen ist das Photographieren nur gestattet, wenn sie vom stellvertretenden Generalstab (Abteilung III b) durch schriftlichen Ausweis zugelassen sind.

4

Deutsche Militaerpersonen sowie alle zum Heeresgefolge gehoerigen Personen, die zugelassenen auslaendischen Offiziere und deren Gefolge haben die Erlaubnis zum Photographieren von ihrer vorgesetzten Dienststelle einzuholen.

5—

6—

7—

8

Jede vorsaetzliche oder fahrlaessige Zuwiderhandlung gegen die Vorschriften dieser Verordnung sowie die Aufforderung oder Anreiznng zu Zuwiderhandlungen werden, soweit nicht nach den bestehenden Gesetzen strengere Strafen verwirkt sind, gegen Militaerpersonen als Ungehorsam aus §§ 92, 93 Militaerstrafgesetzbuches, gegen andere Personen mit Geldstrafe bis zu 2000 Mark oder Gefaengnisstrafe bis zu 3 Monaten bestraft. Beide Strafen koennen auch nebeneinander verhaengt werden.

9—

10

Diese Verordnung tritt mit dem Tage ihrer Bekanntmachung in Kraft.

Grosses Hauptquartier,
den 23. September 1915.

DÉCRET

Il a arrêté sous menace de punitions les dispositions suivantes concernant l'exercice de la photographie dans le territoire des opérations et des étapes:

1

Les habitants possédant des appareils photographiques, plaques non impressionnées et films sont tenus d'en faire la déclaration à l'autorité militaire.

Celle-ci décide si les appareils, plaques et films pourront rester entre les mains des possesseurs ou s'ils doivent être confisqués dans le but d'exclure les abus.

Il est défendu de conserver des appareils, nouvelles plaques et films sans autorisation spéciale.

2

Il est défendu aux habitants de faire toutes espèces de photographie et de porter des appareils de photographie sur eux.

L'autorité militaire pourra accorder aux photographes professionnels domiciliés dans les différentes localités indigènes la permission d'exercer leur métier sous les restrictions qui s'imposent.

3

4

5—

6—

7—

8

Toute infraction intentionnelle ou par imprudence aux prescriptions de ce décret ainsi que l'invitation ou l'incitation aux contraventions seront punies d'une amende de 2.000 Marks ou de 3 mois de prison, à moins qu'une punition plus sévère ne puisse être prononcée selon les lois en vigueur.

Les militaires seront punis selon les §§ 92, 93 du code militaire.

9—

10

Ce décret entre en vigueur le jour de sa publication.

Grand Quartier Général,
le 23 Septembre 1915.

Angst vor Spionen: das rückwärtige Frontgebiet wird organisiert.

hältnisse. Was ein Menschenalter lang am Finanzegoismus der deutschen Einzelstaaten gescheitert war, die Einrichtung eines zentral gesteuerten Eisenbahnwesens für das ganze Reich, wurde im Krieg innerhalb von Tagen durchgesetzt: der Eisenbahngeneralstab, der für das gesamte Transportwesen zuständig war, wuchs unter Groener zur Superbehörde mit diktatorischen Eingriffsrechten empor.

Der Kaiser zog sich seit dem 4. August 1914 auf repräsentative und legitimierende Funktionen zurück: er wurde noch informiert, er verlieh hohe Orden, er leistete noch, wenn verlangt, Unterschriften. Den Oberbefehl übte er nur noch nominell, de facto war der Chef des Generalstabs der Feldarmee Kriegsherr und Oberbefehlshaber: zuerst Moltke, dann Falkenhayn, und endlich die 3. Oberste Heeresleitung Hindenburg/Ludendorff. Die Reste kaiserlicher Gewalt wurden beiseite geschoben von den militärischen Führern, die in Konflikten dem Kaiser und der Kanzlerregierung durch Rücktrittsgesuche Überlegenheit demonstrierten.

Merkwürdige Selbstentmachtung des Hohen Herrn, als der Ernstfall eintrat, der doch der eigentliche und letzte Bezugspunkt der Verfassung Preußens und des Reichs war. War denn alles Frühere nur Spiel gewesen, Machtpose und Verkleidung? Der Kaiser mußte wissen – er hat indes darüber nichts verlauten lassen –, daß die Letztentscheidung, einmal auf die Technokraten übertragen, nicht mehr zurückzuholen war. Bedeutete dies das Ende Preußens? Es war das Ende der preußischen Monarchie als sinnstiftender Instanz. Die Macht aber war schon lange auf andere Institutionen übergegangen: auf Verwaltung, militärische Führung und organisierte Interessen, und Sinn gab nicht die Monarchie, sie symbolisierte ihn allenfalls. Der Krieg und seine Opfer bezogen sich nicht auf die Monarchie, sondern auf die Nation. Das Kaiserreich endete in den ersten Tagen des Weltkriegs. Was blieb, war eine durch Massenkonsens gestützte, herkömmlichen Verfassungsbegriffen sich entziehende Militärherrschaft, welche die Bedenklichkeiten der zivilen Ressorts, ob Auswärtiges Amt, Justiz, Arbeit oder Ernährung, mehr und mehr überrollte. Entscheidendes Korrektiv allerdings blieb, je mehr man sich auf lange Kriegsdauer einzustellen hatte, die Sicherung des Massenkonsens und die Zusammenarbeit mit der organisierten Arbeiterbewegung. »Die richtige Mitte zwischen Militärdiktatur und Sozialdemokratie«, so beschrieb einer der begabtesten deutschen Generalstäbler, der in Reichswehrzeiten nachmals berühmte Hans v. Seeckt, den Verfassungszustand, den die Militärs sich wünschten[21].

Der Film als Propagandamittel, 1917

Propaganda wurde staatlich produziert und von privater Begeisterung angefacht. Die staatliche Propaganda richtete sich darauf, den Krieg als erzwungene Verteidigung darzustellen und die Siegeszuversicht aufrechtzuerhalten, was auch bis 1917 gelang, danach immer weniger. Es galt, dem Gegner Information vorzuenthalten und Desinformation zuzuspielen. Siegeszuversicht, Rechtsbewußtsein und das Versprechen politischer »Neuorientierung«, so unbestimmt es blieb, sollten Einheit und Kraft der kämpfenden Nation bewahren. Dazu gehörte auch, daß die langen Reihen von Todesanzeigen auf hinteren Zeitungsseiten, mit dem eisernen Kreuz geschmückt und von tapferen Worten der Eltern, Witwen und Bräute begleitet, mehr und mehr zurücktraten zugunsten lakonischer, weniger auffallender Mitteilungen. Der Tod verlor seinen heroischen Charakter, als Massentod wurde er banal. Und allzusehr glichen nach dem ersten großen Vormarsch im Westen die Todesanzeigen den Soldatenfriedhöfen, die in Flandern den Horizont verstellten.

Propaganda zielte auf Sieg und Einheit ab, auf Kreuzzug gegen die asiatische Despotie im Osten und den geldbestimmten Materialismus im Westen. Zu den mystischen »Ideen von 1914« und zur Stimmung des »4. August« gehörte nicht nur die Idee der großen Volksgemeinschaft, die sich im Krieg erneuerte, sondern auch ein militanter Glaube an die deutsche Kulturmission in der Welt. In der Absage des deutschen Geistes an den Westen, von hunderten respektabler Gelehrten-Unterschriften geziert, kam deutsches Sonderbewußt-

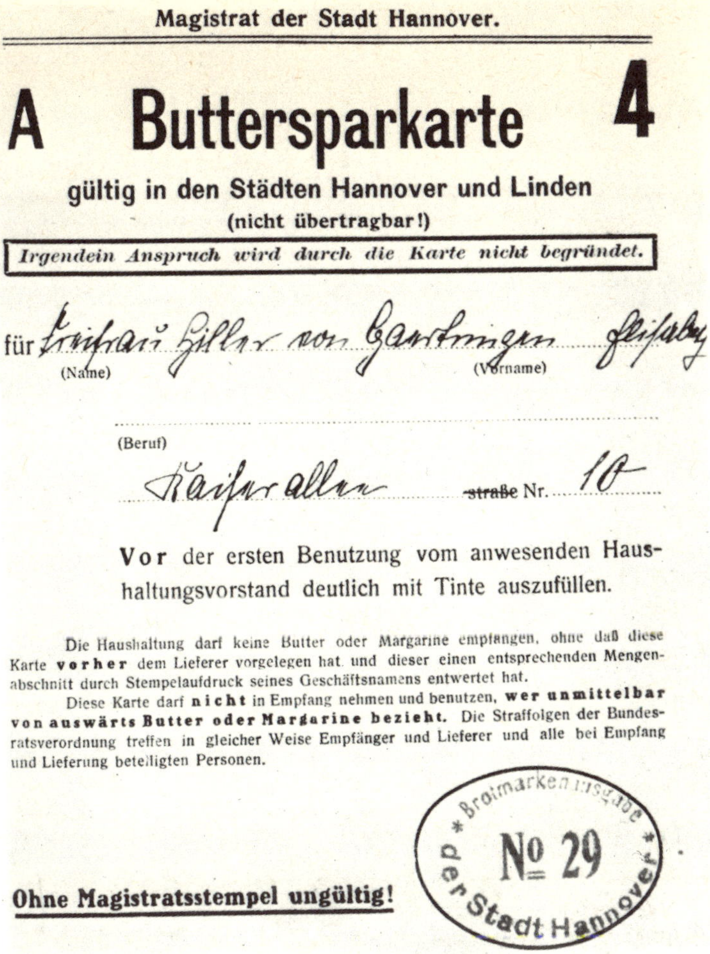
Magistrat der Stadt Hannover.

A Buttersparkarte 4

gültig in den Städten Hannover und Linden

(nicht übertragbar!)

Irgendein Anspruch wird durch die Karte nicht begründet.

für Freifrau Hiller von Gaertringen Elisabeth
(Name) (Vorname)

(Beruf)

Kaiserallee ~~straße~~ Nr. 10

Vor der ersten Benutzung vom anwesenden Haushaltungsvorstand deutlich mit Tinte auszufüllen.

Die Haushaltung darf keine Butter oder Margarine empfangen, ohne daß diese Karte **vorher** dem Lieferer vorgelegen hat und dieser einen entsprechenden Mengenabschnitt durch Stempelaufdruck seines Geschäftsnamens entwertet hat.

Diese Karte darf **nicht** in Empfang nehmen und benutzen, **wer unmittelbar von auswärts Butter oder Margarine bezieht.** Die Straffolgen der Bundesratsverordnung treffen in gleicher Weise Empfänger und Lieferer und alle bei Empfang und Lieferung beteiligten Personen.

Ohne Magistratsstempel ungültig!

Brotmarken-Ausgabe der Stadt Hannover
No 29

Die Verwaltungs des Mangels

sein zum Ausdruck, Trotz und Selbstmitleid gemischt, das Volk der Dichter und Denker im Kampf um sein Recht. Deutsche Kultur stand gegen westliche Zivilisation, Innerlichkeit gegen Materialismus, Opfermut gegen Profitstreben. Thomas Mann, Darsteller sensibler Dekadenz, pries 1915 in dem Essay »Friedrich und die große Koalition« das Recht der rettenden Tat: »Jede Tat, die diesen Namen verdient, ist ja eine Probe auf das Schicksal, ein Versuch, Recht zu schaffen, Entwicklung zu verwirklichen und die Fatalität zu lenken«[22]. Und in den »Betrachtungen eines Unpolitischen« erinnerte er noch 1918 an die liberalen Tugenden des Kaiserreichs, wie es gewesen war zwischen Ost und West, und wie es niemals wieder sein würde. Was Thomas Mann trieb und was viele geringere Geister trieb, den Krieg zu loben, war die Sehnsucht nach Einheit, nach Sinn und Gemeinschaft.

Walther Rathenau, Visionär und Technokrat, der in den ersten Kriegswochen die deutsche Wehrwirtschaft organisierte, hat 1917 in der Schrift »Von kommenden Dingen«, die gleiche Sehnsucht des intelligenten Außenseiters verraten. Aber er begriff im Krieg die

Kitsch und Heroismus

Chance, auf der Frage nach der Zukunft zu insistieren und auf sozialer und politischer Reform:

Alle Staatenpolitik ist dauernde Kraftprobe, und die höchste Steigerung der Politik, die des Krieges, ist eine Prüfung, die sich auf alle Fächer, physische, psychische und intellektuelle, erstreckt und die normalerweise nicht beendet werden kann, solange noch eine einzige Frage des Vergleiches unerschöpft ist. Die Reichstagung des 4. August 1914 hat offenbart, was unser inneres Empfinden wußte, daß keine Not des Landes unser Volk gespalten findet. Doch zugleich hat sie fühlbar gemacht, daß die innere Einheit nicht eine Folge, sondern eine bewußte sittliche Überwindung unserer Einrichtungen bedeutet. Wenn Volksteile geminderten Rechtes, deren Überzeugungen als gesellschaftsunfähig gelten und nach Belieben als staatsfeindlich, vaterlandslos und landesverräterisch bezeichnet werden dürfen, den Kampf um die Heimat, die sie bewohnen, mit gleicher Begeisterung ergreifen wie diejenigen, denen diese Heimat rechtlich und wirtschaftlich gehört und gehorcht, so ist diese Entsagung für jeden, der deutsch empfindet, selbstverständlich. Auf Vorrecht und Entsagung aber baut man keinen Staat.[23]

Rathenau aber blieb, wiewohl er mehr als jeder andere die revolutionäre Natur des Krieges begriff, der Außenseiter, ein intellektueller Industriemagnat (AEG), preußisch-jüdischer Großorganisator der deutschen Wehrwirtschaft im Krieg und vielschreibender Großvisionär, aber ohne politische Wirkung und im Politischen wohl auch ohne operatives Geschick. Erst angesichts der militärischen Katastrophe und des politischen Zusammenbruchs 1918 sollte sich erweisen, daß jene Ideen, die dem Sieg soziale und demokratische Zügel anlegen sollten, die Niederlage erträglich machten.

Im Westen blieb von 1915 bis 1917 strategisch nur Ausblutungskrieg oder die immer wieder versuchte und ebensooft in Schlamm und Blut gescheiterte Durchbruchsschlacht. Letztere erforderte eine hochorganisierte Feuerkonzentration der Artillerie, die die feindlichen Grabensysteme umpflügen und sturmreif machen sollte. Im Herbst 1915 versuchte der französische Oberkommandierende Joffre die »Große Offensive« in der Champagne, vergeblich. Vom Juni 1916 bis in den Winter rannten monatelang britische Divisionen an der Somme gegen die deutschen Linien an, auch ihr Sterben umsonst. Die deutsche Strategie setzte vom Februar bis in den Sommer 1916 darauf, die Franzosen in der Festung Verdun auf dem östlichen Ufer der Maas auszubluten, die in den deutschen Frontbogen hineinragte und den Weg nach Paris deckte. Eckpfeiler des strategischen Befestigungssystems Frankreichs, sollte Verdun die französischen Divisionen aufreiben, nicht aber die deutschen. Das war die brutale Fehlrechnung des Generalstabschefs v. Falkenhayn, die beiden Seiten zusammen an die 700.000 Tote kostete. Verdun, von den Franzosen mit Gleissystemen und Bahnhöfen, Nachschubstraßen und unterirdischen Stollenanlagen ausgebaut zu einem riesigen, verschachtelten Industrieunternehmen des Todes und von den Deutschen immer wieder berannt, in Teilen eingenommen, wieder verloren, wurde Ort der Gestorbenen und Gespenster, der Verschütteten und Vergasten. Ort der Entscheidung wurde Verdun nicht. Der

»Tote Mann« und das Fort Douaumont waren beiden Völkern Sinnbild der Sinnlosigkeit. Ludendorff, als planender Stratege Falkenhayn weit überlegen, hat nach Übernahme der Obersten Heeresleitung die brutale Zermürbungsschlacht abgebrochen, zumal im Osten die Brussilow-Offensive die österreichische Front schwer erschütterte. Erst deutsche Verstärkungen verhüteten den österreichischen Kollaps.

	21. Febr.	Beginn des deutschen Angriffs
	24. Febr.	Deutscher Angriff erreicht nordöstliche Festungswerke
	25. Febr.	Fort Douaumont in deutscher Hand. Zwischenwerk Hardaumont in dt. Hand
	2. März	Dorf Douaumont in deutscher Hand
	7. März	Höhe 304 größtenteils in dt. Hand
Franzosen auf dem Fort Douaumont	22. Mai	
	23. Mai	Angriff auf Fort Douaumont abgeschlagen
	2. Juni	Fort Vaux in deutscher Hand
	23. Juni	Erstürmung der Festungen Thiaumont und Fleury
Franzosen erobern Thiaumont und Douaumont zurück	24. Okt.	
	2. Nov.	Deutsche räumen und sprengen das Fort Vaux
Erfolgreiche französische Offensive auf dem Ostufer der Marne	15./16. Dez.	
360000 Franzosen	Verluste:	335000 Deutsche

Verdun, nur Verlierer

Das strategische Kernproblem der Vorkriegszeit, daß die Entscheidung nicht zugleich in Ost und West zu erzwingen war, prägte auch die Kriegführung bis zum russischen Zusammenbruch im Spätherbst 1917. Die militärische Führung Deutschlands stand, als einmal der Bewegungskrieg erstarrt war, vor der Erkenntnis, daß der Krieg militärisch wahrscheinlich nicht mehr zu gewinnen war. Wenn aber der Sieg unmöglich war, blieb nur, mit aller Kraft auf den Friedensschluß hinzuarbeiten, vorzugsweise als Sondervertrag mit Rußland, wie es Falkenhayn wollte, notfalls aber mit Ost und West. Aber es war nicht nur die deutsche Führung tief gespalten, die deutsche Öffentlichkeit im Siegesrausch der Kriegszieldenkschriften und der annexionistischen Omnipotenzphantasien gefangen, jeder Friedensfühler Schwächezeichen nach außen und innen. Es fehlte auch auf der Gegenseite an Verhandlungspartnern für den rettenden Separatfrieden. Zwischen Paris, London, Petersburg und Rom stieg mit der Kriegsdauer und den Verlusten der Preis des Friedens.

Der deutschen Seite, wo politische Führung an der Zerfaserung und dem unbestimmten Charakter der obersten Gewalt scheiterte und auch bis Kriegsende nicht herstellbar war, fehlte es an Kraft und Konsequenz, aus dem Patt der Kriegführung den Schluß zu ziehen, daß das Reich bestenfalls so, wie es in den Krieg gegangen war, wieder herauskommen werde. Den Bestand der Donaumonarchie zur Disposition zu stellen und dadurch mit Rußland Ausgleich und Geschäftsgrundlage zu gewinnen, hätte schon im Ansatz bedeutet, den österreichischen Bundesgenossen mit abgrundtiefem Mißtrauen zu erfüllen: ohne Wien war der Krieg verloren, mit Wien aber war er nicht zu gewinnen. Alle Vernunftüberlegungen um Ausgleich und Separatfrieden und ihren Preis, wie sie in der Reichskanzlei und auch im Großen Hauptquartier angestellt wurden, wurden am Ende wieder vom Trauma der Mittellage durchkreuzt, die stets bedroht blieb, wenn sie nicht zur europäischen Kontinentalhegemonie ausgeweitet und umgedreht werden konnte.

Hatte Bethmann Hollweg sein »Septemberprogramm« von 1914 noch hinhaltend gehandelt, ohne die Reichsspitze auf jeden Punkt dieser hegemonialen Mitteleuropa-Konzeption festzulegen, so zeigen die Aufzeichnungen Riezlers bis 1917 doch, bei aller Distanz zu den militärisch-industriellen Machtvisionen, daß die Rückkehr zur Vorkriegslage zu keinem Zeitpunkt mehr hinnehmbar erschien: das Reich sollte kontinentaler Machtkern sein, um sich einen starken mitteleuropäischen Wirtschaftsblock, unangreifbar auf alle Zeit.

Der Kampf um die deutschen Kriegsziele gewann aus solchen Zielkonflikten Bitternis und Schärfe. Zudem war den radikalen Annexionisten in Militärführung und Industrie, aber auch im Lager der Gelehrten und Abgeordneten nur zu bewußt, daß der Preis eines Krieges ohne Sieg in jenen Verfassungsreformen würde bestehen müssen, die in der Vorkriegszeit stets blockiert worden waren: die demokratische Umformung der Politischen Kultur. Der Massenkrieg hatte die Gesellschaft und die Werte aus der Zeit vor 1914 obsolet gemacht. Kein Weg führte dahin zurück. Oder doch der Weg der europäischen Vorherrschaft? Unter den vielen Antriebskräften der deutschen Kriegszielbegeisterung war dies vielleicht die stärkste, und unter den Hindernissen einer deutschen Verständigungspolitik lag hier wohl das schwerste. Rathenau hat dies 1917 ausgesprochen:

Die Nationen glauben, um Herrschaft und Dasein zu ringen, und kämpfen einen Kampf, dessen Entstehung niemand begreift, dessen Ziele nachträglich mit monatlichen Richtigstellungen gesucht werden müssen. In Wahrheit aber brennt die alte Wirtschaftsordnung nieder, und es naht die Zeit, wo der alte Unterbau der Gesellschaftsordnung sich entzündet.[24]

Die deutschen Kriegsziele, so unterschiedlich und widersprüchlich sie blieben, hatten doch stets den Sinn, die Vorkriegsordnung symbolisch zu stärken und die Politik, die zum Krieg geführt hatte, zu rechtfertigen. Ihre Bedeutung war nicht allein militärische, industrielle Änderung der Machtgeographie, sie waren Symbol einer alten Ordnung, die in der Agonie lag, und Waffe einer Neuordnung Europas von der Mitte des siegreichen Erobererstaats aus.

Mehr und mehr waren Führung des jetzigen und die Vorbereitung des künftigen Krieges unmittelbar mit Kriegszielen und Großraumordnung verbunden. Belgien galt nach deutscher strategischer Doktrin als unentbehrliches Aufmarschgebiet. Noch im August 1914 wurde es zum Generalgouvernement gemacht und als deutsche Kriegsetappe ausgebaut. Falkenhayn war lange Zeit im Osten zu Zugeständnissen bereit, nicht aber in Belgien. Wenn England der Hauptgegner war, und davon waren die deutschen Eliten, wie in der Vorkriegszeit, überzeugt, dann war Belgien ein Faustpfand und vielleicht Sicherung auf alle Zeit. Durfte man es dann aber aus der Hand geben? Bethmann Hollweg wollte es bei Abtretung Lüttichs bewenden lassen. Für Falkenhayn wie später für die 3. OHL Hindenburg/Ludendorff aber war ohne Belgien weder der jetzige noch der künftige Weltkrieg zu führen. Die Marine sekundierte, daß ohne Belgiens Häfen die deutschen Unterseeboote die Blockade gegen England nicht führen könnten und so die strategische Kriegführung gegen die Insel überhaupt unmöglich sei.

So blieb nur die Hoffnung auf Sonderfrieden im Osten mit dem revolutionsbedrohten Rußland. Aber Frieden war nicht zu haben, jedenfalls nicht ohne russischen Zusammenbruch oder kalte Preisgabe Österreich-Ungarns. Der große deutsch-österreichische Durchbruch bei Tarnow-Gorlice, der endlich aufgrund deutscher Überlegenheit Ansatz zur entschlossenen Liquidierung des Ostkriegs hätte sein können, ließ statt dessen die Kriegsziele der Mittelmächte in den Himmel wachsen: Polen, Galizien, die baltischen Randprovinzen des Zarenreichs sollten nun abgetrennt und in den Machtbereich der Mittelmächte überführt werden. Das Dilemma war unlösbar: der Sonderfriede mit Rußland war, als der Krieg im Patt stand, nicht möglich gewesen; als die Deutschen aber triumphierten, ohne Rußland zu besiegen, noch weniger.

Als die 3. OHL am 5. November 1916 ein neues Königreich Polen mit Anlehnung an Deutschland als strategisches Vorland und Soldatenreservoir proklamierte, war der Weg endgültig verstellt, mit Rußland zur Verständigung zu kommen. Stets war die Niederhaltung Polens Geschäftsbasis zwischen Preußen und dem Zarenstaat gewesen; jetzt wurde dem Reich ein polnischer »Grenzstreifen« vorgelagert bis zur Narew-Njemen-Linie, mehrfach größer als Elsaß-Lothringen.[25] Eineinviertel Millionen polnischen Bewohnern war das Schicksal der Vertreibung zugedacht, während der östlich vorgelagerte polnische Staat Stoßrichtung gegen Rußland entfalten sollte. Das war radikale Abkehr von den Traditionen des achtzehnten und neunzehnten Jahrhunderts, die Entfesselung des polnischen Nationalismus gegen Rußland bereits Vorgriff auf die Politik, die ein Jahr später Lenin und seine Kampfgenossen im plombierten Zug durch Deutschland schleuste, um Rußland durch das Ferment der Sozialrevolution zu zersetzen. Zerstörung von innen, die Revolution als Kampfmittel im Völkerkrieg.

Gab es überhaupt noch eine Chance, den Krieg durch Vernunft und Einsicht zu beenden, bevor er Europa zerstörte? Das Friedensangebot der Mittelmächte Ende 1916, das die Militärs redigierten, war mehr eine laute Verkündung deutscher Siegeszuversicht als ein praktisches Mittel der Verständigung – nicht einmal als Propagandamittel gegen die Entente brauchbar. Die Dämonie des totalen Krieges und die Idee einer späteren Friedensordnung, die im Kern nichts war als Wiederherstellung der alten Machtlage, war das zusammen

Hindenburg, der deutsche Moloch (1915)

Die Transportorganisation im Krieg oblag dem sogenannten Eisenbahngeneralstab.

Fahrplan
der
Urlauberschnellzüge.
Gültig vom 15. Juni 1916 ab.

Durch diesen »Fahrplan der Urlauberschnellzüge« werden ungültig:

1. der in dem Amtlichen Kursbuch, Ausgabe Nr. 7 vom 1. Mai 1916, enthaltene Abschnitt: »Fahrplan der Militärurlauberzüge« [illegible]

2. das besonders herausgegebene grüne Heftchen »Fahrplan der Militärurlauberzüge«.

	Cöln	2-3
2.	Cambrai / Meurchin — Lille — Löwen — Cöln	4
3.	Lille — Douai — Cambrai Hbf.	5
4.	Laon / Liart — Lüttich — Cöln Deutz	6-7
5.	Courtrai - Lille - Metz - Frankfurt M.	8-9
6.	St. Quentin — Strassburg — Karlsruhe — München	10-11
7.	Bazancourt / Contreuve — Rethel — Diedenhofen / Metz Coblenz — Dresden	12-13
8.	Cöln Deutz — Berlin Schles. Bf	14
9.	Cöln Deutz — Halle — Leipzig	15
10.	Cöln Deutz — Hamburg Hbf.	15

denkbar? Es war nicht einmal logisch. Logisch dagegen war, daß beide Seiten den Krieg fochten, um ein für allemal seine Wiederholung unmöglich zu machen. *The war to end all wars* und der Krieg, der Deutschland aus der Mittellage befreien sollte, entsprachen einander.

Entente und Mittelmächte versuchten, im Wettlauf das Patt des Krieges aufzubrechen, den mitteleuropäischen Krieg zum gesamteuropäischen Krieg und diesen zum Weltkrieg zu weiten. Das bedeutete, Bundesgenossen zu gewinnen. Die Türkei schloß sich Ende 1914 dem Krieg der Mittelmächte an, und als Bulgarien folgte und zusammen mit Österreich Serbien niederwarf, gab es eine Landbrücke nach Südosten, über die Truppen und Kriegsmaterial rollten. Daraufhin versuchten die Briten auf Vorschlag des ersten Lords der Admiralität Winston Churchill, bei Gallipoli australische und neuseeländische Empire-Truppen zu landen, um die Dardanellen zu gewinnen. Das strategische Ziel war die Eröffnung der Seeverbindung zu den Russen, die in der Ostsee durch die deutsche Kriegsflotte abgeriegelt waren. Aber die »Anzac«-Landung brach im türkischen Abwehrfeuer zusammen.

Auch die Entente versuchte, Bundesgenossen zu werben, Japan zu mobilisieren, Rumänien zu gewinnen und Italien aus dem Dreibund zu brechen. Den Italienern wurden, während die Deutschen viel Gold in ausgestreckte Hände steckten, von den Westalliierten eine Großmachtstellung im Mittelmeer versprochen, einschließlich der Herrschaft über Libyen, vor allem aber Trient und Südtirol, dazu Istrien und Dalmatien und die Inseln und Häfen der Adria, das Ganze vergoldet durch 50 Millionen Pfund Sterling. Das Ergebnis: Italien eröffnete eine dritte Front im Süden und zahlte für die imperiale Vision mit ungeheuren Blutverlusten im Gebirgskrieg, wo elf italienische Offensiven im Gebiet des Isonzo in den östlichen Dolomiten in Niederlagen endeten und die Friedhöfe zwischen den Orangenhainen füllten. Kärnten konnte nicht abgeschnürt, Triest nicht genommen werden, der Kriegshafen Pola an der Südspitze Istriens blieb den Österreichern. Nach der Durchbruchsschlacht von Karfreit machten deutsche und österreichische Kampftruppen erst kurz vor der Lagune von Venedig halt.

Jede Ausweitung des Krieges bisher hatte ihren Urhebern die Entscheidung versagt. Es war die britische Führung, die frühzeitig die Tür aufstieß zur deutschen Niederlage. Die im November 1914 verhängte Seeblockade gegen alle deutschen Zufuhren verknappte Nahrungsmittel und strategische Mineralien. Nur Roheisen kam noch auf der Ostsee-Route aus Schweden. Im Seekrieg fielen die großen Entscheidungen, aber anders als Tirpitz und der Kaiser, gebannt vom Bild englischer Seemacht, es zwanzig Jahre lang geplant hatten. Die deutsche Flotte war zum Schlagen bestimmt, die Entscheidung sollte zwischen Schottland und dem Skagerrak fallen. Aber bei Kriegsbeginn war sie so sichtbar unterlegen, daß die deutsche Marineleitung dem Risiko auswich. Die britische Blockade aber, weit im Atlantik gezogen, lag außerhalb des Aktionsradius der deutschen Großkampfschiffe. Die einzige große Seeschlacht fand am Skagerrak statt, am 31. Mai und 1. Juni 1916, und beide Seiten verbuchten einen Erfolg, der doch für keine Seite entscheidend war.

Max Slevogt, Mars regiert die Stunde, 1916

Die Wählscheibe dieses Feldtelefons ist das offene Hirn eines, obwohl abgeschnitten und verdrahtet, unheimlich lebendigen menschlichen Kopfes.

Die Seeblockade blieb, die Home Fleet beherrschte die Zugänge zur Nordsee. Der Krieg in den Weiten des Ozeans aber lief wie die Endphase einer Schachpartie ab, wo der überlegene Gegner alle Felder bestreicht.

Die deutsche Antwort auf die Seeblockade war der unbeschränkte Handelskrieg mit der neu entwickelten Waffe der Unterseeboote. Als die britische »Lusitania« am 7. Mai 1915 torpediert wurde, unter den 1.200 Toten auch 139 Amerikaner, wurden die U-Boot-Kommandanten zur Vorsicht gemahnt. 1916 kam es zu einem neuen Drama, und das State Department antwortete mit einem Ultimatum (16.4.1916). Wieder wurde der unbeschränkte U-Boot-Krieg zurückgenommen. Aber die Boote hatten, wenn getaucht, wenig Beweglichkeit, ihr Aktionsradius war gering, und die Konvois zwischen Baltimore und Liverpool wurden immer besser geschützt. Und im übrigen verfügte die Marine bei Kriegsbeginn nur über ganze neun U-Boote, die für einen Ferneinsatz geeignet waren. Nach anderthalb Jahren waren es erst siebzehn, wovon ein Drittel auf Fahrt, ein Drittel in der Werft und ein Drittel am Feind war. Ihre Zerstörungskraft war dennoch groß – allein im April 1917 registrierten die Westalliierten 875.000 Bruttoregistertonnen Verluste an Handelsschifftonnage. Das war bitter für die Briten. Aber kriegsentscheidend war die U-Bootwaffe nicht, was immer die deutsche Öffentlichkeit erhoffte und der Admiralstab versicherte. Unterstützt von der Obersten Heeresleitung, eröffnete die Marineleitung endlich im Januar 1917 den unbeschränkten U-Boot-Krieg – gegen Bethmann Hollwegs besseren, aber machtlosen Rat. In Kiel und Wilhelmshaven wurde versprochen, der U-Boot-Krieg, von allen Fesseln frei, werde effektiv genug sein, den amerikanischen Einsatz zu verhindern: die fatale Vorkriegs-Unterschätzung der Briten wurde nun auf die Amerikaner ausgedehnt, noch einmal Helden gegen Händler, und dieser Irrtum machte den Weg in die deutsche Niederlage gewiß. Die U-Boot-Waffe, ist sie auf diese Weise doch kriegsentscheidend geworden, nur gegen die, die sie führten?

Wenig Zweifel, der Eintritt der USA in den Krieg war nur eine Frage der Zeit gewesen, und seit Kriegsbeginn hatte ein steigender Strom von Rüstungsgütern und Krediten die englische Kriegsanstrengung unterstützt. Der Chef des State Department, William Jennings Bryan, verlangte strikte Neutralität und wählte, als sie nicht zu haben war, den Rücktritt. Die amerikanischen Eliten, schon 1900 im Besitz der drittstärksten Flotte, hatten fast instinkthaft gegen die deutsche Kontinentalherrschaft und für die britische Seeherrschaft reagiert. Es bedurfte aber, um das gewaltige Land in den Massenkrieg zu stürzen und den Einsatz amerikanischer Landtruppen 4.000 Meilen fernab zu rechtfertigen, der dramatischen Begründung. Sie wurde vorbereitet, als die deutsche Unbestimmtheit die amerikanische Friedensinitiative vom Dezember 1916 ins Leere laufen ließ, nicht anders als den Friedensappell Wilsons vom Januar 1917 – darin erstmals Umrisse der »14 Punkte« von 1918 –, und sie kam, als der deutsche Admiralstab die Torpedos gegen alles freigab, was sich bewegte. Seit der Samoakrise 1889, die die USA auf die Bedeutung von Seemacht verwiesen hatte, hatte die deutsche Führung das Potential Amerikas unterschätzt. Leichtfertigkeit, Arroganz und In-

Da die Zuteilungen nicht reichten, fuhr die städtische Bevölkerung zum Hamstern aufs Land.

genieursmentalität, die sich auf die Berechnung des Unberechenbaren verließ? Vor allem wohl Hybris und Ahnungslosigkeit des kontinentalen Denkens gegenüber der industriellen Weltmacht und ihren Möglichkeiten der Machtprojektion. Die deutsche Militärführung, zu Wasser und zu Lande, hatte den Krieg ausgeweitet, um die Entscheidung zu erzwingen. Aber es war der Weg in den deutschen Zusammenbruch.

Europa hatte sich ausgekämpft, jetzt wurde der große europäische Krieg wahrhaft zum Weltkrieg. Als die Wende des Krieges eintrat, begann ein neues Weltstaatensystem, ja ein neues Weltsystem, wo quer durch die altgewordenen Nationen die Fronten des Bürgerkriegs verliefen. So wenig Ludendorff begriff, daß der Sonderzug der Bolschewiki durch Deutschland den Weltbürgerkrieg auslösen würde, so wenig verstanden die Admirale, daß der freie Schuß der deutschen U-Boote den europäischen Krieg in die Dimension des Weltstaatensystems schleuderte und den USA die Entscheidung im Weltkrieg geben mußte. Diese Entscheidungsmacht der USA aber beruhte auf industriellem Potential und unbegrenzter Menschenkraft einer Nation, die einen Kontinent besaß.

»Kronos am Jahresschluß 1917«

Das Jahr 1917, vom amerikanischen Kriegseintritt bis zur bolschewistischen Revolution, brachte die Wende im Krieg und veränderte die Welt. Aus dem Todeskampf Europas entstanden zwei Friedensvisionen, deren Wirkung bis heute anhält: aus dem Osten die Botschaft der Weltrevolution, aus dem Westen die Vision einer Welt freier Völker. Zwei globale Missionsideen traten gegeneinander an, während die ältere, europäische Weltordnung in sich verbrannte. Als die OHL noch von Triumphen träumte, wurden Lenin und Wilson Gegenspieler einer künftigen Welt: »Schluß mit dem Krieg« – »Alle Macht den Räten« – »Das Land der Gutsbesitzer den Bauern« – »Den Arbeitern die Macht in den Fabriken!« So nutzte Lenin die Sehnsucht nach Frieden für die – vorerst vage und ausdeutbare – Verheißung der Sozialrevolution. Die USA aber wollten »a world safe for democracy«.

Wilson meinte diese Vision, als er am 8. Januar 1918 in 14 Punkten dem Kongreß ein Programm des Weltfriedens vorlegte: offene Diplomatie, Freiheit des Handels und der Weltmeere, Abrüstung und Selbstbestimmung lautete die Verheißung, Abtretung Elsaß-Lothringens, Auflösung der Donaumonarchie und des Osmanenreiches, ein freies Polen mit Zugang zum Meer die Drohung an den Kriegsgegner. Und über allem ein Völkerbund, um durch Garantien und Sanktionen die Welt zu stabilisieren. Der *American Dream* war Waffe im Krieg und Plan einer besseren Welt. Wilson wollte die alliierten Kriegsziele zügeln, die die Bolschewiki durch Veröffentlichung der zaristischen Geheimverträge aufgedeckt hatten, und den Krieg Amerikas ethisch untermauern. Wirksames Mittel des Ideenkriegs gegen die Mittelmächte, stand dahinter ein neuer Entwurf der Welt, weder Alteuropa noch Diktatur des Proletariats. Die Zeit war absehbar, da das ausgeglühte Europa nichts mehr sein würde als ein Brückenkopf, umkämpft zwischen den Weltmächten. Von hier und heute, wie einst von der Schlacht bei Valmy, ging eine neue Epoche der Weltgeschichte aus.

Während hinter dem fernen westlichen Horizont das amerikanische Industrie- und Kriegspotential sich drohend zum Angriff formierte, war das politische und moralische Seelenleben der Deutschen seit dem März 1917 durch Nachrichten von der russischen Revolution heimgesucht worden. Wofür jetzt noch der Kreuzzug nach Osten? Die ersten Massenstreiks begannen in den Rüstungsbetrieben. Scheidemann deutete im »Vorwärts« an, daß die russische Revolution sich in Deutschland wiederholen könne, zum Entsetzen seiner Fraktion, die doch ahnte, daß er recht hatte[26]. Die Sozialdemokraten im Reichstag wurden unruhig, bereiteten eine Friedenskonferenz der Sozialisten Europas im neutralen Stockholm vor und drängten die Regierung, öffentlich einen Verhandlungsfrieden anzubieten.

Die Formel des Petrograder Sowjet hatte ansteckend gewirkt: keine Annexionen und Kriegsentschädigungen. Das sei, so erklärte der Abgeordnete Heine in der Sozialdemokratischen Fraktion Anfang Mai 1917, bereits Überzeugung der meisten Parteien, selbst die Konservativen wüßten, Annexionen seien unmöglich, »sie schüren nur noch aus innenpolitischen Gründen«[27]. Den Kanzler wechseln? Nicht gegen einen Militär. Die Sozialdemokraten traten unverändert für »Verteidigung des Vaterlandes« ein. Aber sie drängten jetzt mehr und mehr auf Verhandlungsfrieden. Die Regierung Bethmann antwortete wenig später auf die russische Revolution und die amerikanischen Kreuzzugsideen mit der »Osterbotschaft« des Kaisers, die (8.4.1917) von innerer Reform sprach und in unbestimmten Wendungen das preußische Dreiklassenwahlrecht zur Disposition zu stellen schien, während die Sozialdemokraten Frauenwahlrecht, Verhältniswahl und Neueinteilung der Wahlkreise im Reich, gleiches Wahlrecht in den Einzelstaaten verlangten. »Der preußische Geist bleibt sehr zähflüssig; aber doch großer Fortschritt«, schrieb der SPD-Abgeordnete David bescheiden und befriedigt[28].

Um die Innenpolitik im Gleichgewicht zu halten, bedurfte es einer deutschen Friedensformel. Das Dilemma aller Friedenspolitik aber lag in ihrer Doppeldeutigkeit: der Krieg ließ sich nur führen, wenn sein Verteidigungscharakter offenkundig war, und Verhandlungsbereitschaft war unumgänglich, um das massenhaft gute Gewissen zu erhalten, ohne das der Krieg nicht zu führen war. Diese Doppeldeutigkeit hat auch die große Friedensinitiative des Reichstags vom Juli 1917 überschattet: sie war ein Wendepunkt, aber die Wende unterblieb. Der Abgeordnete Erzberger, anfangs begeisterter Annexionist und lange Zeit Vertrauensmann der Obersten Heeresleitung, Berufspolitiker, der dem linken Zentrumsflügel Förderung und Aufstieg verdankte, kam in diesen Tagen aus Wien zurück und machte am 6. Juli den Abgeordneten des Hauptausschusses, wo die Bewilligung neuer Kriegskredite vorbereitet wurde, Eröffnungen über die hoffnungslose Kriegslage. Österreich-Ungarn stehe vor dem Zusammenbruch, Frieden sei unumgänglich, im Westen sei die Front kaum mehr zu halten, der unbeschränkte U-Boot-Krieg könne die Entscheidung nicht bringen, so müsse der Reichstag die Formel des Friedens ohne Eroberungen und Entschädigungen sich feierlich zu eigen machen und die Reichsregierung darauf verpflichten.[29]

Das war, zum erstenmal in der deutschen Geschichte, ein Auf-

Nr. 950.

Resolution

zur

zweiten Beratung des Entwurfs eines Gesetzes, betreffend die Feststellung eines Nachtrags zum Reichshaushaltsetat für das Rechnungsjahr 1917 — Nr. 889 der Drucksachen —.

Albrecht und Genossen. Der Reichstag wolle beschließen:

Der Reichstag erklärt:

Der Reichstag erstrebt einen Frieden ohne Annexionen irgendwelcher Art und ohne Kriegsentschädigungen auf Grund des Selbstbestimmungsrechts der Völker.

Er erwartet insbesondere die Wiederherstellung Belgiens und die Wiedergutmachung des ihm zugefügten Unrechts.

Der Reichstag fordert die Einleitung sofortiger Friedensverhandlungen auf der Grundlage dieses Programms. Er verlangt ein internationales Abkommen über allgemeine Abrüstung, Freiheit des internationalen Handels und Verkehrs, sowie unbeschränkte internationale Freizügigkeit, ein internationales Übereinkommen zum Schutz der Arbeiter vor Ausbeutung, Anerkennung der Gleichberechtigung für alle Einwohner eines Staates ohne Rücksicht auf Staatszugehörigkeit, Geschlecht, Rasse, Sprache, Religion; Schutz der nationalen Minderheiten; obligatorisches internationales Schiedsgericht zur Schlichtung aller Streitigkeiten.

Zur Erreichung dieses Friedens und zur Durchführung dieses Friedensprogramms ist die dringendste Vorbedingung die sofortige Aufhebung des Belagerungszustandes. Erforderlich ist ferner die völlige Demokratisierung der gesamten Verfassung und Verwaltung des Reichs und seiner Einzelstaaten, die ihren Abschluß zu finden hat in der Schaffung einer sozialen Republik.

Berlin, den 19. Juli 1917.

Albrecht. Bernstein. Bock. Büchner. Dr. Cohn (Nordhausen). Dittmann. Geyer. Haase (Königsberg). Henke. Dr. Herzfeld. Horn (Sachsen). Kunert. Ledebour. Raute. Ryssel. Schwartz (Lübeck) Stadthagen. Stolle. Vogtherr. Wurm. Zubell.

Die Friedensresolution der Mitte-Links-Mehrheit im Reichstag stand gegen das Außenpolitikverbot, dem der Reichstag verfassungsmäßig unterlag, und es setzte, um Erfolg zu haben, zwingend die Bildung einer Reformmehrheit voraus, die der Regierung die Hand führte, ja die Regierung übernahm. Aber wer war die Regierung? Stresemann, der nationalliberale Parteiführer, forderte, nun gelte es, die Macht in die eigenen Hände zu nehmen. Aber wo lag die Macht? Da war die Reichsverwaltung mit dem Kanzler an der Spitze. Aber neben und über ihr stand die Oberste Heeresleitung, und niemand wußte genauer als die Parlamentarier, daß in ihren Händen die Entscheidung lag.

So geschah das Merkwürdige: es entstand der Interfraktionelle Ausschuß, der die Mitte-Links-Mehrheit des Reichstags vereinigte und dem zu einer veritablen Koalition nur noch die Koalitionsregierung fehlte, und dort wurde binnen weniger Tage eine Friedensresolution beschlossen, die die große, verlockende und vieldeutige Formel des Friedens »ohne Annexionen und Kontributionen« enthielt, und es wurde zugleich ein Programm des Verfassungswandels in die Luft gezeichnet. Aber Bethmann hielt sich bedeckt und verlor dadurch jedes Vertrauen, dies alles zu verwirklichen: David: »Entschluß, den Mann unschädlich zu machen ... Das Parlament darf sich nicht mit ihm diskreditieren«[30]. So taten sich denn die Parlamentarier der Mitte-Links-Mehrheit mit der Obersten Heeresleitung zusammen, die beim Kaiser erschien, um den eigenen Rücktritt anzubieten, falls nicht Bethmann ginge.

Der Reichstag war zwar stark genug, den Kanzler zu stürzen und gegen seine hinhaltenden Bedenken die Friedensresolution zu verabschieden. Aber gestürzt war ein Kanzler, der den Militärs, zuerst Falkenhayn, dann der 3. OHL, immer wieder entgegengetreten war, und sein Sturz am 14. Juli 1917 öffnete nicht den Weg zur Parlaments-

Rücktrittsgesuch des Reichskanzlers Bethmann Hollweg

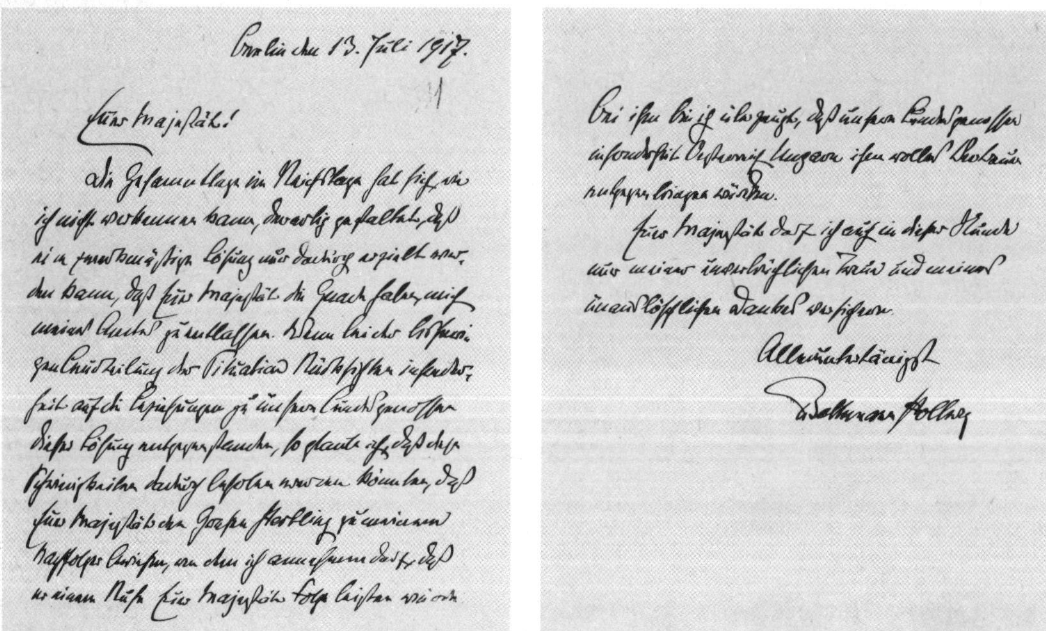

regierung, sondern zur Etablierung eines unbekannten Mannes namens Michaelis, der im Obersten Hauptquartier beim Vortrag guten Eindruck gemacht hatte. Niemand kannte ihn, und als er die Friedensresolution im Reichstag schließlich mit den Worten begleitete, »wie ich sie auffasse«, traute ihm auch niemand mehr. Ein Führungsvakuum hatte sich aufgetan, als Bethmann stürzte, ein resignierter Mann, dessen schwankende Taten seine besseren Einsichten dementierten, und die Reichstagsmehrheit hatte es nicht füllen können. Noch war die Zeit nicht reif für einen sozialdemokratischen Kanzler, denn das hätte Revolution von oben bedeutet, Zeichen gesetzt. Unter den parlamentarischen Führern, die sich anboten, hatte vielleicht der nationalliberale Vorsitzende Dr. Gustav Stresemann das Format, ein deutscher Clemenceau zu werden, ein deutscher Lloyd George, Parlamentsführer mit charismatischer Qualität und realpolitischer Begabung, Demagoge und zugleich Technokrat. Aber Stresemann war zu sehr »junger Mann« der OHL, ein wendiger Annexionist und Mann der Großindustrie, um eine Mehrheit der linken Mitte führen, Vertrauen finden und dem Kriegshandwerk die rettende Staatskunst entgegenstellen zu können.

Die Kriegsfinanzierung des Reiches erfolgte überwiegend durch Anleihen, die später die Besiegten zahlen sollten. Plakatentwurf: A. W. Wurthmann

So geschah das zweite Seltsame: das Parlament, das doch die politische Beschränktheit, die eindimensionale Denkform der Generäle der OHL kannte, übte keinen Druck aus, ließ sich mit der Ernennung eines ehrenwerten Niemand zum Bethmann-Nachfolger übergehen und nahm es hin, daß die Friedensresolution mehr als Bündelung des inneren Konsens denn als tragfähige Brücke zum Frieden gehandelt wurde. Die Sozialdemokraten wurden für den Krieg erneut engagiert, ohne ihnen die Regierungsgewalt auszuliefern: aber hatten sie die überhaupt gewollt? Wenn die Krise des Juli 1917 den Beginn des deutschen Parlamentarismus markiert, so enthielt sie auch schon alle seine Vorbelastungen. Die Chance jedenfalls, Frieden und liberale Demokratie zu verbinden, inneren Konsens und Verzichtbereitschaft nach außen, war ohne Zwang vertan.

Das Parlament verlor, kaum daß es sie ergriffen hatte, die Initiative. Die Note des Papstes Benedikt XV., die zu einer Friedenskonferenz aufrief, hatte zwar das Ergebnis, daß sich die neue Mehrheit in die Beantwortung einschalten durfte, doch blieb sie nichtssagend. Zwar wurde der Niemand im Kanzleramt alsbald durch den alten bayerischen Zentrumspolitiker Graf Hertling ersetzt. Der süddeutsche Liberale v. Payer gar wurde aus dem Reichstag zum Vizekanzler berufen, aber das alles hatte kaum Signalwirkung. Und nichts änderte sich an der Letztentscheidung der OHL.

»Lenin, die Friedenstaube«

Mehr noch, als die von der OHL so überschlau geförderte bolschewistische Revolution in Petrograd triumphierte, ihre sozialistischen Konkurrenten wie ihre zaristischen Gegner zu liquidieren begann und Rußland in einen blutigen Bürgerkrieg gestürzt wurde, schien der militärische Sieg noch einmal greifbar. Jetzt ein rasches Abkommen mit den Russen, Großmut im Separatfrieden gegen sichere Kornlieferungen aus der Ukraine, und dann alle Kraft im Westen konzentriert: der Staatssekretär v. Kühlmann hat solches gewollt. Hätten sich nicht Wege eröffnen können, um insgesamt erträgliche,

Blix, Der Tod in Flandern (1917)
»Ihr Menschen, hört auf - ich kann nicht mehr!«

vielleicht dauerhafte Bedingungen am Konferenztisch zu erreichen, bevor der amerikanische Einsatz die Waage endgültig senkte gegen das Deutsche Reich? Das Ganze verbunden mit einer Friedensoffensive, Verzichtbereitschaft mit militärischer Stärke, und dazu der Verweis an die Alliierten, daß im Osten eine imperiale Bedrohung der westlichen Welt und ihrer Lebensform heraufwuchs, die unendlich alles überstieg, was die deutsche Gefahr je gewesen war?

Das Gegenteil geschah. Die OHL schob Kühlmann beiseite und führte Verhandlungen in Brest-Litowsk, die als Diktat begannen und als Diktat endeten: die Ukraine wurde als Staat unter deutschem Einfluß von Rußland getrennt, das polnische Staatsgebiet mußte abgetreten, Estland, Livland und Finnland mußten geräumt werden. Was bedeutete es dagegen, daß auf Kriegskosten verzichtet wurde, die ohnehin uneinbringbar waren, und daß Propaganda verboten wurde, die sich nicht verbieten ließ? Die Verträge von Brest-Litowsk entsprachen einer gußeisernen, unpolitischen militärischen Logik, und das Ergebnis war so instabil, daß es noch auf lange Zeit die Masse der deutschen Truppen in der Weite Rußlands band: ein tödlicher Triumph der militärischen Annexionisten, die 1918 noch weit über die vertraglich festgelegten Grenzen hinaus vormarschierten, ohne doch die Revolution auszulöschen.[31] Die Kriegsentscheidung, wenn es sie denn noch für die Deutschen gab, wurde in der russischen Weite verloren.

Die sowjetische Verhandlungsführung, erst unter Joffe, dann unter dem Kriegskommissar Trotzki, hatte auf Zeitgewinn und Zersetzung der deutschen Truppe gesetzt. Die Bolschewiki wollten die deutschen Generäle am Verhandlungstisch festnageln, um unterdessen Heer und Arbeiterschaft in Deutschland in Aufruhr zu bringen: Selbstbestimmungsrecht der Völker, Verzicht auf Annexionen und Entschädigungen, Räumung der besetzten Gebiete und dazu die Verheißung der Sozialrevolution. Das war revolutionäres Vabanquespiel. Aber nur in Rußland brachte es den Erfolg. Die Armee löste sich, allein noch als Bürgerkriegstruppe zu brauchen, einfach auf und wurde in die Revolutionsgarde umgeschmolzen. In Deutschland entzündeten unterdes mit der Parole, die Generäle verlängerten den Krieg, die Revolutionären Obleute in den Schwerpunkten der Rüstungsindustrie die Fackel des politischen Streiks - mit den Sozialdemokraten als angstvollen, ohnmächtigen Zuschauern.[32] Die Januarstreiks 1918 waren durch die Kombination von Hunger und politischem Aufruhr unberechenbar. Nur allmählich gelang es Gewerkschaften und Sozialdemokraten, sie abzubremsen. Letztere zogen daraus die Lehre, die eigene Betriebsarbeit wieder zu stärken und gegen die revolutionäre Ansteckungsgefahr zu arbeiten. Es blieb das Trauma des bolschewistischen Umsturzes, und die Erfahrungen des russischen Oktober sollten sich im deutschen November auszahlen. Seit den Januarstreiks war das sozialdemokratische Establishment gewarnt. Es begann ein verzweifelter, halbgelähmter Wettlauf zum Frieden gegen die Revolution.

Halbgelähmt, innerlich und äußerlich. Denn das Frühjahr 1918 war noch einmal bestimmt von dem Versuch, die Entscheidung auf dem Schlachtfeld herbeizuführen, den Stellungskrieg wieder in Bewegung zu bringen, bevor die amerikanischen Truppen alles entschieden, die zum Jahresende 1917 mit einem Vorkommando von 145.000 Mann in die Kämpfe eingriffen, unerprobt zwar, doch frisch, gut genährt und im Bewußtsein, einen Kreuzzug zu führen für Freiheit und Demokratie. Sieg oder Niederlage, ein Drittes gab es nicht im Denken Ludendorffs, der auf der Höhe täuschender Triumphe im Osten noch einmal Herr über Kriegführung und Politik war. Ungewiß die Chancen, das Ganze strategisches Vabanque, die Alternative aber langsamer Rückzug auf die Mittelgebirge und dann ein Zermürbungskrieg, oder aber Waffenstillstand und ein rascher, kostspieliger Friede, der in Deutschland die Monarchie und alles das gefährdete, wofür sie stand. Offensive also, wobei zum erstenmal die Deutschen zahlenmäßig überlegen waren, und auch zum letzten Mal. Mehr als fünfzig Divisionen waren aus dem Osten verlegt worden, die meisten aber müde und ausgeblutet.

Technisch indes waren die Alliierten überlegen: mehr Motorfahrzeuge, mehr Benzin, mehr Artillerie, dazu Luftherrschaft und Panzer. Hunger und die Stimmung der Ausweglosigkeit bei den deutschen Truppen kamen den Alliierten zugute. Das »Unternehmen Michael« riß zwar in der zweiten Märzhälfte 1918 die alliierte Front an der Nahtstelle zwischen Briten und Franzosen auf. Doch um den Durchbruch strategisch zu nutzen, fehlte es an Reserven, die Angriffe verzettelten sich, nach vierzehn Tagen stand alles wieder.

Mitte Juli 1918 begann die große alliierte Gegenoffensive, als Stoßkeil fünfhundert britische Panzer bei Amiens massiert, die die deutsche Front zurückdrückten. Die strategische Niederlage war absehbar, der Zusammenbruch der deutschen Front eine Frage der Zeit. Nachdem zuerst starre Haltebefehle an die Truppe ergangen waren, allenfalls zwischen den Zeilen des täglichen Heeresberichts die üblen Nachrichten entzifferbar, folgte die jähe Wendung: am 29. September 1918 bedeutete der Generalquartiermeister Ludendorff den erschreckten Politikern, der Krieg sei verloren. Es bleibe Neubildung der Regierung aus dem Parlament und das Ersuchen an die Entente um Waffenstillstand.

Zugleich aber mit der Niederlage im Westen kam der Zusammenbruch der Fronten im Südosten und im Süden. Mitte September 1918 trat von Saloniki aus ein alliiertes Expeditionskorps den Vormarsch gegen Bulgarien an, das am 30. September Waffenstillstand schloß. Der militärische Zusammenbruch der Türkei folgte, beginnend an der Palästina-Front. Die Doppelmonarchie Österreich-Ungarn, zermürbt durch schwere Verluste, gelähmt durch den Kampf der Nationalitäten, zerrissen schließlich durch die längst nicht mehr auf Sonderfrieden, sondern auf Zerstörung des Staatsverbands zielende alliierte Politik, war nicht mehr aktionsfähig. Die Front im Süden brach, als die letzte italienische Offensive alliierte Verstärkung erhielt.

Am 3. November 1918 registrierte der Waffenstillstand an allen Fronten, wo Österreich kämpfte, das Ende des Krieges. Die Donaumonarchie als europäische Großmacht ging unter. Das altgewordene Bündelreich, dessen Machteliten im Krieg Erneuerung suchten, durch den Krieg wurde es zerstört. Kurz kam die Hoffnung auf, für Deutsch-Österreich aus dem Strudel der Niederlage noch durch Beitritt zum Deutschen Reich Sicherheit zu fischen. Finis Austriae. Was blieb, waren Agonien des Bürgerkriegs.

Durchhalten!
München, 14. August 1917
22. Jahrgang Nr. 20
SIMPLICISSIMUS
August 1917

Hurra-patriotischer »Simplicissimus«

Olaf Gulbransson, August 1917
Seht die vielen Völker alle, die sich wider uns verschworen,
Die in dünkelhafter Ehrsucht völlig den Verstand verloren!
Unverzagt nur, meine Helden! Trefft sie mit dem Wetterschlage
Eures Zornes, Eurer Hiebe, daß die Menschheit künftiger Tage
Diesem Sturmlauf ohnegleichen, diesem Sieg der Minderzahl
Wider eine Welt von Feinden türm' ein bleibend Ehrenmal.
König Friedrich von Preußen

Vor dieser Szenerie militärischen Zusammenbruchs, politischen Umsturzes und beginnenden Bürgerkriegs in der zerfallenden Donaumonarchie konnte die deutsche Politik der letzten Kriegswochen nur noch darauf gerichtet sein, kommende Katastrophen einzugrenzen. Als die Militärdiktatur sich außer Kraft setzte und damit aus der Verantwortung zog und dem Parlament die Entscheidung und die Einleitung von Friedensverhandlungen zuschob, tat sich ein Machtvakuum auf. Die Reformmehrheit des Reichstags, ohne Fahrplan des Verfassungswandels, ohne Strategie der schnellen Kriegsbeendigung, wurde in eine Verantwortung gestoßen, der sie nicht gewachsen war, die alten Machthaber aber noch weniger. Wer unter den eben ernannten sozialdemokratischen Exzellenzen, den Staatssekretären aus Linksliberalismus und Zentrumspartei verfügte über Verwaltungskenntnis? Wer über außenpolitische Erfahrung? Die Außenseiter des Kaiserreichs sollten in der Existenzkrise des Staates und der Nation das Schlimmste abwenden - so sie dies aber nicht vermochten, die Verantwortung der anderen tragen. Hätten die Republikaner deshalb nein sagen sollen? Den Militärs die Unterzeichnung des Waffenstillstands aufzwingen, der sich bald als Vorstufe des militärischen Zusammenbruchs der Westfront erwies?

Es ist nicht schwer, taktische Fehler vorzurechnen. Aber die Parlamentarier der Sozialdemokratie, des Fortschrittsliberalismus und des politischen Katholizismus waren aufgerufen, das bitter geschlagene Land aus dem Krieg zu führen und soviel wie möglich in der Niederlage noch zu retten: Millionen von Soldaten, die Verhungernden zu Hause, die bedrohten Provinzen in Ost und West und die Einheit des Reiches. Von Osten her die bolschewistische Revolution im Angriff, von Westen her die alliierte Militärmaschine unerbittlich sich vorschiebend, war nichts wichtiger als im Innern sichtbare, wirksame Reformen zu verwirklichen, Umsturz und Bürgerkrieg abzufangen und mit den Alliierten eine Nachkriegs- und Friedensordnung zu vereinbaren: eine übermenschliche Aufgabe, und nur ein Rest an Entscheidungsmacht fand sich dafür noch in Berlin. Vielleicht lag die letzte Chance in dem Umstand, daß die Westalliierten, Wilson und die USA vor allem, die Deutschen künftig brauchen würden gegen die Doktrin der Weltrevolution, die den Osten zu beherrschen sich anschickte.

Das aber setzte im Innern sichtbare, wirksame Reformen voraus. Wer sollte sie auf den Weg bringen, wer zugleich den Bürgerkrieg verhüten und den Krieg beenden, und wer die künftige, westliche Rolle deutscher Großmacht garantieren? Was die europäischen Machtverhältnisse anlangte, war die Krimkriegslage wiederhergestellt, mit gewissen Modifikationen: Rußland - wohin würde das Riesenland gehen, in einer Revolution gefangen, die die bürgerlichen Revolutionen des Westens nachträglich als Kinderspiel erscheinen ließ? Dieses neue Rußland war, das wurde in Whitehall und Washington früh begriffen, eine Bedrohung des Westens und eine Bedrohung Deutschlands. Ließ sich das aber für die deutsche Politik, vielleicht, in Stärke verwandeln, so würde dies am Verhandlungstisch zählen. Das aber setzte voraus, daß die Politik der Alliierten, wie in der Zeit Castlereaghs und Metternichs, mehr die Stabilität der künftigen Weltordnung als die Zerstörung der deutschen Großmacht meinte.

War das aber gegeben, war das im populären Massenkrieg möglich? Hoffnungen waren erlaubt auf die »14 Punkte«, auf die Staatskunst der Sieger, auf ihre Angst vor Lenins Revolution, zumal ein neues, anderes, demokratisches Deutschland um Waffenstillstand bat – Wilson hatte »representative government« verlangt – und die sich verschärfenden Bedingungen Punkt für Punkt annahm. Ludendorff schied darüber aus, als er einen Verzweiflungswiderstand verlangte. Bald war militärische Verteidigung, auch hinhaltender Art, kaum mehr möglich.

Das Ende der Monarchie

Deutsche Zeitung

Anschrift: Berlin SW 11, Hedemannstraße 12 • Drahtungen: Bismarckblatt, Berlin • Fernsprecher: Amt Kurfürst 6190–6199 • Die Deutsche Zeitung erscheint 13 mal wöchentlich. Bezugspreis: durch die Post oder Zeitungsgeschäfte vierteljährlich 6 Mark ohne Bestellgeld.

Anzeigenpreis: 75 Pfennig • Empfehlungen durch die Anzeigen-Abteilung: die Kleinzeile 2 Mark. • Postscheck: 32 176 Amt Berlin. • Bank: Diskonto-Gesellschaft. Berlin W. Potsdamer Straße Nr. 129/130 • Beilagen: Zeitbilder.

Nummer 573 | 23. Jahrgang – Berlin SW 11 | Sonnabend, 9. November 1918 | Abend-Ausgabe

Abdankung des Kaisers – Thronverzicht des Kronprinzen.

Ebert wird Reichskanzler. – Einberufung der Nationalversammlung.

Amtlich. Berlin, 9. November.

Der Kaiser und König hat sich entschlossen, dem Throne zu entsagen.

Der Reichskanzler bleibt noch so lange im Amte, bis die mit der Abdankung des Kaisers, dem Thronverzichte des Kronprinzen des Deutschen Reichs und von Preußen und der Einsetzung der Regentschaft verbundenen Fragen geregelt sind. Er beabsichtigt, dem Regenten die Ernennung des Abgeordneten Ebert zum Reichskanzler und die Vorlage eines Gesetzentwurfs wegen der sofortigen Ausschreibung allgemeiner Wahlen für eine verfassunggebende deutsche Nationalversammlung vorzuschlagen, der es obliegen würde, die künftige Staatsform des Deutschen Volkes, einschließlich der Volksteile, die ihren Eintritt in die Reichsgrenzen wünschen sollten, endgültig festzustellen.

Berlin, den 9. November 1918.

Der Reichskanzler
Max Prinz von Baden.

Das Eintreffen der Waffenstillstandsbedingungen stündlich zu erwarten.

Berlin, 9. November. Amtlich. Der mit der Ueberbringung der Waffenstillstandsbedingungen beauftragte Kurier [illegible]

bis zur Maros, die Bacska bis Szabadka und Baja und schließlich noch das Gebiet von Fünfkirchen, das zwischen Drau und Donau liegt. Ganz Kroatien und Slawonien ist in die Räumung einbegriffen. Das ganze Gebiet umfaßt eine Fläche von 160 bis 170 Quadratmeter. Das Postwesen, Telegraph und Telephon sind unter die Kontrolle der Entente gestellt. Die Regierung selbst kann durch Entente-Attachés bei dem ungarischen Ministerium kontrolliert werden. Die Bedingungen der [illegible]

Dem Kaiser.

Mit diesen Worten haben wir Dich oft gegrüßt, Kaiser Wilhelm! Dein Name war uns das Symbol deutscher Größe und Herrlichkeit! Du trugst den stolzesten Namen, den ein Deutscher je tragen konnte und Deines Volkes reichste Liebe hat Dich umgeben durch mehr als 30 Jahre. Wir haben oft getadelt, was zu tadeln war. Wir waren keine Byzantiner, sondern als königstreue Männer haben wir offen und ehrlich gesagt, wo Deine Schwächen sind, haben Dich gewarnt in ernster Stunde, aber wir haben Dich doch geliebt. Wenn wir Dich tadelten, dann war es der Tadel der Liebe, die wir königstreue Männer allzeit für den Träger der Hohenzollernkrone gehabt haben. Nun bricht alles zusammen. Die Krone, die Dir Dein Haus gegeben, legst Du müde aus Deinen Händen. Du glaubst, der augenblicklichen Stimmung Rechnung tragen zu müssen, und meinst, daß dieses Opfer, das Du bringst, Deinem Volke zum Guten gereiche. Wir glauben es nicht. Aber wenn auch alles zusammenbricht in diesem Chaos selbstgewollter Not, unsere Liebe zu Kaiser und Reich, unsere Verehrung für Dein stolzes Haus bricht nicht zusammen komme, was kommen mag.

Wir wollen heute in dieser fürchterlichen Stunde nicht anklagen. Wir haben immer wieder und wieder ausgeführt, daß die Nachgiebigkeit der Krone den demokratischen Gewalten gegenüber der Anfang vom Ende ist. Wir haben nur zu recht behalten und stehen heute erschüttert am Grabe deutscher Hoffnung. Denn wir wollen uns heute nicht darüber hinwegtäuschen, noch duldet man den Knaben aus dem Hohenzollernhause auf dem Kaiserthrone, nachdem man den Kronprinzen unter Bruch allen Rechtes beiseite geschoben hat, aber dieselben

Am 11. November wurde von Matthias Erzberger, der, von zwei Offizieren des Großen Hauptquartiers begleitet, die Linien gekreuzt hatte, der Waffenstillstand unterzeichnet unweit des alten Königsschlosses von Compiègne, auf einer Waldlichtung in einem Salonwagen der französischen Staatsbahnen. Deutschlands Machtposition lag nicht mehr in seiner Armee, sondern allein noch in seiner Lage, seiner Bedeutung für das künftige Weltgleichgewicht, in der planenden Vernunft der Staatskunst. Die Hoffnung allerdings, es werde ein zweites Mal ein Wiener Kongreß das bürgerliche Europa zusammenführen gegen die Revolution, der Besiegte zugleich Teil der künftigen Stabilitäts- und Friedensordnung sein, diese Hoffnung war bereits zerstört: durch das die Niederlage besiegelnde Diktat der Waffenstillstandsbedingungen, durch den Zerfall der deutschen Westfront, endlich durch Leidenschaften, die den absoluten Krieg entzündet hatten.

Inzwischen hatte die freiheitlich-demokratische Neuordnung im Innern, noch auf Anforderung der abtretenden Kriegsherren improvisiert, rasche und, bedenkt man die Umstände, gute Arbeit geleistet: eine parlamentarisch verantwortliche Regierung aus der Parlamentsmehrheit der linken Mitte, an ihrer Spitze freilich ein Prinz aus großherzoglich-badischem Hause, voll guten Willens, doch ohne Geschäftskenntnis, ohne Führungsautorität und Charisma, Prinz Max von Baden, ins Spiel gebracht durch den Pädagogen Dr. Kurt

Hahn und den Württemberger v. Payer. In ruhigen Zeiten gewiß ein umsichtiger Landesherr, für Sturmzeiten aber unerfahren und ungeeignet. Immerhin, im Innern waren Signale der Versöhnung gegeben worden, die Wahlrechtsfragen kamen wieder in Bewegung, Haftentlassungen fanden statt, die Presse berichtete freier, vor allem aber wurde der Verfassungsbau Bismarcks einer Revision unterzogen: parlamentarische Verantwortlichkeit des Kanzlers, die Chefs der Reichsämter, eigentlich Minister, als Stellvertreter des Reichskanzlers parlamentarisch verantwortlich, als Parteiführer aufgestiegen, die preußische Hegemonie aufgebrochen, die militärischen Spitzen vom Vorschlagsrecht des Kanzlers abhängig, die Armee nicht mehr Staat im Staate. So wurden die Bismarcksche Reichsverfassung durch Reichsgesetz vom 28. Oktober 1918 in ihren Nervenpunkten verändert.[33] Aus der Bismarck-Verfassung wurde die Verfassung der liberalen Demokratie, noch mit einem gekrönten Haupt. Die Letztentscheidung lag beim Kanzler, über ihn aber im Parlament. Bei aller Kontinuität gab es doch in der Verankerung der Macht einen fundamentalen Wandel.

Aber wie wichtig war alles das noch, wie wirksam? Nur wenige, ungewöhnlich aufmerksame Zeitungsleser mögen in jenen düsteren späten Oktobertagen noch bemerkt haben, daß das Reich die Verfassung der siegreichen westlichen Demokratie angenommen hatte. Ein papierner Damm war aufgerichtet worden gegen die radikale Revolution des Ostens und die Kreuzzugstimmung des Westens. Er hätte nur halten können, wenn die Signale aus Berlin im Westen verstärkt und in den Fabrikhallen und an der Front verstanden worden wären. Nichts davon geschah. Aus Kiel und Wilhelmshaven lief die Flotte aus, 29. Oktober 1918, um noch einmal eine Schlacht zu schlagen. Der Admiralstab lehnte sich auf gegen die Liquidierung des Krieges, aber in den Kesselräumen der Schiffe löschten die Matrosen die Feuer. Rote Fahnen erschienen. Ein Streik begann gegen die Offiziere, ihm war nicht mehr beizukommen, die Meuterei steckte die Garnisonen auf dem Land an, am 1. November die ersten Matrosenräte, die gegen die Verhaftung der Anführer protestierten, Demonstrationen, Schüsse, tote Matrosen. Am 4. November übernahmen in den Kieler Kasernen Soldatenräte den Befehl, in den Betrieben Arbeiterräte, die Truppen zerfielen. Feldgendarmerie und Kriegsgericht, Begeisterung und Vaterland und alles, was fünfzig bittere Monate hindurch die deutsche Kriegsanstrengung diszipliniert und vorangetrieben hatte, hielt nicht mehr.

Was als militärischer Streik begonnen hatte, wurde Meuterei. Aus Meuterei entstand die Gegengewalt der Arbeiter- und Soldatenräte. Die revolutionäre Botschaft breitete sich von Norden nach Süden aus. Am 7. November fiel die Monarchie in Bayern, wo die Landwirtschaft sich in einer stillen Revolte befand. Am 8. November zerfiel die alte Gewalt in Köln und Braunschweig. In Berlin fiel die Entscheidung. Hier zögerten die Revolutionären Obleute, ihre Arbeiter zu mobilisieren und auf die Straße zu schicken. Die Mehrheitssozialdemokratie gewann kostbare Zeit, aus der Regierungsverantwortung die Wende vorzunehmen und die Revolution, die sie nicht gewollt hatte und deren Radikalisierung von links her sie fürchtete, zu führen. Die Massenbewegung galt es, in die alten Organisationsbahnen

Tagesbefehl.

Rechte und Pflichten der Vertrauensleute.

1. Die Vertrauensleute haben in Verbindung mit den militärischen Dienststellen den ordnungsgemäßen Betrieb der einzelnen Dienststelle zu überwachen.
2. Sämtliche Anordnungen, Befehle und Erlasse sind den Vertrauensleuten zur Begutachtung vorzulegen und von ihnen gegenzuzeichnen.
3. Ist zwischen Vertrauensleuten, Mannschaften und Offizieren keine Einigung zu erzielen, so ist die Angelegenheit dem Hauptausschuß zu überweisen. Urlaubsgesuche usw. bedürfen ebenfalls der Gegenzeichnung der Vertrauensleute.
4. Auf den Kassenverwaltungen hat gleichfalls ein dazu besonders bestimmter Vertrauensmann gegenzuzeichnen.
5. In den Truppenteilen bilden sich Kommissionen für
   a) Küchenangelegenheiten.
   b) Bekleidungsangelegenheiten,
   c) Demobilisationsangelegenheiten,
   d) Versorgungsangelegenheiten,

denen je ein Vertrauensmann des betr. Bataillons, der Kompanie, der Abteilung und der Lazarette vorsteht.

6. Die Vertrauensleute haben die Verpflichtung, den Zu- und Abgang von Waffen, Material, Bekleidung usw. zu überwachen und zu kontrollieren.
7. Mit der Annahme des Vertrauensamtes **erwächst dem betreffenden Vertrauensmann die Pflicht, die täglichen Vertrauensmänner-Sitzungen zu besuchen.**
8. Die Vertrauensleute haben für Aufklärung und Belehrung in den Truppenteilen Sorge zu tragen, und zwar durch Abhaltung von Vorträgen, welche durch den Aufklärungsdienst: Gefr. Küken, Hotel „Vier Jahreszeiten", Zimmer 33, vermittelt werden. Befähigte Kameraden können sich in der im Zimmer 33 ausliegenden Referentenliste einzeichnen.

Hannover, den 20. November 1918.

Der Soldatenrat.
gez.: **Dähling.**

Die Ordnung der Revolution

der Arbeiterbewegung zurückzulenken, um der Rätebewegung die Massenstoßkraft zu nehmen, den Spartakusbund zu isolieren und Revolution von unten und Kontinuität von oben zu verbinden: nicht für dic Leninsche Diktatur der kampfstarken, doktrinären Minderheit, sondern für die Verfassung der Mehrheit.

Die Abdankung des Kaisers, dem im Großen Hauptquartier die Offiziere lakonisch bedeutet hatten, es sei nun vorbei, dann die kaiserliche Flucht in die neutralen Niederlande lösten gefährliche Loyalitätskonflikte. Die Übergabe des Reichskanzleramts durch Prinz Max von Baden an Friedrich Ebert am 9. November 1918 sicherte die Kontinuität der obersten Gewalt, gab dem Reich in den laufenden Waffenstillstandsverhandlungen eine verantwortliche Stimme und verwehrte zugleich den Kräften des radikalen Umsturzes den Weg zur Macht. »Abdankung des Kaisers, Revolution, Republik« – so registrierte der Abgeordnete David, mehr mit Bedauern als mit Zuversicht, denn er war ein Mann des Bündnisses von Arbeiterbewegung und Bürgertum, was am 9. November geschah.[34]

Eher wohl ein Zusammenbruch war dies als eine Revolution. Dem russischen Oktober folgte kein deutscher November. Der Bürgerkrieg erregte Schrecken, und die Revolution der Bolschewiki in Rußland war der deutschen Sozialdemokratie zum Trauma geworden. Aus Reformern wurden keine Revolutionäre. Die Führung der Partei, in die politischen Schlüsselpositionen gedrängt durch den Zusammenbruch der alten Gewalten und die Waffenstillstandsforderungen der Entente, wollte die Kontinuität ihrer Ziele: Sozialpolitik, Wahlrecht, Bildung für alle, und vielleicht zu einem späteren, besseren Zeitpunkt Sozialisierung der großen wirtschaftlichen Machtbastionen. Vor allem sollte dies aus der Ethik der Demokratie und nicht aus der Gewalt der Diktatur erwachsen. Das war kein Pro-

Beruhigende Versicherungen

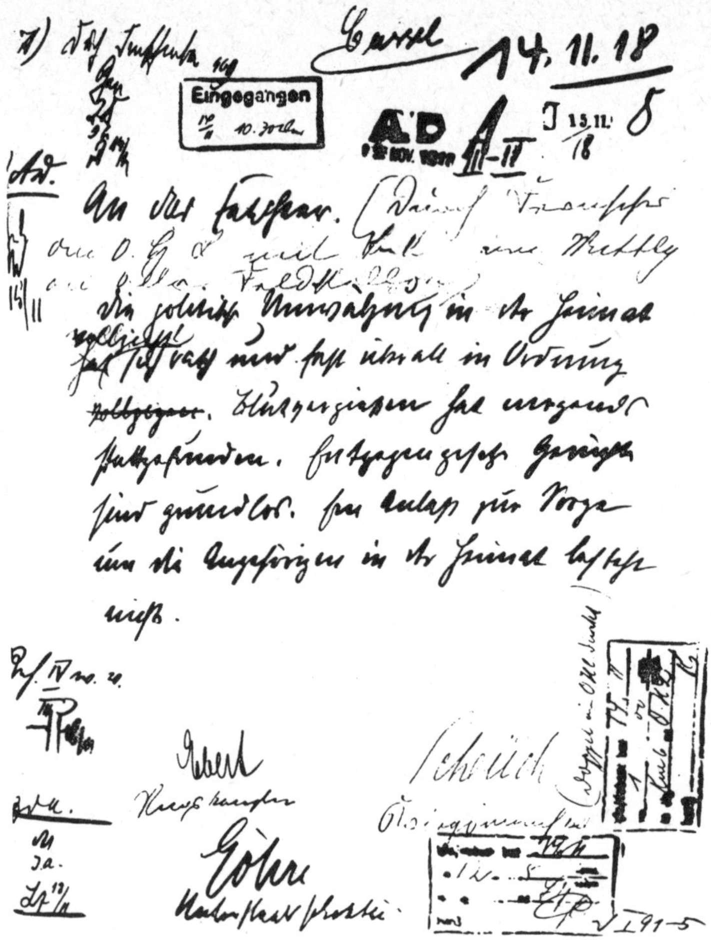
Cassel 14.11.18

Eingegangen

An das Feldheer.

Die politische Umwälzung in der Heimat hat sich fast überall in Ordnung vollzogen. Blutvergießen hat nirgends stattgefunden. Entgegengesetzte Gerüchte sind grundlos. Ein Anlass zur Sorge um die Angehörigen in der Heimat besteht nicht.

Ebert
Reichskanzler

Göhre
Unterstaatssekretär

Scheüch
Kriegsminister

gramm der Revolution aber es bot sich die Chance der Reform von oben. Deutschland im Innern eine westliche Demokratie, nach außen in die Front des Weltbürgerkriegs gestellt gegen die bolschewistische Revolution, war das so falsch gehofft, so falsch gedacht? Zunächst aber Heimführung der Truppe, Eingliederung der Demobilisierten, Sicherung von Arbeit und Ernährung, Friede im Lande – das waren die ersten Ziele, und wer durfte sie geringachten? Niemals hat die deutsche Sozialdemokratie mehr Verantwortung, mehr Führung und mehr Kaltblütigkeit gezeigt als angesichts des Zusammenbruchs, der nicht zur Revolution wurde. Mehr ein Ende war dies als ein Anfang, mehr das Resultat eines verlorenen Krieges als die Widerlegung der Vergangenheit.

Walther Rathenau war es, der die Ereignisketten des November 1918 eine »Revolution aus Versehen« nannte.[35] War es so? Rathenau: »Nicht wurde eine Kette gesprengt durch das Schwellen eines Geistes und Willens, sondern ein Schloß ist durchgerostet... Den Generalstreik einer besiegten Armee nennen wir deutsche Revolution«.

Epilog
Das ruhelose Reich – Europäische Bedingungen deutscher Nationalgeschichte

»Das wahrste Studium der vaterländischen Geschichte wird dasjenige sein, welches die Heimath in Parallele und Zusammenhang mit dem Weltgeschichtlichen und seinen Gesetzen betrachtet, als Theil des großen Weltganzen, bestrahlt von denselben Gestirnen die auch andern Zeiten und Völkern geleuchtet haben, und bedroht von denselben Abgründen und einst heimfallend derselben ewigen Nacht und demselben Fortleben in der großen allgemeinen Überlieferung.«

Jacob Burckhardt, Über das Studium der Geschichte.

Bismarck starb 1898. Das europäische Mächtesystem weitete sich zum Weltsystem, und der Schlachtflottenbau gab der Weltpolitik der deutschen Machteliten und dem industriellen Aufbruch zur Weltwirtschaft die strategische Schärfe. Als Bismarck tot war, sein System der Sozialdisziplin in der industriellen Massengesellschaft überanstrengt, sein großes Spiel mit den fünf Kugeln der europäischen Großmachtpolitik gelähmt, obsolet geworden durch verschärfte internationale Wettläufe und verengte Peripherien, haben nur wenige dies beklagt. Die Deutschen, Führer und Geführte, stellten eine Leiter an den Himmel. 1914 wurde der Aufstieg mörderisch. 1918 stürzte der Himmel ein.

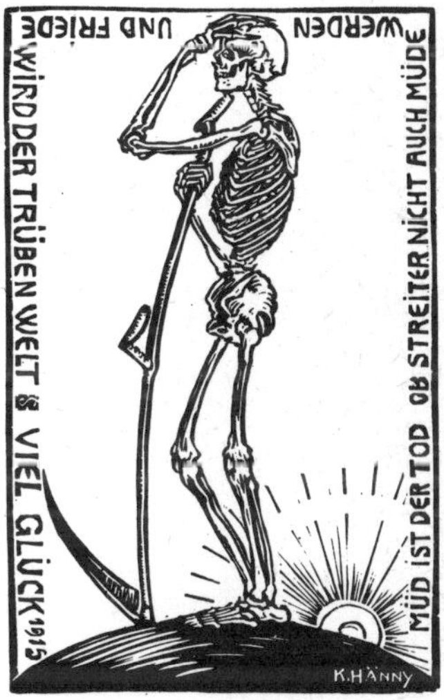

Karl Hänny, Müd ist der Tod. Schweizer Postkarte 1914/15

Der Erste Weltkrieg, so oft vorausgedacht und doch niemals substantiell geplant, so oft beschworen und als widervernünftig verworfen, wurde, was George F. Kennan »the great seminal catastrophe of this century« nannte – Urkatastrophe der Gegenwart. Ein neuer Dreißigjähriger Krieg entbrannte, Totentanz der europäischen Zivilisation, und er sollte Greuel heraufführen von lange vergessenem Ausmaß. In Kauf genommen von allen Mächten als Mittel der Politik, wurde der Krieg 1914 als symbolischer Kraftbeweis herbeigeführt in Handlungszwangen, die zwischen Wien, Berlin und Petersburg entstanden. Der Teufelskreis kalkulierter Risiken schloß sich rasch, und die Folgen wurden unberechenbar. Bittere Ironie, daß Frankreich den Krieg hinnahm, um am Rhein, und Rußland ihn unausweichlich machte, um auf dem Balkan die Landkarte strategisch zu ändern, Berlin und Wien aber zum Krieg trieben, um ihre bedrohte Machtstellung vor dem Verfall und die Karte Europas vor jeder Veränderung zu bewahren. Den Weltkrieg, der daraus entstand, hatte keiner so gewollt, wie er dann wurde. Er begann als europäischer Hegemonialkrieg, der Anlaß bald bedeutungslos. Er endete in der Selbstzerstörung Europas und führte noch die Geburtswehen eines neuen Weltsystems herauf. War der Krieg ein Unfall der europäischen Geschichte? Er wurde durch kalte technische Kalküle ausgelöst, und er versprach noch letzte Auswege, als Konsens und Staatsräson zu bröckeln drohten und alte sozialpsychische Bindungen sich als morsch erwiesen. Jene Kriegsziele, die dem Reich auf alle Zeit wirtschaftliche und militärische Hegemonie sichern sollten, erwuchsen erst aus der Kriegführung, das deutsche Präventivkriegskalkül aber war Folge der antagonistischen Struktur des Friedens. War aber der Große Krieg von 1914, wenn nicht Unfall, doch Anachronismus?

Unzeitgemäß war der Krieg allenfalls in jenem Sinne, den Nietzsche eine Generation zuvor dem Begriff gegeben hatte: eine Provokation der Fortschrittswelten und Erinnerung daran, daß Denken und Handeln des Menschen im zwanzigsten Jahrhundert geprägt bleiben von der Ungleichzeitigkeit des Gleichzeitigen. Dem Homo faber schauderte es schon im vergangenen Jahrhundert vor seinen eigenen Konstrukten, die ihn weiterjagen, wo jeder Weg zurück verstellt bleibt: alle Tradition nur noch Beschwichtigung, alle Restauration nur scheinbar, alles Alte nur noch, bis es gestoßen wird, gegenwärtig.

In der industriellen Massengesellschaft, die das vergangene Jahrhundert der Gegenwart vererbte, blieb der Mensch beides, Triebfeder und Störfaktor: in einem fragilen System der fragilste Bestandteil. Jean-Jacques Rousseau hatte um die Mitte des achtzehnten Jahrhunderts beklagt, es hielten die moralischen Fähigkeiten nicht Schritt mit den technischen Fertigkeiten. Die technische Zivilisation, die aus Aufklärung und Verfall der alteuropäischen Lebensformen entstand, verwirklichte das Versprechen des Fortschritts. Aber als Konterbande enthielt sie auch die Illusion, Moral und Geschichte würden sich analogen Gesetzen zunehmender Rationalität, kumulativer Erkenntnis und zivilisatorischer Daseinsbewältigung beugen. Vergeblich die Warnungen, die im Drama der Französischen Revolution lagen, umsonst die Agonien des Ersten Weltkriegs, des Zweiten und der Zerstörung der liberalen Humanität des neunzehnten Jahrhunderts: die Neigung vieler Historiker, die Verläufe der deutschen Geschichte am vorgegebenen Weltplan zu Rationalität des Daseins und Demokratisierung aller Lebensverhältnisse zu messen und die vergangenen, anderen Wirklichkeiten abzuurteilen, blieb bis heute Erbteil jener Fortschrittsgläubigkeit, die die Angst der Aufklärung vor sich selbst vergaß und die entgegenstehenden Erfahrungen des neunzehnten Jahrhunderts ignorierte. Weder Zufall noch Anachronismus war der Weltkrieg. Er war äußerste, tragische Eventualität der europäischen Zivilisation, und sie hatte lange vor jener düsteren Schlüsselrolle begonnen, welche zwischen Ende Juni und Anfang August 1914 die Kabinette in Berlin, Wien und Petersburg spielten, Treibende und Getriebene.

Die »Stimmung der Gefahr« (K. Jaspers) durchzog das vergangene Jahrhundert; es war sich selbst nicht gute alte Zeit, sondern unheilschwanger, Sturmzeit und Krise. Es drohten Steuerlosigkeit im Gehäuse der Technik, Entwurzelung durch hohes Bevölkerungswachstum und neue, unerprobte Lebensformen. Die lastende Gestalt des künftigen Staates als große, graue Arbeitskaserne wurde früh gesehen und begriffen, die Grenzen seiner Wirksamkeit, wie Wilhelm von Humboldt schrieb, ohne sittliche Begrenzung vorgeschoben. Aufklärung zum Herrschaftsinstrument verbogen, unausweichlich in der Zukunft Verfall und Zerstörung der liberal-konservativen Bürgerkultur, der Retter der Gesellschaft eher ein neuer Cäsar als ein parlamentarischer Vorsitzender. Alexis de Tocqueville sprach Warnungen aus, die erst im zwanzigsten Jahrhundert entschlüsselbar wurden: »Was mich angeht, so bekenne ich, daß ich dem Geist der Freiheit, der meine Zeitgenossen anscheinend beseelt, keineswegs traue; ich sehe die Unruhe der Völker unserer Tage wohl; ich erkenne sie aber nicht deutlich als freiheitlich, und ich fürchte, daß am Ende dieses Aufruhrs, der die Throne schwanken läßt, die Inhaber der Staatsgewalt mächtiger sein werden als zuvor«. Jacob Burckhardt, der Basler Historiker, schaute nach der Reichsgründung auf ein kommendes, ehernes Zeitalter der Kriege und Revolutionen und hoffte, ihm bleibe erspart, es zu erleben.

Ein insistierendes Memento mori begleitete den lärmenden Triumphzug des Fortschritts. Die Kultur des neunzehnten Jahrhunderts enthielt das Versprechen durchgreifender Rationalität der Lebens- und Gesellschaftsformen, und Max Weber sollte es in »Wirtschaft und Gesellschaft« zur umfassenden, gliedernden Theorie der jungen Sozialwissenschaften ausformen. Und sie enthielt noch mehr die Wegweiser der Fluchtbewegung aus der Welt der Reißbretter. Richard Wagners kühne, alle Konventionen wegfegende Musik war über die Andeutung irrationaler Gegenwelten längst hinaus. Die Malerei des Expressionismus entzog sich der Wirklichkeit. Die Anfänge der abstrakten Kunst, noch vor dem Weltkrieg, zielten auf Antithese. In den Sezessionen der Kunst, im Protest der Künstler und in Lust und Angst der *décadence* begann der Boden geplanter und verwalteter Wirklichkeit zu schwanken.

Die Vision künftiger Katastrophen, die alle Politik zwischen Bismarck und Bebel überschattete, riß ihn auf. Beschwichtigungen und Ablenkungen boten sich im militanten Nationalismus, in der Hexenjagd auf »Reichsfeinde« und Minderheiten, im Aufbruch zu überseeischen Horizonten, im materiellen Erfolg und im Anstieg der Realeinkommen. Am Ende stand, da die Industriegesellschaft Antwort auf die Sinnfrage verweigerte, die Hoffnung auf Einheit und Ziel im Kriegerstaat. Angst vor der Revolution? Sie durchzog die deutsche und europäische Geschichte im neunzehnten Jahrhundert. Angst aber noch mehr, der Boden werde versinken. Die technische Zivilisation spottete zuletzt ihres eigenen Schöpfers. Der technische Fortschritt provozierte den romantischen Rückschlag. Dem Triumph der modernen Barbarei eröffnete er die technische Dimension. Der Homo faber, der so viel ins Leben rief, mußte er am Ende auch das tun, was allein zu tun noch übrigblieb – das Werk seiner eigenen Zerstörung? Die immer geträumte und niemals erfüllte Hoffnung auf durchgreifende Rationalität war selbst Teil des Problems, das sie lösen sollte: denn das Spannungsverhältnis der historischen Gegebenheiten zu allen Zukunftsentwürfen des Friedens und des Krieges blieb unaufhebbar.

Das alles galt für die industrielle Zivilisation Europas, am meisten aber für die Deutschen und die Frage ihrer Identität. Nirgendwo kamen Aufstieg der Nation und Durchsetzung der industriellen Lebenswelten zugleich so spät, so schnell, und so gründlich. Und nirgendwo war mit der Durchsetzung der technisch-industriellen Massengesellschaft ein so tiefer Umbruch, eine an alle Wurzeln des Daseins greifende Mobilisierung verbunden. Die Auswirkung auf politische Sinn- und Bindungsmechanismen, auf die wirtschaftliche Dynamik, auf Mentalität, Seelenleben und die Gesprächsfähigkeit zwischen den Generationen war im Wortsinne radikal. Ambivalenz wurde Signatur des neunzehnten Jahrhunderts, dem Aufbruch der Abschied zugestellt, dem Fortschrittsglauben die Entfremdung, der Revolution die Trauer um das Vergangene. Tradition blieb noch machtvolles, suggestives Ritual. Preußische Adler hockten auf öffentlichen Gebäuden und evozierten eine Kontinuität, die längst im Bröckeln war. Bunte Kavalleriedefilees, siegestrunkene Kaisermanöver und glanzvolle Stapelläufe täuschten eine Sicherheit vor, die längst verloren war.

Deutschland war eine technisch-industrielle Zivilisation geworden, die die explosiv wachsende Bevölkerung allein in expandierenden Industrien beschäftigen konnte: der agrarische Bereich nahm Arbeitskräfte nicht mehr auf, die Überzähligen wanderten ab oder wanderten aus. Sollte das Reich auf Ausdehnung seiner politischen Einflußsphären verzichten, auf die Kontrolle seiner Rohstoffe, die Sicherheit seines Absatzes? War Weltwirtschaft ohne Weltpolitik denkbar? Das ruhelose Reich als Stillstandsutopie? Eine Regierung, die solches befürworten und durchsetzen wollte, mußte fest im Sattel sitzen. Es war dies die Konzeption Bismarcks.

Traum und Alptraum: technische Systeme Zeichnung von Hans Baluschek

Die Deutschen zahlten für sie den Preis hoher Auswanderung, niedriger Löhne und der Unwohnlichkeit ihres Hauses, die politisch-moralischen Kosten umfaßten Kulturkampf, Sozialistengesetz und Zerstörung der liberalen Ideale. Die Nachwelt fand an alledem die außenpolitische Vernunft zu preisen und die innenpolitische Härte zu rügen. Hätte man jene Politik der Saturiertheit auch wohlfeil haben können, ohne die Bedingung innerer Beruhigung? Konnte man nach 1870 noch konservative Systempolitik betreiben ohne Ruhigstellung der inneren Dynamik der Industriegesellschaft, des Nationalismus und der Massendemokratie? Das Problem der Bismarckschen Gesamtpolitik lag nicht vorrangig in der Veränderung des europäischen Mächtesystems im Verlauf der Reichsgründung.

Die von den Kabinetten befürchtete Revolutionierung Europas blieb lange Zeit noch hypothetisch. Das Problem lag in den inneren moralischen Kosten und in dem Umstand, daß mit steigendem Bevölkerungsdruck auch der Druck auf die Regierung steigen mußte, Prosperität und Vollbeschäftigung im Machtstaat und durch ihn zu sichern. 1889 wurden mit den Massenstreiks im Ruhrkohlenbergbau die Warnzeichen unübersehbar. Sie reichten, um der Ära Bismarck ein Ende zu setzen.

Manche Historiker sehen im deutschen Kaiserreich auch nach Bismarck im Kern nicht viel mehr als ein widerwillig modernisiertes Preußen. Thorstein Veblen beschrieb 1915, als die amerikanische Kreuzzugsbereitschaft auf ein Stichwort wartete, Deutschland als eine Technokratie, die den demokratischen Preis der Modernisierung verweigerte: machtvolle, bis heute wirkende Axiome, die den Weg des Westens als Norm, den der europäischen Mitte als Abirrung darstellten. Ihre Pointe liegt indes nicht im Frieden, sondern im Krieg. Der Anfang des Krieges wäre danach innere Fluchtbewegung der Machteliten gewesen, sein Ausgang ein Götterurteil über die

An die arbeitende Bevölkerung Frankfurts!

Der große Wellenschlag der Völkerbefreiung hat auch Frankfurt erfaßt. Das Kapital, verbündet mit dem Militarismus, hat uns an den Abgrund geführt. Die deutsche Arbeiterschaft, vereint mit den Soldaten, Matrosen und Bauern, hat die Aufgabe übernommen, das Volk aus der Katastrophe zu retten.

In der Nacht vom 8. zum 9. November haben die Vertreter der Unabhängigen Sozialdemokraten Frankfurts mit den Vertrauensleuten der Betriebe und den Soldaten die Bildung eines Arbeiter- und Soldatenrates beschlossen. Arbeiter- und Soldatenrat haben die Macht ergriffen.

Bis sich die Zentralgewalt der sozialen deutschen Republik gebildet hat, übernimmt der Frankfurter Arbeiter- und Soldatenrat alle verordnende und vollziehende Gewalt. Nur die Anordnungen des Arbeiter- und Soldatenrats haben Geltung. Der Arbeiter- und Soldatenrat überwacht sämtliche Betriebe und öffentliche Anstalten im Groß-Frankfurter Wirtschaftsbezirk, die weitergeführt werden.

Seien wir uns der Heiligkeit unserer Aufgabe tief bewußt! Wir werden dem seit Jahrhunderten unterdrückten Proletariat die volle Herrschaft über seine Arbeit und die von ihm geschaffenen Produkte sichern. Die Zeit der Säbelherrschaft, der Drohnen und Ausbeuter ist vorbei! Wir bereiten dem Chaos ein Ende [illegible]

Arbeiter und Soldaten! Laßt Euch nicht um die Frucht unserer proletarischen Revolution betrügen. Es sind Mächte am Werk, die Euch mit verlogenen Versprechungen und halben Maßnahmen einzufangen suchen. In dieser entscheidenden Stunde fordern wir Euch auf, unser Werk nicht durch Taten des Terrors und des Unverstandes zu entehren!

Der Arbeiter- und Soldatenrat wird für äußerste Ordnung sorgen. Plünderungen und Ausschreitungen werden rücksichtslos bestraft. Wir fordern zur strengsten Selbstdisziplin auf!

Wir rufen die werktätige Bevölkerung von Stadt und Land auf, sich unserer Bewegung anzuschließen.

Eine unserer ersten Sorgen wird die gerechte Lösung der Lebensmittelfrage sein. Weitgehende soziale Maßnahmen sind vorbereitet. Alles öffentliche und Privateigentum steht zunächst unter dem Schutz des Arbeiter- und Soldatenrats.

Die Abschiedsstunde der Kronen- und Würdenträger und die ihrer Helfershelfer hat endlich geschlagen. Wir werden dem Volke den Frieden bringen, der es vor dem Elend bewahrt und den Wiederaufbau ermöglicht. Nach fünfzig Monaten des Mordens soll das werktätige Volk nunmehr Frieden, Freiheit und Brot haben! Durch die Kraft und Entschlossenheit der Proletarier und Soldaten wird aus dem Blutmeer dieser Schreckensjahre eine neue Welt erstehen. Es lebe die soziale Republik!

Das provisorische Aktionskomitee.

höhere Verfassungsform. In Wahrheit war das Kaiserreich Ergebnis einer »schöpferischen Antirevolution« (H. Rosenberg) und selbst zu Bismarcks Zeiten, da die Elemente der Agrargesellschaft noch überwogen, obrigkeitlich kaum noch regierbar. Die organisierten Interessen, aus den Wellen der wirtschaftlichen Depression von 1873 bis 1895 aufsteigend zu Vetogruppen, spotteten des Anspruchs aufgeklärter Obrigkeit. Das allgemeine Wahlrecht drohte den konstitutionellen Staat zu sprengen, wäre nicht der Instinkt der politischen Parteien zum Bündnis mit der Verwaltung stärker gewesen als das Interesse an gemeinsamen Koalitionen. Zudem stellte sich gegen die repräsentative Komponente der modernen Massendemokratie deren plebiszitäre: Parlamentarismus gegen Cäsarismus, und keine stark genug, um sich durchzusetzen. Eine Massenzivilisation war im Werden, die das überdehnte Gehäuse preußischer Staatstradition aus den Fugen trieb.

Kriegszustand und Ausnahmezustand zwar erinnerten an ältere Ernstfalldispositive. Beide aber blieben im Alltag unwirklich, und gegen Lebensformen und Mentalität der industriellen Massengesellschaft auch untauglich als Verfassungsvorbehalt und letzter Appell an die Souveränität. Zwischen dem cäsaristischen Staatsmann und der wachsenden Sozialdemokratie fand sich für die Entfaltung eines kraftvollen Parlamentarismus verzweifelt wenig Raum und Machtchance. Die politischen Parteirichtungen, Ausdruck zerklüfteter Sozialmilieus, lähmten einander und hatten aufsteigenden Begabungen wenig zu bieten: der Konservativismus eines Stahl, eines Roon durch den Bund der Landwirte zur nationalistischen Fratze verzerrt, von agrarischer Existenzangst auf die Marktplätze getrieben und auf der Suche nach einem charismatischen Führer; der Liberalismus zum industriellen Interessenstandpunkt erkaltet oder zur Mittelstandsvertretung ernüchtert, konstitutionelle Forderungen ohne Überzeugungskraft wiederholend, altgewordene Gesinnungen einer vergangenen Epoche. Die politische Arbeiterbewegung rat- und bewegungslos, mit unaufhaltsamem Wachstum begabt, träumend vom Neuen Jerusalem und ohne Ahnung des Weges dorthin; in der unbestimmbaren Mitte, entscheidend ohne ausgleichend zu sein, der Politische Katholizismus mit der Zentrumspartei als Aktionsausschuß, Machtbeteiligung und katholische Soziallehre balancierend. Der taktische Vorteil, ja die entscheidende Durchsetzungschance des überkommenen und durch Bismarcks Cäsarengestalt im Bezugspunkt veränderten preußischen Machtkartells lag darin, daß die Gegenkräfte einander aufhoben, diszipliniert durch die Geschichte, durch die Reichsgründung und durch die Lage des Machtstaats in der europäischen Mitte.

Ließ sich aber die Sinnfrage der Politik reduzieren auf die Effizienz bürokratischen Vollzugs und militärischer Außensicherung? Waren Zugeständnisse an organisierte Interessen, Sozialstaatlichkeit und Massendemokratie ausreichend, dazu ein zur Unregierbarkeit treibender Pluralismus der gesellschaftlichen Kräfte, um die Legitimität zu sichern, die genossenschaftlichen Kräfte dabei nicht stark genug, um ihre Grundlagen zu verändern? Das deutsche Sonderwegsbewußtsein seit der Politischen Romantik, gleichermaßen sich distanzierend von der asiatischen Despotie wie von westlicher Mehrheitsherrschaft, hat im Bildungsstaat, in staatlicher Sozialpolitik und in der von den Liberalen stets als Palladium der Freiheit verteidigten Verwaltungsgerichtsbarkeit mehr gesehen als einen Ersatz: haltbaren Zement des nationalen Konsensus.

Was aber war aus dem vorwärtstreibenden Pathos der Menschenrechte geworden? *The pursuit of happiness,* die machtvolle Heilsbotschaft der Aufklärung an die entkonfessionalisierte, säkularisierte Welt des späten achtzehnten Jahrhunderts, war untergegangen zwischen Wiener Kongreß 1814/15 und der Revolution von 1848/49. Der aufgeklärte Absolutismus, die deutsche Alternative zur bürgerlichen Revolution, hatte sich damals als Sackgasse erwiesen. Der Verwaltungsstaat dehnte sich aus, er war entwicklungsfähig, aber er lähmte die bürgerliche Urteilskraft. Industriewirtschaft, Nationalismus und Massenkonsens wurden unentbehrlich, schleuderten indes den alten Staat in eine neue Gefahrendimension.

Der Verfassungsmythos des Reiches beruhte somit nicht auf der Leitidee mündiger Bürgerschaft, sondern auf dem Vorrang des nationalen Machtstaats und dem Imperativ seiner Behauptung gegen eine gefahrvolle Außenwelt: die Nationalmonumente legten davon Zeugnis ab. Es lag darin eine letzte, tief belastende Auswirkung jenes deutschen Festungskomplexes, der aus der europäischen Machtgeographie kam und aus dem permanenten Protest der preußischen Geschichte gegen sie. Die Grunderfahrung des bedrohten Machtstaats in der Mitte wurde Teil der Politischen Kultur, ein Trauma, das zur Prophezeiung wurde und sich selbst erfüllte. Es durchzog die Geschichte des Bismarckreiches von seinen Anfängen bis zu seinem Ende. Denn Deutschland war zu schwach, um Europa zu beherrschen, wie die USA Kontinent und Hemisphäre, und zu stark, um die älteren europäischen Weltmächte nicht mit Mißtrauen zu erfüllen. Entstand hier ein Primat der äußeren Lage für die Gestaltung der inneren Verfassung? Sehr spät, 1911, hat Otto Hintze, Einsichten des Briten Seeley über die innere Freiheit der Seemacht auf die kontinentale Landmacht anwendend, aus der äußeren Bedrohung die Fortdauer des Obrigkeitsstaats zu rechtfertigen versucht. Das war noch einmal mit Bismarck gedacht, der sein grandioses Bündnissystem nicht aus der Logik des Krieges entwarf, sondern aus der Räson des europäischen Friedens, es auf stabile innere Ruhelagen abstützen wollte und dies doch schon nicht mehr vermochte. Primat der Auswärtigen Politik? Zugleich doch auch, aus der europäischen Gesamtlage, eine späte, unzeitgemäße Rehabilitierung des Obrigkeitsstaats.

Honoré Daumier, Der Friede: »Was man heute für komische Spiegel fabriziert!«

Nach Bismarck war aber alles dies nicht länger haltbar. Nicht wegen mangelnden Genies der Staatsmänner, sondern wegen der aus der Tiefe der gesellschaftlichen Formationen aufbrechenden Konflikte. Der Niedergang der Landwirtschaft und damit der wirtschaftlichen Basis der alten Machtelite, Wachstum der Bevölkerung und zunehmender Druck auf den Staat, Brot und Arbeit zu garantieren, dem industriellen Wachstum günstige binnen- und außenwirtschaftliche Bedingungen zu schaffen, das alles hob des späten Bismarck Versuch, noch einmal Metternich zu sein, aus den Angeln. Das Kaiserreich in der Phase der Hochindustrialisierung ließ sich nicht mehr einer konservativen Stillstandsutopie unterwerfen, der

Ausdruck wirtschaftlicher Energie: Kapazität aller Dampfmaschinen 1840 bis 1896 (in 1000 PS)

Staaten	1840	1850	1860	1870	1880	1888	1896
Großbritannien	620	1290	2450	4040	7600	9200	13700
Deutschland	40	260	850	2480	5120	6200	8080
Frankreich	90	270	1120	1850	3070	4520	5920
Österreich	20	100	330	800	1560	2150	2520
Belgien	40	70	160	350	610	810	1180
Rußland	20	70	200	920	1740	2240	3100
Italien	10	40	50	330	500	830	1520
USA	760	1680	3470	5590	9110	14400	18060

Machtstaat in der europäischen Mitte sich nicht mehr disziplinieren durch die Drohung seines Zerfalls und Untergangs.

Aber nicht nur von innen wurde das System Bismarck in Frage gestellt, auch die europäische Gesamtlage änderte sich. Die Machtwettläufe wirkten auf die Metropolen Europas zurück, Peripherien schrumpften, Weltmacht verlangte Seegeltung, die leeren Räume waren aufgefüllt, das Erbe der Türkei bis zum Balkankrieg 1912/13 weitgehend verteilt. Es entstand aber unterdessen aus der säkularen Religion des Nationalismus, welche sich mit der alten Räson des souveränen Machtstaats verband, eine Zerstörungskraft, die den europäischen Systemzusammenhang zersetzte und die Mächte in antagonistische Bündnisse trieb. War die europäische Halbhegemonie des Reiches noch länger haltbar? Bündnispolitisch durch die Schwäche Österreichs gefährdet, war der Machtstaat noch immer Bedingung für die Sicherung von Konsens und Herrschaft im Innern. Die Abdankung verbot sich als Ziel der Politik. Sie war nur als ihr Ende denkbar. So wuchs die Versuchung, solange es noch Zeit war, die gegnerischen Bündnisse zu sprengen: durch bündnispolitisches *brinkmanship* wenn möglich, durch begrenzte chirurgische Operationen wenn nötig, letztlich aber im Bewußtsein, daß dahinter das Risiko des europäischen Hegemonialkriegs heraufwuchs, ohne mehr als eine Restchance des Sieges. Führung in Kontinentaleuropa oder Untergang des Reiches – mit dieser tödlichen Alternative holten die Geschichte Preußens, die Geographie Mitteleuropas und das Erbe der Reichsgründung die Enkel ein.

Von europäischer Hegemonie zum Weltmächtesystem: Wertanteile der Großmächte an der Industrieproduktion der Welt

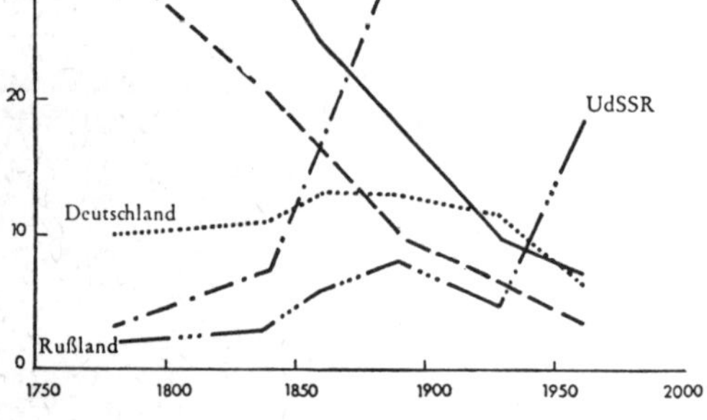

Ausdruck industrieller Leistung: Steinkohlenförderung in Großbritannien, Deutschland[1], Frankreich, Österreich-Ungarn und Rußland von 1840 bis 1914 (in Mill. t/Jahr)

[1] Für Deutschland zwei Kurven:
——— nur Steinkohle
----- Stein- und Braunkohle

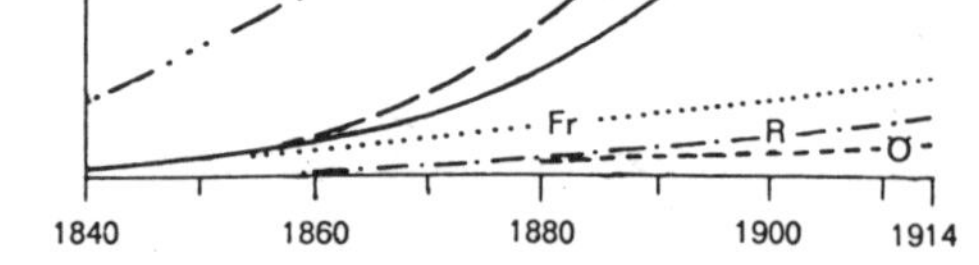

Seitdem das europäische Mächtesystem zu Beginn der Neuzeit entstanden war, hatte es stets eine deutschlandpolitische Dimension gehabt. Im zwanzigsten Jahrhundert wurde sie entscheidend. Die Gründung des Nationalstaats stand noch ganz unter der Erfahrung, daß die deutsche Verfassung stets Kernstück des Ius Publicum Europaeum gewesen war. Das galt schon vor dem Dreißigjährigen Krieg. Das Heilige Römische Reich im Herbst des Mittelalters war kein Nationalstaat, sondern vertrat einen gesamteuropäischen Ordnungsanspruch, Hegemonie vom Zentrum aus, der allerdings zu keinem Zeitpunkt der Neuzeit politisch noch durchsetzbar war. Die Reformation teilte Mitteleuropa und gab dem frühmodernen Territorialstaat wider Kaiser und Reich einen letzten, im Glauben verankerten Bezugspunkt. Der Glaubensgenosse wurde Bündnispartner im Kampf um die europäische Mitte. Der Grundsatz »cuius regio eius religio« des Augsburger Religionsfriedens hatte weitreichende politische und moralische Auswirkungen: er spaltete nach innen und verband nach außen. Auch festigte er das Band zwischen Landesherrschaft und Untertanen, weil die Landesherrschaft die Gewissen schützte. Die »gute policey« des achtzehnten Jahrhunderts umfaßte auch das Innenleben der Menschen. Die Mittellage hatte unübersehbare Folgen für Denken und Politik der Deutschen.

Plakat der Kriegsausstellung in Frankfurt am Main, 1916. Entwurf: Otto Linnemann

Nach dem mörderischen Elend des Dreißigjährigen Krieges – die existentielle Katastrophe des neuzeitlichen Deutschland, ohne deren Begreifen die ganze folgende deutsche Geschichte keinen Sinn ergibt – wurde der deutsche Zustand vollends europäisiert. Das Alte Reich, wo sich Teil-Absolutismen bildeten zur Sicherung des Friedens nach innen und zum Schutz nach außen, wurde Stabilisierungsfaktor Europas: ein Rechts- und Friedensverband, unfähig zu jedem Angriff und doch machtvoll in der Verteidigung. Seine Logik ruhte in sich selbst und im System der Mächte. Noch die Wiener Ordnung von 1815 hat diese europäische Funktion für Deutschland wieder hergestellt, und zwar in der Form des Deutschen Bundes: ein neues Gleichgewicht in Deutschland, das auch das europäische Gleichgewicht noch sichern sollte, abgestützt durch innere Veränderungsverbote und äußere Interventionsvorbehalte der Mächte. Außenseite war »the Repose of Europe« (Castlereagh), Innenseite aber blieb die Stornierung des deutschen Nationalismus, des Liberalismus und der massendemokratischen Strömungen bei aktiver Förderung der wirtschaftlichen Interessen des bürgerlichen Unternehmertums. Was vordem ein Stück kollektive europäische Vernunft zu Lasten der Deutschen gewesen war, wurde nach 1815 restauriert aus dem Geist der Gegenrevolution. Wiederum war Deutschland Drehscheibe der europäischen Machtinteressen.

Die Folgen zeigten sich, krisenhaft zugespitzt, zu Beginn der Revolution von 1848, beeinflußten ihren Verlauf und bedingten weitgehend schon ihr nationalpolitisches Scheitern. Erst die Stornierung des Wiener Mächtesystems durch die europäischen und außereuropäischen Kriege der fünfziger Jahre, bis hin zum amerikanischen Bürgerkrieg, eröffnete dann jene Konstellation, in der die deutsche Einheit herstellbar wurde, innenpolitisch durch Transzendierung der Traditionsfronten von preußischem Konservatismus und moderner Nationalbewegung, außenpolitisch durch duellartige, kurze Kriege. Aber der Nationalstaat kam zusammen, mit dem späten Bismarck zu reden, unter dem »bedrohenden ... Gewehranschlag des übrigen Europa«, und keinem deutschen Staatsmann war es gestattet, dieses factum brutum zu vergessen. Was aber folgte daraus? Für die Bismarcksche Denkschule die Saturiertheit Deutschlands, für den deutschen Nationalismus der Jahrhundertwende die Sprengung der Halbhegemonie. Der von Preußen geführte Nationalstaat hatte die alte Europäisierung Deutschlands beendet. Aus Einsicht in die Gefahren der neuen Lage hat Bismarck sie sogleich wieder durch Bündnisse simuliert, indem er Deutschland zum »Bleigewicht am Stehaufmännchen Europa« machte. Was sagen will, er spielte die Rolle des neuen Machtstaats in der europäischen Mitte herunter, um die Nation auf diese Weise vor den europäischen Folgen ihrer raschen Staatsbildung zu bewahren. Für die Erben Bismarcks indes, getrieben von einer expandierenden Industriegesellschaft, war dieser Ausweg verstellt.

Die Frage der inneren Selbstbestimmung aber war nach den Bitternissen von 1848/49 und den Triumphen von 1864, 1866 und 1870 anders gestellt. Die Deutschen zahlten nun noch einmal den Preis des Dreißigjährigen Krieges und der alten Neutralisierung der europäischen Mitte: der bürgerlichen Kultur fehlten Substanz und die Fähigkeit, politisch zu werden. Die Nation war fasziniert vom Machtstaat, richtete sich ein in »machtgeschützter Innerlichkeit« (Th. Mann) und fand in den Maßstäben des europäischen Imperialismus die Basis des Konsensus. Wie hoch der Preis sein würde, das war anfangs nur zu ahnen: die Kassandrarufe Jacob Burckhardts, Friedrich Nietzsches, Theodor Mommsens warnten, später auch die Zeitkritik Max Webers, Friedrich Naumanns und August Bebels. Aber was immer sie bewegte, sie klagten nicht das Mächtesystem an, sondern Preußen und Bismarck und damit - auch - seine Folgen. Lag hier am Ende doch ein deutscher Sonderweg, aus der Mittellage erwachsen und dazu bestimmt, über sie hinauszuführen? Oder aber, wenn der Weg der Hegemonie scheiterte, zurück in die Europäisierung der deutschen Verfassung, Teilung des Landes und Verlust der Einheit in einem durch die europäischen Hegemonialkämpfe radikal veränderten Weltsystem? Niemand konnte dies wohl 1866/70 und 1914 so sicher voraussehen. Aber es bleibt zu konstatieren, daß die Entstehung des deutschen Nationalstaats, ohne doch das Ende unausweichlich zu machen, auch die Bedingungen seines Scheiterns schon umfaßte. Die Früchte des Zorns: waren sie Teil einer Tragödie?

»Geschichte hat nun einmal, was wir uns früher nicht so klarmachten, einen dämonischen Charakter«, schrieb Friedrich Meinecke, als die erste deutsche Republik in der Auflösung begriffen war, 1931, an einen Historikerfreund. »Zuweilen plagt mich der Gedanke, daß der Demiurg, der diese merkwürdige Welt ins Leben rief, selber dämonischen Wesens ist, selig-unselig, schön und schrecklich zugleich«. Gehört, wenn alle Ursachen analysiert sind und die Auswirkungen überschaubar werden, die Kategorie des Tragischen zum Stoff der europäischen Geschichte? Die deutschen Fortschrittshoffnungen des neunzehnten Jahrhunderts beruhten auf der Idee, die selbstzerstörerischen Kräfte abendländischer Geschichte seien überwindbar, es gebe den Ausweg in Wachstum, Weltmacht und Sozialreform. Dem zwanzigsten Jahrhundert blieb nicht viel von solchen Täuschungen außer der historischen Erinnerung, daß es sie einmal gab. Alles Tragische, sagte Goethe 1824 im Gespräch zu dem Weimarischen Kanzler von Müller, beruhe auf einem unausgleichbaren Gegensatz. »So wie die Ausgleichung eintritt, oder möglich, schwindet das Tragische.« War für den deutschen Nationalstaat in Europa die »Ausgleichung« möglich?

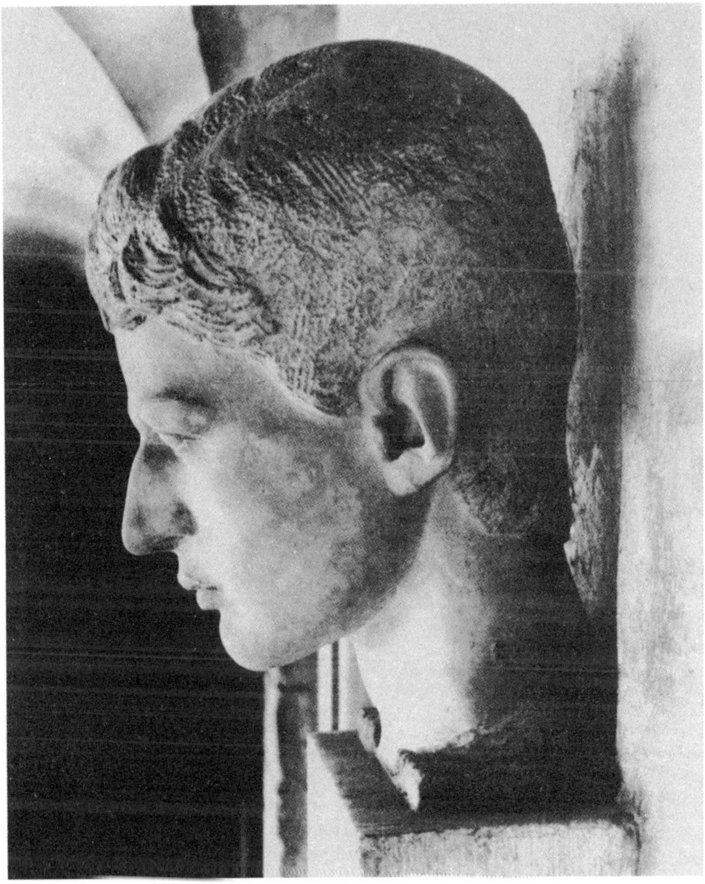

Ludwig Thormaelen, Gefallenenmal, 1920

Der Weg Europas bleibt eine Tragödie zu nennen. Denn dieselben Kräfte von Wagemut und Wettkampf, von Opfer und Begeisterung, von Selbstdisziplin und Sozialorganisation, die Europa im Verlauf der Neuzeit groß gemacht hatten, trieben auch zu seiner Zerstörung. Nicht Zufall war dies und nicht Anachronismus. Die Späterlebenden möchten sich den Glauben erhalten, Hybris und Zerstörung seien vermeidbar gewesen, und vieles hätte auch anders kommen können. Der Weltkrieg, gewiß, er war nicht zwangsläufig, wohl aber jene europäischen Mächtekonflikte, aus denen er entstand, und die moderne Machtstaatsidee, die ihn rechtfertigte. Zuletzt spricht vieles dafür, daß »Ausgleichung« nicht denkbar war und daß dieselben Kräfte, die der Stratege und Geschichtsschreiber Thukydides einst den Peloponnesischen Krieg auslösen sah, auch die Agonien Europas heraufbeschworen, in der Mitte Europas aber Krise und Niedergang des ruhelosen Reiches – in den denkwürdigen Worten der athenischen Gesandtschaft an die Spartaner:

Wir folgen nur der menschlichen Natur, wenn wir die Macht, die sich bietet, nehmen und behaupten wollen, besiegt von drei so großen Kräften wie Ehre, Furcht und Interesse. Auch sind wir nicht die ersten, die damit anfingen. Es war immer so, daß der Unterlegene sich dem Mächtigen beugen muß. Wir glauben, dieses Reiches würdig zu sein, und auch Ihr hieltet uns dafür, bis Ihr jetzt, Euren Vorteil berechnend, die Gerechtigkeit gegen uns anruft. Ihr zuliebe hat aber noch niemals jemand eine Gelegenheit zu gewaltsamer Bereicherung verschmäht oder auf seinen Vorteil verzichtet.

Anmerkungen

Zur Einleitung, Seite 13–22

1 Sir Stratford Canning an Lord Palmerston, 3. April 1848, Public Record Office London, Foreign Office 30/117 (Sir Stratford Canning Mission), No. 10. – In den Anmerkungen wird im folgenden in der Regel nur der Autor und das Jahr der Publikation zitiert, dazu Band und Seitenzahl. Der volle Titel ergibt sich aus dem Literaturverzeichnis. – Die Anmerkungen selbst sollen Belege geben und auf weiterführende Literatur verweisen. Für die ausführliche Bibliographie sei auf das Literaturverzeichnis verwiesen.

2 Zit. nach G. F. Kennan, 1979, Vorwort.

3 Zit. nach W. F. Monypenny/G. E. Buckle, 1929, 2. S. 473 f.

4 H. Kissinger, 1972.

5 Th. Schieder, 1977, S. 81; vgl. auch zum folgenden.

6 Ebd., S. 61.

7 G. Mosse, 1976.

8 Dazu L. Gall, 1980.

9 Bismarck an die preußischen Missionen (Runderlaß), 27. Mai 1866, GW 5, Nr. 359: im »Interesse des monarchischen Prinzips« sollte diese Politik liegen, die doch anderen Dynastien ein Ende setzte und vor allem Preußens Macht und Territorium vergrößerte.

10 Dazu E. Zechlin, 1967; H. A. Winkler, 1964; O. Becker, 1967; H. Böhme, 1966; O. Pflanze, 1971.

11 Bismarck vor der Budgetkommission des Hauses der Abgeordneten, 29. September 1862, GW 10, S. 140.

12 Dazu neben dem grundlegenden Werk von V. Valentin, 1930/31, R. Stadelmann, 1948.

13 Dazu R. Dietrich (Hrsg.), 1968; E. Kolb, 1970; W. Hofer (Hrsg.), 1970; J. Becker, 1970.

14 Dazu A. Hillgruber, 1980.

15 Zur Annexionsfrage 1870 Lipgens, 1964; L. Gall, 1968; E. Kolb, 1969.

16 Dazu gelten noch immer die Einsichten von L. Dehio, 1948.

17 A. Hillgruber, 1977, S. 38.

18 Vgl. G. F. Kennan, 1979, S. 97–99, 420–422.

19 Dazu wichtige, jedoch dem methodischen Postulat des Primats der Innenpolitik verhaftete Einsichten und Ergebnisse bei H.-U. Wehler, 1969, passim, und K.-J. Bade, 1975, passim.

20 Dazu jetzt als Gesamtdeutung K.-J. Bade, 1979.

21 Goethe an Zelter, 6. Juni 1825, in: Goethes Briefwechsel mit Zelter, hrsg. v. Mary Sabia, Leipzig 1924

22 R. Koselleck, 1975; K. Jaspers, 1931, S. 11f.

23 Dazu die Aufsätze von L. Dehio, 1952. (»Ranke und der deutsche Imperialismus«)

24 A. de Tocqueville, De la Démocratie en Amérique (1839/40); J. Burckhardt, Weltgeschichtliche Betrachtungen (1870/71); je verschiedene spätere Ausgaben, authentisch ediert erst 1981.

Zum 1. Kapitel, Seite 25–48

1 Statt vieler Belege zusammenfassend M. Riedel, Art. Bürger, in: O. Brunner/W. Conze/R. Koselleck (Hrsg.), 1972, Bd. 1, S. 672–725.
2 K. Scheffler, Die fetten und die mageren Jahre, 1946, zit. in: Max Liebermann in seiner Zeit, Berlin 1979, S. 97f.
3 Zit. ebd., S. 135.
4 E. Hobsbawm, 1977, S. 284f.
5 Abgedr. in: C.-W. Schümann, 1979, Anhang.
6 Ebd.
7 C.-W. Schümann (Hrsg.), 1977.
8 H. Graf Keßler, 1962, S. 146.
9 Ebd., S. 43–51.
10 Dazu die Belege in dem anonym unterhaltenden Buch: Berlin und die Berliner – Leute, Dinge, Sitten, Winke, Karlsruhe (J. Bielefelds Verlag) 1905; das gleiche Buch gab es auch über München und die Münchner. – Ein Versuch systematischer Art bei G. Huck, 1980, dort auch weitere Literatur.
11 Zu den Belegen vorhergeh. Anm.
12 Ebd.
13 Zur Gesellenkultur im Alten Handwerk M. Stürmer, 1979, S. 153–224. Einen Überblick über den Forschungsstand vermittelt G. A. Ritter (Hrsg.), 1979. Für die Bergarbeiter an der Ruhr die Studie von K. Tenfelde, 1977; wichtiges Material auch bei P. v. Rüden/K. Koszyk (Hrsg.), 1979.
14 Wie oben Anm. 10.
15 Dazu R. F. Wheeler, Organisierter Sport und organisierte Arbeit. Die Arbeitersportbewegung, in: G. A. Ritter (Hrsg.), 1979, S. 58–73.
16 Dazu D. Dowe, Die Arbeitersängerbewegung in Deutschland vor dem Ersten Weltkrieg – eine Kulturbewegung im Vorfeld der Sozialdemokratie, ebd., S. 122–144.
17 Zit. ebd., S. 123.
18 Wie oben Anm. 4.
19 Zit. bei Dowe wie Anm. 16.
20 Vgl. ebd., S. 124; J. Steinberg, 1972.
21 E. Ritter, 1954, passim.
22 E. Roth, Armen-Fürsorge und Armenkrankenpflege mit bes. Berücksichtigung der heutigen Stellung des Armenarztes und Vorschläge zu ihrer Reform, Berlin 1893, zit. nach C. Sachße/F. Tennstedt, 1980, S. 324f.
23 Vgl. ebd. die zeitgenöss. Berichte über Armenhäuser aus den Jahren 1850–1900, S. 312–322.
24 W. Abel, 1974, S. 352–399.
25 D. Grosser, 1970, passim.
26 Dazu Th. Schieder, 1977, S. 307–311, auch zum folgenden; ausführlich G. A. Craig, 1978, S. 180–223.
27 Franz Marc, Katalog der Gedächtnisausstellung im Lenbachhaus, München 1928.
28 W. J. Siedler, 1982; J. Posener, 1979.
29 Zit. Th. Schieder, 1977, S. 317.

Zum 2. Kapitel, Seite 46–64

1 Zum folgenden allgemein A. Armengaud, Die Bevölkerung Europas von 1700–1914, in: C. Cipolla/K. Borchardt, 1976, S. 11–43; W. Köllmann, Bevölkerungsgeschichte 1800–1970, in: H. Aubin/W. Zorn, 1976, S. 9–50. Zur Bevölkerungsstatistik W. G. Hoffmann, 1965 und G. Hohorst/J. Kocka/G. A. Ritter, 1975.
2 Dazu W. Abel, 1974, passim; methodisch grundlegend zur modernen Demographie G. Mackenroth 1953, passim.
3 S. Zweig, Die Welt von Gestern. Erinnerungen eines Europäers, Stockholm 1944 u.ö., S. 49.
4 Zum Pendlertum um München und Nürnberg, die hier als Beispiel herangezogen wurden, die unveröffentlichte Staatsarbeit (Erlangen 1977) von M. Beer, Migration im Industrialisierungsprozeß. Geographische und soziale Mobilität, S. 52 und passim. Die Arbeit wertet vor allem unveröffentlichtes Material des Bayerischen Statistischen Landesamts aus.
5 K. J. Bade 1980/82 vgl. auch zum folgenden. Grundlegend für den Zusammenhang von Arbeitsmarktentwicklung, Binnenwanderung, Auswanderung und kontinentaler Zuwanderung im Kaiserreich ders., 1979; vgl. dazu auch D. Langewiesche, 1977.
6 W. Köllmann (wie oben Anm. 1), S. 20.
7 Dazu ausführlicher K. J. Bade (wie oben Anm. 5).
8 Ebd.; auch zum folgenden. Zum Rahmen vgl. H. Rosenberg, Zur sozialen Funktion der Agrarpolitik im Zweiten Reich, in: H. Rosenberg 1978, S. 102–117; M. Rolfes, Landwirtschaft 1850–1914, in: H. Aubin/W. Zorn 1976, S. 495–526; E. Klein 1973.
9 K. Tenfelde, 1977; H.-U. Wehler (Hrsg.), Die Polen im Ruhrgebiet bis 1918, in ders. 1968, S. 437–458.
10 K. J. Bade (wie Anm. 5).
11 J. Kocka, 1969, S. 513–535.
12 Vgl. P. Lundgreen 1973, bes. S. 67ff.; zur sozialen Stellung des Volksschullehrers die Studie von D. R. Skopp 1980.
13 H. Graf Keßler, Gesichter und Zeiten. Lebenserinnerungen, Frankfurt/Main 1962, S. 150f.
14 J. Kocka, 1969, S. 536–559.

Zum 3. Kapitel, Seite 65–94

1 Zur Industrialisierung Deutschlands und zur Entwicklung des industriellen Deutschland D. S. Landes, 1969 (dt. Übersetzung 1973); C. Cipolla/K. Borchardt, 1976; F. W. Henning, 1973, bietet wichtiges Zahlenmaterial, ebenso G. Hohorst/J. Kocka/G. A. Ritter, 1975; grundlegend W. G. Hoffmann u.a., 1965. Das Handbuch von H. Aubin/W. Zorn, 1976, ist im einzelnen kompetent und gibt zuverlässig den Stand der Forschung wieder, bietet dazu auch weiterführende Literatur- und Quellenhinweise, doch fehlt die Synthese. – Das folgende Kapitel lehnt sich zum Teil an Ausführungen des Verfassers an in: J. Sandweg/M. Stürmer, Industrialisierung und Soziale Frage, München, 1979.
2 Dazu H.-P. v. Peschke, 1980.
3 W. G. Hoffmann u.a., 1965, S. 33, 182–184, 454.
4 Zum wachsenden Anteil der Ausgaben für Möbel, Kleidung usw W. G. Hoffmann, 1965, S. 131–136.
5 M. Walker, 1971; M. Stürmer, 1979, bes. S. 263–284.

6 W. Zorn, in: K. E. Born, 1966, S. 25-41. In demselben Sammelband auch andere weiterführende Aufsätze.
7 Neben der Literatur in Anm. 1 auch H. Böhme, 1966; A. Milward/S. B. Saul, 1973; Industrialisierung als Teil der Kulturgeschichte: E. J. Hobsbawm, 1977.
8 Dazu vor allem W. Zorn, in: M. Spindler (Hrsg.), 1975, S. 782ff. und 846ff.
9 F. Schnabel, 1929; K. Möckl, 1979.
10 Dazu für Augsburg I. Fischer, 1977.
11 R. Stadelmann, 1948.
12 D. S. Landes, 1969, S. 193-230.
13 K. J. Bade, 1979, passim.
14 F.-W. Henning, 1978, S. 113-138.
15 Ebd., mit weiteren Zahlenangaben.
16 Dazu H. Böhme, 1966, bes. S. 530-578; H. Rosenberg, 1967, S. 169-191; H.-U. Wehler, 1973, S. 41-59. Rosenberg wie auch Wehler sehen in der Agrarschutzpolitik zu sehr die Liebesgaben an die Großgrundbesitzer, zu wenig das grundlegende Strukturproblem der Landwirtschaft im Zeitalter der Industrie, das auch heute, unter ganz anderen politischen Voraussetzungen, durch Marktordnungen, Garantiepreise und unmittelbare Einkommenssubventionen für die Landwirte in seiner Schärfe abgemildert wird. Die Schutzpolitik für die Landwirte (Schutzzoll und Sozialversicherung) war *auch* Sozialpolitik für viele mittlere Existenzen.
17 G. Hardach, 1973, bes. S. 119-133.
18 H. Böhme (wie Anm. 16); M. Stürmer, 1974, bes. S. 265-288.
19 A. Berliner, Die wirtschaftliche Krisis, ihre Ursachen und ihre Entwicklung, Hannover 1878, S. 38ff.
20 Dazu H. Rosenberg, (1934) 1974.
21 Vgl. J. M. Keynes, The General Theory of Employment, Interest and Money, London 1951 (zuerst 1936), S. 381ff. - Übersichtliche Zahlendarstellung bei G. Hardach, 1973, S. 11-14.
22 S. Lilley, Technischer Fortschritt und die Industrielle Revolution 1700 bis 1914, in: C. Cipolla/K. Borchardt, 1976, S. 156-160; vgl. auch zum folgenden.
23 Ebd.
24 H. Rogge, »Ein Motor muß aussehen wie ein Geburtstagsgeschenk«, in: T. Buddensieg, 1979, S. 91-106.
25 Ebd., S. 104, und passim.
26 Dazu zusammenfassend K. Hardach, 1976, S. 17-22; ausführlicher und in vergl. Perspektive G. Hardach, 1973.
27 J. Kocka, 1973, vgl. auch zum folgenden.

Zum 4. Kapitel, Seite 95-119

1 Zur Politischen Kultur des Bismarckreichs als zeitgenössische Deutung P. Laband, 1911-1914; als moderne, detaillierte Basis jeder Beschäftigung mit Verfassung und Verfassungswirklichkeit nach 1870 E. R. Huber, 1960/63. Als Einführung und Überblicksdarstellung H. Hattenhauer, 1980[2]. Die folgenden Zitate nach H. Boockmann (siehe Anm. 2) und H. Sedlmayr, 1963.
2 Allgemein dazu Th. Nipperdey, 1968; H. Keller, 1954. Speziell zur Marienburg H. Boockmann, 1972. Zum Problem des Denkmals im 19. Jahrhundert allg. ders., 1977.

3 Th. Schieder, 1961.
4 H. Boldt, 1967, bes. S. 116–222.
5 Dazu W. Sauer, Das Problem des deutschen Nationalstaates, in: H.-U. Wehler (Hrsg.), 1968; R. Wahl, Der preußische Verfassungskonflikt und das konstitutionelle System des Kaiserreichs, in: E. W. Böckenförde (Hrsg.), 1972.
6 H. Hattenhauer, 1980, bes. S. 205–281.
7 Zum Regierungsprozeß im einzelnen M. Stürmer, 1974, passim.
8 Zahlreiche Belege dafür bei W. P. Fuchs (Hrsg.), 1968 und 1975. Vgl. auch M. Rauh, 1973.
9 O. Becker, 1967.
10 Vgl. E. R. Huber, IV., 1969, S. 327.
11 C. Schmitt, 1934.
12 G. Ritter, 1970^{4}, I., S. 207.
13 Dazu ausführlicher M. Stürmer, Militärkonflikt und Bismarckstaat. Zur Bedeutung der Reichsmilitärgesetze 1874–1890, in: G. A. Ritter (Hrsg.), 1974, S. 225–248.
14 G. A. Craig, 1960.
15 W. Sauer (wie oben, Anm. 5).
16 S. Haffner, 1978, S. 336ff.
17 H. Schulze, 1978.
18 M. Weber, Der Nationalstaat und die Volkswirtschaftspolitik (Akademische Antrittsrede 1895), in: ders., 1921, S. 22–27.
19 E. W. Böckenförde, Der Verfassungstyp der deutschen konstitutionellen Monarchie im 19. Jahrhundert, in: ders., 1972, S. 146-170.
20 J. Röhl, 1967; D. Stegmann, 1970; H. Altrichter, 1977.
21 K. Baedeker, Handbuch für Reisende. Nordostdeutschland, Leipzig 1892^{24}. Zum Folgenden T. Buddensieg, 1977.
22 E. R. Huber (wie Anm. 1).
23 M. Stürmer (wie Anm. 7), passim; grundlegend W. Gerloff, 1913.
24 P. C. Witt, 1970.
25 Im einzelnen E. R. Huber (wie Anm. 1), S. 1052.
26 Dies gilt vor allem für das Jahrzehnt 1867 bis 1877, vgl. M. Stürmer (wie Anm. 23).
27 Ausführlich dazu H. Altrichter (wie Anm. 20).
28 H. Boldt (wie Anm. 4).
29 Th. Nipperdey, Interessenverbände und Parteien in Deutschland vor dem Ersten Weltkrieg, in: Wehler (Hrsg.), 1968, S. 369–388; L. Gall, Zu Ausbildung und Charakter des Interventionsstaats, in: Bußmann-Festschrift, Hrsg. W. Pöls, 1979.
30 O. Hintze, Geist und Epochen der preußischen Geschichte, in: ders., Ges. Abhandlungen Bd. 3, S. 28.
31 Vgl. W. Sauer (wie Anm. 5), E. Fraenkel, Die repräsentative und die plebiszitäre Komponente im demokratischen Verfassungsstaat, in: ders., 1968^{4}, S. 81–140.
32 M. Weber (wie Anm. 18).
33 Ausführlicher M. Stürmer, 1973.
34 Bismarck als »roter Reaktionär« gesehen geht auf König Friedrich Wilhelm IV. zurück, als »weißer Revolutionär« auf den liberalen Bankier L. Bamberger. Die These der Revolution des Staatensystems vertrat zuletzt am geschlossensten H. Kissinger, 1968; L. Gall, 1980, löst die These eher für die auswärtige Politik als für das innere Staatsleben ein.
35 Vgl. W. J. Mommsen, 1959. Zur Grundlegung »plebiszitärer Ersatzmonarchie« G. Schmidt, 1964, bes. S. 158–167.

36 H. Gollwitzer, 1952, S. 23–75.
37 Zit. aus dem Protokoll des preußischen Staatsministeriums bei M. Stürmer (wie Anm. 33), S. 489f.
38 R. Lucius v. Ballhausen, 1920, S. 306f. (15.12.1884).
39 H. Boldt, Art. »Ausnahmezustand«, in: O. Brunner/W. Conze/R. Koselleck, 1972, S. 343–376.
40 Zit. M. Stürmer, 1969, S. 601.
41 Zit. M. Stürmer, 1973, S. 492.
42 W. v. Bismarck an F. v. Holstein, 1.9.1884, in: Die geh. Papiere F. v. Holsteins, hrsg. von W. Frauendienst, Bd. 3, S. 116f. – Zum größeren Zusammenhang H.-U. Wehler, 1969, passim.
43 E. Fehrenbach, 1969.
44 Dazu R. Nürnberger, 1950.
45 M. Weber (wie Anm. 18).
46 J. Dülffer, 1980.
47 D. Grosser, 1970.
48 M. R. Lepsius, 1966.

Zum 5. Kapitel, Seite 120–140

1 D. S. Landes, 1969, S. 340–348.
2 Dazu allg. P. Lundgreen, 1975.
3 Zit. Th. Schieder, 1977, S. 314.
4 F. Paulsen, II, 1921, S. 247–277; C. Quetsch, 1960.
5 Vgl. die Zahlen bei F. Quetsch, 1960, S. 4.
6 S. Lilley, Technischer Fortschritt und die Industrielle Revolution 1700–1914, in: C. Cipolla/W. Borchardt, III, 1976, S. 151–159; P. Lundgreen, 1973.
7 K.-M. Manegold, 1970; H. Böhme, Einige Anmerkungen zum Problem der Technischen Hochschulen in ihren Auswirkungen auf die Städte, in: E. Maschke/J. Sydow (Hrsg.), 1979, S. 103–122.
8 Dazu der Überblick bei L. Burchardt, 1975, bes. S. 11–24; F. R. Pfetsch, 1974; F. K. Ringer, 1969.
9 Dazu vor allem F. R. Pfetsch, 1974, S. 103–126, vgl. auch bezüglich der Phaseneinteilung.
10 Vgl. dazu die als Anlage zum Etatentwurf 1887/88 (Stenographische Berichte des Deutschen Reichstags, Drucksachen) veröffentlichte Denkschrift betr. Errichtung einer Physikalisch-Technischen Reichsanstalt, Beilage B zu Anlage IV.
11 F. R. Pfetsch, 1974, S. 107.
12 Ebd., S. 109.
13 A. Harnack, Denkschrift Sr. Majestät dem deutschen Kaiser am 21. November 1909 unterbreitet über die Begründung von Forschungsinstituten (Vorbereitung der kaiserlichen Botschaft vom 11.10.1910), gedruckt: A. v. Harnack, Aus Wissenschaft und Leben, Bd. 1, Gießen 1911,
S. 41–64.
14 L. Burchardt, 1975, S. 31–83 und Anhang.
15 Ebd.; dazu B. v. Brocke, Hochschul- und Wissenschaftspolitik in Preußen und im Deutschen Kaiserreich 1882–1907; das »System Althoff«, in: P. Baumgart (Hrsg.), 1980, S. 9–118.
16 Zit. bei F. Wenzel, Sicherung von Massenloyalität und Qualifikation der Arbeitskraft als Aufgabe der Volksschule, in: Schule und Staat im 18. und 19. Jh., hrsg. von K. Hartmann/F. Nyssen/H. Waldeyer, Frankfurt am Main 1974, S. 323.

17 Zit. ebd.
18 Aus dem Protokoll des preußischen Kronrats vom 30.4.1889, gedruckt: M. Stürmer, 1970/1, Nr. 140.
19 Ebd.; dazu C. Führ, Die preußischen Schulkonferenzen von 1890 bis 1900, in: P. Baumgart (Hrsg.), 1980, S. 189–223.
20 Th. Lindner (ord. Professor der Geschichte an der Universität Halle), Der Krieg gegen Frankreich und die Einigung Deutschlands. Zur 25-jährigen Wiederkehr der Gedenktage von 1870/71, Berlin 1895, S. 163.
21 Allg. dazu G. L. Mosse, 1976.
22 Zum Vergleich Deutschland-Westeuropa G. A. Craig, 1978, S. 188–192; zur Rolle Deutschlands als Vorbild und Trauma für die Franzosen A. Mitchell, 1979, S. 177–200.
23 Vgl. P. Lundgreen, 1980, S. 56; zu den bayerischen Verhältnissen, A. Reble, Das Schulwesen, in: M. Spindler (Hrsg.), 1975, S. 949–990.
24 Dazu W. Conze, Sozialgeschichte 1850–1918, in: M. Aubin/W. Zorn (Hrsg.), 1976, S. 670–679.
25 Zur Organisations- und Lehrplangeschichte zusammenfassend Lundgreen, 1980; vgl. auch zum Folgenden.
26 P. Lundgreen, 1980, S. 88f.; W. Conze (wie Anm. 24), S. 674f.

Zum 6. Kapitel, Seite 143–192

1 Bismarck, Briefe an seine Braut und Gattin, hrsg. v. Fürst H. Bismarck, Stuttgart 1900, S. 572 – Ausführlicher G. A. Craig, 1980, S. 13–18.
2 H. A. Winkler, 1964; ders. 1979.
3 R. M. Lepsius, 1966.
4 S. Neumann, 1930.
5 L. Dehio, 1948, S. 190; R. Dietrich, 1968, passim.
6 L. v. Muralt, Deutschland und das europäische Gleichgewicht, in: W. Hofer (Hrsg.), 1979, S. 15–38.
7 K. Hildebrand, Großbritannien und die deutsche Reichsgründung, in: E. Kolb (Hrsg.), 1980, S. 9–62.
8 R. Wittram, 1958.
9 R. Sontag, 1938 (Neudruck 1964), S. 94. Wichtiges auch bei G. Gillessen, 1961, und W. E. Mosse, 1963. Die diplomatischen Quellen bei V. Valentin, 1937.
10 K. Hildebrand (wie Anm. 7), S. 18, 20.
11 Zusammenfassend E. Fehrenbach, Preußen-Deutschland als Faktor der Französischen Außenpolitik in der Reichsgründungszeit, in: E. Kolb (Hrsg.), 1980, S. 109–137.
12 Zit. ebd., S. 125.
13 Vgl. W. Zorn, Wirtschafts- und sozialgeschichtliche Zusammenhänge der deutschen Reichsgründungszeit 1850–1879, in: H. Böhme (Hrsg.), 1968, S. 296–316.
14 O. Becker, 1958.
15 Zit. M. Stürmer, 1974, S. 37.
16 Nach dem Protokoll des Konstituierenden Reichstags des Norddeutschen Bundes, 11. März 1867.
17 G. F. Kennan, 1979 (dt. 1981).
18 GW XI., S. 46. Die neueste Bismarck-Biographie, die allerdings mehr eine Darstellung der Politik als des Charakters wurde, von L. Gall, 1980.
19 H. Rosenberg, 1967.
20 H. Böhme, 1966.
21 Zit. ebd., S. 267.

22 Zit. ebd., S. 272f.
23 Zit. ebd., S. 275.
24 GW XIII, S. 559 (Ansprache an die Studenten der deutschen Universitäten und Technischen Hochschulen, 1. April 1895).
25 J. Becker, Zum Problem der Bismarckschen Politik in der spanischen Thronfolge 1870, in: HZ 212 (1971), S. 537.
26 Zit. ebd., S. 560, 541.
27 Vgl. K. Hildebrand, 1981.
28 Bismarck an den sächsischen Minister v. Friesen, nach dessen Erinnerungen, zit. bei J. Becker, Der Krieg mit Frankreich als Problem der kleindeutschen Einigungspolitik Bismarcks 1866–1870, in: M. Stürmer (Hrsg.), 1970, S. 75–88.
29 E. Kolb, 1970, S. 139.
30 Zit. ebd., S. 142f.
31 Ausführlich G. Ritter, 1954.
32 Vgl. A. Mitchell, 1979.
33 Zu der neueren Debatte über das Aufkommen der Annexionsforderung und ihre Durchsetzung vgl. J. Becker, Baden, Bismarck und die Annexion von Elsaß und Lothringen, in: ZGO 115 (1967), S. 167–204. L. Gall, Zur Frage der Annexion von Elsaß und Lothringen 1870, in: HZ 206 (1968), S. 265–326.
34 M. Doeberl, 1925.
35 Ausführlich; A. Mitchell, 1979, A. Cobban, 1966, S. 499–526.
36 Bismarck an seine Frau, 21.1.1871, GW XIII, 1389.
37 Zit. M. Stürmer, 1974, S. 38.
38 A. Wahl, 1926, I. S. 2.
39 Tagebuch der Baronin Spitzemberg, hrsg. v. R. Vierhaus, 21.3.1871.
40 Matthias Gelzer, in: W. P. Fuchs (1968), I., S. 18.
41 Nach M. Stürmer, 1974, S. 45.
42 Ausführlicher ebd., passim.
43 Protokoll des preußischen Kronrats, 8.11.1872, Zit. nach M. Stürmer, 1970, S. 36.
44 Protokoll des preußischen Staatsministeriums, 3.4.1973, zit. ebd., S. 63 bis S. 65.
45 Lucius von Ballhausen, Bismarck-Erinnerungen, Berlin 1920, Eintragung vom 9.4.1874; W. P. Fuchs (1968), I, S. 93. – Zum Zusammenhang M. Stürmer, 1974, S. 65–72.
46 Miquel in: Miquels Reden, hrsg. v. W. Schultze/F. Thimme, I, Halle 1911, S. 198.
47 Vgl. D. Grosser, 1970.
48 Ausführlich F. Stern, 1978, S. 207–300.
49 H. Böhme, 1966, S. 341. Zur politischen und moralischen Tiefenwirkung H. Rosenberg, 1967; H.-U. Wehler, 1969, passim.
50 H. Böhme, 1966, S. 341ff.; die Ertragslage der Schwerindustrie erscheint sehr viel günstiger, ihr Protektionismus politischer bei K. W. Hardach, 1967.
51 Vgl. Th. Nipperdey, Verein als soziale Struktur in Deutschland im späten 18. und frühen 19. Jahrhundert, in: Geschichtswissenschaft und Vereinswesen im 19. Jhr., (Max Planck Institut), Göttingen 1972; H.-J. Puhle, Parlament, Parteien und Interessenverbände, in: M. Stürmer (Hrsg.), 1970, S. 340–377.
52 Im einzelnen H. Böhme, 1966, S. 341–378.
53 Ebd., S. 371, vgl. auch zum Folgenden.
54 D. Lindenlaub, 1967.
55 M. Stürmer, 1974, S. 160–163.

56 Zit. K. Hildebrand (wie Anm. 7), S. 38.
57 Zit. W. F. Monypenny/G. E. Buckle, V. S. 133f. Zur Stellung Disraelis R. Blake, 1966.
58 Zit. K. Hildebrand (wie Anm. 7).
59 Lucius v. Ballhausen, S. 21f.
60 Vgl. ausführlicher dazu A. Hillgruber, Die Krieg-in-Sicht-Krise 1875 – Wegscheide der Politik der europäischen Kabinette in der späten Bismarck-Zeit, in: A. Hillgruber, 1977, S. 35–52.
61 Zur Krieg-in-Sicht-Krise zuletzt mit überzeugender Deutung A. Hillgruber, ebd.
62 Ebd., S. 62.
63 Zit. ebd., zur französischen Seite A. Mitchell, 1979, S. 124–129.
64 Bismarck an Hohenlohe, GP I, Nr. 234.
65 GP II, Nr. 294.

Zum 7. Kapitel, Seite 193–248

1 R. Pipes, 1977, S. 287ff.; G. F. Kennan, 1979, passim.
2 A. Briggs, 1959, S. 489–523; F. M. L. Thompson, 1963, S. 269ff.; H. Perkin, 1969, S. 340; zur Entstehung und Struktur des Empire R. v. Albertini, 1976; R. Robinson/J. Gallagher/A. Denny, 1968[3]; M. Beloff, 1969; W. J. Mommsen, 1981, S. 317–361.
3 Dazu K. O. v. Aretin (Hrsg.), 1978, mit der neueren Literatur. Wichtig auch B. Waller, 1974.
4 L. Dehio, 1948, S. 194.
5 G. F. Kennan, 1979, S. 60f.
6 Denkschrift vom 31. 8. 1879, GP III, 455.
7 H. Herzfeld, I, 1965[5], S. 220f.; A. Hillgruber, 1972.
8 Wie Anm. 6.
9 Ebd.
10 Denkschrift vom 7. 9. 1879, GP III, 461.
11 Vgl. z.B. Herbert von Bismarcks Hinweis in: W. Bußmann (Hrsg.), 1964, S. 531.
12 Zitat nach dem geh. Zusatzprotokoll durch R. Wittram, 1958, S. 275.
13 GP V, 1099, 28. 7. 1887.
14 GP V, Nr. 1137–1143; H. Müller-Link, 1977, S. 319ff.
15 Zit. H. K. G. Rönnefarth, 1958, S. 370.
16 G. F. Kennan, 1979; H. Müller-Link, 1977, S. 339ff.
17 W. Bußmann (Hrsg.), 1964, S. 499 (18. 1. 1888).
18 Ebd., S. 475 (4. 10. 1887).
19 GP IV, 789, (9. 12. 1885).
20 In der großen Reichstagsrede über die europäische Lage und die deutsche Militärpolitik am 11. 1. 1887
21 K. Hildebrand, 1980, S. 60.
22 Grundlegend H. Rosenberg, 1967, bes. S. 117–168. Wichtig als Versuch, Konjunkturgeschehen und Politikentwicklung ursächlich zu verknüpfen, H.-U. Wehler, 1973, bes. S. 11–18.
23 Zum Problem des Konstitutionalismus in der Bismarckzeit E.-W. Böckenförde (Hrsg.), 1972, passim. Über die Mittelparteien und ihren Strukturwandel Th. Nipperdey, 1961.
24 Zit. nach M. Stürmer, 1969, S. 582ff. Dort auch die Belege zum Folgenden.
25 Aus den Briefen Friedrich Kapps und nach den Denkwürdigkeiten Roons, zit. M. Stürmer, 1974, S. 140f.

26 Der liberale Abgeordnete Hänel im Reichstag, 3. 12. 1876.
27 Zur Finanzpolitik Bismarcks noch immer W. Gerloff, 1913. Zur Rolle der organisierten Interessen in der Krise vor allem H. Böhme, 1966, S. 421ff.; ergänzend auch F. Stern, 1977, S. 227ff.
28 Protokoll des preußischen Staatsministeriums vom 9. 3. 1877, zit. nach M. Stürmer, 1974, S. 189.
29 So die These Max Webers in seinen Aufsätzen über Parlament und Regierung im neugeordneten Deutschland, gedr. u.a. bei G. A. Ritter (Hrsg.), 1975, S. 229–231.
30 Zit. R. Lucius v. Ballhausen, 1920, S. 127.
31 An den preuß. Handelsminister, 17. 11. 1871, gedr. M. Stürmer (Hrsg.), 1970, Dok. Nr. 5.
32 Nach dem Protokoll zit. M. Stürmer, 1969, S. 591.
33 Zit. ebd., auch zum Folgenden.
34 GW VI, 121.
35 Protokoll des Kronrats gedr. M. Stürmer, 1970, Dok. 55.
36 Zur Staatsstreichdrohung von 1878 ausführlicher M. Stürmer, 1969, S. 597–601.
37 Nach Falks Aufzeichnungen vom 29./30. 8. 1878, zit. E. F. Roerster, 1927, S. 489f.
38 GW VIII, S. 205; GW XV (»Erinnerung und Gedanke«), S. 237.
39 Ghzg. Friedrich I. an den bad. Ministerpräsidenten Turban, 30. 8. 1878, W. P. Fuchs (Hrsg.), 1968, Bd. I, 311.
40 Aus dem Tagebuch der Freifrau von Spitzemberg, gedr. R. Vierhaus, 1963^3, und GW VIII, S. 205.
41 Schreiben Windthorsts an Fechenbach, 1880, Bundesarchiv, NL Fechenbach; Bismarcks Brief an Ludwig II. von Bayern GW XIV, S. 1587.
42 M. Stürmer, 1974, S. 224f.; vgl. auch zum Folgenden.
43 Nach der im Bundesarchiv, Bestand Reichsjustizamt, befindlichen metallograph. Abschrift gedr. M. Stürmer, 1970, Dok. 61.
44 Ausführlich K. W. Hardach, 1967; H. Böhme, 1966, S. 530ff.
45 Zit. M. Stürmer, 1974, S. 271.
46 Zit. nach G. A. Ritter (Hrsg.), 1975, S. 214–216.
47 Wie oben Anm. 29.
48 Zur Sozialpolitik nach den älteren Arbeiten von H. Rothfels, 1927, und H. Vogel, 1951, jetzt H.-P. Ullmann, 1979, mit der Literatur, und F. Tennstedt, 1981. – Das Zitat nach Tennstedt, S. 665.
49 G. A. Ritter, 1980, S. 44. Das Folgende GW VIII, S. 419.
50 F. Tennstedt, 1981; das Zitat nach H. Vogel, 1951, S. 158f.
51 Zit. Tennstedt, 1981, S. 705.
52 W. J. Mommsen, 1961, passim.
53 Am wichtigsten H.-U. Wehler, 1969; und K.-J. Bade, 1975, dazu die Lit. oben Anm. 2.
54 Zit. M. Stürmer, 1970, Dok. S. 157.
55 Protokoll des Kronrats vom 23. 3. 1888, gedr. ebd., S. 126.
56 Als Beleg neben vielen Bismarcks Schreiben an den preuß. Kriegsminister Bronsart von Schellendorf, GW XIV, S. 1776; GW VIc, S. 342, S. 346.
57 Im Reichstag, 26. 3. 1886, GW XIII, S. 125;
58 L. Dehio, 1948, S. 14f.
59 GW XV, S. 465–469.
60 GP VI, Nr. 1341.
61 Zit. W. Bußmann, 1956, S. 236; eine der Ambivalenz Wilhelms II. und seinem Verhältnis zu den Deutschen gerecht werdende Biographie fehlt bisher, am wichtigsten M. Balfour, 1967; J. V. Hull, 1982.

62 GW XIV, S. 1813 (2. 8. 1888).
63 Protokoll des Kronrats vom 30. 4. 1889, gedr. M. Stürmer, 1970, Dok. 140.
64 Ausführlich K. Tenfelde, 1977, S. 487ff.
65 Aufzeichnungen des Ministers Lucius von Ballhausen (damals preußischer Landwirtschaftsminister) aus dem preußischen Staatsministerium, Lucius, 1920, S. 506–509.
66 Gedruckt M. Stürmer, 1970, Dok. 154.
67 Wie Anm. 65; Bericht des bayer. Bundesratsbevollmächtigten v. Lerchenfeld, nach dessen Erinnerungen, S. 357f.
68 Protokoll des Staatsministeriums, 2. 3. 1890, gedr. E. Zechlin, 1929, S. 179–184; L. Gall, 1980, S. 701–708.
69 Entlassungsgesuch vom 18. 3. 1890, GW VIc, S. 440.
70 Ausführlich mit den Belegen M. Stürmer, 1971.
71 Die erste, zweibändige Ausgabe bei Cotta, 1898. Der dritte Band mit der Widmung »Den Söhnen und Enkeln zum Verständnis der Gegenwart und zur Lehre für die Zukunft« erst nach dem Ende der Monarchie, Stuttgart (Cotta) 1921. – Die wissenschaftlich-kritische Ausgabe durch G. Ritter/R. S. Stadelmann, GW XV.

Zum 8. Kapitel, Seite 249–297

1 P. Mast, 1980, S. 45–47; vgl. auch Jagemann an Brauer, 28.9.1894, gedr. bei W. P. Fuchs, 1968, S. 1351: »Die Lust zum Einschreiten gegen den Sozialismus wird in bürgerlichen Kreisen hier durch die Skandale wesentlich angeregt, welche vor sich gehen bei der Aufführung des Stücks ›Die Weber‹ von Gerhart Hauptmann ... besonders die Zerstörung des Hauses des Fabrikherrn wird stürmisch beklatscht.«
2 Chr. Führ, Die preußischen Schulkonferenzen von 1890 und 1900. Ihre Bildungspolitische Rolle und bildungsgeschichtliche Bewertung, in: P. Baumgart, 1980, S. 189–223.
3 P. Mast, 1980, S. 61–65.
4 Ebd., zum politischen Hintergrund J. C. G. Röhl, 1967, S. 85–117.
5 E. Zechlin, 1929, H. Meisner, 1969, S. 57–60.
6 P. Mast, 1980, S. 106, auch zum Folgenden.
7 Ebd., S. 139–190.
8 W. J. Mommsen, 1974, S. 21–30, auch zum Folgenden.
9 Ebd., S. 25f.
10 Ebd., S. 25f.
11 L. Dehio, Ranke und der deutsche Imperialismus, in: ders., 1961, S. 33f.
12 R. v. Bruch, 1981, S. 364–370; B. v. Brocke, 1971, S. 76–100.
13 G. Oestreich, Die Fachhistorie und die Anfänge der sozialgeschichtlichen Forschung, in: ders., 1980, S. 57–95.
14 H.-J. Puhle, 1975²; J. Flemming, 1978, S. 18–75.
15 E. Ritter, 1954, S. 175.
16 Der einzige Ansatz einer zusammenfassenden Würdigung H. Meisner, 1969.
17 Dazu ausführlich K. E. Born, 1957, S. 7–32.
18 H. Meisner, 1969, ausführlich zur Caprivischen Handelspolitik H. Altrichter, 1977, S. 109–154, auch zum Folgenden.
19 Zit. ebd., S. 117.
20 Zahlen nach H. Altrichter, ebd., S. 123–125.
21 Nach dem Protokoll des Staatsministeriums vom 12.10.1894, zit. E. Zechlin, 1929, Anl. 10.

22 H. Meisner, 1969, S. 62.
23 E. Fehrenbach, 1969, bes. S. 89–183.
24 Zit. ebd., S. 206.
25 Miquel an den Kaiser, 10.11.1894, gedr. H.-J. Puhle, 1975^2, Anl. 16.
26 Zit. D. Stegmann, 1970, S. 99.
27 Programm des Preußischen Staatsministeriums für die Reichstagswahlen 1898, gedr. H.-J. Puhle, 1975^2, Anl. 17.
28 H. Horn, Der Kampf um die Mittellandkanal-Vorlage aus dem Jahr 1899, in: K. E. Born (Hrsg.), 1966, S. 309–334.
29 Zit. H.-J. Puhle, 1975^2, S. 33.
30 J. A. Hobson, Imperialismus, London 1902, seitdem zahlreiche Ausgaben.
31 J. A. Schumpeter, Zur Soziologie der Imperialismen, in: ders., Aufsätze zur Soziologie, Tübingen 1953, S. 74f.
32 Zit. nach E. Fehrenbach, 1969, S. 200.
33 L. Dehio, 1948, S. 200.
34 A. J. P. Taylor, 1971, S. 382–386.
35 GP IX, 2313.
36 Randbemerkungen des Kaisers zu GP IX, 2313.
37 A. J. P. Taylor, 1971, S. 377.
38 Ebd., S. 378.
39 J. Hollenberg, 1974, S. 29–60.
40 Dazu neuerdings V. R. Berghahn, 1971, mit Neigung zum Primat der Innenpolitik; wichtig und in weltpolitischer Perspektive korrigierend P. Kennedy, 1980.
41 Vgl. V. R. Berghahn, 1971, S. 45–67.
42 Ausführlich ebd., S. 108ff.
43 R. v. Bruch, 1980, S. 83–88; V. R. Berghahn, 1971, S. 120f.
44 V. R. Berghahn, 1971, S. 116.
45 Zit. ebd., S. 184.
46 L. Dehio, 1948, S. 205.
47 V. R. Berghahn, 1971, S. 184f.

Zum 9. Kapitel, Seite 298–365

1 K. Jaspers, 1931, S. 9.
2 F. Tennstedt, 1981, S. 33–40.
3 R. Michels, 1924.
4 Über Bebel fehlt eine umfassende Biographie. Wichtig indes H. Hirsch, 1973, wie auch Bebels Erinnerungen.
5 H. v. Gerlach, August Bebel. Ein biographischer Essay, München 1909.
6 H. Hirsch, 1973.
7 J. Kocka, 1981.
8 F. Tennstedt, 1981, S. 152–160.
9 Zit. ebd., S. 156.
10 W.G. Hoffmann u.a., 1965, S. 171–178.
11 D. S. Landes, 1969, S. 281–290.
12 E. Kehr, 1930, S. 207: die »tiefe Tragik des deutschen Kaiserreichs« liege darin, daß die Entscheidungen, die die Lage 1914 bestimmten, sich »auf die wenigen Jahre 1897 bis 1902 zusammendrängten und daß den Zeitgenossen diese ungeheure Krisis in ihrer letzten Bedeutung« nicht bewußt gewesen sei.
13 Zit. nach F. Frhr. Hiller v. Gaertringen, 1956, S. 38.
14 Dazu die (Teil-)Edition der Eulenburgischen politischen Korrespondenzen durch J. C. G. Röhl, 2 Bände, 1976–1978.

15 Zit. F. Hiller, 1956, S. 38.
16 Dazu N. Rich, 1965.
17 Zit. nach J. C. G. Röhl, 1969, S. 225.
18 Zit. P. C. Witt, 1970, S. 66.
19 Ebd., S. 67.
20 Ebd., S. 73.
21 E. Kehr, 1930, S. 205.
22 Zit. V. R. Berghahn, 1971, S. 224.
23 Zit. nach F. Hiller, 1956, S. 45.
24 Zusammenfassend, P. Kennedy, 1980. S. 291ff.
25 Ausführlich zit. P. Winzen, 1977, S. 378–384.
26 P. Kennedy, 1980, S. 249.
27 Zit. ebd., S. 253.
28 Dazu weiterführende Überlegungen bei L. Dehio, 1948, S. 202–207.
29 G. Ritter, 1956, mit den Texten.
30 Ausführlich A. J. P. Taylor, 1954, S. 427–432.
31 Gedr. Brit. Doc. on the Origin of the War 1898–1914, hrsg. G. P. Gooch/ H. Temperley, 1927, Bd. 1., Nr. 342.
32 P. Kennedy, 1980, S. 441f.; V. R. Berghahn, 1971, S. 505ff.
33 J. Dülffer, 1981.
34 Vgl. z.B. V. R. Berghahn, 1971, S. 444f.
35 Zit. nach P. C. Witt. 1970, S. 110.
36 Zit. ebd.
37 Bülow an Hamann, 4.6.1909, zit. ebd., S. 291.
38 Zit. nach F. Hiller, 1956, S. 125.
39 Ebd., S. 124f.
40 Zit. ebd., S. 157.
41 Zit. ebd., S. 166f.
42 Bankarchiv 1908/09, zit. nach P. C. Witt, 1970, S. 312.
43 K. D. Erdmann (Hrsg.), Riezler-Tagebuch, 1972, S. 176 (19.5.1911).
44 K. Jarausch, 1973.
45 Zit. nach W. J. Mommsen, 1973, S. 8.
46 Zit. ebd., S. 9.
47 K. Hildebrand, 1970.
48 Zit. nach W. J. Mommsen, 1973, S. 25.
49 Zit. nach P. Kennedy, 1980, S. 447.
50 Wie Anm. 43, S. 177 (29.5.1911).
51 P. Kennedy, 1980, S. 449.
52 Zit. ebd., S. 448.
53 Wie Anm. 43, S. 180 (30.7.1911).
54 Bebels »Generalmarsch«-Rede vom 9.11.1911.
55 A. Hillgruber, Riezlers Theorie des kalkulierten Risikos und Bethmann Hollwegs politische Konzeption in der Julikrise 1914, in: ders., 1977, S. 91–107.
56 H. Bley, 1975, S. 179. Zum Verlauf und Ergebnis der Reichstagswahlen detailliert J. Bertram, 1964.
57 H. Bley, 1975, S. 210.
58 Zit. nach E. v. Vietsch, 1969, S. 139.
59 G. Schöllgen, 1980.
60 Fürst Lichnowsky an Bethmann Hollweg, 3. 12. 1912, gedr.. J. C. G. Röhl, 1977, S. 98.
61 Wilhelm II. an Kiderlen-Wächter, 8.12.1912, gedr. ebd. S. 101. Röhl versucht in dieser Dokumentation, ohne daß die Forschung ihm bisher gefolgt wäre, die Kontinuität vom »Kriegsrat« 1912 zum Kriegsausbruch zu belegen.

62 Bereits Bethmann sprach verärgert von einem »Kriegsrat«, den der Kaiser mit seinen »Getreuen von Heer und Flotte« abgehalten habe, zit. ebd., S. 93. Zum Zusammenhang abgewogen und überzeugend W. J. Mommsen, 1973, S. 56f.
63 Dazu ebd., S. 58–65.
64 H.-U. Wehler, 1970, S. 65-83.
65 Nach der Edition von H. Bley, 1975, S. 206, 208 und passim.
66 Die Denkschrift referiert bei H. Pogge v. Strandmann, 1965, S. 7-31, Bethmann Hollwegs Antwort ebd., S. 32-36.
67 Ebd., S. 36.
68 Wie Anm. 43, S. 184 (7.7.1914).

Zum 10. Kapitel, Seite 366–398

1 Ausführlich A. Hillgruber, 1967; F. Stern, 1968; W. Laqueur/G. L. Mosse, 1967; nachdenklich und provozierend S. Haffner, 1964/1981; methodisch stark auf Politikgeschichte, Innenpolitik und Deutschland abhebend, Vergleich und Wechselwirkungen vernachlässigend, in den Wertungen von gesinnungsethischer Schärfe die Fischer-Schule, vor allem F. Fischer, 1961 u. ö.; ders., 1969 (mit überzogener ökonomisch-militärischer Kontinuitätsthese bezüglich der Kriegsplanung); V. R. Berghahn, 1973. Zusammenfassend als Edition: W. Schieder (Hrsg.), 1969. Zusammenfassend kritischer Literaturbericht von K. Hildebrand, in: NPL, 1975, S. 160–194, S. 339–364.
Eine umfassende Analyse von P. Graf Kielmannsegg, 1968; glanzvolle Gesamtdarstellung aus britischer Sicht: W. S. Churchill, 1927.
2 W. v. Stumm, Leiter der Polit. Abtlg. des AA, zit. nach R. v. Kühlmann, 1948, S. 283.
3 Zit. nach A. Hillgruber, 1967, S. 44.
4 Zit. ebd., S. 45. Die wichtigsten diplomatischen Aktenstücke in der Edition von I. Geiß, 1963–1964.
5 K. D. Erdmann (Hrsg.), Riezler-Tagebuch, 1972, S. 184f. (11.7.1914).
6 Ebd., S. 183 (7.7.1914).
7 Ebd., S. 184 (8.7.1914).
8 Ebd., S. 187 (20.7.1914).
9 Zit. nach J. Stengers, 1966, S. 117 (30.7.1914).
10 Deutsche Übersetzung: »Was wird Rußland tun? Nach M. Cambon wird der Zar, ungeachtet seiner instinkthaften Angst vor dem Krieg und den furchtbaren Konsequenzen, die eine Niederlage für ihn und seine Dynastie haben müßte, dem Druck der öffentlichen Meinung, der Militärpartei und der Panslawisten nicht widerstehen können. Und Frankreich, Opfer seines Bündnisses, wird der Bestimmung seines Alliierten auf das Schlachtfeld folgen.« Zit. ebd., S. 120 (26.7.1914): diese Passage wurde in den veröffentlichten belgischen Akten zum Kriegsausbruch getilgt.
11 P. Graf Kielmannsegg, 1968, S. 16–20.
12 Wie Anm. 5, 1972, S. 192 (27.7.1914).
13 P. Graf Kielmannsegg, 1968, S. 33–48.
14 Ebd., S. 45.
15 Ebd., S. 61. – Über den Tod in Verdun die historische Reportage von G. Werth, 1979.
16 Zit. nach Th. Schieder, 1977, S. 331.
17 Ebd., S. 333.
18 G. Ritter, 1947.

19 Wie Anm. 5, 1972, S. 193–198.
20 G. D. Feldman, 1966.
21 H. Meier-Welcker, 1967, S. 63, 75, 186, 213f.
22 Th. Mann, 1915, S. 100.
23 W. Rathenau, 1917, S. 336.
24 Zit. nach W. Rathenau, 1919, S. 120f.
25 I. Geiß, 1960.
26 Zit. nach S. Miller (Hrsg.), 1966, S. 224, 230.
27 Zit. nach E. Matthias/E. Pikart (Hrsg.), 1966, S. 255.
28 Zit. nach S. Miller (Hrsg.), 1966, S. 223 (8.4.1917).
29 Dazu die Aktenedition von E. Matthias/R. Morsey (Hrsg.), 1959, passim; K. Epstein, 1962, S. 199–231.
30 Zit. nach S. Miller (Hrsg.), 1966, S. 241.
31 P. Graf Kielmannsegg, 1968, S. 579–608.
32 S. Miller, 1974; P. Lösche, 1967.
33 Ausführlich die Quellen, einschl. der verschiedenen Stadien der Verfassungsänderung, in der Edition von E. Matthias/R. Morsey, 1962.
34 S. Miller (Hrsg.), 1966, S. 292.
35 W. Rathenau, Kritik der dreifachen Revolution, Berlin 1919, S. 9.

Abkürzungsverzeichnis

AA	Auswärtiges Amt
AHR	The American Historical Review
DFP	Deutsche Fortschrittspartei
Freik.	Freikonservative Partei
Fs.	Festschrift
GG	Geschichte und Gesellschaft
GP	s. Die Große Politik
GW	s. Bismarck, Gesammelte Werke
GWU	Geschichte in Wissenschaft und Unterricht, Zeitschrift des Verbandes der Geschichtslehrer Deutschlands
HZ	Historische Zeitschrift
Kon.	Konservative
Lib.Vgg.	Liberale Vereinigung
MdPrAH	Mitglied des Preußischen Abgeordnetenhauses
MdPrHH	Mitglied des Preußischen Herrenhauses
MdR	Mitglied des Reichstages
NF	Neue Folge
NL	Nationalliberale Partei
PrAH	Preußisches Abgeordnetenhaus
PrHH	Preußisches Herrenhaus
RT	Reichstag
VSWG	Vierteljahrsschrift für Sozial- und Wirtschaftsgeschichte
Ztr.	Deutsche Zentrumspartei

Bibliographie

Abel, W.: Massenarmut und Hungerkrisen im vorindustriellen Europa. Versuch einer Synopsis, Hamburg 1974.

Achenbach, S./Eberle, M. (Hrsg.): Max Liebermann in seiner Zeit. Ausstellungskatalog, Berlin 1979/80.

Albertini, R. v.: Europäische Kolonialherrschaft 1880–1940, Zürich 1976.

Altrichter, H.: Konstitutionalismus und Imperialismus. Der Reichstag und die deutsch-russischen Beziehungen 1890–1914, Frankfurt a. M. 1977.

Anonym: Berlin und die Berliner, Karlsruhe 1905.

Aretin, K. O. Frhr. v. (Hrsg.): Bismarcks Außenpolitik und der Berliner Kongreß, Wiesbaden 1978.

Aubin, H./Zorn, W. (Hrsg.): Handbuch der deutschen Wirtschafts- und Sozialgeschichte Bd. 2, Stuttgart 1976.

Bade, K. J.: Friedrich Fabri und der Imperialismus in der Bismarckzeit: Revolution – Depression – Expansion, Freiburg 1975.

Bade, K. J.: Land oder Arbeit. Massenwanderung und Arbeitsmarkt im Kaiserreich. Habilitationsschrift Erlangen 1979 (Masch.).

Bade, K. J.: Massenwanderung und Arbeitsmarkt im deutschen Nordosten von 1880 bis zum Ersten Weltkrieg. Überseeische Auswanderung, innere Abwanderung und kontinentale Einwanderung, in: Archiv für Sozialgeschichte 20 (1980), S. 265–323.

Bade, K. J.: Politik und Ökonomie der Ausländerbeschäftigung im preußischen Osten 1885–1914: Die Internationalisierung des Arbeitsmarkts im »Rahmen der preußischen Abwehrpolitik«, in: GG, Sonderheft 1980, S. 273–299.

Bade, K. J.: Transnationale Migration und Arbeitsmarkt im Kaiserreich: Vom Agrarstaat mit starker Industrie zum Industriestaat mit starker agrarischer Basis, in: Historische Arbeitsmarktforschung, hrsg. von T. Pierenkemper/R. Tilly, Göttingen 1982, S. 182–214.

Bade, K. J. (Hrsg.): Imperialismus und Kolonialmission: Kaiserliches Deutschland und koloniales Imperium, Wiesbaden 1982.

Baumgart, P. (Hrsg.): Bildungspolitik in Preußen zur Zeit des Kaiserreichs, Stuttgart 1980.

Becker, J.: Baden, Bismarck und die Annexion von Elsaß und Lothringen, in: Oberrheinische Studien II (1973), S. 133–173.

Becker, J.: Zum Problem der Bismarckschen Politik in der Spanischen Thronfrage, in: HZ 212 (1971), S. 529–607.

Becker, O.: Bismarcks Ringen um Deutschlands Gestaltung, Hrsg. A. Scharff, Heidelberg 1958.

Beloff, M.: Britain's Liberal Empire, 1897–1921, London 1969.

Bendele, U.: Sozialdemokratische Schulpolitik und Pädagogik im wilhelminischen Deutschland (1890 bis 1914), Frankfurt am Main 1979.

Berghahn, V. R.: Der Tirpitz-Plan. Genesis und Verfall einer innenpolitischen Krisenstrategie unter Wilhelm II., Düsseldorf 1971.

Berghahn, V. R.: Germany and the Approach of War in 1914, London 1973.

Bermbach, U.: Vorformen parlamentarischer Kabinettsbildung in Deutschland. Der Interfraktionelle Ausschuß 1917/18 und die Parlamentarisierung der Reichsregierung, Köln 1967.

Bertram, J.: Die Wahlen zum Deutschen Reichstag vom Jahre 1912. Parteien und Verbände in der Innenpolitik des Wilhelminischen Reiches, Düsseldorf 1964.

Bismarck, O. v.: Die gesammelten Werke, 15 Bde., Berlin 1924–1932.

Blaich, F.: Kartell- und Monopolpolitik im kaiserlichen Deutschland, Düsseldorf 1973.

Blake, R.: Disraeli, London 1966.

Bley, H.: Bebel und die Strategie der Kriegsverhütung, 1904–1913, Göttingen 1975.

Bloch, Ch.: Die Dritte Französische Republik, Stuttgart 1972.

Bloch, M.: Apologie der Geschichte oder der Beruf des Historikers, Stuttgart 1974.

Böckenförde, E. W. (Hrsg.): Moderne deutsche Verfassungsgeschichte 1815–1918, Köln 1972.

Böhme, H.: Deutschlands Weg zur Großmacht, Studien zum Verhältnis von Wirtschaft und Staat während der Reichsgründungszeit 1848–1879, Köln 1966.

Böhme, H. (Hrsg.): Probleme der Reichsgründungszeit 1848–1879, Köln 1968.

Boldt, H.: Rechtsstaat und Ausnahmezustand. Eine Studie über den Belagerungszustand als Ausnahmezustand des bürgerlichen Rechtsstaates im 19. Jahrhundert, Berlin 1967.

Boockmann, H.: Das ehemalige Deutschordensschloß Marienburg 1772–1945. Die Geschichte eines politischen Denkmals, in: Geschichtswissenschaft und Vereinswesen im 19. Jahrhundert, hrsg. vom Max-Planck-Institut für Geschichte, Göttingen 1972.

Boockmann, H.: Denkmäler, Eine Utopie des 19. Jahrhunderts, in: GWU 1977, S. 160–173.

Born, K. E.: Staat und Sozialpolitik seit Bismarcks Sturz, Wiesbaden 1957.

Born, K. E. (Hrsg.): Moderne deutsche Wirtschaftsgeschichte, Köln 1966.

Borscheid, P.: Naturwissenschaft, Staat und Industrie in Baden 1848 bis 1914, Stuttgart 1976.

Briggs, A.: The Age of Improvement 1783–1867, London 1959 u. ö.

Brocke, B. v.: Kurt Breysig. Geschichtswissenschaft zwischen Historismus und Soziologie, Lübeck 1971.

Bruch, R. v.: Wissenschaft, Politik und öffentliche Meinung. Gelehrtenpolitik im Wilhelminischen Deutschland 1890–1914, Husum 1980.

Brunner, O./Conze, W./Koselleck, R. (Hrsg.): Geschichtliche Grundbegriffe. Historisches Lexikon zur politisch sozialen Sprache in Deutschland, Stuttgart 1972ff.

Buddensieg, T.: Der Reichstag und die Künstler, in: Frankfurter Allgemeine Zeitung 1.10.77.

Buddensieg, T. (Hrsg.): Industriekultur. Peter Behrens und die AEG 1907–1914, Berlin 1979.

Burchardt, L.: Wissenschaftspolitik im Wilhelminischen Deutschland. Vorgeschichte, Gründung und Aufbau der Kaiser Wilhelm-Gesellschaft zur Förderung der Wissenschaften, Göttingen 1975.

Bußmann, W.: Das Zeitalter Bismarcks, Konstanz 1956[3].

Bußmann, W. (Hrsg.): Staatssekretär Herbert v. Bismarck. Aus seiner politischen Privatkorrespondenz, Göttingen 1964.

Calleo, D.: The German Problem Reconsidered: Germany and the World-Order, 1870 to the Present, Cambridge 1978.

Churchill, W. S.: The World Crisis 1911–1918, London 1927.

Cipolla, C./Borchardt, K. (Hrsg.): Die industrielle Revolution (Europäische Wirtschaftsgeschichte Bd. 3), Stuttgart 1976.

Cipolla, C./Borchardt, K. (Hrsg.): Die Entwicklung der industriellen Gesellschaften, Stuttgart 1979.

Cobban, A.: Frankreich von Ludwig XIV. bis de Gaulle, München 1966.

Craig, G. A.: Die preußisch-deutsche Armee. 1640–1945. Staat im Staate, Düsseldorf 1960.

Craig, G. A.: Geschichte Europas im 19. und 20. Jahrhundert, 2 Bde., München 1978/79.

Craig, G. A.: Germany 1866–1945, Oxford 1978 (dt. 1980).

Dehio, L.: Gleichgewicht oder Hegemonie. Betrachtungen über ein Grundproblem der neueren Staatengeschichte, Krefeld 1948.

Dehio, L.: Deutschland und die Weltpolitik im 20. Jahrhundert, München 1955.

Deist, W. (Hrsg.): Militär und Innenpolitik im Weltkrieg 1914 bis 1918, 2 Bde., Düsseldorf 1970.

Dietrich, R. (Hrsg.): Europa und der Norddeutsche Bund, Berlin 1968.

Doeberl, M.: Bayern und die Bismarcksche Reichsgründung, München 1925.

Dülffer, J.: Vom autoritären zum liberalen Bonapartismus. Der politische Systemwechsel in Frankreich 1858/60, in: HZ 230 (1980), S. 549 bis 575.

Dülffer, J.: Regeln gegen den Krieg? Die Haager Friedenskonferenzen von 1899 und 1907 in der internationalen Politik, Berlin 1981.

Elze, W.: Tannenberg, Breslau 1928.

Epstein, K.: Matthias Erzberger und das Dilemma der deutschen Demokratie, Berlin 1962.

Erdmann, K. D. (Hrsg.): Kurt Riezler. Tagebücher, Aufsätze, Dokumente, Göttingen 1972.

Eyck, E.: Bismarck, 3 Bde., Zürich 1941–44.

Fehrenbach, E.: Wandlungen des deutschen Kaisergedankens 1871 bis 1918, München 1969.

Feldman, G. D.: Army, Industry and Labour in Germany 1914–1918, Princeton 1966.

Fischer, F.: Griff nach der Weltmacht. Die Kriegszielpolitik des kaiserlichen Deutschland 1914/18, Düsseldorf 1961 u.ö.

Fischer, F.: Krieg der Illusionen. Die deutsche Politik von 1911–1914, Düsseldorf 1969.

Fischer, I.: Industrialisierung, sozialer Konflikt und politische Willensbildung in der Stadtgemeinde. Ein Beitrag zur Sozialgeschichte Augsburgs 1840–1914, Augsburg 1977.

Flemming, J.: Landwirtschaftliche Interessen und Demokratie. Ländliche Gesellschaft, Agrarverbände und Staat 1890–1925, Bonn 1978.

Foerster, E.: Adalbert Falk. Sein Leben und Wirken als preußischer Kultusminister, Gotha 1927.

Fraenkel, E.: Deutschland und die westlichen Demokratien, Stuttgart 1968[4].

Fuchs, W. P. (Hrsg.): Großherzog Friedrich I. von Baden und die Reichspolitik 1871–1907, 4 Bde., Stuttgart 1968–1980.

Gall, L.: Zur Frage der Annexion von Elsaß und Lothringen 1870, in: HZ 206 (1968), S. 265–326.

Gall, L. (Hrsg.): Das Bismarck-Problem in der Geschichtsschreibung nach 1945, Köln 1971.

Gall, L.: Bismarck – Der weiße Revolutionär, Berlin 1980.

Geiss, I.: Der polnische Grenzstreifen 1914–1918. Ein Beitrag zur deutschen Kriegszielpolitik im 1. Weltkrieg, Lübeck 1960.

Geiss, I. (Hrsg.): Julikrise und Kriegsausbruch 1914: eine Dokumentensammlung, 2 Bde., Hannover 1963–1964.

Gerloff, W.: Die Finanz- und Zollpolitik des deutschen Reiches nebst ihren Beziehungen zu Landes- und Gemeindefinanzen von der Gründung des Norddt. Bundes bis zur Gegenwart, Jena 1913.

Gillessen, G.: Lord Palmerston und die Einigung Deutschlands, Lübeck 1961.

Gollwitzer, H.: Der Cäsarismus Napoleons III. im Widerhall der öffentlichen Meinung Deutschlands, in: HZ 173 (1952), S. 23–75.

Groote, W. v./Gersdorff, U. v. (Hrsg.): Entscheidung 1870. Der deutsch-französische Krieg, Stuttgart 1970.

Die Große Politik der Europäischen Kabinette 1871–1914. Slg. der Diplomatischen Akten des Auswärtigen Amtes, hrsg. von Lepsius, J./

Mendelssohn-Bartholdy, A./Thimme, F., 40 Bde., Berlin 1923–1927.

Grosser, D.: Vom monarchischen Konstitutionalismus zur parlamentarischen Demokratie. Die Verfassungspolitik der deutschen Parteien im letzten Jahrzehnt des Kaiserreichs, Den Haag 1970.

Haffner, S.: Die sieben Todsünden des Deutschen Reiches im Ersten Weltkrieg, Berg.-Gladbach 1964/1981.

Haffner, S.: Preußen ohne Legende, Hamburg 1978.

Hardach, G. H.: Der Erste Weltkrieg. (Geschichte der Weltwirtschaft im 20. Jahrhundert, Bd. 2, hrsg. von W. Fischer), München 1973.

Hardach, K. W.: Die Bedeutung wirtschaftlicher Faktoren bei der Wiederherstellung der Eisen- und Getreidezölle in Deutschland 1879, Berlin 1967.

Hardach, K. W.: Wirtschaftsgeschichte Deutschlands im 20. Jahrhundert, Göttingen 1976.

Hattenhauer, H.: Geschichte des Beamtentums, Köln 1980^{2}.

Henderson, W. O.: The Zollverein, Cambridge 1939 (Neudr. 1968).

Henning, F.-W.: Die Industrialisierung in Deutschland 1800–1914, Paderborn 1973.

Henning, F.-W.: Landwirtschaft und ländliche Gesellschaft in Deutschland. Bd. 2: 1750–1976, Paderborn 1978.

Henning, F.-W.: Produktionskosten und Preisbildung für Getreide in den letzten Jahrzehnten des 19. Jahrhunderts, in: Zeitschrift für Agrargeschichte und Agrarsoziologie, 1977, H. 2, S. 214–236.

Herzfeld, H.: Die moderne Welt 1789–1945, 2 Bde., Braunschweig 1965^{5}.

Heyderhoff, J./Wentzcke, P. (Hrsg.): Deutscher Liberalismus im Zeitalter Bismarcks, 2 Bde., Bonn 1925/26.

Hildebrand, K.: Bethmann Hollweg, der Kanzler ohne Eigenschaften? Urteile der Geschichtsschreibung. Eine kritische Bibliographie, Düsseldorf 1970.

Hildebrand, K.: Imperialismus, Wettrüsten und Kriegsausbruch 1914, in: Neue Politische Literatur, 1975, S. 160–194, S. 339–364.

Hildebrand, K.: Großbritannien und die deutsche Reichsgründung, in: Beiheft 6 (NF) der HZ, hrsg. von Kolb, E., München 1980, S. 9–62.

Hildebrand, K.: Lord Clarendon, Bismarck und das Problem der europäischen Abrüstung 1870. Möglichkeiten und Grenzen im britisch-deutschen Verhältnis am Vorabend des deutsch-französischen Krieges, in: Fs. Kluke, München 1981, S. 130–152.

Hiller von Gaertringen, F. Frhr.: Fürst Bülows Denkwürdigkeiten. Untersuchungen zu ihrer Entstehungsgeschichte und ihrer Kritik, Tübingen 1956.

Hillgruber, A.: Bismarcks Außenpolitik, Freiburg 1972.

Hillgruber, A.: Deutsche Rußland-Politik 1871–1918: Grundlagen – Grundmuster – Grundprobleme, in: Saeculum XXVII (1976), S. 94 bis 108.

Hillgruber, A.: Deutsche Großmacht- und Weltpolitik im 19. und 20. Jahrhundert, Düsseldorf 1977.

Hillgruber, A.: Die gescheiterte Großmacht. Eine Skizze des Deutschen Reiches 1871–1945, Düsseldorf 1980.

Hillgruber, A./ Dülffer, J. (Hrsg.): Ploetz Geschichte der Weltkriege. Mächte, Ereignisse, Entwicklungen 1900–1945, Freiburg 1981.

Hintze, O.: Die Hohenzollern und ihr Werk. Fünfhundert Jahre vaterländische Geschichte, Berlin 1915 u.ö.

Hintze, O.: Regierung und Verwaltung. Gesammelte Abhandlungen zur Staats-, Rechts- und Sozialgeschichte Preußens, hrsg. von Gerhard Oestreich, 3 Bde., Göttingen 1967.

Hirsch, H.: August Bebel in Selbstzeugnissen und Bilddokumenten, Reinbek 1973.

Hobsbawm, E. J.: Die Blütezeit des Kapitals. Eine Kulturgeschichte der Jahre 1848–1875, München 1977.

Hofer, W. (Hrsg.): Europa und die Einheit Deutschlands. Eine Bilanz nach 100 Jahren, Köln 1970.

Hoffmann, W. G. u.a.: Das Wachstum der deutschen Wirtschaft seit der Mitte des 19. Jahrhunderts, Berlin 1965.

Hohorst, G./Kocka, J./ Ritter, G. A.: Sozialgeschichtliches Arbeitsbuch. Materialien zur Statistik des Kaiserreichs 1870–1914, München 1975.

Holbraad, C.: The Concert of Europe. A Study in German and British International Theory 1815–1914, London 1970.

Hollenberg, G.: Englisches Interesse am Kaiserreich. Die Attraktivität Preußen-Deutschlands für konservative und liberale Kreise in Großbritannien 1860–1914, Wiesbaden 1974.

Howard, M.: The Franco-Prussian War, New York 1969.

Huber, E. R.: Deutsche Verfassungsgeschichte seit 1789, Bde. 2 u. 3, Stuttgart 1960/63.

Huck, G. (Hrsg.): Sozialgeschichte der Freizeit, Wuppertal 1980.

Hull, I. V.: The Entourage of Kaiser Wilhelm II. 1888–1918, Cambridge 1982.

Imlah, A. H.: Economic Elements in the Pax Britannica. British Foreign Trade in the Nineteenth Century, Cambridge, Mass. 1958.

Jarausch, K.: The Enigmatic Chancellor. Bethmann Hollweg and the Hybris of Imperial Germany, New Haven 1973.

Jaspers, K.: Die geistige Situation der Zeit, Berlin 1931^{2}.

Kehr, E.: Schlachtflottenbau und Parteipolitik 1894–1901, Berlin 1930.

Kehr, E.: Der Primat der Innenpolitik, hrsg. von Wehler, H.-U., Berlin 1965 (1970^{2}).

Keller, H.: Artikel »Denkmal«, in: Reallexikon zur deutschen Kunstgeschichte, Bd. 3, 1954.

Kennan, G. F.: The Decline of Bismarck's European Order. Franco-Russian Relations, 1875–1890, Princeton 1979 (dt. Berlin 1981).

Kennedy, P.: The Rise of the Anglo-German Antagonism 1860 bis 1914, London 1980.

Keßler, H. Graf: Gesichter und Zeiten. Erinnerungen, Berlin, 1962.

Kissinger, H. A.: The White Revolutionary: Reflections on Bismarck, in: Daedalus. Journal of the American Academy of Arts and Sciences 1968, S. 888–924.

Kissinger, H. A.: Großmachtdiplomatie. Von der Staatskunst Castlereaghs und Metternichs, Frankfurt am Main 1972.

Klein, E.: Geschichte der deutschen Landwirtschaft im Industriezeitalter, Wiesbaden 1973.

Kluxen, K.: Geschichte Englands, Stuttgart 1968.

Kocka, J.: Unternehmensverwaltung und Angestelltenschaft am Beispiel Siemens 1847–1914. Zum Verhältnis von Kapitalismus und Bürokratie in der deutschen Industrialisierung, Stuttgart 1969.

Kocka, J.: Klassengesellschaft im Krieg 1914–1918, Göttingen 1973.

Kocka, J.: Angestellte im europäischen Vergleich: die Herausbildung angestellter Mittelschichten seit dem späten 19. Jahrhundert, Göttingen 1981.

Kolb, E.: Bismarck und das Aufkommen der Annexionsforderung 1870, in: HZ 209 (1969), S. 318–356.

Kolb, E.: Der Kriegsausbruch 1870. Politische Entscheidungsprozesse und Verantwortlichkeiten in der Julikrise 1870, Göttingen 1970.

Kolb, E.: Der Kriegsrat zu Herny am 14. August 1870. Zur Entstehung des Annexionsentschlusses der preußischen Führungsspitze im Krieg von 1870, in: Militärgesch. Mitt. 1971, S. 5–13.

Kolb, E.: Der Pariser Commune-Aufstand und die Beendigung des deutsch-französischen Krieges, in: HZ 215 (1972), S. 265–298.

Kolb, E.: Ökonomische Interessen und politischer Entscheidungsprozeß. Zur Aktivität deutscher Wirtschaftskreise und zur Rolle wirtschaftlicher Erwägungen in der Frage von Annexion und Grenzziehung 1870/71, in VSWG 60 (1973), S. 343 bis 385.

Kolb, E. (Hrsg.): Europa und die Reichsgründung. Preußen-Deutschland in der Sicht der Großen Europäischen Mächte 1860–1880, Beiheft 6 (NF) der HZ, München 1980.

Koselleck, R.: Artikel Fortschritt, in: Brunner, O./Conze, W./Koselleck, R. (Hrsg.), Geschichtliche Grundbegriffe. Historisches Lexikon zur politisch-sozialen Sprache in Deutschland, Bd. 2, Stuttgart 1975, S. 351–423.

Laband, P.: Deutsches Reichsstaatsrecht, Tübingen 1911–1914.

Landes, D. S.: The Unbound Prometheus. Technological Change and Industrial Development in Western Europe 1750 to the Present, London 1969 (dt. 1973).

Langewiesche, D.: Wanderungsbewegungen in der Hochindustrialisierungsperiode. Regionale, interstädtische und innerstädtische Mobilität in Deutschland 1880–1914, in: VSWG 64 (1977), S. 1–40.

Langewiesche, D.: Zur Freizeit des Arbeiters. Bildungsbestrebungen und Freizeitgestaltung österreichischer Arbeiter im Kaiserreich und in der Ersten Republik, Stuttgart 1979.

Laqueur, W./Mosse, G. L. (Hrsg.): Kriegsausbruch 1914, München 1970.

Lepsius, M. R.: Parteiensystem und Sozialstruktur: zum Problem der Demokratisierung der deutschen Gesellschaft, in: Fs. F. Lütge, Stuttgart 1966, S. 371–393.

Lerchenfeld-Koefering, H. Graf v.: Erinnerungen und Denkwürdigkeiten, Berlin 1935[2].

Lindenlaub, D.: Richtungskämpfe im Verein für Sozialpolitik, VSWG Beiheft 53, Wiesbaden 1967.

Lipgens, W.: Bismarck, die öffentliche Meinung und die Annexion von Elsaß und Lothringen 1870, in: HZ 199 (1964) S. 31–112.

Loesche, P.: Der Bolschewismus im Urteil der deutschen Sozialdemokratie, 1902–1920, Berlin 1967.

Lucius v. Ballhausen, R.: Bismarck-Erinnerungen, Stuttgart 1920.

Lundgreen, P.: Bildung und Wirtschaftswachstum im Industrialisierungsprozeß des 19. Jahrhunderts, Berlin 1973.

Lundgreen, P.: Techniker in Preußen während der frühen Industrialisierung. Ausbildung und Berufsfeld einer entstehenden sozialen Gruppe, Berlin 1975.

Lundgreen, P.: Sozialgeschichte der deutschen Schule im Überblick, Teil I: 1770–1918, Göttingen 1980.

Lutz, H.: Österreich-Ungarn und die Gründung des Deutschen Reiches: europäische Entscheidungen 1867–1871, Frankfurt am Main 1979.

Mackenroth, G.: Bevölkerungslehre: Theorie, Soziologie und Statistik der Bevölkerung, Berlin 1953.

Manegold, K. H.: Universität, Technische Hochschule und Industrie, Berlin 1970.

Mann, Th.: Friedrich und die große Koalition, Berlin 1916.

Maschke, E./Sydow, J. (Hrsg.): Stadt und Hochschule im 19. und 20. Jahrhundert, Sigmaringen 1979.

Mast, P.: Künstlerische und wissenschaftliche Freiheit im Deutschen Reich 1890–1901, Rheinfelden 1980.

Matthias, E./Morsey, R. (Hrsg.): Der Interfraktionelle Ausschuß 1917/18, 2 Bde., Düsseldorf 1959.

Matthias, E./Morsey, R. (Hrsg.): Die Regierung des Prinzen Max von Baden, Düsseldorf 1962.

Matthias, E./Pikart, E. (Hrsg.): Die Reichstagsfraktion der deutschen Sozialdemokratie 1898–1918, 2 Bde., Düsseldorf 1966.

Mayer, A. J.: The Persistence of the Old Regime. Europe to the Great War, London 1981.

Meier-Welcker, H.: Seeckt, Frankfurt am Main 1967.

Meinecke, F.: Weltbürgertum und Nationalstaat, Hrsg. H. Herzfeld, München 1962.

Meisner, H. O.: Der Reichskanzler Caprivi. Eine biographische Skizze, Darmstadt 1969[2].

Michels, R.: Zur Soziologie des Parteiwesens in der modernen Demokratie, Stuttgart 1924.

Miller, S. (Hrsg.): Das Kriegstagebuch des Reichstagsabgeordneten Eduard David 1914–1918, Düsseldorf 1966.

Miller, S.: Burgfrieden und Klassenkampf. Die deutsche Sozialdemokratie im Ersten Weltkrieg, Düsseldorf 1974.

Milward, A./Saul, S. B.: The Economic Development of Continental Europe 1780–1870, London 1973.

Mitchell, A.: The German Influence in France after 1870. The Formation of the French Republic, Chapel Hill 1979.

Möckl, K.: Der moderne bayerische Staat, München 1979.

Mommsen, W. J.: Max Weber und die deutsche Politik 1890–1920, Tübingen 1959.

Mommsen, W. J.: Imperialismus in Ägypten, München 1961.

Mommsen, W. J.: Die latente Krise des Deutschen Reiches 1909 bis 1914, in: Just, L., Handbuch der dt. Geschichte IV, Frankfurt am Main 1973.

Mommsen, W. J.: Max Weber. Gesellschaft, Politik und Geschichte, Frankfurt am Main 1974.

Mommsen, W. J.: Das britische Empire. Strukturanalyse eines imperialistischen Herrschaftsverbandes, in: HZ 233 (1981), S. 317 bis 361.

Monypenny, W. F./Buckle, G. E.: The Life of Benjamin Disraeli, 2 Bde., London 1929.

Morsey, R.: Die oberste Reichsverwaltung unter Bismarck 1867 bis 1890, Münster 1957.

Morsey, R.: Die Deutschen Katholiken und der Nationalstaat zwischen Kulturkampf und Erstem Weltkrieg, in: Ritter, G. A. (Hrsg.), Deutsche Parteien vor 1918, Köln 1973, S. 270–298.

Moses, J. A./Kennedy, P. M. (Hrsg.): Germany in the Pacific and Far East, 1870–1914, St. Lucia, Queensland 1977.

Mosse, G. L.: Die Nationalisierung der Massen – Politische Symbolik und Massenbewegung in Deutschland von den Napoleonischen Kriegen bis zum Dritten Reich, Berlin 1976.

Mosse, W. E.: The Rise and Fall of the Crimean War System 1855–1871. The Story of a Peace Settlement, London 1963.

Müller-Link, H.: Industrialisierung und Außenpolitik. Preußen-Deutschland und das Zarenreich von 1860–1890, Göttingen 1977.

Neumann, S.: Die Stufen des preußischen Konservatismus, Berlin 1930.

Neumann, S.: Die deutschen Parteien. Wesen und Wandel nach dem Kriege, Berlin 1932.

Nipperdey, Th.: Die Organisation der deutschen Parteien vor 1918, Düsseldorf 1961.

Nipperdey, Th.: Nationalidee und Nationaldenkmal in Deutschland im 19. Jahrhundert, in: HZ 206 (1968), S. 529–585.

Nürnberger, R.: Imperialismus, Sozialismus und Christentum bei Friedrich Naumann, in: HZ 170 (1950), S. 525–548.

Oestreich, G.: Strukturprobleme der frühen Neuzeit. Ausgewählte Aufsätze, Berlin 1980.

Paulsen, F.: Geschichte des gelehrten Unterrichts auf den deutschen Schulen und Universitäten vom Ausgang des Mittelalters bis zur Gegenwart, Bd. 2, Berlin 1921 (Nachdruck 1960).

Perkin, H.: The Origins of Modern English Society 1780–1880, London 1969 u.ö.

Peschke, H. P. v.: Elektroindustrie und Staatsverwaltung am Beispiel Siemens 1847–1914, phil. Diss., Erlangen 1980.

Pfetsch, F. R.: Zur Entwicklung der Wissenschaftspolitik in Deutschland 1750–1914, Berlin 1974.

Pflanze, O.: Bismarck and the Development of Germany. The Period of Unification 1815–1871, Princeton 1963.

Pipes, R.: Rußland vor der Revolution, München 1977.

Platt, D. C. M.: Finance, Trade and Politics in British Foreign Policy 1815–1914, Oxford 1968.

Pöls, W. (Hrsg.): Staat und Gesellschaft im politischen Wandel, Fs. W. Bußmann, Stuttgart 1979.

Poidevin, R./Bariéty, J.: Frankreich und Deutschland 1815–1975, München 1982.

Posener, J.: Berlin auf dem Wege zu einer neuen Architektur, München 1979.

Puhle, H.-J.: Agrarische Interessenpolitik und preußischer Konservatismus im wilhelminischen Reich 1893–1914, Bonn 1975[2].

Quetsch, C.: Die zahlenmäßige Entwicklung des Hochschulbesuches in den letzten 50 Jahren, Berlin 1960.

Rathenau, W.: Von kommenden Dingen, Berlin 1917.

Rathenau, W.: Kritik der dreifachen Revolution, Berlin 1919.

Rauh, M.: Föderalismus und Parlamentarismus im Wilhelminischen Reich, Düsseldorf 1973.

Rich, N.: Friedrich von Holstein. Politics and Diplomacy in the Era of Bismarck and Wilhelm II, 2 Bde., London 1965.

Riese, R.: Die Hochschule auf dem Weg zum wissenschaftlichen Großbetrieb. Die Universität Heidelberg und das badische Hochschulwesen 1860–1914, Stuttgart 1977.

Ringer, F. K.: The Decline of the German Mandarins. The German Academic Community 1890–1933, Cambridge, Mass. 1969.

Ritter, E.: Die katholisch-soziale Bewegung Deutschlands im 19. Jahrhundert und der Volksverein, Köln 1954.

Ritter, G.: Die Dämonie der Macht. Betrachtungen über Geschichte und Wesen des Machtproblems im politischen Denken der Neuzeit, Stuttgart 1947.

Ritter, G.: Der Schlieffenplan. Kritik eines Mythos, München 1956.

Ritter, G.: Staatskunst und Kriegshandwerk: das Problem des »Militarismus« in Deutschland, 4

Bde., München 1954–1968, 4. Aufl. 1970.

Ritter, G. A.: Großbritannien und die Provisorische Regierung in Rußland 1917, in: ders., Parlament und Demokratie in Großbritannien. Studien zur Entwicklung und Struktur des politischen Systems, Göttingen 1972, S. 182–228.

Ritter, G. A. (Hrsg.): Deutsche Parteien vor 1918, Köln 1973.

Ritter, G. A. (Hrsg.): Das Deutsche Kaiserreich 1871–1914. Ein historisches Lesebuch, Göttingen 1975².

Ritter, G. A. (Hrsg.): Arbeiterkultur, Königstein 1979.

Ritter, G. A.: Staat, Arbeiterschaft und Arbeiterbewegung in Deutschland, Berlin 1980.

Robinson, R./Gallagher, J./Denny, A.: Africa and the Victorians. The Official Mind of Imperialism, London 1968³.

Röhl, J. C. G.: Germany without Bismarck. The Crisis of Government in the Second Reich, 1890–1900, London 1967 (dt. 1969).

Röhl, J. C. G.: An der Schwelle zum Weltkrieg. Eine Dokumentation über den »Kriegsrat« vom 8.12.1912, in: Militärgesch. Mitt. 1977, S. 77–134.

Röhl, J. C. G. (Hrsg.): Eulenburg und Hertefeld, Philipp Fürst zu. – Philipp Eulenburgs politische Korrespondenz, 2 Bde., Boppard 1976–1979.

Rönnefarth, H. K. G.: Konferenzen und Verträge, 3. Bd., Würzburg 1958².

Rosenberg, H.: Große Depression und Bismarckzeit. Wirtschaftsablauf, Gesellschaft und Politik in Mitteleuropa, Berlin 1967.

Rosenberg, H.: Die Weltwirtschaftskrise 1857–1859 (1934), Göttingen 1974².

Rosenberg, H.: Machteliten und Wirtschaftskonjunkturen. Studien zur neueren deutschen Sozial- und Wirtschaftsgeschichte, Göttingen 1978.

Rothfels, H.: Theodor Lohmann und die Kampfjahre der staatlichen Sozialpolitik 1871–1905, Berlin 1927.

Rothfels, H.: Bismarck, der Osten und das Reich, Stuttgart 1960².

Rüden, P. v./Koszyk, K. (Hrsg.): Beiträge zur Kulturgeschichte der deutschen Arbeiterbewegung 1848 bis 1918, Frankfurt am Main 1979.

Rüden, P. v./Koszyk, K. (Hrsg.): Dokumente und Materialien zur Kulturgeschichte der deutschen Arbeiterbewegung 1848–1918, Frankfurt am Main 1979.

Salewski, M.: Tirpitz: Aufstieg, Macht, Scheitern, Göttingen 1979.

Savage, P. P.: Berlin, Paris 1871. Reichshauptstadt und Hauptstadt der Welt, Berlin 1971.

Siedler, W. J.: Die Modernität des Wilhelminismus, in: ders., Weder Maas noch Memel, Ansichten vom beschädigten Deutschland, Stuttgart 1982, S. 94–102.

Skopp, D. R.: Auf der untersten Sprosse: Der Volksschullehrer als »Semi-Professional« im Deutschland des 19. Jahrhunderts, in: GG 6 (1980), S. 383–402.

Sombart, W.: Händler und Helden. Patriotische Besinnungen, München 1915.

Sontag, R. J.: Germany and England. Background of Conflict 1848–1898, New York 1938 (Neudr. 1964).

Spindler, M. (Hrsg.): Handbuch der Bayerischen Geschichte, Band 4/2 Das neue Bayern, München 1975.

Sybel, H. v.: Die Begründung des Deutschen Reiches durch Wilhelm I., 7 Bde., München 1890–1894.

Schieder, Th.: Das Deutsche Kaiserreich von 1871 als Nationalstaat, Köln/Opladen 1961.

Schieder, Th./Deuerlein, E. (Hrsg.): Reichsgründung 1870/71. Tatsachen, Kontroversen, Interpretationen, Stuttgart 1970.

Schieder, Th.: Staatensystem als Vormacht der Welt 1848–1918 (Propyläen Geschichte Europas, Bd. 5), Berlin 1977.

Schieder, W. (Hrsg.): Erster Weltkrieg. Ursachen, Entstehung und Kriegsziele, Köln 1969.

Schmidt, G.: Deutscher Historismus und der Übergang zur parlamentarischen Demokratie, Lübeck 1964.

Schmitt, C.: Staatsgefüge und Zusammenbruch des Zweiten Reiches. Der Sieg des Bürgers über den Soldaten, Hamburg 1934.

Schmitt, C.: Die geistesgeschichtliche Lage des heutigen Parlamentarismus, Berlin 1961³.

Schnabel, F.: Deutsche Geschichte im 19. Jahrhundert, 4 Bde., Freiburg/Br. 1929–37.

Schöllgen, G.: Richard von Kühlmann und das deutsch-englische Verhältnis 1912–1914. Zur Bedeutung der Peripherie in der europäischen Vorkriegspolitik, in: HZ 230 (1980), S. 293–337.

Schümann, C. W.: Orfèvrerie Fantastique. Tresors des villes allemandes (fin 19ᵉ siècle). Brüssel 1977.

Schümann, C. W. (Hrsg.): Silber aus Bremen. 150 Jahre Tafelbesteck, Köln 1979.

Schulze, H.: Otto Braun, oder Preußens demokratische Sendung, Berlin 1977.

Stadelmann, R.: Soziale und politische Geschichte der Revolution von 1848, München 1948 (1962).

Stegmann, D.: Die Erben Bismarcks. Parteien und Verbände in der Spätphase des Wilhelminischen Deutschlands, Köln 1970.

Steinberg, H.-J.: Sozialismus und deutsche Sozialdemokratie. Zur Ideologie der Partei vor dem I. Weltkrieg, Bonn-Bad Godesberg 1972³.

Steinberg, J.: Yesterday's Deterrent: Tirpitz and the Birth of the German Battle Fleet, London 1965.

Stengers, J.: July 1914: Some Reflections, in: Annuaire de l'Institut de Philologie et d'Histoire Orientales et Slaves, Bd. XVII, Brüssel 1966, S. 105–149.

Stern, F.: Gold und Eisen. Bismarck und sein Bankier Bleichröder, Berlin 1978 (engl. 1977).

Stürmer, M.: Staatsstreichgedanken im Bismarckreich, in: HZ 209 (1969), S. 566–615.

Stürmer, M.: Bismarck - Mythos und Historie, in: Aus Politik und Zeitgeschichte. Beilage zur Wochenzeitung Das Parlament 3/1971.

Stürmer, M.: Bismarckstaat und Cäsarismus, in: Der Staat 12 (1973), S. 467-498.

Stürmer, M.: Regierung und Reichstag im Bismarckstaat 1871 bis 1880. Cäsarismus oder Parlamentarismus, Düsseldorf 1974.

Stürmer, M. (Hrsg.): Das kaiserliche Deutschland, Politik und Gesellschaft 1870-1918, Düsseldorf 1970 (1978[3]).

Stürmer, M. (Hrsg.): Bismarck und die preußisch-deutsche Politik 1871-1890, München 1978[3].

Stürmer, M. (Hrsg.): Herbst des Alten Handwerks. Zur Sozialgeschichte des 18. Jahrhunderts, München 1979.

Stürmer, M.: Die Geburt eines Dilemmas. Nationalstaat und Massendemokratie im Mächtesystem 1848, in: »Merkur« 403 (1982), S. 1-12.

Taylor, A. J. P.: The Struggle for Mastery in Europe, 1848-1918, London 1971.

Tenfelde, K.: Sozialgeschichte der Bergarbeiterschaft an der Ruhr im 19. Jahrhundert, Bonn 1977.

Tennstedt, F.: Vorgeschichte und Entstehung der kaiserlichen Botschaft vom 17. November 1881, in: Zs. f. Sozialreform 27 (1981), S. 663 bis 710.

Thompson, F. M. L.: English Landed Society in the Nineteenth Century, London 1963.

Ullmann, H.-P.: Industrielle Interessen und die Entstehung der deutschen Sozialversicherung 1880 bis 1889, in: HZ 229 (1979), S. 574-610.

Valentin, V.: Geschichte der deutschen Revolution von 1848-1849, Berlin 1930/31.

Valentin, V.: Bismarcks Reichsgründung im Urteil englischer Diplomaten, Amsterdam 1937.

Veblen, Th. B.: Imperial Germany and the Industrial Revolution (1915), Ann Arbor 1966.

Vierhaus, R. (Hrsg.): Das Tagebuch der Baronin Spitzemberg, geb. Freiin von Varnbüler, Göttingen 1963[3].

Vietsch, E. v.: Bethmann Hollweg. Staatsmann zwischen Macht und Ethos, Boppard 1969.

Vogel, W.: Bismarcks Arbeiterversicherung, Braunschweig 1951.

Wahl, A.: Deutsche Geschichte. Von der Reichsgründung bis zum Ausbruch des Weltkrieges 1871-1914, 4 Bde., Stuttgart 1926-1936.

Walker, M.: German Home Towns. Community, State, and General Estate 1648-1871, Ithaca 1971.

Waller, B.: Bismarck at the Crossroads. The Reorientation of German Foreign Policy after the Congress of Berlin 1878-1880, London 1974.

Weber, M.: Gesammelte Politische Schriften, München 1921.

Weber, M.: Wirtschaft und Gesellschaft. Grundriß der verstehenden Soziologie, hrsg. von Winckelmann, J., Köln 1964.

Wehler, H.-U. (Hrsg.): Moderne deutsche Sozialgeschichte, Köln 1968[2].

Wehler, H.-U.: Bismarck und der Imperialismus, Köln 1969 u. ö.

Wehler, H.-U.: Krisenherde des Kaiserreichs 1871-1918. Studien zur deutschen Sozial- und Verfassungsgeschichte, Göttingen 1970.

Wehler, H.-U.: Das Deutsche Kaiserreich 1871-1918, Göttingen 1973.

Wehler, H.-U.: Der Aufstieg des amerikanischen Imperialismus. Studien zur Entwicklung des Imperium Americanum 1865-1900, Göttingen 1974.

Werth, G.: Verdun. Die Schlacht und der Mythos, Berg.-Gladbach 1979.

Winkler, H. A.: Preußischer Liberalismus und deutscher Nationalstaat. Studien zur Geschichte der Deutschen Fortschrittspartei 1861-1866, Tübingen 1964.

Winkler, H. A.: Liberalismus und Antiliberalismus, Göttingen 1979.

Winzen, P.: Bülows Weltmachtkonzept. Untersuchungen zur Frühphase seiner Außenpolitik 1897 bis 1901, Boppard 1977.

Witt, P.-C.: Die Finanzpolitik des Deutschen Reiches von 1903 bis 1913. Eine Studie zur Innenpolitik des Wilhelminischen Deutschland, Lübeck 1970.

Wittram, R.: Bismarcks Rußlandpolitik nach der Reichsgründung, in: HZ 186 (1958), S. 261-284.

Wittwer, W.: Zur Entwicklung und Entstehung sozialdemokratischer Schulpolitik vor 1918, in: Archiv für Sozialgeschichte XX (1980), S. 357-414.

Wittwer, W.: Hochschulpolitik und Hochschulreform in Preußen 1918-1933, in: Geschichte und Gegenwart. Fs. K. D. Erdmann, hrsg. von Boockmann, H./Jürgensen, K./Stoltenberg, G., Neumünster 1980, S. 313-325.

Zechlin, E.: Staatsstreichpläne Bismarcks und Wilhelms II. 1890 bis 1894, Stuttgart 1929.

Zechlin, E.: Deutschland zwischen Kabinettskrieg und Wirtschaftskrieg. Politik und Kriegführung in den ersten Monaten des Weltkrieges 1914, in: HZ 199 (1964), S. 347-458.

Zechlin, E.: Die deutsche Politik und die Juden im Ersten Weltkrieg, Göttingen 1969.

Zechlin, E.: Österreich-Ungarn und die Bemühungen um einen russischen Sonderfrieden, in: ders., Krieg und Kriegsrisiko. Zur deutschen Politik im Ersten Weltkrieg, Düsseldorf 1979, S. 290-313.

Zechlin, E.: Die Reichsgründung, Berlin 1980[4].

Zeldin, Th.: The Political System of Napoleon III, London 1958.

Personenregister

Sachregister

Zeittafel

29. November 1850	Im Vertrag von Olmütz zwingen Rußland und Österreich Preußen zur Preisgabe der Führung in Norddeutschland.
1854–1856	Krimkrieg Englands und Frankreichs gegen Rußland: das Wiener System storniert.
1859	Krieg Frankreichs und Piemont-Sardiniens gegen Österreich. Preußen und Rußland neutral.
1. Februar 1861–1. August 1865	Amerikanischer Bürgerkrieg.
16. Februar–1. August 1864	Preußisch-Österreichischer Krieg gegen Dänemark.
15. Juni–23. August 1866	»Deutscher Krieg« Preußens gegen Österreich und die Mehrheit der Staaten des Deutschen Bundes, Italien auf Seite Preußens. 26.7.1866 Vofriede (Waffenstillstand) von Nikolsburg.
23. August 1866	Friede von Prag: Führung über Norddeutschland für Preußen. Süddeutschland kann sich entscheiden. Österreich betreibt inneren Ausgleich.
19. Juli 1870–10. Mai 1871	Deutsch-Französischer Krieg.
18. Januar 1871	Proklamation der Kaiserwürde durch Wilhelm I. in Versailles.
März/April/Mai 1875	»Krieg-in-Sicht«-Krise zwischen Berlin auf der einen, Paris, London, St. Petersburg auf der anderen Seite.
13. Juni–13. Juli 1878	Berliner Kongreß, Bismarck Schiedsrichter Europas.
18. Oktober 1878	Gesetz gegen die »gemeingefährlichen Bestrebungen der Socialdemokratie«.
12. Juli 1879	Abkehr vom Freihandel, 1885/87 Aufbau eines Schutzzollsystems für Deutschland.
15. Dez. 1884–26. Febr. 1885	Kongokonferenz in Berlin: Abgrenzung von Interessensphären in Afrika.
1888	»Dreikaiserjahr«, Wilhelm I. stirbt, Friedrich III. regiert neunundneunzig Tage, Wilhelm II. Kaiser.
April/Mai 1889	Massenstreiks im Gelsenkirchner und Waldenburger Bergbau.
20. März 1890	Rücktritt Bismarcks von allen Ämtern, 30.7.1898 gestorben.
1890–1894	Unter Reichskanzler Caprivi »Neuer Kurs« in Sozialpolitik und Außenwirtschaftspolitik gegen starken Widerstand von rechts.
1894	Nach Sturz Caprivis Bestrebungen zum »persönlichen Regiment« durch Kaiser Wilhelm II. und seine Umgebung.
1894–1900	Reichskanzler Fürst Chlodwig zu Hohenlohe-Schillingsfürst.
1892/1894	Französisch-russische Entente.
1897	Bülow Staatssekretär des Auswärtigen Amtes (»Platz an der Sonne«), Flottenbauprogramm gegen England (Tirpitz).
Juli/November 1898	Faschoda-Krise: In Nordafrika rivalisieren England und Frankreich.
12. Oktober 1898–31. Mai 1901	Burenkrieg, deutsche Politik der »Freien Hand«.
1900–1909	Bülow Reichskanzler: nervöse Prestigepolitik.
8. April 1904	Entente cordiale: England tritt dem französisch-russischen Sicherheitssystem bei.
1904/05	Russisch-japanischer Krieg.
1905/06	Erste Krise um Marokko, beendet durch Algeciras-Konferenz.

23. Juli 1906	»Willy« und »Nicky«, Zar und Kaiser in Björkö, Hoffnung auf Umkehrung der Bündnisse.
Oktober/November 1908	»Daily Telegraph«-Affäre schwächt Stellung des Kaisers.
1908	Scheitern von Rüstungskontrollverhandlungen zwischen Großbritannien und Deutschem Reich.
1908/09	Parallel zum Rüstungswettlauf ein Finanzierungswettlauf in Berlin und London: Lloyd Georges Budget führt zur Verfassungskrise, Bülows Steuerreform scheitert.
5. Oktober 1908	Österreich-Ungarn annektiert Bosnien und Herzegowina, serbischer Protest, russische Demütigung. Bülow: »Nibelungentreue« zu Österreich, östr. Generalstabschef will »Abrechnung« mit Serbien.
1909–1917	Bethmann Hollweg, bislang Chef des Reichsamts des Innern, Reichskanzler.
Februar 1912	Britischer Kriegsminister sucht Rüstungskontrolle mit Deutschland, nach Scheitern der »Haldane-Mission« bleiben vertrauensbildende Maßnahmen an der Peripherie (Afrika, Türkei).
1912/13	Balkankrise. Krieg der kleinen Balkanmächte gegen Türkei, Großmächte bremsen. 2. Balkankrieg.
30. Juni 1913	Heeresvermehrung in Deutschland als Antwort auf russische und französische Rüstung, stärkere Ausschöpfung der Wehrpflicht.
28. Juni 1914	Ermordung des östr.-ungar. Thronfolgers Franz Ferdinand durch serbischen Nationalisten.
Juli 1914	Aus der chirurgischen Operation der Österreicher gegen Serbien entsteht durch bündnispolitischen Zugzwang und militärstrategische Sachzwänge der große europäische Krieg.
4. August 1914	Die europäischen Hauptmächte befinden sich gegeneinander im Krieg zu Wasser und zu Lande.
Anfang September 1914	Der deutsche Vormarsch endet in Sichtweite von Paris, im Osten wird der russische Vormarsch zurückgeworfen, der Krieg steigt in die Gräben.
1914–1916	Die Entscheidung wird auf allen Seiten durch Gewinnung von Bündnispartnern, Ausweitung des Krieges und neue Waffentechnik gesucht.
21. Februar–2. September 1916	Im Kampf um Verdun fallen zusammen 700000 Franzosen und Deutsche.
5. Dezember 1916	Vaterländisches Hilfsdienstgesetz, »Hindenburg-Programm« zur Rüstungssteigerung.
1916–1918	3. Oberste Heeresleitung Hindenburg-Ludendorff übt faktische Militärdiktatur aus.
5. November 1916	Proklamation eines selbständigen Königreichs Polen.
22. Januar 1917	Wilson proklamiert »Frieden ohne Sieg«.
1. Februar 1917	Deutschland erklärt unbeschränkten U-Boot-Krieg und macht dadurch Intervention der USA unausweichlich.
Februar 1917	Revolution in Rußland, Fortsetzung des Krieges.
7. April 1917	Osterbotschaft Kaiser Wilhelms II.: Reformen in Aussicht.
14. Juli 1917	Entlassung Bethmann Hollwegs, Nachfolger Michaelis.
19. Juli 1917	Friedensresolution des Reichstags: Frieden ohne Annexionen und Kontributionen.
1917–1918	Reichskanzler Graf Hertling (Zentrumspartei).
7./8. November 1918	Lenins Putsch in Petrograd, Friedensvorschlag »An Alle!« und Programm der Weltrevolution.

8. Januar 1914	»14 Punkte« Wilsons.
3. März 1918	Friedensdiktat von Brest-Litowsk: Das Deutsche Reich beherrscht Ostmitteleuropa.
März–Juli 1918	Deutsche Offensiven im Westen laufen sich fest.
8. August 1918	Panzerdurchbruch der Alliierten bei Amiens.
21. September 1918	Hindenburg und Ludendorff verlangen Waffenstillstandsangebot durch parlamentarische Regierung.
2. Oktober–9. November 1918	Reichskanzler Prinz Max von Baden.
3./4. Oktober 1918	Deutsches Waffenstillstandsangebot an Präsident Wilson auf Grundlage der »14 Punkte«.
29. Oktober 1918	Beginn der Meuterei auf der auslaufenden deutschen Hochseeflotte, Zusammenbruch der Westfront.
7.–9. November 1918	Revolution in den deutschen Hauptstädten.
9. November 1918	Ausrufung der Republik durch Scheidemann, Ebert Reichskanzler.
10. November 1918	»Rat der Volksbeauftragten« (SPD und USPD) versucht, Regierungsgewalt zu organisieren, daneben Vollzugsrat der Arbeiter- und Soldatenräte.
11. November 1918	Waffenstillstand auf der Grundlage der »14 Punkte«.

Abbildungsnachweis

Arbeitsgruppe Pädagogisches Museum (Hrsg.): Hilfe Schule, Berlin 1981: 39, 62, 122, 123, 135, 139, 229. – Archiv für Kunst und Geschichte, Berlin: 29, 31, 47, 49, 110, 127, 239, 243, 250, 267, 290, 298, 301, 306, 319, 339, 341. – Historisches Archiv der Fried. Krupp GmbH: 22, 27, 48, 275, 295, 307, 309, 311. – Aubin, H./Zorn, W. (Hrsg.): Handbuch der deutschen Wirtschafts- und Sozialgeschichte, Bd. 2, Stuttgart 1976: 59, 66, 78, 266, 302, 304. – Bachem, K.: Vorgeschichte, Geschichte und Politik der deutschen Zentrumspartei, Bd. 3, Köln 1927: 147. – Barraclough, G. (Hrsg.): The Times Atlas of World History, London 1978: 331. – Der Bazar 22. 1876, Heft 12: 42. – Beier, G.: Willi Richter. Ein Leben für die soziale Neuordnung, Köln 1978: 92, 137. – Berlin Museum: 35. – Bildarchiv Preußischer Kulturbesitz: 166, 253, 292. – Bildarchiv des Werner-von-Siemens-Instituts: 55, 67, 72, 83, 90, 128, 314. – Bismarck-Album des Kladderadatsch, Berlin 1890[5]: 154, 169, 209, 219, 225, 231. – Buddensieg, T./Rogge, H. u. a.: Industriekultur – Peter Behrens und die AEG 1907–1914, Berlin 1979: 65, 90, 99, 131, 300, 315, 316, 317. – Buddensieg, T./Rogge, H. (Hrsg.): Die Nützlichen Künste, Ausstellungskatalog Berlin 1981: 67, 140. – Chapple, G./Schulte, H. H. (Hrsg.): The Turn of the Century. German Literature and Art, 1890–1915, Bonn 1981: 25, 45, 249, 283, 366. – Cipolla, C./Borchardt, K. (Hrsg.): Die industrielle Revolution (Europäische Wirtschaftsgeschichte Bd. 3), Stuttgart 1976: 223. – Crass, H. M.: Bibliotheksbauten des 19. Jahrhunderts in Deutschland, München 1976: 126. – Curth, B. (Hrsg.): Honoré Daumier, Berlin (1947): 162, 230, 233. – Dollinger, H. (Hrsg.): Preußen. Eine Kulturgeschichte in Bildern und Dokumenten, München 1981: 38, 153, 299, 303, 401. – Eulenburg, Fürst Ph. zu: Mit dem Kaiser als Staatsmann und Freund auf Nordlandreisen, Dresden 1931: 240. – forschung 1982: 228. – Gesellschaft von Berlin, Hand- und Adreßbuch 2.1891/92: 31, 61, 189, 340. – Goldschmidt, H./Kaiser, H./Thimme, H. (Hrsg.): Ein Jahrhundert Deutscher Geschichte. Reichsgedanke und Reich 1815–1919, Berlin 1928: 152, 390. – Harms, H.: Geschichts- und Kulturatlas, Karten und Dokumente zur Weltgeschichte, Berlin/Darmstadt/Wien (1965): 164, 398. – Henning, F.-W.: Die Industrialisierung in Deutschland 1800–1914, Paderborn 1973: 53, 184, 267, 273, 284, 285, 406. – Henning, F.-W.: Landwirtschaft und ländliche Gesellschaft in Deutschland. Bd. 2: 1750–1976, Paderborn 1978: 82. – Hermanns, H.: Die Handelskammer für den Kreis Mülheim am Rhein (1871–1914) und die Wirtschaft des Köln-Mülheimer Raumes, Köln 1969: 281. – Hieke, E.: H. C. Stülcken Sohn. Ein deutsches Werftschicksal, Hamburg 1955: 229. – Hillgruber, A./Dülffer, J. (Hrsg.): Ploetz Geschichte der Weltkriege. Mächte, Ereignisse, Entwicklungen 1900–1945, Freiburg/Würzburg 1981: 93, 323, 328, 378, 383. – Hirschfelder, H.: Die bayerische Sozialdemokratie 1864–1914, Teil I, Erlangen 1979: 85. – Hobsbawm, E. J.: Industrie und Empire, Bd. 2, Frankfurt 1969: 312, 313, 406. – Hoffmann, W. G. u. a.: Das Wachstum der deutschen Wirtschaft seit der Mitte des 19. Jahrhunderts, Berlin/Heidelberg/New York 1965: 63, 66, 310. – Hohorst, G./Kocka, J./Ritter, G. A.: Sozialgeschichtliches Arbeitsbuch. Materialien zur Geschichte des Kaiserreichs 1870–1914, München 1975: 41. – Honoré Daumier. 240 Lithographien, ausgew. u. eingel. von W. Wartmann, Zürich (1946): 18, 19, 170, 173, 193, 207, 405. – Ein Krieg wird ausgestellt, Ausstellungskatalog Frankfurt a. M. 1976: 91, 94, 373, 375, 377, 379, 380, 382, 383, 385, 388, 391, 399, 403, 407. – Illustrierte Kriegschronik. Gedenkbuch an den Deutsch-Französischen Feldzug 1870–1871, Leipzig 1871: 97. – Landes,

D. S.: Der entfesselte Prometheus, Köln 1973: 406. - Landesarchiv Berlin: 144, 152, 235, 298. - League of Nations (Hrsg.): Memorandum on Balances of Payments and Foreign Trade Balances, 1910-1924. 2 Bde., Genf 1925: 358. - Lindner, Th.: Der Krieg gegen Frankreich und die Einigung Deutschlands. Zur 25jährigen Wiederkehr der Gedenktage von 1870/71, Berlin 1895: 169. - Lux, H.: Die öffentliche Beleuchtung von Berlin, Berlin 1896: 87. - Mennell, A./Sarlepp, B.: Bismarck-Denkmal für das deutsche Volk, Chicago/Berlin/London/Paris/Melbourne 1895: 248. - Meyers Konversationslexikon, Bd. 4, Leipzig 1886[4]: 69, 80, 81; Bd. 5, Leipzig 1886[4]: 17, 76, 77; Bd. 7, Leipzig 1887[4]: 179, 190, 356, 357; Bd. 11, Leipzig 1888[4]: 89, 314. - MG-Information, Zeitschrift für die Mitarbeiter im Bereich der Metallgesellschaft AG 16. 1981: 89, 309, 349, 374. - Mitchell, B. R.: European Historical Statistics, London usw. 1975: 76. - Thüringer Museum Eisenach: 32. - Wehrgeschichtliches Museum im Schloß Rastatt: 143. - United Nations (Hrsg.): International Capital Movements in the Inter-War Period, Lake Success 1949: 358. - Paret, P.: Die Berliner Secession. Moderne Kunst und ihre Feinde im Kaiserlichen Deutschland, Berlin 1981: 116, 117, 258, 288, 296, 386. - PB Bergsdorf, Bonn: 371. - PB Hiller von Gaertringen: 29, 94, 95, 167, 372, 381, 397. - PB Maximilian Schochow: 240. - PB Ingrid Schulze-Bidlingmaier: 357. - PB Michael Stürmer: 12, 66, 75, 97, 103, 277, 330, 369, 385, 387, 395. - Pels-Leusden, H.: Kunst und Kunsthandwerk in Preußen, Ausstellungskatalog der Galerie Pels-Leusden, Berlin 1981: 235, 237, 252. - Pierenkemper, T./Tilly, R. (Hrsg.): Historische Arbeitsmarktforschung, Göttingen 1982: 50, 55, 56, 58, 269. - Plessen, M.-L./Spoerri, D.: Le Musée Sentimentale de Prusse, Ausstellungskatalog Berlin 1981: 239. - Posener, J.: Berlin auf dem Wege zu einer neuen Architektur. Das Zeitalter Wilhelms II., München 1979: 46, 264, 265, 325. - Preußen - Versuch einer Bilanz. Ausstellungskatalog in 5 Bänden, Reinbek bei Hamburg 1981: 120, 257. - Ruppert, W. (Hrsg.): Lebensgeschichten. Zur deutschen Sozialgeschichte 1850-1950, Opladen 1980: 36. - Sandweg, J./Stürmer, M.: Industrialisierung und Soziale Frage in Deutschland im 19. Jahrhundert, München 1979: 52. - Santifaller, L.: 1100 Jahre österreichische und europäische Geschichte, Wien 1949: 199, 247. - Scholder, K.: Die Mittwochs-Gesellschaft, Berlin 1981: 376. - Schümann, C.-W. (Hrsg.): Silber aus Bremen. 150 Jahre Tafelbesteck, Köln 1979: 28. - Schütze, Ch. (Hrsg.): Facsimile Querschnitt durch den Simplicissimus, Bern/Stuttgart/Wien 1963: 104, 241, 259, 392. - Bayerischer Schulbuch-Verlag (Hrsg.): Großer Historischer Weltatlas, III. Teil, München 1967[3]: 150. - Schulz-Hoffmann, C.: Simplicissimus. Eine satirische Zeitschrift München 1896-1944, Ausstellungskatalog München (1977): 37, 41, 43, 57, 251, 252, 254, 261, 286, 289, 318, 321, 327, 335, 355, 360, 363, 365, 393. - Seidenzahl, F.: 100 Jahre Deutsche Bank 1870-1970, Frankfurt am Main 1970: 73, 83, 87. - Senatsbibliothek, Berlin: 276, 303, 364. - Simplicissimus 3.1898: 271, 272. - Sombart, W.: Die deutsche Volkswirtschaft im 19. Jahrhundert und im Anfang des 20. Jahrhunderts, Berlin 1923[6]: 342, 343, 344, 345. - Verhandlungen des Reichstags: 389. - Werner, B. E.: Die deutsche Plastik der Gegenwart, Berlin 1940: 409. - Wittig, P.: Die Architektur der Hoch- und Untergrundbahn in Berlin, Berlin 1922: 402. - Woytinsky, W.: Die Welt in Zahlen, Bd. 1, Berlin 1925: 53. - Zentralblatt der Bauverwaltung 14.1894: 82, 109, 125, 353.

CIP-Kurztitelaufnahme der Deutschen Bibliothek

Die Deutschen und ihre Nation: Neuere dt.
Geschichte in 6 Bd. - Berlin: Severin und
Siedler
Bd. 3, Stürmer, Michael: Das ruhelose Reich

Stürmer, Michael:
Das ruhelose Reich: Deutschland 1866–1918/
Michael Stürmer - Berlin: Severin und Siedler,
1983.
(Die Deutschen und ihre Nation; Bd. 3)
ISBN 3-88680-051-2

Redaktion: Ditta Ahmadi
Satz: Bongé & Partner, Berlin
Reproduktionen: Rembert Faesser, Berlin
Druck und Buchbinder: May & Co., Darmstadt

Printed in Germany 1983
ISBN 3-88680-051-2
ISBN für das Gesamtwerk
»Die Deutschen und ihre Nation«
3-88680-056-3

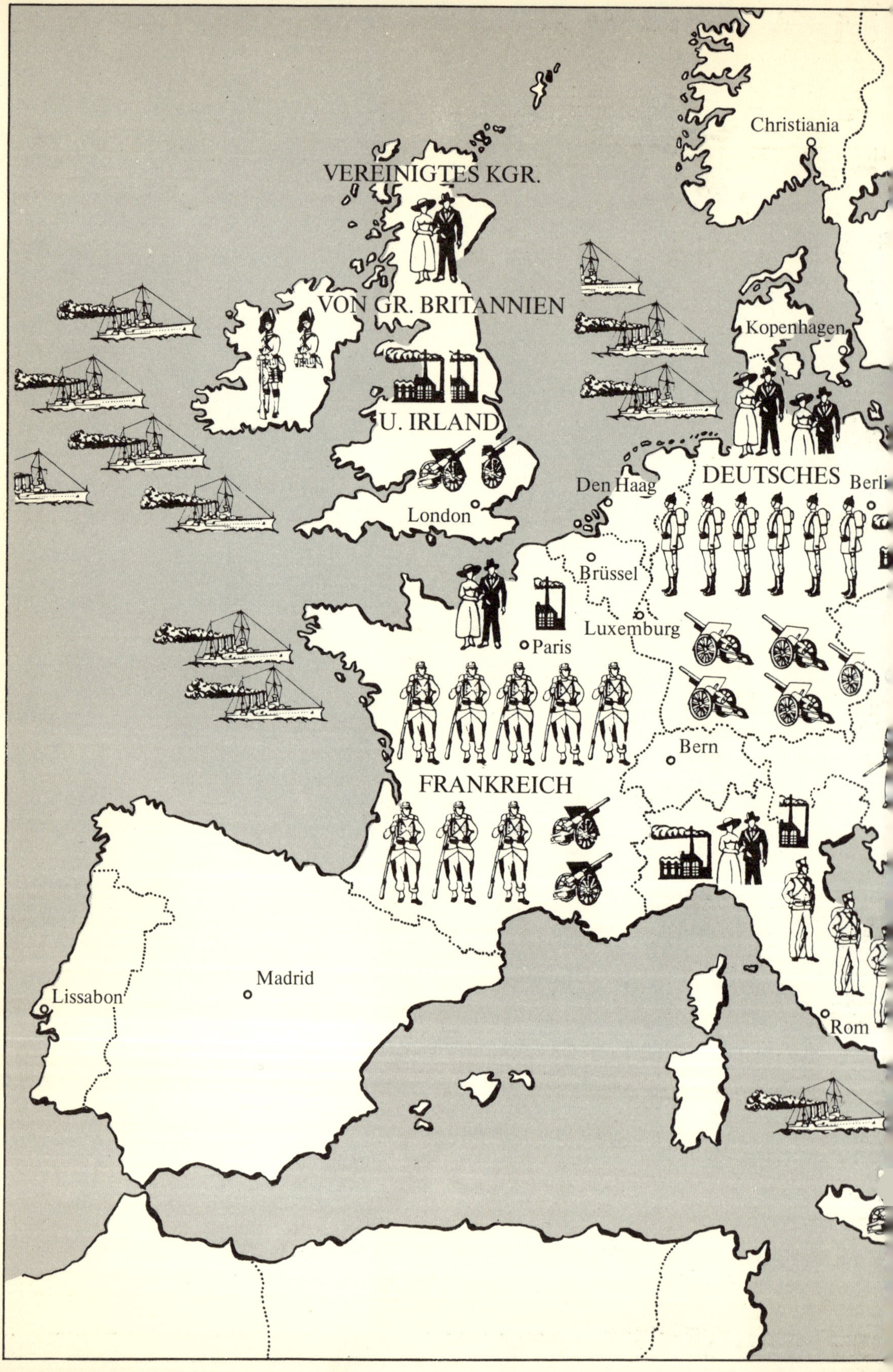

Christiania
VEREINIGTES KGR.
VON GR. BRITANNIEN
U. IRLAND
London
Kopenhagen
Den Haag
DEUTSCHES
Berli
Brüssel
Luxemburg
Paris
Bern
FRANKREICH
Madrid
Lissabon
Rom